海蒂送给全世界
"帮助男人和女人建立良好的性关系的礼物"

典藏版

海蒂性学报告
女人篇

[美] 雪儿·海蒂 著

林淑贞 译

海南出版社

·海口·

The Hite Report: A Nationwide Study of Female Sexuality
Copyright © 1976 and 1981 by Shere Hite
Published by arrangement with Shere Hite
Simplified Chinese Translation Copyright © 2016 by Hainan Publishing House
All Rights Reserved

版权合同登记号：图字：30-2018-034 号

图书在版编目（CIP）数据

海蒂性学报告：典藏版．女人篇／（美）雪儿·海
蒂（Shere Hite）著；林淑贞译．-- 海口：海南出版
社，2016.9（2023.3 重印）
 书名原文：The Hite Report: A Nationwide Study
of Female Sexuality
 ISBN 978-7-5443-6679-3

Ⅰ．①海… Ⅱ．①雪… ②林… Ⅲ．①性学－研究 ②
女性心理学－性心理学－研究 Ⅳ．① C913.14

中国版本图书馆 CIP 数据核字 (2016) 第 176743 号

海蒂性学报告：女人篇（典藏版）
HAIDI XINGXUE BAOGAO: NÜREN PIAN (DIANCANG BAN)

作　　者：〔美〕雪儿·海蒂
译　　者：林淑贞
出 品 人：王景霞
责任编辑：黄宪萍　张　雪
执行编辑：车　璐
封面设计：任　佳
责任印制：杨　程
印刷装订：三河市祥达印刷包装有限公司
读者服务：唐雪飞
出版发行：海南出版社
总社地址：海口市金盘开发区建设三横路 2 号　　邮编：570216
北京地址：北京市朝阳区黄厂路 3 号院 7 号楼 101 室
电　　话：0898-66812392　010-87336670
电子邮箱：hnbook@263.net
经　　销：全国新华书店
版　　次：2016 年 9 月第 1 版
印　　次：2023 年 3 月第 12 次印刷
开　　本：787 mm×1 092 mm　1/16
印　　张：43.5
字　　数：780 千字
书　　号：ISBN 978-7-5443-6679-3
定　　价：100.00 元

性的问题，对生物而言就是繁衍后代。人作为动物，最主要的欲望一个是吃，一个是性。《礼记·礼运》说："饮食男女，人之大欲存焉。"但这只是说到生物学意义上的人，说到社会学意义上的人，性的问题就不那么简单了，它不仅是个人问题，也有对异性的问题，还有家庭、社会以及国家的问题。性的活动受到心理和社会的影响，它不但影响自己，还会影响别人，影响社会。有人认为性的问题不用讲，"无师自通"，这实际上是把社会学上的人降低成生物学上的人了。

今天，性已经发展成为一门科学，范围非常宽泛，包括性生理学、性心理学、性社会学以及性伦理学等。性科学普及的历史其实不长，只是20世纪才开始的事。1906年德国医学家布洛赫开始写书，他被称为性科学普及之父。英国人霭理士（1859—1939）写了七卷本《性心理学研究录》。弗洛伊德1905年出版了《性学三论》。那个时候还处在性禁锢和性压抑的年代。又过了约40年，鼓吹男女平等的妇女运动，使女性在男女关系中的角色由被动转向主动，再加上避孕及人工流产的进步，使性伴侣能更安心地享受性爱。于是同居盛行，性经验的年龄提早，离婚率提高。这时，美国印第安纳大学教授金赛，以大量社会调查为基础，写出了《人类男性性行为》和《人类女性性行为》。

同样著名的《海蒂性学报告》则写于20世纪的七八十年代。这时西方的性解放运动已经衰落了，人们感到，尽管性行为很普遍，但性行为的乐趣及意义都相对减少了许多。作者是一位女性，她在金赛调查的数据统计的基础上又进了一步，采取匿名问卷调查的方式，对人的性活动和性心理进行了更为生动活泼的描述。这份全面而详细的案例报告给性研究者提供了丰富可靠的依据，也给一般读者上了一堂生动的性教育课。

我国改革开放以来，倡导移风易俗，开展性教育，加强了性科学、性保健的研究，取得了明显成绩。人们打破了性禁锢，不再"谈性色变"，但是人们对性的认识还是存在许多误区，有相当多的人还处于"性盲"阶段。另外，目前对性普遍缺乏道德约束，许多人似乎对性毫不在乎，及时享乐的思想比较严重，矫枉过正，从以往的性禁锢、性神秘又滑入性自由、性放纵了。因此，对性的研究和对性知识的科学普及教育，在今天仍然是一个重要的、迫切需要关注的课题。

我社获得《海蒂性学报告》的全球中文简体字版的正式授权后在国内出版，就是希望借鉴西方性研究的优秀成果，同时汲取西方的教训，为普及有中国特色的性教育服务。本书在编辑、出版过程中，得到了中国性学会第三任理事长、北京大学医学部徐天民教授，中国性学会第三任副理事长、北京大学医学部朱琪教授，中国医学科学院北京协和医学院、北京协和医院郎景和教授热切的关注和无私的支持，在此致以衷心的感谢。

　　雪儿·海蒂是美国当代著名的性社会学家。她从 1976 年开始出版大型性学研究报告《海蒂性学报告》("男人篇""女人篇"和"情爱篇"),在美国引起了巨大的轰动和强烈反响,赢得了学术界和社会公众的普遍称赞,从而在世界范围内引起了广泛的关注。迄今为止,这套书已被译成包括中文在内的 18 种主要文字。

　　本套书令人感到特别珍贵的是由作者整理提供的由问卷回答者直白坦言的大量第一手材料。这些材料触及男人和女人在性问题上各个领域的比较客观真实的隐私情况,这是一般的研究工作所得不到的。它大大提升了人们认识性乃至人类自身的水平,有很高的学术研究价值。

　　作者是一位杰出的女性,贯穿全书的是她鲜明的女性主义或女权主义思想。作者认为,在性的问题上,由于男权主义的压榨,女人在性交关系中实际扮演性奴隶的角色,这种角色的形成是由有 2500 年历史的父权社会造成的。作者借一位受访者的自白写道:"性爱是涉及政治含义的,因为在男女关系中,关于权利结构的不平等,女人不愿意也不能去要求她们的性需要得到全部的满足,而男人却能予取予求,所以,女人只得做一个忠心耿耿的仆役,随时待命,伺候男人的欲望与需要。"作者认为将性交定义为男女之间性行为的标准行为是父权社会以男性为中心的生殖文化的产物,这种男性中心的性交模式剥夺了女人应享有的性权利和性快乐,给女人的性生活带来了生理和精神性的损害。作者的这些观点是正确的,也是深刻的。恩格斯讲过,妇女的解放程度是衡量普遍解放的天然尺度。这在性的领域更加明显。

　　作者在本套书中系统地批判了以男性为中心的性文化模式,深入地探讨了发生在 20 世纪 60 年代的西方性革命的实质。她认为所谓的性革命源于对 19 世纪维多利亚时代性压抑的反动，它使人摆脱了性的罪恶感和压抑感，在观念上获得了一定程度的解放，但并未赋予女人真正的自由和选择权，而是把她们置于一种更易受到伤害的位置，把她们从私有财产变成了更易得到的公共财产。在本套书的"男人篇"中，作者也报告了许多男人对性革命的不满，他们认为"让性和情感分离"，说明性革命是"不人道"的，造成了"对男人的压力"。作者认为，真正的性革命是对男性中心性文化模式的革命。男女应该有平等的权利，相互理解，互相交流，相互信赖，共同分享性的欢乐。

上述作者的观点，可以说是难能可贵的真知灼见，是本书的精华所在。

徐天民

中国性学会原理事长、北京大学医学部教授

一种社会文化所生产的性知识和性常识，不但相对应于那个文化所赋予性活动的功能和意识，同时也呈现出性文化中的权力关系。

换句话说，各种性学报告或权威的性医学专著并非客观中立、不带价值判断、不牵涉权力利害关系的事实呈现。相反，它们的研究取向、现象采样、叙事角度，都会受到当下社会文化结构的渗透，当然，也同时捕捉到这些文化结构的变迁。

如果我们从这个前提出发来思考《海蒂性学报告：女人篇》在 20 世纪 70 年代中期的问世，那么我们至少注意到美国性文化的两个重要发展：

第一，一反传统父权社会女人噤声的规范，《海蒂性学报告：女人篇》呈现了众多女人或激情或怨愤或反省或渴求的多样声音，而且是直接针对最禁忌、最被压抑的性事话题发言，以坦然开放的话语来述说女人的经验。

这些声音的出现固然可以归因于匿名作答的问卷形式，但是就这些答案内容的具体细致和坦白自在而言，显然大批美国女人已经在 20 世纪 60 年代的社会革命、文化革命与性革命的变迁中，开拓出了新的女性角色和活动范畴（包括多样的性活动），培育出了主动自发的自我观察以及反思表达的主体意愿，更在语言交谈的领域中充分探索了性活动与感受，因此才可能以如此丰富的面貌呈现她们的私密生活。

这也就是说，女人自身的性知识，在一定程度上与女人在社会文化其他层面上的长足进展齐头并进，互相激荡，开拓出了同时改造性文化和性别文化的契机。

第二，《海蒂性学报告：女人篇》试图事无巨细地探询女人与其性活动之间错综的情绪感觉，着力于理解女人的快感模式和经验及其形成过程，这种关注早已脱出原有父权架构赋予性的有限意义及功能。

在海蒂的研究框架中，性不再受制于传统由生殖主导的生理功能的观点。性是"对自己的关爱与照顾"，是"跟别人共享的性爱"，更是女人愉悦、快感、满足、经验的重要来源。因此这个研究专注于女人在性事上的主观感受以及她们在追求自我情欲成长过程中所遭遇的挫折、压抑、欢欣、反省。当问卷只追问女人达成快感的方式和感受，而不预设婚姻或道德立场的规范时，女人们义无反顾的多样答案也诉说了一个个挣扎着试图在人生中构筑一点点欢乐的灵魂，用她们自在自得的声音穿透了婚姻、爱情所承诺的幸福幻景。

由以上两个在研究取向中反映出来的社会文化变迁来看，《海蒂性学报告：女人篇》具体而细微地呈现了 20 世纪 60 年代以来，早在美国妇女运动开展之前便已波涛汹涌的性革命潮流，并且通过女人的主观叙述，在女人的身体感受中勾勒出了这场性革命的部分面貌。

但是，《海蒂性学报告：女人篇》仍是一个历史的产物，因此它不但记录了性文化的变迁和女性主体观点中性知识的崛起，也同时在这些记录中不可避免地留下了一些历史局限的烙印，而这些烙印正是每个读者应留意的。

首先，《海蒂性学报告：女人篇》问卷的设计固然已超越把性当成生理活动的传统观点，但是它在对女人性事的构思上仍未摆脱某种生理观点的框架。因此问卷的选项环绕着女人身体上的少数生理部位，如阴蒂与阴道，似乎暗示性活动便只是对阴蒂和阴道的直接、间接刺激而已。

这种研究取向预设的是，性活动的愉悦与否，要看是否找对了女人的生理部位，而且施以正确的按摩或抽送（坊间各种性学实用手册中，鼓励找寻女人身上的 G 点或探索女人的性感带也是出于同一生理观点的假设）。也就是说，女人在性活动中的不爽是由于部位没摸对，要是摸对了就一定能爽，而《海蒂性学报告：女人篇》中突显的正是阴蒂在女性快感中的重要地位。

部位之说的进步性在于它至少认识了性不是局限于以生殖器官（阴道）为主的活动，但是，它的不足正在于它仍以生理器官为自己的眼界极限，而无法看到一个在性事上封闭压抑、在性别上极度歧视女性的文化会对女性的性经验及性感受有何等重大深远的影响。对饱受性骚扰威胁，被性暴力恐吓，还要承受贞洁娴静形象束缚的女性而言，恐怕按哪儿摸哪儿都不容易得到愉悦，更遑论浑然忘我的高潮了。

换句话说，《海蒂性学报告：女人篇》固然做到了某种程度的女性性经验资讯的交流，也累积了不少对阴蒂快感和阴道快感的具体描述，但是，这些呈现仍处在个人技巧的层次上，而未考虑整体情欲文化中是否仍包藏着对女人的严重歧视与压抑，更大大高估了快感与器官之间的关联。毕竟，不管是阴蒂高潮或阴道高潮，都还需要女人自身全心全意的自在投入及性幻想的刺激推波助澜，否则单单凭借抚摸或抽送的单调动作，哪有可能到得了高潮？

更明确地说，生理观点全然漠视现有情欲文化对女性快感的多种阻挠和压抑，以至于由此观点出发的情欲文化改造策略也止于"正当化阴蒂高潮"而已。

其次，《海蒂性学报告：女人篇》的另一个历史包袱来自对"高潮"的过度关注。1953 年出版的《金赛性学报告》为了对性进行量化的研究，竭力避免含混的感受描述，因而选择用高潮来计数以量化性经验的内涵。这个研究的方法学也被 1966 年马斯特斯与约翰逊的《人类性反应》所采用，他们首度认定女人的阴蒂高潮远比阴道高潮来得剧烈舒畅。由于这两份性学报告都深入通俗文化，他们对高潮的重视也左右了当时女人对自身性经验的期许，许多女人在性活动中以高潮与否作为唯一指标与目的，也因此在性交活动中产生了不少期待的焦虑或不确定的困惑。

海蒂的研究并没有修订前人对高潮的关注，相反，由于她研究的问题根本架构在女性高潮之上，因而整个研究报告看起来像是单一地以达成高潮为终极考量，而又以强调阴蒂高潮比阴道高潮来得强烈（或容易达到）为主旨的指导手册。

对高潮的关注一方面唤醒大众重视女人的快感，以及女人通过阴蒂高潮可以得到的自主满足，但是另一方面，当性学报告只突显高潮的神秘和阴蒂的重要，而不发掘女性愉悦的多元面貌，那么这有可能会窄化性活动的内涵及目标。因为，如果性活动的唯一目的是高潮的刹那，如果做爱者的全部注意力集中在是否快要达到高潮，或者以是否达到高潮来作为个人在性事表演上成功或失败的标准的话，那么，这种过度的期待对大多数性经验和性操练不足的女性而言，可能会增添不必要的心理压力及挫折感，对那些已经建立自身快感模式的女性而言，则降低了她们开创新快感模式、探索其他快感可能的动机，更使得她们轻忽了性活动整体过程中的持续愉悦，而只着眼于某一特殊时刻的感受。女性高潮固然极其重要，但是，过度地窄化或专注有可能扼杀个别女性主体本身独特多样的快感及愉悦来源，对丰富多元的情欲文化也是有害无益的。

《海蒂性学报告：女人篇》在生理观点和高潮关注上呈现的历史局限，并无损这本性学报告在改造女人情欲文化上的贡献。海蒂很清楚地指出，性事上要有愉悦，女人不能指望他人来施舍，而必须为自己的身体负责；主动去获得多方经验，以了解自己的需要，并开创各种快感模式，无畏地学习、研究、改进、实验；在性活动中更要主动地去主导互动，专注于自己的感受，全心投入，全身感受，自己找寻快感和高潮，摆脱形象和顾忌的纠缠，才可能获得高品质的情欲体验。

以《海蒂性学报告：女人篇》的角度而言，女人在情欲上的不爽困境不是不能改善的。性革命运动的波涛已为女人打开文化空间，女人在性事上已有大量的拓展，但质的提升则需要更全面的文化改造，这不但需要女性角度的性知识和性材料，更需要女人主动积极地介入情欲文化的创造与扩散中。

毕竟，压抑女人自主营造性愉悦和性高潮的根本力量，并非来自那些对阴蒂快感一无所知的男男女女，而是来自一个用婚姻、爱情、贞节、异性恋等制度来钳制女人身体情欲的流动，以及扼杀她们的自发创意的父权性压抑文化。

何春蕤
世界华人性学家协会台湾分会副会长、台湾中央大学教授亲爱的读者：

您能阅读这部拙作，真令我兴奋。

本书是积聚多年的研究结晶。它集中反映了女性性欲与男性性欲这一课题，昭示出做人意味着什么，"平等"的概念是否也适用于性行为，以及如何适用。

性经常被视作游离于生活的重要性与严肃性之外的东西，然而事实上，在生活中，不管是我们自己，还是在我们的概念之中的别人，如何运用自己的身体与他人发生关系都是意义极其深远的命题之一。我们可以通过亲密的性交流与他人建立深层次的联系，或通过性体验这个世界，考验"我们的翅翼"，并通过短暂的关系发掘我们自己与我们的身体。当然，就今天而言，这种经验性的关系需要保护，如使用避孕套等，以使我们避免感染艾滋病。

长久以来，社会都将"性"的概念归入简单的生育活动，将"性"的定义局限为一种模式，即前戏或前奏导致阴道插入，进而产生交媾行为，直至男性产生高潮。在我看来，这种假定并不是生物性概念，而是一种建立在人类感情与需要之上、旨在增强生育能力的意识形态。在这种僵化的意识形态里，经常找不到女性性高潮的位置。也许在人类历史早期的某个时间段里，性关系并不全然被局限在这种狭隘的生育模式里。

我们完全可以按照内心所希望的任何方式建立自己的性亲密形式，然而，我们当中的大多数人仍然在遵循着那套基本模式所传输给我们的不言而喻的原则，以使自己正确地"演示这一行为"。现在，我们可以改变这种局面了。

本书中，我想展示的便是女性性行为（男性性行为在《海蒂性学报告：男人篇》中介绍），即许多世纪以来被主导各个社会的生育模式所忽略或压抑的性行为方式。

女性性高潮是大多数女人在自慰时极易获得的性状态。然而，在我们所知的性定义之中，使大多数女人达到高潮的性刺激——阴蒂刺激——往往被排除在外，这意味着，在他们看来，要么女性性高潮不如男性性高潮重要，要么女人应该设法使自己从带给男性性高潮的同一种刺激——阴道交媾——中获得性高潮。事实是，大多数女人在某种形式的阴蒂刺激中更易达到性高潮（几乎所有的女人都能通过阴蒂自慰轻易地达到性高潮）。本项研究揭示出，只有少数女人通过性交达到高潮，大多数女人在性行为中只是在男人面前伪装自己达到高潮。那么，女人如何才能成就自己，性行为如何才能更加平等并富于变化呢？

首先，我们有必要拥有信息。书中列举了不同国家中数以千计的女人的证言，她们不但阐述了自己何时达到性高潮及如何体验它，而且也阐述了她们对性的体验及她们的喜好与憎恶。这些信息是本书所独有的。为了得到这些信息，我花费了多年时间对女人的内心及经验进行广泛的征询。

根据她们的证言（本书中比比皆是），我得出的结论是：女人及女性性高潮毫无过错，需要改变性态度的是社会自身。女人在性行为（交媾）中获得性高潮的压力，使女人即使在最隐秘的时刻也不得不屈服于这个社会的排斥与压制。女人得到的教导是，她们应该改变自己，"在性交（交媾）中学会性高潮"。然而，需要改变的不是女人，而是这个社会，它需要重新就"性"的定义做出评判。

男人也是如此。他们尽管似乎从我们所知的定义中获利颇丰，但受到的伤害也不容忽略，因为他们与女人间真正的关系受到了阻隔（他们得到的是虚假的信息），他们在潜意识中得到的信息使其产生了自我隔离。这些信息是：男人"天性"优越；性的内涵为"人上"与"人下"（男性与女性的天性也因此而置于对抗或矛盾之中）；男人对性高潮（及其他方面）的需要比女人更为重要。传统的性观念就是这样强化了有违于人性且不顾及彼此真正需要的社会态度。

我将欣喜地倾听来自任何一位读者的声音，不管你是用中文还是用英文，也不管是抒发你自己的经验还是畅谈对本书的感想。

你诚挚的
雪儿·海蒂

♡ 目 录
CONTENTS

1

自 慰

隐秘的性爱

love

　　自慰，是本书最重要的主题之一，因为对大多数女人来说，自慰是她们赖以达到性高潮的捷径，理应大书特书。在这份性问卷调查中发现，绝大多数女人可在几分钟之内，轻而易举地借自慰达到性高潮。82%的女人坦言她们有自慰行为，其中95%的女人说：只要她们喜欢，可以随时随地轻易地达到高潮，而且经常如此。对她们来说，自慰跟性高潮两者几乎是同义词——只要开始自慰，性高潮便随之而来。

　　女人借自慰可轻易地达到性高潮的事实，是与社会上对女性性欲的刻板印象大唱反调的。一般人都认为女人的欲望很难被挑起，达到性高潮的频率也不高。然而，事实正好相反，女性性欲极具旺盛的活力，只可惜一直都处于"地下"的阶段，不曾大声公开。

　　到底有多少比例的女人有自慰行为？回答这个问题将有助于解开女性性欲之谜。鉴于女人多半是在独自一人的情况下自慰，未经过专人的指导，因此，自慰对女人而言，纯粹是一种来自生理的回馈反应，也是人类天生的本能之一。虽然有些女人是在与他人建立性关系之后才开始自慰，但是，很清楚的是，绝大多数女人是靠自己的力量来发现自慰之乐的："我一点都不需要别人来教导我自慰的时候该摸哪里，我已经知道摸哪个部位最能让我达到高潮。从我有记忆开始，我就已经有自慰的习惯了。"①

　　奇怪的是，大多数性学研究者对女人的自慰都不感兴趣。一般而言，他们的研究焦点都放在阴道性交上，而把自慰视为是跑龙套的角色，仅在附注中略加说明，因为他们都错将所谓性本能的定义局限在"生殖繁衍下一代"。然而，这种基于生殖目的论的性学观，也只不过是一项未经科学证明的猜想罢了，而这正是造成历来对女性性欲误解的根源所在。当你预设女性性欲只表现在阴道性交上，而且认定女人

---

　　① 《解放自慰》文中说："自慰是人类性生活的原型，也是人类性欲的基础所在。其他非自慰的各种性行为，不过是人类为求社会关系的拓展而进行的姻亲联结罢了。"此外，据研究显示，灵长类动物也有近似本能而且是自幼即养成的自慰习惯。

必定会借此而达到性高潮的话，你自然只专注在女人对阴道性交所产生的各种反应上，而这种研究方向正好与事实相左，完全颠倒是非。当务之急，应该先去实地了解女人在性生活中的切身经历为何、她们到底喜欢的是什么样的性行为或性关系、她们又是在什么情况下达到性高潮，之后再为女性性欲之谜做结论。也就是说，性学研究者不应该再口口声声地教导女人该如何对性有反应，而应该反过来询问她们对性的切身感受。

无疑，女人知道该如何去享受她们自己的身体，一点也不需要他人的指导，这可从"只要她们喜欢，她们就可以轻而易举地通过自慰达到性高潮"中得知。而且，根据她们多年的经验显示：每次自慰都高潮迭起。至今仍然有许多学者将女性自慰称为功能不良，可见问题的关键点在于社会对女性性欲设下了大错特错的定义。此外，女人在社会地位上的从属角色，也着实发挥了推波助澜之效，致使社会大众误以为女人天生就是被动和卑微的。所以，我们应该大声说出女人的自慰经验，让这些潜藏经年的秘密得见天日，获得世人的肯定，而这正是我们即将迈出的第一步——女人重新定义自己的性爱、自己与他人的肉体关系。

女人对自慰的感觉

自慰的好处很多，例如：你可以轻易地获得强烈的性高潮，而且这种快乐是你享用不尽的宝藏。但不幸的是，在我们所生长的社会文化里却视之为禁忌。这种根深蒂固的歧见，对大多数女人都造成了深远的影响，一位女士曾如是说："这个问题牵涉到对自慰的定义以及名词用语所产生的副作用。有关自慰的说法多半都是带挑衅的，例如这份问卷上的题目：'男人会帮你自慰吗？'这让我觉得自慰比起阴道性交似乎带有更多负面的含义，好像是说，我不应该自慰而应该去跟男人做阴道性交。对我来说，所谓自慰，就是当我在独处的时候，我对自己的关爱与照顾。阴道性交则是我跟其他人共享的性爱。但如果你把阴道性交定义成'阴茎对阴道的刺激'，把自慰说成是'手对阴蒂的刺激'，这种说法实在令人倍感屈辱，让我非常生气。"

事实上，自慰（或手淫）一词的确是有这样的含意：某人以手为另一人进行阴蒂刺激的性行为。因此，这种说法才会引起许多人的强烈反感，而绝大多数女人也都深知其意，以至于对自慰都带有一种厌恶般的敌意：不论你和其他人玩的是什么样的性把戏，只要能跟他人共享，就是合情合理的，但你如果只是"自慰自乐"，便是有损名誉的事了。

现在，让我们一同来假设：是否会有那么一天，社会不再压制女人享受性爱的自由？只要我们依然能如期完成女人的责任——取悦男人，为他们生儿育女，恪守家庭责任，也许在不久的将来，我们也能享有自慰的自由，用各种自己喜欢的方式去碰触、探索、享受身体的感官之乐，而且不论我们是否独处，也可以与他人一同分享。一位女士曾说："自慰的重要性在于那是一种对自我的关爱与照顾，是对你自己身体自然的亲近。这是很正常的行为，原本就是女人生活的一部分，完全合情合理。"

你喜欢自慰吗

大多数女人说她们喜欢自慰带来的生理快感，但是在心理上却不然。

自慰的女人在心理上会觉得孤单、有罪恶感、乏人疼爱、自私、愚蠢，甚至非常不安。通常使用的字眼还包括不舒服、没有归属感、不安、病态、羞耻、空虚、卑贱、肮脏、自我中心、愚蠢、恶心、难堪。一位女士坦言："对我来说，自慰让我感到孤单、幼稚、自我沉溺，在我的性生活中，这是我不太愿意坦白的部分。我偶尔自慰，但我绝不会公然吹嘘。"

其他女人有类似的看法：

"就生理快感而言，我非常喜欢自慰，尤其是在悠闲的时候。在心理层面，我就不那么喜欢了，通常我会觉得这样做很羞耻，甚至会有罪恶感。我不常自慰，因为我自己有一种偏见，觉得应该多跟别人性交才对，比方说我现在跟丈夫同住，一刻也离不开他，而他也很喜欢跟我做爱，就像我很喜欢跟他做爱一样。但是，偶尔我还是会自慰，因为有时我们做完爱，却不能达到性高潮，这时，我丈夫就会拥抱着我，看着我自慰。不过，这种情形不常发生，我一个月最多自慰一次。"

"我非常喜欢自慰，但心理上则不确定。我并不觉得我是在做一件肮脏事，但是仍然会担心我是不是有所谓的性冷淡或性失调。因为只要我自慰，就会有高潮，特别是独处时，高潮更强烈，通常有一到两次。"

"在生理上我非常喜欢自慰，心理上也觉得那是好的，并无不妥。但我也知道，社会大众并不认同自慰，所以我有一些压力，害怕被人发现，以至于有时就不想自慰了。"

"我最近才开始自慰。从童年以来，我就厉行禁欲，以至于刚开始实在很难——那让我觉得难堪，而且蛮愚蠢的。在生理快感上，我非常喜欢自慰，但心理上仍有困难，所以，我必须借助性幻想。我差不多一个礼拜自慰一次，用的是浴室里的莲蓬头。我纯粹是为了享受性高潮才自慰的，差不多需要半个小时到一个小时的时间，不过，我会尽量延长享乐的时间。"

"我一向都觉得，性是不太合宜的行为。我总是能从自慰中获得满足与享受，但事后我会觉得一种无可名状的不安感。这是我第二次承认我会自慰，第一次是性伴侣问起，我才承认的。"

"老实说，我对自慰有点厌烦。我的身体很喜欢，但是心理却不然。有时我会一天自慰两次，而且每次都会达到高潮。我还想跟其他人一同分享自慰的快乐，可是，大多数男人都认为女人'和自己玩'的时候，并不需要跟他人共享。我常常注意到：男人在放松自己的时候，手就会不由自主地开始摸自己的阴茎，可是，我总是会被性伴侣挑剔个不停，因为他们无法接受自己已经射精达到高潮了，而我还没有。我只得借助自慰来愉悦自己，然而他们早已经完事准备去浴室清洗了。"

"生理上很喜欢自慰，但心理上却不然。我认为这是一种愚蠢之至的行为，所以我比较想跟男人'来真的'（做爱）。我知道这些感觉都是非理性的，诸如孤单、被拒、童年经验，以及社会上的冷嘲热讽等。可是，生理反应一样也都是非理性的，所以，我很难说服自己不去在意。"

"我很喜欢自慰。身体的刺激和高潮的感觉总是十分美好，不过，事后总会觉得很羞耻，好像做错了什么似的。照理说，如果我想要性高潮，好像应该去跟男人做爱才对，但是我却没有。"

"我不喜欢自慰，在生理快感上没多大问题，只是自慰叫我无法心安。我总觉得自己很卑贱、肮脏。所以，我很少自慰，虽然我每次自慰都一定会达到高潮。但是，我并不想去深思。"

"生理上我非常喜欢自慰，但心理上却相反。一个月我会自慰三次左右，而且每次都会达到高潮，无论我是独自一人或与他人共处，高潮的强度都一样强烈，不过，我还是比较喜欢独处，那样会自在得多。通常这会让你的男伴深受打击，因为你可以轻而易举地达到多次的性高潮，但是他却只能有一次。一般来说，在我跟男伴做爱时，通常只有一次高潮，但我若是独自一人自慰的话，可以享受无数次，只要我高兴。"

"首先，我想先澄清一下对自慰的定义。我认为，所谓自慰即跟自己做爱的意思，而且是在独处的情况下。在生理上，我非常喜欢自慰，但在心理上则会产生许多罪恶感或肮脏的念头，虽然我很清楚，我一点也无须为此难过。此外，我认为自慰本身也是一种正正当当的性行为，除非违背自己的意愿，否则各种性行为都是好的。每当我在自慰的时候，我都很渴望高潮的来临，对我来说，自慰是一种积极主动的性行为，而且在我独处时，根本没必要表现得那么被动。"

"生理上，我喜欢自慰，心理上则否。老实说，我从来不知道原来女人都靠自慰取乐。在我还是小女孩的时候（11～14岁），常常自慰，不过，后来我一直祈祷上帝给我力量让我能戒掉自慰的习惯。但是，'神力'往往作用不大，我只好再度祈祷上帝不要让闪电把我打死，我愿意为我的罪过忏悔。"

"我现在越来越喜欢自慰了，无论是生理或心理方面。在生理上，自慰带给我迅速而简易的满足感。在心理上，虽然有时会觉得孤单，但若把这种孤独感拿来跟与不爱你的人做爱的感觉相比，其实是一样的。我通常是在晚上就寝前自慰，每次自慰至少会有一次高潮，而我会在第六次高潮后感到满足。无论是我一个人或是有他人在场，我的高潮都一样强烈。"

"是的，我非常喜欢自慰，但是我也很担心：如果我自慰过度，是否会妨碍我与男人的性关系？我几乎天天自慰，用的是振动器。我每次自慰都会有高潮，由于我最近才学会用手自慰，所以，近来高潮的次数就少了些。如果借助振动器的话，大约需要5～20分钟的时间即可达到高潮，不过，要是用手，至少需要30分钟。"

有些女人过去对自慰有罪恶感，但现在已经释怀了：

"是的，在生理上我非常喜欢自慰，但直到最近，我才开始打从心底真正爱上它。以前我不曾听过别的女人谈自慰的事，所以，我一直以为我之所以需要自慰，必定是自己出了什么问题（我通常一个礼拜自慰两次，历时一个小时左右，每次都有三次以上的高潮）。我很后悔直到长大成人之后才学会自慰。我一直都是中规中矩的淑女，不敢尝试也不敢创新，直到婚后数年，我才学会自慰。如果早在少女时期就学会的话，我一定会过得更快乐。"

"生理上我非常喜欢自慰。以前在心理上会觉得有一点罪恶感，不过现在却再也不这么认为了。我每次自慰都一定会有高潮，独处时高潮特别强烈，不过，如果有伴侣在场，会持续得久一点。每次自慰，平均都会有八次的高潮。至于小时候觉得有罪恶感的原因，是因为妈妈常常会偷窥我，想趁我在自慰的时候当场逮到我。"

"大概从11岁开始，我对自慰感到罪恶。我总是很害怕被当场捉到，19岁那年，就在我自慰之后，我清楚地告诉自己：这绝对不是一桩罪恶，因为我总是会因此而深感快乐，此外，我既没有伤害自己也没有伤害到任何人，所以，上帝绝不会说自慰是一桩罪行。事后，我去找一位老古板的教士做忏悔，问他对自慰的看法。出乎我的意料，他也告诉我自慰并非罪恶，这令我如释重负。他还告诉我，所有的女人、男人，大家都会自慰。他还举心理学的最新研究为例，告诉我自慰可以满足身心的需要，是正常而自然的行为。这些话出自一位保守教士之言，他既非自由派亦非新教徒，却表现得多么热情啊！从此以后，我再也不会觉得不安了。"

仍然有一些女人无法享受自慰之乐，她们甚至连生理上也无法因自慰而得到满足：

"无论用各种方式，我都很喜欢自慰，可是我至今仍然无法克服从小对自慰的歧视。老实说，在心理上我并不满足，尽管在生理上达到高潮了，但是我似乎很难充分地尽情享受。我每次自慰都只有一次高潮，因为我觉得自己很羞耻，所以就不再继续做下去了。"

"我宁可尽量忍耐性冲动，也不想去自慰。我猜想，我不会去谴责别人，但我绝对不要自慰，因为我从小就被教导说那是所谓的猥亵，不应该沉溺其中。我可以容忍别人自慰，但我绝不容许自己这么做。这关乎自尊，同时也是自我要求的问题。基本上，我是个严守礼教的人。"

"我只自慰过一次——是为了要找到我的阴蒂，以便让我丈夫看看。那次自慰令我非常兴奋，但随即停止，因为我实在被吓住了，我觉得我好像在作怪、捣蛋，虽然在意识上我觉得这并无不妥，而我丈夫也不会认为羞耻。我想这可能是跟我父母亲早年对我的教育有很大的关系，但我已经想不起来了。"

"对自慰我有许多心理障碍，但老实说，在生理上，我非常喜欢。我记得念小学的时候，大家会说那些喜欢'玩乐自己'的人，都是一些情绪不满、心理有问题的人。那时我已经开始自慰，但不久改掉了，因为大家都说自慰不好。"

"我一点也不喜欢自慰。虽然自慰是我现在发泄性欲的唯一方法，可是，我真的非常厌恶它，我并不是基于道德原因才讨厌自慰，而是因为自慰并非出于自愿，它让我倍感孤单、冷清，一点也不能满足我。我曾有一次性高潮，是在独处的时候，我现在极力想忘掉它。"

但有一些女人完全乐在其中：

"年轻的时候，我从不自慰，但自从我学会自慰，顿时觉得自己拥有了力量，获得了解放。自慰帮助我了解到了历经性高潮的各个阶段中的生理变化。"

"我非常喜欢自慰，一礼拜至少5次。我总是一个人自慰，只因为绝大多数男人都认为女人自慰是一件肮脏的事。如果他们放弃偏见，我就会在他们面前明目张胆地做给他们看。"

"我喜欢自慰，虽然要在朋友面前承认此事会让我不好意思。朋友们一般不赞成我自慰，他们会叫我去找个男人。但是，我要说的是：我的阴蒂从来没有让我失望过，而男人却一向令我失望透顶。"

"是的，我非常喜欢自慰，尤其是生理上。频率有多高？我不清楚。通常是在我身边没有性伴侣可以做爱的时候，我就会自慰。比方说，我偶尔会跟我的性伴侣分隔两地。但自慰绝对不是性爱的替代品，因为我也非常热衷于自慰，那是一种完全不同的性爱。而且每次自慰我都会有好几次的性高潮，至少3～4次。一个人的时候，高潮感尤其强烈，因为那时的我已经完全放松，没有任何压抑。"

"自慰是我至今唯一的性活动，因为我已经守寡近两年了，而我并不想结交新的男友。自慰其实一点也不坏，我一生都靠自慰取乐，只要我有需要，我就开始自慰，而现在更变成了我生活中不可或缺的一部分。说真的，我还蛮喜欢它的。"

"直到昨天晚上，我才初次体验了自慰的感觉，我发现自慰对我来说实在非常重要。这一点也没什么不好，我以前一直觉得自慰是个模糊而抽象的概念，因为我既不知道要怎么自慰，也不觉得有需要。虽然我曾经在高中时代读过很多有关自慰的报道，而且还试过几次，可是，那时的我并不了解自己的生理反应，所以试过几次都抓不到个中要领，最后失去了兴趣。不过，经过昨夜的自慰，我敢打包票地说，就像吃饭穿衣一样，将来自慰一定会是我生活中不可或缺的一部分，因为它实在太棒了！"

"自慰，乃是女人之间可以一同分享的圣典庆宴。我说自慰是神圣的，因为它是自动自发的、自主自立的。自慰不仅让女人更加贴近自己的身心，同时战胜了来自家庭、男人对女人身体的偏见：他们都认定女人在性事上极端依赖男人。但是，懂得自慰的女人就可以免受这种偏见所害。所以，不妨自己试试看吧，你一定会喜欢的。"

绝大多数女人都被教导不要自慰：

"记忆中，最早我是从7岁开始自慰，却一直到了15岁那年，才终于明白那就是所谓的自慰。先前我只知道那会让我感觉非常舒服，但同时也带来罪恶感，仿佛那种快乐是来自身体里的邪恶因子。"

"我不记得妈妈曾经教过我任何有关自慰的事。从进入青春期开始，我就已经懂得自慰了，我曾经读过一本书，书上告诉我自慰是正常的，并无不妥。但是，我依然一直有一种不好的感觉，即使不是罪恶感，似乎也不可以公开，而应该把自慰的事实掩藏起来，不让别人知道。至今我还是无法在讨论自慰时，像讨论其他的性事一般轻松自然。"

"在我 15 岁那年，我和一个男孩有了初吻，那时他还亲吻我的颈脖。当时我非常兴奋（虽然我并不确知那就是性兴奋）。事后我直接回家，随即上床睡觉，我忍不住开始抚摸自己，于是马上就达到了性高潮。自此开始了我的自慰生涯——秘密且带着罪恶感。我也试着不要去自慰，但是实在没办法戒掉，因为自慰的感觉真的很好。"

"我在 18 岁那年发现了自己的阴蒂，为此我曾惶惶不安，害怕自己是个性变态，因为好像只有我一个人才有阴蒂，而别人都没有。我回家之后便开始自慰个不停，心想我是这个世界上唯一会自慰的女人。现在我知道那时的想法实在很荒谬，不过，至今我还不敢跟我的情人谈论此事呢！"

"在我 19 岁那年，我第一次通过自慰达到性高潮。那天我就坐在大学图书馆里的马桶上自慰。那次经验让我充满罪恶感，当时我正跟一个男人同居。等我回到家，竟心虚得不敢面对他。"

"我是在学龄前就开始自慰了。那时我会用玩具在我的两腿之间摩擦，然后上下摆动自己的身体，当时我一点也不知道那就是自慰。我之所以会记得这么清楚，原因有二：一是那种感觉实在太美妙了，二是因为我妈妈为了我的举动而大惊失色。她非常愤怒，威胁我如果再继续这样下去，就要没收我的玩具。"

"我妈第一次发现我在自慰的时候，着实被吓坏了，而她一直摆出一副开明的样子，在性态度上表现得很开通。她也会跟我谈我的身体，但对于我的阴蒂却绝口不提。"

"我从 5 岁就开始自慰。就我印象所及，那时我父母亲态度温和，但仍为此大感紧张，想尽办法不让我去碰自己的生殖器。我还记得，那时我正在生病，被迫要吃一种看似开水却很难喝的药，这次经验着实让我吓坏了，使我以为那时的'天真作为'（即自慰）好像跟我的病有着模糊、暧昧的关联。"

"我是靠自己的力量发现自慰之乐的，而我父母亲态度前后不一的负面反应，也促使我更加集中注意力在身体的禁区上。最初，我非常热衷于探索自己的生理反应。随着年纪渐长，自慰所带来的羞耻心混杂着美妙和奇异的感觉，变成自慰之乐的一部分。在我 10 岁那年，一位邻家女孩突患重病。我父亲告诉我，她之所以罹病垂死，都是因为她做了'那件事'。那时我才恍然大悟，原来别家小孩也会自慰，虽然我还是将信将疑，因为做这档子事，实在有点令人几近疯狂。到了 12 岁那年，我第一次在自慰的时候到达性高潮。我动也不动，屏住呼吸，想知道自己接下来会变成什么样。还好，事后什么也没有发生，我仍然完好如初。从此以后，我就坦然地接受我的高潮经验，视之为生理的自然反应，而且乐于享受自慰所带来的高潮。"

💗 自慰的重要性

大部分的女人认为自慰最重要的是在性（高潮）上取代性伴侣：

以下的回答，乍听之下可能会让你觉得很冷漠或者不近人情，但是，它不过是贴切地反映出一般女人对自慰这个主题的看法令她们羞于启齿：

"我想，假使无法排解性苦闷，是会让人深感挫折的，因此，自慰的确发挥了相当重要的作用。"

"自慰的确让人深感满足，但是，它终究不能取代男人的关注与情爱。"

"自慰对那些没有男人的女人来说，当然非常重要，可以帮助她们获得性的满足。"

"我认为：自慰对保持个人的身心健康非常重要。任何人都不可能随时有性伴侣随侍在旁，你的男伴也不可能永远在性事上表现满分。所以，我主张每个女人都该学会自慰，亲身了解自己的身体。"

"自慰跟与性伴侣做爱的差别在于：你无法同时感受来自另一个人身上所散发出来的热度，而且也没有人来碰触你身体的其他部位。不过，在你一个人自慰的时候，你可以很快地达到性高潮，这是毫无疑问的。"

"即使我可以靠自慰达到高潮，但我不认为自己是纯粹为了高潮才自慰，更不相信自此再也不会跟男人之间有性吸引的紧张感。而且，我也不认为我和男人的关系仅限于碰触就可以让彼此得到满足。不过，鉴于我很少跟我的男伴有性高潮，自慰对我来说还是非常重要的。"

"自慰给女人提供一种安全、可靠、方便的性满足。它比起和一个怨偶做一场糟糕的性爱要好得多。"

"自慰是使我获得性高潮的唯一方式，其重要性对我来说，非比寻常。不过，基本而言，自慰带给我的孤立感以及强迫感，也让我觉得不甚健康。而我只能靠自慰来达到高潮的事实更让我难过不已，我觉得自己的灵魂似乎因而矮化、缩小许多。"

许多女人觉得自慰是一种学习的过程，是了解性爱的重要途径：

"自慰帮助我了解到如何去享受性高潮，也让我清楚地明了我的身体在性爱过程中历经了哪些变化。"

"自慰教你如何去拥有并享受你的性高潮，你会了解到高潮是怎么来的、自己的生理反应、事后的感觉以及你在高潮结束之后还想做什么。"

"如果阴道性交长年都不能给予女人性高潮的话，自慰就扮演着解脱性苦闷的安全、积极的角色。自慰帮助我审视自身的性欲，也帮助我了解自己的性需求——从我开始性冲动，到性高潮来临，以及我喜欢何种做爱方式，等等。自慰让我清楚地知道我的身体最喜欢什么样的快乐，让我更加喜欢我自己，从而对自己有更深一层的认识。"

"自慰让我知道，我是可以达到性高潮的女人。我已经了解到性是怎么一回事，而且我觉得自慰很正常。"

"自慰可以帮助你探索自己的身体，学习去接纳你的生理反应，而且不需要男人的指导。"

"自慰教导我很多事，尤其是如何享受性高潮。直到我填写这份问卷之前，我一直觉得自慰是肮脏的事。现在，我终于知道那样想其实是大错特错。从此以后，我会学着去领略性爱的各种乐趣。"

"我深信：女人自发地探索自己的性刺激是非常重要的，而这很可能是开启她们身体之谜的最佳导言。"

有些女人认为自慰帮助她们与别人共享更佳的性爱：

"自慰能帮助你认识自己的身体，并学习如何享受身体感官带来的快乐，这些对自己身体的进一步认识，能促进你的独立人格，更能增进你和其他人的关系，因为既然你能坦然与他人分享身体之乐，自然就有助于关系的进展以及感情的深入。"

"如果触摸你自己的身体（即自慰）会带给你很大的罪恶感的话，其实，你也很难自由自在地与他人共享性爱，因为你无法坦然地给予，也不敢碰触对方。"

"自慰可以帮助你开展个人的性爱体验，借着触摸自己，你也可以学会如何去触摸别人。不过唯一要担心的是，很可能你做得太好，以至于随兴之所至，高兴怎样就怎样，使你的性伴侣穷于应付。"

有些女人则认为自慰是展现个人独立自主的方式：

"自慰带给我的性高潮感，是唯一不让我感到羞耻与自私自利的快感，让我超越与性伴侣做爱的局限。"

"自慰让我对自己的身体享有自主权，因为我不必依赖别人来满足我的性需求。因此，我才能主控自己与他人的关系。"

"自慰可以让你自由自在地解除你的性紧张，无须四处寻觅、等待艳遇，更何况露水姻缘的性伴侣也未必真的能让你满足。此外，自慰也无关乎感情的牵扯。"

"自慰的感觉非常美妙，你一点也不必为跟许多男人上床做爱而深感罪恶，也不必为了受男人的利用而气愤不已。此外，你更不必担心怀孕或被传染性病。"

"自慰带给你的性爱就像一场独奏会，意思是告诉自己：我会好好关爱自己、照顾自己，与自己的身体和自我做密切的对话与交流，对自己的存在保持着高度的意识，而且觉得自己很性感——我一切安好，我爱我自己。"

"自慰对女人非常重要，因为社会教导女人要依赖男人才能获得性满足，同时灌输女人要对自己的身体感到厌恶或茫然无知。这种情况正是我们女人共同的困境。"

"如果有更多的女人知道自己可以通过自慰得到性快感的话，会使许多人避免被迫进入她们不想接受的男女关系里去。"

"自慰是对我自己身体负责的态度。我可以自主地让自己快乐，如同别人也能与我共享鱼水之欢一样。"

"当我发现自慰可以让我轻松地达到性高潮时，当下就有一种解放自我的感觉，觉得自己是强有力的人，可以开始主宰自己的命运。"

"自慰对我的重要性在于，我可以自主地享受性爱，而这也意味着，我对我自己非常自豪。就在每次自慰达到性高潮之后，我都深感自豪，庆幸自己拥有这种能力，并为自慰所带来的美好感觉窃喜不已。"

有些女人认为自慰就是快乐，一切不言自明：

"自慰对于获得性快感是非常重要的，它是个人性爱的另一种方式，就像你可能是异性恋或同性恋一样。我认为社会大众对自慰的了解仍非常有限，我尤其反对许多教会认为自慰会导致与他人关系疏远的说法。"

"我反对所谓'自慰是无人做爱时的替代品'的说法，这实在是无稽之谈。自慰是人类性爱的一种方式，本来就应该被公平看待，无须为自慰附加别的作用或理由。"

"我以前认为，自慰是迫不得已的最后法宝，但我现在却不这么想了。自慰就是一种性爱，而且是我可以自由选择要或不要的。以前我若是跟别人同居还自慰个不停，会让我深感罪恶，但现在却不会了。"

"自慰是一种自爱的方式——关照你自己，给你自己快乐，也是你日常生活中不可或缺的一部分。"

"对我来说，自慰有一层象征意义，它可以帮助我弥补因做爱失败而带来的痛苦。我自小就是天主教徒，所以就一直被教导：我不可以从身体上获得快乐或享有自主权。此外，我一直被教导自己的身体很脏，性也是肮脏不堪的。在我学会自慰之前，我已经有过阴道性交的经验。所以，当我体会到自慰之乐时，我便学会如何去接纳自己的身体，而且接受自己是个会享受快乐的人。"

"我认为自慰非常重要，它帮助你探索、享受自己的身体，使你在自主控制之下宣泄性冲动。我认为自慰非常完美，好比跟自己共舞一般。我和我的性伴侣开始学着观看彼此自慰，不过至今我还是很害羞。我猜想，我大概天生就认定'性爱应该得自他人，而非自己'。"

"自慰能帮助我安定心绪，给我温暖，此外，自慰让我渐渐入睡，给了我挥洒性幻想的空间，借以宣泄白天的性冲动。"

"我想自慰的重要性在于它能解除性爱神话。女人一直都以为，获得性爱之乐的唯一途径，就是必须跟男人进行阴道性交，事实并非如此。"

"自慰提供给你完美的感官满足，让你的身体充分享受生理快感，关照你所有的需要。自慰是你新生力量的来源。"

"通常在我跟男人做完爱却没有高潮时，只好借自慰来满足自己，这时的我会感到心情很糟。不过，在我悠游自在的时候，自慰却是一种高度的自爱、完美、真诚，我几乎无法克制自己停下来，至少都会有三四次的高潮来临。"

"自慰并不是一件羞耻的事情，通过自慰，我能够缓解压力，缓解对性的渴望，让身心都得到满足。"

2

自慰的类型

追逐快乐的天性

love

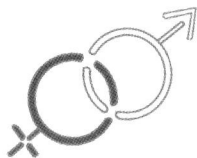

自慰的类型

当女人在解释她们需要什么样的刺激才能达到高潮时，总会面临诸多困境，因为社会大众对女性性欲仍有很大的误解。下表的 6 种分类，可以用来划分各种不同的基本生理反应。这些分类可以澄清许多女性性欲的迷思，指出以往许多冗长的推论其实谬误百出，并纠正诸多文献中不当的解释。

I 型

* IA 型

基本上，IA 型是以背朝下平躺，然后用手（或振动器）来直接刺激整个阴部。这是一种很传统的自慰方式，一般俗语中所说的手淫即很类似 IA 型。

绝大多数女人都是以 IA 型"用手直接刺激阴蒂①"来自慰，有的女人还混合其他方式进行自慰，还有的女人则是以 IA 的各种亚型来自慰。

"在自慰的时候，通过性幻想或其他方式刺激心理冲动，也是很重要的。对我来说，独处才有助于我的自慰。我会用指尖来刺激我的阴部，如果改用轻拍或揉搓整片阴部的方式，效果会更佳。随着兴奋程度的提升，我便开始摩擦我的阴蒂，最后在我快速痉挛的抽搐中达到高潮。通常我的腿都是张开的，而我还会用另一只手去刺激我的乳头。"

---

① 有必要在此澄清"阴蒂"一词的语意。阴蒂一词是在最近才开始流行起来的，而这都要归功于马斯特斯与约翰逊这两位性学家以及诸多女性主义者的提倡。该词在本书指的是整个阴部的区域，并不只局限在阴蒂而已，阴蒂是在阴部上方，直径约 0.6 厘米。

自慰的6种基本类型

%	类型	自慰方式
73.2%	Ⅰ型	□ 背朝下平躺，用手（或持物）刺激阴蒂及阴户区
	ⅠA型	刺激阴蒂
		刺激阴蒂的亚型：
		ⅠA型：直接刺激阴蒂
		ⅠA1～ⅠA5型：刺激阴蒂且偶尔伴随着戳刺阴道
	ⅠB型	刺激阴蒂及阴户区
5.5%	Ⅱ型	□ 腹朝下俯卧，用手（或持物）刺激阴蒂及阴户区
	ⅡA型	刺激阴蒂
		刺激阴蒂的亚型：
		ⅡA型：直接刺激阴蒂
		ⅡA1～ⅡA2型：刺激阴蒂但偶尔伴随着戳刺阴道
	ⅡB型	刺激阴蒂及阴户区
		ⅡB1型：阴蒂及阴道刺激偶有阴道戳刺
4.0%	Ⅲ型	□ 以柔软物摩擦挤压阴蒂及阴户区兼以物戳刺阴道
3.0%	Ⅳ型	□ 规律地摩擦大腿内侧兼以物戳刺阴道
2.0%	Ⅴ型	□ 用水冲激阴蒂及阴户区
1.5%	Ⅵ型	□ 以物戳刺阴道
10.8%	其他	□ 混合以上各种方式：
		4.4% ⅠA型 1.2% Ⅲ型
		0.4% Ⅵ型
		0.3% ⅠB型 0.9% Ⅳ型
		1.5% Ⅱ型 2.1% Ⅴ型

"如果我想快速完成自慰的话，就会两腿张开，用振动器刺激阴蒂的底部。不过，通常我都是用手指抚摸阴蒂的底部，等到高潮即将来临的时候，再把手指移到阴蒂的顶端，做回旋摩擦。我的腿总是大开着，两手交替着抚摸阴蒂，以免手酸。空着的另一只手就会去抚摸我的乳头，或稍事休息。当我到达性高潮的时候，我会不停地摆动我的身体。"

"我用手和想象力一同自慰，而且想尽各种姿势，试过各种动作，不过，基本上都是集中在刺激阴蒂。我用手指去抚摸我的阴蒂，偶尔会再用另一只指头伸入阴道。自慰的时候，我只抚摸我的生殖器官，不去碰触其他的部位，因为我并不想因而冲动难耐，除非我的性伴侣来抚摸我，那又另当别论。"

"我用手指直接刺激我的阴蒂来进行自慰，另一只手则忙于爱抚我的乳头，捏、拉、揉我的乳晕。自慰的时候，切记要保持阴蒂的湿度。有时我用指尖上下爱抚，有时我用绕圆圈旋转的方式抚摸。我的腿时合时开。若我保持手指不动，运用身体不自主的摆动去迎合静止的指尖，这种感觉实在再美妙不过了。我还会伫立在长镜前观看自己自慰的样子。"

"说来奇怪，我是个惯用右手的人，可是我自慰的时候却用左手。我会向右侧躺，左手从底下伸上来，用第二、第三只指头，上下搓揉我的阴蒂以及阴道口。我的右手则顺势轻压我的下腹部。有时我会把左脚交叠在右脚上，增强压力感，一直到高潮来临为止，这时我会稍做晃动——类似蠕动。我也想尝试一下振动器的滋味，但至今还没有机会试试看。"

"有时我会穿上挑逗、惹火的服饰，在镜中欣赏自己。通常我会抽根烟，偶尔还化妆。如果时间很宽裕的话，我会把乳液或润滑油涂在我的乳头和生殖器上。我喜欢端详镜中的自己甚于观看现实中的自己。自慰的时候，我先从玩弄双乳开始，接着轻抚大腿，然后集中在高潮的来临，我会用右手的指尖在阴蒂四周不停地做回旋摩擦。一开始，我会张开大腿，等到进入高潮期后，就会合起双腿，借以挤压大腿内侧的肌肉。一旦到了高潮点，我就几乎无法动弹了。"

"我会关起门来在床上自慰。首先，我会竖起一个枕头靠在床边，然后斜靠着枕头坐起身来。我会挤一些凡士林涂在我的阴蒂上，接着开始读色情书刊，我把腿张开，用我的食指轻轻地来回搓揉我的阴蒂。等我冲动起来，我就把书丢开，熄了灯，摘掉眼镜。随即更快速地搓揉我的阴部，一边大做春梦，于是我的高潮便来了。我仍然不停地摩擦我的阴蒂，直到高潮渐渐退去。此时我的膝盖通常已成弯曲状，我的左手紧握着枕头，因为随着高潮的强度渐增，我的下腹部便不断地痉挛，有时，我也会把双腿闭合，手则从底下伸进去爱抚我的阴蒂。"

"我有一种最棒的自慰招式——'超快一分钟特别式'：在落地镜前用振动器自慰，要诀是以脚尖站立，好让全身的肌肉开始紧绷，裤子脱到膝盖以上、大腿的中间部位，胸罩拉松，以便露出双乳，再把振动器的尖端对准阴蒂，突出振动器的机身，这样它在镜子里看起来很像是一只阴茎。每当我看到自己在镜中的这种模样，马上就会兴奋，接着进行自慰，不消一分钟，高潮就来了。"

"我都是躺着自慰，两腿大开，有时会弓起膝盖。我会轻柔地触摸自己的身体，尤其是接近大腿的内侧地带，然后我用右手的中指直接刺激我的阴蒂。我会先从阴蒂的四周开始慢慢地爱抚，沾一些口水或香皂好让阴蒂保持湿滑。接着，我的身体会随着手劲的增强和加快，逐渐开始来回摆动。我常常在接近高潮点的时刻中断下来，因为我想延长享受性兴奋的时间。一旦高潮来临，我的全身会剧烈地摆动不已，整个骨盆也会上下痉挛。高潮前后，我都静静地平躺着，只有手还在摆动。"

"我一向都是用我的电动剃毛机来自慰，我把它正对着我的阴蒂。现在我已经不剃毛了，再也不会用它来自慰了。一般来说，我在自慰的时候，都直接用右手的第三只指头来刺激我的阴蒂。我的左手则用来爱抚我的身体，偶尔也会去刺激我的双乳。这时，我会开始幻想我的意中人，希望能和他做爱，如此冥想着直到高潮来临。我很少摆动身体，也不怎么发出声响。我的腿通常都是大开着，到了高潮时才合起来。一般我都是用画圆的方式自慰，不过一等兴奋期开始，我就改成用上下摩擦的方式来刺激我的阴蒂，而且效果更佳。"

"我用手指来自慰，通常采取左手上下爱抚的方式。我会直接刺激我的阴蒂，至于双腿的姿势，并不特别在意。我只会稍稍摆动自己的身体，以免惊动到睡在旁边的丈夫。要是吵醒他，他会抱怨不已。"

"我通常会在看完 X 级的电影或是色情书刊之后自慰。我会在自慰的过程中回想刚才看过的情节，然后用毛皮或我的手来爱抚我的身体。接着，我用舌头把指尖沾湿，再轻轻用指尖触摸我的双乳，像是有舌头在舔舐一般。最后，我用同样的手法爱抚我的阴蒂。自慰的时候，我会闭合双腿，并且将脚踝交叠起来。"

"我自慰的方式不一，要视情况而定。如果我想要让它变得更有趣一点，就会穿着衣服自慰。透过衣服的质地来触摸我的双乳或生殖器，会让我倍感兴奋。一等我的身体开始有反应，我的手就会伸进衣服里去，轻柔地爱抚我的双乳，然后滑向我的耻骨，最后慢慢到达我的阴部。我会用绕圆的方式抚摸我的身体，随着性兴奋度的提升，我也会加快爱抚的速度，紧接着高潮就来临了。我的爱抚既像轻微的振动，也像快速的骚动，最后，好似天体爆破，我的性高潮就来了，非常快速地，下一波高潮马上也随之而起。"

"自慰一开始，我先用手指或物品来刺激我的乳头。无论它是烟灰缸、铅笔、梳子……只要在手边的东西，我都会拿来玩一玩。我以前会用一根羽毛来助兴，后来因为有一点罪恶感，所以就弃而不用了。接着，我集中精神开始性幻想，暂停身体的刺激。当我准备要进入高潮期时，我会加重手指（或物品）的力量，上下爱抚我的阴蒂，我的高潮也随之来临。此时，我的腿一定要紧紧闭合，否则很难达到高潮，不论我在自慰或是和性伴侣做爱，我都要紧闭着双腿才能达到高潮。此外，我也很少摆动躯体，甚至不必刺激阴蒂，单靠性幻想就能达到高潮。我记得至少有一两次是这样达到高潮的，不过，用触摸的方式自慰，会更有快感就是了。如果我一开始就直接爱抚我的阴蒂，将会更快地达到高潮，但是我都会尽量延长兴奋期，拖久一点才让高潮来临。"

"我自慰的时候，用的是一只简易的电池振动器。我用它来刺激阴蒂的右侧，以绕圈的方式轻柔地爱抚。一开始，我的腿是张开的，不过，慢慢地就自然而然地合起来，紧接着不断地振动。然而，我认为更重要的是性幻想，而不是纯粹由自慰所带来的生理反应。"

"我都用手自慰。通常是仰面躺着，偶尔会反过来趴下。我曾经跟朋友借用过一只振动器，可是，我觉得它比不上手指来得细腻、灵巧。自慰的时候，我会试用各种爱抚的方式。用手的平面摩擦整个阴部，或用手指沿着阴蒂的两侧上下左右摩擦，或者手指、手掌并用，以画圆的方式爱抚阴蒂。各种爱抚的方式都很好，重点在于谱出一个既定的旋律，稳定而持续地施压，直到高潮来临。通常在自慰的时候，我会把腿闭合。我不太摆动身体，偶尔稍稍抬高一下臀部。我不太注意另一只手在做什么，大概紧紧地握着吧！我把注意力都集中在我的阴蒂上，除了阴蒂刺激之外，我在自慰的时候，很少会去触摸或拍打身体的其他部位。"

"在我所有的性快感经验中，自慰提供了90%的快乐。我用双手自慰，通常是在浴缸里或床上进行。我先亲吻自己的肩膀，然后爱抚双乳，看着两个乳头慢慢勃起变硬，这样便增加了阴道中的湿润程度。接着，我用画圆的方式爱抚我的阴蒂。"

"我喜欢穿紧身牛仔裤，好让裤缝紧贴着阴蒂的顶端，时时发生摩擦作用。此外，我会用手指在阴蒂的顶端时压时放，造成一股轻柔的时紧时松的压力。我常在公共场所中自慰，并无任何忌讳，也没人发现我在干什么，我用的是紧身牛仔裤这一招。"

"自慰一开始，我先用右手把阴毛掀至耻骨的部位，然后左手持振动器对准阴蒂的顶端开始振动。接着，我马上感觉到，阴部以及肛门一带的肌肉开始一阵剧烈地收缩。然后，我把臀部抬起，用左手的第二、第三只指头来回在阴蒂、阴唇的四周快速摩擦，而此处自左及右不过一寸宽，我用最快的速度拉捏着阴部整片的肌肉，口中一边兴奋地大开黄腔，强烈表达想要高潮的意愿，最后鼓足气向高潮期挺进。"

"我除非借助振动器，否则自慰都很难成功。我惯用的是一种大型的振动器，有许多附件，还会自动发热。我用双手握紧振动器，用轻微的力道在阴蒂上画圆绕圈。我的腿是张开着的，因为我集中精神在阴蒂刺激上。一旦出现不由自主地痉挛或骨盆收缩的情况，那就表示我的高潮来了。"

"我用平躺的姿势自慰，两腿大开，膝盖弯曲，用右手的手指爱抚我的阴蒂，有时还触及阴唇，我的左手则抚摸我的肛门，不是用插入的方式，只是轻触肛门的开口，一边轻轻地把左臀抬起。最近以来，我开始试着采用朝下趴卧的姿势，改用右手爱抚我的阴蒂，我的膝盖则仍保持弯曲状。"

"自慰一开始，我会先用整只手去按摩我的阴蒂。先轻柔地爱抚，然后随着兴奋程度的提高，加重摩擦的力道。我通常是用指尖在阴蒂的两侧来回爱抚，假使我一开始就直接刺激阴蒂的顶端，那会马上让我反应过度，因为那一带的部位实在太敏感了，甚至会让我觉得有些许的痛感。我最喜欢在自慰时享受那份绵延不断的动感，不过，偶尔也会随兴之所至，高兴快就快，高兴慢就慢。至于在和男伴做爱的时候，我都会示意他们遵照我在自慰时的律动来爱抚我。"

"我很喜欢自慰，不过，我只偏爱独自进行的方式。通常我会大做春梦，扮演性幻想中的角色，而且十分入戏。接着，我便开始刺激我的乳头，接着是我的阴蒂。我喜欢同时快速地刺激乳头和阴蒂。此外，我还会准备一只假阳具在旁边，等到高潮来了之后，我才开始用它来自慰，事实上，只要它在身边，就够性感的了。"

"我用各种方式自慰。我可以平躺在床上、沙发上、地板上或澡缸里，用手探索我的全身——乳房、屁股、大腿、肛门、阴道以及阴蒂等。我喜欢用手去摩擦我的阴蒂，也喜欢摩擦整个阴部，或者把手指伸进阴道里去，再用另一只手把玩我巨大的双乳以及可爱的乳头。自慰的时候，我还喜欢用性幻想来制造气氛。如果用的是振动器，我也喜欢以春梦来增加情趣。"

"我时常在玩弄自己乳房的时候就达到高潮了。然后，我会开始上下爱抚我的阴蒂，以便于找到一个正确的触点好让我再次达到高潮。接着，我不停地爱抚自己的阴蒂，通常两腿是合拢的，这时，我的臀部也开始上下摆动起来（随着手指或振动器的动作）。偶尔，我会用一只手握着振动器，另一只手则去玩弄我的乳头。"

* 直接刺激阴蒂的 IA 型

她们通常会使劲地让身体紧绷起来，或者努力把阴蒂四周的阴唇肌肉刺激得大为扩张，然后再用另一只手直接爱抚阴蒂。有些女人还提到，自慰时需要一些乳液黏胶来达到润滑的效果。此外，在第一次高潮之后，通常她们的阴蒂已经变得异常敏感，必须稍事休息，否则无法再持续刺激下去。

"我用中指去搓揉摩擦我的阴蒂，指尖需事前沾湿。我另一只手去拉住我的阴唇，以便阴蒂的四周可以保持在一种轻柔的紧张状态下。在我快速地摩擦我的阴蒂时，我会用另一只手伸入我的阴道口，速度则较缓慢。我的腿大开着，我的膝盖弯起，躯体不太有动作，直到高潮来临时，沿着我的躯干到骨盆，才会发出一阵阵强烈的痉挛。"

"自慰的时候，我以背朝下平躺，把腿紧紧并拢。我用左手把阴唇掀开固定在外，直接露出阴蒂，这样我就可以轻易地用右手去爱抚我的阴蒂。一开始，我先轻柔地以画圆的方式慢慢搓揉我的阴蒂，然后逐渐加重力道，最后到达高潮。接着，我会放慢速度，视身体的感受，直到高潮完全退去。如果我还想要第二个高潮，就会重做一次自慰。"

"我用电动牙刷来自慰。我先用一条湿毛巾包住那只电动牙刷，然后沾一些乳液在我的阴蒂上让它保持湿润。接着，我会平躺，两腿张开。先用左手把阴唇向两侧剥开，露出阴蒂，然后用右手执电动牙刷，轻轻地挤压我的阴蒂。有时我会上下移动那只电动牙刷，有时则会固定在一点，要看哪一个部位的感觉最好而定。但是，我还必须借助性幻想来帮助我提升性兴奋度。自始至终，我自慰的时候并不太移动我的臀部。全程中，我只动手、动牙刷，以及振动我的阴蒂而已。"

"我只用手指自慰。我的左手先把外阴唇拉住向外张开，然后，再用右手的食指直接爱抚阴蒂的右侧。有时，我会上下摩擦，有时则慢慢地以画圆的方式进行。我的腿通常都是紧闭着的，使劲伸直。我也会改用以趴在床上的方式自慰，不过只是偶尔如此罢了。因为那样的姿势比较难达到高潮，除非我已经连续自慰好几次了，或者是在我还很不满足的情况下，我才会翻过身来改用趴下的姿势。我很少摆动身体，不过若是跟男伴做爱的话，那就另当别论了，自慰的时候，我也不会大声地叫床。"

"通常我会在身体感觉很舒服的时候，或是在微醺的兴奋状态下开始自慰。我会用手轻柔地来回画圆爱抚我的阴蒂，另一只手则是辅助把阴唇撑开，这时，我多半是采用坐着或斜靠着的姿势。我总是直接爱抚阴蒂，然后顺势下滑至阴道，偶尔还会用手指戳几下阴道口。此时，我若紧缩阴蒂的肌肉，高潮就会来得格外强烈。我还常常借助镜子来增加情趣。我的腿一直都大开着，直到高潮来临，才会把大腿紧紧地交并在一起。"

* ⅠA 型的亚型：ⅠA1~ ⅠA5

以下是ⅠA 型（以手刺激阴蒂）衍生出来的各种亚型，这些亚型的基本共通点在于：女性在自慰的时候，也就是当阴蒂刺激还正在进行中时，她们会以各种方式来戳刺阴道①。

* ⅠA1型

ⅠA1 型是ⅠA 型的基本形态，除了以手刺激阴蒂外，还兼以手指或物品戳入阴道。

5% 的女人说她们在自慰的时候，偶尔会戳入阴道，但不是每次都如此：

"自慰的时候，我通常会轻柔地摩擦整个阴部，而不是直接碰触阴蒂，我会先在阴蒂四周的肌肤上来回搓揉，再用指尖有规律地来回按摩我的阴蒂，并不断增强指压。总而言之，对我来说，达到高潮的三大原则在于：一、指尖的施压；二、有规律地摩擦律动；三、切忌直接碰触阴蒂。第三项原则的施行要点在于，你可以借助阴蒂外围的肌肤（即阴唇）来避开直接的碰触。最后，我便开始紧缩肛门，如此就能促进性高潮的来临。偶尔我会把手指伸入阴道中，以便稳定阴蒂的反应，这样做会让我非常兴奋。此外，我的腿一向是大开的，在自慰过程中，我很少摆动身体。"

"我用手指来回摩擦我的阴蒂，另一只手则去爱抚我的乳头，有时还会把手指伸进阴道里去。我的腿是合拢的，并拢双腿可以让全身紧绷，有助于高潮来临。通常，我都会上下摆动身体，无论是躺是站，这种动作最能让我快速达到高潮。不过，我自己也是经过一段时间的摸索，才终于搞清楚该怎么做才能尽如人愿地达到高潮。"

"自慰的时候，我会用一只手玩弄我的阴蒂，另一只手则去探索我的阴道或肛门。我先摸遍整个阴部，然后再集中到一些特别敏感的地带。我会一直变换姿势和爱抚的方式，直到我的高潮来临。不妨在自慰前先来跳一段裸身艳舞，保证让人兴奋异常。"

---

① 区分阴道戳刺的各种不同方式，目的在于澄清女性性欲的高潮之谜，本书将在第 3 章中详细讨论有无阴道戳刺，以及它对女人达到性高潮的影响。

"自慰的时候，我需要一些前戏先让自己兴奋起来，比如看看色情书刊来刺激性欲。自慰一开始，我会平躺在床上，松开裤子或睡衣的纽扣，好让我的身体可以自由动作。我用两只指头沿着阴蒂的四周上下爱抚。有时，我会把另一只手的两指伸入阴道内。摩擦几秒钟后，我的身体便慢慢紧绷起来。在高潮来临的时候，我会有一种朦胧感袭上心头，接着我会更卖力地爱抚，上上下下地进行。我的腿是大开的，阴道早已湿透，如果还不够湿润的话，我会用口水去沾湿我的阴道，或者涂一些乳霜上去。等我兴奋到极点的时候，我的背会自然地略微弓起，然后，我会把手指从阴道中抽出，转而集中到耻骨以下的阴蒂顶端，继续爱抚。"

"刚开始时，我是在洗澡的时候用澡盆的水来自慰，后来我学会用手来做，直到现在依然如此。我用右手的中指有力地上下爱抚我的阴蒂，随着速度不断地加快，我的高潮也来了。有时，我会用一只指头伸进阴道里去，大拇指则继续爱抚我的阴蒂。最近我开始读一些色情书刊，也尝试在自慰的时候用力收缩阴道内壁，如此似乎更加强了高潮的来临。偶尔我还会兴奋地抬高全身，双腿不断地上下摆动，到了最后，我的胸部、躯干以及阴部都会高高地翘起。我最喜欢我的双腿大开着，让性兴奋一泄而出，这是最令我畅快而过瘾的享受。此外，我还试过用小黄瓜自慰，也试过振动器，不过那些经验反而给我一种生疏的感觉，高潮感似乎不再属于我自己了。"

"我用各种方式自慰，通常我会用手指来回快速地爱抚我的阴蒂。因为阴蒂的肌肤非常细嫩而敏感，不适宜直接摩擦，所以在自慰的时候，我都是穿着内裤。我如果已经把裤子脱掉了，就会把一只指头伸进阴道里去，大拇指则继续刺激阴蒂，同时再用另一只指头来回搓揉整个阴部。在这个过程中，我会大做春梦，偶尔还会出现间歇性的阴道痉挛，但不像阴蒂快感来得那么强烈就是了，阴道痉挛更会让人性欲高亢。从小到大，我在自慰的时候，一向都会把物品放入阴道中，比方说冰棒、口红等，我记得有一次我妈发现我竟然腿里夹着手电筒睡着了。两腿夹着温暖的手电筒，使我感觉非常舒服。"

"我在不同心情下自慰，采用的方式也各具特色。首先，我有一种超快式自慰法，以便于我的性需要未获满足而产生阴部不适时所采用。遇有外出旅游的机会，我就会利用电动牙刷、莲蓬头或振动器等来解决性冲动。而在我想要好好享受一番自慰带来的感官快感时，我会特别腾出一段时间，让高潮之前的前戏尽量延长。那时，我的假阳具、茶壶壶嘴等都派得上用场，我会放纵脑中的绮情幻想，冥想自己跟意中人做爱的各种欢爱场面。一番云雨之后，不知不觉地一两个小时已经过去，我的身体也充分享受了性爱的感官之乐。"

* IA2型

IA2 型基本上也是采用"手刺激阴蒂"的自慰法，但在过程中时常伴随着阴道戳刺。

5% 的女人坦承她们运用这种方式自慰：

"自慰的时候，我用一只指头刺激阴蒂，另一只手则把一个塑胶制的小瓶塞进我的阴道里来回摩擦。刚开始时，我的腿是张开的，性高潮来临时，我就会把腿并拢。我通常先从爱抚我的阴蒂开始，然后才把瓶子塞入阴道。在高潮的当下，我就用两腿把瓶子夹紧，直到高潮渐渐退去为止。"

"自慰的时候，我会先爱抚我的阴唇，然后沿着阴蒂四周，以绕圈画圆的方式不停地爱抚，接着，我就把指头伸进阴道里去。此时，我可能平躺或侧躺，或者干脆跟着一起摆动我的身体。如果我的腿是合拢的，我很快就能达到高潮，假使我把腿大开着，因而需要奋力地自慰才会有高潮，但是，那时的高潮来得更强烈，更令人满足。"

"在自慰的时候，我丈夫会帮我把一只假阳具塞进我的阴道，我则用振动器来刺激阴蒂。我没有多余的手来碰触我自己，因为我正握着那只振动器。我的腿通常微微张开，偶尔也闭合着。"

"我用一种会振动的假阳具先刺激我的阴蒂，它还附着一只灌水即膨胀变大的长形鼻管，我就用这只充水的鼻管塞进我的阴道深处。这种自慰方式会让我在 30 秒钟内马上达到高潮。自慰的时候，我只消轻轻地摇摆臀部，一边移动那只振动器即可，我的腿时开时合，要看需要而定。"

"自慰的时候，我先用手刺激我的阴蒂，然后用手一起刺激阴蒂和阴道。有时，我会用另一只手的食指（或连中指一起）刺激我的阴道。偶尔我也会用一些随手可拾的物品——比如圆滑的梳柄刺激我的阴道。我不太愿意承认我还会用其他的物品来自慰，因为在我的朋友里面，大家都觉得这是一种很不自然的行为。我其实并没有什么恋物癖，借助物品自慰，只是图个方便而已，因为你很难碰触到阴道的深处。自慰的时候，我的手腕很容易就疲乏了，特别是当我的爱抚动作极为缓慢的时候。所以，我猜想，很可能我害怕别人会笑我所喜欢的阴道戳刺其实是一种过时的自慰方式，以至于我对此事大为敏感。"

* IA3型

有少部分的女人（1%）会在高潮的当下，把手指伸进阴道里去：

"小时候自慰时，我会把双手夹在两腿中间轻柔地摩擦，同时温和地摆动全身。现在，我则会用指尖以画圆的方式爱抚我的整个阴部。在高潮来临之前，我会把一两只指头伸进阴道里去，这样我便可以同时感受在高潮当下阴道内的肌肉收缩。"

"等到高潮来临时，我会放几只指头在阴道中去体验当下的收缩感，我不仅想借此确定我的高潮已经来了，而且还想充分享受高潮所带来的性快感。"

* IA4 型

这是一种独特的手势：把手掌覆盖在阴部，然后将手指伸进阴道里去，于是这只自慰的手就形成了半圆的姿势。采用这种手势自慰的女人，都会提到她们是用整只硬挺的手快速摩擦来爱抚她们的阴部——"快速地来回戳刺，同时以画圆的方式进行"或"快速地轻抚"。通常，她们会把手指伸进阴道口的内里不远处，这样她们就可以当下感受到手掌在阴道口四周爱抚所带来的刺激感。这种方式让她们体验到了广泛的快感。

大约有 1% 的女人采用 IA4 型的自慰方式：

"自慰一开始，我先搓揉我的阴道口，然后把两只指头伸进阴道里去，接着用手掌开始快速地轻抚我的阴蒂，我的腿则是合拢的。"

"我先用一只手紧握住我的整个外阴部，接着开始轻柔地摩擦，直到觉得有一股暖流慢慢升起，然后用一只指头拨开我的阴唇，并上下爱抚着让它湿透，最后再把一只指头伸进阴道里去，上下快速地摩擦，同时也用手掌不停地爱抚阴蒂。自慰的时候，我的腿是大开着的。"

"自慰的时候，我先爱抚我的乳头；然后开始看色情书刊，一边均匀地爱抚我的整个阴部，直到我的性兴奋全部被挑起；然后，我把手指伸进阴道里去，同时用手掌不断地摩擦我的阴蒂。偶尔，我还会抓一只橡胶阳具来吸一吸。"

"我的手腕和手臂一起摩擦我的阴蒂，再用 3 只指头伸进阴道口内壁的不远处。我的腿在自慰的时候都是大开着的，同时不断地爱抚我的外阴部。偶尔，我也会用一根胡萝卜来自慰。"

"每当自慰的时候，我会把手掌覆在外阴部上摩擦阴蒂的顶端，再用一两只指头伸进我的阴道里去。我的手指会快速地在阴道口进出，或以画圆的方式爱抚阴蒂。偶尔我还会同时用另一只手按摩我的肛门。"

* IA5型

IA5 型是 IA 亚型的最后一种，这种自慰法除了用手刺激阴蒂外，还配合着间歇的阴道戳刺，以便增加阴部的湿润。

约有 1% 的女人采用此种方式：

"自慰一开始，我先搓揉我的外阴唇，同时以画圆的方式爱抚我的阴蒂。一会儿过后，我把食指伸进我的阴道里去，刺激它增加湿润，然后用指尖上下来回在我的阴蒂四周不停地摩擦，最后渐渐改为绕圈画圆的爱抚方式。我喜欢爱抚整个阴部的感觉，不过，我还是会专注在阴蒂的感应上。我通常会放慢爱抚的速度，以便能尽量延长性兴奋的时间，但是，最后往往是我自己忍不住开始加快爱抚的速度。在自慰的过程中，随着性兴奋程度的逐渐提升，我会变换不同的施压方式，不过，爱抚的力道当然是越来越重。有时，我会用另一只手去碰触我的双乳。自慰的时候，我也会把玩我的阴毛。偶尔还会刻意把另一只手摆在一个不相干的位置，假装什么事也没有发生，我外表会让人看似一切如常的样子，这是因为我常常在自慰的同时，一边幻想我正在秘密地进行爱抚，所以不能让外人知道我正在干什么。要是我的手指累了，我会试着换手接班，不过，我必须承认，我的左手实在没那么灵活，所以，一会儿，我很快又换手，恢复原来的自慰方式。通常我会在高潮来临之前的刹那暂缓我的爱抚，如果我那时的自制力足以让我自己停止下来的话，我会等到兴奋感稍歇，再继续爱抚的动作。如此，我会暂停个三四次，直到我变得欲火中烧，心跳加剧，且全身开始不由自主地摆动起来，我才想让性高潮在这个时刻降临。在高潮的当下，我会忍不住在床上打滚，而且大声喘息，要是我的性伴侣已经睡着了，我会想办法尽量不要弄出太大的噪音。而我的男伴要是真的被我吵醒了，他通常会看着我自慰，不过这种状况真会让我手足无措，一想到因为我自慰得太兴奋才把他吵醒，我会觉得很尴尬，除非在他睡前我就先声明过我待会儿要开始自慰。老实说，比起其他各种性爱，我对自慰最感罪恶，也许是因为对自己能在性事上自给自足的天赋感到歉疚吧！不过，当我在日常生活的各方面渐渐发挥独立自主的能力之后，我对自慰的罪恶感也就随之慢慢减弱了，如此看来，这又何尝不是个好现象呢！"

"自慰的时候，我躺在床上，两腿大开着，我的手在全身上下爱抚着，一边搓揉我的双乳，一边体验肌肤内外的感受。我用右手去爱抚我的阴部，左手则按摩大腿内侧，时而跟右手一起来摩擦我的阴唇，这时，我右手的中指就会停留在阴蒂上，以绕圈画圆的方式进行爱抚。我还会用另一只指头滑到阴道口去搓揉阴道内壁的皱褶，享受像触摸缎子一般光滑的肌肤触感，然后把阴道的湿液带回阴蒂，借以润滑正在上下爱抚阴蒂的中指，同时，我的左手则交替着爱抚我的双乳和大腿内侧以助兴。"

* IA型搭配肛门戳刺

有一些采用 IA 型自慰法的女人，偶尔也会在爱抚阴蒂的同时进行肛门戳刺：

"我只要一想到跟性有关的事，血压就开始升高，心跳剧烈。我的阴蒂也随之加速搏动起来，阴道顿时因为分泌黏液而变得湿透了。于是，我便用左手的食指去爱抚我的阴蒂，再用右手的食指或中指去戳刺我的阴道或肛门，来回进出，速度快慢不一。在自慰的过程中，我的阴部会历经两三次不同阶段的兴奋，一次比一次更强。接着，我便集中精神来回不停地爱抚我的阴蒂。偶尔我还会借助一些形状像阴茎的家庭用具，来辅助戳刺我的阴道或肛门。"

"我喜欢在黑暗的屋子里自慰。偶尔，我会读一些色情书刊来助兴，特别是看一些有关肛交做爱的报道或图片。我会用湿润的手指自慰，或者借助像阴道泡沫喷管、灌水器或灌肠器的尖端来刺激阴蒂、阴道、肛门。我会用一只手爱抚阴蒂，另一只手则去刺激肛门，偶尔还会用指头或物品戳入肛门。我不太在意到底我的腿是开是合。此外，自慰的时候，我也很少摆动我的身体。"

"自慰的时候，我会用手爱抚我的阴蒂，偶尔我还会把一只指头伸进阴道里去，一只则停留在肛门附近爱抚，或者全部的手都专注在爱抚阴蒂。通常我会同时用一两种大小不同的振动器——小的用来刺激肛门，大的则用来刺激阴道。我用一只手来全力爱抚我的阴蒂，另一只手同时握着两个振动器来自慰。我的腿都是大开着的，爱抚的时候，我采用的是绕圈画圆的方式。"

* I B型

I B 型自慰法的重点在于，除了刺激阴蒂之外，还会同时爱抚整个阴部（即外生殖器）。这种自慰法可广泛地爱抚、摩擦整个阴部。

有 9% 的女人坦白地说她们是用以下方式自慰，其中的 1/6 偶尔也会把手指或物品伸进阴道中：

"自慰的时候，我用的器具是女用电动剃须刀的边缘。我用它上下左右来回爱抚我的阴蒂，同时用另一只手去刺激阴道口的边缘。"

"我主要是用手指自慰。首先，我开始轻柔地爱抚我的身体、乳房、生殖器等。偶尔，我会用两只手同时爱抚我的阴部，不过并不频繁。我会等到阴部开始湿润之后，才做爱抚。如果我操之过急，还没等到下阴部湿透就迫不及待开始自慰的话，通常就很难顺利达到高潮。所以，我会轻柔地摩擦我的阴部，然后把腿高高抬起而大开着，接着更卖力地爱抚，于是我的高潮就来了，而且不止一次。如果我没有把腿抬高，就比较难以达到性高潮。我想知道其他的女人是否也是如此？"

"我自慰的时候，会用指尖轻柔和缓地在阴蒂下部来回搓揉，然后渐渐偏到阴道口去。稍事休息过后，再重复上下来回地爱抚，轻轻地在阴部施压，而我的心灵之窗也正在尽情享受这一切。如果是侧躺的姿势，我会用一只手自慰（以中指爱抚阴唇），另一只手则撑起一腿，这时我的骨盆开始会有明显的律动出现。一会儿，我会换个姿势平躺下来，再度抬高双腿来增强身体的紧绷感，同时不断地上下来回爱抚我的阴部，偶尔还会把中指伸进阴道里去。每次自慰而来的性高潮强度不一，要看我当时的生理状况如何，不过，一般而言，高潮都来得极尽缠绵悱恻、激烈而美妙。"

"在自慰的时候，我会双手并用地在我的下腹部上来回摩擦，顺势爱抚阴部。我的腿是大开着的，膝盖弯曲。我的爱抚遍及我的小腹、耻骨、阴毛，特别是大腿内侧、阴蒂四周以及阴道内外。自慰一开始，我先躺下，玩弄我的乳头。根据我的记录显示：以画圆绕圈的手法朝耻骨方向来回按摩下腹的底部，可以有助于平缓痛经，而且在自慰的时候如法炮制，也会令人舒服，身心顿感轻松舒畅。通常，我会用手掌或两只手覆盖在阴部上来回爱抚，直到全身渐渐暖和起来。然后把一只手继续留在耻骨上做爱抚，另一只手（手指）则专注在阴部上，特别是对阴蒂的爱抚，而且不断增强力道和加快摩擦的速度。我会用两三只指头集中爱抚我的阴蒂，其他则分散在阴部四周。等我接近高潮的时候，我会抬起腿，挺起身体，同时把覆在耻骨上的手松开。"

II型

I型的自慰法，是以背朝下平躺的姿势，用手、手指或振动器来爱抚。II型的自慰法跟I型如出一辙，唯一不同点是采用腹部朝下趴着的姿势。有5.5%的女人说她们采用II型的自慰法（尚有1.5%的女性另外混用其他类型的自慰法），即以腹部朝下趴着的姿势，用手或振动器来享受自慰，当然，II型的自慰法也像I型一样，有许多不同的亚型。总而言之，这两种类型的区别，身体压力的运用似乎是关键所在，许多女人觉得趴着自慰可以增加刺激的快感，有些女人则无法在趴着的姿势下达到高潮，或者说，趴着所造成的身体压力阻碍了她们高潮的快速来临。

惯用Ⅱ型自慰法的女人，有些是以身体的律动来迎合手的爱抚，有些刚好相反，只有手部动作而身体保持静止。不过，一般来说，通常都是身体与手同时动作的占多数。

Ⅱ型跟Ⅰ型还有一个很大的不同点：惯用Ⅱ型自慰法的女人中，绝大多数都会在爱抚的过程中把两腿合拢。这点将在本章文末讨论。只有约1/4采用Ⅱ型自慰法的女人，才会把两腿大开着——这个比例显然偏低。

*ⅡA型

"我用食指自慰。我朝下趴着，一只手抱着枕头。我以绕圈画圆或上下来回的方式进行爱抚，此时，我的腿稍微张开，不过，随着兴奋程度的提升，我的腿就慢慢并拢，直到高潮来临。偶尔我会剧烈地摆动身体，有时则小幅度地摆动一下而已。"

"我自慰的程序如下：先把毛巾铺在床上，把振动器放在毛巾上，以它会振动的顶端朝上（上覆一个约直径一寸的橡胶帽套）。我会在自慰开始之前，先把振动器的顶端沾湿。然后，我以腹部朝下的姿势轻轻趴下，我的手脚成一大开的V字形，阴部则对准振动器的顶端。直到高潮来临，我才开始动手，用左手把振动器稍微挪至右边。在高潮快来的时候，我的手和颈脖都会开始变得僵直，我的手还会忍不住伸向空中，随即我的左手就会去挪动振动器的位置。"

"我唯有借助自慰才能达到性高潮，而且我只能采用趴着的姿势——两腿合拢。自慰的时候，我把一条小毛巾绑在手上。我用右手腕去爱抚我的阴蒂，左手则借腕力辅助右手的爱抚。我的骨盆还会随着右手的律动，有节奏地摆动。从我小学4年级以来（我今年25岁），我就一直持续采用这种自慰方式，因为其他的办法都很难让我达到高潮。偶尔我会在自慰的时候把衣服脱光，也许还会用一些硬硬的东西刺激我的双乳。有时，我会塞一些东西进入我的阴道，同时幻想一些性暴力的场景。甚至我也会用一只热水瓶盖在我的阴部以提升性冲动。我还必须再次重申，如果没有性幻想的助兴，我将不可能顺利达到高潮。如果遇到我有高潮困难的时候，我就会在脑中遍寻春梦场景，好让我尽快达到高潮。"

"右手的中指，是我自慰时最强而有力的刺激物。自慰一开始，我会用轻拍、搔弄的手法刺激我的阴蒂，然后，我的手改做绕圈画圆的动作，最后再用中指去刺激我的阴道，时而轻拍，时而上下来回地爱抚阴道口四周。我通常都是脸朝下趴在床上，好让我的阴蒂可以获得最大的压力。自慰的时候，我会上下左右摆动我的臀部。我若把两腿大开着，就会因此兴奋异常，不过，如果要让我的高潮来临，我就必须把腿并拢。等我快要达到高潮时，再加重爱抚的力道，直到高潮降临，我便尽情享受。"

有些女人虽然采用的是Ⅱ型的自慰法，但是，她们赖以达到高潮的关键反而是身体的摆动，而非取决于手指对阴蒂的爱抚：

"自慰的时候，我把脸朝下趴在床上，手从身体底下伸到阴部去爱抚。偶尔我也会需要一些柔软的物品搁在我的手和阴蒂之间，因为在爱抚的过程中，我摆动的是身体，而不是手部。我把腿合拢，膝盖弯曲。假使有人直接刺激我的阴蒂，我反而没有办法达到高潮，我还需要一些柔软的东西做缓冲，最好不要使用太直接的刺激。"

* ⅡA1型——阴蒂刺激偶有阴道戳刺

"我都趴着自慰，两腿并拢，双手交叠，用手指（食指或中指）爱抚我的阴蒂。有时，我会用另一只手去爱抚我的双乳或臀部，或者把手指伸进阴道里去，但是这些情形并不时常发生就是了。自慰的时候，我很少摆动身体，摆动的次数也比跟男人进行阴道性交时少得多。"

"我在自慰的时候，是胃朝下趴着，两腿夹着枕头，爱抚的方法有时是用枕头摩擦我的阴蒂，有时就直接用手。当我用画圆的手法爱抚我的阴蒂时，我的身体开始变得僵直而紧绷。我用另一只手去玩弄我的乳头，挤捏它取乐，偶尔我还会用振动器来刺激我的阴道和肛门。我的腿时合时开，姿势并不固定。"

* ⅡA2型——阴蒂刺激且常有阴道戳刺

"我在自慰的时候，会把两腿大开，腹部朝下趴在3个枕头上，好让我的背可以弓起来。然后，我开始爱抚我的阴部，把中指伸进阴道里去，另一只手则集中爱抚我的阴蒂。采用这种自慰法，我可以同时强烈地刺激我的阴蒂和阴道内的子宫颈（这个区域也是我的性感带，不过还是比不上阴蒂那么敏感）。接着，我的呼吸变短，越来越急促，我的身体开始起痉挛，而且不由自主地收缩起来，一切都跟随着手指爱抚阴蒂与阴道的律动。我还曾经试过同时用两三只指头并行伸入阴道里去，不过，这样做的缺点在于无法像一只手指般轻盈，可以自由地伸到子宫深处。"

"我都用手自慰，我会先把全身爱抚一遍，让我的手和身体逐渐暖和起来。然后把手伸到大腿的交合处，用手指的指尖轻柔地在阴部上施压。接着把身体翻转过来，让腹部朝下。再用两指以画圆的指法在阴蒂四周来回上下爱抚。我挪出右手伸进阴道，看看是不是已经湿透了，一面开始大做春梦。接着，我不停地用右手刺激我的阴蒂，还把两指戳入阴道。我喜欢指尖碰到阴道内壁的皱褶、缝隙时的触感。亲自触摸自己的私密处，这种感觉多奇妙啊！有时，我也会用手去刺激我的尿道口，不过，通常都会有痛感产生。自慰的时候，我的腿多半是闭着的，如果我自慰一段时间却没有达到高潮的话，我就会开始紧绷我的大腿和屁股的肌肉，甚至上下摆动我的身体，或继续用手不断地爱抚我的阴蒂。我还喜欢把屁股露出来，让清凉的空气刺激一下，或许是因为我喜欢暴露自己。总而言之，趴着自慰，可以让我轻松自如地把手指伸入阴道中取乐。"

＊ⅡB型——阴蒂及阴道刺激

"自慰的时候，我朝下趴着，用两只手围成杯形，把外阴部罩起来，让阴唇闭合着。再用指头轻柔地牵动阴唇的外围，手掌则轻轻地在耻骨的上方挤压。我的腿是合拢的。从我四五岁开始，我就天天用这种方式来自慰。偶尔我的性伴侣也会加入我的自慰，他会从背后帮我施压，让我更有力地挤压我的阴部。"

"我用振动器自慰，使用的是流线型的弧面，而不是突起处。我比较喜欢用振动器的原因在于，我通常都没有足够的时间可以慢慢地用手来刺激，而且我觉得用手自慰十分无趣，极易令人疲倦。自慰的时候，我把振动器放在床上，面朝下趴着，然后摆动我的下体，使其在振动器上来回摩擦，特别是集中刺激我的阴蒂和阴唇。我喜欢把我的腿合拢，再把脚踝交叠起来，这样我就可以用腿的动作去控制整个自慰的过程，以便我的下体能如愿地接触那只振动器。有时，我会大幅摆动我的身体，有时则不。我发现我越兴奋，就会摆动得越大。"

"我一向都是趴着自慰，两腿夹着枕头，从小腹延伸到下体。我的手放在枕头底下，正对着我的阴部，然后就有规律地摆动我的下体。接着，拿出振动器放在阴蒂的位置，先让它固定住，摆动我的下体稍微刺激一下，等到我的性兴奋开始高涨，我就开动振动器，用左手握住它，让它在我的阴蒂、阴道四周来回摩擦。其实，只要振动器一现形，就够教人欲火难耐的了。还好我的右手会适时制止振动器不要振动过度。有时，我会把振动器稍微偏左一点，有时则让它去刺激我的肛门。自慰的时候，我的腿一向都紧紧并拢，同时进行性幻想。当我心血来潮，也会把那只吵闹不休的振动器改装一番来自慰取乐。"

＊ⅡB1型——阴蒂及阴道刺激偶有阴道戳刺

"自慰的时候，我把振动器放在阴蒂、阴唇以及阴道口附近，有时还会把一支蜡烛插进阴道里去。如果我把腿合拢的话，比较容易达到高潮，通常我还会把脚踝交叠起来，这样可以增加大腿肌肉的紧绷感，而且也会让我自然地想把膝盖合拢。我以前也会在自慰的时候爱抚我的双乳和腹部，后来觉得这些都是多此一举。此外，以前我总会不停地挪动我的双手，较少摆动我的身体，现在则刚好相反。"

Ⅲ型

Ⅲ型自慰法，是运用枕头或其他柔软物的摩擦来辅助对阴部的刺激。有 4% 的女人说她们是用这种方式来自慰的，还有大约 1.2% 的女人会混合运用其他类型的自慰法。Ⅲ型自慰法与Ⅱ型的相同点在于都是以腹部、脸朝下趴着的姿势进行自慰。不同点则在于Ⅲ型自慰法并不会用手去刺激阴部。采用这种方式自慰的女人，会把她们的骨盆以及阴部对准床沿、枕头或衣物所结成的小丘，不断地推撞、摩擦，或者借着身体的摆动来与床沿进行厮磨。她们通常都会把两腿并拢，还把床单被套捆成小球塞在大腿中间夹紧。所以，对她们来说，这种自慰方式所产生的刺激是间接的而且效果更为扩散。根据调查，有 6 个属于Ⅲ型的自慰个案的做法是比较罕见的，本章将会陆续介绍其中的 4 个个案。

"没错，我爱死自慰了。老实告诉你，我从婴童期就开始自慰了，到现在我也不觉得有戒掉的必要。不过，我还是比较喜欢跟性伴侣一起做爱，有人陪伴让我更高兴。自慰的时候，我一定会有高潮，而且通常都有好几次，要看我的心情如何。我自慰的方式是别人没有尝试过的。我先在床上堆起一个像手腕大小的突起物（我以前会用玩具熊宝宝的头来自慰，可是，自从我长大了，不适合再跟玩具熊宝宝一起睡觉以后，我就改用床单堆成的布冢来代替），接着我朝下趴在布冢上，让压力直接作用在我的阴蒂上。我用画圆的方式摆动我的臀部，随即我的高潮就来了——非常简单。不论我的腿是合拢或张开，都没关系，不过，若是在我已经进入狂乱的阶段时，合拢着腿会比较好一点。在自慰的过程中，通常我会运用膝盖和手肘来支撑身体，所以我的手就不太有动作。"

"自慰的时候，我把两腿交叠，骨盆则对着柔软的东西（最好是枕头）不停地厮磨，一边开始各种性幻想，这是我最常用的招数，非常有效。我也很喜欢碰触自己的身体，不过，再怎么样也比不上上面那个办法来得美妙。在自慰的过程中，我很少摆动身体，只有在高潮即将来临的时候，我才开始大幅摆动自己。"

"我靠摩擦别人大腿的方式来自慰，我坐在别人的大腿上，上下摩擦我的阴蒂。我先慢慢地摇摆我的下体，然后加快速度，仍然维持着夸张的动作，大幅地摆动我的身体。"

"自慰一开始，我先用手去刺激我的阴部，然后我会趴在好几个大枕头中间，让全身在枕头上厮磨不已，从胸部、小腹、骨盆到阴蒂，借着不停地摩擦来提高我的性兴奋度。我是穿着内裤自慰的，因为那样会让兴奋感均匀地扩散开来，而且还会让快感在阴部四周自由滑动，一点也不感到痛楚。接着，我开始摆动身体，尤其是让我的骨盆和枕头摩擦。随即我的骨盆就出现了阵阵的痉挛，我也继续使劲施压在枕头上。"

"我用毛巾来自慰，先把毛巾卷成一束，然后上下摩擦我的阴部。我从来不用手自慰。用毛巾爱抚阴蒂所产生的快感，是无法用手取代的。"

"通常我用座椅的角部来自慰，或者把枕头夹在大腿中间。我会运用两腿并拢而上下骑乘的姿势来自慰。这种自慰法是在我4岁那年偶然发现的，那时，我一点儿也不知道我在做什么，我只记得感觉非常舒服，所以，我就一再重复。直到一年前，我才开始对此深感内疚，不过，现在又不这么想了，只是我仍然没有勇气跟别人提起这件事。"

＊Ⅲ型兼阴道戳刺

"自慰的时候，我都趴着，用一些小东西伸进阴道里，再用大腿把枕头夹紧，接着上下摆动我的下体，而且越来越快，越来越用力。我再把程序说明一次：先把小东西戳进阴道，然后对着枕头摩擦施压，再有规律地摆动下体，直到高潮降临。"

＊Ⅲ型亚型

前面曾经提到一些类属Ⅲ型但比较罕见的案例，像是用手臂把身体高高撑起，远离地面，在高潮期时用物品摩擦阴部：

"我站在椅子上自慰，把下体对准椅背的突起部分来回摩擦，然后再抬高下体，变成跨坐在上面的姿势。这种自慰法让我的身体有更大的自由度可以活动，早在小时候我就学会了，后来我一直都在我妈的椅子上自慰。"

"我用浴室的排水孔来自慰，我把下体靠在上面来回用力摩擦。那个冰冷的排水孔，对我的阴部造成很大的刺激作用。有时，我会把大腿转来转去，加重摩擦力，或者不停地拍打大腿，以便振动我的女阴。"

"通常我都靠摩擦家具来自慰，在上面来回以绕圆的方式摩擦我的阴部。我还没听说过有人是用这种方式来自慰的，我也不记得我是从哪里学来的办法，不过，我可以确定的是，从我很小的时候开始，这种自慰法就快速地满足了我对性高潮的需要，而且每次自慰都可以获得好几次的高潮。这真是个自慰的好方法，唯一遗憾的是，你的手肘会长出许多厚茧。"

"记得 11 岁那年，我在泳池内的阶梯边玩耍，无意中弯身碰到阶梯的顶端，突然有一种很舒服的感觉发自我的阴部。我压根儿也不晓得那到底是怎么回事，只知道如果我用椅背去摩擦我的下体，那种美妙的感觉就会再次出现。15 岁那年，我终于第一次经历了我的性高潮，而且确认自己拥有这种天赋是非常宝贵的，但是，我也知道这种事不能四处宣扬，因为那种感觉是在我的阴部发生的，所以不能大声嚷嚷。从此我一直都是用这种方式自慰，到了最近，我才想到利用排水孔自慰。要是我在浴室里，我就会跨坐到排水孔上去来回摩擦我的阴部，这样一来我可以享受数次美妙的性高潮。我也曾经试过在床上自慰，不过始终无法奏效，这真叫我难过，因为我的性伴侣（他还不知道我会自慰呢）无法让我达到高潮。我很容易就被挑起性欲，但是很难达到高潮。"

Ⅳ型

Ⅳ型的自慰法，是把两腿紧紧地交叠在一起，交相挤压摩擦大腿的内侧，并做规律的摆动。采用这种自慰法并不限定何种姿势，或坐，或躺，或侧身都好，只要你的姿势可以让你轻松地将大腿肌肉缩放自如即可，特别是大腿内侧的肌肉。偶尔也会有人在大腿中间夹着枕头，这样做有助于集中自慰时的快感，同时将快感沿着枕面扩散开来。

据调查，有 3% 的女人是采用Ⅳ型的自慰法（另有 9% 的女人有时也会用这种方式来自慰），她们通常都是借着挤压或收缩大腿的肌肉来自慰：

"自慰的时候，我以背部朝下平躺，两腿合拢，间歇地摇摆我的身体，直到高潮来临，于是，我变得全身僵硬，开始用力挤缩阴道内壁的肌肉，并放慢摇摆身体的速度。不过，我很清楚地知道，这是因为我用大腿内侧的摩擦力刺激阴蒂以及挤缩阴道肌肉，才让我达到高潮的。我使尽力气去挤缩我的整个阴部，我的屁股也因此变得紧绷起来。"

"我靠摩擦我的大腿内侧来自慰，通常是以躺下来的姿势进行，不过坐着也可以（比方说坐在办公室里或在公交车上）。我会有规律地摩擦双腿，好让阴蒂承受来自大腿内侧细腻的压力，这份紧绷感慢慢地就汇聚成高潮了。"

"我在自慰的时候，会平躺在床上，把脚踝紧靠在一起，有规律地紧缩我的大腿使之交互摩擦，一边大做春梦，如果遇到高潮迟迟不来的时候，我还会用手去爱抚我的乳头助兴，以增加大腿内侧的性兴奋度。"

"自慰一开始，我会先浏览一遍色情书刊的图文内容，或者干脆在脑中胡思乱想，大做春梦。我把脚踝交叠起来，施压在大腿内侧，而不需要用手去爱抚。我也曾经试过用振动器或用手去刺激我的阴部，后来发现根本不需要这些辅助。其实我是在偶然的情况下发现大腿交叠自慰法的，并一直沿用至今。我还看不出来有必要改用其他的自慰方式。"

采用IV型自慰法的女人，偶尔也会运用一些物品夹在大腿中间助兴，比如枕头或毛巾等：

"一开始，我可能是受到外界刺激或自己的性幻想的影响，勾起了性冲动，于是我便躺下来，把右手伸向两腿的交接处，以右手腕或前臂覆在阴唇和阴蒂上，还一直延伸到膝盖、小腿等处，让大腿的内侧夹紧右手臂。我的左手则用来保持平衡，或者玩弄乳头。在自慰的过程中，我会摆动臀部或骨盆来促进性兴奋。通常我也会用手爱抚阴唇、阴蒂、阴道等。"

"自慰的时候，我会把一条毛毯或床单紧紧捆成一束，夹在两腿中间，然后我便用这束布条来回摩擦我的阴部，而且特别集中在阴蒂上，我不会用手去爱抚，只是摇摆我的臀部以及腿部。接着，我开始性幻想，几分钟后，我的高潮就来了。"

"我把腿交叠着自慰，一边轻柔地用长形物品爱抚我的阴蒂，偶尔还会把长物戳入阴道里去。通常我都隔着内裤自慰，不会直接刺激阴部。我很少用手自慰，顶多用手去爱抚大腿内侧靠近阴部一带的肌肤。我一向都借助物品来自慰，一边配合骨盆的摆动，施压在大腿内侧深处去摩擦我的阴唇。"

"我会用枕头来辅助我的自慰，或者用一些缝制牢固且质地柔软的替代品。我会把它夹在两腿中间，然后上下摩擦，或者用大腿把它紧紧夹住。我也可以用手指刺激阴部来自慰，但千万不能直接触摸我的阴蒂，因为它太敏感了。事实上，我比较喜欢穿着裤子自慰，我可以不必直接碰触我的阴部，而我的腿一定要把枕头夹住，不能分开。自慰的时候，我也会摆动身体，但要是我正在大做春梦的话，也就不太需要大动干戈了。我在自慰的时候特别注意空气流通，所以我不喜欢穿外裤，而会把腿和屁股都露在外面。"

"我用毛毯自慰，先把毛毯塞在大腿中间，然后使劲把它夹紧。尤其要把毛毯集中塞到阴蒂的四周，接着上下有规律地摩擦，一边用力把大腿的内侧肌肉不停地收放。偶尔我还会用另一只手的手指从身后戳进阴道里去。"

"我都趴着自慰，抓一两个枕头夹在大腿中间。我会用下体去摩擦夹在大腿中间的枕头，一边用双手从枕头底下配合下体摩擦的旋律。我的腿是大开着的，而且不停地摆动——像蝶式的泳姿，真的很像一只在飞舞的蝴蝶。有时，我会在自慰一开始，先用吹风机对着阴道吹送暖风，好让我的性冲动渐渐发动起来，这是一种前戏的玩法。我也会用枕头来爱抚我的双乳。"

"我在少女时代，便养成了在公共场所自慰的习惯，比方说在枯燥无聊的课堂上，或是在教会的讲经课上（那时我是教会诗班的成员之一）。我只消把两腿交叠起来，使劲来回挤压大腿内侧的肌肉，两三分钟之内，我的高潮就来了。不过，老实说，即使我再怎么强作镇定，在高潮来的时候，我的身体还是常常会忍不住轻微地痉挛。所以，我都会借机假咳两声来掩饰一下，或者顺势把身体向前倾，再不然就不动声色地抓一抓大腿，假装什么事也没发生。"

"自慰的时候，我会把衣服脱掉躺在地板上。我把一条毛巾夹在大腿中间，让它直接接触我的阴唇。我还会把类似阴茎的东西戳进我的阴道里去，毛巾则坏绕在那只长物的顶端四周。然后我把两腿紧紧合拢，以回旋的方式摇摆我的臀部。偶尔我会在自慰一开始，先读一些色情书刊来助兴。"

以Ⅳ型法自慰的女人中，少部分人也间歇采用类似Ⅲ型的自慰法。她们会把全身抬高，但并没有像Ⅲ型法以物刺激阴部：

"我用紧缩阴道肌肉的方式来自慰。我很少碰触我的阴蒂，不过，我会运用大腿内侧的肌肉来替代手对阴蒂的刺激。我都坐着自慰，用手或手臂挤压我的大腿，若是坐在书桌边，我会以手臂来保持平衡，高举我的骨盆，使劲挤压我的大腿内侧，紧接着美妙的高潮就来了。"

V型

V型的自慰法——流水按摩式，即用流水（通常是温水）冲激阴部来获得高潮。

流水按摩式自慰法的最简易做法，就是直接把莲蓬头开大，以背朝下平躺，两腿打直靠在墙上，再把阴蒂对准水龙头源源不绝的水柱。

有2%的女人说她们是用这种方法自慰，另外，有2%的女人还会混用其他的自慰方式：

"我只用莲蓬头的水柱来自慰。我会把水柱对准我的阴蒂，两腿大开着。有时，我会牵一只长管，坐在浴缸的边缘，然后从长管中挤出一道水柱，或者我就干脆平躺在澡缸里，让水龙头冒出的强大水柱朝我的阴蒂直泻而下。"

"自慰时，我平躺在浴缸里，让稳定的水流帮助我达到高潮。我会用手把阴唇张开，露出阴蒂。我把水温调至稍高，这样更能增加刺激感，我的臀部也会跟着摆动，让阴部的性快感扩散开来。通常我也会站着自慰，躺着自慰虽然感觉很美妙，不过，你的头发和脸都很容易也被水柱打湿。这种自慰法所带来的性高潮是人间极其完美的享受，而且你还可以享受多次高潮。"

"通常，我是在澡缸里让我自己达到高潮的。首先，我先用手指刺激我的阴蒂，然后我把两腿张开，下体高抬，让阴道正对着水龙头流出的水柱。我先把水柱调小以便刺激阴蒂。等我越来越兴奋，我就把水柱转大，并且把下体移近水龙头，让强大的水流直泻在我的阴道口上，接着我的高潮便随之降临，这真是超级完美的享受。"

"我用手动式的莲蓬头来自慰。我把水柱调到大小适中，水温调匀，然后上下来回喷向我的阴蒂。我把双腿合拢，要不然会觉得有些许痛感，我也很少摆动身体。通常，我都是用这种办法来达到高潮的。如果遇到没有手动式的莲蓬头可用的时候，我就会改用其他的物品来代替水柱的爱抚，不过，这些替代品一向都很难让我顺利达到高潮。"

"连续8年，我在家里都是用莲蓬头来自慰。以下是我的自慰法：我先挤出强劲的水柱对准我的阴蒂喷去，然后扩散到整个阴部，同时用另一只手来辅助阴蒂的爱抚。这时，我会站起身来，把阴道洗洁液的滴管朝肛门口或阴道口戳入。保持这种姿势有点困难，因为你很难在站着的同时放松自己，一边还想把滴管戳入阴道里去。但这种姿势给了我无上的快感，我实在没有办法，只得站在那儿等着高潮来临。最后，我会坐到冰冷的地板上，两腿张开，靠在墙上。这种姿势对我来说好受多了，至少我可以借助大腿与墙壁的摩擦来放松自己。不消多大的压力，便出现了轻微的痛感，接着我的高潮也跟着来了。在这个高潮之后，我几乎站不起身来，也无力清洗自己。"

VI型

仅有 1.5% 的女人说她们在自慰的时候只用阴道戳刺法。另外，0.4% 的女人回答说她们偶尔只用阴道戳刺法来自慰。而在这些女人之中，一半以上会先用手刺激她们的阴蒂，再用物品来进行阴道戳刺：

"我会用手指自慰，然后用另一只手爱抚我的双乳，不过不常这样就是了。当我穿着泳衣做日光浴的时候，有时也会感到欲火中烧，那时，我就会进屋里自慰。我用手指在阴道内来回搓揉，我的腿通常都大开着，膝盖弯起，几乎要靠近身体。有时，我会很剧烈地摆动我的身体，要看我当时的性兴奋程度而定。"

腿部姿势

对女性高潮之谜而言，至今尚有一个有趣且十分重要，但一直悬而未解的问题，那就是：为何某些女人为了高潮的来临，就非要把腿张开不可，而另有些人则一定要把腿合拢？为何还有人必须把膝盖弯曲或举起才行？这个现象就如不同的女人要通过不同的自慰方式来达到高潮一般，女人也需要各种腿部姿势才能有助于高潮的来临。

不过，遗憾的是，大多数受访者并没有针对这个问题作答，也许是因为问卷的问题太长了，或者是因为她们自认为所采用的腿部姿势跟其他人没有什么不同。综合而言，仍然有相当多的女人说她们一向都把腿大开着。同时，也有另一大群女人说她们不论用哪种自慰法，都一定要把腿合拢才行。

自慰时把腿合拢的理由如下：

"我在自慰的时候喜欢把腿合拢，因为这样我的整个阴部就会变得紧绷起来，爱抚的快感才能顺利地扩散开来。"

"如果我把腿张开着自慰，不论我再怎么努力爱抚，什么也感觉不到。"

"一旦我把双腿合拢，就可以增加高潮来临时的快感：要鼓足气，提高张力，让全身进入紧绷状态，像一张鼓面一样。"

"自慰的时候，我会把腿绷紧，并用力推挤，好让高潮能赶快来到。而且除非我用这招'绷紧推挤术'，否则实在很难达到性高潮。就在高潮来临的当下几秒钟内，我的全身会立即松弛下来，变得轻盈自在。"

"如果我把腿合拢的话，性高潮就会来得更强烈些，然后我的骨盆就会开始收缩，全身陷入紧绷状态。"

"自慰的时候把腿合拢，高潮就会来得更强、更快、更简便。"

也有的女人在自慰时，要是把腿合拢了就什么也感觉不到：

"自慰的时候，我比较喜欢平躺，两腿大开着抬起。在高潮的当下，我的腿会有剧烈的反应，如果我施压在腿上，就会使得高潮感因而走样。"

"在高潮来临时，我的身体静止不动，我猜——我的脸色一定是一副扭曲变形的表情。而我的腿也一定要大开着，高高抬起。"

有些女人除了要把腿张开外，也喜欢弯起膝盖：

"自慰的时候，我的腿是张开着的，膝盖则时而弯起，时而平放在床上。有时，我会把膝盖弓成直角但脚踝并拢。不过，我还是最喜欢躺着自慰。"

"我喜欢平躺着自慰，两腿稍微张开，膝盖弯起，用力把腿部肌肉变得僵硬。然后逐渐加快爱抚的振动速度。"

"在我自慰的时候，我会把两腿大开，膝盖弯曲，偶尔也会爱抚一下我的胸部。我很少摆动身体，因为静止状态有助于提升爱抚所带来的兴奋快感。"

有些女人在自慰时还一起摆动并拢的双腿，以帮助性高潮能尽快来临，她们通常会在爱抚阴蒂的时候先把腿张开，等到她们的性兴奋度逐渐提高之后才并拢双腿（少数人则反其道而行，先合拢再张开双腿）：

"在自慰的时候，当我的身体变得紧绷起来，我就把我的腿并拢。"

"当我开始直接刺激阴蒂时，我喜欢腿大开着，不过，等到我的高潮来临，张开腿反而变成一种苦刑，令我深感不适。"

"我都躺着自慰，先把两腿张开，等到高潮快来的时候，就把它们紧紧闭拢。高潮的当下，我很少摆动身体，除非要借助松紧作用来刺激身体的反应。"

"偶尔在自慰结束以后，我会把两腿紧紧并拢，好让高潮延续得更久一点。"

有些女人会把两腿交替着时开时合，在自慰时借着腿部动作，牵扯外阴唇和内里的阴蒂，这样就可以增加爱抚的刺激感：

"自慰一开始，我喜欢静静地躺着，当高潮来临的时候，我的身体才进入一种律动状态，我会间歇地陆续抬起双腿。"

"在我的高潮即将来临的时候，我会开始轻轻地来回振动我的腿，特别是振动我的大腿。每当我把两腿并拢的时候，就立刻感受到高潮的震撼感，然后，我再把两腿张开一点儿距离，随之合拢，好让高潮的强度可以继续增强。如此持续约 10 分钟，哇！这种感觉实在太美妙了。"

大部分的女人在自慰时，自始至终采用同一种腿部姿势，好让她们能尽快达到高潮，不过，也有一些女人会交替着采用不同的腿部姿势来自慰：

"把腿张开或合拢？这得由我在自慰时做的是什么样的春梦而定。"

"自慰的时候，我的肌肉变得紧绷，就在高潮来临前，我的臀部会开始来回不停地摆动起来。我的腿马上变得十分紧绷，膝盖曲起，一只举起，另一只倒向一侧，这是在我独自一人的时候才会保持的腿部姿势。如果有性伴侣在场的话，我会改用不同的方式，所以得看状况而定，偶尔还会把腿僵直地抬起。"

不同的女人会采用不同的腿部姿势来促进高潮的来临，这个现象至今仍然是性学之谜。这要归因于她们第一次性高潮的经验吗？或者是肇因于不同的生理构造（包括内、外生殖器的差异），致使女人有不同的腿部姿势的需要？这些问题的答案仍然在一团迷雾之中。

3

性高潮

强烈的感官之乐

love

性高潮重要吗

"高潮的感觉很棒！它混杂着强烈的感官之乐以及绝妙的狂爱经验，高潮感来自你对人对事物的爱恋、生命的能量等。"

"高潮令我有耳目一新的感觉，五官为之重新振奋，好似刚自睡梦中苏醒，活泼、有朝气、光华四射，把每天呆板无聊的生活都美化了。"

"高潮带给我无可比拟的快乐，对我来说，每一条前往高潮之路，都是上通极乐天堂之径。高潮可以抚平我的怒气，安慰我内心的渴望，每一次高潮至少能维持我连续 48 小时的身心平静。所以，有朝一日，假使连高潮都不能再让我获得休憩养生的机会，我想我准会以自杀了结此生。"

"高潮最美好的地方在于，它是一种全身感官的大震撼——我的卵巢、子宫、乳房，以及上达脑神经中枢的各个感觉器官，全都形成一体的连线，唱着澎湃快乐的海潮之歌，肢体的每一细微处都极为敏感。"

高潮对女人重不重要？虽然这个问题的答案似乎应该是很清楚的"是"才对，不过，对绝大多数女人而言，往往在回答"是"的前后，还要附加许多的"但是"，极力说明原因或表明立场。其实，一般人都认为女人的性高潮应该要和男人一模一样才好。我们常听人家说：女人的高潮不像男人那么强烈，感觉也比不上他们那样好。一位女士便针对这种说法，发出了绝妙的回应："如果有人大言不惭地说高潮对女人一点儿也不重要，那么，此人必定是个男人。美好的性爱，不仅可以传达情爱、休憩放松、缓解紧张与压力，还可以让你享受美妙的感官之乐。"

绝大多数女人都同意上述的说法：

"只有医生和牧师才会劝告我们女人专心服侍老公，谆谆训诲我们要取悦男人，不得妄想自己的快乐。"

"如果有女人说，女人有没有高潮并不重要，那真是天大的谎言。"

"对我而言，高潮，是我与生俱来的人权。如果我得靠自慰来获得高潮，那我的男人一样也可以如法炮制，但这并不意味他就能堂而皇之地在我的阴道中进行自慰，即利用所谓的阴道性交来自慰。这样一来，似乎只有他能独享高潮，这并不公平。"

女人在性交过程中也应该享受高潮，似乎已成为时下的公理。然而，这种"女人也应该一起享受性高潮"的"权利论"说法，却往往变成一种压迫。因为这就意味着：女人享有高潮的目的，在于取悦男人，而非她们自己。

"女人应该要有高潮"之说，对现在的女人已经造成了很大的压力，特别是在阴道性交一事上：

"女人有没有高潮，只对男人才有意义，那会让他觉得自己是个'真正的男人'，让他自觉是个称职的大丈夫。"

"我用我的高潮来替他撑面子，让他有自信、有尊严，也让他实现对我的爱。我并不想承认自己在做戏，但是，我真的觉得我总是在有无高潮一事上屡遭品头论足。一旦我果真没有，我也会开始要求自己一定要有高潮。"

"有没有高潮，并不代表你是不是个正常人，但是，男人却期待你一定要有，所以，我只好强迫自己，特别是为了他喜欢看着我达到高潮的样子。此外，也是因为他喜欢我的阴道变得紧缩的感觉，不过，其实这也可以随你高兴去做。"

"没错，我老觉得好像一定要跟其他的女人一起比赛，看谁的高潮最多似的。我真希望我不必如此。这种压力感来自我的前一任性伴侣，那时，要是我没有高潮，就会让他觉得自己不是个'真正的男人'。而我又不是电影明星，更不是什么特技演员。"

"我很懒得跟新的性伴侣说我没有高潮，否则，他们就会开始使出浑身解数，非要让我达到高潮不可，好让他们可以借此赢得性爱大赛的总冠军。我最痛恨被他们要求一定要有高潮，尤其当我果真没有的时候，他们还会逼我就范。"

"你被要求在做爱的时候，一定要表现得毫无保留，而且一定要有高潮，我的高潮可以让我丈夫深具自信和安全感。男人比女人更在意爱人有没有高潮，我的高潮对我丈夫而言，比对我自己更重要。"

"没错，我一定要有高潮。要不然，我就不是个真正的女人，还会让我的性伴侣心情恶劣不堪，甚至因此遗弃我。男人比较喜欢跟有高潮的女人做爱。"

"我很怕新的性伴侣因为我没有高潮，而怀疑我是个性变态，或者判定我不像一般的女人一样的性感。可是，要是我有高潮的话，他们又会认为是我太自私或过于大胆主动。"

有些女人说，一般人都认为有高潮的女人，才是女人中的女人、真正的女人：

"我并不觉得高潮对女人来说有那么重要，都是研究文献在胡说八道，而且给女人造成了很严重的负担。不过，我也必须羞愧地承认：受了这种高潮神话的影响，我也会在高潮过后感到愉悦，好借此证明自己是个真正的女人。"

"大家总是一天到晚在谈论性高潮，所以，要是我没有高潮的话，我就觉得自己少了什么似的。"

"有没有高潮，对我来说是很重要的事，但是，若没有高潮，我一样可以享受性爱。比起没有高潮更让我难过的是：身为失败者的挫折感，或是害怕自己性冷淡、欠缺性吸引力，等等。男人或妇女运动所认为的'女人应该要有高潮'的说法，对我是种压力。我并不是为了追求高潮才去做爱的。我每每在想：这一次，我会不会有高潮？通常我是为了想跟对方有肌肤之亲，才跟他做爱的，或者因为一时气氛催情，就上床做爱，甚至只因为我想试试别的方式来享受性交之乐。"

"没错，高潮对女人很重要，可是，高潮却反而被误用为性感、热情、狂热或新鲜刺激的代名词。"

"拥有高潮就好像获颁了一项文凭似的，让我觉得深受相关人士的重大肯定。"

"现在大家都过度重视高潮了，要是你自己没有高潮的话，就会自惭形秽，觉得自己很变态。"

有些女人对这种要求她们表现高潮的压力，反应很强烈：

"我曾经很努力地要让我的超级性感形象深受大家瞩目，但更让我高兴的是自己果真能在性交中享受多次高潮。我很自私，懒得为了我的性伴侣而去证明什么，我实在太聪明了，以至于一点也不想借着表现来证明自己是个真正的女人。"

"我只想为了自己的快乐而高潮，而不是为了博取他对我饶富女人味的赞赏。"

此外，有些女人说，与男人性交而没有高潮会让女人深感挫折，因为当你眼看着他享受自己的高潮，会有一种遭人遗弃和被欺骗的感觉涌上心头：

"我想要有高潮的原因，并非出自感官的享乐，其实是在逃避因为没有高潮而引发的挫折与愤怒。"

"我跟男人性交，并不是为了取悦他而不在意自己有无高潮。相反，若跟男人做爱没有高潮，我会觉得自己像是遭到抢劫一样。"

"跟男人性交却没有高潮，对我来说，会让我觉得自己好像搭了一趟便车。可是，我又为什么一定非要有高潮不可？"

"没错，要是我跟男人性交却连一次高潮都没有，我会非常生气。没有高潮的性交一点儿意思也没有，我会觉得自己被利用了，因而非常震怒。早知道性交并无高潮的话，我才不会浪费时间去跟男人做爱呢！"

"高潮对我很重要的原因：一是生理因素，二是如果我没有的话，我会觉得自己受骗了。我常觉得，对很多男人而言，我的性欲似乎无关紧要。"

"如果从未出现一次高潮的话，那就表示我和他的性生活出了问题。既然他一向都有，为何我不能拥有？"

"如果我跟同一个性伴侣性交数次却一直没有高潮的话，我就会非常生气、深感挫折，到最后就会变得很冷淡——对很多原本会引起我性冲动的事物，反而提不起一丝兴趣。"

"我认为高潮是性交过程中很自然的结束。在热吻之后，我就很想性交，以高潮为终。要是有男人胆敢漠视我的需要，一点儿也不关心或帮助我达到高潮的话，我会十分生气。"

"若只是为了情感交流以及肌肤之亲而言，无高潮的性交也还算不赖，但是，有高潮的性交仍然是比较美好的。所以，我便会以他有没有在意我对高潮的需要来判定一个男人对我是否具有诚意及关心。"

"现在我都采用先进行阴蒂爱抚之后才做阴道性交的做爱方式，但在此之前，我偶尔会喜欢从前那种没有高潮的性交。那时，我常常深感挫折，因而变得十分丧气，尤其是在我几乎就快要有高潮，但最后却仍然落空的情况下，最教我沮丧不已。不幸的是，在那种不堪的情况下，我还是不敢自慰。"

"没有高潮的性游戏，有时也很有趣。但是跟男人性交却永远无法达到高潮的话，这简直令人无法忍受。尤其他已经有过高潮而你却没有的情况下，会让人觉得单调、贫乏而空洞。"

"我要是没有高潮的话，会难过得想跳楼自杀。我会找个四下无人的地方自慰。在以前我还不知道高潮是什么的时候，我很喜欢被男人挑逗，而当他们射精之后，我就会让自己慢慢平息下来。虽然我的身体仍然不感到满足，还在兴奋状态，但我会接着去入睡。现在，我不会再这样做！"

"把性交当作疗伤补痕的工具或借以建立情感联系时，需要借助很多的温暖和亲密感，此时，高潮就变得很重要。在我学会如何享受高潮之前，性交对我来说，都是为了与性伴侣建立亲密关系而做的服务，要是他有高潮而我却始终没有，这样不是太不公平了吗？你觉得呢？"

"如果我的性伴侣并不自私，也无意占我便宜，而且非常温柔体贴的话，那么，没有高潮的性交就不至于令人无法忍受。不过，在内心深处，我还是觉得很沮丧。"

"我做爱一定要有高潮，因为性爱原本就是一种交流。如果我可以借此满足他的生理需求，他当然也应该来满足我。高潮是一种绝妙的感觉，我很希望能跟男人共享。我觉得男人应该试着去关照女人的快乐，我一点也不想做男人的性工具。"

有时，女人会把注意力放在男人的高潮上，借此替代自己的高潮：

"我想，是我太过于注意他的反应了，在我让他达到高潮之后，我就觉得好像自己也有了高潮似的。所以，到底我有没有高潮，就变得无关紧要了。"

"有时，我享受的是一种来自心灵上的高潮，看着我的性伴侣达到高潮，就让我心满意足了，而且这种高潮很能振奋人心。"

"我觉得，性交而无高潮，并没有什么关系，这只不过是因为我太过重视他想要的快乐吧！"

"'施比受更有福'，如果要我决定以哪一个人的高潮为主，我会选择满足我的丈夫，而不是我自己。"

有些女人认为，女人在性交时有没有高潮并不重要：

"高潮的美妙让人乐不可支，而我至今都是靠自慰获得高潮。我想强调的是，除非自慰，否则我便没有高潮。因为在性交中，我根本不需要有高潮，一旦他的高潮来了，那才是性爱的最高点。"

"对我而言，高潮跟我平常例行的男女性交一点关系也没有。高潮在性交中并不重要的原因，在于我一向都靠自慰来获得高潮。"

"既然在性交中我从未享受过高潮，所以，我能在性交中享受的便是无高潮的男女阴道性交。"

"我可以随时随地靠自慰让自己达到高潮，所以，在性交中到底有没有高潮，对我并不重要。在性交中，我期待的是性伴侣对我的爱抚与触摸。"

"我想，大家是过度高估高潮的重要性了。我一向靠自慰来获得高潮，但在性交中，无论我有没有高潮，那都不是重点。我只想从他身上得到一些温暖与亲密感。"

"如果我只想要高潮，我便会自慰。但是，要是对方出于关爱与热情，想让我达到高潮的话，那么，高潮在性交中就变得很重要了。"

"如果你深爱你的性伴侣，而且相互关心、彼此照顾，那么，即使在性交中没有高潮也无妨。就算我没有达到高潮，我还是会在情感上深获满足。"

把性交当作一场女子高潮大竞赛，的确是相当狭隘且不具创意的做法。不过，大多数女人在性交中无法享有高潮这一点上，似乎是相当无奈的。显然，女人在性交中，大多数人并没有享受过高潮或无法达到高潮，所以，只得无奈地说：无论有没有高潮，都不重要。如果要让女人的爱欲得以充分满足，就必须让高潮成为性关系中不可或缺的一环。

享受高潮的权利，已成为妇女争取权益的重要课题之一。虽然没有高潮并无大碍，而强调与性伴侣分享他的高潮与快乐亦无不妥，但若总是只有男人才能在性交中享受高潮，而女人却往往没有，这样的性关系模式便大有问题了。如果女性只是一心想让男伴尽快快乐地达到高潮，但自己却反而很少在性交中享受高潮，这难道不正是一种片面服务男人的做法吗？此外，假使女性早已深谙如何让自己达到高潮之法，但却依然无法让自己从性交中获得高潮，这岂不显示：女人根本无力去决定自己能否在与男人的性交中享有高潮。在这一点上，女人实在是无能为力的。

这岂不就是女人长久以来所扮演的传统的角色——社会与家庭中的关照者、养育者，总是为了关照他人而活。这也反映了女人在人际与家庭关系上，一向得牺牲奉献的情形。女人总是得表现出一副善解人意的样子，而男人却负责做个生理机械论的专家，由他们来把性事搞定。在性交过程中，男人被预设成理当知道所有的状况：由他们提出性要求，接着，便由他们负责执行性交活动的流程。而女人呢，只要负责对他们所主导的性行为做出反应即可。但是，由男人所主导的性交，并不能让女人达到高潮。甚至更糟的是，女人因为只能在性交中表现被动式的迎合行为，反而有损我们的自尊与自主意识。因此，现在正是时候了，让我们开始大声说出自己的身体需要，让我们的身体能为自己的性爱而快乐。

高潮各个阶段的感觉

兴奋期

女人在兴奋期的感觉如何呢？从受访者对兴奋的描写当中，我们发现：在这个阶段中的感官之乐，几乎可以与高潮期的快乐相媲美。没有任何一个人表示她讨厌兴奋期的感觉，几乎不曾有一字一句是在负面批评她们在兴奋期间的感受。她们通常会使用以下的形容词来描写她们的兴奋感：神气活现、温暖宜人、开心快乐、雀跃欢欣。此外，她们还想去触摸对方，也很渴望对方的触摸。

绝大多数女人，她们的兴奋感都遍布全身；而有一些女人则强调是集中在生殖器上。当她们叙述跟别人性交的感觉时，最常用的形容词都在于表达当下的情绪：

"我全身都开始变得很敏感（不必碰触就很有感觉），我的肌肤、乳房、大腿、手、脖子等，好像我的身体在不停地扩张变大，很渴望能有温暖而撩人的触摸。"

"我感到全身有一股摄人心魄的紧张感、一片剧痛、一种渴望——我的乳房开始紧绷，渴望能有人来爱抚。"

"我会有一种眩晕的感觉——温暖、美满，有一股濡湿感，全身精力充沛。"

"我的血压开始升高……我的全身各部位都变得敏感异常，如在天堂一般。"

"感觉很美满安乐，全身容光焕发，好像刚从睡眠中苏醒过来。"

"那是一种被爱、被需要的感觉，让人欢欣鼓舞。"

"我的体态匀称，生机盎然，跃跃欲动，精神越来越高昂。"

"我变得很高亢——呼吸急促、脑袋失灵，好似进入梦境，声音从邈远之地传来，而时间则陷入延宕静止的状态。"

"这是我跟对方相处得最美好的时候，很快乐、很温暖。"

"最好能永远兴奋下去——那准会叫人疯狂。"

"全身的感官都变得高亢起来，我开始注意起平常我不曾去留心过的身体反应。"

"我很喜欢将身体的性兴奋化为强烈的冲动。我开始意识到阴道里的感觉，召唤着对性交的渴望。"

"幸福感，爱恋，亲密。"

"我的身体觉得很自在，无拘无束，对我的性伴侣则倍感亲切。我想用我的全身去爱抚他的身体，尽可能地享受肌肤之亲。"

"我全身的各部位都变得敏感起来，想寻求多方面做爱的接触——跟我自己以及我的性伴侣在两人的内在世界做交流，没有过去，亦无未来。"

"快乐、能量、激动、狂乐，像躺在发泡的奶油中。"

"像站在地震带的边缘。"

"我觉得很性感、刺激——还有一点儿邪门。"

"从身体里发出的电流，源源不绝地向我的阴蒂和阴道奔涌而去——我想去碰触他的身体，把他拥入怀中，还想用我的全身去爱抚他。"

"全身变得异常敏捷，心灵健康，陶醉在感官的快乐里。"

"我全身开始叽叽喳喳，扰攘不休，每个部位都变得敏感而易冲动，特别是我的生殖器、乳房、脖子、胃、嘴唇以及耳朵。此外，我还有很美、很渴望、很棒的感觉。"

"我会变得非常情绪化，我的全身都想靠近我的性伴侣。无论怎样的爱抚，我都嫌不够，我想把自己整个投入他的身体中。"

"我全身都变得异常敏感，在阴部开始会有模糊的焦灼感，我的乳房、胃、阴道以及臀部，都很渴望被抚摸，这种感觉真的太棒了。"

"兴奋异常，全身失去控制，爱欲高涨，我还会做出一些平日不会做的事来。我的身体变得异常敏感，即使是轻微的碰触，在我身体的各部位都会引发无比的快感。"

"我会失去控制，做事情全凭冲动——全身觉得颤抖虚弱，同时又觉得紧绷而异常敏感——这是一种无比美好的感觉，我不知该如何形容。"

"好像脱离了自己的肉身，也从自己的心灵中出走，对平日很在意的事物，反而变得漠不关心。"

"有时无须触摸，我的全身就变得兴奋起来——就像一种甜美的紧张感，如梦似幻，很想去触摸别人，也想被触摸。随着触摸彼此，这种兴奋感便越发高涨，阴道里会出现痛感，皮肤底下的神经都一根根地竖了起来。假使我在这时太过兴奋，到最后甚至会觉得全身痛楚难耐。"

"那是一股持久的活力，好似刹那间的永恒。通过舔舐他的身体，与他进行深刻而强烈的沟通。"

"那是一种掺杂着肉欲的、优雅的以及感官的快乐。"

"一种奇怪的感觉，似乎是另一个自我，从我平日赖以安身立命之处，漂流而去。"

"全身感到一股迸发的热度，浓稠不化，而且在不断地扩张，感觉十分甜美。"

"我全身都像着了火似的。"

女人喜欢延长兴奋期吗？还是只是喜欢性兴奋而已

很多女人说她们很喜欢延长兴奋期：

"我日后的性经验都无法与高中时代相比拟，那时，我们躲在一辆汽车的后座里，刚达到性兴奋就很满足了。"

"我真希望在性交中，能多一些感性的触摸，而不要只专注在性器官的交媾上。我还记得，最让我感到兴奋的时候，是以前跟我最要好的女朋友在一起时，两人只互相触摸对方的身体而已，此外并没有其他的性行为。"

"性兴奋是性交中最重要的部分。在我兴奋到了最高点时，我反而不想达到高潮，因为那会让我的兴奋消退下去。"

"我比较喜欢长时间的兴奋状态，而不喜欢短暂的高潮。当我持续兴奋上两三个小时之后，我便累得精疲力竭，好像高潮刚过一样。"

"我通常只喜欢热情的亲吻，而不喜欢接下来的性交，那会让我兴趣尽失。"

"没错，我非常喜欢性兴奋的感觉，可是，我总是被教导不应该留恋自己身体的兴奋感，而应该把热情导向性交，所以，每当我开始兴奋，便会直接进行性交。"

"没错，性兴奋比起高潮还更重要。我就是靠着性兴奋，帮助我度过从前那些全无高潮的性交经验。"

"没错，我并不是只注重生殖器快感的人，而我也发现，我很难让我的爱人在这一点上与我互相配合。我比较喜欢爱抚或表示关爱，而不喜欢生殖器的直接性交。对我来说，性交是我唯一可以获得肌肤之亲的合法渠道。"

"老式的拥抱与耳鬓厮磨，在我身上可以持续数小时之久，只要我高兴。我会对爱抚、亲吻、摩擦、搓揉等肌肤的碰触深爱不已，而且乐此不疲。"

"如果要我二选一的话，我宁可放弃高潮，也不愿放弃性兴奋的享受。"

总之，女人非常喜欢性兴奋时的快感，而且很喜欢在这个阶段与他人共享肌肤之亲。此外，她们还喜欢很巧妙地把各类性行为交杂在一起，不仅扩充了性爱的享受，也自行重新评价性爱的意义，并不一定要机械化地以导向高潮为性交的终点。

不过，有些女人会抱怨男人总是很猴急，不愿意延长兴奋期：

"我喜欢尽量延长我的兴奋期，直到我再也忍不住而达到高潮为止。不幸的是，我发现大多数男人都太猴急了，根本没耐心等待。"

"没错，我非常喜欢延长我的兴奋期，特别是在我知道不一定会达到高潮的情况下。去年夏天，我跟一个男人耳鬓厮磨了数小时之久，那是我有过最棒的体验。不过，在性交过程中，我从来没有遇过一个男人会有如此的耐心。他们总是急着要找到高潮的捷径，至今我根本还没机会去说：'我只想要爱抚即可，其余的我都不要。'"

"我喜欢长时间的兴奋感，可是，通常还不到我想要的兴奋程度，他就已经急着要我让他享受高潮了。"

"这真教我难过，我总是得控制自己，因而错失了许多在兴奋期中的美好感受，原因是，一旦开始碰触到对方的身体，我的性伴侣总是非得要马上享受高潮不可。"

"有时，在性交中，男人已经射精了，而我才刚开始进入兴奋期，这样就会让我非常失望，我很痛恨这种状况。"

"我很喜欢长时间的兴奋感。这便是我和丈夫性生活不协调的关键，我曾经试着告诉过他，可是他只维持了 5 分钟的热度，又'故态复萌'。"

很多女人经常在性交中无法达到高潮，她们会很痛恨男人总是有高潮，而自己却没有。因此，她们会表明：虽然性兴奋是很美好的感觉，不过，她们也希望能在性交中获得高潮：

"我喜欢纯粹的爱抚，不一定非要性交不可。但是，男人若为了高潮之故，而来挑起我的性兴奋，我会认为这根本就是一种盗窃行为，骗取我的性爱。"

"我发现，男人没办法接受只有性兴奋而没有高潮的做爱方式。他们一定要享受到高潮所带来的满足感，却从来不曾注意我是否也有高潮。"

"如果我无法达到高潮的话，我会觉得自己受骗了，因而非常震怒。"

"直到最近，我的性经验大都是一夜风流的露水姻缘，从来没有足够的时间让我自己从中得到满足。通常，男人猴急着就上了，射精完便离去，一切转眼成空。如此反复出现，令我非常痛恨。现在，我绝对不会让这种情形再度发生。"

"如果我是跟一个会让我享受到高潮的男人做爱，我就会放心地延长我的兴奋期。不过要是我心存怀疑，我就会抓紧时机，在对方还没高潮前尽快先让自己达到高潮。"

其他女人则指出：兴奋期一经延长却以无高潮为终，反而会让女人更

感到挫折，尤其在这种无高潮的兴奋状况已沦为性交的例行公事时：

"总是反复地被挑起兴奋却无法享受高潮，最令人感到挫折。现在，我再也不接受类似情况下的挑逗。"

"某种状况下，无高潮的性交，即使只是爱抚而无性交，都会让我一连数月提不起兴趣做爱。"

"若能与对方共享在性兴奋期间全身的敏感与感官之乐，的确是很棒的感觉。不过，一旦只挑起生殖器的兴奋，却无法让它达到高潮，是很让人感到挫折的。"

"如果我不确定高潮会不会如期来临，那么，我对先前的性兴奋，便会有爱恨交织的矛盾感。性兴奋本身，当然是一种很美好的感觉，不过，要是没有后续的高潮，我便会觉得全身紧绷、生气、失望，甚至情绪会陷入低潮和深感挫折。总而言之，我一定要有高潮做终结，而且我非常喜欢高潮的快感。"

要是在兴奋期已濒临高潮边缘，却突然被打乱或叫停，所有的女人都一致觉得这是糟糕透顶的感觉：

"如果我丈夫在我高潮之前便已射精结束的话，我会全身颤抖、胃部不适、愤恨难耐且非常生气。"

"男人在射精之后，翻过身去就睡着了，留下我一个人还独自处在兴奋状态，却仍然久久无法达到高潮，这会让我震怒不已，而且在我的心里留下很严重的后遗症。其实，他们当然有办法让我获得满足，只是男人从来不认为女人也该像他们一样享受性高潮。"

"一开始，我会告诉自己：这无所谓，因为在我的兴奋期中间，感觉是如此美好。但是，我随即又想：不！为什么我总是必须要受到如此的待遇——有性兴奋却无高潮？"

"如果在兴奋期的刺激够长够强烈的情况下，骤然终止兴奋，会让我从下体一直到我的腿肚，都觉得不舒适，甚至持续数小时之久。"

"这种状况在我新婚的头几年一再重演，到最后为了生存，我只得想尽办法让自己的兴奋消退下去，以免我会轻生。现在，我早已经看开了，深知这就是男人的本色，一点也不会期望跟他们性交会得到高潮，很久以来，我连高潮的临界点都还碰不到呢！"

"没有高潮的性交，令人深感挫折，比起没有性交来得更糟糕，让我深觉沮丧、受挫。如果这个性伴侣没有办法让我达到高潮的话，我就会放弃他。"

"这种状况在性经验的初期，我并不那么在意。不过，后来我认识了许多只在意自己的射精，却一点也不相信女人会有高潮需要的男人，在我跟他们性交过后，我便深恶痛绝只有性兴奋却没有高潮的性交，我变得越来越受挫。我恨这种男人，再也不想看到他们。"

"我的挫折感会以下腹绞痛的方式出现。我不知道痛在哪里，子宫、卵巢，到处都痛。此外，还会出现刺痛、不耐、神经质、沮丧、悲观、自我怀疑、缺乏斗志等心理症状。"

"我会觉得有轻微的挫折感，大部分是不满足感，以及对自己的失望，怪自己动作太慢，不够灵巧和聪明。"

"我会深感挫折，全身紧绷不放，心里难过、怨恨、不满。但最后，我还会为了以上这些负面的感觉而有罪疚感。"

高潮期

在兴奋期之后，短则数分钟，长至数小时，通过适度的刺激，性高潮便突然来临了，那种绝地突起的紧张感，俗称"来了""高潮"或"高峰"。

女人在收缩期之前的这段高潮期中，感觉如何？

"一阵眩晕，眼冒金星，接着，高潮就要来了。然后，我便发觉自己全身就像着了火似的，于是，我便把全部的注意力集中起来，包括生理的以及心理的，都贯注到高潮的来临中。在这个阶段里，时间仿佛静止了，在身体里，有一股滚烫的热流在奔涌着，突然灌遍全身的神经，上上下下都深感快乐，喘不过气来。我总会想尽办法要让高潮能持续下去，要是失败的话，我就会很失望。"

"高潮之前，我会感到一股强烈的紧张感，我很难描述那种甜美的感觉，高潮就像我先前感受到的兴奋与刺激，不过，高潮总是在刹那间突然暴增为于兴奋期数百倍的快乐。"

"高潮是从我阴部的深处开始，也就是从所谓的阴蒂处出发，然后变得越来越大、越强烈、更好、更美，直到我的世界全都收纳到胯下10厘米见方的极乐地带。"

"高潮带来的生理与感官之乐，实在是一种美丽的酷刑。从阴蒂开始，然后冲向我整个阴部。"

"在高潮之前，我的阴蒂会变得非常活跃，我想不到更好的形容词了，它开始如电光石火般向四周发出快感的信息，遍及整个阴部，然后，就像一束强烈的聚光灯扫射而来，显示出雷达银幕上发亮的影像，那就是高潮啦！"

"在我的阴道和阴蒂的部位，有一种既痒又痛的快感，我那火热的欲望几乎无法得到充分的满足，我便失去控制，接着，那种快感就在瞬间爆发，化为一阵暖意与舒畅的快慰感。高潮的美妙简直妙不可言。上述的说明，仍然无法清楚表达当时的快乐。"

"我无法回答这个问题。高潮的魅力在于，一旦它快要来了，你便会全神贯注地期待它的来临，直到你的身心都被一股强烈的解脱感所包围，然后，高潮就此结束，你很难正确地描述那种快感，也很难抓住那种愉悦感的遗迹。所以，你干脆再来一次，让高潮的快感再度降临，等它结束后，你会发现，它依然是那么难以捉摸：在你尝试要为高潮强做解释时，却好像得了健忘症。"

女人在高潮时经历的快感和冲动，实在不太容易用言语来说明，以下详列受访者的主观认知，其中不乏被贬为猥亵不堪的淫词靡语：

"在高潮之前，我的阴蒂好似着了火，不停地摆荡振动，直到一阵热潮突然冲向我的阴道，高潮便来了，而我的收缩期也紧跟在后，感到肌肉内壁在为高潮的来临而快乐地拍打喝彩。"

"高潮起自阴蒂上紧绷的压力感，似乎快要爆发了。然后，高潮便攫住了我的骨盆以及阴道。"

"高潮时，在阴蒂的部位聚集了强烈的紧张感，到了阴道便放松了。因此，一味地辩论到底是阴蒂高潮或阴道高潮是很无味的。阴蒂与阴道一起通力合作，达到高潮。"

"高潮从我的阴蒂开始，然后向阴道的深处扩散开来，使我很想做阴道性交。"

"从我的阴蒂开始，发出无可言喻的撼动感，接着，高潮便向阴道迈进，经过臀部，最后达到脑部。"

"在我自慰或口交的时候，我的阴蒂便会开始勃起充血，感到一阵阵忍不住的快乐，随着高潮的来临，快感便转到阴道去了，接着，阴道开始收缩，我的全身则颤抖不已，瞬间失去知觉。"

"高潮出自身体里面的一股压力，在接近阴蒂的部位聚积了强大的紧绷感，沿着下腹部导向阴道。高潮时，全身都感到一股不可抑制的张力，直到高潮退去才慢慢消解。"

换言之，直接或间接的阴蒂刺激能让女人达到高潮，不过，高潮的快感则遍布阴蒂以及阴道之间，难以区分，甚至直达阴道的前端部位。同理，男人也需要刺激龟头方能达到高潮，但他们的高潮感会遍布全身。

有些女人说她们的高潮是在阴道里：

"我觉得高潮是在我的阴道深处。我有很强烈的欲望想要被戳刺，但是，要是在我高潮之前就进行阴道性交的话，我的高潮就会马上消失无踪。"

"高潮就好像在下腹部里吹胀起一个大气球，然后，突然在身体里爆发开来。"

"在阴道中间，我会感到有数秒钟之久的紧绷感。"

"在阴道的底部，我感到一股火热的振动感，然后，我会高兴得想大叫，手舞足蹈。"

"高潮时，我只感到在阴道深处有一个快感的核心地带，至于身体的其他各部位，都浑然不觉有什么意识。"

"高潮来临时，我觉得在子宫颈附近，有一种历经生产的开放感。"

"高潮是一种强而有力的震撼感。高潮越强烈，你便会觉得自己越'亢奋'或'倒退'——在你阴蒂的快感，便会越觉亢奋而倒退至子宫的深处。"

高潮时，身体看起来如何

色情书刊通常会把处于狂热的高潮状态下的女人描绘成如脱缰的野马，全身扭曲成弓形。这样热情的激动状，其实是女人在性兴奋期间的样子，而非高潮。在高潮时，女人的身体会变得僵直而紧绷，绝大多数女人在此时会平躺不动，如果这时候还不稍停性交的动作，高潮便会转为痉挛①。在高潮期仍继续摆动身体的女人，她们在自慰时也会摆动全身，而不仅是用手爱抚。

"每一条肌肉在我高潮时都变得异常紧绷。有时，我的胃还会因此扭曲，高潮过后，便会呕出所谓的干喘。我的全身都颤抖不已，就像我阴道内壁的肌肉一样，随着强烈的收缩而产生痉挛。"

"在高潮之前，我的全身开始紧绷，非常僵直，然后转为强烈的颤抖。接着，全身有一股暖流通过，紧绷感就此得到纾解。"

---

① 金赛曾经指出：癫痫症和高潮期间以及后续的身体反应，有很多相似之处。

"我的腿变得僵直，张得大开。我的眼睛自然闭起，下体则进入痉挛状态。"

"我感觉好像癫痫发作——脖子处的血管开始扩张起来，我的脸色变红，身体变硬，除了痉挛之外，没有别的动作。听起来好像很可怕，可是，这种感觉实在太美妙了。"

"我全身开始有痉挛性的动作出现。身体变得僵直，还会随着高潮的紧绷感不断地摆动身体。"

"我用力地呼吸，大口喘气，骨盆变得僵直而迭起痉挛，我的脸孔因颦蹙而扭曲，身体僵硬，最后，高潮便很戏剧性地迅速退去。"

"我会发红潮，阴道内壁的肌肉开始时松时紧，我会呻吟叫床。在高潮的顶峰点时，我全身上下都变得紧绷到几近瘫痪，一边还会大叫说：别停下来。"

"我的身体变得很紧张，两腿伸直，骨盆迭起不规则的痉挛。我猜想，我的脸部表情应该是略带痛苦的样子——紧蹙眉头，眼睛闭起，嘴巴大开。"

"高潮时我会出红潮，我的腿都大开着，把那个男人圈起来。我的骨盆偏斜得很厉害，下体不自主地振动，对准那个男人的耻骨处，上上下下地摆动不已。"

"我的身体会稍微摆动，特别集中在臀部的振动，但不会扭曲打滚。我猜想我的脸部表情应该是一脸漠然，脑海中则一片空白。高潮的感觉大都是在身体里。我的性伴侣都跟我说，我很少表露出自己的感觉。"

对那些在高潮时并不会摆动身体的女人来说，这个时期的静止状态，有时反而会被性伴侣误认为缺乏"性"趣。

女性达到高潮时，性伴侣知道吗

有一些女人在高潮时会出现明显的生理反应：

"没错，我会摆动身体，出现痉挛，还会呻吟。我希望他能注意到。"

"没错，除了放声大叫外，我的身体会有很多的反应，骨盆会不停地摆动，大腿开始互相挤压。挤在我大腿中间的他，马上就会知道我的高潮来了。有时，在高潮过后，我还会持续将近 5 分钟的颤抖。"

"通常他都会知道，除非他自己也正在高潮当中，因而自顾不暇。高潮来时，我会呻吟叫床，骨盆整个失去控制。我的手会抓住他的屁股，引导他的摆动，让他给我所想要的刺激。"

绝大多数女人并没有表露出任何迹象——至少并没有表现出像高潮神话中所描述的那副翻腾弓背的样子：

"这是我的烦恼之一。在高潮之前，我会突然变得很被动，这让我很苦恼。我很想知道别的女人是不是也像我一样。我觉得那时的我好像一心在等待着什么来临，那份静止状态让我很烦恼。可是，为什么我会无法接受呢？"

"直到 30 岁出头，我才终于知道自己到底有没有高潮来临，那是因为先前我的性伴侣总认为我应该会有什么样的高潮，结果却跟我实际上享受到的高潮不尽相同。此外，到今天为止，我不曾遇到一个男人，真心知道女人的高潮在什么时候、什么情况下会来。他们都把女人的高潮想成是跟他们的一模一样，不外乎戳刺、射精等，而且只能有一次。"

"在高潮之前，我几乎全身静止不动，甚至连呼吸都停了，而且会持续好一会儿，那时，他正在努力刺激我。每当我的性伴侣看到我毫无动作的反应，他们就会性趣尽失。"

"我的性伴侣都觉得我很奇怪，因为在我高潮来的时候，我反而表现得出奇的冷静，全身的注意力都集中到脑部。他们就认为，既然我都没有尖叫、痉挛或翻滚，那我一定就没有享受到高潮。"

"我希望我可以为了他而表现出更多一点的迹象，可是在高潮的当下，我实在是太亢奋了，我简直无法言语，也动弹不得。"

"女人通常都会知道对方的高潮来了，但是，男人却始终无法知道。他们一点都不知道活生生、有血有肉的女人，到底会有什么样的反应，他们所知道的女人，净是想象中的形象罢了！"

"不，他们不知道。有时，当我开始呻吟或摆动身体时，他们就以为我的高潮已经来了，但其实不是。在我高潮来的时候，我会身体发直、僵硬、痉挛。"

"他们都一直说我的高潮还没来，因为我既不翻滚摆动，也没有尖叫。"

"在高潮时，我并不像色情书刊上的女人那样痉挛式地摆动身体，我也不知道有哪个女人会这样做。我想我会一直持续全身的紧绷状态。男人无法察觉我的高潮，有时还真让我烦恼呢！"

"有时他们会知道。不过，我在兴奋期及高潮期的反应其实都差不多，没什么太大的不同，只有在我经历多次高潮之后，才会慢慢放松身体。"

"女人高潮的来临，通常是很难让人辨识清楚的。我想唯一的指示，就是在我的身体停止动作的时候。"

"在我开始表现出一些生理迹象时，我的性伴侣就会认为我的高潮已经来了，比方说，我开始气喘如牛或摆动全身。可是呢，其实我根本不曾高潮过，从未有过！"

"高潮来的时候，我的身体会进入静止状态。我一向都不会表现出任何清楚、鲜明的生理迹象。不过，高潮时的身体动作以及那份特殊的感觉，对于较为体贴且敏感的性伴侣而言，应该是可以察觉出来的。"

"男人通常都不知道。有时他们会问，有时就自行认定我应该会有，再不然，他们根本就漠不关心。"

女性会在高潮中害羞吗

有一些女人在高潮的时候会大幅地摆动身体，不过，有些女人则根本静默不动，要看采用哪一种刺激方式而定。但是，那些会在高潮时摆动身体的女人，其实也是以一种几近痉挛的方式在摆动着她们的身体，全身依然紧绷、僵直。注意到这些现象的女人，多半会深感苦恼，害怕她们这个样子会让性伴侣觉得很奇怪，或者就此失去了性吸引力，这层苦恼迫使很多女人因自我设限而无法达到高潮。

虽然大部分的女人在她们熟识的性伴侣面前达到高潮并不觉得害羞。不过，她们的确有过这样的感觉：

"没错，当他看着我在高潮时变得手足无措、失去控制的样子，就会让我深感受辱、羞怯退缩。而且在他高潮时，我也会觉得很不好意思。"

"是的，在所有的性伴侣面前达到高潮，都会让我自己怪难为情的。我怕他们会觉得我太狂太野了。"

"至今我还没有跟任何一个性伴侣在性交中达到高潮过，因为我怕他们会觉得受到威胁或引起不快。我想他们要是看到我高潮的样子，一定马上会性趣全无。"

"在我高潮来临的时候，我不喜欢被别人看到我的脸部表情。而且，我还发现我丈夫他也不喜欢被人看到。"

"对的，我甚至不好意思去对我的性伴侣表达谢意。尤其我更不敢说出，我希望获得什么样的刺激与爱抚，才能达到高潮。"

"要是我没有高潮的话，我很怕新的性伴侣会觉得我很怪异，或者不像其他的女人一样那么性感。可是，要是我有呢，我又怕他们嫌我太自私，太过勇猛。"

"在跟新的性伴侣性交时，我会很害羞，因为我都要详加解释一番到底阴蒂刺激该怎么做。对于高潮本身，我倒是无所疑惧。反正高潮的作用无可比拟，强而有力，也有助于增强他的自信。"

"在跟新的性伴侣性交时，我会试着保持安静，不要叫得太大声。不过，跟新的性伴侣性交达到高潮，也会让我深感自豪——看吧！我做到了，这都是我的成就！我可以从中得到我自己想要追求的目标。"

"不，我以前会害羞，后来我就告诉自己：管它呢，去它的！我才不想成为这个社会的牺牲者，为何我不能好好享受我自己身体的快乐？"

收缩期

高潮的强烈感约只延续一秒钟后便进入收缩期。在高潮顶峰点的当下为时非常短暂，所以，很多女人并不会把高潮期跟收缩期的感觉二分开来。①

女人对收缩期的感觉是：

"我感觉到在阴道里会开始有痉挛产生（即规则性的搏动），接着，延伸至我的腿以及全身上下。"

"高潮的当下，在我的阴道和阴蒂的部位会有一股很强烈的感觉，然后化作剧烈的抽搐，很类似痛感。"

"我的阴蒂以难以置信的速度做快速的振动，阴道壁的肌肉及子宫深处都开始做强烈的收缩运动，我的头似乎完全卸下重担，我的脚趾呈自然弯曲，我的下腹部感觉敏锐而强劲，全身会随着阴蒂以及阴道的抽搐而摆荡。"

"在我阴道的附近部位会发出美妙的振动感，我也感到一阵阵强烈的快感，全身便开始随之搏动。"

"高潮时，在我阴道前端有强烈的酥痒感，从阴道内部突然发出一股强大的解脱感，接着便传出源源不断的搏动。"

"我会感到不由自主的快感，一股非常强烈而令人快乐的痉挛，遍布在我的阴

---

① 一项研究显示出很有趣的结果：阴道本身并不会产生收缩作用。触发高潮快感的肌肉收缩，并非来自阴道，而是产生于阴道外围的肌肉组织。收缩的发生原理，并非借助阴道内壁肌肉的摩擦而生成，而是来自阴道外环血管组织所形成的窝穴，通过这个部位的肌肉收缩才产生了收缩期的生理现象。而阴道壁的开口处附近有收缩作用，其实是被动地受到外围组织的强烈收缩所牵引出来的反应。

蒂、阴道以及肛门附近的区域。有时，我的全身也都会跟着开始起痉挛。高潮的快感，主要是发生在我的生殖器部位，但我的全身都会因而做出强烈的反应。"

"在我的阴道里会产生一系列强烈的收缩作用，接着引发急剧的生理反应，如大量流汗、呼吸急促，最后就瞬间解脱了。"

"在全身解除紧绷的当下，我会感到阴道开始收缩，若高潮来得特别强烈时，我的子宫也会一起收缩，有时，我的全身也会起痉挛，不过，我还不确定那是在何种不由自主的情况下发生的。"

"我感到阴道内壁的肌肉像一波波的涟漪，时开时合，抽搐感时强时弱。有时，高潮来得实在太强烈了，我便会感到子宫里面泛起痉挛。"

当女人在兴奋期的时候，略微弓着背的姿势是很自然的，不过，一旦进入高潮期，甚至是到了收缩期，臀部便会开始向前挺出，头部则向内收缩。

"在高潮之前，我会弓着背，到了收缩期，我就会抬高屁股，我的背则开始向内缩——像胎儿在子宫里的姿势一样。"

"在高潮当下我的全身开始收缩时，我的头会向胃部靠近，一边不停地起痉挛，好像把自己对折起来似的。"

这种向内缩的动作，常常是伴随着全身性的痉挛一同出现的，反映出子宫在高潮当下所产生的收缩作用。

"在兴奋期，我全身的肌肉都变得紧绷起来，四肢还会起痉挛。等到阴道发出 4 次痉挛之后，全身才得以慢慢松弛下来，我的上半身则会稍稍地向前倾斜，有时是在高潮的同时，有时则在高潮过后。"

女人如何描述整个高潮的过程

最后，为了清楚地描述女人经历高潮的全程，以下特别搜录了一些回答翔实的受访结果。

"在某个时刻，我知道我的高潮就快来了，可是，这很难用言语形容。从生理上的反应来说，我的呼吸变得急促，全身紧绷，一鼓作气好让我的阴蒂张得大开，让它越柔弱越好。在阴道和阴蒂的部位，都变得非常的火热，然后，全身都跟着骨盆开始做规则性的摆动，而我再也控制不了。这时，只要轻轻碰一下我的阴蒂，就好像掀起一场小型的迷你高潮似的。随着频繁的爱抚，最后化为一阵强烈而巨大的肌肉痉挛，这就是高潮。"

"高潮一开始，在我的阴蒂和生殖器官附近，便不断散热，发出快感。接着，一道摄人心魄的局部快感，一种无可抑制的感觉，就像火箭在发射升空的瞬间一般，升起一股迅速崩解的快乐，从阴蒂开始向外放射开来，遍布整个胯下。一分钟后，我的全身开始颤抖不已，痉挛未止，余热未消，呼吸就快停顿，刻骨铭心的快感却仍缭绕不退。接着，我便就此休息了。"

"高潮是一种温暖的感觉，遍布我的全身。事实上，在性交之前，我的心情以及周围的气氛，对稍后成形的高潮快感，以及对那种温暖的快乐，有着决定性的影响。在这遍及全身的暖意升起之后，我的大腿、下腹、乳房以及生殖器官，都会开始紧绷起来。我的阴蒂变得非常兴奋而雀跃。在高潮之前，我的感觉非常强烈，身体里面变得生机盎然，强而有力。那份湿滑感、热度、旺盛的精力，都让人深感满足。有时，我的臀部和骨盆会泛起阵阵的痉挛，使我不由自主地摆动起来。甚至于我似乎想对准什么东西，来跟我的骨盆以及大腿做摩擦。高潮给我的感觉，就像水库泄洪似的。我感觉到在身体里发出的阵阵收缩，那是一种湿滑的感觉。高潮是最美好的时刻，而在多次高潮的过程之中，一波波的快感来得时松时紧。"

"高潮一开始，是一种甜美而兴奋程度略强的快感。频率渐增，强度越强，间歇则越短。就在高潮之前，感觉来得最强烈，从我的大腿中间不断散发出那种精彩美好的感觉。在高潮的当下，万事万物仿佛已静止，我则全神贯注在高潮的快感上，我会经历好一阵子非常强烈的眩晕。有时，在我的阴道口会泛起间歇的痉挛或收缩。随后，我的生殖器官就变得非常敏感，轻轻一碰就会放出类似高潮的快感。我所描述的快感，包括在阴道顶端有另一种痛感。在一开始刺激我的阴蒂时，我还能很清楚地分辨阴蒂的感觉，不过，等到高潮一来，我就会分不清什么是阴蒂快感、什么是阴道快感了，因为两者已经结合为一。"

"高潮的快感，是我此生经历过最棒的生理享受。而这种快乐的极致，就出现在收缩期开始之前。一开始，性兴奋集中在性器官的部位，等到高潮来了，快感便从整个小腹向大腿传送出去。然后，收缩期便随之开始，在子宫、子宫颈，以及阴道联结子宫颈附近的环状肌肉等部位，都会开始泛起痉挛。"

"高潮是一种集中在生殖器部位的强烈快感（我无法分辨何者是阴蒂快感、何者是阴道快感），接着，我的全身就开始紧绷起来，而我的意志或思想，几乎无法参与到这种快感里去，完全被高潮掌控住了，这种身体的快感，只能以无法无天来形容它那无坚不摧、攻无不克的毁灭性力量。它在几秒钟之内就结束了，但却让人为之疯狂不已。除了环绕在生死周围无可分辨的强烈爆发感之外，唯一我能清楚描述的感觉，便是全身性的僵直。"

"我的注意力全部都放在自己身上，摆动身体或改变体位，好让我可以得到我最想要的性刺激。我会发现，在我阴道的部位开始有搏动的感觉冒出来。这时，我会为自己能否达到高潮而感到焦虑，所以，我会全神贯注在性交上，以免前功尽弃。然后，我的肌肉开始产生痉挛，像波涛起伏一般，持续约四五秒钟。接下来，我的肌肉才开始放松。此外，我还会对我的性伴侣深感爱意。"

"在高潮开始之前，我的阴蒂会开始搏动，我的阴道也会因此而紧绷。等到紧绷感整个爆发开来，我的阴道就会开始收缩，心脏狂跳，身体发出呻吟，我会高喊：噢！噢！噢噢噢！因为我的高潮感来得非常强烈，所以，我会很失望为什么不能持续得更久一点。然后，我丈夫又变回平常的他，我却觉得跟他非常亲近。"

高潮之后

几乎在所有的性学研究中，都承认女人可以在短时间内达到多次高潮。此外，高潮过后，女人并不会马上就恢复原先的兴奋期状态，而是返转至高潮期的快感状态，这个过程进行得相当缓慢。玛丽·珍·薛飞对于上述的发现贡献卓著。薛飞博士曾引用马斯特斯与约翰逊的说法，借以表达她日后所提出的不同观点：

如果一个女人可以习惯性地达到多次高潮，那么，在她达到第一次高潮之后，若能持续在短时间内给予适当的刺激，就可以继续享有第二三四次的高潮。甚至在她感到满足之前，还会有第五六次的高潮。男人通常很难在短时间之内会有超过一次的高潮。但是，对于那些特别是靠阴蒂刺激得到高潮的女人而言，往往可以在数分钟之内即达到五六次的高潮。

薛飞进一步阐明这种两性高潮差异现象的生理背景：

一般人都误以为女人只要有过一次强烈的高潮，便可以让她们得到"完全的满足"，就像打了一针药效强劲的镇静剂似的，这样就可以减轻她们往后好几天的性苦闷，其实，这种想法真是错得离谱……

高潮之后，业已勃起的血管组织窝穴便急需补充血液，肌肉组织的膨胀产生了水肿和充血的现象，因而造成局部组织更大的紧张感。血液与水肿囊液遂源源不绝地汇聚到骨盆。因此，如果一个女人享有的高潮越多，越会感受到高潮感的强烈，而且，她还能继续享有越来越多的高潮。总而言之，就高潮的极致快感来说，女人是不可能有所谓完全满足的一天。

薛飞又继续补充道：

我必须强调，这并不意味着女人很清楚地知道她们自己在性高潮上的不满足感。心理上的满意度，跟生理上的满足感相比，往往不尽相同。即使在完全没有高潮的生理反应下，女人仍然会在情绪上深感满意（然而，这种徒有性兴奋却没有高潮的情况，若经年累月地持续下去，终会造成女人在生理和心理上的强烈反弹）。在马斯特斯的研究成果中，清楚地点明了女人在性事上得到心理满意而生理却不满足的情形："女人在3～5次的高潮之后，便会深感满足……"不过，我倒认为应该说成是："男人在3～5次的射精后，一定会感到满足。"男人才知道他们到底满足了没有，而女人往往只能希望自己能得到高潮，因为她们并不自知何谓女人的高潮，对自己的高潮能力也欠缺了解。所以，我预言这个"满意但不满足"的假设，对大多数女人而言，并不值得惊讶，因为她们或许在意识上早已非常清楚地知道，或直觉地认为她们自己一向都不曾感到满足过。

海伦·卡普兰在《性治疗新论》一书中说：

从男人在激情的性交之后立刻变得沉静疲乏、倒头便睡的事实看来，男人在高潮之后，便迅速在生理和心理上都降至兴奋期前的休息状态。相反，女人在恢复到平常"非性交"状态的过程则比男人迟缓了许多。如果她已经达到高潮了，那么她在高潮过后的解消期阶段，仍能享受绵延不绝且强烈有力的快感，此外，如前所述，在这个阶段中，她还能尽兴地随时再度达到高潮。

在这次性调查的受访者中，大多数女人对这样的研究结果都感到漠然无知，千篇一律地表示她们只要有一次的高潮即可，而且对于自己到底可以享有几次高潮，显得茫然不解。也许是因为问卷设计的方式，诱导了受访者针对"一次的高潮就让你觉得满意了吗"的问题，回答"是的"。此外，社会文化的压力也使女人视一次的高潮为正常。或者，就像薛飞博士的分析，女人很可能心理上满意但生理上并不满意。不过，仍然有很多的女人在问卷中坦承：在她们自慰时，能享受多次高潮，而不像在跟男人性交时，只能有一次而已。

高潮之后的感觉

虽然，女人大都回答说只要一次的高潮就让她们满意了，不过，问及在高潮过后的感觉时，她们并没有立刻恢复到兴奋期前的迟钝状态。

两种最普遍常见的反应是觉得柔情蜜意，很想跟对方亲近：

"各种情形都有，我的意识马上就回到我的脑袋去，使我油然升起对爱人的无限情意，有时，我还忍不住哭了起来。"

"感觉很亲近，身心舒畅开来，对我的性伴侣会产生强烈的爱意。"

"当高潮来临，我就会感到一种洋溢着幸福光辉的快乐。要是我对我的性伴侣并无深刻的情爱基础，这种再度满足的时间会相当短暂。反之，就会持续一段很长的时间，感觉非常丰美美好，太棒了。"

"我很想去抱紧我的性伴侣，在那个紧绷时刻里，我的手臂、阴道的肌肉以及我的情感，都令我想去紧紧地抱住他不放。接着，我才会慢慢放松，结束'紧抱期'。"

"我感到深入体内的痉挛，一连串下来有好几个。接着，我都会哭起来，感到强烈的爱意与温柔。"

觉得身心强而有力、意识大开，精力充沛：

"我感到全身生机盎然，就像刚刚做完运动一样，觉得很幸福，很美好。"

"在高潮之后的几小时内，我都长期处在一种释放能量的状态中。换言之，是一种想要活络筋骨、做做肢体运动的状态。"

"高潮之后，我觉得精疲力竭，全身都放松了，感到有一种幸福感。接下来，我不是去睡觉，就是继续生龙活虎下去。"

"我觉得精疲力竭，我会平躺个几分钟，瞌睡连连；接着，又会重新振奋起来，比先前更有精神，心境显得非常积极向上。"

"在高潮之后，我马上感到一股温暖炽热的振动——那是一种超然的健康感，以及充满活力、胸有成竹的权力感。"

"高潮感美得非常富丽堂皇。对我来说，我完全停止思考，只知享受身体的快感。我全身上下都觉得生龙活虎、精力充沛。"

在这一章中，有关兴奋期的描写，跟高潮期过后的生理反应，其实非常相似。由此看来，这跟我们如何看待身体的感觉有很大的关系，我们可以把身体的快感视为即将达到高潮前的兴奋状态，或者视为只是身体的舒适感罢了。当然，兴奋的程度往往因人而异，有些女人也清楚点明了她们在高潮前会先经历一段强烈的兴奋感。在此，重述一段卡普兰博士的话："当女人已经达到高潮，那么，她在高潮后的解消期间，仍然能继续享受到强烈的感官之乐……或者，她还可以随时再度达到高潮，完全视其兴致而定。"既然在高潮期的前后都是兴奋期，我们便无须将兴奋期视为高潮期的期前准备。

在生理动作上，主动去争取高潮的女人，也最能享受到高潮的美妙快感，她们事后的满足感通常也来得最高，一位女子如是写道："在高潮之后，会有一种生理的轻松感，不过，还得看这次性交是否费力或能否持久。"就缓解紧张感而言，高潮和身体运动有着异曲同工之妙。刺激又费劲的性交，对许多女人来说，几乎可说是她们日常生活中最剧烈的身体运动了，所以，很多女人会特别强调：在她们高潮当下以及高潮过后，最棒的感觉就是浑身带动、充满活力的幸福感。

事实上，只要愿意的话，所有的女人都有能力享受多次高潮。不过，这并非意味享有高潮的次数越多越好，甚至对那些没有高潮或还想要多次高潮的女人来说，这也并不意味她们表现不正常。关键在于：女人对自己可以享有多次高潮的能力相当无知，因而造成了莫大的限制。也就是说，女人必须先知道自己有权选择享有一次以上的高潮，然后才会开始去要求这项权利，同时女人也必须拥有付诸行动的自由，才能加深自己对性欲的认识与了解。

多重高潮与序列高潮

并非人人皆知的本能

love

为什么女人会对自己高潮的能力一无所知？她们为什么不认为自己的性兴奋在高潮之后，一直都在持续着？

女人在潜意识上，似乎否定了自己可以享有一次以上高潮的可能性。

如果男人只能有一次高潮，而女人却对男伴要求一次以上的高潮，是否显得太过贪得无厌或主动了些？如果真的有女人敢要求一次以上，大概就是"不正常"的女人吧！再不然就是所谓的"女子淫乱症"。女人常常被教育：只要一次，就该满足了。这种观念影响日深，甚至使有些女人在自慰时，要是想获得一次以上的高潮，事后还会为此深感内疚。

"这很难说。在做爱时，我到底是不是想获得一次以上的高潮，一向都由我的爱人去决定，让他掌握主动权。现在，对我来说，若他能持续地爱抚我，同样也可以让我感到满意，如同再创高潮一般。"

"我一向都知道我可以二度高潮，但是，我却很迟疑，从来不敢再试一下。"

"虽然我一直都模糊地知道，只有一次高潮并不满足，但是，我从未尝试过继续下去。"

"我想，如果他用舌头跟我做口交的话，我一定可以享有多次的高潮，不过，我不喜欢让他在我底下停留那么久。"

"一次高潮从来都不够，两次（其实很少）还过得去，从我达到第一次高潮后，通常至少需要五次才够。五次的情况都是在我自慰的时候才有的。以前我跟我的性伴侣做爱，若能持续两三次，就已经是破天荒的事了，我只得满意地接受，因为，我不敢对他说我还想要更多。"

"我真希望可以有二十次高潮。可是我丈夫只想要一次，所以，我只好将就他。"

"若是跟男伴性交的话，能有一次高潮我就深感庆幸了，我一点儿也不去期待他们，更不会想要获得更多。通常我总是一次也没有，内心倍感性的饥渴。"

"若用阴蒂刺激（口交或用手爱抚）的话，通常我只能有一次高潮。若是一边性幻想一边自慰的话，我就可以有五六次的高潮。但跟男人性交的话，我倒是从未超过一次。我总觉得，无论男人如何吹嘘他们的性能力，比方说'要把你带到越来越高的境界去'，其实一点也不关心你到底可以有几次高潮。"

"一次高潮就让我很满意了，因为我实在太懒惰了。通常我都会等到已经兴奋到了极点，有如电光石火，或者拖得太疲累了，才达到高潮，事后我倒头便睡。就我所知，在我意识清醒的时候，我可以无止境地一直高潮不断。以前，我的性伴侣往往在我准备结束做爱之前，早就精疲力竭了。自慰时，我会有两三次的高潮，要看我先前如何开始自慰而进入性兴奋状态。从我小时候到开始跟男人性交之前，夜里睡觉，有一半的时间我都在不停地自慰，一次又一次，做个没完没了。"

"在我跟男人性交多年之后，我才发现：原来跟女人做爱，可以随便要几次高潮都可以做到，而且跟女人做爱还可以持续更长的时间。跟男人却只能有一次，接着马上就瘫痪不起，所以，他们都以为我应该有高潮了，而我一向都对他们谎称说我有了。事实上，在高潮之后，我仍然兴奋得很，甚至比事前更兴奋。"

多重高潮与序列高潮

从"你想要几次高潮"这个问题的回答中，实在很难做出条理分明的解释。受访者几乎都不晓得何谓多重高潮，还有很多女人会好奇地反问：如果阴部每收缩一次，便算达到一次高潮的话，那么，接连收缩个四五次，是否就是所谓的多重高潮？

"我不太确定到底我有的是一次长而久的高潮，还是有好几个小而短的高潮。"

"我希望我可以享有一个既长且久的高潮，比方说，持续一个半小时之久。这样有可能吗？"

"没错，一次就很好了。我会觉得很满意，精疲力竭，真的，我没有什么欲望还想有下一次。我也听过多重高潮，也很想知道那是怎么一回事，不过，若是在高潮之后还继续不停地刺激阴蒂，会让我深感不适。通常我的高潮都会持续一段时间，我猜想也许那就是多重高潮吧！我不晓得自己到底可以有几次高潮。"

何谓多重高潮？何谓序列高潮

若在高潮之后几分钟，再次刺激阴蒂可以达到下一个高潮的话，这并非多重高潮，而是序列高潮。多重高潮是很少见的例子，它是由好几次接连不断的高潮所形成的（当然必须持续施以刺激，才能达成）。很多女人都有序列高潮的经验，只要在高潮后的几分钟，再次找到前一次高潮的兴奋点，持续刺激，便可以陆续享有多次的高潮，这就是序列高潮。若在快感尚未再次凝聚，便过早地重复施以刺激，反而会搅乱了你的兴奋感，折损原先的快感，把感觉磨钝了，与下一次的高潮就无缘了。有时，序列高潮会将兴奋感越推越高，于是你会发现：高潮点似乎逐渐下移，直降到生殖器官的内里深处。

不幸的是，无论是多重高潮或序列高潮，都引发了女人之间的竞争心态，使许多女人频频追问："我算不算个'完美的女人'？"有的女人甚至将这种角逐称为"高潮奥运赛"。

"我看过一则报道，一个女人在一个小时之内，达到五十次高潮，而我好不容易每个礼拜只有一次迷你型的小高潮而已。我真的很嫉妒她。"

"我才不相信什么多重高潮的说法。我曾经有一次经验，是在间隔五分钟之后旋即有了第二次高潮，那真是很糟的感觉，而且第二次高潮来得很微弱。很糟的感觉是说：我必须很努力地进行刺激，让我觉得心力交瘁。事后，我深感这么卖命实在太无味了。我只要一次高潮就好了。就像普通的男人一样，我的确可以再次兴奋，可是，这一切到底有什么意义？"

必须强调的是，讨论女人享有高潮的能力如何，并不意味着我们一定非得有多次高潮不可。重要的是，我们要对自己身体的潜能有所了解，这样，我们才能享有自主权，决定自己到底想要选择什么以及如何选择，而不是靠周围的人代为决定，或者在无知状态下贸然行动。

很多女人提到，顶多一次高潮，就能让她们在情绪上深感满意：

"是的，一次就够了，就像我先前提过的，高潮之后的震荡作用，在我身上会持续很久。我不晓得我自己总共可以有几次高潮，我从来没有实验过。我觉得，高潮对我而言，含有很多情绪的成分在其中，即使马上重复进行数次的高潮，似乎也不太可能增加相对的满意度。至少我就不能做到。"

"这得看高潮之前的兴奋状态如何，或者他的高潮是否来临而定。通常只要他的高潮来了，我就深感满意，无论我自己到底有几次，甚至一次都没有也无所谓。我的身体可以拥有无数次的高潮，要看我当时的体能状况如何。我无法回答'你通常想要几次高潮'，因为这个问题对我来说，根本就不可行。"

"一次高潮就能让我深感满意了。我不知道我到底可以有几次高潮，因为我从来不曾想过要有一次以上的高潮。我认为，一次高潮就已经能把我带至极乐的境地了，若要超越那个快乐的顶峰，我会担心反而毁了原先美好的高潮感。高潮之后，我都需要一段相当长的时间，才能恢复到平日的正常状态。"

此外，很多女人认为她们的兴奋感是遍及全身的，只要跟男人性交，就足以让她们感到非常满意了。

有些女人说她们无法享有一次以上的高潮，因为在一次高潮过后，她们的阴蒂就变得太敏感，很难继续接受刺激：

"在高潮之前，我已经兴奋得不得了。高潮过后，我简直无法动弹，非常满意，好像我可以再来 10 次高潮也无所谓似的。不过，我实在没办法，因为那时要是我再被刺激一下，我就会变得异常烦躁。我喜欢静静地躺着，慢慢放松阴道壁的肌肉，那会让我的脚趾有放放电的感觉。我已觉得很满足，对我的爱人充满爱意。我们会聊一聊彼此高潮的感觉如何，然后大笑不已。"

"我常常在猜想：多重高潮是怎么一回事？不过，我自己倒从未尝试过，因为那时的我太敏感了，再严重施力的话，就是痛感了。"

"高潮过后，我简直无法再被碰触一下。通常我会恢复到平缓的兴奋状态。但是，我真的没办法再多做什么。"

"高潮过后，我就松懈下来，很想睡觉，觉得很满足。此外，我的阴蒂实在太过敏感了，碰一下就会让我深感烦躁，我只想拥抱对方。"

"一次高潮就很好啦！记得我曾经有过连续 3 次高潮的纪录，但并不常有。自慰时，我可以有两次，但每次都要间隔 15 分钟。高潮过后，我的阴蒂会变得非常敏感，不能随意碰它一下。"

在上述的案例中，问题可能出现在"太过直接"刺激阴蒂（比方说用 I A 型的自慰法），或者就是连阴阜以内都刺激得过度了。所以，你应该把阴阜揭起，用指尖把聚积在阴蒂附近的分泌物清干净，这非常重要。这样做可能会有点痛，不过，清理这些分泌物，就可以让阴蒂降低敏感度。大致来说，这些分泌物并不会妨碍后续的多次高潮，除非阴蒂受到过度的刺激。

有些女人非常喜欢多次高潮：

"一次就够了，不过，能有很多次也很好啦。我曾经在半小时之内有过 6 次高潮。我喜欢一次接一次，慢慢来，在间歇时刻中，我可以好好放松，尽情享受，然后进行下一波的刺激。"

"我喜欢 6 次小而连续的高潮，如同乐曲一般，形成渐次加强的高潮。"

"一次高潮就够了，不过，在第一次之后，通常我还能很快地持续好几次的高潮，而且能轻而易举地达成。"

"如果是阴蒂与阴道刺激交互进行的话，在口交中，我可以有 5 次的高潮。"

"在第一次高潮之后，我发现自己还是很兴奋，而且可以继续享有多次高潮，但是我还是不觉得满足，因为兴奋感都只局部集中在阴蒂附近。不过，我实在太累了，只好停下来休息，让快感渐渐退去。"

"在我生理期的时候，我变得非常兴奋，于是我便尽情地自慰。我越自慰，高潮越源源不绝，而我的阴蒂也因此变得更加敏感、怕痒。在 10 次高潮之后，我的阴蒂就开始发痒，可是仍然不觉得满足；随着高潮的再次兴起，不仅无法缓解这种难耐的奇痒，反而还会越来越痒。"

"第一次高潮来得比较辛苦，后来就容易得多了。一旦我的高潮来了，我就可以享有六七次的高潮。"

"有一次好的高潮即可。先从刺激阴蒂开始，然后再进行阴道性交，这样的高潮来得最好不过。如果我一整天闲来无事，就会喜欢有多次高潮，甚至想要有 100 万次以上的高潮呢！"

"第一次高潮之后，如果我还想要再继续刺激下去，马上就会有第二次。我可以享有多次高潮，至于到底有多少次，要看我的性伴侣是谁、我自己的心情如何以及我们做爱的方式。但我认为，妄想要有无穷尽的高潮，并不明智。"

"一次高潮的确很强烈，不过，通常我都还想要更多，至少两次才好。如果持续用手不停地爱抚的话，我就可以有五六次的高潮，但是，这也会让人深感挫折，因为我很难从高潮中平静下来；若是只有一次高潮当然就不会这么难，因为那时我根本还不算已经达到高潮了呢！"

"第一次高潮过后，我喜欢接着再有一连串的多次高潮。最好是先从刺激阴蒂开始，然后再进行阴道性交。"

"第一次高潮不过是在热身而已，最好是继续到我几乎要精疲力竭为止。高潮会来得一次比一次更好。"

"当我自慰时，会有两三次的高潮，有时甚至五六次。跟性伴侣性交就比较费劲，所以，通常一次高潮也就够了。"

"是的，越多越好，但是从阴道性交而来的高潮，会让我非常疲乏，好像我的耻骨就快要粉碎了似的，不如只要有一次高潮就够了。一旦我在自慰时，或是别人在帮我自慰的话，我就会想要更多的高潮，平均有两次，如果能出现三五次高潮，我会更开心。"

"跟我性交过的男人，都说我的性欲特别强烈，有时，他们还会让我觉得自己是个怪物。我很想知道是否其他的女人也有类似的经验。根据马斯特斯与约翰逊的研究显示：女人可以整夜享受性爱，而男人却不能。虽然我也认识很多自以为很解放的男人，但其实一点也不。他们根本搞不清楚女人的性欲到底是什么。"

序列多次高潮的感觉

"在一段长期的兴奋过后，我的脚会开始痉挛，我的阴蒂会变得非常敏感。几次高潮过后，平躺着身体，享受这份甜美的快感，可以让高亢的性兴奋充塞整个身体、阴道、阴蒂等。"

"在绝佳的状况下，只要爱抚与刺激一直持续不停，我的高潮便会绵延不断，一次比一次来得更强烈，直到最后叫停为止，我会放声大哭，把紧张感完全排遣出来，让我的身体自在地飞翔。"

"我刺激自己越久，高潮就来得越强烈。"

"第一次高潮，会带来全身的兴奋感，在我的喉咙里会发出类似金属的味道，我的阴蒂会大幅扩张，等等。然后，我很希望有一只阳具来戳刺我的阴道。我的身体开始强烈地颤抖，双腿也渐渐抬起，接下来，我的阴道便进入了收缩阶段，紧张感随之稍解，但并未完全排遣，因为我还想要有三四次的高潮。在第一次高潮，并没有涉及阴道的感觉，直到后来进行阴道性交或重回到前戏阶段的时候，我的阴道才会开始敏感起来。到了第三、四次高潮之后，我的意识开始变得混淆不清，完全无法分辨在我周围发生过的事情，我一心一意都专注在身体里面的感觉。"

"在高潮的完美时刻中，我全身开始疯狂地颤抖起来，一次接续一次，快速地进入下一次高潮。"

"一次高潮向来是不够的，序列而来的多次高潮，才会越来越强烈，越来越深入，越令人满足。我还不知道我可以有几次高潮。事实上，我对自己拥有多次高潮的能力，反而有些许挫败感或感到害怕。在我还没开始享受多次高潮之前，就觉得我应该适可而止了。我对自己感到厌烦，因为至今我根本还没遇到一个可以持久兴奋不衰的男人。所以，每当我仍然在'发春'状态下，而我的性伴侣却早已不支了，我都会告诫自己：噢！千万不要。"

"对我来说，每一次的高潮快感反而只会带来后续更深的挫折感。所以，通常我都会拒绝被挑起兴奋，不过每每不能成功。我发现，如果我把注意力转移到别的地方上去，就可以缓解我后来的挫折感，但是，我绝不能试图借着性欲望或高潮来获得满足。我很希望在这方面得到建议与忠告。"

"我今年 16 岁，与父母同住，我是个女同性恋者。对我来说，性爱是一种很美好的感觉，我可以借以表达对我女朋友的爱意，这种爱女人的欲望，是我平日一再掩饰和隐瞒的。而高潮在我的性生活中扮演了很重要的角色。我对我的爱人深感满意，因为我们俩都能在床上持久地做爱，一次接一次，高潮迭起，谁也不会衰竭。"

"多年以前，我试着要看看自己可以享有几次高潮，事后竟发现多达 15 次。约在第 8 次高潮的时候，快感来得最强烈，接下来就渐趋微弱。我跟很多女人做爱过，她们也像我一样很喜欢肌肤之亲，不过，往往在一次高潮之后，她们就不想再继续下去了。我总觉得，那是因为她们不好意思再继续玩乐下去。而最让我销魂的感觉，就是让一个女人在我的怀里高声叫床，聆听她在高潮当下的呻吟，会令我兴奋不已。"

阴道性交与否会让高潮不同吗

虽然性学家马斯特斯与约翰逊两人在专著中信誓旦旦地再三说明女人的高潮是来自阴蒂刺激，社会大众仍然对所谓的阴蒂高潮跟阴道高潮两者混淆不清。为什么这样的误解会持续到现在？原因很多，最重要的是女人对自己的生理构造往往缺乏完整的了解，主要是因为女性的生殖器官大都密藏在体内，不像男人的阳具与睾丸是裸露在体外的。接下来，本书将介绍女人的性生理构造，以便读者能对自己的生殖器官有一些初步的认识。

性生理学

薛飞的专著《女性性欲的本质与进化》曾为女人的性生理构造提供了完整而详尽的说明，值得我们在此一一细读。以下是爱德华·布雷彻在《性学家》一书中，对薛飞学说的简介：

事实上……阴蒂头与阴蒂轴，不过是在整体阴蒂系统中裸露在外的可触及的构造之一，整个阴蒂系统跟阴茎一般大小，外形亦有共通处，且功能相仿——在接受性刺激的过程中，阴蒂与阴茎两者的反应大致雷同。

比方说，阴茎有两个根，是阴茎的功能中枢所在。在性兴奋的时候，这两个根就会胀大充血，造成阴茎的勃起。阴蒂也有两个巨大的根，大小跟阴茎的根都差不多。当女人性兴奋起来，阴蒂的根也会胀大勃起。

延续在阴茎轴中，亦有两只根管，在性兴奋时，它们也会像海绵体一样充血肿胀，致使已勃起的阴茎体积变得更大。女人的阴蒂也有一对球状的组织，在性兴奋期间一样会勃起充血。不过，阴蒂的球状组织并没有被包裹在阴蒂轴中，而是沿着阴蒂的前庭，分布在阴道的外段出口处，因此被称为前庭球。在阴蒂里面，也有类似阴茎海绵体的组织，功能皆相同。（薛飞曾提供一种办法，让我们可以轻易地想象："女人的外生殖器官，看起来就像把男人的阴茎沿着阴茎轴至阴囊，从中对剖开来一样。"）

薛飞博士认为，连接阴茎的肌肉组织，在性兴奋时，有助于阴茎的勃起。阴蒂四周的肌肉组织，在性兴奋期间也有助于阴蒂的收缩——据马斯特斯与约翰逊的研究显示，阴蒂的收缩作用，是在性交之后才会发生。在高潮时，男性外生殖器的肌肉就会收缩，造成阴囊的挤压，导致射精。女性外生殖器也会有类似的反应，造成阴道外段出口处的规律收缩。而且根据马斯特斯与约翰逊的研究指出，两者都是以同样的速度进行收缩，每0.8秒钟便行收缩一次。

不过，阴蒂与阴茎还是有差异的，根据薛飞博士的结论，两者的差异，反而对阴蒂有利，而非阴茎——这会让在男权社会中成长的读者深感震惊，但实情确凿。整个阴蒂系统至少包括3组血脉组织（很可能共有四五组），称为血脉神经丛，遍布在女人的耻骨附近，特别还穿过阴道的左右两侧。薛飞博士认为，所有的血脉神经丛都应该列为阴蒂系统的一部分，此外，它还跟阴道神经牵连汇合在一起。在女人性兴奋期间，阴蒂与阴道的血脉组织会一同充血胀大。①

---

① 在《亚当的肋骨》一书的"社会书写生物学"一章中也有类似的看法："带着父权思想的生物学者，将男人的性冲动称为'勃起'，而女人则被称为'充血'。肌肉组织的勃起胀大，跟血管组织的饱满或充血，其实都是一样的，但是，'勃起'一词若用到女人身上，却让她们觉得太过阳刚。当血管组织附近遇有感染或受伤时，才称为充血，而那些生物学家却认为，以这个名词来称呼女人的性冲动反应，是最恰当不过的事。"因此，阴蒂并非性生理构造的退化遗迹，而是女性生殖器官外显出来的部位，充作先驱，通风报信而已。在性兴奋的极点，整个膨胀勃起达原先30倍大的阴蒂系统，会把阴蒂头和阴蒂轴全部覆盖起来。以阴蒂系统在性兴奋期间的勃起能力而言，它比勃起的阴茎更为壮观明显。

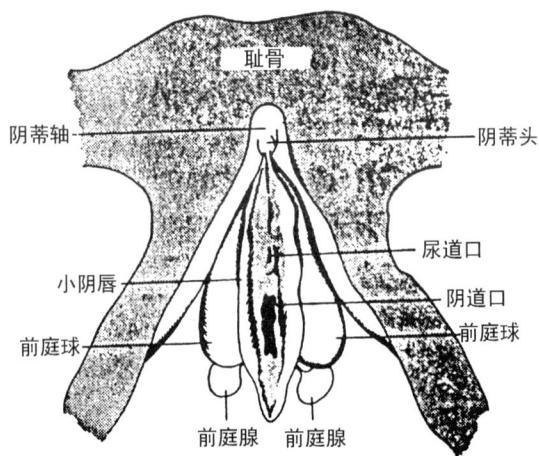

阴蒂轴 —————— 耻骨 —————— 阴蒂头

—————— 尿道口

小阴唇 —————— —————— 阴道口

前庭球 —————— —————— 前庭球

前庭腺 前庭腺

◎阴蒂系统局部图

前庭球以及阴道四周的血脉组织（由神经丛、静脉、动脉等结合而成），便是负责女人勃起的器官。女人勃起的生理构造与男人的阴茎相较，不仅功能相同，连大小也都差不多。在长大（肿起）的反应上也很类似。在勃起时，整个阴蒂系统会胀大成阴蒂头与阴蒂轴（两者俗称"阴蒂"）的30倍大。

　　虽然，女人的性器官深藏在内里，不像男人阴茎的反应那么容易被观察到，不过，女人性器官在勃起时的胀大程度，跟阴茎的勃起是不相上下的。下次在你兴奋时，不妨留意你的会阴以及大阴唇，看看它们会变到多大。在它们之下，还有前庭球以及其他的血脉组织，在兴奋期都会一同勃起。

　　简言之，男人和女人在勃起反应上的唯一不同处便是：男人裸露在外，女人包藏在内。把你的阴蒂假想成是你的"龟头"，其余都深藏在女阴之内。或者，你也可以把阴茎想成是裸露在外的内生殖器官与阴蒂系统组织。

阴蒂高潮和阴道高潮的辩论

　　讨论"阴蒂高潮和阴道高潮之谜"的另一个原因在于，一般人仍对男女的阴道性交，持有很深的误解。很多人都说，通过阴道性交的阴道高潮，比起无阴道性交要好得多。接下来，我们要好好讨论这个观点是否正确。其根本的问题是：到底阴茎插入体内，会不会就此让女人的高潮感有所改变？女人从阴道性交过程中得到的高潮感，无论是用何种方式达成，跟她平日的高潮有所不同吗？据她们的感觉，阴茎插不插入的不同点又在哪里呢？

绝大多数女人认为，伴随阴道性交而来的高潮感比较分散，无阴道性交而来的高潮则非常强烈：

"我觉得两者是不同的，不过，很难说得清楚。阴蒂高潮 ① 的感觉很集中，插入高潮则遍及全身。"

"没错，这是不同的，但我说不清其中的差异。无插入高潮比较强烈，深具震撼力。插入高潮就来得比较轻微，几乎像在水面划行一样。"

"有阴茎插入的话，高潮感就没那么锐利。"

"是有不同，在阴茎插入阴道时，你好像感觉不到自己的高潮。"

"阴道性交而来的高潮，会让我的小腹肌肉振动得比较厉害，震撼感比较强。至于用电动按摩棒来达到阴蒂高潮，就不会有类似的效果。"

"阴蒂高潮比较强烈、持久，阴道性交而来的高潮比较枯燥、没有临界点、很短暂。"

"阴蒂高潮让我达到感官享乐的极点，更高昂，更刺激。"

"自慰而来的高潮比较强烈，不过，我更喜欢阴道性交的高潮感，比较扩散而富变化，你还可以感受到男人的体温，听到两人的声音，闻到味道。"

"阴蒂高潮比较强烈，感觉更集中。阴道性交的高潮则包括全身的感觉。"

"阴蒂高潮来得比较强烈，而且让人感到满足。不过，在阴道性交的时候，两人的肌肤之亲，也会令人满意。"

"最让我身心感到满足的高潮，都是在阴道性交时经历到的，至于最强烈的高潮，则是在自慰的时候享受到的。"

"阴蒂高潮来得很震慑人心，阴道性交的高潮感就比较深而广，搏动剧烈。两者的差异就像刺痛和麻木的痛感不同一般。"

"无阴茎插入的高潮来得很锐利、明确、起伏不断，几乎叫人乐不可支，直到我放声尖叫，而且我真的快活地大叫起来；阴道插入而来的高潮，就来得比较温和、持久，但不明确，两者很不相同，后者温柔却不刺激。"

"自慰时我靠阴蒂刺激来达到高潮。在阴道性交时，偶尔我会有一种'解脱感'，也许这就是另一种高潮吧！它不像自慰高潮来得那么强烈。阴道性交之后，有时我

---

① "阴蒂高潮"在此指的是无阴茎插入的高潮，"阴道高潮"则指的是阴茎插入阴道的高潮。

会很满意，有时我却更加饥渴难耐，更甚于一开始做爱的时候。"

"阴道性交的高潮感，来得比较扩散不一，像是经历了一趟身心皆美的丰富之旅，至于阴蒂高潮带给我的感官享乐，就非常强烈，在整个小腹和骨盆以及阴道附近，掀起阵阵波涛。"

"性交高潮带给我全身上下震撼不已的快乐，但在自慰过程中所经历的高潮，就往往集中在骨盆内的生殖器官上。"

"在刺激阴蒂时，那乐不可支的快感立刻扩散开来，我的神经系统整个都被松脱了。在阴道性交时，我全身都投入其中，感到很震撼，特别是我的手脚四肢，我丈夫跟我说他感到我的阴道壁在兴奋地颤抖。"

"自慰而来的高潮，是我经历过最强烈的感受，它主要是集中在我生殖器的部位及大腿。若我在阴道性交时采取上位姿势，就不会有全力以赴的快感，不过全身都会感到激烈的震撼，尤其是我的手和脸。"

"我有两种高潮：第一种是阴蒂高潮（借自慰或口交达成），让我感到温暖，而在生殖器附近所产生的压力感，让我的肌肉开始变得紧绷。接着，从脚趾到头顶，窜起一阵阵妙不可言的热流，最后在阴蒂处爆发开来。随后，我还会持续半个小时以上的兴奋期，因为阴蒂高潮来得实在太强烈了。第二种是阴道高潮。在阴道性交时，则没有那么强烈的高潮感。我只感到在下腹部的深处有一股乱流升起，从脚到头蔓延开来，于是，我的手脚便麻痹了。"

"在阴蒂刺激时，高潮来得非常强烈，令我简直难以置信；在阴道性交时，高潮则来得很意外，突然开展之后便进入身体的深处。"

"直接刺激阴蒂，高潮会来得很强烈，若没有刺激阴蒂，高潮就会来得很微弱，无法令人满意，甚至有挫折感。自慰的时候，高潮来得最完美。阴道性交的时候则正好相反，通常都糟糕透了。"

有些女人认为阴道性交而来的高潮是遍及全身的快感，因此比较强烈：

"阴道性交而来的高潮比较强烈，感觉更好，让我全身上下都倍感满意，这比起直接刺激阴蒂而来的高潮只局限在生殖器官更好。"

"自慰而来的高潮非常迅速而有效率，可是借阴道性交而来的高潮却能遍及全身，感觉非常丰富而持久。"

"阴道性交的高潮比较好，因为阴茎的压力增添了许多的快乐，还有身体的重量、拥抱等，让人感觉更好。"

"阴道性交让人觉得感情深浓，浑然忘我，刺激而高亢，令人欢愉不已。"

"在阴道性交中经历的高潮更强烈，全身肌肉都为之震撼不已，更甚过美好的感觉。"

"阴蒂高潮往往不能扩及全身，因此显得比较空虚、肤浅，无法令人满意。"

"借刺激阴蒂而来的高潮比较强烈，令人销魂，不过，乐趣也比较少，过程较短，也不那么性感煽情。"

"借助振动器达到高潮，往往来得很强烈而持久，也不会因受到别的刺激而分心。不过，在阴道性交过程中所经历的快乐以及其他感官的愉悦，会相互增强刺激，这两种高潮感是大不相同的。"

"阴道性交的高潮包含着比较强烈的情感因素，所以，感觉比较好，全身上下都很有快感。不过，就高潮的享乐而言，我每回都至少想要五六次的高潮，所以，还是自慰比较好。"

"通常我的阴蒂收缩都来得非常强烈，而且很容易分辨总共有几次高潮。在阴道性交的时候，注意力很分散，很难去数清楚你有几次的收缩，那时的快感遍及全身。两种高潮都很棒，不过，我觉得阴道性交的高潮比较好，因为我喜欢跟别人共享肌肤之亲，体验身体跟身体之间的压力感，特别是用我的乳房去跟对方的身体做摩擦。不过，阴蒂高潮来得更强烈，通常我在一夜之间，就能享受好几次这两种方式的高潮。"

"阴蒂高潮来得非常强烈，却不够深入，也不尽完满，与阴道性交而来的高潮相较，并无本质上的不同，差别在于丰富感、完满感的多寡，以及情感满意度的高低。"

"阴茎插入而来的高潮，让我的身心都深受震荡。在自慰时获得的高潮，则像一股清泉，满足我的性饥渴。"

"我比较喜欢阴茎插入而来的高潮，因为那样我比较容易达到高潮，当然，一定还得借助阴蒂刺激的帮助。通过跟性伴侣的肌肤之亲随后进行阴茎插入，最能让我性欲高涨。在阴茎插入时，我也觉得我能为他做很多事。在阴茎插入期间获得的高潮，让我的内心深感满意。"

虽然，表面上看来，这两种女人表达了相反的意见，但其实她们说的是同一件事，不过说法不同罢了。第一种女人说"阴蒂高潮比较强烈而集中"，第二种女人则批评为"太过局部以至于高潮感相当局限"，这就像有人会说"这杯中的水是半满"，而别人会说"这杯中的水是半空"一样。因此，有些女人认为阴道性交而来的高潮"比较扩散，遍及全身"，比不上阴蒂高潮"强烈、集中而刺激"；相反地，也有女人觉得阴道性交的高潮感"遍及全身"，所以比较令人满意，不像阴蒂高潮那么局限，虽然它很"集中而强烈"。

如何诠释这些感觉，要看个人的好恶以及你跟性伴侣的关系而定（特别是跟男人的性关系）。最后，社会压力也会让你以为阴道性交而来的高潮会比较让人满意。不过，不论你如何诠释，女人在经历高潮时的生理反应，却相当一致：无阴茎插入的阴蒂刺激高潮往往来得非常集中而强烈，有阴茎插入而来的高潮则会波及全身[1]。

总而言之，阴茎插入阴道，会让女人的高潮感因此变得分散而遍及全身。但这并不意味无阴茎插入的高潮会"比较好"，在此，本书无意为读者作任何价值判断，应由个人自主决定。本书的目的在于阐明女人经历高潮过程中的生理感觉。

调查结果显示：刺激阴蒂而来的高潮，特别是在自慰过程中获得的高潮，其生理的快感，会来得比阴道性交的高潮更强烈。而马斯特斯与约翰逊的研究也显示：自慰而来的高潮，在阴道收缩作用上会比阴道性交而来的高潮更强烈，许多受访者本人也都主观认定由自慰所获得的高潮感，的确来得比较强烈。此外，统计结果发现：女性在高潮期间创下的最高心跳频率，都是在她们自慰时达成的。

阴道性交时，高潮会减弱吗

在阴道性交过程中的高潮比较微弱，是因为阴茎的插入，还是另有原因？

有些女人在自慰时因为独处而进入浑然忘我的境界，高潮感便来得非常强烈：

"在我独处时的高潮，会比跟别人在一起时，来得强而有力。不过，在我高潮的当下，都很希望能有人来抱着我，用他的阴茎插入我的体内。但是，要是真的有个男人同在一起，高潮感却又会变得比较微弱，不再那么强烈，因为我会退缩，一直在想他们对我会有什么看法。"

"自慰高潮比较好，因为心理负担比较轻，我不必操心别人的高潮是不是已经来了，我也不会有不安全感。"

有些女人则认为阴道性交的高潮比较好，因为她们可以从中获得更多

---

[1] 这个发现与萨穆尔·费雪针对 300 名妇女所进行的调查结果相同。费雪的结论如下："从受访妇女的回答看来，我很讶异地发现，她们都会用'温暖''瘙痒''触电'或'锐利'等字眼来形容阴蒂刺激的快感，至于形容阴道刺激则是用'振动''深入''安抚'或'舒服'等形容词。"

的轻松感：

"阴茎插入我的阴道，会让我在生理上倍觉刺激，这会影响到高潮感的深度、强度以及进入浑然忘我的境界。"

虽然，马斯特斯与约翰逊的自慰实验是在多人共处之下进行的，不过，研究结果仍然显示：自慰高潮的强度胜过阴茎插入阴道的性交。

自慰高潮会来得较强烈的原因，可能是因为性刺激较集中且统领了全身，包括腿部姿势的安排在内：

"对我而言，高潮的强度取决于：一、无须急着达到高潮，让过程，特别是高潮期，能维持越久越好。二、要在最适当的时机达到高潮，这样才会让高潮的解脱感来得最强烈，太早或太晚，都会降低强度。"

"你是否也有类似的经验：高潮就快来了，但兴奋感还不够，所以你很想说'再多一点'。可是，你终究不能得到足够的刺激，高潮依然如期来了，却完全走样。"

无阴茎插入阴道的高潮，会让人深感强烈的原因在于，高潮时，并无别人身体动作的干扰：

"在阴茎插入阴道的振动期间，我对任何一个轻微的刺激都会变得非常敏感。我的身体完全投入其中，我能感受到像电波一般的冲动在身体内到处奔窜。"

"阴蒂刺激而来的高潮感比较好，因为我不会分心。如果阴茎在阴道内来回进出的话，我就很难专心一志。"

"若阴茎插入阴道时，还能一起进行阴蒂刺激的话，感觉会非常好，尤其是插入的阴茎还能保持不动的话，效果更好。"

"如果我的性伴侣振动得太快的话，我就无法有效地分辨我的高潮来了没有，而其他方式我就能分辨清楚。"

阴道性交而来的高潮会让女人在心理上觉得比较强烈的原因，可能是与和男人有肌肤之亲有关，或者是因为社会文化的教养，让她们觉得阴茎插入才是表达性欲的最完美的形式。

"我很难说到底哪一种高潮的感觉比较好，因为我已深受社会价值观的制约了，无法客观地下定论。我知道自己一直很努力要达成阴道高潮，所以反而无法客观地设想两种高潮与自己的切身关系，特别是因为我觉得阴蒂高潮是非法的性行为。"

"我觉得阴茎插入阴道而获得的高潮，比较为世人所接受，这样才能表现出我的女人味，所以，我想这就是为什么我比较能从阴道性交中表达爱欲的缘故。"

阴茎插入而来的高潮会波及全身的原因，可能是因为有较长的兴奋期，而自慰高潮则无。

"有时，如果在做爱一开始，我的高潮就已经来了的话，那么快感就会局限在阴蒂部位而已，从兴奋到紧绷，最后到爆发、解脱。可是，如果做爱的过程延续相当长一段时间，那么快感就会波及全身——从头到脚。"

"我的第二任丈夫喜欢用爱抚全身肌肤的方式来跟我做爱，这让我对阴道高潮的快感感觉非常强烈。要是做爱的时候是用速战速决的方式，高潮就会只局限在特定部位，若是持续久一点的做爱，高潮感就会来得比较扩散。"

无论如何，上述原因均未改变"阴蒂高潮较阴道高潮来得强烈"的结论，对大多数女人来说，若无阴茎插入，她们的高潮都能维持很高的强烈感，特别是在自行刺激阴蒂的时候。

但是，仍然有许多女人坚持她们更喜欢阴茎插入的高潮，因为她们可以同时感受到心理上与他人共享以及被爱的感觉。再者，有身体与身体的肌肤之亲，让她们深感温暖：

"若你深爱着对方，你就能让阴茎插入的高潮变得更好。不过，自行刺激（阴蒂）的高潮仍然比较强烈。"

"阴道性交的高潮不那么强烈，但在情感上却让人很满意。"

"阴茎插入我的体内，会让我深感完美与被爱。"

"在阴道性交时，我感觉不到阴道的收缩，可是，我很喜欢那种圆满的感觉，心理上深感完整无缺。"

"阴蒂高潮来得更强烈而锐利，不过，阴道性交而来的高潮比较好，因为我喜欢抱着他做爱。自慰比较孤单。"

"阴道性交而来的高潮比较好。我的心灵整个都投入其中，而自慰只能让我从疯狂的边缘逃离罢了。"

"自慰的时候，我可以达到 5 次左右的高潮，而且我非常喜欢自慰；但我还是觉得不满意，比不上阴道性交而来的高潮，因为阴蒂高潮来得不带感情、不够深入、没有意义。"

阴道渴求

有一个很特定而重要的问题，至今才被提出来讨论，但却是本书自始至终再三探讨的问题，即所谓"阴道渴求"的现象，一般人会把它理解成是女人想要阴茎插入阴道的渴求。这跟我们先前讨论"有无阴茎插入的高潮感，是否会有所不同"是很相关的问题。这种强烈的欲望或渴求（想被满足的欲望），起自高潮前的兴奋期，已经相当接近高潮阶段，随之便进入高潮收缩期。

阴道渴求的现象如下：在进入高潮之前，在阴道深处就会有强烈的快感和痛感交相出现，很类似想要有东西插入或被碰触的渴望，那是一种独特的快感，俗称为阴道渴求。那是一种中空状态的感觉，因为在阴道上端、靠近子宫颈一带的阴道内壁，此时开始胀大，形成一面小湖，在学理上的意义是为了要接收精液。

有些女人觉得这种空虚感令人不悦，但也有人认为这种渴求是很强烈的快感。当然，你喜不喜欢阴茎在此时插入阴道，那是个人偏好的问题。不过，对大多数女人来说，如果阴茎已插入阴道，那么阴道渴求的感觉反而会变得不那么强烈。阴茎的插入，似乎反倒把原先的渴求感给"安抚"下去，变得扩散开来了。所以，这一切仍得取决于女人自己到底喜不喜欢那种阴道极为渴求有东西插入的感觉。

若无阴茎插入阴道，阴道渴求的感觉便如下列的叙述：

"在我阴道深处，有一种很急迫的渴望，想要把它（指阴茎）给包围起来，把它放入我的体内。"

"在兴奋期时，我的阴道会发出一种强烈的渴求感；但若阴茎果真插入而满足了那种渴望，反而会让我觉得很失望。"

"在阴蒂刺激之后，若无阴茎插入，会让我觉得很空虚。我的阴道会不停地振动，像是嘶喊着要被某种东西充塞才会满足似的。"

"在刺激阴蒂时，我的阴道会变得很兴奋，然后，我会很渴望能有东西可以插入我的阴道（不论是用阴茎或用手指伸进去抚摸皆可）。"

"自慰的时候，偶尔我会有一股冲动，想把东西插入我的阴道，但是，结果往往反而让我失望透顶。"

"阴蒂高潮后，我会想要阴茎来插入。在我阴道的上端，似乎狂喊着想要有压力感。"

"阴蒂刺激会让我变得很亢奋，可是，我喜欢还要有阴茎插入我的阴道的感觉。"

"阴蒂高潮让人兴奋异常，而且是阴茎插入之前的绝佳前戏，阴道性交而来的高潮会让我深感满意。"

"没错，这两种高潮的感觉的确有所不同，不过却很难解释。阴道插入的快感，比较像是平地骤起暴风雨，而没有阴茎插入的高潮，一切只是欲望罢了。"

"在高潮前，我的阴道好似一口'欲望之穴'。不过，只要我不插东西进入阴道，就能继续享受高潮带给我的强烈快感（非常锐利的快乐）。若是有东西插入我的阴道，我的感觉反而会变得分散——我就不想再要下次的高潮了，而且也觉得不够满足。"

"在刺激阴蒂而来的高潮（无阴茎插入）之后，我便会有这种瘙痒的感觉，因为阴蒂高潮只会让我变得越来越兴奋（尚无阴茎插入）。"

"通常，阴茎插入时的高潮，会让我有很深刻的满足感。我想，除了阴茎插入阴道之外，还加上他用身体冲撞我的下体与下肢，才会造成这般的轻松感。阴蒂高潮也很棒，让人感觉非常强烈，跟阴茎插入比较的话，在结束时，仍然是阴蒂高潮来得最强烈。"

依个人偏好感受高潮

我们发现：在阴茎插入阴道后，女人的高潮感与收缩反应，反而会变得不太明确，阴道渴求的现象也会因为阴道性交而平缓下来，甚至几乎感觉不到了。总而言之，阴茎插入阴道的效果，对女人的高潮来说，似乎是安抚、平缓、分散注意力且令人扫兴的。

对于这种现象，有两种解释，不妨参考一下：

一、在阴茎插入阴道的性交过程中，阴茎的作用就像镇静剂，碰触或摩擦阴道，反而会把快感给歼灭了，徒留轻微的收缩感，打散了高潮的焦点，因此，高潮感就变得不那么强烈，乐趣也骤减。

二、在阴道性交的过程中，阴茎插入阴道反而把女方的性兴奋给安抚下来，平缓之后带来一番平和完满的气氛，让人有轻松满足的感觉；而无阴茎插入的高潮却正好相反，会让你觉得越来越兴奋。因此，阴道性交（无论到底有没有让你达到高潮）都会让人有比较高的"满意感"，但无阴茎插入的高潮给人的满意感则较少。

不论你信服哪一种观点，这是你的个人决定，要看你的偏好如何。也许你把高潮快感定义成是一种欲望，或者认定那应该是一种满足感。不过，欲望（性兴奋）抑或满足，究竟何者带来的快感最大？

最后，建议你可以在不同的时间点上，享受不同的快感：

"我无法描述这两种高潮的差别，它们并无好坏之分，但就是不同。有时，我希望阴茎插入，有时我喜欢别的性游戏，看我的心情而定。"

"以下我要说的是，平日我享有高潮的种类以及每回欲望来临的频率。我发现，要是我没有阴蒂直接刺激而来的高潮或享受得不够，我便会一直想要拥有，在做爱时就不停地大做春梦，一心专注在阴蒂高潮上。我从来都不曾觉得自己完完全全满足过。假使一个星期过去，我仍然没有阴蒂高潮，我的欲望与渴求就会大幅提高。等我终于享受到阴蒂高潮，那种感觉实在太棒了。不过，如果我很久没有进行阴茎插入的阴道性交，我同样还是会想要阴道高潮，两者应该要平衡一下才好。"

如果在阴茎插入的阴道性交中高潮感很模糊，是所谓的"一种解脱，无须再继续性交下去"，那么，如何判断高潮到底来了没？在以下的案例中，受访者甚至都搞不清楚到底她们有没有高潮，或者以为那只是很高亢的兴奋感而已。

"当我采取上位姿势时，我的嘴便会贴近他的右耳，我会在他的耳畔轻声细语，清楚地述说我的感受。等我的高潮来了之后，我的身体就停下动作，开始哀鸣感叹。接着，我吻遍他的脸。性交的全程大致如此，但也有些许变化。有时，我觉得我的高潮就快来了，可是最后却没有；有时，虽然没有高潮，但那种感觉非常好，就像高潮来过一样。我们会在事后询问对方的感觉，看看是否有疑问或心结，做心得交换，比较一下这次做爱跟以前有什么不同的地方。"

"在我高潮来临的时候，我的阴道深处会有强烈的振动。可是，我从来都搞不清楚，到底那是我的高潮呢，抑或是他的阴茎在剧烈振动？"

"我自慰时高潮来得非常强烈。我的兴奋阶段泾渭分明，无须多费心力。不过，当我跟男人性交时，我都会先感到一阵兴奋，随即进入高潮期，最后，以深感满意结束。接着，我便会开始思索：我的高潮来过了吗？老实说，我真的不晓得。因为我感受到那种爆发式的快感，也不觉得有高亢的轻松感。所以我想，高潮的强度是有所不同的，那些大概就是比较小规模的高潮吧！但是，我还是搞不清楚到底有没有高潮，这真令人沮丧。"

或许，在很多女人的案例中，并无例行的高潮来临。再不然，很可能就是高潮来了，但却被阴茎插入给打乱或平息下去了。有些女人觉得她们在阴茎插入时感觉到了高潮，其实很可能是没有。无论是哪一种情况，阴茎插入与否都无所谓，高潮其实只有一种，虽然每个人的感觉会各不相同，但其基本形式如下：进行某种方式的阴蒂刺激，便会达到高潮，接下来的生理反应模式也极为相似。因此，往后本书中将不再重复使用阴蒂高潮或阴道高潮的用词，因为这样的二分法早已过时，只能徒增误解罢了。本书将直接称之为"高潮"，但会添加一些形容词来描述高潮的情形。

情感式高潮

有些女人提到，她们在阴蒂刺激或自慰的时候，会经历不同的高潮，这种高潮并不像阴茎插入阴道时候的感觉，这意味着她们在阴蒂刺激时经历过"真正的"高潮，但在阴道性交时经历的却是不同的快感，即俗称的"阴道高潮"。所谓阴道性交而来的高潮，对她们来说，其实都是尚未经历阴道收缩，也没有阴蒂或阴道附近的快慰感。但是，她们的确会感觉到有种很强烈的情感式的高峰经验（有时是类似从阴道或喉咙深处发出的强烈的扩张感），伴随着很深刻的亲密感、渴求或愉悦。我们称此为"情感式高潮"。

"阴蒂高潮带给我完满的高峰快感。在阴茎插入时，我并没有感觉到什么样的肌肉快感，不过我却深深地为一种平和的爱意而感动，甚至为之哭泣，就像是一种'情感式高潮'吧！"

"若是我跟一个我深爱的男人做爱，阴茎插入就会让我达到一种情感式的高潮，那的确也是一种生理的快感，但并不是高潮。我会全身颤抖，有时则只是心理上深受撼动。这种感觉是你直接跟他做'全然的沟通'，不需任何防卫，直接通过我们俩的肌肤之亲以及双方身体的撼动来传达爱意，借此我们就合二为一了。这种感觉真的很棒，让我很想把他的阴茎整个吸进我的阴道里去，越深越好。"

"要我抛掉一些老生常谈的说法来解释，实在很难。不过，有些通行的俗话还真传神呢！在我的阴道、阴唇，以及整个阴部的区域，都会发出一种温暖、完满的快感，接着，便会慢慢向身体四周扩散开来，在我的胸膛里升起一片欢喜愉悦的感觉。如果跟我做爱的男人在我生命中占有很重要的位置，那么我希望他的阴茎能直通到我的脖颈处，我巴不得他能从阴道爬进我的身体里去。我总是觉得他插得不够深入，也不够亲近。"

"解释高潮的感觉，对我来说其实是一件愚蠢的事，因为我根本就认为高潮是深具情感的。我深爱着我的未婚夫，一想起他，我的心就会狂野起来。有时我真的有高潮了，我便深感满意。在高潮的当下，我感觉自己已被来回的身体搏动所带来的爱意整个包围住了，甚至还满溢出来，我感到一种内在的平静，很伟大。事后，通常我都会为了拥有幸福以及我的男人而笑。"

"这种高潮对我来说，是与另一个人在形而上的世界中结合为一，那是一种宗教的境界，就像在爬山一样。高潮几乎都是在我的心灵中出现的，随着感官一波波地涌上心头，让我跟对方有一种非常亲密的感觉。"

情感式高潮是一种充满爱意的感觉，与他人做了一番亲密的沟通，从而达到一种高峰经验，强度几至爆发到临界点。在生理上的反应可能会作用在胸口，或是喉咙中觉得有突起物，全身有扩张感，想要越来越深的阴茎插入，执意要跟对方合而为一。那也是一种情感的全然抒发，一位女士称之为"震慑人心的爱意"或"心之高潮"。

有时，情感式高潮还会让人有想要怀孕、着床的欲望，想把对方放进自己的身体里去，让两人在血肉交融中合而为一："在我婚后第 16 年，我突发奇想，想把小宝宝移植到我的身体里去。尤其是因为我深爱着我的性伴侣，每当高潮时，我都好想要怀有他的小孩，此外，我什么都不想。"在生理反应上，女人怀孕生子的经验跟性高潮相比，竟然也有很多极相类似之处，如奈尔·牛顿博士在《今日心理学》杂志中就曾经提到过，有些女人把怀孕当作另一种高潮："我这辈子经历过最伟大的高潮，就是生我女儿的那一次经验——我从头上的镜子里看到她从我的体内生出。此后，再也没有任何一次高潮，比得上那一次临盆。"麻省理工学院的辛吉博士夫妇曾经说，情感式高潮所带来的情绪化的生理反应，主要会作用在喉咙上。他们还引用多丽丝·莱辛在《金色笔记》一书中的观点作为佐证：

……那种反应主要是在喉头处的痉挛，伴随着横膈膜的紧绷感而出现。呼吸连接在一起，每一次喘息都增加了前一次的肺活量。当横膈膜紧绷到了极点时，肺部就开始不自主地呼起气来，咽头的环状肌也变得紧绷，把喉头向下拉扯。这种感觉就是俗称的"在极乐中徜徉"。最后，环状咽头肌又会恢复到原先的位置，同时呼吸也回归平静。这种突发的爆裂感，除了"高潮"之外，几无可名状之词……对我来说，排遣性紧张之后的感觉，就跟这种"咽头高潮"没什么两样，效果与下一贴重药把神经紧张治好是一样的。

辛吉夫妇还提到，上述喉咙部位的反应跟横膈膜的紧张感，都是人类在面临情绪变化时的重要生理反应，包括悲伤、惊讶、恐惧、欢乐等。例如，哭便是缓解高潮感的一个好方法。事实上，很多女人在阴道性交却无高潮后，便会大哭一场，把挫折的情绪一扫而空："有时在我性交完毕却仍无高潮的情况下，我会觉得非常不满足，尤其在我快要达到高潮，最后却依然没有的情况下，我会在性伴侣达到高潮后放声大哭，作为发泄。"

只要女人不必被迫以"情感式的高潮"来取代真正的高潮，任何一种排遣欲望的方式都是值得去好好享受的，不论采用哪一种替代式的排遣法均可。女人在生理上有能力、有需要去享受例行的阴蒂高潮，乃是万万不可遭贬抑的事实：

"若无阴蒂高潮，性交一点乐趣也没有。在我高潮来的时候，全身所有的紧绷感、情绪、感觉，全都跑进高潮里去了。我的身体整个被轻松感所淹没，伴随着些许感伤。万事万物俱呈现出一番奇妙的组合，让我有日新又新之感，对这个世界充满喜悦。"

从无高潮的女人

从无高潮的女人，通常都会有很深的挫折感，沮丧不已，甚至觉得自己被骗了，因为这个社会一向极尽推崇性高潮的拥有。当然，错失这样的人生乐趣，的确相当可惜。本节辑录了一些从无高潮的女人的内心自白，看看她们曾经做过什么样的努力。

从无高潮的女人都很想尝一尝高潮的滋味：

"我觉得自己并不迷人，因为我从没有高潮，或者很少有。我常在想：高潮应该有一部分是个人生理的感觉吧！我不相信女人有无高潮的差别全都是心理因素造成的。我衷心希望社会不要对高潮以及'猛虎'情人（性能力旺盛的人）赋予那么多的关注。这样，我们这些从无高潮的人才比较容易接受自己。"

"我在性生活生涯的大半辈子里，一直都在寻找高潮。我花了7年的时间才终于经历到生平第一次的性高潮，这让我恍然大悟，原来从前我一直在错误的模式中找不出头绪，使我几乎从未享有过高潮。"

"我从来没有过性高潮，将来也不会有。我性冷淡。"

"若我的高潮来了，我的爱人就会很高兴。一旦他放弃了，我也就不想要高潮了。高潮对我来说，真是个巨大不可解的迷思。到底什么才是高潮？"

"我看了很多讨论高潮的书，也听过很多人谈起高潮。但是，如果你是个色盲的话，你将如何辨识彩虹以及蝴蝶的色彩？"

"我很想跟别的女人谈一谈有关性爱的事，可是，好像从来都不可能实现。我对自己从无高潮经验感到很害怕。而且，我很好奇地想知道，是否我的朋友也为这种事而深感苦恼。我有一位很要好的朋友，她很容易达到高潮，每当她谈起此事，我就很想大哭一场，因为我根本无法与她交换心得。当我跟男性同伴或我的妇科医生在一起，我会觉得好过一些，可是，当我跟别的女人在一起的时候，就会让我深感自卑与不足。也许是因为我知道大多数女人都有类似像我一样的问题（从无高潮），而凡是有经验的男人，大都知道这一点。此外，我还知道女人即使没有享受到性高潮，她们仍然可以成为男人的好伴侣。不过，我那位最要好的朋友却认为我的想法很不可思议，因为她认为女人要是从来都没有高潮的话，简直就是一种残酷的苦刑。也就是说，没有高潮的女人会很不快乐、神经紧张、大惊小怪，把所有的事都搞砸了，最后连婚姻或性关系都吹了。面对这种价值判断，我根本无法表露自己的心声，而且我受不了那种同情。"

"对我来说，享有性高潮，似乎是永远也做不到的事。我相信高潮定能帮我消除紧张感，特别是我的性压抑。我觉得高潮应该是一种很完满的感觉，我也深感有此需要。我常常故意作假，甚至因为太过逼真，让我自己都误以为我真的有高潮了。"

"我曾经试过各种办法，可是，还是无法达到高潮。我一直都这么觉得：要是我能享有一次高潮的话，我一定会感到更加满足。直到今天，每回做完爱，我都不曾觉得满意。没有高潮，让我觉得很受挫、没有安全感。这让我兴起很强烈的悲哀，在我一生中，这是最让我感到难过的事。我不晓得处在这样无法令人满意的性生活中，我是否还要继续跟丈夫维持婚姻关系。"

"高潮总是从我身旁溜走，无论我怎么努力也做不到。天知道，我试过各种办法了！我一直尝试要达到高潮，甚至还在上帝面前发誓：这辈子一定非要达到高潮不可！哪怕那时我已 85 岁，人老珠黄了，即使只有一次，也就让我死而无憾了。"

"以前我很在意自己没有高潮。我觉得自己好像缺少了什么，很不满意，一直在渴求着某种东西。然后，我觉得对我丈夫而言，我令他很失望，因此，我变得自怨自艾。"

"我自己还不太确定何谓高潮，所以，我想高潮对我来说是很重要的。我似乎不曾经历过高潮，这真让我感到害羞。虽然我很喜欢跟我丈夫做爱，但是，我更希望享受一下高潮的滋味。"

"在我 27 年的婚姻生活中，从未有过一次高潮，甚至跟我丈夫之外的两个男人做爱也从未有过。我偶尔会自慰，不过什么也没发生。我还是不知道到底什么样的刺激才能挑起我的高潮。天知道，我什么办法都试过了！不过，我仍然相信我一定可以达到高潮，只要我把问题找出来，加以纠正，但我没有钱可以去性治疗中心接受治疗。"

"我从未有过高潮，每回做完爱，我都觉得有点难过。当跟我做爱的男人达到高潮之后，我会觉得很棒、很高兴，感觉也很好，这就是平常做爱的终结。可是，我还是会觉得沮丧、乏人疼爱，甚至很想放声大哭。有时，我忍不住就真的哭起来了。我很难说明这种感觉，我会觉得很孤单、不受重视，感觉真的很糟。"

"没有高潮，让我变得神经紧张，尤其会对我跟男人的关系产生反感。是不是有很多人都像我的情形一样，还是只有我如此？我想知道我跟别的女人是否也都有类似的困扰，我很希望我的问题能被其他人聆听，我不会为此感到害羞，也不介意表白我的情感或将此事暴露给大家。"

"我现在跟我结婚 6 年的丈夫维持着友谊关系。我总会在做爱的时候开始全身麻痹，相信我，这是真的。我在心理上很喜欢性爱，包括其中的肌肤之亲、亲密感、觉得自己很有女人味以及可以迎合男人的需要，等等。但我就是无法知道高潮到底是怎么一回事，我也不晓得该如何比较阴蒂高潮或阴道高潮。我觉得自己很奇怪，在性爱上非常孤单，这令我深觉厌恶不已。"

"有时，我觉得心理上很自卑，因为时下诉求性解放的当代女人，几乎都可以享有高潮，而我并没有想要拥有高潮的需要，也许我的性冲动比较小吧！无论如何，我很讨厌强加在我身上的压力，好像别的女人都有高潮，我也一定非要有不可似的。每回我读到一些性调查的数据，例如马斯特斯与约翰逊等人的研究结果，都会宣称有多少百分比的女人常常有高潮，这些只会徒增我的感伤而已。"

只有两位受访者说她们一点也不在意从无高潮：

"我一点也不想去追求高潮，因为那根本不重要。"

"我想我可能就是没有办法达到高潮，而这并非任何人的过错，即使我丈夫也不必负担罪过。"

一位从无高潮经验的受访者，描述她跟她丈夫性交时的感觉：

"一开始的前戏，让我很高兴，但有时我也会完全没有感觉。除了我丈夫的爱抚之外，我真恨死了我这种情况，觉得自己受骗上当了。偶尔，我也会觉得自己比较兴奋，甚至想小解，好像阴部已经肿胀起来了似的。接着，灼热的感觉传遍我的全身上下，但我并不是每回都有这种快感，有时甚至是一种前所未有的痛感。但是我很喜欢被丈夫拥在怀中，我也很喜欢抱着他。"

有一些女人无法确定她们到底有没有过高潮：

"有好长一段时间，我一直都不晓得到底我有没有过高潮。因为众说纷纭，却没有明确的标准可以让我跟别的女人做比较。"

"老实跟你说，我真的不清楚何谓高潮。我读过很多人对高潮的描述，也听过很多人谈起高潮的感觉应该如何。我以前为此非常担心，因为，我想我大概真的没有过高潮的经验。我一直期待着既兴奋刺激又活力充沛的高潮经验能早日来到，可是至今仍未出现。我还看过一本书，它指出在高潮的时候，背会弓起来，在阴道部位会出现无可控制的振动。我不曾有过这些反应，虽然我常常依此造假，所以，有时我还误以为我真的有了高潮。现在呢，我的态度是——该来的，总会来的。以我的性经验来说，感觉都还不错。不过，我真的不知道到底什么才是高潮。我一向都知道我在做什么，而我也能控制好我的感官功能。"

"我的阴部变得很湿，然后，很快又干了。我不知道高潮是什么，有时，在做爱结束之后，我会觉得有被骗的感觉。不过，要是我出现'先湿后干'的例行反应的话，事后我便会觉得很疲倦，但是很满意。难道说这就是高潮吗？"

"我有很多次的性经验，但是，说实在话，我还是搞不清楚到底我有没有过高潮。如果我真的曾经有过，那大概就是一些不太完美的高潮经验，以至于我并未记得一清二楚。"

"我不知道我有没有过高潮，不过，我听人家说，要是你不确定有没有的话，那就表示你根本从来就没有过。"

自慰是学习高潮经验的最佳捷径

自慰是帮助女人去学习高潮经验的好方法。在从无高潮经验的女人中，从不自慰者的比例，是其他类型的 5 倍之多。在本问卷中发现，有 11.6% 的女人从无高潮经验①，其中大部分人也从不自慰。

这个现象显示：如果她们可以无拘无束、自由自在地抚摸玩乐自己的身体，那么，她们便应该可以借着自慰而学习到高潮的经验。如果是因为无法苟同而从不自慰，至今仍然拒绝尝试的话，为今之计，就是设法先克服这些对自慰感到厌恶的感觉。

有些女人虽然会自慰，但不曾有过高潮：

"我非常喜欢自慰，但在事后却有很不好的感觉。我至今仍然摆脱不了双亲对我的影响，他们告诉我自慰是很不好的事。我一直到结婚之后才敢开始自慰，大概一个月自慰一两次。每回自慰，我几乎就快达到高潮了，但我却会就此打住，所以，到今天我还是连一次高潮也没有经历过。一个人自慰时，感觉非常强烈，要是有人在旁边，我一定会很害羞，即使是我丈夫也不例外。我曾经看过我丈夫自慰，不过，他并不知道那时我正在注意他就是了。"

"我会先从玩弄乳房开始。等我的性兴奋出现之后，就转而去玩弄我的阴蒂，一边还继续抚弄我的乳房。我把手指伸进阴道里去，像一只阴茎一样，在阴道里来回戳刺。同时，我用拇指去玩我的阴蒂，来回爱抚摩擦。我会越来越加重力道，让阴蒂的快感逐渐升起。我的腿是大开的，我也很少摆动身体。我一向都静静地躺着，好好享受这番身体的快乐，不过，至今我还是不会达到高潮就是了。"

"在我光着身体的时候，我喜欢抚摸自己的感觉。有时，我会因此变得很兴奋，接着便开始自慰。自慰的时候，我还是会抚摸自己全身上下，但会比较专注在乳房的爱抚上。我用手触摸、摩擦、轻揉着我的乳房。等我越来越兴奋，便转去玩弄我的乳头，用指尖挑逗。同时，我还会继续对全身肌肤的爱抚，但并不刻意。然而，自慰从来不曾为我带来高潮，因为我自己也不想要借自慰来达到高潮。"

"我很少自慰，那时我会用一只手去爱抚我的阴蒂，轻轻地搓揉。我的腿要是大开着，感觉就会来得更强一些，不过，这种感觉也只能算是性兴奋罢了。在我6岁那年，我骑在妈妈卧房里的一张扶椅上自慰，那张摇椅铺了一层坐垫，我用力地骑上骑下，摩擦着我的阴部。有时，我的身体便会开始轻微地颤抖起来。我没有把门关上，因为我一点也没想到要去关它。等我妈妈发现我骑在扶椅上，她并没有多说什么，就

---

① 在全美成年女性的总人口中，约有10%从无高潮经验。根据马斯特斯与约翰逊的研究显示：在从不自慰的女人中，有94.5%的女人从未经历过高潮。

叫我不要再这么做——在我们家不能随便爬到家具上玩耍。后来，我会记得要把房门关上，还要注意听她是不是要进房间里来了。我再也没有被她抓到过，但是，她还是把那张扶椅给搬走了，换来一张摇椅，一点也不好玩，骑起来很不舒服。在我们家的起居室里还有一张椅子也不错，不过稍微高了点，好几次都被我给推翻了。"

"我常常自慰，平均每两天一次，不过，我并不特别喜欢那样做，因为我很难靠自慰达到高潮。我觉得自慰的感觉太孤单了，即使在性幻想中，我仍会渴望亲身感受到爱人的触摸。"

"我在尝试用各种方式自慰，通常我会先从做春梦开始，幻想一个从前最要好的情人，把我的手想做是他的，正在爱抚和搓揉着我全身的肌肤，同时轻轻地玩弄我的乳房。我用各种手法来爱抚我的阴部——轻拍、画圆、挤压、上下来回，一边还用另一只手去搓揉我的乳房。此外，我也发现，我的大腿内侧很敏感。自慰时，通常我的腿会大开着，臀部做规则性的摆动。我曾经想过要用振动器来辅助自慰，这样高潮会来得比较有规律。"

"若用手刺激我的阴部，我会觉得感觉不太好。我还不知道我的阴蒂在哪儿，就连我的性伴侣也不知道。洗澡的时候，我喜欢热水冲向我的阴部以及肛门四周时所带来的快感。"

"我会刺激我的乳房，有时还会抚摸我的大腿，可是，我倒不曾把手或别的东西伸进阴道里去。当我抚摸我的乳房时，我觉得很温暖，心里一片平和，我不会觉得有什么不对。可是，我对高潮却有不好的感觉。虽然我从来都没有过高潮，但我还是觉得不妥。我会用挤压大腿的方式，借以产生那种很美好的感觉，但是，我还是不能让自己达到高潮。我想也许我可以达到高潮，只要我自己想要的话。"

"我曾经自慰过，却不晓得接下来会发生什么事。在我独处时，披戴各种围巾最能带给我莫大的快乐，我会用围巾把自己的乳房包起来，再把身体的其他部位也用围巾包起来，然后自拍裸照取乐。有时，我也会站在镜前用手玩弄自己的乳房。"

"我把两腿打开，用手或其他东西来爱抚我的阴蒂。有时，我会把手指伸进我的阴道里去，用力地来回戳刺，就像男人使用他的阴茎一样，不过，我不曾有过高潮就是了。"

"我一天自慰两三次。我都用手指自慰，先用中指按摩我的阴蒂，逐渐增加力道，效果就像一只振动器。我把腿紧紧地交合在一起。有时，我会用另一只手爱抚我的小阴唇，一只指头伸进肛门里去，偶尔还会很用力。不过，等到高潮快来时，我的心理障碍就会出现，所以，我不曾有过高潮的经验。"

"我用手指或我丈夫的生殖器来自慰。一开始，我会感到有一股温暖的感觉，呼吸变得更急促；接着，在我生殖器四周会陆续出现越来越快的生理反应；最后坠入一种失去知觉的状态。我用绕圈画圆的方式，来回进行爱抚，动作很缓慢，最好还要把两腿稍微张开一下。"

"我很喜欢自慰，但是事后会觉得很荒谬，所以我很少自慰。此外，我自慰从来都没有高潮过，虽然我在觉得发春难耐的时候，还是会忍不住想要自慰。我还没用过振动器，也许我会试试看。在年轻的时候，我会用整个手来爱抚我的阴部，把两腿合拢，我很少摆动身体，通常也不太会发出声音。现在，我都用两只指头在阴蒂的两侧来回爱抚，下及阴唇的内里。我的腿通常都会张得大开，只要把腿打开，我就会变得很性感。我会开始摆动身体——左右摆荡，发出很大的声音。最后，我会觉得很荒谬。"

"我最喜欢用振动器来自慰。我会用画圆的方式来进行爱抚——轻柔地绕着整个阴蒂。我喜欢慢慢沿着阴蒂两侧，上上下下地移动那只振动器。我喜欢在耻骨处多施一点力，偶尔还会直接对着阴蒂——这会让我为之疯狂，我会泛起全身性的颤抖或痉挛，甚至连振动器都握不住。可是，我的高潮就是不曾有过——这种情况会出现在轻柔的刺激之后。在我自慰的时候也会发生类似的状况。有时，我会用整只手掌来做画圆的动作，把阴蒂四周的肌肤向外拉扯，这种感觉来得很强烈，我简直无法再继续下去，但是，我的高潮依然没有来。跟别人在一起时，我通常自慰得不够，也无法让我的高潮来临。我都把腿大开着躺下，让我的另一只手平放在身旁。"

探索自己的身体

1947年，海伦娜·莱特博士写了一本书，建议女人要对自己的性生理有所了解：

把室内的光源调整好，拿出一面镜子，把你阴部的各个部位都认识清楚。先找出你的阴蒂：你的大腿最好要张开得大一点，才能舒服地看清楚，再用两只指头把大阴唇辫开，被阴蒂包皮覆盖着的黏膜区，就会随之在两片大阴唇的正中央，呈现在你的眼前了。你可以用指尖把阴蒂包皮轻轻地向后拉起，在里面你会看到一个小而平滑的球状体（有时它看起来非常小，小得快看不见了），透出细细的闪光，这便是你的阴蒂。它的根长在阴蒂包皮之内的上端，连接外阴唇，大约有3厘米长。两片内阴唇沿着中央切线向两侧开展，部位正好就在阴蒂之下，向下、向后分成两路延伸下来，包围着中间一片平滑的肌肉组织，最后在环状的阴道口附近收拢成两片阴唇的接合点，而阴道口便是通往阴道里面的入口处。

等你把外阴部的各个部位都小心翼翼且清楚地辨识出来后，接下来，我们开始证明阴蒂是一个非常敏感的部位：最好不要用自己的手指来试，因为指尖本身也是很敏感的部位，所以，很可能反而会混淆不清——到底是摸者（指尖）还是被摸者（阴蒂）感应到性的感觉。你可以用小而平滑的东西来做替代，像一只没削过的铅笔或一只牙刷柄都可以。先从轻柔的碰触开始，以便后来比较不同力道的触感。一只手先把外阴唇张开，不过，还先不要碰到内阴唇，另一只手拿着铅笔或牙刷柄，轻轻地碰触你的内阴唇，然后是你的阴蒂，最后，到阴阜底下为止。如果你学会从镜子里面注视着你的手的动作，就更容易碰触到你想要碰的部位，但要是没有镜子和光源的帮忙，就会难上加难了，因为经验不足的女人，常常会搞错部位，所以，最好要在眼睛视力的辅助下，用手指进行这些部位的探索。你会发现：阴蒂一旦被碰触到，马上就会有一阵奇特的感觉，这跟你碰到阴唇或其他部位的感觉完全不同。

而这些不同的感觉，最好要靠你自己来亲身体验一番，用言语是很难传达出万分之一的。

也许，在此应该说明一件很重要的事：当受访者说她们在刺激阴蒂时的真正含义是什么，通常并不意味她们会直接去刺激自己的阴蒂。先前的引言，是希望能让你了解自己的性生理构造。对绝大多数女人来说，她们会在整个阴部四周找寻一阵，直到发现一个正确的位置，碰触这个地带便会让她们产生美好的感觉，事实上，这种很好的感觉是起自手或手指的动作，而后发自肌肤之下。

有些女人描述这种感觉：

"在探索身体时，你会发现有一个地带让你兴奋异常，然后，你就可以好好挖掘这份快乐了。"

"一开始，我会先在整个阴部搜寻一番，找出一个最棒的点，然后，我会直接刺激那个部位。"

"我的刺激地带通常都不能带给我很大的兴奋感，我觉得它应该在肌肤之下更深层的某处。"

"在我阴阜之内或以下大约3厘米处，有一种类似'着火'的感觉，就在深及阴蒂之内的3厘米处。"

"当爱抚的旋律以及力道恰到好处时，那个最敏感的地带就会自动浮现出来了。"

"这就好像有人在按摩你的背时，你会知道接下来你希望他能继续朝那个点再按摩下去是一样的，然后，你会把你的背肌都鼓起来，移动背部的位置，好让他可以按对地方。如果，你还把身体的肌肉都紧绷起来，感觉会更好——这样就能把心思专注在按摩的快感上。做爱时，我都会顺道用力把腿的肌肉绷紧。"

换言之，当遍及全身的性刺激正在进行时，通常会出现一个快感的中心点，好像点着了的熊熊欲火，一旦触及，便立刻烧得更加旺盛，然后，你就会很想继续刺激那团欲火的中心点。你会自动调整姿势，好让那种感觉能持续到永远，最后达到高潮。

有些女人在尝试多年之后终于学会如何达到高潮[①]：

"在我开始经常有性生活的头 3 年里，几乎从未有过高潮经验。我慢慢才学会如何享受性爱，现在我常常可以有性高潮。我很喜欢性爱，我也常常变得很兴奋，只是不晓得该如何达到高潮，如此而已。对我来说，享有高潮的确是一件很重要的事，但我并不认为每回做爱都非要有高潮才算是完美的性爱。不过，要是我总是没办法达到高潮的话，便会变得非常沮丧和挫折。我会用各种方式来达到高潮，到目前为止，我还不曾跟男人做阴道性交而达到高潮，我想原因应该在我自己，因为我并没有把性交过程放慢，以至于我自己无法达到高潮。我总是把心思放在男人身上，一心想满足他们想从我身上得到的性感，而且我也太过于敏感，反而无法放松自己而得到高潮。我都是在自慰、口交或用手刺激阴蒂时，才会有高潮出现。"

"我今年 35 岁，从未体验过高潮。直到我开始自慰，才享有了高潮。"

"从一年前开始，我终于有了高潮的经验，是自慰让我体验到了高潮的快乐。我因而发现了自己最敏感的部位，然后，我便跟我的爱人沟通，鼓励他改变方式，好让我可以达到高潮。"

"至今我才有了高潮，好长一段时间我始终没有高潮。后来，我才慢慢了解了自己以及我的身体。"

"好几年以来我都没有高潮，包括 6 年的婚姻以及婚前的两年，总共 8 年之久。大部分的原因是对方也是性经验不足的男人，在一开始时，我会深感罪恶，觉得性交是不对的。由于我拒绝自慰，所以我根本都没有高潮，直到现在，我终于克服了

---

① 从无高潮的女人，年龄在 18～77 岁。

对自慰的排斥感。"

"一开始，我读了很多有关女人与性爱的资料以及性爱手册。然后，我才逐渐接纳自己，并越来越喜欢自己。接着，我就放胆尝试以前不敢碰触的禁区，同时朝各方面去探索，最后便达到高潮了。"

"直到一年前，我才学会了如何达到高潮。虽然早在那次经验之前，我就一直很想亲身体验看看，或者说，可能是基于一些过度执着的心理因素，反而让我无法达成。后来，我学会了自慰，随即达到高潮，在此之前我是从不自慰的。我买了一只振动器，第一次使用，就顺利达到高潮了！"

"在我发现自己的阴蒂之后，我就开始有高潮了，这发生在我开始有阴茎插入阴道性交的 7 年之后。"

"将近 4 年的时间，我变得性冷淡，因为我的性伴侣非常自私，从不关心我的需要，而且我自己也对性交深感罪恶。"

"从结婚到结束婚姻之后的数年来，我一直都没有过性高潮的经验。我想，唯一能治愈我的性冷淡的最佳方法，就是让我在各方面都能做我自己，我必须借助心理治疗以及爱情关系，才能慢慢好转。高潮对我来说，不过是个人最自私的表现罢了。"

"我无法达到高潮，原因在于我把自己控制得太严格了，以至于无法放松自己。一旦我能说服自己——我一定可以达到高潮，而且高潮对我以及我丈夫的身心都大有益处，高潮是我理所当然应该享受的权利，我想我就一定会有高潮。"

"在长达 17 年的婚姻里，我从来都没有过高潮。后来，我才偶尔有一两次高潮。当我跟情人在一起，每回在床上做爱，我都能享受到多重高潮。我相当惊讶自己竟然能有如此高超的能力，我也很想知道是否别的女人也会有类似的反应，我很想了解其中的差别何在。我的爱人对我的全神贯注，应该是原因之一，他完完全全地接纳我，深深地爱恋着我。"

"我以前不曾有过高潮。真正让我开启性兴奋的关键，在于我要对自己有信心，这正是最近几年，我逐渐养成的自信心与自觉，我和我丈夫会通过坦诚的沟通，直截了当地讨论性事以及在床上大胆地尝试各种做爱的方式。"

"好几年以来我都没有高潮。有时，我真的很想要有高潮，可是我又不太清楚到底高潮的感觉跟我现在的做爱有何不同。我丈夫非常乐意帮忙，他很有耐心地配合我、接纳我，让我可以自在地放松心情。现在，随着年岁渐长，我越来越容易达到高潮了，而且来得更持久而强烈。"

"我在18岁那年就结婚了，至今仍对我丈夫假装我有高潮。我也对我的婚外情人假装有高潮，但是，很快就被他给识破了，他告诉我他很难过，因为他竟然无法让我在生理上享受到高潮的快乐，他甚至害怕因而破坏了我们俩的婚外情。所以，我决定要向他开诚布公，让他知道什么样的刺激才最能让我兴奋……我一直都幻想着用鞭笞的方式来做爱，而且，我想他应该会很乐意跟我一起玩这种性游戏。我们一起做这个性冒险的游戏（由他来鞭笞我），接着再用手来刺激我的阴蒂以便让我能达到高潮。我很难描述这次高潮的经验对我一生的意义有多么重要——我终于可以跟别的男人享受高潮！从此以后，再也没有其他的情人愿意跟我一起玩这种游戏，因为我总算有能力可以达到高潮了。"

"我非常喜欢享受高潮。在我结婚第二年之后，才开始有高潮，直到那时我才发现：原来我可以拥有这么美好的感觉。所以，要是没有高潮的话，我就会觉得很沮丧。回想自己小时候的成长经历，我记得有一次很像是高潮的经验。那是在少女时期，晚上上床以后，我喜欢把床单夹在两腿中间，然后会有一阵阵轻柔的快感从心中升起，不过，我从来都不知道原来那样做可以让我达到高潮。我妈说：高潮，就是等你结婚之后，跟男人性交就会有的东西。所以，我一直以为只有到了'那个时候'才能享有高潮，因此，始终都觉得模模糊糊的，不太清楚到底高潮是什么。我是通过振动器才学会如何达到高潮的，我从来都不会觉得厌烦。要是没有高潮的话，我绝不会这么热爱性交。如果真的无法享受到高潮，我便会排斥阴茎插入阴道的性交，只想拥抱即可。最近我才深切地体会到：原来在性爱中想要得到高潮，竟是天经地义的事，是我应得的权利。以前我不晓得该如何开口，希望我丈夫能帮助我，让我达到高潮。如果耗了很久的时间，而我还是没有办法达到高潮的话，我就会觉得充满罪恶感。后来，我们试着用振动器来辅助爱抚的效果，才减轻了我的心理压力。不过，我又开始担心：他会不会有不被需要的感觉？还好他并没有把那些顾虑放在心上。说实在的，如果是为了自己的快乐而要求高潮的话，我真的就会有那些操心和顾虑，幸好最后都能一一克服。我们的性生活也因此大大获得改善了。"

"我今年38岁，已婚，有两个小孩。在我27岁那年，才有跟男人初次性交的经验，他就是我现在的丈夫。3年后，我们便结婚了。他是我唯一的男人，除了他之外，我不曾跟别的男人性交过。大约3个月前，我才终于有了第一次的性高潮，除此之外，这几年以来，只有在我性幻想时才出现过一两次高潮。而我真的很渴望能享有高潮，在高潮来临的当下，我尽情地享受着（是在我自慰的时候）。现在，我非常喜欢高潮，乐此不疲，而且高潮来得越多越棒。一天里，我至少自慰两次，每回都高潮不断。一般人想要在阴茎插入阴道的性交过程中达到高潮的话，要花上好一段时间去摸索，通常我跟我丈夫两三天才做爱一次，不过，现在每次做爱也都可以让我达到高潮了。我的性幻想只限于轻柔的拥抱，从来没奢望过自己竟然可以拥有性高潮。以前我从不自慰，直到两三年前，历经了数年的心理治疗，再加上性解放以及妇女运动的兴起，我才慢慢改变了自己的看法，终于敞开心胸。现在，我简直无法想象没有高潮的性爱该怎么办？"

有些女人只有借助振动器才能达到高潮：

"我已经试过好几百遍了，我一直用手去刺激我的阴蒂，可是却无法达到高潮，除非我用振动器。"

"振动器真是帮了我很大的忙，如果你从来没有过高潮的经验，不妨试试看。首先，你要先摸索出一套最适合你的手法，这可能要花上一段时间。像我就发现到：如果你用振动器直接刺激阴蒂的话，感觉会过于强烈，既痛苦又快乐，令人吃不消。你可以隔着枕头来用振动器，或者用手紧握住振动器，控制它的强度以及频率。有人说：振动器是女人享乐的好帮手。如果你的阴部真的很渴望能享受刺激之乐的话，此话的确不假，何不现在就试试看？"

"靠振动器的帮忙，我终于有了高潮的感觉。我喜欢把振动器靠近阴蒂的旁边（通常都是右边）或上面，当振动器一碰到阴蒂的上面，我就会有一种美妙的感觉，那种射穿整个女阴的极乐之'痛'，非常锐利、深刻而令人痛彻心扉。随着我把振动器由阴蒂以下的部位向上移动时，这种兴奋感也会再次出现。有时，我会用毛巾或手帕把振动器包起来，这样一来，等我的肌肉逐渐收缩时，我还是可以隔着毛巾感受到振动器的强烈动感，我的全身便会开始痉挛，不知自己身在何方。"

有一位女士建议："举办一个性爱工作坊应该可以造福大家，让大家在开放、关怀的气氛中学习，我们可以看色情录像带或色情书刊，一点压力都没有，这是专为女人而开的性爱工作坊。"

如果你还是没有办法达到高潮的话，你可以试着去读一些性咨询的丛书或女性主义文献。再不然，就去跟你的朋友讨论一下心得，看看她们是如何达到高潮的，或者你也可以寻找居家附近是否有专为女人而办的自助团体，也许可以找一位关心你的性治疗师来协助。无论如何，千万不要放弃。很多女人都要摸索数年之久才体验到高潮之乐，所以，只要你勇于尝试，永远都不会晚。最后，希望在你读了本书所辑录的这么多女人的心声告白后，能够有所助益。

5

阴道性交

被误解的高潮

love

阴道性交的高潮

"女人能从阴道性交中得到高潮吗？"大多数女人的回答是："不能！"

"这是我最不愿意回答的问题。我一直都不敢承认，其实我并不确知自己在阴道性交时到底有没有高潮。我在自慰时可以享受多次高潮，不过，我却不知道在阴茎插入阴道的性交过程中，高潮到底是什么样的感觉。确实那时我也会觉得很高亢，但那种高亢跟我在自慰时的高潮并不相同，所以我觉得那应该不是高潮。一开始，这份问卷让我觉得自己好像从来都没有过高潮经验似的，后来我猜想是因为我在做爱时从来都没有想过这些事，才会让我对性高潮感到很陌生。就像我第一次跟男人性交时，一直拼命地想：'天啊！我一定要从头到尾都记得一清二楚，因为这是我生命中最重要的时刻，是我决定要放弃贞操的一天。'但此时，我反而记不起来那时到底发生了什么事。"

"我真的不知道和男人做爱到底有没有高潮，因为，我完全不晓得在阴道性交时，自己应该有什么样的感觉，如果与我在自慰时的高潮做比较的话，我想答案很显然是没有的。我很想知道这样正不正常？"

"我想我并没有过高潮经验。就我看过的资料显示，我每回做爱的感觉，都称不上达到高潮。我丈夫帮我刺激阴蒂时，总会让我达到高潮，但是阴道性交却从来没有高潮的经验。我一直很期待，而且很努力想要达到。有时，我甚至以为也许这辈子永远也不可能在阴道性交时达到高潮。我丈夫的困扰更甚于我，他为了我不能跟他一起享受到同样的高潮之乐而深感苦恼。因此，有时我会觉得这是因为我努力过头；但有时我真的感觉到高潮几乎就要来了，遗憾的是，最后还是没有成功。"

"讲到高潮就令我头痛。因为我在阴道性交时，从来都没有高潮，这让我很羞耻及自卑。我从小就很害怕被人家说成性冷淡，一直渴望能在阴道性交中获得高潮，也都源于这种羞耻心以及自卑感。我想，要改善这样的情形，唯有改变我对自己的看法才行。除非我不再为了没有高潮而内疚不已。天啊！我不晓得我是否做得到，我已经接受了为期两年的心理咨询，从中获益匪浅，但是至今还是没办法让我在阴道性交时达到高潮。"

"34 年来，为了无法达到高潮一事，我一直背负着很沉重的心理压力，我一向都不敢告诉别人，怕别人会觉得我是不是有什么不正常的地方。我想，我大概就是所谓的性冷淡吧！"

"我很想知道如何才能根治我在阴道性交时没有高潮的毛病。我没有钱去有名的诊所接受治疗，你的书能否给我一些提示？"

"我真的很希望不必靠阴蒂刺激，单单阴道性交就能让我享受高潮。要是在阴道性交时，对方不玩弄我的阴蒂的话，我根本就不可能有高潮。"

"我并不会因为在阴道性交时没有高潮而觉得自己不正常，但会为此而深感挫折。我想，这需要一段时间才能调适过来，而且我相信，最后一定会有个女人来告诉我如何才能在阴道性交中达到高潮。到现在为止，我还不晓得我可以去请教谁。此外，谈论这种事，我也会格外小心谨慎，因为我并不想让别人觉得我不正常。"

"我非常喜欢阴道性交，甚至喜欢到有点病态的程度。我今年 30 岁，可是直到今天，我从来不曾达到高潮过。唉！我真的是受够了。"

"我结婚 26 年之久，非常满意我们的婚姻生活。可是，我只有一个愿望：希望能在阴道性交时达到性高潮。我真的很想体验一次。"

"要是我在阴道性交时无法达到高潮，一些跟我做爱的男人就会觉得自尊受损，不过，我根本不觉得这样有什么异常。我很难达到高潮这件事，常会让我觉得很烦。我真的很希望能像一些高潮来得易如反掌的女人一样，但是话说回来，既然我并不是那样的女人，只好尽量放轻松，尝试各种方式，以便能在阴道性交中达到高潮。有时我会思考阴蒂高潮的说法，是不是阴蒂的位置才是问题的关键所在？因为，无论怎么刺激我的阴道，似乎都没什么作用。也许在下次自慰时，我应该试着用把东西插入阴道的方式来做做看，不过，在我到达性兴奋时，就很想赶快享受到高潮。"

"阴道性交时，我从来没有过高潮。在 12 岁那年，我开始对自慰有罪恶感，等到我差不多克服了这种感觉，却听到另一种呼声：'你应该要有高潮，而且你一定要用这种方式才对。'这种说法造成我很大的困扰，当我开始有了性生活之后，几乎无法自在地解放自己。自慰时，我会有阴蒂高潮，不过这需要一段时间，但在阴道性交时，却从来没有高潮。"

"我一直很在意自己在性事上到底算不算是'正常'。目前各种讨论性事的说法，都让我觉得太过重视阴茎插入阴道的性交的表现与技巧。像我就需要用以手刺激阴蒂的方式才能达到高潮，这会让我觉得自己不够成熟且自卑不已。我想，应该有很多女人也和我一样，可是，却没有人愿意承认，也没有人出来说'这没有什么不正常'。"

"跟新的性伴侣做爱时，我特别害怕，那是因为我在阴道性交时无法达到高潮，我为此深感羞耻。"

"在我努力了3年仍然徒劳无功之后，我开始想：我是不是哪里出了问题？从别的女人的经验看来，我不知能否享受到比她们更好的性生活。我对阴道性交的高潮深感好奇，不知有何特别之处？如果真的有阴道高潮，那我倒真希望有机会尝试。"

"我丈夫是最好的情人，我衷心希望能跟他做爱到我们110岁。我只能通过自慰以及刺激阴蒂的方式达到高潮。在阴道性交时，我几乎没有感觉，我从未在阴茎插入阴道的性交过程中达到高潮。我和丈夫曾为此努力调整我们的性交方式，他知道我最需要的是什么，也乐于满足我的需求，所以，每次跟他做爱，我都能达到高潮。"

"我真希望在阴道性交时，可以不需要借着刺激阴蒂就能达到高潮。但是，若不刺激阴蒂，我根本就不可能达到高潮。也许，我应该跟我的性伴侣建立起长久稳固的性关系，还要对自己有信心，这样才会在阴道性交中得到高潮吧！大家都说这是信心问题，只要我愿意放心一试，而且要尽量开放自己，就一定能成功。"

"我跟朋友在几年前的'意识成长团体'中，曾经讨论过性爱，那时我们发现，很少人曾在阴道性交中达到过高潮。话虽如此，以前大家都曾经期待自己能在阴道性交中获得高潮，而且我们也被周遭的人期待应该如此。在团体讨论中我曾承认自己无法在阴道性交中达到高潮，大家为之释怀，我也替自己感到自豪。因为我们的经验一点也不奇怪，亦非不正常，我们终于开始对自己的性爱产生好感。"

"婚后开始阴道性交以来，我一直很希望获得阴道高潮。婚后我开始吃避孕药，但这依然无法让我放松心情，我还是很害怕在婚后第一年就怀孕。我和丈夫都为了我没有阴道高潮而深感失望，因为他坚信口交是次级的性交方式，比不上阴茎插入阴道的性交。以前，我曾经埋怨过他，还央求他在阴道性交之后帮我做口交，好让我达到高潮。不过，他回绝了，他认为问题在于我不够兴奋，只要我可以大肆发春，他就一定能让我在阴道性交中达到高潮。在那段时间，每当我兴奋期过后，都会消化不良。我想，那是因为我早已学会阴蒂高潮，才会这么难以达到阴道高潮吧！经过5年的努力，我终于说服丈夫，让他接受口交跟阴道性交一样，都是很好的做爱方式，他才开始渐渐喜欢口交。"

各项研究与发现

大多数女人若无阴蒂刺激辅助，在阴道性交（阴茎插入阴道）时几乎都无法达到高潮。本研究发现，只有约 30% 的受访者在阴道性交中经常达到高潮。也就是说，她们无须依赖其他辅助，如以手刺激阴蒂，就能单靠阴道性交而达到高潮。

对大多数女人来说，能在阴道性交之后达到高潮，反而是很特殊的经验。一些女人可以经常在阴道性交中获得高潮，其实是因为有来自前戏阶段的阴蒂刺激（性伴侣以手刺激她的阴蒂或靠她自慰）。女人要获得高潮，依然必须依赖刺激阴蒂方能奏效。

根据下页图表的数据显示，单靠阴道性交很难让大多数女人达到高潮。事实上，有超过 70% 的女人无法通过阴道性交获得高潮。我们都会以为这是个人问题，但其实一点也不，这既不特殊也不是什么难题。换句话说，无法从阴道性交中经常获得高潮，才是大多数女人的真实经验。

本章后续还会作深入分析，说明有些女人能在阴道性交中获得高潮的原因，其实并非取决于阴茎插入阴道的动作。而且她们采用的办法还能给别人当作参考，以便让从无性交高潮的女人也能在阴道性交中达到高潮。

这些研究结果是否能反映出绝大多数女人的经验，或者只能代表少数女人的状况？下面是这些研究结果与其他研究发现的比较。

萨穆尔·费雪，著有《女性高潮》（*The Female Orgasm*）（1972）、《认识女性高潮》（*Understanding the Female Orgasm*）（1973）：

费雪博士针对 300 位女性做了为期 5 年的追踪研究，受访者大多是年轻已婚的中产阶级妇女。其中大约有 39% 的受访者表示，她们总会在阴道性交中达到高潮。至于所谓"在阴道性交中"之意，在费雪的研究界定中，还包括在性交过程中同时进行刺激阴蒂的方式。而只有 20% 的受访者表示，她们无法仅靠手的刺激（阴蒂）来达到高潮。

费雪还询问这些受访者：如果只能从阴蒂刺激或阴道刺激二者择一的话，你要选择哪一种？有 64% 的女人说她们会选阴蒂刺激，36% 则选阴道刺激。

费雪发表的数据，跟本研究做出来的结果相仿：约 30% 的女人，可以经常从阴道性交中获得高潮。

阿尔弗雷德·金赛，著有《人类女性性行为》（*Sexual Behavior in the Human Female*）（1953，1965）：

大多数女人会在阴道性交中获得高潮吗？

样本总百分比	从无高潮	从无阴道性交	在阴道性交中经常有高潮
第一次：100%=	12%	2.6%	29%
第二次：100%=	11%	3.0%	25%
第三次：100%=	<u>13%</u>	<u>3.0%</u>	<u>23%</u>
	12%	3.0%	26%

在阴道性交中很少有高潮	在阴道性交中以手刺激阴蒂才有高潮	在阴道性交中从无高潮
16%	15%	25.4%
19%	15%	27.0%
22%	18%	21.0%
19%	16%	24.0%

有高潮经验且有阴道性交经验者样本总百分比	在阴道性交中经常有高潮①	在阴道性交中很少有高潮
第一次：100%=	34%	17%
第二次：100%=	29%	22%
第三次：100%=	<u>28%</u>	<u>26%</u>
	30%	22%

在阴道性交中以手刺激阴蒂才有高潮	在阴道性交中从无高潮
17%	32%
17%	32%
<u>22%</u>	<u>24%</u>
19%	29%

　　金赛与他的同僚在 20 世纪 50 年代发表了著名的《金赛性学报告》。往后许多性学研究，大都以此为经典。金赛一再宣称，搜集了大量的女性样本，足以代表全美

---

　　① 多少女人经常在阴道性交中获得高潮？此问题是针对有过阴道性交经验，而且可以从中获得高潮的受访者提出的，这个百分比是回答"在阴道性交中，你达到高潮的频率如何"这一题得出的，包括"是""经常"以及"总是会"的人，但不包括用手刺激阴蒂或在阴道性交中借助其他方式达到高潮者。

的女性人口。至今，大规模的性学随机调查研究，仍尚未在美国本土执行过，主要是因为受访者普遍拒答的缘故。如今，金赛虽已身故多年，但在他生前，曾经耗费心力，克服问卷抽样代表性的问题，至今金赛性学研究中心还在继续努力从事大规模的性学调查工作。

金赛与他的同僚证实阴蒂在女人性高潮过程中所占的重要地位，虽然金赛当年的研究亦清楚地定义"阴道性交的高潮"，但是我们在对照比较时，仍会出现相当混淆的状况。《金赛性学报告》将高潮分成3种：阴道性交的高潮、爱抚的高潮、自慰的高潮。不过，阴道性交的高潮还包括什么呢？金赛的同事表示：金赛把在阴道性交中以任何方式达到的高潮，全都纳入"阴道性交的高潮"。

以这样宽松的标准观之，金赛发现：大多数女人，尤其在她们结婚多年之后，通常都可以在阴道性交中达到高潮。不过，另一方面，金赛又再三强调在阴道性交的过程中，女方始终无法获得足够刺激的现象，以及女人可以轻而易举地在自慰中达到高潮的事实。这些发现提醒我们：在女人达到高潮的过程中，阴蒂刺激扮演着决定性的角色，特别是在金赛所谓阴道性交的高潮中。金赛曾说明道："自慰以及爱抚的技巧，比起阴茎插入阴道的性交技巧，对促进女性高潮而言，还来得更有效。"

金赛又进一步说明问题的核心所在，他认为对这些女人来说，问题并非出在她们没有能力达到高潮，而在于她们无法在阴道性交中获得高潮。再者，金赛从受访者中发现：大多数可以偶尔在阴道性交中获得高潮的女人，当她们在自慰时，都能经常且快速地达到高潮。爱德华·布雷彻曾说："金赛并没有说自慰比阴道性交还有趣，不过，自慰比较受女人欢迎倒是实情。而《金赛性学报告》中所要表达的是一个很简单的事实，这也是数以百万计的美国妇女们的亲身经验：无论阴道性交的乐趣如何，也无论其情感回馈如何，阴道性交绝对比不上自慰为女人带来的高潮。而且对某些女人来说，阴道性交至今仍无法为她们带来高潮。"

海伦·卡普兰，著有《性治疗新论》(*The New Sex Therapy*)(1974)：

卡普兰博士是著名的性治疗师，同时也是心理分析师。她虽然没有做过特定的研究调查，但是却拥有丰富的临床经验，她的著作就是根据这些资料而来的。以下的引言中，即可看出她的基本主张："数以百万计的妇女其实是甚为敏感的人，但她们却无法在阴道性交中达到高潮，难道她们都是'病人'吗？"

诚如她的叙述：

从临床诊疗的印象当中来看：全美的女性总人口中，约有8%～12%的女性，从无高潮经验。至于剩下约90%的女性，她们往往会利用各种方式来达到高潮。此外，在有过高潮经验的女人中，只有不到一半甚至更少的人，可以在阴道性交中经常达到高潮，而不需借助额外的阴蒂刺激。这些临床经验的心得，跟许多性学专家的说法以及社会大众的观念，都大相径庭。一般都认为：阴道性交而来的高潮，才是正常而成熟的女人应该有的表现，若女人的高潮借助直接的阴蒂刺激，就会被视为病态。

也就是说，根据卡普兰针对90%有过高潮经验的女人所作的估计，其中的半数或不到半数者，可以无须靠阴蒂刺激就能经常在阴道性交中获得高潮。而"半数或不到半数者"的比例，均包含在本研究结果（90%）的估算中，显然卡普兰的估算是偏高了一点。

马斯特斯与约翰逊著有《人类性反应》（1966）、《人类性缺陷》（1970）：

马斯特斯与约翰逊的研究，并没有提供详细数据以证明阴道性交高潮的频率如何。事实上，他们从未研究过这个问题。他们的目的是研究性高潮。他们的研究成果中，与女性性欲最具关联的发现便是他们证实了只有一种高潮，并非两种——亦即阴道性交的高潮，其实是来自对阴蒂的间接刺激而非阴道刺激。

从本章探讨的问题为出发点，他们的研究成果对我们又有什么样的启示？首先，马斯特斯与约翰逊所研究的受试者，都是来自可以在阴道性交中达到高潮的女人，而无法在阴道性交中达到高潮的女人则被排除在研究之外。此外，在他们的研究成果中，将上述被排除在研究之外、无法在阴道性交中达到高潮的女人，一律视为"阴道性交高潮缺陷"。不过，马斯特斯与约翰逊也发现，女人以自慰或刺激阴蒂的方式，更容易达到高潮，据他们的报告显示：受试者感觉最强且频率最高的高潮经验，都是在自慰或刺激阴蒂时发生的，与阴道性交的高潮反应相比，也是如此。

社会文化常将女人摆放在特定的社会角色上，使她们必须将自己的自然天赋加以改变、调整、委曲求全、压抑否定，甚至到了严重扭曲的地步，才能圆满地达成女人被社会文化所规范的性功能（即生养子嗣）角色，因此导致了女人的性功能失调。

再者，他们的研究目的，主要是为有"阴道性交高潮缺陷"的女人做性治疗与提供处方，以便她们在阴道性交中获得高潮。就治疗来说，原本是无可厚非的，但是，他们仍然让女人误以为要是无法在阴道性交中获得高潮，便是病态和不正常（也就是性功能失调）却是值得批评的。有鉴于此，他们主张在阴道性交的戳刺过程中，也应对阴蒂施以间接刺激的说法，才会广受社会大众的注目。本章后续将介绍他们研究女人如何在阴道性交中获得高潮的学说。

简言之，上述性学研究的广泛共识是：大多数女人都无法从阴道性交中获得高潮，如果单靠阴茎插入阴道的性交戳刺，而无额外刺激阴蒂，女人是无法达到高潮的。这种无法在阴道性交中达到高潮的"失败"案例，在性治疗门诊中，是女患者最常见的抱怨。其次，这证明了女人无法经常在阴道性交中获得高潮，早已是社会大众长久以来普遍默认的事实。对女人而言，要她们在阴道性交中达到高潮，或从阴道性交中获得高潮，与大多数女人的亲身经验大相违背。

阴道性交的高潮值得颂扬吗

为何我们总是认为，女人非要从阴道性交中获得高潮不可？

对这样的观点，有以下 3 种理由加以解释：

1. 将性快感视为生殖子嗣的手段；
2. 一夫一妻的阴道性交，在父系社会中扮演着重要的角色；
3. 弗洛伊德提出的女性心理学说，对社会大众产生了影响。

*性快感与生殖

首先，一般人都认为人类有与生俱来的"性趋力"以及享受性快感的天赋，以便能繁衍子嗣。因此，阴道性交才是唯一真正的性行为，其他各种方式的性快感，充其量都不过是替代品或变态行为，唯有阴茎插入阴道的性交，才是自然的性行为。

在此，有必要将上述说法加以深思明辨。对生殖而言，阴道性交是其次的，而在生殖过程中亦会涉及性快感与高潮。但是其中的关系如何？当我们再推进一步去想，其实只有在阴道性交中达到男性的高潮，才对生殖有决定性的影响。从精液射入阴道的过程来看，阴道性交为男人提供了达到高潮的绝佳机会，这从男人可轻而易举地从阴道性交中达到高潮，一如女人从自慰中轻松获得高潮便可证明。

女性高潮在阴道性交的过程中对生殖并无多大用处，那么，为何仍需在阴道性交中为女人提供额外的阴蒂刺激（其实就是在问女性高潮的作用何在）？回答这个问题，有以下 4 种可能的答案：

1. 有些研究者宣称，女性高潮可以有助于子宫将精液深深地"吸纳"进去。不过，马斯特斯与约翰逊却对这种说法持怀疑的态度。因为在高潮当下，子宫的收缩作用是朝下进行的，所以，子宫在那时"应该是处于爆发式的状态，而非发出吸吮的动作"。为了证实这一假设，他们在阴道中放入一些类似精液的液体，在 X 光的照射下，清楚地呈现出这些液体正罩在子宫颈上的圆帽上，如果子宫一有吸吮的动作发出，就可以清楚地看到液体朝子宫颈内游去。结果证实：在子宫颈的开口附近，并无任何液体川流不息的情况出现。许多受试者都提到：在高潮时，她们的子宫是朝下或朝外做收缩运动。一位女士描述她的高潮如下："阴蒂高潮来得非常锐利，带动我的肛门和阴道肌肉，发出震慑的快感与痛感。那时，不论是什么东西在我阴道里面——手指、阴茎或假阳具，都会被我的阴道给推出来。"

2. 玛丽·珍·薛飞博士说："通常男性高潮提供了精液，便被视为是功德无量的好事，而女性高潮则被视为缓解充血的最佳方法。"不过，对男人而言，高潮也具有充血缓解的作用，薛飞博士曾特别强调：在前一次高潮之后，女人并不会马上出现充血缓解的现象，而会继续恢复到半兴奋状态。此外，有时下一次的高潮更强过前一次。然而，难道这就是女性高潮的唯一作用吗？

从生殖的观点来说，薛飞博士提供了另一个理由，说明为何女人不应该在阴道性交中获得高潮："生过小孩的女人，她们的会阴即变得松弛，精液容易自外阴部流泻出去。不过，要是女人尚无高潮的话，阴道下方的第三段肌肉还是肿胀着的，这样就可以发挥阻挡精液外流的作用。"马斯特斯与约翰逊也注意到，对某些女人来说，若无达到高潮，反而可以增加她们子宫受孕的机会。

3. 第三种可能就是：女人在高潮时的阴道收缩，反而有助于男人达到高潮，因为阴道的肌肉一经收缩，便能紧抓住男人的阴茎，而且很有节奏感地把阴茎向下拉拽。所以，在这种状况下的阴道性交，根本不需要阴茎的戳刺动作。也许在别的社会文化中，阴茎插入阴道的性交，不会那么强调身体动作，也不是专由男性所主导，而是两性相互分享肌肤之亲。无论是阴茎在阴道中，或由阴道包裹住阴茎，均可通过女性高潮为男性高潮提供必要的刺激。

4. 此外，女性高潮的作用，或许在提供女人"接受"阴道性交的准备，以便她们能在阴茎插入阴道之前，就已达到足够的兴奋程度。绝大多数雌性灵长类都有发情的周期，在这段时间里，她们会持续固定地升起性兴奋，如此便将生殖目的与阴道性交二者联结起来了。然而，女人却没有发情周期。从理论上来说，我们几乎可以随时随地就发情兴奋起来，我们可以通过各种方式挑起兴奋：亲吻、拥抱，甚至聊聊天。在挑逗性兴奋的过程中，一种温暖而酥痒的感觉便会升起，这是想要获得阴蒂刺激的反应，也许还会越来越强呢！如果一开始便刺激阴蒂，就会牵引出阴道的酥痒感，亦即"阴道渴求"，大多数女人在此时便会很渴望能有东西插入她们的阴道中。接着，刺激若是持续不止，便会导向高潮。不过，对许多女人来说，高潮之后还会再恢复到兴奋状态，但阴道性交却反而把原先的性兴奋给镇压下去。所以说，女性高潮的作用，似乎就是在保持自己的性兴奋，以便能接受阴道性交。

不过，到底"阴道渴求"以及上述的"接受"状态，与大多数女人的亲身经验是否相符？目前为止，答案似乎并不明朗，而我们可以确定的是：大多数女人在自慰时并不会使用器具去做阴道戳刺。无论如何，将女性高潮的作用视为提供兴奋感以便进行阴道性交，是相当有趣的说法。

同理可证，既然女人并无发情周期，所以，阴蒂的部位就应该裸露在外，而非紧靠在阴道附近，这样才能常常进行阴蒂刺激。也就是说，既然我们并非周期性的发情动物，就必须有一些生理部位的特殊设计，以便可以随心所欲地挑起性兴奋，而不是一直都处在不自主的兴奋状态下。

但是，上述说法都未必正确。比方说，假使性爱的目的果真只是为了生殖而已，那么，何以在一些完全不可能生殖受精的期间当中，例如怀孕、更年期、自慰或是在无法受精的月份，甚至在童年期，我们都仍然可以享受性爱？

也许，高潮提供的只是生理的满足，如同其他的痉挛反应，例如哭、笑或身体颤抖等。因此，高潮的作用很可能就是把各种紧张感都一一解除。再者，或许除了快感之外，其实女性高潮并无别的理由或作用。不论是哪一种可能，保持性兴奋或提供生理满足，均无逻辑上的必然予以证明女人非要在阴道性交中获得高潮不可。

* 父权体制与一夫一妻制的阴道性交

坚持女人（与男人一样）非要在阴道性交中获得最大快乐，而且将阴道性交视为性行为的基本模式的第二种原因，便是社会形态对两性的要求。综观人类过去三四千年的历史，除了极少数的例外，大多是父系社会的组织形态。家庭的姓氏与财产，都是通过男人来传承的。宗教、法律也给予男人合法的权威，以决定社会的公共事务。但在非父权社会中，并无财产权的继承问题，或者是通过母系的亲族脉络来传承，因此，无须将阴道性交加以制度化，成为性快感的唯一基本模式。据原始社会的记载，家庭是由好几个亲族团体集聚而成，姑婶与兄弟共同分担养儿育女的责任，母亲不过是象征地拥有小孩而已，至于父亲，是不存在的。事实上，当时对男人在生殖受精的过程中所扮演的角色，几乎是毫无所知的。最早的时期，阴道性交与男性高潮都跟怀孕生子完全无关，因为往往要到数月之后，才看得出女人怀孕的迹象。

不过，等到人类历史进入父系社会之后，男人控制女人的性欲，就变得益发重要起来。[1]南希·马瓦尔曾在一篇由《女性主义报》刊出的论文中指出：

在父权文化中，如同我们成长的社会里，性爱是很重要的问题。除了性行为的象征意义之外（展现男性霸权与主宰、控制女性性欲），性爱被父权社会预设了很实际的功能。鉴于男人无法直接涉入受精生殖、繁衍子嗣的过程，所以男人无法像母亲一样，可以清楚地宣称某某人是他的子嗣，因为是母亲亲身经历怀胎生产的阶段，才养育出下一代。虽然在正常的情况下，需要有男人提供精子，才能造成受精怀胎，但是，你绝不可能明令单由哪一个男人来提供精子。男人若为了确定自己是唯一提供精子的男人，一切便只得从控制女人的性爱下手了。

所以，男人为了确保自己是唯一提供精子的人，他就必须让他的新娘在婚前保持处女之身，婚后继续维持一夫一妻制的性交形态。一如金赛的分析：

在古律中，对女人的婚前性行为详加严禁的原因，主要是因为怕她们的婚前性交会威胁到未来丈夫的财产权。要求新娘直到婚礼当天仍保持处女之身，就如同要求交易中的牛羊或商品，必须维持最佳品质是一样的，而这些要求都是根据社会文化的标准而定的。

为了将女人限制在一夫一妻的性交形态中，男人可以施展以下各种方法，防止女人的婚外性行为，如马瓦尔的分析：

他可以把妻子关在闺房中，让她跟其他的男人分开，如果她胆敢违抗，他便用暴力让她屈服。或者，他还发明一些工具、机关，以防止她跟别的男人性交，例如贞操带。再不然，他干脆就把她的阴蒂割掉，借以减缓她的性欲。此外，他还可以

---

[1] 相关的著述还包括：伊丽莎白·古尔德·戴维斯所著《性的原初》（The First Sex），罗伯特·布里福所著《母亲》（The Mothers），罗伯特·格雷夫斯所著《白色女神》（The White Goddess），詹姆斯所著《母神崇拜》（The Cult of the Mother Goddess），伊芙琳·里德所著《女人的进化》（Woman's Evolution），杰奎塔·霍克斯与伦纳德·伍利所著《人类文明开展的史前史》（Prehistory and the Beginning of Civilization）。

说服她，让她以为性与爱是同一回事，所以，一旦她跟别的男人发生了性关系，她就违背了爱的神圣戒律。而最后一种办法，在今天的美国社会中最为常见。

控制女人的性欲，除了以上的理由之外（维系既定的社会组织形态），在人类历史过渡至父权社会的阶段，亦有基于政治因素，以打压在异族社会中其他形式的性爱。例如，一般研究《圣经》的学者皆认为：在早期犹太部落中，男对女做口交以及同性恋等，均属合法且被社会接纳的生理反应与情感关系，不过，在其周遭大部分皆为父权社会的部落中，却不接受这些性行为与性关系。事实上，约在公元前7世纪时，同性恋与其他各种形式的性行为，都一并列入犹太教的日常生活仪式当中，如同邻近的异族文化社会一般。[①]不过，一些小的犹太部落，通过推行父权社会的秩序，一意巩固并扩张他们的政权势力，因此，才将男神耶和华尊为唯一的上帝。自此，除了有助于生殖受精的阴道性交之外，其他的性行为都被斥为变态，且列入宗教的禁律当中。从巴比伦难民营流亡回国途中所制定的"十诫"，用意即在排斥周遭不同文化的民族，独尊犹太人是上帝的子民。直到那时，同性恋、无关生殖受精的性交方式，才被斥为是迦南人、异教徒所犯的罪恶与堕落。一旦犯下这些在教律严禁之列的性行为，就会被视为是叛徒、意图效忠异教徒、膜拜偶像等，并非我们今天所说的不道德或性犯罪。破坏教律者，应属于政治犯。

这些教律延续至今，演进为当今社会的教规与民法。犹太基督教的教义精神，至今仍然公开谴责一切不以生殖受精为最终目的的性行为。当今的民法即是脱胎自这些教律，所以，许多国家都严禁一切非阴道性交的性行为（无论是否在婚姻关系之内所发生的性行为，都在法律的管辖范围内），斥之为行为不检，重者甚至被判为罪犯。因此，在我们的文化里，阴道性交便被制度化而成为唯一合法的性行为。

进行其他非阴道性交的性行为者，在当今的美国社会里，仍被视为是心理不正常的变态。不过，身体各类的接触，对其他的灵长类来说，不仅非常有趣、好玩，而且也没有人会怀疑它们的心理是否正常。此外，阴道性交亦非性行为的唯一方式，只不过是性游戏的其中之一罢了。而且，就像珍妮·古道尔等人在灵长类的研究报告中指出：它们平日花了大量的时间在互相为对方修饰整容，在性行为的实际接触上，为时却相当短暂。它们不仅会自慰，连同性恋也是司空见惯的事。自慰及同性恋，在各类属的哺乳动物身上都看得到，如老鼠、栗鼠、兔子、针鼹、松鼠、白鼬、

---

① 根据贾德·泰勒在《犹太人传》（*Jews：Biography of a People*）一书中的说法。

马、牛、象、狗、狒狒、猴子、黑猩猩等。

然而，人类文化却把性行为预设成天赋本能，而且一定要以生殖为目的。因此，阴道性交才会被推崇为唯一的性行为模式。这种想法甚至忽略了女人在不育阶段时更高亢的性欲。其实，各种性交的方式皆如阴道性交一样，都合乎人类基本的自然天赋。此外，自慰还比阴道性交更合乎自然习性，因为从观察自孤立状态中成长的黑猩猩得知，它们连阴道性交都不会，但是却懂得借自慰取乐，而且从出生之后便开始自慰。

限制人类之间的生理接触与性关系，都是后天的人为结果。现今的解释是，将人类各种的性接触与性关系规范到异性恋的阴道性交之中，是为了增加人口而作的考量。对弱势族群而言，高生殖率乃是富国强兵的先决要件。尤其在早年的犹太部落里，不孕症被视为横遭天谴的命运。事实上，从古到今，子嗣一直都是人类社会追求富强的主要资产。从强欺弱的观点来看，人口越多的社会，越能发动战争，征服弱小部落，以便扩张领地与势力范围。从个人的层次来看，子嗣可继承家业，更加巩固祖业的兴旺。此外，还能利用子嗣的劳动力去帮助父母犁田、狩猎、采集食物、照顾家畜家禽（在近代社会，子女还能进工厂做工）等。

在美国文化里，早已将追求人口极大化的欲念给制度化了，而且从这个奖励人口增长的制度来看，女人就首当其冲，成为推行此制度的理想目标。在美国文化中蕴含深层的生育偏见，将女人视为生育机器，例如对婚姻、母职、阴道性交等的颂赞，即为一例。可参看艾伦·派克与朱迪·山德罗卫兹所著《生育偏见：母亲迷思与苹果派》（*Pronatalism: The Myth of Mom and Apple Pie*）一书。

简言之，阴道性交被定义成唯一的性爱模式，而且是唯一合乎自然、健康、心理的正常生理接触，所以，女人应该在何时达到高潮的问题，也因此被决定了。

*弗洛伊德的女性性欲学说

第三个理由是因为社会大众公认弗洛伊德对女性性欲所提出的学说是正确的，他对女性心理及心理健康的看法，早已被舆论所接纳。

弗洛伊德首先提出阴道高潮学说。他认为阴蒂高潮是幼童时期的高潮，等到女人进入思春期与男人交往之后，就会把高潮转移至阴道。弗氏认为阴道高潮的功能相当于阴蒂高潮，但阴道高潮却比阴蒂高潮更成熟。弗氏还主张，一旦女人将内在的心理冲突通过心理分析加以处理，达到所谓"整合圆满的"女性化认同，便能获得成熟期的阴道高潮。因此，只能从阴蒂刺激获得高潮的女人，在弗氏眼中便是不成熟的女人，尚未解决性原欲的基本冲突。当然，就在弗氏为女人定下如是的女性性欲学说之后，他便立刻面临在女人身上最严重的性冷淡问题。

弗氏提出的这些学说，皆是基于错误的生理学知识。弗氏也承认他的生理学知识可能有误，因此，他日后的研究成果也可能会产生谬误。的确，在五十多年后的今天看来，他的学说诚然漏洞百出。无疑，弗氏在今天应该会接受本研究的发现，但他的后继者却始终不愿意或不肯接受。当今大多数心理分析师以及所谓性学权威，在妇女杂志上发表的文章，依然再三呼吁女人应该要从阴道性交中获得高潮。他们大声疾呼，建议女人只要有阴茎插入的戳刺动作即可，无须借助手指的刺激，再三强调"阴道的独尊地位"才是女人发挥"正常"性功能的先决要件。他们始终认为：从阴道性交而来的高潮才是女人真实的性反应，至于通过其他的方式刺激而达成的高潮（如所谓的阴蒂主义），即是内在心理冲突的精神病症。

在心理学界，亦不乏学者出面反驳弗氏提出的女性性欲学说。弗氏主张：女人应该在阴道性交中达到高潮，否则她们便是不成熟的女人，同时心理也有缺陷。她们难以达到阴道高潮的困难，被视为是本身性格结构的问题。也就是说，她们的自我整合出了问题。她们与内在潜意识的冲突与斗争，导致了焦虑与不安，因此，没有阴道高潮，只是诸多不快乐的一项罢了。

目前在心理学界，尚无性格结构与阴道高潮能力的相关研究。然而，以最近大规模的调查结果（萨穆尔·费雪在《女性高潮》一书中的研究发现）来看，却显示出完全相反的现象：

结论相当清楚：越喜欢阴道刺激的女人，她的焦虑越高，而且她们往往禁不起在阴道性交过程中些微的打扰或中断。这种现象不仅反应在她们的性行为表现上，也可以从她们的性幻想中找到例证。这些发现——反驳以往的女性性欲学说。显然，这些研究已将上述的学说逐一加以否认。如果在未来的研究结果上，还能获得其他学者的进一步支持，那么，针对以往性学理论对女性性欲的主张，都有必要加以重新审视与修正。至于越倾向阴道性交的女人，她们的焦虑感却反而更高——必须将问题溯回起点。遗憾的是，我们对阴道性交的了解，至今还无法提出满意的解答。

不过，费雪也提出警告：

研究发现：倾向阴道性交的女人会表现出比较高的焦虑感，不过，这也并不意味着她们就是较不健康或有适应不良的困扰。因为，尚无任何证据足以反驳心理分析学说对阴道反应与成熟二者之间的关联。此外，受试者并无严重的心理疾病征兆，即使倾向阴道性交的女人会表现出较高的焦虑，却并不意味她们就相对不成熟或在心理结构上比较低劣。

费雪进一步为偏好阴道性交的女人暂作解释：

因为她们认为：唯有跟男伴亲密的身体接触，才会有强烈的生理反应，所以她们将这些生理快感都归功于男伴。因此，在她们跟男伴性交时的身体反应，都会被她们混为一谈。在她们的认识里，阴道性交的经验不只关乎她们自己的快感，也包括男伴的高潮在内。至于偏好阴蒂高潮的女人则表现出另一种极端反应，她们对性经验的认知比较倾向身体自主的感觉，而且把强烈的生理反应视为纯粹的个人快感。在她们遇到危及身体自主权的情况，通常会有所反弹。

即使费氏学说对女性性欲的看法谬误丛生，但依其学说而对女人进行的"治疗"，仍然盛行不衰。大多数心理分析师至今仍坚信弗氏对女性性欲与女性心理的传统看法，并将之广为流传。虽然当今医学界的研究成果，早已宣告弗氏学说的过时与谬误，然而，心理分析学说对女性性欲的看法，始终没有出现应有的修正与改变。就像身为心理咨询师的薛飞也曾质疑："回答这个问题，就必须要回到这个专业领域中，方能找到正确的答案。这些发生在女人身上的性欲问题，严重到仿佛是当今妇女的流行病，究其病因，难道可能是源于想要治疗她们的医生？"

也许有上百万名妇女会同意一位女士提出的想法："如果我可以给弗洛伊德一拳的话，那真会给我带来莫大的快乐。"

女人若未达高潮应该怪罪自己吗

上述精神分析学者的性学理论，对女人造成了深远而广泛的影响。无论你是否接受过精神分析，大家都被迫重复听到那些毫无实证且高唱反女人论调的学说。从妇女杂志、大众心理学家、跟你性交的男人身上，或任何一个人——来自社会的各阶层、各个教育背景、年龄层——都认为，女人应该在阴道性交中获得高潮。如果未达到高潮，女人则应将问题归咎于自己。

"我认为无法在阴道性交中达到高潮的过失，大部分应归咎于自己。我跟很多男人做过爱，他们对我没有高潮一事，有的只好认了，有的则会努力把性交过程延长，有的则非常急着要我赶快达到高潮不可……不过，至今仍然没有一个男人如愿以偿。我猜想：我很害怕怀孕，也害怕要背负责任。"

"我很希望能在阴道性交中达到高潮，因为我觉得这是正常而自然的生理现象，而我却始终没有经历过。我无法信任男人，而且还对他们的性欲望感到厌恶，这使得我一直都无法在与他们性交的过程中坦然放开自己，使我至今仍享受不到充分的性自由。"

"只要我能缓解自己的焦虑，让自己变得很软弱无助的话，那么，我想我应该可以在阴道性交中获得高潮。"

"我想问题出在我的认知态度上，我有很强的心理障碍。要是能在互信互爱的气氛下做爱，我有把握一定可以克服万难，解脱自己，在阴道性交中达到高潮。"

"不能在阴道性交中达到高潮，原本让我以为自己有什么毛病，不过，前一阵子我便释怀了，因为我发现这是由于我从来都不曾对任何一个跟我上过床的男人抱有期望，而我却一直不敢相信自己有这一层感觉。"

"当男人的阴茎插入我的体内，我从未感受过高潮，除非用手或嘴。就我个人来说，我想是因为我自己并不想要的缘故。我对男人有很复杂的感情，有愤怒也有爱意。我从来没有遇过一个男人，可以让我全然接纳他、尊敬他。"

"我想无法在阴道性交中获得高潮，是因为我并没有真正地放开自己。对我来说，那是一种对男人的臣服，意味着他已完全征服了我。"

"我若要能在阴道性交中达到高潮，必须先对自己付出真诚的爱——爱我自己，从身体到心灵。此外，还需要跟对方建立长久的关系，才能和谐地分享彼此的各种人生体验。"

"我需要在情感与身体两者都很美满的状况下，才能顺利地在阴道性交中达到高潮。"

"我一直渴望能享受高潮。男人都告诉我：应该忘掉这个心愿，只要完全放松自己，就有可能达到高潮。所以，我在很努力要达到高潮的同时，又很努力地告诉自己要把它忘记。"

"在我18年的婚姻当中，我和我丈夫试过各种办法，除了倒立之外。但是，我还是没有办法在阴道性交中达到高潮。很可能是因为有更深一层的心理因素在作祟吧！不过，每回自慰却都能让我获得高潮。"

"除非把你对阴茎插入阴道的愤怒与害怕都加以妥善地处理，否则，这些负面的情绪反而会耗尽你的精力，使你在阴道性交中无法完全放松自己，这样，兴奋感与高潮就更难将你笼罩。"

费雪针对这个论点加以阐释：

在精神分析的文献里，曾经提到另外一个女性无法在阴道性交中获得高潮的原因，即她们会对阴茎插入感到害怕。据说，因为她们会对阴茎插入身体的后果感到焦虑，所以导致女人在阴道性交中无法达到高潮。她们幻想阴茎插入会造成受伤或身体受损，如怀孕便是一例。此外，在精神分析文献里，也再三强调女人有阳具崇拜的心理，这种嫉妒的心态甚至会导致女人的竞争心态，在性交过程中更加强化为一较雌雄的紧张关系，反而阻碍了爱与被爱的情感交流，干扰到女方兴奋感的滋长，因此断绝了通往高潮之路。不过，在经验研究的报告中显示，这两种推论至今尚无实证。

"我的问题是不想在别人面前出现失控的样子，我不想让懦弱无助的情绪或生理上不自主的感觉将我完全吞没。我要跟真正所爱以及信任的人在一起，才可能在阴道性交中获得高潮。"

"跟我丈夫在一起时，我并不信任他，所以没有办法跟他分享内在的心灵世界。若是我果真在阴道性交中达到高潮，他一定会以为都是他的功劳。"

"我觉得自己是性欲不正常的女人，因为，我从来都没有过阴道性交高潮。我知道这一定是因为我对性有罪恶感的缘故。"

"虽然我有阴蒂高潮，但是却没办法达到阴道高潮。我跟很多男人有过性关系，而且感觉很温暖，但是那些都还谈不上是爱情（只是信任、约定等）。我觉得除非是爱情，才能真正让我克服心理障碍，跨越高潮的关卡。我一直都在阴道高潮的边缘徘徊，但总在最后关头害怕起来，因此先前强烈的感觉都消散了。我想自己很害怕会被阴道高潮淹没，害怕让男人在我身上为所欲为地行使主控权。反正我还有阴蒂高潮，即使性关系结束，我也不觉得有什么重大损失。"

在上述的回答中，读者可以发现许多在心理治疗中常用的术语，这些受访女性很可能都在接受治疗，不过，其实你也可以很容易就从大众媒体的刊物如妇女杂志上，看到这些词汇。许多心理咨询专家都勤于发表这一类的著述，甚至跟你上过床的男人也会自我标榜是你的性学"专家"。

上述"只要放轻松，解放你自己"，自然就能在阴道性交中达到高潮的说法，其实是基于女人通过阴茎插入便能达到高潮的错误假设。在这种错误认识下，女人似乎只需将身体完全付出，便自然能获得高潮。有一位受访者如此写道："这好像完全是女人的错，因为我们不像男人那么自然。"

我希望女人们可以停止这些无谓的精神折磨，不必再苦苦追问自己为什么无法在阴道性交中达到高潮。我们也可以把花在心理治疗上的钱节省下来，因为女人无须趋之若鹜地探求所谓阻碍我们达到"阴道高潮之路"的潜在压抑。我希望女人可以把这份心力倾注在真正值得追求的性爱满足上。

女人无法在阴道性交中达到高潮的另一个普遍的理由是"好男人"难寻：

"我非得跟真正信任的男人上床，才有可能达到高潮。他一定要表现得非常性感、温柔、体贴、有耐心、善解人意、个性开朗、平易近人。我想，一旦发现了能让我满足的好男人，我一定马上就会达到高潮。"

"如果能找到一个让我完全解放自己的性伴侣，我应该可以在阴道性交中获得高潮，这样至少除了自慰之外，我还可以跟别人一起享受高潮。"

"我真的很希望可以跟性伴侣一同享受高潮。我想我对性爱的要求太过完美，所以我应该变得实际一些，才有助于我跟性伴侣一起达到高潮。我一向都希望性伴侣能完全地了解我，我也要求自己能全然地了解他。但这种完美主义式的要求，很难做得到。在我这辈子中，跟别人做爱总共只有两次高潮。"

"他总是让我觉得自己只不过是一片阴毛罢了，而他也只在跟我性交的时候才会对我感兴趣，然后他会说：他从前的爱人都是些普普通通、中等以下的货色，他真幸运能遇到我，而且他还想跟我一起活到 100 岁呢！我现在正在接受心理咨询，医生说我的生理结构相当正常，应该没有问题才对。"

"在阴道性交的过程中，我不晓得是什么力量才能让我达到高潮。我想我应该要好好想清楚。如果事实证明已经那么努力了，却还是没有办法达到高潮，或者其实高潮并不容易达到，那么，它应该是靠后天的努力而得，似乎强求不来。既然我是健康、正常、身心平衡的人，却还是没有办法在阴道性交中获得高潮，那么问题就应该是出在性交的行为上或者是没有找对一个好男人。我曾经有过许多男人，从一夜姻缘到长期性关系都有，而且我所来往的男人大都具备了高水准的背景，但是他们之中，至今尚无一人曾经让我达到高潮。所以，我只好说：显然他们都还不够格称得上是好男人，或者说，整个阴道性交的过程都应该要跟性幻想调和在一起比较好。"

"只要我的爱人可以在情感上多投入一些关心，让我觉得更有安全感，那么我一定能在阴道性交中达到高潮。"

等待好男人来让我们达到高潮的心理，跟白雪公主期待白马王子的到来才能享有爱情是一样的。无论如何，要是男性能对女性性欲有更多的了解，而且善解人意的话，那么他一定会让跟他做爱的女人达到高潮，这种想法至少对以下这些女人来说是相当有意义的：

"我很希望能在阴道性交中持续地达到高潮。我知道要怎么做才能如愿以偿，也跟我男朋友讨论过好几次，但最后发现是他无法全然放松自己，才造成了我们的问题。例如，在性交时，他的高潮总是来得太快，前戏时对我阴蒂的刺激总是不够。"

"在一个平等的关系中，高潮是很重要的，如果我们在其他各方面都能平起平坐，唯独高潮一事无法平等的话，那后果就非同小可了。我想我必须更开放，让感官之乐能来得更自在一些，不必一直操心他的感觉好不好，也不必去设想要如何取悦他。"

"如果我可以跟一个愿意平等对待我的男人做爱，应该就能在阴道性交中达到高潮。他不会把我的性兴奋当作为了他的高潮才做的准备。此外，我也可以不必为了他的成就或高兴而负责。比方说，要是我没有跟他配合好，让他无法获得应有的满足感，我就必须承担失败的责任。我希望我可以不必再有类似的感觉。"

"跟我性交过的男人，大都对女人的高潮一无所知，更糟的是，他们还认为要是女人无法从阴道性交中获得高潮，那她就需要接受心理治疗。"

不过，真正的重点在于：不要一直等待好男人来让你依靠，而要去制造有利于你自己的环境。这样一来，你不仅是位懂得取悦自己的白雪公主，还知道该找谁来一同享受性爱。

宣称自己可以常常在阴道性交中达到高潮的 30% 的受访者，往往言过其实：

"没错，我总是可以在阴道性交中获得高潮，我不需要太多的前戏。"

"我有自然的性欲，不需要阴蒂刺激。"

"大多数男人根本就不辨真伪，除非他们能遇到一个愿意现身说法的女人。否则，他们一直都被那些看似被动的小野猫所骗，一上床就开始假装高潮。"

就像 50 年前的女人会彼此竞争看谁做的苹果派最好吃，如今大家都竞相比赛看谁可以达到阴道性交高潮，借以获得男人的赞赏与认可，然而，这样的恶性竞争却牺牲了自己的快感。

女人都曾经用尽各种方法，想从阴道性交中获得高潮：

"当一个女人说：'我可以借手的刺激或口交来达到阴蒂高潮，但若靠我丈夫的阴茎插入，至今却始终没有办法让我达到高潮，为此我们都很伤心。'然后就会有人告诉她：'只有一种高潮，阴道高潮不过是迷思罢了，所以，既然你已经可以达到高潮，那就是了，根本没有什么问题，你只要确定自己有高潮便没事了。'可是，我实在看不出来这个女人的问题是如何被解决的。"

"我很希望在阴道性交的过程中用手刺激阴蒂，可是我很害羞，不敢开口，怕男人会觉得他的阴茎无用武之地，立刻变得颓丧，无法勃起。也许，我应该学着放弃对阴蒂刺激的依赖。"

"在我阴道壁的上端有一块区域，比阴蒂更能发出兴奋感与刺激作用。这块区域可以借助一只指头的刺激，或者在我臀部微微扬起，而我的男伴趴在我身上，用他的阴茎猛力地来回戳刺我的阴道时，就让我产生非常强烈的感觉，比起阴蒂刺激更强烈，但是却仍然无法让我达到高潮。对我来说，达到高潮的方法，唯有靠我或我的性伴侣把手伸向我的下体，直接刺激阴蒂，高潮马上就来了。我跟我的性伴侣都比较喜欢阴蒂刺激，若是没有阴蒂刺激，我就无法达到高潮。不过，我也是花了两年的时间，才好不容易在一个男人刺激我的阴蒂时终于达到高潮。所以，我有信心，有朝一日我应该可以在阴道刺激中获得高潮。"

假装高潮

要求女人应该在阴道性交中达到高潮的社会压力实在太大，以至于为数相当多的女人都只好诉诸假装高潮来应对这层强大的社会压力——有些女人是"不常"，大部分是"有时"，也有的女人在每次阴道性交中都得假装高潮。

多数女人在阴道性交中曾经假装高潮：

"我以前每次都假装高潮，尤其是在阴茎插入阴道的时候。我从小便被教导要去迎合男人，否则会让他们失去男子气概。随着妇女运动的兴起，以及我个人从中所获得的影响，现在我便不再假装高潮。"

"我从来都不会假装高潮，而且对那些会假装高潮的女人感到生气，这样一来，男人就会说我性欲不正常。既然我自己从无阴道高潮的经验，所以我很怀疑到底阴道高潮是否存在？到底它的盛行率是不是很普遍？别的女人都佯装高潮，会让我的诚实变得更加为难。"

"如果我没有心情做爱，而在阴蒂刺激跟阴道性交的时候假装高潮，对我来说比较简单，要是我对丈夫说没有高潮，接着我就得开始操心他的自尊心是否因此受损，或者他会不会对我有所不满。我丈夫跟其他男人的反应一样，要是我跟他说我没有高潮的话，他就会很受伤，这种难过甚至会延续一周期以上。"

"我会假装高潮的原因，是因为我发现自己大概不太可能会在阴道性交中达到高潮，可是我的男人却还在死命地努力想要让我达到高潮。要是我让他们知道我其实没有的话，他们一定会非常失望。"

"在婚姻生活中，我非常擅长于假装高潮，所以，至少有 4 年时间，我对我的性生活一点也不满意。不幸的是，我一直都对丈夫忠诚不二，只好常常自慰。我们分居之后，我才开始跟许多性伴侣尝试各种性爱，终于获得一些性的启蒙。"

"我不会假装高潮，只会把我的性兴奋表现得夸张一点。"

"以前会，因为我的性伴侣会把我和另一个同他上过床的女人作比较。他让我觉得很难过，因为那个女人每次都会放声尖叫她的高潮来了，甚至他连阴茎都还没插入她的阴道里去呢！"

"我很害怕自己不像个'真正的女人'，也不想让我的男伴变得阴柔而女性化，所以会假装高潮，可是却被他给识破了。"

"有时，假装高潮可以让一个男人建立自尊，让他自以为有男子气概。所以，要是我真的很爱这个男人，会希望他觉得我很喜欢跟他做爱，我便会假装高潮。"

"他认为要是我没有高潮的话，就证明他不行。我一再告诉他实情并非如此，但也没办法改变他的想法。有时假装高潮反而会让事情变得简单得多。"

"要是我跟一些自以为是性爱高手的男人上床，往往我都要假装好几次高潮。他们每每为了证明他们的男性雄风，就迫不及待地把阴茎插入我的阴道，除非让他们觉得我的高潮已经来了，否则他们绝不会轻易善罢甘休的。"

"我以前都会假装高潮，为了要取悦男人，得到他们的赞赏，还能让他们相信我是只性感的小野猫。我记得无论是在长途旅行或甚至是在新婚之夜，我全都是假装高潮。那时我还以为只有我一个人会假装高潮呢！"

"我以前会假装高潮，不过现在不再这么做了，因为我知道自己有权利要求真正的快乐。"

"我总是在假装高潮（我今年 62 岁）。男医生一向都会建议我：为了让我丈夫高兴，我应该要假装高潮给他看。我一直在怀疑，结婚 35 年来，我的体质是否欠缺了什么构造，所以才必须假装高潮。"

"过去 30 年来，我一直都在假装高潮，因为我需要男人的赞赏与支持。此外，我不忍心伤害我丈夫，因为他也是个很没有安全感的人。"

"为了不让我丈夫在外拈花惹草，我一向都假装高潮。"

"跟我第一个情人在一起的前几个月里，我会假装高潮。我学会如何佯装热情，而他也自以为将我驯服了。"

"直到我们发现了我的阴蒂之后，我才停止假装高潮。我以前一直认为阴道性交而来的高潮，才是唯一正常的，但自从在自慰中学会高潮之后，我就欢天喜地、无忧无虑了。"

"我以前常常假装高潮，因为我实在太害羞了，我不敢告诉跟我上床的男人，说我需要的是什么样的刺激，我也不敢纠正他们，跟他们说那是在白费工夫，一点也无法让我兴奋，只会让我更加难以达到高潮而已。"

"当我无法承受一个巨大的毛茸茸的身躯，使劲地在我身上冲撞不已的时候，我便会赶快佯装高潮。男人比女人重得多，也比较强壮。他们把阴茎当作枪杆子，骑在你身上，驰骋千里，任凭他们高兴。"

"我通常在前戏阶段就已经达到高潮，等到阴道性交时我只好假装高潮了。要是他知道我没有在阴道性交时获得高潮，一定会忧心忡忡。"

"很少。只有一次是跟一个没什么经验的鲁莽男子，眼看他的自尊心都快崩溃了，而且已经痛苦到几乎不知道自己在做什么，所以，我便假装高潮来帮他解围。"

"一个月起码有四五次假装高潮。我觉得我一定是哪里不对劲，为了自尊，我只好假装高潮。这真的让我觉得很奇怪，我已经接受了那么多的刺激，却依然无法在阴道性交中获得高潮。"

"在我第一次婚姻生活中，我不晓得在阴道性交时应该有什么样的感觉，所以只好一直假装高潮。之后，我花了很长的时间回想自己的亲身经验，并且跟后来真正的高潮相比较，我发现以前的假装都太过火了。"

"当他问我说我的高潮来了没，我便回答有。有时，他还会跟我说我应该总共有过几次高潮，而我却连一点也不想回应：我其实一次也没有。"

"以前会，那时我想要高潮想得快疯了，甚至不惜愚弄自己。"

"在阴道性交中，我经常假装高潮，我这样做的目的是取悦我丈夫。不过，这个礼拜我终于忍无可忍，便跟丈夫明说，还向他保证以后一定不再假装了。"

"以前我一向都在假装高潮，男人从来都不知道。其实即使没有高潮，我一样也能享受性爱。"

"大多数男人会认为你理所当然应该要有高潮，再不然，他们根本就漠不关心。所以，有时我想尽早摆脱他们，就开始假装高潮来了。"

"有时，当我对我的性伴侣心生怨恨时，便会假装高潮，因为我怕他们一旦知道我心怀怨恨时，会动用暴力来对付我。"

"我从来都不需要假装高潮，因为根本就没有任何男人曾经关心过我到底有没有高潮。"

"是的，我会在阴道性交时假装高潮。我会假装阴道开始痉挛，那会让我的性伴侣误以为我的高潮已经来了。"

"在跟我最后一任丈夫做爱时，我常常假装高潮。此外，我还会佯装对他有爱意或热情，以便换取经济生活上的保障。"

"是的，我常常在阴道性交中假装高潮，尤其当我发现要是我不假装高潮来了，我的性伴侣就快要崩溃了。我一直都希望自己像个热烫的墨西哥玉米饼，随时可以达到火热高潮。"

"以前会，就在我的两度婚姻以及历经两年'被囚'的生涯里，一想到男人要求你假装高潮的嘴脸，以及他们完全不顾念你的感觉的无知，真的会觉得很荒谬。现在我再也不假装了。"

"是的，在阴道性交中，我佯装过好几次高潮。我希望他的高潮赶快来，这样我才能好好睡觉。以前我常常试着要跟他沟通，到底什么样的刺激最能让我兴奋，可是，他却总是一副不大情愿的样子，一点也不关心，所以我就放弃了。"

"我假装高潮的历史已经有十年半之久，我不希望让任何人以为我是个性冷淡的女人。"

"我曾经跟一个男人在做阴道性交时假装高潮，最后，我鼓起勇气告诉他实情，然而他却再也不跟我沟通，也拒绝和我分享他的感觉，因为从前他一直误以为我也像他一样非常享受我们的性交。"

"要是在阴道性交的过程中，我突然发现自己犯了大错，比方说，觉得自己其实并不爱这个男人，我就会把阴道紧缩个四五次，接着开始呻吟起来，好像我的高潮已经来了似的，这样很快就能让对方射精，而结束性交。"

"当然会。很多男人非要把我弄到高潮为止才肯罢休，甚至要看到我一副死去活来的样子，他们才满意。"

"我以前都会假装高潮，就像在 R 级片里都看得到的那些呻吟。可是呢，我发现我的呻吟其实会让我自己分心，反而没有办法集中在我的生理感觉上。"

"以前在阴道性交中，我都会假装高潮，后来，我学会要告诉对方'慢一点'或'轮到我啦'之类的话，现在的我就不必再假装高潮了。"

"是的，在阴道性交中我会假装高潮，尤其在男人已经射精过后，变得非常没有耐心，急着要你马上就达到高潮，我就会开始假装。"

"会的，尤其当我觉得自己还蛮喜欢那个人的时候。让他们知道我的高潮其实并没有来的话，他们一定会受不了。不过，事后我也就不想再跟他们上床了。"

"会的，要是我真的没有办法达到高潮，而那个可怜的男人也已经努力了很久，我就会假装高潮来了。"

"我假装高潮，目的在于想要掩饰内心的悲伤，因为眼看别的女人都有高潮，而我却没有。"

"我不想让我的性伴侣自卑下去了，先前他为了跟我在一起时的性无能痛苦了很久，所以，我不得不佯装高潮来给他信心。"

"我现在终于知道为什么那么多男人会关心你的高潮，那是因为他们要夸大自尊心罢了。要是我说'没有'，他们一定会火冒三丈、恼羞成怒，再也不想做任何事来改善这一切。"

"我佯装过无数次的高潮，跟我上过床的男人，根本不晓得该如何做阴蒂刺激，让我觉得好像非得在阴道性交中给他们上一堂女性生理解剖课，这真令人反感。"

"不，我不会假装高潮，这是错的，一旦假装高潮，男人就永远没有机会可以好好学习了。"

"在我第二次怀孕之后，我数度跟丈夫说过我没有高潮的事，但我为此而深感内疚。为了妥协之故，我只好开始佯装高潮，我其实一点也没有这些感觉。麻烦的是，一旦我开始假装，就必须一而再，再而三地不断假装下去。对自己的不诚实与欺瞒，导致到最后我连一点性兴奋的感觉都没有了，而我也变成了性冷淡的女人。有时在跟我丈夫做完阴道性交之后，我浑身都陷入痛苦之中，我只好赶快冲进浴室。"

"我从来都不曾想过我丈夫是否已经有外遇，后来我开始认真地思考这个问题。我认为与其为了他到底比较爱哪一个女人而争辩不休，不如就让性欲比我高的女人来满足他吧！说真的，除了假装高潮之外，我不知道还能怎么办。其实，高潮实在很容易伪装，而我也怀疑有多少男人真的清楚女人的感觉。"

"这 15 年来，我是世界上最会假装高潮的女人。我想，应该为所有女人树立一座阳具纪念碑（就像我们在书上看到的各式纪念碑一样），因为，我相信女人都曾经为了阴茎之故，而在男人面前假装高潮。"

阴道高潮的迷思

若坚持女人一定要在阴道性交中达到高潮，而且非要女人从阴道性交中获得高潮不可，其实就是在强迫女人一定要屈服于如此贫乏的性刺激方式中，一再重复高难度的尝试，而且在经常性的失败过后，陷入痛苦愤懑、不安忧郁的情绪中不能自拔。诚如安·寇依德在《阴道高潮迷思》(*The Myth of the Vaginal Orgasm*) 一文中所说：

这种游戏（要求女人必须在阴道性交中达到高潮）为祸最大与最令人愤怒之处，便是让每个原本性欲正常的女人，反而觉得自己不正常。女人除了正常的性欲遭到剥夺之外，还被教育成要深自内疚，其实她们根本就无须自责。驱使她们为了一个根本就不存在的病症去寻找万灵丹，只会将她们推向永无止境的自疚与不安中。因为她们的精神分析师会告诉她们：女人，在男性主宰的社会中，她的角色不可能有成功的希望。一些谬误的论述要女人变得更加女性化，放弃对男人的钦羡。也就是说：你踩的应该是小舞步，即使你必须使尽力气。

最后，尚有两个对女性性欲的迷思，要在此一并澄清。

* 迷思一： 女人对性事及高潮不及男人感兴趣

首先，大家都认为：女人不像男人会对性以及高潮那么有兴趣，女人对情感比较有兴趣，不会主动要求性交，而且通常靠男人来"告知"。不过，你也可以把这个现象（如果它果真存在的话）解释成：那是女人无法期望自己能享有高潮，而且往往并不确定自己的高潮究竟来了没有。

"我怀疑自己易于对性失去兴趣的原因在于我会不自觉地压抑自己对高潮的渴望，因为一旦我清楚地知道自己想要高潮时，会对伴侣造成莫大的压力，甚至还会因此坏了他的性欲。"

"高潮使我觉得满足而快乐。跟男朋友一起达到高潮也是很重要的，我的高潮越多，他就越兴奋，要是我没有高潮的话，那就是我的错了。如果他知道我是个性冷淡的女人，他就不会再继续跟我做爱。在我刚搬去跟我男朋友同居的那段期间，我真的变成了性冷淡。那时，他每天晚上都劳累过度，所以，我们的性交就减少到一星期两次。接着，我开始出现内疚情结，我想都是因为我的性欲太强了，对他要求太多，尤其在我自己退缩不前，没有办法达到高潮的时候。我觉得很害怕，也责备自己太自私。不过，每天晚上我还是会春意荡漾，性欲高涨，接着，便陷入挫折感当中。为了避免挫折感，我只好把自己想成是个性冷淡的女人。这的确把我的性冲动给遏制住了。但是，等到我男朋友想跟我做爱的时候，我却发现自己越来越难及时地把冰封的性冲动破除开来。他还是会很努力地让我兴奋起来，而且常常耗时良久，才能让我的兴奋感起死回生。那时，他往往也无法支持太久，以至于很快就射精了。于是，剩下我一人，进入亢奋状态却没办法达到高潮，最终陷入挫折的深渊。事后他反身便睡，我则痛苦难耐，愤恨不已，只好把自己再度收藏到性冷淡的冰窖深处。"

"我快要19岁了，我必须坦承：我想要高潮。也许是因为我的年纪还太小，所以很多事都还不曾经历过（这是我的医生告诉我的话）。不过，我真的想要更多。要是我没有高潮或觉得不满足的话，会变得非常挫折。事实上，就高潮这一点来说，我非常挫折，现在我几乎已经失去兴趣了。虽然我对高潮并没有很强烈的需要，但是却很希望学会达到高潮的方法，这样我才会更喜欢做爱与性事。在做阴道性交的时候，我什么也感觉不到，有时我只是感觉到他的阴茎进入了我的阴道，不过，这种感觉并不常有。我实在搞不懂这是怎么回事。"

* 迷思二：　女人比男人需要更长的时间才能达到高潮

第二个迷思是一般人都认为，女人要比男人花更久的时间才能达到高潮，因为女人的心理比较细腻，所以女人的高潮就必须更加依赖情感的烘托。事实上，女人并不需要比男人更长的时间才能达到高潮。据《金赛性学报告》显示：绝大多数女人在自慰4分钟后便达到高潮了，这和本研究的结果一致。显然，在刺激不足的方式下，如阴道性交因为刺激来得比较间接，才会让女人花更长的时间来达到高潮，因此女人也需要更多的前戏。这种误解往往导引出以下对女性高潮的迷思：

"我相信女人要的比男人还多，女人需要生理与情感的综合刺激，方能达到高潮。"

"女人需要精神的鼓舞，方能达到高潮。女人所要的高潮，并不是像你预设的那种纯粹功能性的高潮。"

"绝大多数男人所需要的，就是把他们的阴茎上下摩擦一番。而我相信女人要的不只是这些，女人需要生理与情感两相巧妙地结合。"

然而，女性高潮一点也不神秘。只要女人对阴蒂刺激有所了解并切实执行，便能迅速、快乐而自在地达到高潮。就像我们在第 1 章中看到的案例，女人在自慰时，根本不需要前戏，就能轻松自在地达到高潮。重点在于让阴蒂获得足够的刺激。接下来，我们会陆续看到女人如何在阴道性交中获得足够的刺激，以便达到高潮。

6

女人如何达到性高潮

探索自己的身体

love

女人如何在阴道性交中达到高潮

"阴茎插入，是我所知人生中最美好的事物之一，令人为之身心愉悦。通常做阴道性交都会以高潮结束，需时大约两三分钟。每回性交，我的爱人都可以有两次高潮，偶尔甚至达到三次，所以，我们无须放慢速度，只要在做爱的过程中尽情享受。我很喜欢阴茎插入我阴道内的感觉，聆听他的呻吟与感叹，感受他全身上下的搏动。在精神上，我非常喜欢阴茎插入我体内的安全感，而且，我很希望他能够在我阴道内待得越久越好。有时，我们就会保持这种阴茎插入阴道的姿势，快乐地进入梦乡。"

有一位女士怀疑自己是不是很奇怪，因为她一向都能很轻松自如地在阴道性交中获得高潮。在此，要澄清的是，虽然大多数女人都无法在阴道性交中获得高潮，但这并不意味能从中达到高潮的女人便是奇怪的女人。而且，有些女人可以在阴道性交中获得高潮的原因很简单，一点也不神秘，重点在于对阴蒂施行确实而足够的刺激。本书接下来就要针对这个原因详加讨论。

马斯特斯与约翰逊的女性高潮学说

先前已介绍过本研究的发现：女人如何在阴道性交中获得高潮的方法。接着继续介绍马斯特斯与约翰逊的研究成果，看看他们如何解释女人在阴道性交中达到高潮的原因。

马斯特斯与约翰逊均强调阴蒂刺激的重要性，他们认为女人达到高潮的原因是起自于对阴蒂进行直接或间接的刺激。因此，他们主张，在阴道性交的过程中，通过阴茎插入后的戳刺动作，才使得阴蒂接收到间接的刺激，于是，女人便借此达到高潮了，随着阴茎来回的进出动作，造成对小阴唇的拉扯，通过阴茎来回戳刺，更间接牵动到覆盖在阴蒂腺上的皮肤（即阴蒂包皮）。马斯特斯与约翰逊的主张如下：

当阴道开始分泌湿液以利阴茎插入，接着，在阴蒂包皮两侧联结小阴唇的部位，便会发出机械的收缩反应。随着阴茎快速的戳刺，阴蒂包皮的两翼便开始收缩，整个阴蒂都被这个收缩作用向下拉扯，直至露出外阴部之外为止，等到阴茎轴从插入阴道的戳刺过程进入退缩期以后，在阴蒂包皮部位的收缩作用也随之获得缓解，阴蒂与阴蒂头也缩回到小阴唇之内，恢复到外阴部的常态外观。阴蒂自行的规律收缩动作，搭配阴茎的快速戳刺，便对阴蒂造成了间接刺激。

在此尚需强调的是，这种间接的阴蒂刺激，在每一次勃起的阴茎完全插入阴道的性交过程中，都可以发现到。

简言之，跟阴蒂联结的阴蒂包皮也跟小阴唇连在一起，在阴道性交时，阴茎的不停戳刺，便对肿胀的小阴唇造成规律性的机械收缩作用（注意！他们将女性性欲预设成是被动式的反应），如此才带动阴蒂包皮以及阴蒂的刺激。薛飞特别将这种说法定名为："包皮－阴蒂（阴茎）机制"，意即"阴茎在阴道中的戳刺动作，对小阴唇造成拉扯，带动阴蒂四周的部位（如阴蒂包皮），因此，就在来回的阴茎戳刺动作中，遂将业已肿胀的阴蒂向外拉出"。也就是说，对阴蒂的最终刺激，是来自对阴蒂包皮的摩擦而间接带动起来的。

这种学说不再强调阴茎对阴道内壁的摩擦会带来女人的高潮，可说是性学理论的一大突破。不过，这种女性高潮模式的提出以及日后在美国社会的普遍流行，却让女人有一种错误印象，误以为女人应该要在阴道性交中获得高潮才算是正常而自然的事。

马斯特斯与约翰逊据此提出女性高潮的例证，是来自他们对参与实验的女性受试者反应所作的观察，他们特别筛选了可以在阴道性交中达到高潮的女人来做实验。这未免会让人非议，因为有能力在阴道性交中获得高潮的女人，不过是少数特定的女人罢了，若要将这些特定对象的经验，类推到全体女人的身上，显然是一大谬误。当然，这种说法还是可以成立的，只要你早已预设了女人一定非要在阴道性交中获得高潮才算是正常，否则即是功能障碍（马斯特斯与约翰逊将这种无法在阴道性交中达到高潮的"性无能"，定义成"阴道性交高潮缺陷"，至于从无高潮经验的女人则被称为"原初的性失调"）。

除了上述将少数特定对象的经验类推至全体女人的谬误，以至于将原先的特殊原因误认为是普遍的假象之外，这个女性高潮学说仍然有第二个错误，那就是，女人要等到特定的性兴奋阶段时，才会有类似实验观察所得的阴茎插入阴道后的收缩现象发生，因为只有在阴唇业已肿胀到一定的程度之后，才会发出上述的收缩反应。马斯特斯和约翰逊将这个阶段称为"后高原兴奋期"。换言之，只有在女方已经进入性兴奋的末期，接近高潮阶段时，整个内、外阴部均已达到充足的肿胀程度，阴茎的来回戳刺动作才可能牵动阴唇，造成阴茎与阴道口的紧密吻合（你不妨亲身体验一下这种感觉，看看这个机制在你身上会如何运用，你可以在达到性兴奋的末期时，用一只假阳具或大小差不多的清洁物体，插入你的阴道内，并来回进出，看看感觉如何）。

马斯特斯与约翰逊并未解释为何他们会将这个机制视为是受试者得以在阴道性交中达到高潮的原因。其实，这个机制似乎是女人得以在阴蒂刺激或自慰时达到高潮的方法，因为在自慰的过程中，阴蒂四周的皮肤以及阴唇的上端，都受到轻柔地来回爱抚，才使得位于阴蒂头顶端的皮肤也跟着受到来回的牵动。如同薛飞的说法："针对阴阜区的摩擦所产生的效果，就像阴茎来回戳刺的动作会引发'包皮－阴蒂（阴茎）机制'一样，都是靠包皮来回摩擦阴蒂（阴茎）而产生性刺激。"

不过，上述的戳刺动作显然是只对少数女人才会发生作用。当今的性学咨询师与研究者均已承认：阴蒂刺激比起阴茎戳刺更能让女人有效地达到高潮。正如把你的耳朵来回拉扯，便可以牵动你脸颊上的皮肤是一样的。所以，通过阴茎戳刺而牵动到阴蒂四周的皮肤，间接对阴蒂造成了足够的刺激后，对少数的女人来说，的确可以借此让她们达到高潮。不过，通常对大多数女人来说，仍然无法奏效。

因此，马斯特斯与约翰逊才会强调要对女人施以性治疗（而不是针对男人）——男人被他们视为是女人的性伴侣，要在女人接受治疗时陪同前来（不过，在治疗中还是可以找别的男人来替代一下）。这种做法无疑是在重蹈性道德对男女有别而划下的双重标准。但是，根据这种性治疗的基本原则来说，为要求女方能适应在阴道性交过程中的不足刺激，所以必须由女人出面接受性治疗，让她们亲身经历整个阴道性交的细微过程，以便能在日常生活中，适应各个性伴侣的阴道性交。

在最近的公开演讲与私下的咨询经验中，马斯特斯与约翰逊转而强调：女人若想在阴道性交中达到高潮，就要参考一些特殊的做爱技巧，例如采用女方在上位的性交姿势，让女方来进行摩擦的动作，等等。这或许是因为他们也逐渐发现到，所谓的"包皮－阴蒂（阴茎）机制"对大多数女人来说，是起不了多大作用的。不过，这样的观点却不能在社会上广为流传，绝大多数女人，依然坚持着以下的错误印象：女人通过男人的阴茎戳刺来达到高潮，才算是正常。

通过振动阴蒂包皮来刺激阴蒂，使得女人借此达到高潮的说法，并无错误。错只错在将男的阴茎戳刺，说成是导致大多数女人能达到高潮的原因。就像亚历克斯·舒尔曼曾经指出：

马斯特斯与约翰逊观察到阴蒂在阴道性交中会自动刺激自身的现象，他们认为这乃是通过阴茎插入阴道后的戳刺动作，带动了联结在阴蒂之外的阴蒂包皮，才顺带将阴蒂向外拉扯出去，最后达到高潮。这种说法听起来似乎在说：男人的阴茎也可以靠他在移动步伐时，通过内裤自动提供必要的刺激，以便他能达到高潮。

若把这个机制转到男人身上，并以科学分析的角度来看，这种对女人的间接刺激，就好比男人想借助摩擦他们阴囊的皮肤来达到高潮一般，也许通过来回摩擦便能牵动龟头，于是便达到了所谓的刺激。但是，这样做有效吗？用这种刺激的方式，男人显然就要靠更多的前戏才能达到高潮。这时，女性一定要保持耐心，而且一定要谅解何以这样的刺激仍然无法每次都奏效。

这并不意味上述的机制是行不通的。它当然可以做得到，只要你拉扯阴蒂四周的皮肤，就有可能会间接刺激阴蒂。但问题在于：是否正如他们所言，阴茎戳刺会有效地导致女方高潮的来临？对大多数女人来说，答案很明显，她们往往必须通过特别的努力或技巧，借助其他的刺激，方能在特定的情况下达到高潮。

也许，还有一点需要在此澄清：如果这个机制真的能发挥这么重要的作用，何以在数世纪以来的人类社会中，并无广泛的采用？而"阴道性交冷淡症"依然普遍盛行至今，成为闻名遐迩的社会问题？此外，为何女人不会借用这种方式来自慰呢？总之，要使女人得以在阴道性交中达到高潮，绝不是让女人去适应这种刺激不足的性交方式。简言之，阴道性交所能提供的刺激，是很难让女人达到高潮的。

在阴道性交中达到高潮的6种方法

本研究发现：能在阴道性交中获得高潮的女人，都会主动在性交过程中专注阴蒂部位的刺激，通常都是靠着跟男人的耻骨做摩擦接触，才达到高潮。这种在阴道性交中进行阴蒂刺激的做法，可理解为：基本上是在做自我刺激，另外还同时进行阴道性交。当然，这一定要借助对方的配合才能如愿。而男人在阴道性交中获得刺激的主要原则，跟自慰如出一辙：他们把阴茎插入阴道内壁，进行摩擦的动作，这跟他们在自慰时所摩擦的部位是一样的。也就是说，在你觉得敏感而舒服的部位上，你便要集中刺激，方能顺利达到高潮。

以下是 6 种在阴道性交中获得高潮的基本方式：

1. 女方采取上位性交姿势

这个姿势并不会自动让女人达到高潮，重点在于女方可以借动作自如之便，轻松地获得她们自己想要的满足。因此，很多女人都可以借助这种姿势轻而易举地达到高潮，特别是对采取第三种自慰方式的女人（腹部朝下趴着，摆动下体去跟枕头做摩擦）最有效。运用这种上位姿势，你还可以把腿并拢，调整你的位置，让他的耻骨刚好得以跟你的阴蒂部位做摩擦接触，一方面也可以由你来控制阴茎戳入阴道的快慢，达到你最想要的刺激。这种性交姿势在石器时代早期的洞画，以及庞贝古城的壁画上，都可以发现到。

"当我坐在男人的骨盆上，他的阴茎插在我的阴道里，而我会上下摆动身体以便摩擦我的阴部，这时的感觉最棒了。这样我便可以获得我最想要的生理刺激，加上他的兴奋状，也能给我额外的心理刺激。"

"我在阴道性交中达到高潮的方法，主要是靠我在上位的姿势，然后来回摆动我的下体，以便我的阴蒂可以跟阴茎的底部做摩擦接触，这个过程并不需要阴茎在我的阴道中戳进拉出的动作。"

"他坐着或斜躺着，我则坐在他的下半身上，他的阴茎插在我的阴道里，我会把它调整在一个适当的角度，然后把阴蒂对准他的耻骨做摩擦，获得刺激的压力。在我摆动下体时，他会用手玩弄我的乳头，噢！这种感觉真棒。"

"在阴道性交中，对我而言最理想的姿势就是让我在上位，进行缓慢而完全的阴茎插入，同时兼做规律性的摆动，我的腿最好是并拢起来，我还喜欢对方爱抚我的乳房。不过，要是采取的是男上女下的姿势，我的兴趣就会锐减许多。"

"我喜欢腹部贴着腹部趴下来的姿势，而我要在上位。这样我就可以有很大的自由来决定性交动作的快慢，也可以让我的阴蒂从阴道性交中获得更多的刺激。"

"最令我满意的高潮，便是我以上位姿势坐在一个精疲力竭的男人身上，他射精之后平躺不动，我就把阴蒂对准他的下体做摩擦，然后，很快就可以达到美好的高潮了。"

对很多女人来说，腹部朝下趴着的姿势也很有效，特别是对采用以下自慰方式的女人最有效：她们会以脸朝下趴在床上，男人则从她们的背后做阴茎插入，这种姿势可以让她们把阴蒂对着床面、枕头或床单做摩擦，就像她们平常自慰的时候习惯用的方式一样，不过，因为背上还驮了另一个人，所以，压力可能会变得比较大些。

2. 将耻骨和阴阜交相摩擦

跟女方上位姿势很类似的做法，便是借用摩擦产生性刺激的方式，这个方式适用各种阴道性交的姿势。这种摩擦法需要借助完全的阴茎插入，再加上一点点的戳刺动作（没有戳刺亦无妨），其中一人不停地进行身体的摆动，如此一来，两人的生殖器就能交相摩擦在一起，互相为对方进行阴部按摩，特别是针对女方的阴唇以及阴阜部位的摩擦，最为重要。

"我在阴道性交中达到高潮的不二法门，在于需要一只粗大的阴茎深埋在我的阴道里，让我好好摩擦，催动我的高潮降临。"

"我们在一起，交缠着对方的大腿，他的阴茎插入我的两腿中间，这样我的阴蒂就能跟他的大腿肌肉或耻骨的部位做摩擦。然后，两个人就不停地蠕动着身躯。"

"在阴道性交中要达到高潮，必须靠很接近的身体碰触才行。我喜欢阴茎完全插入阴道里的感觉，同时我们还一起摩擦对方的阴部，一起摆动身体。"

"我比较喜欢上位姿势，或者并用互相摩擦的方式。问题是，这两种方式他都觉得不太舒服，而且很不情愿为我做调整，总是心怀怨怒，显得非常被动。这当然会影响到我的心情，让我也觉得很恶劣，所以，我从来都不会坚持要用上述两种方式之一来做爱。"

"我躺在下面，用我的腿把他的下体环绕起来，然后把我的耻骨和阴部跟他交相摩擦。"

"我可以用挤压、摩擦阴部的方式，在阴道性交中达到高潮。我的阴部很有弹性而且非常敏感，跟他一起交相摩擦，感觉非常棒，而他的阴茎正插在我的阴道里，不过，最好不要进进出出。"

"我把我的阴蒂对准我的男人死命地推挤，一边来回摆动我的骨盆，有时也做绕圆的转动。在我摆动下体的时候，他有时也会配合着一起动，有时则保持不动。我通常都是平躺在下，把腿搭在他的肩膀上，偶尔也会用腿把他的下半身给环绕起来。再不然，就是我坐在他身上，他躺在底下。有时，我们两个都坐起身来，面对面。我还会把我的阴道壁以及臀部的肌肉紧绷起来，以便让我的高潮可以来得更快。"

"我们采用传教士的姿势（男上女下），让他生殖器的部位直接压在我的阴部上。

等到高潮快来的时候，他还是要继续刺激我的阴蒂，或摩擦，或挤压，而且不能随便停手，除非等到我的高潮来了为止。"

"对我来说，在阴道性交中，大部分的男人都动得太多、太过度了。我喜欢他们把阴茎插得很深很深，然后刺激我阴部的前端，尤其在高潮的当下，我希望他们要保持硬挺，但要静止不动一会儿才好。在我高潮来临的时候，要是那个男人还是动得很厉害，反而就会大大减少了我高潮来临时的强烈感。"

"当男人在做阴茎插入时，他还得继续对我的阴部做数秒钟的挤压，而不要马上就开始猛力地戳刺起来。而且在我挤压他的下体时，他也不能马上就射精。很多男人都会过早射精了事。"

3. 在阴道性交中做耻骨碰触

有些女人会在阴道性交中，借助跟男人耻骨的交相碰触，再通过阴茎的来回戳刺，以便达到刺激阴蒂的效果。这种方式的大部分案例都是由男人来做动作，姿势则各异，有的是由男方采取上位，有的则是双方面对面坐起。女方的腿部姿势也各不相同，有的是张得大开，有的高高抬起，有的曲起来，有的则向后叠起。阴茎的来回戳刺，会让刺激的部位一再游走，因此，无法完全正确地固定在阴蒂刺激上，所以，女方最好也要有一些摆动身体的自由度，以便配合调整位置与姿势。

"我喜欢男人在上位，不过，我自己也会一直动个不停，因为我很讲究阴道性交的时间掌握以及阴茎戳刺的力道感。我还需要一番扭动旋转，才能对准阴部的特定部位加以刺激，如此才会产生愉悦的快感。此外，如果我把两腿并拢，我的呼吸就能照着我喜欢的方式来进行压力的调节。"

"通常我在阴道性交中获得阴蒂刺激的办法，都是靠我把阴阜跟我性伴侣的耻骨做有规律的摩擦动作。对我来说，采用站立或后交阴茎插入的姿势，会让我很难达到高潮，因为独缺最重要的阴阜与耻骨的碰触与摩擦。当他在上位的时候，我都会用手紧抓着他的臀部，然后引导他做摆动的动作，好让他照我想要的方式给我刺激。"

"我们在做阴道性交的时候，都是他在上位，我们的身体会稍稍弓曲起来，这样我的阴蒂会显露出来，通过我们身体自然的交相冲撞，而获得必要的阴蒂刺激。"

"在阴道性交的时候，我都采取下位姿势。我在底下滑动，以便调整我跟他的身体以及阴茎插入的角度。我必须承受他的体重，一边摆动我的臀部，好让性刺激都集中到我骨盆区的阴蒂部位上。此时，我还会把腿抬高，方便全身的精力都集结起来。"

"有一种姿势可以让我无须经过性兴奋的阶段，就能在阴道性交中达到高潮，即由我采取下位姿势，把我的腿搭在性伴侣的肩膀上。这令我为之神魂颠倒。"

"为了要在阴道性交中达到高潮，我便慢慢学会运用阴道联结会阴部位的肌肉，然后，学着去调整我的性交体位，而且在性交中摆动身体，好让我的阴阜区可以获得最大的压力与刺激。我还试着给我的性伴侣一些回馈，让他知道我最想要什么样的刺激。一般来说，这种沟通是非语言式的表达，不过，当我觉得他仍然不甚理解的话，我也会试着说出来。在阴道性交中接近高潮来临的时候，我便会把刺激与压力的强度都降下来。在我开始有阴道性交的经验之前，我早已自慰多年，而且很习惯于对阴蒂及其四周进行强而有力的直接刺激。当然，我也认为阴茎插入阴道的戳刺动作，仍然无法提供和来自阴蒂刺激一样强烈的高潮。所以，我只好学着去专注于阴道以及深达内里的感觉，这种感觉比起刺激阴蒂而来的'压力感'更加微妙难解。"

"女人如何在阴道性交中达到高潮，我认为这不仅是生理学的问题，同时也关乎心理学。也就是说，跟一个特定的男人进行阴道性交，我们的身体靠阴茎戳刺的进出动作而两相结合在一起，这样的性交方式如果可以刺激到我的阴蒂，就能让我如愿达到高潮。不过，通常我的高潮很少在阴道性交中出现就是了。"

"我认为两人在阴道性交中如何安排生殖器官的位置，对于阴蒂刺激是很重要的。有一个性伴侣就跟我配合得完美无缺。"

然而，并非每一个女人都能借这些方法在阴道性交中获得高潮，所以，你也不必对自己期望太高：无论你是不是采用上位性交的姿势，或者是否在阴道性交中做耻骨摩擦，这些方法对大多数女人来说，依然成效有限。因为这关乎你要去跟你的性伴侣做双向的协调与配合。如果你发现上述的方法对你依然无效的话，也不必奇怪，诚如以下这位女士的心声："至今我仍未发现一个有效的性交体位可以让我在阴道性交中达到高潮，而我早已亲身试过各种办法了。"

借助性交体位来达到高潮，是一种讲究高明技巧的做法，以下将陆续介绍其他各种对阴蒂做间接刺激的方法。这些方法都需要你的性伴侣的高度配合，或者，至少他应该表达出一些合作的意愿，甚至到最后你会发现，其实这些做法还是无法让你得以常常在阴道性交中获得高潮，或者当你跟一个新的伴侣做阴道性交时，仍然很难达到高潮。比方说他的体形与你很不相称，或者他的节奏感跟你搭不上，等等，诸如此类借助一边碰触、一边试探的间接刺激，需要各方条件的完美配合方能奏效。俗语说熟能生巧，所以，对大多数女人来说，她们此生最美好的性经验，都是在跟性伴侣做过各种尝试与练习之后，才能享受得到美满的性爱。一位女士有如下的感叹："跟每一个新的性伴侣做爱，我都要重新学习让我达到高潮的新方法。"

在此必须做一澄清：本节内文中针对阴道性交过程的机械动作与性交技巧的讨论，并不意味是在忽略个人于性交过程中所经历的感觉与情感的重要性。从本书其他章节中即可发现：事实上，对绝大多数女人来说，在阴道性交的过程中，最令她们难以忘怀而再三依恋的，就是她们在其中所亲身经历的那份情感。以下继续讨论的重点则摆在女人性交经验的生理过程，并将之拆解成数个阶段，以便分析讨论，如此一来，我们才能做个情感与生理尽皆通晓的性爱专家。

由男方负责在两人耻骨交相摩擦中做动作时，女人所期待的方式为：

"男方的动作应该要慢而温柔，敏感而稳重。"

"我不希望他猛力地冲撞，好像非要把我弄到求饶为止不可。"

"刚开始要很温柔，然后再慢慢加重力道（大多数男人在后来都用力太猛）。如果男人可以反过来把他的阴茎当作他的手来用的话，那么乐趣就更多啦！"

"阴茎戳刺要做得慢，但要使劲用力，等到完全插入后，还得加上一些摩擦与摆动的动作。"

"我喜欢温柔而缓慢的长时间做爱，不喜欢男人在我身上展现他们的雄风，一味地炫耀他们的肌肉以及勇猛的戳刺动作。"

本研究结果发现，无法在阴道性交中达到高潮的女人，才会比较偏爱男方粗鲁的冲撞。一位女士曾写道："我喜欢男人粗鲁的冲撞。为什么？因为我都会把它当作例行而痛苦的挫折感的一部分。也就是说，我根本就不在意你到底要对我做什么，无论如何，你就做你爱做的吧！但要速速了结，因为无论你怎么做都不可能让我达到高潮，而我却又死命地渴望想要达到高潮。"

另外有小部分的女人表达了在"摩擦耻骨"的刺激中，会偏好特别的动作：

"要温柔而且很深入，但最好不要有阴茎戳刺的动作，只要两人静静地躺在一起，单靠阴茎的深深插入即可。"

"要用很深入的'紧抱姿势'。"

在此必须重申一件事：女人需要持续的刺激方能达到高潮，而男人需要的却是不连续的刺激。这一点是两性在性生理上的基本差异之一。如薛飞的解释：

女人在性反应周期上有一个特点——需要持续的刺激，才能达到高潮。即使就在高潮已经来临的当下中断刺激，也会马上使得高潮跟着停摆，无论是在阴蒂区或阴道附近的刺激，结果都是一样的。

简言之，若只依赖耻骨摩擦带来高潮的话，即使配合着持续而有固定节奏感的阴茎戳刺动作，仍然是未必保险的做法。既然这种节奏感对女人的重要性更甚于男人，或许女方就应该主导阴茎戳刺的进行，因为女性最需要这种持续的刺激。

女人能否在阴道性交中获得高潮，其实是取决于腿部姿势的配合，以及高潮形态（即采用的自慰方式）。如果你一向都会把两腿并拢、弯曲膝盖，或是以胃朝下的体位姿势来自慰的话，那么，这些姿势就会影响你在阴道性交中偏好什么样的体位姿势。通常，最好采取可以让你有较大活动自由度的体位姿势，尤其是在高潮来临之前，腿部动作最好不要被体位姿势所阻挠，以免妨碍高潮的顺利到来。

4. 阴茎局部插入阴道且无戳刺的动作

这种体位姿势的要点在于，只把阴茎的前端插入阴道的开口处，而把阴茎轴的末端向阴蒂的部位靠拢，亦即将阴茎的末端朝着阴蒂，而在阴道外折起，让阴茎跟女阴贴在一起。不过，这是一种很难保持长久的姿势。

"唯一可以让我在阴道性交中达到高潮的性伴侣便是麦可，这是因为他会在跟我做阴道性交的时候，把他的耻骨紧压在我的阴部上。这种感觉就跟我在自慰时一模一样。此外，在我跟麦可做爱的时候，我还会把我的腿并拢，这样一来，他的阴茎就不会插得太深入，而在我的阴道口外朝向阴蒂的部位形成一个折叠。也就是说，他的阴茎末端会贴合着我的女阴而形成一道弯曲的弧度。这种感觉实在很棒。我恢复了往日的年轻，终于克服在阴道性交中高潮困难的老毛病。也因为有这层美好的性关系，才让我们持续在一起好长一段时间，然而，我们早已发现双方除此之外，并无其他共通之处可供分享。"

"在阴道性交中，我会主动去调整男伴的体位姿势，好让他的阴茎可以碰触到我的阴蒂，这是为什么我比较偏好传教士体位，而且避开跟过重的男人性交的原因。因此，瘦小的男人最适合我了。此外，采取这种体位姿势并不会妨碍我在底下的动作，如果我想摆动自己的身体，大可随时开始。"

"我喜欢把我的阴蒂贴近他阴茎的末端，然后，我会希望我的性伴侣配合我的节奏，跟我一起做身体的摆动，缓慢而温柔，但务必要跟着我的节奏一起摆动。要是我的性伴侣把我的节奏给打乱了，就会妨碍到我后面高潮的来临。除非我们已经有好长一段时间没有相处在一起，才可能会出现例外的情况。对我来说，久别之后的第一次性交，真是一场火爆且一触即发的欢乐体验。"

"最棒的经验就是他的阴茎一边在我的阴道里来回进出，一边轻柔地以他的阴茎末端摩擦着我的阴蒂。我知道这听起来似乎根本不可能做到，不过，其实他是以阴茎的进出来撞击阴道内壁的后侧。"

但无论如何，对女人来说，深受欢迎的体位姿势，却令男人觉得不适：

"我遇过的男人都不愿意做局部的阴茎插入。"

"不幸的是，性交对我来说简直就像一场战争。当我把他的阴茎放到我想要的位置上，并说：'我喜欢它在这个位置。'而他却马上把他的阴茎一戳而入，深及内里，回答道：'不，我觉得这里更好。'这听起来实在很过分，但千真万确。天啊！我真希望这不是真的。而且我每次都吃败仗呢！"

5. 阴茎在阴道里频繁地来回戳刺

还有一种阴道性交法也是采用局部的阴茎插入，不过阴茎插入的程度更小，仅以阴茎沿着外阴唇的四周做摆动，或者在每一次的阴茎戳刺过后，再把阴茎完全拔出阴道口外，好让阴道口以及外阴唇等处，都能时时接收到振动与刺激。

"我最喜欢缓慢而规律的阴茎戳刺，要深入而温柔，尤其在他做下一次戳刺之前，最好把阴茎整个拉出阴道口外。男人一向都只在他们自己的包皮之内做短促而快速的阴茎戳刺，根本无法给女人阴道口提供充分的刺激。我最喜欢在阴道性交一开始，男人以龟头轻触阴道口的感觉。"

"我觉得最棒的感觉，就是阴茎在阴道口处的拉扯与戳刺。阴茎一定要插得很深入，然后再完全抽出来。"

"我有一个情人，他是个性经验丰富的老男人，不过，他现在已无法勃起，但当他那不举的阴茎碰触到我的阴道口时，却能让我觉得非常兴奋。我仍然可以跟他达到阴道高潮，而他正是唯一能让我达到高潮的男人。"

"我需要在阴唇四周进行来回旋转式的阴蒂刺激，以建立起我的性兴奋，然后，我就会想要深入内里的阴茎戳刺。"

"我喜欢抬高我的臀部，让阴茎可以进行完全的插入与拉出。这样做爱，需时较长，大多数男人都不愿意。"

"在他的龟头缓慢地从我的阴道中戳入拉出的时候，我便可以达到高潮，但是，他不能把龟头之外的阴茎轴也插进来，只消用龟头在我的阴道口附近摆动即可。"

"要先进行很长时间的亲吻与拥抱，如果能有一些口交更好；然后由我采取上位的性交姿势，让他的阴茎做局部插入；接着，他就不停地把阴茎拉出再戳入，我则上下摆动我的臀部。我们还做鼻子、脸颊的爱抚接触，等到我的高潮来了，他的阴茎戳刺就转而更深入一点，不过，也不能太深入——要等到我的高潮结束才能。有时，他还会用手抓住我的臀部，一边用他的手指在我的大、小阴唇间交相摩擦。这种感觉实在棒极了！"

在女人达到高潮时进行阴茎插入：

还有一种阴道性交的方式是：当女人的高潮来临时才进行阴茎插入的性交。在本研究中，并未将此列为可以在阴道性交中达到高潮的统计数据之中，因为女方既已进入高潮阶段，那么，阴茎的插入就不是造成她达到高潮的原因。此外，这种方式通常都要靠女方告诉男方在何时才能开始进行阴茎插入。上述例子再度验证了女人能否得以在阴道性交中达到高潮，取决于技巧的运用，而非阴茎插入阴道的动作本身。

"通常在阴茎插入之前，我的高潮就已经来了。所以，对我来说，阴茎插入不过是在宣告我的高潮就快结束了。"

"让我达到高潮的方法，他得先对着我的乳房来上一段亲吻与吸吮，然后用他的手指刺激我的阴蒂，再把手指戳入我的阴道，接着用他的阴茎碰触我的阴蒂，最后才进行阴茎戳入，要使劲地一戳就入，旋即在阴道里保持静止。"

"有时在我的阴蒂已经接收了充分的刺激，而他的阴茎又能适时地猛然插入我的阴道里去，随即保持静止的话，我的高潮就可以比较顺利地达成。"

"要等准备好了我才能进行阴道性交，否则我就会不喜欢阴茎插入。但是，通常都是在我尚未准备就绪时，男人就已经迫不及待地开始进行阴茎戳刺的动作了。所以，我始终无法达到高潮。因此，最重要的是要让他明确地知道，我还没准备好要做阴道性交，即使他已经等不及了，我也无可奈何。"

对大多数女人来说，如果一定要在她们高潮的当下进行阴茎插入，往往会把她们的高潮给破坏殆尽，或者造成她们的高潮困难。原因有二：一是因为她们的感觉焦点在阴茎插入时突然来个大转移，尤其是在达到高潮的关键时刻插入，会让她们的高潮戛然中止。其次是因为很多女人根本无法在阴茎插入时享受到高潮之乐。

"要是先获得相当大的阴蒂刺激，那么，我便可以在阴道性交中达到高潮。不过，这还得靠我一直死命地贴近那个男人才做得到，否则，即使他不停猛力地做阴茎戳刺，我还是没有办法达到高潮，甚至连第一个高潮还没来之前，就被他给打散了。"

6. 延长前戏

这种方式是在高潮前先进行阴蒂刺激或其他方式的刺激后，再做阴茎插入阴道的性交。

延长前戏跟上述阴道性交的做法很相似，许多性咨询人员都会向当事人大力推荐这种做法。不过，这马上就会让人联想起那一种老掉牙的论调：女人比男人需要更持久的前戏。

细究"前戏"这个名词，其实也是一种很奇怪的说法。对你来说，究竟什么是前戏呢？

"为了让我达到高潮，在做阴道性交之前，就一定要先进行一段前戏不可。不过，我倒是很不喜欢'前戏'这个字眼，听起来好像很屈辱似的。"

一般人都认为，在阴茎插入阴道之前进行的各式身体刺激，都笼统地称为前戏。可是，对大多数懂得自慰的女人来说，根本就没什么前戏可言。然而，为什么在阴道性交之前，还是需要有前戏为辅呢？显然，这是因为阴道性交所能带给女人的性刺激实在太少了，所以，前戏才会如此受世人重视，其原因已不证自明，但是，在此要特别强调的是，为何非要把前戏界定成是某种行为的预备动作？这实在并无任何道理可言。

那么，我们该如何为这些性刺激来命名呢？这真的很有趣。我们至今才惊讶地发现，原来在我们通行的词汇中，始终缺乏合适的名称来称呼这些性刺激，这反映出我们的社会文化，对于人与人之间的身体接触，一向是采取相当防范而闭塞的态度——只有在阴茎插入阴道的性交过程前后所发生的身体接触，才是正当而合法的。因此，所谓的阴蒂刺激或对全身上下做爱抚的性刺激等，都被归为前戏的一部分，意味着这些身体接触只能在阴茎插入阴道之前偶一为之，等到男人射精之后，便得终止所有的身体接触。

简而言之，这些性词汇都预设了一个循序渐进的性交过程：前戏必须在阴茎插入阴道之前进行，在插入之后便开始性交（也就是阴茎在阴道里来回戳刺）；接着，男性高潮就随之登场（射精）；最后，一切宣告结束。如果有人不愿接受这种循序渐进式的做法，那么，他们首先面临的困难就是缺乏适当的词汇来说明这种非正当的性交做法。当然，各种不同的性交方式早已在人类社会中行之经年，很多让施受双方都倍感愉悦的生理碰触，并不见得一定是以高潮作为双方进行性交的唯一目的。

不过，有些女人的确可以借前戏的广泛刺激，而在后续的阴道性交中达到高潮：

"最让我满意的性经验，就是在真正的阴道性交之前，要先进行长时间的前戏以及各种性刺激（无须阴茎插入）。我的性伴侣常常会在下午到晚上的这段时间开始挑逗我，让我达到数次高潮，接着，我们才在夜深之后进行阴茎插入阴道的性交。那时，我已经兴奋异常了，所以在做阴道性交时，那种感觉简直棒极了！比起速战速决的感觉更好。"

"我喜欢以浪漫的心情开始做爱，先脱下衣服，爱抚我的全身，用手和手指在我的骨盆区施加压力。然后，他的裸体要跟我紧紧相贴，一边诉说着彼此身体的感觉，通常我会从镜中观看我们做爱的全程。接下来便做口交刺激，进行温柔而湿热的亲吻。将手指插入阴道的时候，他轻咬我的全身上下，对着我的耳朵吹气。最后才做阴茎插入阴道的戳刺动作，而我们的骨盆区会在此时完全密合在一起。"

"最让我感到快乐的做法就是：在做爱的过程中从容不迫，毫无压力，也不受打扰。我喜欢我的全身上下都能从对方的身上获得性刺激——运用各种体位姿势来让我们的身体尽可能地进行最多的接触。我喜欢对方在我的身上做爱抚，而且把我抱得紧紧的。然后，我喜欢我的女阴能在此时得到相当的刺激，先用手指，然后再用舌头。最后，我喜欢他把他的阴茎插入我的阴道里去。我还需要一些身体的自由度，以便骨盆做摆动、游移或震荡的动作，好让我获得必要的压力与刺激，在轻松愉快的情况下，我便顺利达到高潮了。"

事实上，女人接受性兴奋的刺激越久（无论是来自广泛的前戏，或是受到先前多次高潮的影响），兴奋感就越能深及外阴部或阴唇之处。所以，有些女人发现，在她们的两三次高潮之后，还可以通过阴道性交再度达到高潮。比如这位女士："一开始，我第一次的高潮是来自阴蒂刺激；接着，第二次高潮的部位就逐渐向下移动；等到第三次高潮时部位继续向下降，到达我外阴道的部位，直到可以借刺激而产生高潮为止。不过，要是我的兴奋强度还不够，而且阴茎插入的时间点也不对的话，那么进行阴道性交反而会将我先前的兴奋完全摧毁，于是我也无法继续达到高潮了。"

在阴道性交时以手刺激阴蒂

对于那些必须借着手对阴蒂的刺激，才能在阴道性交中达到高潮的女人，在本研究的统计结果中，并未将她们并入可以在阴道性交中达到高潮的范畴之内。尽管如此，其实借着手对阴蒂的刺激，让女人可以在阴道性交中获得高潮的做法，亦不失为一种极佳的方式，值得大家参考。以下将详录数位女性的经验之谈，让读者能了解她们如何在阴道性交的过程中，搭配以手对阴蒂的刺激，最终达到高潮。

这种做法广受女人的欢迎，主要是因为女性可以确定进行刺激的部位，正是自己想要的正确位置。这种方法已经婚姻咨询师的再三推广而盛行多年。不幸的是，他们在做婚姻咨询时均将之视为是次等的做法，或者把它当作在阴道性交中的一种欺瞒行为。因此，很多女人在说明她们为何采用这种做法时，都要再三解释原委，还会担心她们借着这种做法来达到高潮是不是有什么不对。

"我在大学4年里从来没有高潮的体验，我为此感到非常震惊而惶恐，很担心自己是不是有什么问题。我一向都可以在自慰中轻松自如地达到高潮，可是，在做阴道性交时，却一点感觉也没有。记得有一天，我跟交往很久的男友做爱，他兀自在做阴茎抽送，而我却深为自己的性冷淡而难过不已，于是，我把手伸向我的下体，在阴蒂的四周摩擦起来，一边在心里发下宏愿：上帝啊，我一定要达到高潮不可！两三分钟后，我的高潮就来了，我真的做到了。在那次性交中，我享受到一个非常美好的高潮，甚至比起以前的自慰都来得更成功，此后，我就继续采用这个办法。"

"强调阴蒂才是女人高潮的快感来源，让我有勇气可以起而追求阴蒂刺激，并大幅改善了我的性生活品质。以前我的性伴侣在做阴茎插入时顺带摩擦我的阴蒂的做法，让我感到很受挫，因为当他们在我阴道里做阴茎抽送时，一心一意想的都是要赶快满足自己的男性高潮，从来都不曾考虑过我的需求。如此恶性循环下来，我开始怀疑自己的阴蒂可能是部位长得不对，才会无法接受刺激。最后，我决定干脆自己动手，这下就好多了。"

"在阴道性交中，我采取侧身的体位，我把手围绕着阴茎露在阴道口外的末端部分，一边摩擦着阴茎，顺便做阴蒂刺激，这样我的高潮很快就来了。"

"我的性伴侣背朝下平躺着，我则坐在他身上，他的阴茎插在我的阴道里。我跪坐着，把上半身悬在他的胸前，他只消把头微微抬起就能用嘴衔住我的乳头。他还会把一只手伸在我们的下体中间，手指直接刺激我的阴蒂及其四周部位。他另一只手则在我全身上下游移，特别是留在我的臀部上爱抚。这时候，我可以很自在地摆动我的身体，这种姿势最能给我快感。"

"我们曾经试过一种做法，他跟我同样采取背朝下平躺的姿势，我的臀部对准他的骨盆，以这种体位做爱，我们才能同时达到高潮。用这个姿势，他的阴茎可以插入我的阴道，他还可以自由地爱抚我的阴蒂，尤其在我高潮来临的当下，会掀起好一阵强烈的痉挛反应，而我胃部、腿部的肌肉可以自由自在地摆动，无拘无束、轻松自如地配合上述的高潮反应。要是有人可以不用对阴蒂进行直接刺激，便能在阴茎插入阴道的性交过程中达到超级完美的高潮，我倒真的很想听听她们是如何做到的。"

"除非在阴道性交中同时自慰，否则我根本就无法达到高潮。在我一边自慰一边做阴道性交时，我不喜欢我的性伴侣做大幅度的摆动，因为这样会让我分心。"

"我一直很渴望能在阴茎插入阴道的性交中获得高潮，我也试过用侧身贴近性伴侣的体位来进行阴茎戳刺，以便让他可以顺便对阴蒂做刺激，无奈这种方式成效有限，因为有时他根本控制不了自己的高潮，马上就射精了。此外，采取这种体位，我也没办法让我的腿并拢，这样我就更难达到高潮了。"

"讲究性交体位及动作的技巧，对生理或心理的影响其实好坏参半。可是，无论是哪一种性技巧，如果没有手的辅助来做直接而充分的阴蒂刺激的话，我还是没有办法达到高潮。"

"若能在阴道性交中同时进行阴蒂刺激，我可以在阴茎插入阴道的过程中达到高潮。要是我们采取的是阴茎并未与阴蒂接触的体位，或是两者很难碰触在一起的话，那么，我的性伴侣就要用他的手来刺激我的阴蒂。"

"在阴道性交的时候，我都在上位，直立起我的上半身。他会用他的双手轻柔地爱抚我的阴蒂。只要我愿意，我也会随着他的爱抚摆动我的身体。"

"至今我尚未发现一种可以在阴道性交的过程中提供最大量的阴蒂刺激的性交体位。对我来说，我需要直接的阴蒂刺激，才能在阴道性交中达到高潮。"

"到目前为止，在我的性伴侣当中，只有一个人知道我最想要的是什么，而他也不需要我的指示，就能充分地满足我。通常，我都会在阴道性交中让对方知道我最想要的刺激方式，要是他依然不明白，我就不再对他抱有希望，我会大胆地在他面前自慰。我觉得这样做并无任何不妥，也不会为此觉得害羞。我才不在意男人到底怎么看我，就像他们一样，我也要从性交中获得满足感。"

"当我们在做阴道性交的时候，男方采取侧卧的姿势，我则是平躺着，一只脚跨在他身上，而他的阴茎可从旁插入我的阴道中，同时进行阴蒂刺激，而且一向都是由我来主控性交过程中的身体摆动。"

"我喜欢趴在枕头上，这样在我跟性伴侣做阴道性交的时候，他可以一边帮我做阴蒂刺激，一边做阴茎戳刺。"

"我坐在他身上，让他的阴茎插入我的阴道。接着，我会向后仰躺下去，他便可以用手指为我做阴蒂刺激。"

"如果我喜欢他，而他也不算笨的话，我会让他在我的阴道中慢慢地做阴茎戳刺，他要用一只手抱着我，另一只手则帮我做阴蒂刺激，一边还要对我说一些甜言蜜语才行。我们还可以侧着身贴在一块儿，让他的腹部贴着我的背，而他最好要表现出温柔多情的一面才好——先开始亲吻我，爱抚我的乳房、耳朵、手臂、腿部，直到我全身上下都被他爱抚遍了，才转而爱抚我的生殖器——他会先摸我的阴蒂，然后对着我的阴部做口交，最后，等到我非常想做阴茎插入时，他才把阴茎插入我的阴道里去。他以背朝下平躺，我则跨坐在他的身上，膝盖环绕在他的胸旁，朝着他的阴茎直坐下去。他的左手可以自由地继续刺激我的阴蒂。我们便一同向着高潮之路而去，不快不慢，徐缓而温柔地，直到我想要更快更强烈的刺激，接着，我便达到高潮了。"

"我们做爱的方式如下：他把阴茎插入我的阴道，随时准备开始进行阴茎戳刺的动作，而我则用手来自慰，等到我的高潮快来的时候，我就摆动我的下体，让我的阴蒂跟阴茎的根部以及耻骨一带的部位做摩擦，如此我便达到高潮了。我以前对此很在意，因为这种做爱的方式并非所谓'无手式'的高潮（无须借手来对阴蒂做刺激）。后来，我想开了，我了解到其实根本就不需要把这两种做爱的方式拿来比较，更不需要把它们当作敌对的竞争者。或许以后我可以只靠阴茎插入阴道的性交方式就能达到高潮，不过，这其实也没什么了不起。因为，现在的做爱方式既能让他满意，也能让我感到很快乐，又何必庸人自扰、多此一举？"

"在色情录像带里面的男女性交场景，一向都很快地草草结束了，而我们却正好相反。在开始进入阴道性交的'培养阶段'时，我们的动作都非常缓慢，几乎没有在动。我的男人有绝佳的自制力，可以把他自己的性反应控制自如，他可以在高潮状态下维持好一段时间（以便我也能接着达到高潮）。那时，他都会一再反复地对我做温柔轻巧的戳刺动作。如果性爱也是一种艺术，那么，他必定是毕加索之流的个中翘楚。唯一的问题就是，我一定要把手放在阴部，借着手的刺激，才能达到高潮——这纯粹是心理问题。在长时间的'培养阶段'中，我发现我会经历一段身心松弛的反应，那是发生在我濒临高潮的边缘时刻，然后，我就会开始摆动我的下体去跟他做摩擦。"

"我们会用 3 种不同的性交体位。如果我的高潮先来了，他会半侧着身躺着，我则跟他维持 90 度的直角，让他的阴茎从我背后插入我的阴道里去。采用这个性交姿势，他可以摸到我的乳头，而我可以摸到自己的阴蒂。至于在我们想要获得多次高潮，或者并不介意是否一定要同步达到高潮的话，我们就会采取传教士姿势。他先做一段阴茎戳刺的动作，让我达到一定程度的兴奋感；然后，我们双双侧过身来，这样一来，在我玩弄阴蒂时，他的阴茎也还插在我的阴道内。等我的性兴奋到了一定程度之后，就换他来继续做动作。如此轮流交换做动作，直到某一个人累了，或者再也支撑不下去为止。如果是在我先达到高潮的情况下，我就会觉得阴道性交是非常美好的，一点也不像性书上说的阴道性交会带来疼痛。我的阴道内壁很敏感，我可以很清楚地感受到他高潮来临时的颤抖与律动。要是他的高潮先来了，他会继续压在我身上，阴茎也继续留在我的阴道里，直到他的高潮完全退去；然后，他就会躺在我身边，鼓励我，陪着我一起达到高潮。最近我们还发现，我们可以在'培养阶段'中轮流用自己的旋律掀起性兴奋的序幕，这让我感到很高兴。无论是扮演主动或被动的角色，我都可以从中达到高潮，这两种性爱的方式都能带给我不同的快乐。不论用哪一种性交体位，他都会为我做阴蒂刺激，有时他还做得比我好呢！"

阴道性交的时间长短

很多人深信：只要延长阴道性交的时间，就可以让女人顺利地在阴道性交中获得高潮。也就是说，男人的早泄是妨碍女人在阴道性交中达到高潮的主因。因此，除非有更好的接触方式（如在阴道性交中提供女方阴蒂刺激或各种辅助办法），否则，长时间的阴道性交对女人高潮的获得并无多大助益。

许多女人对长时间的阴道性交感到不适，而发出诸多的抱怨：

"如果阴道性交超过 15 分钟，就会让我开始感到厌烦，等我下次小便的时候，会有灼热的感觉。"

"如果男人一味用单调的方式做阴茎戳刺的动作，我就会觉得很无聊。要是他愿意让我采取主动的话（例如让我在上位），我就可以一直保持着对性爱的兴趣，无论多久都无妨。"

"要是时间太长了，我的润滑液会越来越少。"

"如果阴道性交进行得太过度，有时我就会变得麻木起来，这让我觉得很不快乐。偶尔我还会因为阴部太湿润了，以至于在阴道性交中，反而什么都感觉不到。这样我会觉得自己像个阴茎的收容器，而不是性交参与者。"

"在阴茎插入我的阴道刚开始时，我会有很强烈的情绪反应。过了之后，这种感觉就慢慢退去了。"

"我喜欢一开始的阴茎戳刺，接着，我的感觉就开始走下坡了。"

"是的，如果我很兴奋的话，我就会很喜欢阴道性交。性兴奋会让我很渴望深入阴道内里的阴茎插入。不过，我倒不喜欢太过度的阴茎戳刺（在我阴道内的颤动）。这会让我觉得很痛，或者会让我发生尿道感染。"

"虽然一开始的阴茎戳刺让我觉得很兴奋，也很满足。不过，整体而言，阴道性交让我觉得很失望，无论是性交体位或阴茎插入的动作，都没有办法提供阴蒂刺激，只是一味地在我身上摇摇摆摆。"

各种不同的生理构造

有些研究者认为阴道性交冷淡的原因，很可能是来自女人在性生理构造上的个体差异。这种说法，正好投合很多女人的心意，为她们提供了绝佳的理由，让她们除了具有心理因素之外，又找到别的理由足以解释为何无法在阴道性交中达到高潮。

"我阴蒂的位置长得太高了，所以，我才无法在阴道性交中达到高潮。或者这是基于心理因素，因为我并不信任自己。"

"我猜我应该可以在阴道性交中获得高潮，只要我的阴蒂长对位置，而且可以得到足够的压力与刺激。可是，在我跟花花公子做爱时，这个愿望却从未达成过。"

"我去看过医生，他告诉我，我的阴蒂被覆盖住了，而且体积长得太小，所以要加倍努力才能让我在阴道性交中达到高潮。不过，他不同意我做外科手术，因为他觉得动这种手术太危险了。但是，要是同样的问题发生在一个男人的身上，我想他就会反过来建议他动手术。然而，我还是有办法让我自己达到高潮，我会用振动器自慰，或者在阴道性交中采取上位姿势，同时摆动我的下体，让我的阴蒂可以在他的耻骨上来回摆动、摩擦。"

"我的阴蒂很小，这是为什么在正常的阴道性交中，我很难达到高潮的原因。老实说，当他的阴茎插入我的阴道时，我感觉不到有什么刺激可言。"

"我的阴蒂距离阴道太远，因此，在正常的阴道性交中，我的阴蒂很难接收到刺激，除非它早已被刺激过了。至于阴蒂跟阴道分得这么开的原因，不知是否是因为在小时候就已经把处女膜弄破所造成的？"

"我一直在想：我跟其他人是否一样？我不觉得自己有什么不正常的地方，不过，也许是因为阴蒂的位置不太对劲的关系。因为不论是什么东西放进我阴道里去，都没办法给我的阴蒂带来刺激。"

"我真的相信，我的阴蒂很可能位置长得不太对劲，因为，至今我依然无法找到一个正确的性交体位，可以让他的阴茎在插入我阴道的时候，给予我阴蒂刺激。"

没错，就女人的生理构造而言，阴蒂和阴唇无论在外形、大小、形状、位置、肌肉组织等各方面都存在相当大的差异。不过，无论如何，都不能借此论断女人的生理构造就是所谓的不正常或有缺陷。最大的错误是社会文化对女人施压，非要女人在阴道性交中达到高潮不可，对性爱的定义太过刻板、狭隘。

不过，大家依然会怀疑，到底生理构造的因素，是不是导致女人无法在阴道性交中达到高潮的原因之一？马斯特斯与约翰逊的研究结果显示，并无任何的证据可以支持这种想法：女人的性生理构造差异，并不会影响到她们的性反应。然而，芭芭拉·西曼却在《自由与女性》（*Free and Female*）一书中，针对马斯特斯与约翰逊的结论，做出以下的提醒："我们只能将之视为初步的研究发现，尚待进一步的验证，因为他们并没有针对阴蒂在高潮中的变化做系统的观察研究。"薛飞也认为亟须在此领域中，继续做进一步的研究。马斯特斯与约翰逊曾经主张，某些阴道的特殊状况很可能会妨碍到阴茎戳刺的动作，以至于无法对阴唇与阴蒂包皮造成刺激。切记！问题的重点在于，女人在阴道性交中达到高潮的情况是相当罕见的，若不依赖一些特殊的性交技巧，即在阴道性交的同时也进行阴蒂刺激，便很难让女人在阴道性交中获得高潮。

在阴道性交中，有可能学会如何达到高潮吗？许多女人表达了她们的看法：

"在我刚开始跟我丈夫做阴道性交的7年里，我根本没有高潮，我那时一直都以为只要让他高兴就好了，所以，我就让自己想办法要从阴茎插入阴道的戳刺动作中，自得其乐。到最后，我变得很挫折，历经千辛万苦才终于学会在阴道性交中同时让自己快乐的方法。"

"在我10年的婚姻生活中，我跟我丈夫几乎连一次高潮的经验都没有。那时我一直以为是我自己性冷淡，不过，在我离婚两年之后，一个男人诱拐我上床，他教我如何达到高潮的方法，我才惊讶地发现，其实自己才不是个性冷淡的女人！也就是说，我该学着去尝试与体验——如各种性交体位等，看看到底哪一种做法最能让我达到高潮。我真的很希望可以早日学会这些达到高潮之法。"

"若想在阴道性交中达到高潮，你一定要学着如何去做反应，也就是说，这的确是后天学习而来的。如果我是个文盲，我也从来都没听说过要怎么做才会在阴道性交中达到高潮的话，我一定只会平躺在床，眼睛瞪着天花板，脑子里一味地怀疑：这就是做爱吗？还好有贝格与史崔所合写的《小黄书》(Little Yellow Book) 帮了我大忙，感谢他们，我终于学会了如何在阴道性交中达到高潮：我应该采取上位的性交姿势，并由我来控制身体摆动的压力。虽然，男人在阴道性交中例行的阴茎戳刺，都会让我觉得很兴奋，也很有趣，不过，真正能让我达到高潮的方法，还是必须要借助我自己摆动身体才能获得高潮，比如以阴部为圆心做左右画圆的动作，或向两侧摇摆下体。现在，我每次做阴道性交都能顺利达到高潮，很少有例外。"

最后，本研究还发现年龄、子女数或性经验的多寡等，都不是获得高潮的相关因素。

有些女人认为，虽然她们可以在阴道性交中达到高潮，但是她们只想从中自得其乐，并不介意非要达到高潮不可：

"对我来说，若直接刺激阴蒂，高潮就易如反掌。不过，老实说，若想要在阴道性交中达到高潮，那真的要花上相当的工夫与努力。所以，通常我一点也不想那么费事。现在，我都尽量放松自己，享受在阴道性交过程中的肌肤之亲以及他的高潮即可。"

"他的阴茎在我的阴道内不停地抽送，一面摆动他的下体，这样我就可以控制好我能接收到的阴蒂刺激，这种做爱最刺激。我想我大概已经放弃了想在阴道性交中获得高潮的期望。在传统的阴道性交中，我都把注意力集中在我的性伴侣身上，我更在意他们是否能得到满足。当我放弃达到高潮的期望之后，阴道性交毕竟还是很有趣的，因为我可以尽量放松自己，一点也不必操心自己的高潮，我大可在事后再来自慰，那时我就可以全神贯注在自己身上了。"

增加达到高潮的机会

以下两种方式，可以让女人增加她们在阴道性交中达到高潮的机会，不过，切记！关键在于要努力改变在阴道性交时阴蒂刺激不足的困境。首先而且最重要的是，要把自慰时的技巧带入阴道性交的过程中去，或者自行尝试，看看哪一种刺激的方式最能在阴道性交中提供足够的阴蒂刺激。

高潮靠自己

可以在阴道性交中达到高潮的女人，往往都是借助自己的努力，靠自己主动的力量才能获得高潮。她们并不会被动地依赖性伴侣的阴茎戳刺"施予"她们高潮：

"我觉得对女人来说最重要的就是，她要更积极主动地参与整个阴道性交的过程，而这真的超乎我原先对性爱的想象甚多。"

"有好长一段时间，我一直都无法达到高潮，因为在阴道性交的过程中，我关心的是我到底有没有对我的性伴侣做出正确的性反应。诸如在他的高潮来临时，我就应该放声大叫，假装我的高潮也来了，其实这只不过是在玩'抓住这个男人'的把戏罢了。直到我开始找寻自己的高潮，我才终于享受到了高潮。"

"在阴道性交中，我越专注于自己的身体的快乐，也就是说，专注在生殖器的感觉上（借着调整性交体位以及摆动身体来追求生理的快感），我就可以更容易达到高潮。我以前都很忧心忡忡，害怕我这么用心良苦地追求自己的高潮，是不是太过分了，会不会不够女性化。"

"有一回，在我碰触到他的阴囊时，突然感觉到一股很强烈的阴蒂刺激。当时我是平躺着的，不过，我们都稍微侧过身来。也许，我应该更主动一点，表现出积极进取的样子，不过，就我认识的男人而言，当我开始试着摆动我的身体去跟他们摩擦，或者向他们提供口头建议时，他们马上就失去了做爱的兴趣。"

"最重要的原则就是，你要靠自己的力量来实现高潮的愿望，你不能只在一边等待高潮自动出现，也不能瞎碰运气，依赖男人偶一为之对你施予正确无误的阴蒂刺激。"

"当我可以自在地摆动我的骨盆时，我就可以决定我想要多轻多重的压力与刺激，这样我的高潮就来啦！"

"在阴道性交的时候，我一向都表现得很主动，我还会告知我的性伴侣我比较喜欢什么样的做法。"

"我在阴道性交中达到高潮的做法，是要借助一种很特别的做爱方式——特别专注在感觉以及情绪的细微变化上，而且还要从容不迫地慢慢来。此外，我很擅长在感到最舒服的时候继续保持高亢状态。"

最成功的佼佼者，便是那些可以坦然无愧地将她们自己在自慰时的技巧运用在阴道性交中来达到高潮的女人。或者是她们三生有幸，可以找到一个温柔体贴、善解人意的性伴侣。

你一定要关心自己，让自己快乐，要认定这是自己的权利。你要靠自己来达成心愿，无论如何，高潮对你而言都是好的，再不然，你就该明白地告诉对方，清楚而详细地提出你的要求。

联结阴道性交与自慰中的高潮

女人自慰会造成"阴蒂固着"以及性冷淡——这是一则流传已久的迷思："也许是因为你自慰，造成你对阴蒂的固着，才会让你无法在阴道性交中达到高潮。"

"从我10岁那年起，我就开始自慰了，导致我更难以在阴道性交中达到高潮。"

"从十几岁起我就开始自慰了，而且我都会压抑自己跟男孩性交的欲望。所以，我已经练就一种固定的反应模式，以至于无法跟我丈夫在阴道性交中达到高潮，其实我很喜欢阴茎戳刺的动作，但是我仍然没有高潮。"

"自慰时，我不会把物品插入我的阴道，因为我觉得这样做所带来的高潮并不够强烈。我很怕自己会太过沉溺在自慰里，很想把它戒除掉。"

事实上，实情刚好跟这则迷思相反：自慰才能为女人带来更好的性生活，让女性更有达到高潮的能力，特别是自慰还可以帮助女性在阴道性交中达到高潮。只有9.9%的女人，她们平日并无自慰却仍能在阴道性交中达到高潮，跟总数30%可以在阴道性交中达到高潮的女人相较，显然在比例上就低了许多。当然，在自慰中能达到高潮，并不意味着在阴道性交中同样能达到高潮。这两者之间并无任何玄妙的关联可言，重要的是你自己切身的高潮经验。唯有你自己才最清楚到底高潮的感觉像什么，以及你将如何做才能达到高潮。

女人在自慰中达到高潮的方式，跟她们在阴道性交中达到高潮的做法有何关联？有哪几种自慰的方式，最容易让女人在阴道性交中获得高潮？有些女人觉得她们在自慰时所运用的技巧，跟在阴道性交中运用的技巧相同：

"在自慰的时候，我会对阴蒂以及阴道的边缘，做圆形绕圈的摩擦。在阴道性交时，我也会采用同样的做法。"

"当他的阴茎直接在我的阴蒂上做摩擦，或者他对着我的阴蒂摆动下体时，所采用的刺激方式跟我自慰的做法如出一辙。不同之处在于，当我自慰的时候，我所碰触的部位，都是最最敏感的区域，所以，自慰的快感都来得更直接而强烈。"

"没错，无论是在我做阴道性交或自慰时所采用的做法，都是一样的。唯一的不同点在于，前者是借助阴茎的末端来摩擦阴蒂，后者则是靠床单结成的布团。"

不过，大多数女人则觉得她们在自慰时所运用的技巧，跟在阴道性交中运用的技巧完全不同，尤其对那些无法在阴道性交中达到高潮的女人，情形更是如此：

"我很想试着在阴道性交中运用自慰时的技巧，可是，这实在太难了，因为在阴道性交中，我的阴蒂并不敏感，有时甚至不见了，整个都被隐藏了起来。"

"不会，我并不会运用同样的技巧，因为我没有办法在阴道性交中把我的腿并拢。这对我来说非常重要，我一定要并拢双腿，才能达到高潮。而在阴茎插入我的阴道时，我却从来都不曾感受像在自慰时直接刺激阴蒂而来的那么强烈的高潮快感。我在阴道性交中，从来都不晓得我的高潮到底来了没有。"

"我并不认为我会在阴道性交中获得高潮，这是因为我在自慰的时候都会把腿紧紧并拢，可是在跟男人做爱时，却没办法这么做。"

"不会。在自慰的时候，我只对我的阴蒂做爱抚，等到高潮来临，阴道开始发出痉挛之后，我才会把手指伸进阴道里去，满足那时阴道想要被插入的需要。"

"在自慰的时候，一定要对阴蒂四周的肌肉组织做充分的按摩，以便它可以达到时松时紧的弹性作用。但是，在我跟性伴侣做阴道性交时，却没有办法通过阴茎抽送达到自慰时的肌肉紧松作用。"

"如果在做爱的时候，一边用手去爱抚阴道的外围，时而把手伸进阴道里去，就像在自慰时一样的做法，那么，应该就可以在阴道性交中达到高潮了。我靠自己的努力（即自慰）可以快速而简易地就达到高潮，但至今尚未成功地在阴道性交中达到高潮，我觉得跟男人做爱若要达到高潮的话，似乎不至于那么困难才对。如果在阴茎插入阴道的同时，再配合自慰方式，这样是否会让女人在阴道性交中达到高潮？"

从上述的案例来看，大多数女人并没有想过要把在自慰时获得高潮的方式跟在做阴道性交时的技巧联结在一起。到底在自慰时达到高潮的方式，跟在做阴道性交时达到高潮的"能力"，两者之间是否会有很大的关联？是否采用某种自慰的方式，更能让女人在阴道性交中达到高潮？

从上述的案例可以大致推断出两种明确的趋势：大多数可以在阴道性交中达到高潮的女人，她们所采用的自慰方式，通常都是以腹部朝下趴着的姿势，特别是她们都很少动用到自己的手去自慰。而那些难以在阴道性交中达到高潮的女人，她们在自慰时所采取的姿势，则多半是双腿并拢或交叉的方式。

除了这两种趋势还称得上是有明显的相关之外，其余均无法断定，比方说，有些女人说某些方式可以让她们在自慰时达到高潮，但换成在阴道性交中却绝难达到高潮。有些人则取决于当时的心情，若她们很有兴趣的话，便会把自慰中习得的有关自己身体的知识运用到阴道性交的过程中，她们还会表现得很主动，大大方方地将阴道性交中的性刺激一一导向自己的需要。

当然，还有一个问题尚未澄清：达到高潮的体位姿势，是先天决定抑或后天学习而来？这个问题的意义在于：一旦学会采用某种方式来达到高潮，那么，这种方式是否就成为日后达到高潮必须一贯使用的基本模式了？比方说，曾经以双腿并拢的方式达到高潮，那么，日久之后，你是否也能学着用双腿分开的姿势来达到高潮？或者这关乎体形与身材，某些人的体形就特别适合某种达到高潮的方式？

不过，体形问题似乎只对学院中的性学研究者有意义。事实上，以两腿并拢的方式来自慰的女人，在她们做阴道性交时，也会妥当地调整自己，就像采取其他方式自慰的女人一样。因此，并没有哪一种体形优于其他体形的说法。但是，话说回来，需要两腿并拢才能达到高潮的女人，在她们跟新的性伴侣进行阴道性交时，往往会面临比较多一点的困难，她们需要多跟对方沟通，才能让对方明了让她们达到高潮的诀窍。此外，习惯在自慰时两腿并拢而达到高潮的女人，会比别的女人更容易达到序列高潮，这是因为她们通常都不做直接的阴蒂刺激（她们突起的皮肤，即阴蒂包皮，会形成一个防卫式的缓冲器）。总之，不论一个女人的体形如何，她都可以像别的女人一样，无虞地享受性爱的快乐。她最该做的事，就是要保持主动，而且无畏地进行探索与尝试。

"达到高潮"与"获得高潮"有何不同

在阴道性交中靠自己的方式来达到高潮的做法，跟我们从小到大所受到的教育是大相违背的。我们都被教导说"只要你放松自己，好好享受就可以了"，或者"你至少应该帮助男人在阴茎戳刺中达到高潮，因为这样一来，他就可以给你高潮"。

"如果你努力过度，就更不可能达到高潮了，高潮应该是在做爱中自然而然的结果。"

"你根本就不需要费心去让你的高潮来临，高潮是一种自然的反应。你只消在快感的激流中自自然然地被高潮所获即可。"

"高潮对女人来说是很自然的事，就像射精之于男人。如果女人在生理上或情感上，都能跟自己保持对话与接触，那么，她应该就能自自然然地达到高潮了。"

"对一个正常的女人来说，高潮是她性生活中很自然的一部分。"

"根本就不需要什么额外的努力，高潮自然就会发生，只要时间对了，而且两个人都很关爱彼此。学着去热爱自己以及你的身体，这样你的高潮自然就会来了。"

"我觉得你不应该这么专注在拥有高潮这件事上，你应该在意的是，当你们两人合而为一时所发出的人性光辉。在那个美好的时刻里，你就一定可以达到高潮。"

在这些案例中，受访者大都是无法在阴道性交中达到高潮的女人。就像我们在前一章里看到的例子，唯有在女人开始主动地为自己的身体感觉负责，或在阴道性交中引导对方给她们必要的刺激，她们才可能如期顺利地达到高潮。

有些女人说，只有靠自己的力量，才能为自己创造高潮：

"我一向都靠自己来创造高潮。有时，若我不想要的话，任何刺激都无法让我兴奋起来。我很痛恨那些吹嘘自己可以给女人高潮的男人。即使是通过男人为我所做的刺激，我仍然认为，我的高潮是靠我自己创造出来的。"

"我的高潮是属于我自己的。我控制高潮的发生与进展，而且是由我来对高潮进行探索的。"

"虽然我也承认双方在做爱中的快乐是很美妙的，不过，高潮终究是属于个人的经验。所以，你要专心在自己的生理反应上，努力地达到高潮。"

即使是通过别人做性刺激，高潮仍然是由自己的努力才能获得的，因为我们必须确认对方是否在正确的部位上施加刺激，还必须通过身体的摆动或直接给予建议，才能导正对方的动作。此外，我们得靠自己将身体紧绷起来，调整至我们最需要的性交体位。最后，也是最重要的是，我们一定要专注在生理的感官享受上，主动地渴望高潮的来临，铆足精神，全力以赴。

许多女人都说，获得高潮需要你的全神贯注：

"没错，你当然不能光躺在那儿，痴痴地等着高潮的来临。一旦你发现高潮就快来了，你就要赶快集中精神，好让高潮可以顺利到来。"

"是的，我会主动把大腿内侧以及阴道的肌肉用力紧绷起来。我前后花了很长的一段时间，才终于学会如何专注在自己身体的反应上，同时还要留心在阴道性交过程中所发生的事，而不光是注意他那时的想法或他的高潮到底来了没有。"

"是的，对每一个女人来说，她都需要学会让自己达到高潮的方法，并且学着如何去增加高潮的强度，另一方面，她还可以参考别人的想法或做法。好几年来，我都没有办法在阴道性交中达到高潮，后来，我是借助紧绷自己的身体，才把自己推向高潮的临界点。"

"在做阴蒂刺激的时候，我会同时把阴道的肌肉紧绷起来，这样就可以帮助我顺利达到高潮了。"

"有时，我真的很想多努力一些，把我的肌肉紧绷起来、颤抖，想尽办法强迫自己要达到高潮。有一个跟我约会的男人，教我要像他一样，在阴道性交时强迫自己达到高潮，事后我发现，这还真有效呢！"

"当我觉得高潮就快来临的时候，我会集中精神，以便确保我一定会达到高潮。这意味着我会开始摆动自己的身体，或者直接明白地告诉我的性伴侣，教他怎么做。"

"在阴道性交中达到高潮是可能的，也不需要费多大的力气，关键在于你要能掌控整个阴道性交的过程，照你想要的方式进行，让对方可以适时地提供你想要的刺激，否则你就会觉得刺激不足或时间太短而不够充分。"

"就在高潮来临之前，我会把心灵以及感官的敏锐度全都集中在一起，全神贯注在一个部位上，而不是分散注意力在身体其他相关的感官上。"

"我会把我的骨盆调整在最令我满意的体位和姿势上，并做有规律的摆动，然后把身体的能量都集中起来，以便达到高潮的临界爆发点。"

似乎大家都觉得，在感官之乐（分散、不集中的身体感觉）跟性爱（朝向性高潮的生理反应）之间，应当会有一个绝对的分水岭存在，因此，为了能在阴道性交中达到高潮，女人就应该全神贯注才行。

"到了某一个时间点，你就要停止放松自己的身体，为接下来的高潮做准备。不过这样做，有时好像的确是麻烦了些。"

"在高潮之前的几秒钟，如果我没有完全集中精力的话，最后仍然无法在阴道性交中达到高潮。如果有别的女人并不需要这样专心就能达到高潮的话，老实说，我很嫉妒她们。"

"在阴道性交的过程中，我越主动参与越觉得兴奋。不过，要是对方可以提供我充分的刺激，我便会积极地配合，而不会采取自慰的方式。"

"这全然是个人的经验，而且在高潮时，根本就不可能跟对方一同分享你的感觉。不过，我倒是很喜欢有他在身旁为伴。"

"在高潮时，我一直都很希望能让我的眼睛睁开，可是，直至今天还没有成功过。眼睛睁开，会让我跟我的性伴侣有更亲近一层的感觉。不过，在高潮的当下，我唯一有意识的部分，便是自己的快感：通过心灵深处的感应，调整身体的摆动，以便跟性伴侣的动作做配合。"

马斯特斯与约翰逊曾将上述女人在阴道性交中的全神贯注，定名为"感官聚集"。

"若想在阴道性交中达到高潮，就得把全副精神都集中在上面，有如进入催眠状态，身心都要专注在追求高潮上。"

"没错，我一定要专心才能在阴道性交中达到高潮。如果我的注意力被分散了，就会马上失去了原先的性兴奋。"

你大可为自己带来高潮，这并不一定非要借助性幻想不可，你只要让自己进入一种自我催眠的状态，把感官整个都"聚集"起来，纳入意识的相框中：

"在自慰时，性幻想能帮助我很快达到高潮，不过，那些性幻想的情节都无法连贯成一个完整的故事。有时，甚至连主角也都面目模糊，难以分辨。我只是一直遐想着有个人正在舔舐我的阴部，或者某人的阴茎此刻正插进我的阴道里。这些曾经出现在我性幻想中的人物之中，有几个人是可以确认出他们的形象的，不过，大部分都分不清长相，我只记得他们长了一条长舌头，却不记得他们还有身体相连着。"

"在阴道性交时，我并不会幻想我是在跟别人做爱。在我心灵的银幕上，只会出现阴茎在我阴道里来回戳刺的画面。"

"我一定要把注意力集中在我的阴蒂上，否则一旦我的思绪游移开来，迷了路，我就会立刻失去性趣。我花了相当长的时间，终于学会如何在阴道性交的过程中把精神集中起来，借着我的全神贯注，我总算可以在阴道性交中达到高潮了。"

"在阴道性交一开始，我只想到我在做什么动作；然后，我就觉得我的快感好似一阵阵的波浪，不断地向我拍打而来，我就专心地想着：来吧，来吧！"

"我把精神专注在阴茎插入我阴道里来回戳刺的动作上，而我的性幻想也都集中在阴茎的戳刺动作上。"

对大多数女人来说，必须通过学习才能在阴道性交中获得高潮：

"一定要在双方的互动中，发展个人的自主与性爱技巧。"

"你要学会不必因为性伴侣的反应而感到害怕。"

"不只是学习，你还要行动，主控整个阴道性交的过程。"

"有时，这真的很需要奋起而战！我一点都不认为在阴道性交中女人的高潮会自然而来。不过，一旦从尝试错误中学习到自己的心得，高潮就会来得容易多了。"

"也许在刚开始时，高潮会来得很意外，久而久之，你就会学着去分辨什么样的刺激最能让你觉得满意，或者在什么时刻千万不能停止动作，否则会坏了整个气氛。"

"为了在阴道性交中达到高潮，你该学着去摆动自己的身体，好让你可以得到最多的刺激。无论是用阴茎、手指或舌头来做刺激，都有可能会把部位给搞错了，或者施力不够稳定，再不然，就是做刺激的时间不够长等。当我遇到这些情形，我就学着去摆动我的阴蒂或阴道，朝向对方的阴茎去做摩擦，这样一来，我立刻就感到一股强烈的兴奋感，接着，我的高潮便爆发了。"

"就我的经验而言，除了直接明白地向对方要求阴蒂刺激之外，几乎没有特别到什么样的性交技巧。"

"没错，无论性伴侣是谁，女人一定要学习如何才能在阴道性交中达到高潮，但这并不是为了她的性伴侣。"

"没错，每个女人都应该学会让自己在阴道性交中达到高潮的方法。"

总之，女人无法在阴道性交中达到高潮的主要原因有二：第一是她们所得到的性知识都是错误的，尤其大家都认为，唯有通过阴茎插入阴道的戳刺动作，才能让女人达到高潮。其次是她们受到社会文化的影响，无法大胆地对自己的身体做各种尝试与实验。大家都说女人自慰是不好的习惯，而且女人在跟男人做阴道性交时，不能表现得太主动。因此，女人便无法在阴道性交的过程中，对自己身体的刺激享有主控权。

强调女人应追求自己所需要的刺激，并非认为女人不再顾念男伴的感受。鉴于高潮对女人如此重要，因此，高潮具有非凡的象征意义：女人可以自主地追求想要的性交方式，参与整个阴道性交的过程，对达到高潮所需的刺激，恪尽一己之责。高潮代表着女人的身体并未遭到遗忘，女人是健康、自由而独立自主的个体。

7

阴蒂刺激

争取身体的主控权

love

与男人性交的经验

针对"大部分的男人如何和你性交"这一问题做回答时，绝大多数受访者的共同经验如下：和男人性交，无论她们身处其中快乐与否，模式几乎千篇一律，正如第五章"阴道性交"介绍过的生殖主义模式一样——前戏之后，便是阴茎插入与阴道性交，最后就是男人的射精。在本研究中，未答此题者与女同性恋者，大约为总人数的 5%，无法列入此题的结果统计之中。

生殖主义的性交模式

"我们在床上做爱，男人压在我身上，屋里一片黑暗。"

"我只和我丈夫一个人性交，一向都是由他主动提出要求。我们以亲吻开始，然后，他会爱抚我的乳房，接着，他把一只手向下伸，用他的一根手指插进我的阴道里去，像阴茎一般，在我阴道里来回抽送。这个时候，我都是平躺着，而他则侧着身，压在我身上。他会开始摆动他的臀部，这样一来他的阴茎就会紧贴着我的大腿，一边不停地摩擦着。等他准备就绪，他会要求我四肢着地跪着，让他的阴茎从我臀部后面插入我的阴道里。他不停地来回做阴茎抽送的动作，直到他射精结束。"

"和我上过床的男人，大都不知道我到底想要什么或需要什么，而他们也没兴趣去搞清楚。曾经有几个男人似乎真的很在乎我到底快不快乐，不过，他们也只是照自己认为的做法，设法要让我快乐起来（例如猛力地做阴茎抽送或刻意维持阴茎的长久不泄等），要是我没有照着色情录像带上神奇的表演秀去做反应的话，他们就会觉得我是不是哪里有问题了，怎么不照着剧本来跟他们一起做戏。现在我能说的是，我真奇怪，就我这么多年以来的性经验而言，无论是残酷的、无聊的或被误导的各种做法，为何我没有早早就把这些丢开？不过，值得庆幸的是，我终于找到一个跟我在性爱上配合得天衣无缝的伴侣，先前的坚持总算是获得报偿了。"

"我发现大部分的男人一点都不关心前戏，一心只念着要赶快'射精了事'。这种男人最让我火冒三丈了。一般来说，这种男人从来都不会真心爱一个女人，也不珍惜两人共处的快乐，他们只对自己的性欲感兴趣。我还发现大部分的男人都希望你帮他们做口交。"

"一般来说，在阴道性交之前都会有一些前奏的序曲节目，譬如阴道刺激或脖颈相亲。而我最喜欢他们来爱抚或吸吮我的乳房，但是，他们却往往没有做到。"

"在为期甚短的前戏之后，男人就压到上位去，女人则平躺在下，两腿大开，等到男人轰然地射精完之后，一切就结束了。"

"大多数男人都压在女方的身上，然后，就一直猛力地做阴茎抽送，除非我建议他们换一下姿势，否则就会从头猛冲到尾。"

"我们各自把衣服脱掉，然后便开始做爱，他做前戏的时间非常短，接着，他就把阴茎插入我的阴道里去，我们两人便合成一个旋律。通常在我快要达到高潮的边缘时，他就已经射精了。这会让我很紧张，然而，情形却一向如此。"

"非常短暂。简短的亲吻，一点点感觉，他用一只指头来让我兴奋，接着稍稍碰一下我的乳房，然后就压到我身上去，马上他就射精了。"

"挑起兴奋，接着就进行阴茎插入，然后，马上就射精了，如此而已。"

"一开始是亲吻与爱抚，时间长短不一定。等到我们两人的衣服都脱光了之后，就正式进入阴道性交的阶段了。跟我上过床的男人，他们都在上位，不停地上下做阴茎抽送的动作。而我则更渴望他们在做阴茎抽送的时候，能给我更多的亲吻与爱抚，可是，这些男人却从不想多做，他们似乎只要能在自己的世界中达到高潮即可。"

"对绝大多数男人来说，要是能让他们为所欲为的话，他们肯定只会做一点点前戏（10～15分钟），一点想象力也没有用上，对我的阴蒂毫不在意。接着，他们马上就要用'传教士姿势'去做阴茎抽送，一下子，射精过后，转身就睡。这虽然是很极端的例子，可是，却再清楚不过了。"

"他们脱光我的衣服之后，随即就想做阴茎插入，这真可怕。"

"我每回和男人性交，毫无例外地，他们都想赶快射精了事。"

"一点点的前戏之后，没多久就结束了。"

"大部分的男人把阴茎插进你的阴道里去，就算了事了。"

"通常，他们都会把前戏弄得越短越好，接着，就把全副精神都放在阴道性交上。所以，除了老式的拥抱和亲吻之外，我几乎想不出还有什么别的前戏技巧可言。

尤其，在我和他们越来越亲近之后，前戏也跟着越来越短。"

"他们想尽办法要让我兴奋起来，而且越快越好，然后，他们开始做阴道性交。只有为数甚少的几个男人，他们并不会急在一时，还会等我先行一步之后，才进行下一阶段的性交。"

"好像没什么特别的标准，除了上床、阴茎插入、射精，便是高潮结束。"

"阴茎进出阴道，便算了事。"

"爱抚我的身体、乳房、阴道……接着，便开口要求我去爱抚他们的阴茎……然后，轰地射精了……"

"亲吻、轻拍、伸到我的下体，接着，便把我压在下面，说真的，除非我真的很喜欢这个男人，要不然我觉得这样做会让我很不满意。"

"男人对女人的性欲一无所知。大多数男人只肯对女人做一点点的阴蒂刺激，却希望女人能借此就在阴道性交中达到高潮。他们完全不能了解，有些女人只想要阴蒂刺激就好了。"

"男人跳上身之后，就开始在你身上驰骋起来。"

"先前我们的做爱方式都是相当刻板化，机械的动作千篇一律，直到我们都觉得再这样下去，一定会破坏彼此的关系，才开始做改变。现在，我们都会很温柔地对待彼此，有时会比较激情一些，有时则只是柔情蜜意，两人亲近在一起，并没有'真正做爱'。因此，我们现在的性生活变得多姿多彩了。"

"我最近才开始有一些美丽的绮情际遇，先前的性经验都令人不堪回首，不是为时太短，就是欠缺热情，或是个性合不来。"

"很短的前戏，之后就开始阴道性交，射精过后一切就结束啦！"

"序曲包括亲吻、前戏、阴蒂按摩，然后，他马上就跳上身。"

"在他们自以为前戏完成之后，就爬上我的身体，开始上上下下地做阴茎抽送。有一些男人还知道有阴蒂的存在，不过，大多数男人根本毫不在意。"

"最通常的模式如下：一两个亲吻，偶尔还会对你的乳房做一点爱抚，或者再做一些阴道刺激，然后就爬到上位去，直到他射精为止。"

"有些男人只做亲吻、触摸、手指插入或阴茎抽送。待射精之后，就点起一根烟来抽。"

"大多数男人都只做一点点的前戏而已，他们都不情愿去接触我的身体，只想展现自己耐久的性能力和强健的肢体，对两人相互交流的快感，一点兴趣都没有。"

"首先是亲吻，接着便是脱衣服的例行仪式，然后开始爱抚乳房以及全身，一边用嘴亲吻、吸吮，也用鼻子去爱抚肌肤，接下来便做口交，互相为对方舔舐阴部及阴茎，间歇还做直接的阴蒂刺激（最后三项的进行顺序不一），最后，才做阴道性交。"

"一般都是以亲吻开始，越亲越深，而且，越来越热情；接着就导向身体的爱抚，把衣服脱光，通常都是他把我拉向沙发或倒在床上，我们就双双躺下，继续亲吻、轻拍对方；然后，他就骑到我身上去，把他的阴茎插入我的阴道里去；最后，便射精了。他知道我需要阴蒂刺激，会把手指放在我的大腿中间，好让我可以借着手指的摩擦，获得我想要的刺激。"

"男人大致可以分成两种：一、直接做阴道性交的男人；二、做前戏的男人。就我所知，直接做阴道性交的男人，性经验比较少，他们只会做阴茎抽送而已。另一种男人则会沉溺在各类的前戏上，比方说口交，而且，他们还想用口交来让我达到高潮。"

"大多数男人在亲完嘴之后，就把阴茎插入阴道里去，这些男人真是单调无趣。有一些好男人则不同，他们会问我到底想要什么，然后，进行得非常缓慢而激情，所以，我会一直都和他们在一起，乐而不疲。"

"大多数男人追求的不过是速度感罢了。"

"大多数男人都从亲吻开始，然后，轻拍我的身体，对我的乳房做爱抚。接着，把手指伸进我的阴道，一边说一些甜言蜜语。等我们都准备就绪了，我们就同时为对方做口交，最后，由我爬到上位，之后，再跟他做交换。这就是我和男人做爱的标准模式。"

"大多数男人都是用同一种方式做爱，想尽办法要从你身上捞到好处，却一点都不想付出什么作为回报。在我遇到我丈夫之前，我觉得天下的男人都一样。可是，我丈夫却大不相同，他非常性感，而且很富想象力，是我见过的最棒的男人。"

"最普通的模式就是先做爱抚，然后互相为对方做口交，之后，看他想用哪一种体位，我们就开始做阴道性交。"

"美国男人在10分钟之内就能射精完事，欧洲男人就比较知道要从容不迫，慢慢来，有个美丽而浪漫的开始。"

"大多数男人就直接爬到我身上。我们甚至连互相认识的机会都没有，爱抚和亲吻也都免了。他们实在太猴急了。"

"我发现大多数男人在做阴道性交时，都很乐意尝试各种性交体位与姿势，但有很多男人却不喜欢口交。此外，只有两三个男人在知道我月经来潮之后，还是愿意和我做爱。"

"在遇到现在的情人之前，所有的男人都巴不得我马上就配合他们的性冲动，在短暂的前戏之后，随即就做阴茎插入；然后，快速地做阴茎抽送，约 15～30 秒钟，就射精了，留下我一个人还在兴奋的湿润状态中。这种性交模式实在很无聊，千篇一律、单调乏味。"

"最近我在尝试一种很特别的模式。他来看我，我们一起坐在客厅的地板上，喝酒、听音乐，接着开始亲吻、爱抚，等到他已兴奋到了极点，他便会说：'我们进卧房去吧。'然后，我们就脱衣服、上床、互相拥抱，继续做我们的前戏，最后，做阴道性交。这不禁让我想到：也许，每个男人也都会——照着性爱的既定模式来和女人上床性交吧！"

"至今，我的性经验仍遵照传统模式来进行——亲吻，全身爱抚，然后对方开始爱抚我的阴蒂、阴道，通常都还会对阴蒂做口交。接着，我对他的阴茎做口交，最后才是阴道性交。写到这儿，整个过程听起来好像很冷淡，其实在上述的性交过程中，还有许多具体的细节没有一一提到，这些都是两人之间实际的性接触，在做爱的过程中仍需要有温暖的爱意作为辅助。"

"的确是有一个固定的模式存在，不过，我觉得那个模式实在太无聊了，所以不想讲。"

"男人虽各有不同的特色，不过，绝大多数男人都不了解女人的身体。他们自以为在性交中对阴道做阴茎抽送是唯一最重要的事，而其他的爱抚或动作，都只是在辅助女性达到准备就绪的阶段罢了。他们都误以为，一旦你的阴部开始变得湿润，就表示你已经准备就绪，期待他们马上开始做阴茎抽送了。"

"和第一个男人上床的感觉，让我觉得性爱是一件温柔、天真而美好的事——我们大部分的时间都在做前戏中的亲吻、爱抚全身，最后才做阴茎插入的阴道性交。不过，后来我的性欲却一直走下坡，我很害怕，不敢对他说。所以，我们的性交越来越有压迫感。我被迫变得很顺从，但却心怀怨恨。到后来，性交对我来说，就像家务琐事一般无聊且枯燥乏味。至于和第二个男人性交的感觉，就不像前者给我的感觉那么委屈，他让我觉得很温柔、刺激且令我非常满意。我们的前戏包括：亲吻以及长时间的爱抚。做阴道性交时，我们会采用男、女轮流在上位的姿势。我觉得第二个男人在和我做爱时，比起其他男人付出了更多的关心与爱意。"

"当男人表现出没有兴趣的样子，我就会觉得很内疚。一个有感情的男人（每百万中有一人）才会喜欢女人的身体并从中获得乐趣——对他来说，接触女人的身体，给女人快乐，似乎就足以让他兴奋起来。而绝大多数男人就刚好相反，他们觉得接触女人的身体根本就是在浪费时间，他们一心只想赶快做阴道性交。"

"我确认和男人性交的模式，其实就是好勇逞强。男人们来来去去，好像在坐一趟来回双程的巴士似的。所以，现在我也已经看开了，最好就是不要开始跟男人有性关系，省省力气吧！"

"通常男人都在上位，而且，享受最多的快乐。我的确有性生活，可是，我一直都知道我的性生活并不像我所希望的那么美满。男人一向都自以为应该由他们来发动对女人的性交攻势，真是鬼话连篇。他们其实也可以表现得更温柔、更敏感，虽然他们也尝试要做得好一点，可是，显然还是不够努力。"

"我很痛恨这种老掉牙的模式——亲吻→感觉→舔舐→阴茎抽送，就因为这实在是老掉牙的方式，所以令我非常反感。我喜欢男人对我说说话，而且，跟我一同发出大量的呻吟声。我喜欢感情丰富、表达力很强的男人，他们对待我的方式会很有创意。"

"我发现很多男人要女人帮他们做口交，却不想反过来也帮女人做口交，即使我已经把阴部清洗干净了，而他们连洗都没洗，都还是不肯做。"

"很多男人都不像我对性爱那样热衷。他们不像我那么好奇、喜欢尝试，而且，我还特别喜欢身体的碰触，而他们却不。他们对我的阴道会有一些神经质的反应。他们从来都不会坦白说出他们的感觉，也不愿意开放自己的心灵，而且不会像我一样想要去解放横在内心的保守与障碍。"

"和我性交过的男人的确都有一个共同的模式：他们会先问你想要什么，然后发现你原来很难在阴道性交中达到高潮，他们就想尽办法，使出浑身解数，要让你在短时间内马上达到高潮；要是仍然不成功的话，他们就会认定是你有问题，问题在你永远无法达到高潮，再不然，他们就只顾自己享受射精与高潮。"

"和我性交过的男人都很传统——他们都用传教士姿势做爱，而且，很快就射精结束。男人对性爱似乎一点想象力也没有。他们根本没办法在这方面接受新思潮或者别人对他们的建议。"

"大多数男人都会这样做：简短的前戏，然后就做传统姿势的阴道性交。除非我先爬到上位，否则就是这样千篇一律。大多数男人在高潮时就停止亲吻，也许是怕妨碍呼吸吧！不过，其实我比较喜欢他们在高潮时依然跟我亲吻如初。"

"我发现大多数男人对性交一向都缺乏想象力，做法又很单调、乏味。绝大多数男人只会用传统的态度来做爱而已。"

"猛地射精之后，就作罢。不，这么说就太过简化了。我知道他也会想要让性交进行得久一点，好让我也可以达到高潮，可是，他往往就是没办法支持下去，或者说，他不肯做前戏，而我却喜欢而且很想要做前戏。"

"我结婚已经 35 年了，婚姻生活非常快乐，所以，我几乎记不起有什么样的固定模式了。不过，我可以确定的一点是：大多数男人都完全不在意我真正的感觉，他们自以为阴茎是一个绝妙的工具，可以让女人为之疯狂，甚至，他们还以为只要男人跟女人共处一室，就可以让女人的欲望得到满足了。跟我性交过的男人中，只有两位会用心地为我做刺激，并且让我感到满意。但那时我年纪还太轻，以至于因为害羞与无知，在跟他们性交时，并没有多做什么反应，从头到尾都保持沉默，或者我就干脆假装兴奋、高潮等。"

"除了我丈夫之外，和我性交过的男人大都只知道满足自己的性欲，别的一概不管。他们的确也会在意我到底有没有达到高潮，可是却从未付诸努力。不过，我觉得他们都远比我还更热衷于性交。因为对他们来说，性经验大都是为了满足自尊，借以吹嘘自己的性能力，而不是为了生理上的满足。"

"我并不觉得有什么特别的模式可言，反正他们叫我做什么，我照着做就是了，无论他们要我摆什么姿势或要我做些什么动作，我都一一照办。绝大多数跟我性交过的男人，都要求我让他们在上位，而且要我帮他们做阴茎口交。此外，他们都自以为在做阴茎抽送的时候，勇猛强硬的做法才是最好的。"

"大部分的男人都很喜欢在阴道性交的过程中主控一切，有时还是会保持一些绅士作风。有些男人对女人的阴部很反感，他们不肯做阴蒂口交甚至连看都不想看。此外，从来没有一个男人在他们射精之后，还会关心到我是不是也觉得满意了，更别说要他们用手帮我做阴蒂刺激了。"

"大部分的男人都动作过度。他们在阴道性交的过程中，动作大多太快，我根本还没来得及有参与感，而他们已经射精完了。也许，这可以解释为什么好几年以来，我都一直保持一对一的性关系。因为，我觉得有很多默契需要双方通过长期的深入相处，才能培养起来。"

"当我第一次和男人上床做爱时，他往往都会亲遍我的嘴、耳朵、颈部，接下来便开始爱抚我的乳房，接着是我的生殖器，并做全身的抚摸，偶尔还会做一些口交，最后才做阴道性交，而且通常都是用传统的姿势。等到我和他们性交过一两次之后，大多数男人就会开始想要变换几种性交体位，时而要我平躺在下，时而要我在上位。后来，我和这个男人的性生活就变得每况愈下了。首先，那些男人不再以亲吻我的嘴作为性交的开始。在几个草率、敷衍的亲吻之后，马上就胡乱地进入阴茎抽送的阶段，逞自己的英勇威风，连爱抚我的乳房都完全省略不做，每只乳房平均摸个五秒钟就算了事。和他们性交，变得完全都只是生殖器的接触。大多数男人在 60 秒钟之后，就开始做阴茎插入，持续约 5～6 分钟来回进出的阴茎抽送，非常老套，然后一切就此结束。而且他们还自以为一定要靠他们的魅力去诱拐女人，否则女人就不会心甘情愿地拜倒在他们的男性雄风之下。接着，一旦女人宣告投降之后，男人就以为她们只渴求男人给她们做阴茎插入阴道的性交。然而，男人一点也不明了：女人其实根本就不需要什么强有力的说服，就可以自行决定她们要不要性交。为什么男人诱拐女人的模式至今仍然会盛行不衰？那是因为被诱拐的女人只能以男人的性对象这一姿态出现，她除了被动地等待男人给她一点注意或刺激，接着就和他们上床之外，别无其他选择。这个诱拐女人的模式，通常都是如此。要是有个男人愿意花上两个小时和女人做爱的话，那就表示他需要随时有个‘洞口’在他身边，供他做阴茎抽送之用。我觉得和另一个人性交做爱是很重要的事，而我真的很希望能跟一个与我有同感的男人在一起做爱——双方都可以从中获得各自想要的性欢愉，也可以照着自己喜欢的方式去做。不过，以现在的情形而言，大多数女人都没有明白说出她们希望男人用什么样的方式做爱才会令她们感到满意，女人至今仍像个男人用来装精液的漏斗一样。”

“男人第一次和我做爱时，往往都会露出很兴奋的样子，而且想尽办法要在我面前力求最佳表现。他们会很热情地跟你做长时间的前戏，不过，一旦他开始做阴茎抽送，你就会发现：原来他已经忍耐了那么久，他现在马上就要好好地享受一下，可以赶快射精完事。有些比较有性经验的男人，他们在和我做第一次性交时，维持得久一点，不过这是很罕见的例子。要是在第一次性交时就能比较持久地做爱的话，我就会变得非常兴奋，火热地也想帮对方达到兴奋的极点，尤其我还会让他们在短时间内再度勃起，比第一次更勇猛。对我来说，和男人的第一次性交，都是很火热、充满激情的，不过，结果却不是最令我感到满意的，性交经验仍然比不上长时间做爱给我的满足感。一旦我的性伴侣开始变得索然无味，既不渴望做爱，也不改变例行的性交模式，我就会觉得很无趣了。至于所谓的例行模式，就是：快速的前戏，接着用固定的一两种性交体位来做快速的阴茎抽送，就在双方各自达到高潮之后，戛然结束。不幸的是，他们的动作总是太快，让我赶都赶不上，害得我的高潮永远来不及，这真的很糟糕。常常在我的性伴侣睡着之后，我都很想爬起来自慰。至今我还不曾在男人的面前自慰过，也没看过男人自慰的模样。此外，我也不曾有帮男人自慰让他们射精的经验，不过，偶尔有个男人会帮我自慰然后让我达到高潮。在自慰这方面，我希望跟我的性伴侣可以一起学着更开放自己，解除心理的障碍，因为，我觉得我们一定可以从中加深对彼此更深入的了解，以便增进性生活的美满。虽然在阴道性交中我并未达到高潮，或者说我已经有高潮了，却还是觉得不够满足，可是既然性交已经结束了，我就不会再多做要求了，到那时，我几乎很少会去要求对方帮我继续做阴蒂刺激，以便让我达到高潮。通常，只要男人射精之后，阴道性交就算正式结束了，性行为到此为止。"

"以下是我可以想得到的几种不同的模式：在性关系还继续维持的情况下，男人通常可以区分成两大类，第一类不会特别在乎你，第二类则会。第一类的男人，他可能从来都不会让你放任自己，或是偶尔会让你放任自己。如果是第二类的男人，他偶尔会帮你做前戏，甚至，有时还会持久到让你也可以达到高潮。大多数男人对阴茎口交都很有反应，不过，有一些男人就会表现得特别敏感，所以，你就很难把他们的阴茎整只含在你的口中，因为，他们会变得太过紧张、放不开，以至于反而无法让他们借阴茎口交达到高潮。男人比较喜欢在早上做爱，而不喜欢在晚上，而且，他们的动作都非常快。我所有的性伴侣对男女性爱一事，大都表现出一副不求冒险的样子。他们都没有什么做爱的性技巧大全可以供做参考，他们也从来不会想到要去变换一下新的做法或稍做调整改进。我自己则一直都为我过于拘泥在女性化的角色上而感到内疚，因为，我从来都不会为男人多做建议，我一心就期待他们会自动把所有的事都帮我安排好。我通常就是一直在盼望与期待之中度过……希望我在此生能遇到一些真正的性爱高手，他们会对我做出各种性暗示，让我听了之后眉毛都会为之耸动，而我的呼吸也会跟着加速起来。我还发现我一直都在自问：'你脑子里现在到底在想什么呢？'而我真的希望男人要多放开心胸，表现出对爱欲的喜好，就光是为了性爱的享乐而已，别无其他。很多男人都会在性交中表现得很勇猛，可是，老实说，他们对性爱的喜好，却没有真正的热情可言。"

"男人和我做爱的通则就是：把 A 插进 B 去。无聊！无聊！无聊！无聊！"

在回答"由谁来决定性交已经结束"时，大多数女性如是说：

"等他射精之后，就结束了。难道这不正是男女性交符合自然的结束方式吗？"

"通常等他一射完精，而且他的勃起也完全消退之后，性交就宣告结束了，无论我的高潮来过了没，都不重要。"

"从理想上来说，理当是由我们双方共同决定，但是，实际上却从来都不是这么一回事。男人只为了生理上的原因，就自动单方结束性交了。"

"这属于'阴茎的特权'——由男人的阴茎来决定什么时候结束性交。"

"很显然的，这一定是由男人来决定的嘛！他转身马上就睡着了（等他射精之后），而且，还鼾声大作呢！"

"我最痛恨男人草率的态度，一等他们射精之后，就变得像个软脚虾似的，所以，性交也不得不就此终结。这样敷衍的做法，其实有很多权力政治的意蕴在其中。"

"男方射精之后就结束了！除非，还有别的男人（两个以上）也在床上一起做爱。"

"如果性伴侣是男人的话，女人就得受制于男人性生理的极限。"

"当然是由他来决定，等他射精就算完了。"

"由我的性伴侣来决定何时结束，不过，他都会先确定我是不是也很快乐或有没有满足。然后，他就会抱着我，爱抚我的全身，直到我睡着为止。"

"我喜欢把自己完全融入性爱的情境之中，所以，要是在我的性伴侣射精之后转身睡去，让我无法获得满足的话，我就会觉得内心的情感深受伤害，非常挫折。我喜欢在他射精之后，继续做爱，我不觉得射精就是性交的结束。"

"都是由我的性伴侣来决定高潮何时结束，因为，一等他们射精之后，他们对性交就一点兴趣也没了。如果我们是在晚上做爱的话，等他射精之后，他很可能就太累了。要是在白天的话，他可能还有别的事要忙。除非他的心情很好，可以支持到第二次勃起，这样，我们的性交才会延长得久一点，不过，这都是很罕见的情形。男女两性的性生理构造为何如此不同——男人已经准备结束了，而女人才正开始兴奋——这真让我感到惋惜不已。而且，我怀疑没多少男人知道这个事实，当他们觉得精疲力竭、心满意足、瞌睡连连的时候，女人才正在火热的激情上，她们渴望要有高潮，一点也不想睡觉。当然，并非每一次的情况都这么糟。我自己很清楚，我一向都在我性伴侣的面前表演我已经心满意足、精疲力竭，而这是因为他早就不支在先了。"

以手做阴蒂刺激来达到高潮

生殖主义的做爱方式，是当前美国社会最普遍流行的性交通则。然而，对许多人来说，生殖主义却非他们奉行的唯一真理。比方说，有些女人若在前戏阶段中做阴蒂刺激，她们就能借以达到高潮。

靠手做阴蒂刺激就能达到高潮吗

在"以手刺激阴蒂达到高潮的频率分布"中发现：约有44%的受访者，在跟性伴侣性交时用手做阴蒂刺激即可常常达到高潮（包括回答"是的""总是"或"通常"的人数在内）。

由于绝大多数女人都是靠自慰来获得高潮，因此，借手做阴蒂刺激而能跟性伴侣一起达到高潮的女人，才会远多于在阴道性交中可以达到高潮的女人（约占总人数的30%）。但是，为什么女人和性伴侣在一起时，却往往比较难以像自慰时靠阴蒂刺激就很容易达到高潮呢？

就像我们在"阴道性交"之章节中面临的同样困难，此项很难做出全面而完整的统计数据。最重要的问题是阴蒂刺激跟口交一样，在阴道性交的过程中，大都是用来促进性兴奋（即前戏）的辅助，因此，很难从问卷的回答中加以判断：究竟是她们有此能力借这种刺激方式来达到高潮，或是她们的性伴侣的确有在阴道性交的过程中为她们做阴蒂刺激，而从中达到高潮？受访者若是以第一种状况来作答的话，就会使得借由阴蒂刺激而达到高潮的数据，显得稍高于实际的现象。就像在做"性交体位"调查的补救方法一样，本研究会在数题的回答趋势中做对比与检查，以便核对统计结果的正确性。

此外，在第一次和第二次的问卷调查中，有一个问题是："当你跟性伴侣在一起时，采用什么样的性交体位以及动作才能给你最好的阴蒂刺激？用这种方式可以让你达到高潮吗——'常常''有时''很少'或'从不'？并请解释你如何跟性伴侣一起做阴蒂刺激。"鉴于本题是以主动的问话方式来询问受访者的经验，乃预设了女方可以在阴道性交中采取主动要求做阴蒂刺激，可是这样的问话方式反而让许多受访者误解了本题的原意：

"我和性伴侣在一起的时候，并不会自己做阴蒂刺激，都是靠男人来帮我。"

"阴蒂刺激是什么？意思是靠性伴侣来帮你自慰吗？"

"这个问题根本就没什么道理可言。阴蒂刺激不过是兴奋阶段的预备动作罢了。"

"我不太确定你的问题是什么，我从来都没有同性恋的性经验。"

也许对某些女人来说，用手做阴蒂刺激来达到高潮的方式，是很令她们感到惊讶不已的事。因此，很多女人未答或不明题意，可见社会文化并不容许女人拥有性的需要，也不给女人有关心自己身体的机会。

同样的问题，在第三次做问卷调查时，已改成比较被动的说法，这样一来，大多数受访者便能轻而易举地理解问题，结果便出现相当高的正向回答。

这里还需要澄清一点：我们并不能将那些从阴道性交中达到高潮的女人（约30%），跟另一些可以用手做阴蒂刺激来达到高潮的女人（约44%）相加在一起。因为这两者合在一起，并不能代表所有可以跟性伴侣在阴道性交中达到高潮的女人总数。在这两大类中，有许多女人是重复出现两次的，也就是说，有些女人可以借上述的两种方式来达到高潮。不过，仍有很多女人虽然可以在自慰中达到高潮，但是在性交时，无论用什么方式，始终无法让自己达到高潮。

为什么女人在自慰时很容易就能达到高潮，但是和性伴侣在一起时却很难？第一个原因便是：阴蒂刺激并非为了高潮的目的。在生殖主义的性交传统中，阴蒂刺激不过是前戏的一部分而已，是为了挑起性兴奋之用，而非达成性高潮的目标。

以手做阴蒂刺激达到高潮的频率分布

	第一次问卷调查	第二次问卷调查	第三次问卷调查	总人数
是的	279	220	67	=566
总是	16	36	25	=77
通常	9	102	24	=135
有时	12	40	17	=69
很少	0	14	2	=16
总人数	316	412	135	863
总比例	44%	39%	49%	=44%

"从一些婚姻手册的介绍文字中，我还保持着鲜明的记忆，书上详载女人身上各处的性感带，并附加很多说明，告诉男人在他们做阴道性交之前，先要对女人的性感带做各种刺激，好让她们准备就绪。这种说法令人大感不快，让人觉得对女人做刺激是一种被强迫的义务似的，然后，男人就可以在我身上为所欲为，做他们想做的阴茎抽送。而我也从来没有想过，其实对女人的性感带做刺激或爱抚，原本就是让女人可以好好享受的性快感，大可不必顾念其他的理由。"

"在做阴道性交的时候，阴蒂刺激只是用来挑起兴奋的手段。除非我在阴道性交中没有达到高潮，才会再重复做一次阴蒂刺激。"

"他只在阴道性交之前做阴蒂刺激。要是我无法在阴道性交中达到高潮，他就认为一定是我有问题。"

"男人都告诉我他们希望我能达到高潮，可是却不曾做过任何努力，所以我非常怀疑他们的诚意。"

"他从不帮我做很多的前戏，不过，我却一直鼓励他要多做，虽然，有时还是不成功。如果我成功地说服他帮我做（阴蒂刺激）的话，他通常也只在阴道性交之前做而已。"

"他们的确会去触摸我那里（阴部），可是，他们到底知不知道他们碰的是什么部位？他们在做什么？"

"大多数男人会用手指碰你的生殖器，还把一只指头插阴道，而他们从来都不会问你想不想要。当然这些都只是预备动作，所以，为时均不长。有时，有些男人会做阴蒂口交。"

"我的性伴侣有时会用手来刺激我的阴部，通常都是为了挑起性兴奋而做，并不是为了要让我达到高潮。我真的很希望他们可以继续刺激我的阴部，好让我达到高潮，或者他们愿意接受我的建议，由我来告诉他们到底要怎么做，才会让我达到高潮。"

很多男人从来都不帮女方做阴蒂刺激：

"我们从来都不做阴蒂刺激。基本上，我很反对所谓有计划的刺激——幻想着浪漫的恋情而让自己兴奋异常，为之湿润，事实上，这些根本就不切实际。"

"如果我要求男人为我做刺激，他便会有一些过度的不良反应，如今我只好完全仰赖阴茎抽送了。"

"我的情人不曾想到帮我做阴蒂刺激。"

"我很喜欢阴蒂刺激，可是，我怀疑我丈夫根本就不知道阴蒂在哪儿，而我又太害羞了，一直不敢告诉他。不过，有时他却碰巧做到了。"

"我不曾借阴蒂刺激来达到高潮。我的性伴侣大都并不知道阴蒂的重要性何在。"

女人对阴蒂刺激的看法

如果你在性交中只图自己的享受，而没有特别去帮你的性伴侣做刺激的话，你会为此而觉得内疚吗？让你感到内疚的行为是哪些呢？

很多女人都把这个问题解释成：她们为了需要前戏的刺激而深感内疚，而没有把"只图自己的享受"解释为"让自己达到高潮"。这种理解方式大大降低了这个问题结果的重要性。然而，为数众多的女人还是会为此而觉得内疚不已，甚至她们根本不曾真正从中获得高潮，只为了她们确实需要这种额外的刺激，就足以令她们深深自责。

"通常大多数男人都喜欢女人和他们玩在一起，在阴道性交中也不例外，所以，双方都应该要有平等的参与权才对，当然，这并不意味着双方都一定能从中获得满足。但若要我在阴道性交中专事自己的享受，我是很排斥这么做的。"

"没错，有时我会觉得自己那样要求实在很有罪恶感，或者，我会觉得是我在冒犯他，让他感到很厌烦。我知道这么想是很荒谬的，而且，也是一种很男性沙文的作风，可是，我就是改不过来。"

"通常我的男朋友都会用他的舌头帮我做阴蒂刺激，有时候他也会用手来做。这让我感到非常满意，不过，他的动作却非常僵化，像个机器人似的，一点情趣也没有，而我反倒觉得让他这么做，很有罪恶感。我真的很希望我可以从阴道性交中获得高潮，如果有人知道该怎么做，请告诉我。"

"我觉得害怕更甚过罪恶感——我怕他的反应，也怕他会因此而大怒。"

"是的。我实在没有办法不这么认为。他一直在努力让我感到好过一点，他表现得太用心了，大费周章，所以，我反而一点也不想要求他。"

"我不想为这种事而多添麻烦。因为，要是我的性伴侣表现出一副不感兴趣或被迫的样子，我就会觉得很扫兴。"

"长时间的前戏会让我很不舒服，我担心这样做，是不是会让我的男人太过操劳了？"

"我很痛恨男人对我做这些动作，他们一心以为这样就可以刺激我，让我兴奋起来。我怀疑男人根本就对阴蒂刺激不感兴趣，除非可以借此享受到主控女人身体反应的权力感。我才不会去接受这种无聊的施舍呢！"

"对我来说，性欢愉是自私的事。每个人都想尽办法各取所需，男或女都从性刺激中找寻自己需要的快感。对女人来说，诀窍在于要无畏无惧地尽情享受，却不要给对方有阴茎插入的机会。"

"我跟我的性伴侣在一起时，很难借阴蒂刺激来达到高潮，因为，要我光顾着自己的享受而没有给对方做刺激，这会让我觉得自己很自私。"

"我会要求我的情人帮我做阴蒂刺激，可是，我丈夫却会说：'只有妓女才喜欢做阴蒂接触。'所以，我从来都不会要求我丈夫帮我这样做。"

"我会觉得很害羞，因为，这样不就是在告诉男人说我在自慰吗？"

"是的，我对前戏有内疚感。我比我丈夫喜欢做前戏。有时，在阴道性交结束之后，我还想多做一些阴蒂刺激。"

"如果只为了我的享受而占去很多时间，我真的会感到很内疚，比方说，我的性伴侣只为了我一人而做阴蒂刺激、激情的爱抚或阴蒂口交等，这些性行为对我的性伴侣来说，根本毫无刺激作用可言。当他们偶尔帮我做刺激时，我其实根本就无法放松自己，尤其我也没办法借此有效地达到高潮。"

"是的，如果为了我而占去那么多的时间，我会觉得很有罪恶感（或说很抱歉），因为，一般来说，在阴道性交中，我和我的性伴侣所得到的满足感都是相当的。这是为什么我以前一直很痛恨要帮性伴侣做刺激的缘故。从我十几岁开始，我就很痛恨要这么做了，所以，也许是我并不希望他们反过来像我从前恨他们一样地恨我吧！我还记得我的手一帮他们做就酸得不得了，在和丈夫一起做阴茎口交时，我因为把他的阴茎含在口中太久，以至于我的下巴一连痛了好几天。我知道我自己一点也不喜欢去帮他们做刺激，而且，我还深知要是他执意要我帮他做，这就会让我开始痛恨他，所以，我也不要别人对我有那种仇恨的态度。在我自慰的时候，我的性伴侣会在一边玩弄我的乳头，而我会觉得很不舒服，因为，通常那时他早已射精完了，他也已经不会再次勃起了，所以，他都对我做得很敷衍、很没有情趣。"

"我不会觉得有罪恶感，因为我从来都不会为了我自己而占去做阴道性交的时间，我也绝不会让这种机会得以产生。我总是在为男人提供性服务，虽然我从很小就开始这么做，可是我一点也不自知。在性关系中，我从来都没有发现过自己的存在，我的自我意识直到最近才逐渐浮现出来。"

"我不会要求做太多的性游戏。要看当时的心情跟气氛对不对，而不是只注重身体的刺激。此外，我也很痛恨向我的男人开口提要求，我不喜欢自己变成一个惹人讨厌的麻烦人物。"

"男人要是未经你的同意就擅自对你做这些刺激，他们还会为自己势如破竹的功力沾沾自喜呢。自从所谓的'性解放'以来，大众通俗读物都在宣扬各种对女性性欲的偏见，倡导阴蒂刺激的观念，受到舆论极大的冲击。可是，我觉得我的性伴侣在做阴蒂刺激时，不过是把它当作真正性交之前的例行工作，而我则很痛恨这种看法，因此，我才不会要求他们帮我做呢！"

"在我有所要求而且得到满足之后，我会觉得非常感激。是的，我做了他所需要的，所以，他也如愿以偿地达到高潮了，我一点也不觉得他亏欠我什么。"

"在这一方面，我有很多的问题。我需要用手做阴蒂刺激才能达到高潮，此外，我还需要有人对我的乳房做轻柔爱抚，以及无数个温和的亲吻。首先，当我跟性伴侣在一起时，除了借助他的大腿或阴茎，来摩擦我的阴蒂（算是自我刺激）之外，我从来都不会在他面前抚慰我自己。每当我在用手做阴蒂刺激时，我总是会觉得自己很奇怪、很没有安全感，而且我很痛恨要对男人做指示，就像他们也很讨厌受女人指挥一样。有时候他们表示想知道我到底需要什么，而我也以实相告，但是，下一次他们却依然故我，完全忘记我曾说过的话——我恨死这种状况一再重演。这真的让人觉得很难为情，而且非常屈辱，好像我是天下唯一需要这些刺激的怪胎似的。"

"两人共同参与阴茎插入阴道的性交，乃是一种直截了当的结合方式，不过，如果在刺激阴蒂之际，是由另一个人专为我而做，我会觉得很荒谬可笑。"

"我的确是对他提出要求了，可是，他却只对我做三秒钟的刺激，然后，马上接着就开始做阴茎抽送——他以为女人就跟男人完全一样。性交对男人而言，似乎更简单一些，像在操作全自动的机械一样。就男女性交而言，我觉得生为女人根本就一直都在受骗。"

"每当我要求男人用手来帮我做阴蒂刺激时，他们就会觉得受辱，还怀疑我以前是不是女同性恋。"

"去要求对方实在难以启齿。如果男人自己早已知道，那就好了，因为如果要我表明出来，我真的会觉得很害羞。"

"我觉得他一定会如是想：'这根本就是在自慰嘛！'"

"我一直都有一种很不安的感觉，生怕我会给他增添麻烦。不过，我真的很需要更多的前戏，而我丈夫做得并不够，我每回都提醒他，可是他却依然故我，毫不在意。他只重视他自己的高潮，对他来说，射精是最重要的事。"

"我知道为何我自己和性伴侣在一起无法达到高潮，因为我不想去指正对方。例如他做刺激的部位不对、不够快、不够用力，或者是时间不够长。一旦我发现自己已经不可能达到高潮时，就会担心我的性伴侣是不是早就不耐烦了。我会因此而受挫，会停止做爱。"

要求对方帮你做阴蒂刺激，会让你感到害羞吗？你觉得这是对方在为你做牺牲吗？

"我曾经试着想和我的性伴侣谈谈这件事。我和一个男人花了很长的时间做沟通，我明白告诉他我所需要的是什么，于是，我真的跟他一起达到了高潮。所以，我猜想如果我也和其他男人这么说的话，在我和他们一起做阴道性交时，应该也可以达到高潮。其实，只要男人愿意坦诚相待，表现得更性感一些，女人要达到高潮就更容易些。"

"上一次我表明希望他可以帮我做阴蒂刺激，他却勃然大怒。显然他是被惊吓到了，以至于变得笨手笨脚的，于是，我再也不敢给他任何指示了，以免又把好端端的夜晚给破坏了。我只好认命接受他现在的方式。"

"虽然这让人感到害羞，可是我还是会稍做要求。不过，我始终觉得很难让对方明了自己喜欢的刺激，你会觉得好像被困在核桃里似的，动弹不得，难以兴奋。"

"我以前都会觉得很害羞，不过，如今我跟我的性伴侣一同从口语表达中，学会如何去接触彼此的身体。我们的对话如下——我会先说：'你想要我碰你哪里呢？'他说：'我的阴茎。''要多用力呢？''再用力一点。''这样吗，还是这样？''要第二种。''还有呢？''直接摸我的龟头。''怎么摸呢？''轻轻地摩擦就好。''这样吗，还是这样？'诸如此类。我很坚持要他把话交代清楚，用各种词汇来说明他的需求。然后，我们会交换角色，轮流取悦对方。以前我费了好大的工夫才说动他来帮我的乳房以及阴蒂做爱抚。现在就简单多了，不过，要是想对他建议一些新的做法，还是得经历一些困难。"

"没错，他总是搞错部位，而我也觉得很害羞，不敢跟他明说到底应该在哪里才对。很可笑吧！要是男人告诉我他们喜欢什么，我从来都不会觉得害羞，我会马上照着去做，可是，我却提不起勇气，不敢对男人说：'偏右一点''再高一点'或者'爱抚我的背'等。"

"以前在阴道性交中要是得不到高潮的话，会觉得很遗憾，后来，我告诉自己与其埋怨在心，不如直接说明我所想要的到底是什么。我付出了相当的努力才建立信心，学会如何主动开口表达我的需要，尤其在我的需要尚未得到满足之前，更应该把它说出来。因此，我认为若要满足自己的需要，就应该保持直接而坦率的态度。如果你什么努力都不肯尝试，只是躺在那儿，等着对方给你最好的刺激，其实是无济于事的。"

可见女人如果不主动要求阴蒂刺激，以便让她们达到高潮，或者她们不会自慰的话，通常这些女人都没有办法从男人那儿享受到高潮之乐。

你的性伴侣知道你的需要吗？他们会对你所需要的刺激，保持一份敏感的心吗？

这个问题的回答显示，除非是长期的性伴侣，否则一般男人对女人的需要都不求甚解，而女人却自认对阴蒂刺激的需求是离奇罕见的，例如："并非所有的女人都像我一样""有些女人与我不同""通常我都要详加解释到底什么样的刺激才能让我达到高潮，否则，我在阴道性交中几乎很少达到高潮"。

"男人才不知道我想要的是什么。当然，女人的被动，也会让男人无法从女人这边得到正确的性知识。"

"我丈夫现在终于清楚我所想要的刺激了，因为，我会直接跟他解释我最喜欢的方式到底是什么。"

"大多数男人根本就不知道女人想要的是什么，虽然他们都熟知女人身体的各个部位，只可惜他们所触摸的那些部位，对女人来说，却无法令她们感到兴奋。"

"我的男伴对女性性欲的知识，似乎存有很多的误解。"

"男人都以为只有很少数的女人才会达到高潮。"

"男人往往误以为，女人达到高潮只是偶然的事，无法由自己主控。"

"在我的性伴侣中，唯一对女人的需要敏感的人，就是我丈夫，好几年以来，我们坦言彼此的性欲与需求。不过，如果要我对他表明我想要什么的话，我还是会觉得很羞怯。"

"男人都被'洗脑'了，自以为是性爱高手，而且误以为他们所喜欢的方式，也一定可以满足女人的需要。每当男人跟我上床的时候，总是带着同样的态度：'来吧，宝贝，让我好好表现一番给你看看。'结果，还不都是那套错误连篇的做法。"

"男人对女人的需要都一无所知，而且，他们根本就不想去认识阴蒂对女人的重要性，就像古时候的人拒绝承认地球绕着太阳转一样。此外，女人至今也不愿跟男人坦诚相告，目的不外乎想要继续抓住那个男人罢了。"

"虽然男人都不知道女人想要什么，但是，我会教他们。不过，有时男人便会当着我的面，直说我是个要求太多的女人。"

"我的丈夫不太知道我想要什么，不过，他倒是很迫不及待地想知道答案为何。所以，从现在开始，我会试着在适当的时机向他明说。"

"我的性伴侣中没有一个会想到要取悦我，而且，对我所说过的话都毫不在意。他们根本不知道我最喜欢的是什么样的刺激。我也曾经试过几次开口向他们提要求，结果，他们不是故意装作没注意，再不然就不停地嘲笑我。"

"我不喜欢自以为自己是性咨询师的男人，他们还一直指导你要怎么做才会感觉最好。可是，话说回来，男性自尊真的是一种很诡秘的东西，除非你跟这个男人已经上床超过 3 次，到那时，你才能向他说你想要的是什么。"

"在我们新婚的时候，我丈夫只会把他的阴茎插进去之后就开始拉进拉出的，而他先前还曾经结过一次婚呢！"

"我不曾遇到会给我很舒服的刺激的男人，除非由我告诉他们或直接做给他们看。难道男人对女人的性需要都这么不敏感吗？"

"我以前的情人是个产科医生，可是，他依然不知道我的需要是什么。"

"男人在这方面落伍而无知。越对自己的性能力以及性技巧感到自豪的男人，其实对女人的真实需要越显得最无知。"

"我们需要在一起自由而公开地讨论自己的性欲，无论是在私底下或是公共场合，都有必要多做讨论，让对方清楚地认识你的身体，同时，示范你的需要。"

"我最近遇到的男人，大都真的很关心也很想让我达到高潮，他们都会在射精之后，用手帮我做阴蒂刺激。如果我仍然没有达到高潮的话，他们也会觉得很难过。我猜想现在的他们终于开始操心这些事了。"

"在我对他说出自己的需要时，他看起来一副很着迷的样子，好像他突然发现原来我也有自己的偏好似的。"

"男人对阴蒂特别无知，还好，现在情况改善了。他们开始知道阴蒂很重要，只不过他们总是找不到阴蒂的位置在哪儿。"

"几乎没有几个男人知道女人性感带的位置所在，也不知道该怎么做才会让女人兴奋起来，大多数男人都只在他们所喜欢或敏感的部位做刺激而已。但在用任何方式表达我的想法时，我真的会觉得很为难（尤其是在热情正炽的当下）。如果还要他们放弃从前的偏见以及错误的做法，重新学习真正能让女人感到兴奋快乐的方式，那就难上加难了。"

"我的性伴侣大都以为我在两分钟的亲吻与爱抚之后，就会自动兴奋起来，接着跟他们一样想做阴道性交了。我只好跟他们明说或干脆做给他们看，我所想要的刺激到底是什么。对我来说，这虽然没那么难以启齿，可是，我始终觉得很难用一种比较适当的语气来说明，你得一面表现出很热情的样子，一面告诉他们该怎么做，而且不能让他们觉得自己无知且自私。"

"男人都应该直接问：'你想要怎么做呢？'"

"至今依然没有一个男人对我做出我想要的刺激，也不曾给过我最好的满足。问题并不在于我不喜欢阴道性交，也不在于我无法在阴道性交中达到高潮，这个问题的症结点，也不单单只是给我做阴蒂刺激，其实这并不需要多大的工夫——只消 3 分钟的完美爱抚，就能让我达到至少 6 次的高潮，比在阴道性交中还更快活。这样做并不会损伤到他的快乐，他一点也不需要紧张，更不必牺牲什么。一只温柔的手或一只敏感的舌头，就能完成许许多多的奇迹。此外，千万不要有时间压力，跟时钟赛跑并不有趣。还有，男人很喜欢让女人有接受施恩的感觉，好像他们给了女人什么天大的好处似的。上述两种做法都会让我倒尽胃口，就更不可能达到高潮了。"

"在过去 5 年中，我好像遇到的都是一些早泄的男人，一大堆漠不关心、自私自利的男人。他们一点都不知道阴蒂是什么，也不知道前戏该怎么做，他们只知道要好好发泄一下，所以，三两下就射精完了。结果让我对他们怀有很多的害怕、期待以及焦虑。最后，我发现干脆就不要让自己兴奋起来最好（这是我现在才发现的），这样才不会在后来变得太过失望。我先在自己的心里筑起一道障碍，因为，我很清楚地知道无论如何，男人三两下一定就会射精完事的，所以，我根本没必要去煞费周章。我现在的性伴侣倒是对我很好，而且很在乎我的需要，总是会问我哪一种方式让我感觉最舒服。以前跟一些漠不关心我的男人在一起，即使我跟他们明说我的需要，或告诉他们应该要怎么爱抚我的阴蒂，他们理都不理。看到他们这么无动于衷，我会再重复一遍，可是，我也不会说得太多，以免他们嫌我唠叨。而我最反对的就是男人并不重视前戏的价值，因此就会让女人很为难，因为她们需要更长的时间才能兴奋起来。对我来说，开口向男人要求做某些刺激，并不很难为情，虽然，我有时还是会稍有迟疑，因为，我并不希望看到他们的感情受到伤害。最近，我开始注意自己的措辞用语，尽量小心，不过，还是要冒一下险就是了。"

"我的性伴侣大都对我的身体以及性需要一无所知。要我开口要求什么，或要我去指正、教导对方，我办不到。往往在我好不容易鼓起勇气去教导他们该怎么做之后，我就会发现，下一次做爱的时候他们依然故我，把我说过的话忘得一干二净。"

"我丈夫对我的需要所知不多，若要对他明说我最喜欢的做爱方式，我会有一些不太好意思。不过，奇怪的是，和情人在一起时，我却不会觉得难为情。我想，这是因为我们的关系，建立在开放而诚实的性关系之上。除了我之外，他只和 4 个女人做过爱，但是，他却深知取悦女人的个中要领。他学得很快，而且很能接受批评。反过来说，我丈夫却完全不能接受批评，所以，这也是我从来都不想向他明说的原因之一。"

"我以前曾经参加过马斯特斯与约翰逊的性治疗。我觉得增进性爱美满之道在于完善的沟通，沟通讨论必须两个人才谈得起来，就像跳探戈要双人共舞一样的，甚至做爱也要两个人一起来。"

女人在自慰时，是针对她们的阴蒂做刺激，这项事实并非新闻。不过，为何女人自己却从不公开阴蒂刺激方能让女人达到高潮的这项事实，以至沦为沉默无声的证言？是否是因为这项事实不受重视，才令男人误以为女人应该照他们所设想的方式来做才能达到高潮？

男人天真又自私地以为，凡是他们觉得很舒服的方式，也会让女人觉得很舒服才对：

"大多数男人都不知道，能让他们达到高潮的做法，对女人却没什么作用。"

"大多数性伴侣（意指男性），对女人的性欲以及生理构造所知有限。而我的女性伴侣则对我的性需要表现出独具创意的了解。虽然，大多数男伴对于如何取悦女人，都有他们自己的一套想法，可是，每个女人都是独特的个人，各不相同，因此，即便这个男人曾经跟无数个女人上过床，也不见得一定就能让我满足。当我觉得性欲高涨，春心荡漾，很想做爱的时候，我便会主动跟男人说：'嘿！我真的很喜欢这个方式。'然后，当面做给他看，好让他知道我的意思是什么，比方说，我希望他开始做深入而完全的阴茎抽送，或者，我会希望他开始摆动他的臀部，以便加重在骨盆跟耻骨之间的摩擦压力。大多数男人都不知道，其实女人除了做阴道性交之外，最重要的是她们需要有阴蒂刺激才能达到高潮。很多女人无法在阴道性交中达到高潮，却也没有办法把她们的需要开诚布公地和她们的性伴侣做一番沟通，她们应该要努力超越这些障碍才对。对我来说，我在阴道性交的过程中一向都很开放，我都会直接明说我的性需要，而我觉得男人在这方面应该也算是有一些直觉、一些小聪明，我也承认很难让男人接受阴蒂刺激或做阴蒂口交的事。

"我现在才开始想这个问题：为什么男人都不愿意？我发现问题似乎是在于，一旦男人知道我已经很'美满'地在阴道性交中达到了高潮，他就会以为阴道性交就是女人想要的全部。没错，我的确蛮喜欢跟男人做阴道性交，而且，在我的高潮来的时候，我都会呻吟甚至放声喊叫，所以，男人都很清楚地知道我的高潮来了，他们也就会认为我已经很满足了。要是我像别的女人一样，没有办法在阴道性交中达到高潮的话，也许他们会换另一种方式来跟我做爱，像做阴蒂刺激或阴蒂口交等，而这些真的都是我很想要他们帮我做的事。跟我性交过的男人，大都自以为阴茎抽送才是使女人达到高潮的最佳方式，而且，他们还认为，既然你已经可以借阴茎抽送达到高潮了，就不必多此一举做其他方式的性刺激。这个旧观念在男人心中一直都牢不可破。虽然，大多数男人都很喜欢做阴茎抽送，不过，也有人会喜欢偶尔做做阴茎口交或用手做阴茎刺激。

"简言之，我和男人的性关系如下：当我和一个男人都觉得很饥渴、想做性交的时候，我会先帮他做阴茎口交，让他达到相当的兴奋程度，然后，要是他明说他想用阴茎口交的方式达到高潮的话，我会很高兴地照他的心意帮他做阴茎口交，好让他可以很快地射精。结果呢？等他射精之后，他就以为性交结束了。那我呢？他难道不知道我想要的是平等互惠的性解放吗？显然没有一个男人知道这些。要是我在和男人做沟通时，不小心让他觉得他的阴茎像个笨拙的'假阳具'的话，他们便会反唇相讥，嘲笑我是个需索无度的妓女。"

通常在男人帮女方做阴蒂刺激时，他们大都草率行事。这也许是因为他们自觉表现得很笨拙，而感到害羞，甚至心怀怨恨：

"我要的是适合做阴蒂刺激的男人来帮我做，要他自己乐意去做，而不会觉得这是一件苦差事勉为其难地帮我做，我也不希望他表现出一种施恩的态度，我更不喜欢他把阴蒂刺激当作交换条件，好像我也非帮他做阴茎刺激不可，否则就无以回报。简而言之，关键是他们的态度问题。"

"和我性交过的男人，大都对阴蒂刺激不感兴趣。我一直都在找寻一个真正喜欢帮我做刺激的男人，这样我就不用再多费心，随他帮我做刺激就好了。"

"男人帮我做阴蒂刺激的原因不一，有时是想让我兴奋起来，有时是要让我达到高潮。可是，对我来说，他们这样做却很少让我真正达到高潮，他们要不是用力太猛，就是方法用得太直接，或者时间太短了。不过，我也没有对他们详加解释，所以自己也要负一些责任。对我来说，以手做阴蒂刺激来达到高潮是非常重要的，我认为他们也应该帮我做才算公平。"

"我丈夫在做阴蒂刺激这方面表现得很笨拙，于是，我们俩的心结就让我没有办法向他明说，到底要怎么做才能让我更加喜欢性爱。为此，我对自己非常失望，我根本无法改善我们的关系。"

"我试着要和我的情人做沟通，让他们知道用什么样的方式做爱对我才最有效。通常，他们都看不惯我在他们的面前自己用手去摩擦阴蒂，他们往往都会坚持一定要代劳。可是，他们之中却没有一个人做得对，不是速度太快，就是太用力，不仅没什么乐趣可言，反而还会造成我皮肤组织的不适。一旦我发现我已经不可能达到高潮时，我就会赶快假装我的高潮来了，这样一来，他们才会停止对我的阴蒂做摩擦，接着做阴茎抽送，好让他们自己可以射精达到高潮，最后便结束性交。若要让他们每一个人都学会如何帮我做刺激的话，那我要花上多少工夫对他们从头教育起，一边还要做心理辅导才可能见效，所以，除非是我真的很喜欢的男人，否则，还是省省力气吧。"

"若谈起阴蒂刺激，我的性伴侣个个都显得很笨拙。他们若不是动作太用力，就是位置正对阴蒂的中央，让我觉得非常的痛；或者，就是他们太过紧张，表现得很神经质。我自己会用整只手来做阴蒂刺激，不像他们只用手指而已，所以，在我自己做的时候，压力是均匀地分布开来的，我的阴蒂才不会因此被胡乱戳得快要不支了。"

"我最受不了的就是有人很直接又很用力地对准我的阴蒂强做摩擦。这是最让我感到不快的做法。"

"男人在做阴蒂刺激时，都做得很粗鲁。而且，他们往往还会在不对劲的时候，就突然改变动作的旋律。"

"让别人来帮我做阴蒂刺激的最大问题，就是他们都不知道要渐渐增强他们的力度，再不然就是速度做得不够快，让我都无法达到高潮。"

"我试着要让他们知道我希望的方式，知道应该要怎么做才对，可是，他们偏偏就是没有办法跟你配合，再不然他们就摆出一副老大不情愿的样子。所以，跟男人做爱，我一向很少达到高潮。"

"我的性伴侣有时会直接用他的手帮我做阴蒂刺激，可是，他从来没有一次把位置搞对，总是弄错部位，要是他好不容易终于找到地方了，却又做得不够持久，才三两下就放手不做了。"

"他应该只用手指帮我做阴蒂刺激就好了，可是，他总是在我阴蒂四周绕来绕去，错过正确的部位。"

"我丈夫的确会帮我做阴蒂刺激，可是他总是用力过猛，让我很不舒服。这种刺激阴蒂的方式，的确会让我很兴奋，但却很少让我真正达到高潮。因为，他只把它当作前戏而已。"

女人喜欢什么样的阴蒂刺激

对每个女人来说，她们所喜欢的阴蒂刺激方式各有不同，并无通则可言，还得视当下时、地、心情的转变而定，所以，这一问题的答案包罗万象。总而言之，保持一份敏感的心是最重要的，而且要主动去感受对方身体的反应。

大多数女人都喜欢在一开始时轻柔而缓慢，然后渐渐增强施压。除此之外，最好用整只手去做，尽量运用手掌的辅助，不要只用一两只手指而已：

"要用温柔而稳重的旋律来做，这样我才能放心。不过，有时我的性伴侣那种不按牌理出牌的方式，让我充满着惊奇与未知的感觉，跟我平日自己用手指做阴蒂刺激的感觉相比，他的刺激方式更会使我觉得很性感又充满激情。此外，他还会把手轻轻地向上移动，伸进那片阴毛丛生的区域。"

"要是他贸然改变手或手指的部位，就会让我高亢的兴奋感马上消失殆尽，无论我先前是多么的兴奋也是枉然。所以，他的手最好从头到尾都要保持在固定的部位上，直到我的高潮结束为止。"

"用 4 只指头轻轻地放在我阴道的上方，然后，轻柔地来回做爱抚，这样做是我最喜欢的方式。"

"施压过重或是摩擦得太用力，都会造成我阴蒂的不快，所以，应该要在我的阴蒂充分湿润的情况下，用均匀而温柔的动作加以施压。同时，我的身体也会跟着做有规律的摆动，以配合对方的爱抚。"

"通常，我喜欢温柔但持久的阴部爱抚（即正对耻骨附近处）。若直接对准我的阴蒂做刺激，反而会让我觉得不舒服。"

"我喜欢用手指或舌头直接对准我的阴蒂做刺激，一遍又一遍，绕着圈做爱抚，刚开始要用不同的速度和旋律，间歇着做，最后才加快速度。"

"持久、快速、稳定的爱抚动作，再加上逐渐增强力度（但仍要继续保持稳重）以及越来越快的速度，就能让我的高潮快速到来。"

"起先要用温柔的手法，等我的高潮一波一波来了之后，我就会希望加重力道。"

"刚开始要温柔地做，之后再用力，此外，每一次高潮都可以采取不同的性交体位，但切忌在我高潮来临的当下做性交体位的转换。"

"我最喜欢用手掌来振动我整个的阴部区。"

"用振动器的原理来解释给我的爱人听，教他如何帮我自慰，结果成效非常大。他现在已经学会用手在我的耻骨区做爱抚。"

"如果我的性伴侣不愿自己动手做的话，我就会拉着他的手指放到我最想要刺激的部位上去，一边做给他们看，我想要的爱抚方式该怎么做，还有，我喜欢他们用多大的力道帮我做刺激。要是他们有充分的耐心，而且，对我的身体反应很敏感的话，通常在他们照着我的示范去做之后，我都能很顺利地达到高潮。"

"我喜欢他们用轻柔、挑逗、试探的方式来接触我，最好要间歇地做，不要一成不变。我喜欢用玩乐的心情来做，一同去探索、感受身体的奥妙。"

"嬉闹玩乐是我最喜欢的方式——以中等强度的力道，再加上一些震荡以及一点点惊喜，最能让我为之疯狂。"

"先来一段温柔的爱抚之后，再逐渐加重力道。若直接对准我的阴蒂做用力过度的爱抚，往往会让我感到疼痛不已，这是大多数男人都会犯下的错误。应该要在阴蒂的四周稍微用力即可，千万不要正对阴蒂才好，除非是用轻柔的力道，才能对着阴蒂做爱抚。我喜欢直接在阴蒂的四周，交叉做上下来回的爱抚动作。而且要保持固定的节奏感，这样才会让我有信心。"

"我喜欢用固定的旋律做直接的阴蒂刺激，不过，手法要略带一些变化才好，比方说，有时要用轻柔而间歇的爱抚，配合嘴唇的亲吻。还有，我的性伴侣最好也要表现出很兴奋的样子。"

"爱抚要遍及整个阴部，不要只直接对着阴蒂做。当我开始变得越来越安静时，这就意味我的高潮也即将来临了，一旦我的高潮真的来了，这时，我的性伴侣千万不能就此停手，要继续对我的阴部做轻柔而有规律的爱抚，不要误会了我在高潮时的沉默，反而在不该停止的时候撒手不做了。我的阴部最好都要一直保持湿润滑溜，不能让它变干了，尤其在用手做阴蒂刺激时，更不能任它干去。"

"不论是用舌头或手指，对着阴蒂的两侧做快速的按摩时，最好在一开始要先用轻柔的力道，等我越来越兴奋之后，才逐渐加重力度。若能同时对我的乳头或乳房做爱抚的话，效果就更大啦。"

"一开始的时候，最好要尝试变换各种不同的姿势，以便能找到一个最能给我充分刺激的点，然后固定在那个点上，继续做刺激。"

"我喜欢慢而温柔的爱抚，然后渐渐加快速度，同时加重力道，接着便周而复始，回到一开始的挑逗阶段，用轻柔而缓慢的方式来做。"

"姿势要保持固定，要是在不适当的时机贸然改变的话，就会把我的兴奋感整个都破坏了。"

"等我的性兴奋变得越来越锐利的时候，我就需要比较稳定而有规律的阴蒂刺激。可是，最好也不要对着我敏感的阴蒂做过度的爱抚，以免会造成疼痛，甚至把我的兴奋感给破坏了。在最后阶段时，要是原先的规律没有中断、间歇或是贸然地改变——那时，我的全身上下，包括乳房、躯干、头、腿以至脚部，都几乎要达到高潮的顶点了。可是，一旦此时被粗心大意的性伴侣突然中断掉，会让我的高潮马上就被摧毁殆尽，觉得很糟糕，心情大坏，而且对这个男人的信任全消。"

"用中等或轻柔的爱抚来做即可，我喜欢先被对方'挑逗'一下，等到我的阴蒂开始觉得兴奋时，爱抚的动作就要保持一定的规律，而且不要任意变换姿势。"

"最可靠的技巧就是用一只手指，沿着阴蒂轴或上面的部位，轻轻地做有规律的爱抚，刚开始的速度要轻柔缓慢，之后再加重加快。如此持续约 15～30 秒钟，稍做暂缓，然后周而复始，重新来过一次，总共重复五六次即可。"

"有时，太过单调的施压，反而让我变得一点兴趣也没有，深感挫折，更不可能达到高潮。"

和性伴侣用手做阴蒂刺激时，所采用的体位姿势

在做阴蒂刺激时，基于个人的需求，可以找出偏好的体位，尤其是腿部姿势，更是影响重大。不过，无论是哪一种体位，最好要让下半身以至腿部能有充分活动的自由度才好。

"我会采取平躺或侧躺的姿势，尤其我会把背朝着性伴侣，张开的大腿加以弯曲，这样，他就可以用他的腿来对着我的阴蒂，做上上下下的摩擦动作。"

"我喜欢他躺在我的左侧，好让他用左手来帮我做阴蒂刺激，我则屈身贴近他。"

"我站在我丈夫面前，他则保持坐姿。他把手指或振动器按在我的阴蒂上，用缓慢的速度和动作帮我做阴蒂刺激，等我变得越来越兴奋，他就加快速度和力道，好让我达到高潮，接着他再把手指或振动器插进我的阴道里去。"

"我以背朝下平躺，我的性伴侣则侧身躺在我的右方——他的左手放在我的屁股底下，以中指插进我的阴道里去，并用他的右手帮我做阴蒂刺激。"

"通常，我都是以背朝下的方式平躺着，我的丈夫则侧过身来亲吻我的嘴唇和颈部，一边用他的中指在我的阴蒂上施压，其余的手指则环绕在阴唇的周边做摩擦。"

"我平躺着两腿张开，他的头和手都埋在我的两腿中间，我用心地观察他帮我做阴蒂刺激的动作。"

"他躺在我旁边温柔地玩弄着我的阴蒂，上上下下地爱抚，一边说着挑逗我的脏话。"

"我趴在底下，他则坐在我的背上，手伸到我的阴部，让我一直不停地达到高潮，一次又一次，除非等他玩得尽兴了，否则他会继续一直玩下去，不让我起来。"

"我会把大腿张得大开，但会把脚踝合起来，我平躺着身体。他用两只指头各自压在我的小阴唇上，在阴蒂四周做摩擦。"

"我喜欢和她侧身贴在一起，然后，两个人一同来回地扭动身体，她会把一只手放在我的阴蒂上，另一只手放在我的乳房上，而我则一只手放在她的头发上，另一只手放在她的腿上或肚子上。"

"我不喜欢直接用手或手指来做阴蒂刺激，我喜欢借助另一个人身上的某个部位来做摩擦，我所采用的性交体位相当多。"

"他先在我的生殖器四周做摩擦，然后把手伸到下方的阴唇部位，把我的阴唇打开，尽情探索，直到我表现出兴奋的样子。他会继续爱抚，让我至少有一两次的高潮；接着又帮我做阴蒂口交，用舔舐或吸吮的方式刺激我的阴蒂。他越用力，我越觉得满意，在帮我做阴蒂口交的时候，他还会用我的阴部黏液沾湿手指，把一两只指头插进我的阴道里去。有时，他也会把舌头伸进我的阴道里去舔舐。"

用阴茎做阴蒂刺激

"在做阴茎抽送之前，我会用手握着他的阴茎，让他的阴茎来帮我做阴蒂刺激。"

"我们侧身躺着，面对面，我用手抓着他的阴茎，让他的龟头对准我的阴蒂做摩擦。若我在上位的话，就可以很技巧地把他的龟头对准我的阴蒂做刺激，然后，再摆动我的身体。"

"我们都侧身躺着，以我的背贴着他的肚子，我从大腿的下方伸出双手去握着他的阴茎，让他的阴茎直接对着我的阴蒂做摩擦刺激。在我做阴蒂刺激的同时，我也会一边爱抚着他的阴囊以及大腿内侧的部位。用这种方式达到的高潮会让你觉得非常美妙。"

"我穿着衣服骑坐在他身上，对准他的龟头，上下摩擦他的阴茎或来回绕圈摆动，这样做我就可以达到高潮了。"

"我以背朝下平躺，一只脚搭在我性伴侣的肩上，让他的阴茎跟阴囊对着我的阴蒂做摩擦。"

"我们很激烈地为对方做爱抚，然后我把手放在他的裤裆上，他便勃起了，接着他便在我身上开始上下摆动。"

"我把他的阴茎夹在我的大腿中间，让他佯装在跟我做阴道性交。"

"他在上位，我用手抓着他的阴茎，对准我的阴蒂做刺激。"

"我们两个都用脸朝下的姿势趴着，我压在他身上，我把阴蒂对着他的屁股做摩擦。有时，我的手还会一边玩弄他的阴囊和阴茎。"

"我们都坐起身子，看着对方，我用阴唇包着他的阴茎，他的龟头则正对着我的阴蒂做摩擦——这个感觉好温暖。"

"在好几年的错误尝试之后，我和情人总算发现一个最笨的方法可以让我达到高潮。当我们做了一会儿的阴道性交之后，他便把他的阴茎拉出来对着我的阴蒂做刺激。我会用一只手去导引他的阴茎，以便正对着我的阴蒂做刺激。这样一来，我就能达到高潮了，在我高潮来临的当下，他就做阴茎插入，接着做阴茎抽送的摆动，然后，他就射精了。"

"我们两个都站立着（穿着衣服），他把勃起的阴茎压在我的阴蒂上，我们胸贴胸，乳房对着乳房，手则抓着对方的屁股，然后，互相紧压对方的身体，一边做摆动。"

"我喜欢站立着，用两手紧抓着坚硬的阴茎夹在我的大腿中间来帮我做阴蒂刺激。我们保持这个姿势，两人开始交替着做摆动，一边给对方施压。有时，光这样做就可以让我达到高潮了。尤其在舞蹈教室的地板上做爱，感觉更棒。"

自己做阴蒂刺激

难道自己做阴蒂刺激，即是女性面对性欲受到压抑与忽略的解决之道吗？尤其是强调男人应该学习如何帮女人做阴蒂刺激，以便能让她们达到高潮，这个答案有对也有错。当然，男人的确应该学着去做阴蒂刺激，不过，更重要的是，应该由女人自己决定她到底要不要男人来帮她做这些性刺激。此外，女人也要更主动地追求性爱之乐，比方说，我们可以在做阴蒂刺激时，一边摆动自己的身体以便增加高潮的快感。男人一向都在性交的过程中掌握对身体的主控权，对自己的高潮甚有把握，在做阴道性交时，他们所做的身体动作，如下体摆动或阴茎抽送等，都可以让他们顺利达到高潮。可是，反过来说，为何女人在阴道性交中主动追求自己的高潮，社会观念却会认为是错误的呢？即使女人追求自己的高潮而稍微影响或干扰到男人的射精，这又何罪之有？

以下是少数的女人主动追求自己性快感的经验之谈：

"我喜欢主动一些，这样我就可以调整适合我自己的旋律，同时让他了解我所想要的刺激是什么。"

"我在上位，有时我会骑在他的阴茎上，不停地摆动我的身体。有男人曾经试过要帮我做阴蒂口交或用手做阴蒂刺激，可是，这些做法对我来说都没什么效果，也许是我自己太过敏感了。"

"我朝下趴着，两腿大开。我喜欢全身上下可以自由活动，我会绕圈摇摆着我的骨盆。我把屁股上上下下地做有规律的摆动，一边调整施压。同时，我的性伴侣也用手爱抚和搓揉我的屁股。"

"我侧身躺着面对我的情人，他的大腿被我夹在中间，然后，我把我的阴蒂对着他的大腿做摩擦。"

"有时，我用两腿夹住他的大腿，就可以借此达到高潮了。我会紧紧夹住两腿，一边摆动我的臀部，这样我就可以借着他的大腿来帮我做阴蒂摩擦。"

此外，用自己的手来做刺激，又何错之有？也就是说，在性伴侣面前自慰，有何不可？

"若要性伴侣用阴蒂刺激的方法来帮你达到高潮，这是办不到的。我一向都靠自己来做，因为他根本感觉不到阴蒂刺激在我身上所发生的效果，而我却可以。"

"我一向都自行做阴蒂刺激。我的性伴侣仍然搞不清楚阴蒂在哪儿，再不然就是动作太粗鲁了。要是他是个性感的男人，而且令我着迷的话，就足以让我感到很兴奋了。"

"虽然他是个很敏感的人，可是我还是靠自己来做阴蒂刺激，我不喜欢对别人下指令，这会把我的感觉都破坏光了。我宁可靠自己的力量来满足我的需要，而不想去指使别人。"

"我们共同发现一个最佳的做爱方式：在做阴茎抽送之前，由我先自行做阴蒂刺激。这可以帮助我准备就绪，让我的阴部变得湿润，以便我的阴道能接受阴茎的插入。我非常喜欢做爱，而我丈夫也很喜欢看着我自慰，所以这种做爱的方式对我们来说，非常有效。"

"当丈夫在玩弄我的阴道时，我则同时对阴蒂进行爱抚，他还会用手轻柔地在我大腿中间做摩擦，吸吮或舔舐我的乳房，当我的高潮即将来临时，他会在我的耳畔说些甜言蜜语。"

借阴蒂口交达到高潮

有多少女人可以借阴蒂口交而达到高潮

另一种广为流行的刺激阴蒂的方式，即为阴蒂口交。然而，女人可以经常从阴蒂口交中达到高潮吗？根据本研究的发现，借阴蒂口交而达到高潮的比例，与借手做阴蒂刺激而达到高潮的比例相较，两者平分秋色，数值相当：约有 44% 的女人可通过用手刺激阴蒂的方式来达到高潮，而另有 42% 的女人则可以经常借阴蒂口交达到高潮。

在阴蒂口交中达到高潮的频率表

问卷调查	总人数	无论何种方式都从无高潮者	未答者	从未做过阴蒂口交者	在阴蒂口交中并未达到高潮者	在阴蒂口交中有达到高潮者
第一次	690	=82	75	15	121	397
第二次	919	=102	115	24	131	547
第三次	235	=30	39	7	28	131
总人数	1844	=214	229	46	280	1075

在此，面临了统计上出现的难题，如同借手做阴蒂刺激的情形一样，做阴蒂口交的目的大都是为了激起性兴奋，而非为了让女人达到高潮。也就是说，虽然绝大多数女人都很喜欢对方帮她们做阴蒂口交（尤其是因为男人在帮她们用手做阴蒂刺激的时候，大都会弄痛），但是，由于男方做阴蒂口交的时间都相当短暂，而且并没有像在做"前戏"（用手刺激阴蒂）时那样集中在阴蒂上做口交，因此，本研究很难根据受访者的回答来下结论：到底她们反映的是实际上从阴蒂口交中获得高潮的频率，抑或是如果给予女人充分的机会去享受阴蒂口交的话，在理想上，她们应该可以从阴蒂口交中得到高潮的频率有多高？研究结果显示：很多女人并不明白阴蒂口交的意义所指为何，还有一些女人仍然不明白什么叫作口交，或误以为是阴茎口交。这很可能缘于她们自己从未亲身做过阴蒂口交。再者，大多数女人依然觉得阴蒂口交充其量只是前戏的一部分，为时甚短，并不足以让她们达到高潮；或是说，她们并没有想到过，原来借阴蒂口交而让她们达到高潮的做法，也可以是一种被大家所接纳的性交方式：

"我现在开始变得越来越讨厌做阴蒂口交，因为我每次做都徒有兴奋却没有高潮。男人总是认为他们只要稍稍帮女人做一下阴蒂口交，就算已经善尽义务了，接着就迫不及待地骑到女人身上去射精。我想，有些男人之所以会用一种机械化的方式来做阴蒂口交，可能是来自地摊书刊所读到的信息——帮女人做阴蒂口交是一件好事，女人很喜欢男人帮她们这样做，所以，如果男人愿意帮女人做的话，就是个好男人。"

有时，阴蒂口交会跟阴茎口交同时进行，即所谓"69"式的性交体位，不过，这种方式却反而会让女方分心，以至于很难专注于自己的高潮上。

对很多女人来说，阴蒂口交仍不失为一种愉悦的性行为，她们会为之兴奋不已，很多女人都再三重复她们多么喜欢做阴蒂口交：

"一只动作温柔、触感明确而且湿润黏滑的舌头，是最好的性器官，它可以提供给你完美的高潮。"

"阴蒂口交的感觉，让你觉得很甜美、温柔，有很强烈的兴奋感。"

"做阴蒂口交让我觉得很性感，因为它仍是社会的禁忌，仿佛另一种'灵魂之吻'。"

"做阴蒂口交会让我非常兴奋，不过，不能达到高潮。因为我隐约有一种感觉，觉得我跟丈夫都不应该喜欢做阴蒂口交才是。"

"在做阴蒂口交的时候，我好像被抛到外太空的轨道上漫游似的，借此达到高潮。"

女人对阴蒂口交的感觉

既然女人都很喜欢做阴蒂口交，为何她们不能从中获得更频繁的性高潮？

很多女人缘于害羞与自疚，以至于退缩不前，不肯主动要求对方帮她们做阴蒂口交。一般而言，女人都会因此而担忧：对方也喜欢这样做吗？尤其在意阴部会不会让他觉得很难闻？

"我老觉得自己的下体很脏，至今仍无法释怀。"

"在做阴蒂口交的时候，我从来都不曾达到高潮。我实在很希望自己可以做到，不过，我觉得我的阴部很脏，这让我很难为情，所以，若有人想跟我做阴蒂口交，我都会顾忌再三。"

"我很害怕，要是我在做阴蒂口交的时候达到高潮，会不会就此让他倒尽胃口？"

"假如我是个男人，我才不会帮女人做阴蒂口交呢！"

"我觉得很自疚——要是我的阴部闻起来或看起来让人家觉得很恶心，那该怎么办？"

"这会天下大乱的。我丈夫每做完阴蒂口交之后，都得好好地刷牙洗脸一番。"

"男人在做阴蒂口交的时候，就显得很洁癖，甚至比我还敏感。"

"我很在意丈夫对我阴部味道的反应，包括味觉跟嗅觉，以至于我无法在做阴蒂口交的时候放松自己，尽情享受性爱，而我尚未试用过阴道清洁液。"

"我想，如果我把阴部洗干净，而且不在生理期间做阴蒂口交，应该是很好的。"

"我总是觉得做阴蒂口交有点怪怪的，并不符合'淑女风范'。此外，我很担心我的阴部可能闻起来很臭。"

"我以前一向都可以在做阴蒂口交的时候达到高潮，现在却不能了，因为我现在的性伴侣并不情愿帮我做阴蒂口交，他甚至在我面前明确表示他的厌恶，有时还表现出一副受尽迫害的可怜相给我看。"

"我现在开始喜欢做阴蒂口交了，虽然花了好几年的努力才能接受这件事。然而，我想不通女人为什么要觉得自己很脏呢？"

"我的男人对此有很大的心理障碍，他觉得女人的阴部闻起来很恐怖，令他退避三舍，他一点都不想尝试做阴蒂口交。他的确试过，可是，他就是受不了。"

"阴部发出的味道会让我觉得很困扰，不过，有时候做阴蒂口交会让我感到兴奋异常。"

"我回想从小所接受到的观念，都是缘于我对自己生殖器的恶感。虽然我觉得做阴蒂口交可以让我非常快乐，但是，我却找不出任何理由让男人心甘情愿来帮我们女人做阴蒂口交。"

"如果我没有事先洗过澡的话，我就会觉得很紧张，放不开，我会担心阴部的分泌物让对方有厌恶感。"

"就我对阴蒂口交的喜好而言，我喜欢很快就做完它。我觉得他一定不喜欢帮我做。那会把他的脸给弄湿，对此我心里很矛盾。"

"我不相信我的性伴侣真的喜欢帮我做阴蒂口交，我觉得他之所以愿意帮我做，一定事出有因，可是他不愿意据实相告。"

"我觉得阴部的味道闻起来或尝起来一定会让人恶心，我觉得很羞耻。"

"我不喜欢做阴蒂口交的原因，在于他每次都表现出一副很不情愿的样子，而我并不喜欢他为我做出牺牲。"

"我喜欢做阴蒂口交，虽然我帮男人做阴茎口交会让我觉得更舒服，但是从来没有一个男人在帮我做阴蒂口交的时候，会让我觉得很快乐。希望有一天我可以好好享受一下阴蒂口交带给我的快乐。"

"我喜欢做阴蒂口交，但也有一种厌恶感。如果我的性伴侣用他的嘴亲过我的阴道之后，要我接着再去亲他的嘴，我会觉得很害羞。这可能是因为我对下体有着根深蒂固的顾忌吧！"

"我有时会怀疑：到底我的性伴侣喜不喜欢帮我做阴蒂口交，或者他只不过是在取悦我而已？我尤其喜欢对方帮我长时间地做阴蒂口交。要是我发觉到他其实并不喜欢帮我做的话，我的乐趣就会骤然降低，觉得自疚不已，就很难达到高潮了。"

"我很怕自己阴部的味道闻起来会让别人觉得反感。此外，在做阴蒂口交的时候，我会觉得自己非要达到高潮不可，否则，对方在我的阴部下了那么多的工夫，岂不白费力气！这种想法使我产生了很大的压力，很难放松心情，自由自在地达到高潮。"

对阴部的清洁与气味的过度敏感，使得很多女人无法坦然接受自己的生殖器，这是一个普遍存在的问题：

"我对自己的生殖器感到很羞耻，不想让任何人看到它。"

"我不相信我们的社会观念会推崇女人的阴道。我觉得阴道是肮脏、恶臭、多毛而湿滑的器官，很多人会希望用除臭剂来掩盖它。"

"一般都认为女人的阴道是肮脏的，因为我们会有经血从阴道排出、生产婴儿、小便之后有尿骚味。此外，在生理期间的经血、平时的分泌物以及性交当中流出的黏液，会令人觉得有恶臭味，而我却觉得女人应该停止假装她们的阴部是干爽的。"

"女人的外阴部"（pudendum）一词的词根，来自拉丁文中的"羞耻"（pudere）。贝蒂·唐森曾在她所著的《解放自慰》（*Liberating Masturbation*）一书中，收录了多幅不同的女人为自己的阴部所画的"自画像"。在这些自画像中，呈现出各式各样的女性生殖器的外观构造图，看起来非常性感而典雅。事实上，在过度推崇阴茎的社会里，并没有对女人的生殖器进行"图解学"的深入研究，透过性交模式的制度化，也反映出在社会文化里男女两性不平等的处境。

你觉得自己的阴道及整个阴部，看起来是美是丑？闻起来是好是坏？

"你知道最能让我兴奋的是什么吗？那就是我自己阴部的气味。"

"我觉得我的阴道是美丽、丰富而多产的，我特别喜欢那黑色的阴毛。有时候，阴部的气味闻起来非常性感，会让我兴奋异常。不过，我不会为了要享受这种气味就不洗澡了。"

"以前在洗澡的时候，我很讨厌碰触我自己的阴部，我觉得我的阴部闻起来很臭，所以，我就用除臭剂去清洗我的阴部。现在，我觉得我的阴部很美，这都要归功于妇女运动。"

"我的阴部看起来很丑，好像一道未愈合的伤口，我觉得男人的生殖器比较美。"

"我的阴部看起来小巧可爱而且非常迷人，就像身体的其他部位一样。当它清洗干净以后，闻起来味道很好。"

"我觉得我的阴部长得很丑陋，上面覆盖了太多的软弱无用的皮肤组织，皱在一起，两瓣下垂。而我两岁女儿的阴部却很美，摸起来既坚挺又平滑。"

"以前我觉得很丑。后来，我花了很长的一段时间，学习和我的身体和平共存，我的身体会随着自然的周期运行着。有时候，我会觉得对自己的身体感到怡然自得，更甚于别人。我曾经努力找出阴部的美丽之处，可惜所获不多。后来，我才恍然大悟，经过将近 3 年的时间，终于能够坦然地面对我那只没有刮过毛的腿，或许再经过一段时日，我能慢慢地把从前在自己阴部上所受到的社会制约——除掉。"

"从逻辑上来说，我的阴部看起来很丑而且闻起来很臭，可是，我觉得男人的生殖器也好不到哪儿去。但在情感上，我觉得我的阴部很美，虽然我知道我的性伴侣并不认同。"

"理想上，生殖器应该都是美丽而性感的。但事实上，我却觉得阴部长得很丑陋而且闻起来很臭。"

"我觉得它是美丽的，阴部的分泌物让我觉得很兴奋，而且闻起来味道很特别。"

"我曾经试过把我的手指放进我的阴道里去，结果不到一秒钟，我就开始觉得很反胃，此后，我就再也不这样做了。"

"我觉得它看起来弯弯曲曲的，很有趣。"

"以前我会为了我那两瓣突出的阴唇，感到害羞不已。"

"我觉得阴道的气味，是天下最神秘而难解的味道。"

"我丈夫的阴茎看起来比较美，而且味道闻起来也比较好闻。我的阴部看起来很可笑，且在生理期的时候味道很臭。"

"我觉得它很美，而且很女性化。"

"最让我反感的事，就是把女人两腿大开的照片，当作色情图片并斥为猥亵。他们胆敢把我最美丽的一面，说成是肮脏恶心的东西！"

"我的阴部看起来很丑，闻起来却温热而潮湿，感觉很特别，让我觉得很性感。"

"我以前对阴部的气味觉得很反感，而且有个男人说我闻起来很臭，所以我常会用阴部灌洗剂去清洗阴部的每一寸肌肤。"

"虽然我的阴部闻起来很臭，可是，我还是觉得它很好。"

"我觉得我的阴部闻起来很棒，每当我自慰结束之后，我都会把手指拿起来闻一闻。"

"虽然我的生殖器看起来很丑，可是，我的阴毛看起来却很女性化，给人很神秘的感觉，我觉得它很美。"

"它看起来很健康、温暖而且很性感，不过，闻起来却觉得很刺鼻。"

"我以前很喜欢我自己的阴部，可是，自从我接受了男人的观点之后，我就觉得它长得很丑而且闻起来很臭。"

"虽然我觉得我自己的阴部长得很丑，不过，我现在开始想办法要去接纳它。我这辈子还没亲眼看过别的女人的阴部，我只看过我女儿的，她还是个小女婴。她的小阴部看起来是粉红色的，很洁净。我的则是紫红色的，还略带棕色。在我妈妈那一代，她们始终严守女人的谦卑，教导我要对自己的私处感到羞耻。"

"在我小的时候，我觉得我'那个地方'长得很丑，猩红色的皮肤让我想起内脏肠胃器官的图片，令我作呕。我还记得小时候跟爸爸一起洗澡，他正在做淋浴，我则在一旁跟他聊天。那时，我觉得他的阴茎长得很丑陋，幸好我是个小女孩，我觉得我的阴部长得比他的好看多了。现在，我也开始喜欢看我自己的阴部了。对我来说，我的阴道给我温暖、潮湿而柔软的感觉，我很喜欢亲身去感触这些美好的感觉。"

"我不觉得我的阴部长得很丑，不过，我也不确定它是不是长得很美，我喜欢它闻起来的气味。我从很小的时候就开始自慰，每回做完自慰之后，我都会把手指凑上来闻一闻。那个味道真的很让我马上就兴奋起来，至今仍是如此，我常常在自慰的时候被妈妈发现，吓得全身毛骨悚然。她一直想要帮我戒掉自慰的习惯，可是做不到。对她来说，我是个性变态。"

"我丈夫说我的阴部很美，无论闻起来或尝起来，气味都很好，我希望我真的可以相信他说的话，可是在我内心深处，还是觉得很害怕。"

"我觉得很丑，让我很羞耻。我把我的阴部当作'身外之物'，而不是我身体的一部分。我一直很希望能够克服这个障碍。"

"我不觉得我的阴部看起来很漂亮，不过，既然它是我身体的一部分，属于我自己所有，所以，我就觉得很不错啦！"

"我以前曾经做过医师的助手，看过各种不同女人的阴部，我并不认为它们是漂亮的，反而觉得很丑——看起来像是伤口的裂缝，边缘则是赤棕色的。我倒觉得女人把腿并拢了，看起来才好看。"

"我觉得我的阴部是美丽的。我喜欢阴毛卷曲的样子，我还喜欢阴部分泌物的味道、阴部皮肤的颜色，以及阴唇的外观形状，我都很喜欢。"

"对我来说，我觉得女人在性事上比男人更好奇，也更自在一些。女人对气味和分泌物都比较敏感而且喜欢。"

"我觉得它是美丽的，阴部的气味闻起来很棒。我痛恨为何以前女人总要被教导自己的阴部又脏又臭。"

"以前我总会觉得自己的生殖器长得很丑陋，直到有一天，我才突然发现，其实这些不好的想法都是别人强加在我们身上的，于是，我才开始坦然地接纳自己，接受我的生殖器是有功能、典雅而灵巧的。它的美，就像你所熟悉而亲近的人，如此一来，你就会觉得它很美了。"

"基本上，我觉得我的阴部长得很丑，可是，我很努力地去改变这个想法。"

"它让我有很欢愉的亲密感，我觉得很有趣，而且很神秘。"

"我喜欢身体的各个部位。我也很喜欢我的阴部，可是，我并不觉得它长得很迷人。"

"我觉得我的阴部既不脏也不臭。如果保持干净的话，气味也还不错。不过，你想我可能在 50 岁时，还认为自己的身体是美丽的吗？"

"在我开始学做阴蒂口交之前，我觉得我的阴部令人觉得很恶心。可是，自从我爱上了她的阴部之后，现在我也很喜欢自己的了。"

"早先还没有看过成年女人的阴道时，我觉得我自己的阴部看起来很丑，现在觉得很好了。"

"我最近才开始观察自己的阴部，我很喜欢我的阴毛，有时洗过澡之后，我还会把它梳理整齐。此外，我觉得我的阴唇看起来很有趣。"

女人这么喜欢做阴蒂口交的原因之一在于她们觉得对方愿意把嘴唇贴近她们的阴部，对她们来说，是一件意义非凡的事。这意味对方为她们付出了无比的接纳与信任：

"对方愿意去爱我的私处，让我觉得意义重大。"

"我非常喜欢做阴蒂口交，这有生理和心理两方面的原因。这表示男人对我的女性化有正向的肯定。我觉得我阴部的气味以及构造是很迷人的，而男人也如是想。在做阴蒂口交时，他的阴茎就显得无用武之地了。所以，他并没有借助'天赋的工具'（阴茎），就能给我很大的乐趣。对他来说，让他使用阴茎来跟我做性交的话，会更容易就让他自己射精得到快乐。可是，当他发现我并不需要他的阴茎就可以达到高潮的事实，反而让他先肯定了他为人的根本，其次才是他作为一个男人的本色也受到肯定。我曾经试想过一些男伴不愿意为我做阴蒂口交的心理，而这很可能也是大多数男人的通病。他们都误以为，要是我不用借助他们的阴茎就可以达到高潮的话，这无异就是在否认他们的男性雄风。他们会觉得自己像个假男人，也就是一个有生理缺陷的男人。有时，我用甜言蜜语去诱拐我的男伴来帮我做阴蒂口交，之后他便发现我在高潮快要来临的时候，会因为喜悦而变得如痴如狂的样子。接着，一等他意识到我的高潮已经来了，他马上就停住不做阴蒂口交，改用他那几近报废的'工具'来做阴茎抽送。"

"做阴蒂口交比做阴道性交还让人有亲密感，这似乎是两人在身体上做亲密接触的极限了。"

"我喜欢他把脸跟嘴都凑到我的阴部去，很用心地去探索。要是男人在我月经来潮的时候，还肯亲吻我的阴部，我就认可他是我的情人了。"

"男人帮我做阴蒂口交总会让我很兴奋，不过，到今天我心里还是有一层阴影在：我觉得他们愿意帮我做阴蒂口交，即是在施恩于我。因为，我认为他们其实并不喜欢做阴蒂口交，所以，他们往往做个三两下就停止了。不过，现在我却觉得这是很亲密的做法。但是，要是我和对方的亲密感还没有那么深，就已经先跟他做阴蒂口交的话，我会觉得很羞惭，很不对劲，这样我反而更没有办法达到高潮了。然而，在绝大多数状况下，每做一次阴蒂口交，都一定能让我为之兴奋异常，因为那柔和的触感和先前提过的亲密感以及违背社会禁忌所带来的刺激感，都会让我兴奋不已。"

大多数男人在用手帮女人做阴蒂刺激时都会感到厌恶与反感；同样，他们在帮女人做阴蒂口交时，似乎也显得非常笨拙而心怀怨恨：

"我很喜欢做阴蒂口交，却不曾借此达到高潮。这是因为我的性伴侣并不喜欢帮我做。而我之所以喜欢做阴蒂口交，是因为舌头跟嘴唇的触感很柔和、潮湿而温暖，当它接触到我那柔软而敏感的阴部时，会让我觉得非常舒服。我喜欢平躺着尽情享受阴蒂口交的快乐，而我不必有非要做些什么不可的压力。不过，我总是觉得我的情人帮我做阴蒂口交很不情愿。"

"谈起阴蒂口交，你只要平躺着，两腿张开，让你的性幻想尽情发挥，千万不要操之过急。如果我早知道这个男人只肯帮我做一下子，而且他还会觉得这样做是很奇怪的性变态，甚至在完事后故意把头抬得高高的，从嘴里吐出一根阴毛，旋即冲进浴室去洗脸刷牙的话，我当然会为此而内疚不已，不过我也在想，为什么非要受到他这样的对待不可？我开始觉得我的性伴侣对于做阴蒂口交，有很严重的心理障碍。"

"有时在做阴蒂口交的时候，我会注意到他竟然用眼角的余光在看电视。那真的会让我倒尽胃口。"

就像让男人用手帮她们做阴蒂刺激一样，大多数女人对于做阴蒂口交也会抱着很深的内疚，她们觉得自己不应有此要求，而要从正常的阴道性交中得到高潮才对：

"我在阴道性交中无法达到高潮，需要靠阴蒂口交来到达高潮，我觉得自己是个性变态。"

虽然有些女人觉得做阴蒂口交的感觉极佳，但是她们并不喜欢做，因为她们不愿意因而被迫要帮男人做阴茎口交来作为回报。或者说，她们并不喜欢跟男人用"69"式的性交体位做口交，她们尤其并不喜欢男人在她们口中射精：

"我不想帮他做阴茎口交，作为回报他帮我做阴蒂口交，这会让我觉得有罪疚感。"

"在做阴蒂口交的时候，我会觉得很不舒服，尤其我还发现他希望我应该要表现出很兴奋的样子，就更让我难过了。"

"我不喜欢跟技术欠佳的性伴侣做阴蒂口交，而且我很讨厌男人在我的嘴里射精。"

"做阴蒂口交的感觉很疏离，而我必须帮他做阴茎口交来作为回报，这可真是让人厌烦的苦差事。"

"我觉得这也许只是一时的心理障碍，不过，一想到要去帮我的性伴侣做阴茎口交来作为回报，心里真的觉得很厌恶。"

"我很喜欢做阴蒂口交，却不喜欢在做的同时，还要帮对方做阴茎口交，因为这样会让我分心，使我无法专心在自己的高潮上。"

"有时我会觉得自己很自私，一味地要求对方帮我做阴蒂口交，而他似乎并不喜欢做，而我也不愿意帮他一起做阴茎口交当作回报。"

在回答"你喜欢做阴茎口交吗？会达到高潮吗"的问题时，女性多如此表示：

"偶尔，我会喜欢做阴茎口交，但我并不喜欢吞下精液，那会让我的喉咙有烧伤的感觉。"

"我不在意和男人做阴茎口交，我还蛮喜欢的。我知道那会让我的性伴侣非常舒服，所以喜欢帮他做。"

"除非我深爱着这个男人，否则，我才不情愿把脸伸到他的下体去。在我不想做阴道性交的时候（比方说我的月经来潮、当时患有阴道感染，或者是正在怀孕等），而他却很想得到性释放的话，我便会帮他做阴茎口交。对我的嘴来说，男人阴茎的尺寸实在太大了，我常常会呛到自己。所以，除非是我深爱的男人，我才愿意为他做阴茎口交，当作献给他享用的礼物。事实上，我真的很厌恶做阴茎口交，也不喜欢精液，有人还把它比作蛋白质，我才不在乎呢！"

"在做阴茎口交的时候达到高潮是很好啦！可是，千万不要把精液射到我嘴里才好。"

"我会做阴茎口交来让他达到高潮，但是，我绝不会把精液吞下去。"

"当我和新的性伴侣做爱时，势必无法在做阴茎口交的时候达到高潮。因为，在一个新的性伴侣面前，我总是不好意思把他的精液当面吐出来。"

"我喜欢短暂地做阴茎口交，却不喜欢男人把精液射在我嘴里。我喜欢把阴茎口交和其他的身体游戏混在一起玩，而非只做阴茎口交而已。我的性伴侣非常喜欢我帮他做阴茎口交，所以，通常我都是为了取悦他才这么做。我从来都没有过跟女人做爱的性经验，如果我真的有此经验，我一定会觉得做阴蒂口交比做阴茎口交还更有趣，因为，我不会觉得有被侵占的感觉。"

"在你决定要不要帮男人做阴茎口交之前，你应该先尝试几次，让自己习惯才对。"

"做阴茎口交是没什么大问题，只是我的嘴总是张大着，很容易就觉得酸了。"

"我敢打赌我一定会被呛死。我受不了精液在我嘴里的感觉，想到就令我作呕，而且我还担心他会在我嘴里尿尿。"

"我并不特别在意做阴茎口交。有时，它就像一件苦差事，非做不可，所以，我往往会做到一半就再也做不下去了。不过，通常我都是在我想做的时候才去做，这样就显得有趣多了。我喜欢他射精在我嘴里，我喜欢精液的味道，因为我觉得蛋白质对我很有帮助。我倒是从来都没做过阴蒂口交，这个念头会让我觉得很恶心。可是，这种恶心的感觉，却又会让我对自己更加不满。我真希望可以免除这些恶心、性变态的想法，让我尽情地好好享受身体的快乐，而不必去设想那么多的困扰。"

女人喜欢什么样的阴蒂口交

做阴蒂口交的最佳技巧为何？对不同的女人来说，各有偏好，而且要看情况而定，尤其是当时的心情如何以及和对方感情的深厚等因素：

"用舔舐或吸吮的爱抚方式是最棒的了，因为它会不时中断固定的接触，也就不会显得太枯燥。每当舌头碰触到我的阴部，都会激起我既新奇又快乐的感觉，不久之后，我就达到高潮了！若是在这个时候突然改变姿势，就会让我分心。然而，对于间歇小幅度的变化，也会让我觉得更加刺激。"

"先从阴部底下的褶缝开始，用嘴唇和舌头从阴唇的两侧次第向上游走，把我的阴唇整个撑开，等到舌头走到褶缝的顶端时，再绕着阴蒂的四周做亲吻与吸吮，同时配合在胃部及屁股等处的爱抚，最后再用嘴唇吸着我的阴蒂，这样我的高潮马上就来了。"

"若要对阴蒂做口交刺激的话，不只要用到嘴，还要动用到鼻、下颚。此外，舌头最好不要过于僵硬，也不要太突出成针状。"

"我喜欢口交刺激要做得温和而细致，而且动作一定要稳定。"

"我喜欢我的阴蒂被一只舌头快速地舔舐，同时对方还要从鼻腔中发出嚎叫声，喉咙里也放出沙哑的叹息声。"

"我平躺着，我的性伴侣把头埋在我的大腿中间，用他的舌头在我的阴部四周来回一遍又一遍地舔舐着。我喜欢这样什么也不做，只要专心达到高潮即可。"

"在做阴蒂口交的时候，有时他会快速地摆动他的舌头，或者他会用吸吮的方式来做。他还会对着我的阴道吹气，虽然感觉有点怪怪的，不过，我还是觉得很刺激。"

"我喜欢他用徐缓而稳定的旋律做阴蒂口交，要很温柔地做绕圈的动作，先对着我阴部的前端，然后向下抵达我阴道的开口处，接着，在我的高潮来临之前，他会把他的舌头猛地戳进我阴道里去。"

"对着我的阴蒂用嘴做挤捏与亲吻，会让我感觉很美妙，就像在嚼口香糖似的。但要温文而轻柔地做才好。"

"我喜欢他在我阴毛以上到大腿中间的地带，做温柔的亲吻。用舌头的舌面在我的阴道和肛门一带上上下下来回舔舐。而且，他的舌头一定要保持湿滑，在做阴蒂口交的时候，他一边还要发出声音才好。"

"假使我的性伴侣愿意为我用舌头做阴蒂刺激，同时用手爱抚我的乳头的话，我准会在数秒钟之内就达到高潮。有些男人一直努力要帮我做阴道刺激，可惜他们一点都不知道，这样做对我根本就没什么效果可言。"

有一些女人认为，用口交的方式来做阴蒂刺激，会比用手来做阴蒂刺激要好得多：

"舌头比指头还来得更温柔，而且，舌头可以接触到更广泛的区域。"

"舌头比起阴茎或手指都还来得更温暖、湿滑而轻柔，而且动作更灵巧。"

"阴蒂口交是最棒的，因为大多数男人都不懂得用手刺激阴蒂的诀窍，而且动作会过于粗鲁，但是相对来说，舌头却显得灵巧些。"

"舌头可以在我的阴部上做各种轻巧的接触，而手指却做不到。"

"我比较喜欢用舌头做阴蒂口交，因为舌头长得比较小巧，而且比阴茎更灵活。"

"我比较喜欢做阴蒂口交，因为它不像用手做阴蒂刺激会让我觉得很痛，好像我的阴部被撕开似的。用舌头来做会让我觉得灵活一些，而且更直接，而不是一味用蛮力在猛冲猛撞。"

"做阴蒂口交比用手做阴蒂刺激更好，因为用手做的感觉比较强烈，反而减少了原先的快感。"

"我喜欢舌头的灵巧与敏感，还有它的湿滑可以增进我的触感。我喜欢舌头或手指去直接接触我的阴蒂，不过千万要小心不要把我给弄痛了，因为我已把自己完全敞开交给我的性伴侣，那时的我是非常脆弱的。这也显示我已被他完全了解，为他所接纳，他还可以直观我的内心。"

不过，有些女人表示，做阴蒂口交的一大缺点就是，没有办法同时去拥抱对方的身体，因为跟对方的距离太远了：

"我不喜欢我的性伴侣离我那么远，我都碰不到他的身体，也亲不到他的嘴。我喜欢任由他在我身上爱抚，我喜欢他的嘴贴着我的脸，感觉到他的呼吸吹在我脸上。"

"我喜欢在高潮来临的时候，跟我爱人的身体亲密地交叠在一起。"

"我会很想去亲吻我爱人的头……我什么都不想做，只想去亲他。"

若采用"69"式的性交体位，可以解决上述的问题吗？答案并不尽然：

"我们试过好几次'69'式的性交体位，可是效果不彰，每次我们都觉得动作太多，因此很容易分心。"

"我知道做阴蒂口交并不是他最喜欢的，不过，既然他喜欢我帮他做阴茎口交，所以我们也试了'69'式的口交。但是，在这种姿势底下，我很难专注于自己的高潮，因为我还要分心去取悦他。采用'69'式性交时，我喜欢在上位，这样我才可以控制他的阴茎在我嘴里进出的长短。要是我在下位的话，我总会被呛到。"

"如果在做口交时还要分神去关照他的反应的话，通常我都没有办法达到高潮。"

"我不喜欢做'69'式性交的原因是：首先，我并不喜欢那种性交体位。如果是他在上位的话，通常他都会把阴茎深深戳进我嘴里，总是把我呛到。所以，我比较喜欢由我自己来控制我的动作。不过，如果我在他的上位，我也会觉得不舒服。我不敢想象我竟然要把我的阴道在他的脸上摆来摆去，而且处在那种姿势，我没办法好好控制自己的动作。若是我们侧身躺着，我也会觉得不舒服，头和腿都深感不适。还有，我也不喜欢把鼻子凑到对方的肛门口去（我知道我这样说是稍显夸张了些，可是，我一想到这种姿势，就真的会这么联想）。重要的是，在这种性交体位下，我根本就得不到我想要的阴蒂刺激。我喜欢把刺激全都集中到我的阴蒂的下端，而在'69'式的姿势底下，往往这种刺激不是过分集中到我的阴道，就是在阴蒂的上端部位，位置都不对。"

在做阴蒂口交时，女方一定是处在被动的状态吗？答案并不尽然。有些女人在做阴蒂口交时，一向都会主动摆动自己的身体：

"在他用嘴吸吮我的阴部，并用舌头舔舐我的阴部的周围时，我都会摆动我的下体，让我的阴蒂去跟他的嘴做摩擦。"

"我坐在他的肩上，他则平躺在下，我把两腿大开着。在接近高潮的时候，我就把我的腿并拢一点。我喜欢靠自己来摆动我的下体，对着他的舌头，上下做摩擦，不过，我摆动的幅度不大。当男人在帮我做阴蒂口交时，我不喜欢他们任意把我的腿扳来扳去，或者把我的下体移来移去。我曾经跟几个男人做阴蒂口交，结果他们把我的腿折叠起来，好像我准备要生小孩似的，我很讨厌他们摆出一副摆布别人的姿态。他们应该要让我自己来做才对。"

"我喜欢站着做阴蒂口交，让男人蹲跪在下（单由他来帮我做口交），可是，男人却认为这种姿势对他们来说太屈辱了。"

还记得先前受访者用尽各种美丽而兴奋的字眼，来形容她们对阴道性交以及历经性兴奋阶段时的感觉吗？可是，在这里，她们却用神秘、严峻、冷淡而不在意的语气，来形容她们对阴蒂刺激的感觉。显然，她们并不觉得做阴蒂刺激是一件值得骄傲的事。在一般的社会文化里，并不鼓励大家做阴蒂刺激，甚至连给它一个适当的名称都付之阙如。幸好终究是有一个"阴蒂口交"的词可以代用，虽然很多人根本不懂得这个用词的意义为何；而"阴蒂刺激"这个词，就真的是无中生有的新词，用意即在说明一项行之经年的性交活动。我们缺乏指称阴蒂刺激的语言，正如我们对阴蒂刺激缺乏尊重一般。显见我们的文化对女性性欲的了解仍然相当有限，遑论要求我们的文化来正面颂赞女性性欲之美了。

✍ 在和男人做爱之后，你还需要靠自慰来达到高潮吗

"我不曾想过我在做爱之后，还要靠自慰来达到高潮，不过，这听起来似乎是很不错的主意，至少对我的神经系统是很有帮助的。"

"我常常在很多情况下会自慰，对我来说，与其说是和我的性伴侣做爱，不如说那是一种表达友好的动作罢了。"

"不会。要是我没有达到高潮的话，我就会觉得他是个自私自利的男人，专门在利用我，我就会很生气，觉得很窝囊，因而情绪不安，陷入低潮，而不会想再继续自慰。"

"不会。我会直接去冲个冷水澡。"

"是的，有时在阴道性交之后，还做好几次的自慰。"

"我从来都没这样做过。如果我这样做，我会觉得很自疚，而且觉得很屈辱。"

"是的，而且我还会按照既定的规律来做。因为我都是平躺着，所以，大多数男人都没发觉我在底下做什么，等到我的高潮来了，他们才会睁大眼睛，很惊讶地问我：'你刚才是不是在自慰？'等他们确定之后，就开始连声抱歉：'你刚才怎么不告诉我高潮还没有来呢？我一定会再和你做上一个小时的。'"

"我从来都没有试过。我觉得这样做是在欺骗对方。"

"是的，我的确试过几次，在我前夫睡着之后，他在一边打呼，鼾声大作，我则在一边自慰。"

"没有，我从来没有这样做过。如果我和这种男人做爱，我会尖叫、大吼、乱摔东西，可就不会自慰。"

"有时会。因为我觉得心里很挫折，眼见他在射精之后转身睡去，我只好自慰了事。"

"有时会。不过，通常我都会把它忘记。因为做这种事，听起来就觉得很卑微。"

"有时我真的很想这样做，可是，如果你的身旁睡了一个男人，你真的会很为难。你会觉得害羞，这会让两人心里都有怪怪的感觉。"

"我很想要这样做，可是我却没有，因为我怕对方反感。"

"我很想这样做，可是始终没有勇气。"

"不会，我若这样做，只会让我更加沮丧。"

"会的，有时在他离开之后，我会重新再做一次。"

"有时我会这样做，我丈夫也颇能谅解，不过，我也知道我这样做，会让他觉得他并没有让我高兴。"

"我从来都不敢这样做。"

"是的，我都会躺在他身上做自慰，跟他的身体上下做摩擦。"

"有时会，可是我总是觉得很羞耻。"

"在我没有高潮的时候，我会去冲个热水澡，让温暖的水柱打在身上，这样多少会有点帮助。"

"有时会，不过在这之后，我再也不会和这个男人上床了。"

"我不会在性伴侣面前这样做。"

"会的。因为大多数男人并不是好情人。"

"我曾经想过好几次，尤其是在做阴道性交，而我却没有达到高潮的时候，可是，我却从来不曾这样做过，因为我考虑到我性伴侣的感受。"

"有时会，特别是在他根本就不想让我有高潮的时候，我就会从中打断我们的性交，等他转身睡着之后，再通过自慰来达到高潮。这往往会让我觉得既疯狂又悲伤。"

"有时会，在我孤单一人的时候。我不知道该怎么办，难道我应该告诉他实情吗？"

"是的，有时会。我不想对我的性伴侣说：我想在做阴道性交的时候，一起做自慰，所以，我就留到阴道性交结束之后，再做自慰。"

"我以前会在浴室里一个人偷偷地做自慰，现在则是由我的性伴侣来帮我做。"

"我曾经做过一次，那次是躲在浴室里偷偷做的，之后，我还大哭一场。我从来没想到过：原来做阴道性交竟然是这么一件令人失望透顶的事。"

"要是我没有达到高潮，我就会做自慰。同时，我也会做深呼吸，或者做缓解身体紧张的体操，好让我的性兴奋可以慢慢退去。"

"我曾经偷偷地试过几次，不过，有时我被他整惨了，即使我还没有达到高潮，心里也觉得很失望，可是，我已经累得精疲力竭，再也动弹不得了。"

"是的，偶尔为之。若我没有做自慰的话，我就会咬紧牙根，强自忍耐。"

"是的，有时我会这样做。我要是没有做自慰的话，大都是因为我已经精疲力竭了，或者觉得情感上已经很满足了，所以不需要再去自慰。"

"有时我真的很想这么做，可是，我还不知道该怎么做，才不会被抓到而又能让自己达到高潮。"

"有时，我真的很希望我可以这样做，可是，我又觉得这样做，一定会让那个和我在一起的男人觉得很屈辱。此外，在做完阴道性交之后，我都和他一起同睡，并没有机会独处，也就没办法自慰了。"

"我的第一次自慰，是在一种极端挫折的心情下完成的，那时我刚和他做完阴道性交，我的高潮没有来，而我依然很兴奋。就在他离开房间的刹那。我突然想到：为何我不自己来做做看呢？在那之前，我从来没有想过要这样做，这个想法着实把我自己吓了一跳。接着，我就把房门锁上。一开始，我还很迟疑，不太敢碰触自己的身体——会有一些厌恶的感觉。我还记得在我达到高潮的时候，脑中闪过的念头是：'天啊！这比跟男人做爱还爽呢！'而这个念头随着高潮的来临，让我惊讶不已。"

"14年以来，从来没有一个男人会在他跟我做完阴道性交之后，还帮我做自慰来让我达到高潮，而我也始终封闭自己的感情，所以不敢开口要求他们来帮我做。此外，我也不敢在他们的面前自顾自地做起自慰，我都会一个人到浴室去做。可是，总是心怀怨怒，以至于精神紧张，最后，还是把自己的情绪暂时放到一边去。"

对女人来说，若始终无法在性交中达到高潮，未必是一件不好的事，却很显然会令人难受。大多数女人都觉得，在她们经历过一定程度的性刺激之后，自然会有想要达到高潮的需要，否则，她们便会觉得心有不甘：

"高潮是很重要的，特别是在我的生殖器已经膨胀起来的兴奋时刻。"

"就生理需要而言，高潮并非不可或缺的。可是，要是在我濒临高潮的边缘，而我却没有办法达到高潮的话，我就会全身紧绷，无法自由动弹。"

"在我还没有达到一定的兴奋点之前，假使没有高潮就算了，反正大不了就诅咒一夜，再不然就是以达到高潮为收场。"

若已经达到兴奋却始终没有高潮的话，会不会对女人的生理造成影响？要是这样的情形已经成为长期以来固定的性交模式，那么，在女方身上就会发生长期性的骨盆腔充血的症状。根据薛飞的定义，便是所谓的"长期被动充血症"。

在身体血管中的不正常充血，往往肇因于流入血量的增加或原先蓄血量的排泄不足。在女人身上，最常见的便是骨盆腔静脉血管的扩张现象，通常是历经两三次以上的怀孕所带来的副产物。此外，有时也是来自长期的性兴奋未得缓解所造成的后果。在高潮时需要有充足的血量来应付体能的爆发，但若因为血管的过度扩张而呈现松弛的现象，便会妨碍正常的供血调节作用，甚至导致高潮根本就不可能发生。而这又会加重血液循环的停滞，造成血管的持续扩张。继续恶化下去的话，骨盆腔充血便会引发身体的各种不正常反应，甚至妨碍到大腿的静脉回流。这更会加重心脏的负荷。在这种情形下，外生殖器会呈现出肿胀、浸水的外观，颜色转为紫色。处在这种状况时会令人深感不适，而得不到缓解的性紧张，便会转成痉挛与疼痛。

当然，由于大多数女人都会借自慰来达到高潮，所以，除非是很极端的例子，否则骨盆腔充血的案例并不多见。不过，根据马斯特斯与约翰逊的研究，无法达到高潮的女人会出现很多症状，诸如不安、情绪困扰、抱怨骨盆腔有饱胀感、压力沉重、痉挛、痛感、长期的腰酸等。

然而，无法达到高潮对女人的伤害，莫过于心理上的沉重打击。女人眼见男人在阴道性交中享受射精的快乐，让她们误以为每一次都能享受到高潮便是男人的特权。这会让女人觉得自己是比男人次等的、被压迫的、低劣的人。

当然，这并不意味将"让男人、女人都能在每一次的阴道性交中双双达到高潮"作为性爱的终极目标。相反，我们应该追求的是将人类的性爱与性关系重新加以界定，摒弃文化上对男女两性的刻板印象以及恶劣的压迫关系。

💕 争取自己身体的主控权

生殖主义的性交模式，剥夺了女人享受性爱的自由。

至今我们已经非常清楚地看到，在我们文化中所盛行的性交模式，实则剥夺了女人的性爱自由。从前戏、阴茎插入到阴道性交（即俗称的阴茎抽送），最后是以男人的射精作为高潮，而宣告性交的结束。如此僵化的性交过程对女人来说，无法让她们从中达到高潮。自始至终，几乎全都是由男人在操控整个性交的过程与进展，至于对待女人，却只是以非人道的方式施以肤浅的挑逗便算了事。简言之，这种对待女人的方式早已制度化地将女人的情欲排除在性交过程之外，除非女人也能帮助男人满足性欲，才会出现例外。

很多女人都对上述现象表达了她们的沮丧："我不理解，为什么对男人而言，他们在每一次做阴道性交时都一定会达到高潮，而女人却必须费尽心力还不见得有所成。如此而言，男女性交只是为了满足男人而已。"

"人们通常都不了解女人的性爱，他们都以为性交虽是两人共同完成的行为，却只是为了一人的满足所做。当代的专家学者比起早年的更糟，因为，他们竟然要女人去为男人做一些妓女才做的性服务，而女人的需要却越来越不受重视，除非是女性的专家学者，才会强调女人的需要。"

生殖主义的性交模式为男性高潮设下了标准化的性交过程，时间地点皆安排妥当，以保障男人一定会在那样的过程中射精，因此，参与性交的双方都早有默契，知道下一步该做什么，以便让男人可以尽快达到高潮。整个性交过程都是预先安排的，也都是在双方的默契下进行。可是在这个过程中，却不曾为女人的高潮预做适当的安排，除非靠她们自己在做阴道性交的过程中极力争取。所以，女人总是处在一种乞求男人给予她们"特殊待遇"的劣势当中，她们只得开口要求男人帮她们做所谓"额外的"阴蒂刺激；再不然，她们就只好使出通天的本领，想办法暗示她们所想要的性刺激为何，而男人却经常粗心大意，毫不在意女人的感受。要是女人终于得到她们渴望的"特殊待遇"或"额外刺激"时，她们便心存感激，感谢这个男人如此的"善解人意"。所以，大多数女人干脆就不去苛求高潮了，甚至一味伪装她们的高潮。

不过，我们可以一起来改变这样的性交模式，重新定义我们跟别人的性关系。一方面，我们要能主控自己的性高潮。我们既然知道如何在自慰中让自己达到高潮，为何我们不能将之运用在和男人做阴道性交的过程中？而且，在我们和男人的性关系中，他们是否也把女人的高潮视为一己的责任呢？男人在阴道性交的过程中，主要是靠阴茎在阴道内壁中做抽送才得以达成他们的高潮，那这样算不算是"自私自利"或"幼稚退化"的做法呢？但在当今支持男性高潮的意识形态下，答案当然是否定的。

因此，女人始终都很难以主控自己所想要的性刺激：

"和我的性伴侣在一起时，我从来都不会主动要求做阴蒂刺激，我一向都很害怕。"

"要是我开始主动要求我想要的性刺激，这样会让我显得很具侵略性。"

"我总会梦到自己正在享受身体的极乐境界，而我跟别人却从来都没有办法达到这样快乐的境界。我能给予我自己高潮，远超过生理的快感，获得遍布全身的舒缓以及身心合而为一的快乐。好像是在海上航行一般，载浮载沉，四周色彩丰富，充满喜乐与安逸。我享受到的是'多重高潮'，一次比一次更美满。我也可以和我的性伴侣一起达到高潮，可是，却从来都不像自慰给我这样强烈而美好的感觉。"

女人为什么不能主动触摸自己的身体？为何不能做女人想要的性刺激好让自己可以达到高潮？虽然，和男人一起分享他们的高潮的确也是一桩乐事，但反过来说，为什么男人跟女人"分享"她们的高潮会是一种"施恩"呢？为什么女人不能借自己的手达到高潮呢？由此可见，在当今的性交模式下，女人始终还是处在一种等待好男人来帮她们"做善事"的被动情况中。

女人当然有权追求自己的性高潮，只要我们想要的话，你可以摆动自己的身体去跟对方做摩擦，以便得到你所想要的性刺激，或者，可以套用在自慰时一样的做法，在阴道性交中来刺激自己。虽然，这样的建议在一开始会让你觉得很奇怪，不过，一旦你学会了如何在别人的面前做自慰的话，你就可以主控自己的高潮了。主动创造女人自己的性高潮，并不会减损了性爱的美丽，也绝不至于剥夺你和性伴侣共同分享的快乐，甚至还会增进性生活的美满。社会禁忌严防你碰触自己的身体，用意在阻挠你享受身体的乐趣，因为社会文化已将你的身体规定好是为别人的快乐服务的。然而，我们女人当然是有权争取自己身体的主权。主控自己所需的性刺激，便是拥有了身体的自主权，此外，这也正是朝向自由之路的起点。

8

女同性恋主义

女人最懂女人

love

"无论男女，人类的性爱并不会受限于生殖器官的构造，自然而然即生成女同性恋（以及同性恋）。可悲的是，当今的社会体系是建立在性别差异以及生殖功能之上，而这样的社会是相当野蛮且仍处于未开化的状态。因此，未来人类的新社会就应该要朝向尊重个人且爱惜生命的方向努力。"

"我认为我们天生下来就是'有性有欲'的人，也就是说，我们每一个人天生下来，就有和各种生物——动物、植物、男人与女人——建立关系的原始情欲。我们会对他们产生爱意，想跟他们做情感交流。可是，社会却不允许我们把自己的爱意与各种生物一一分享，我们只能对性伴侣表达爱意，唯有和性伴侣在一起，才能负起生殖下一代的功能，所以，社会不断地灌输我们要接受由罗曼蒂克的浪漫爱与婚姻制度所维系的男女'性交行为'，以至于我们浑然忘记了自身原始的情欲。"

导论

现在我们已经很清楚地知道，女性性欲的特质即是"泛性欲化的"或"情欲化的"，因为并无任何一个生理器官，天生下来即是两相对应的。也就是说，并没有一个生理器官天生即符合女人的阴部以及阴蒂刺激所需，而生成相对应的构造。从生理的快感而言，我们当然可以跟地球上的各类生物建立起各式各样的性关系。因此，正视这些生物和我们之间的意义，建立性关系的重点，并不在于对方的性别。

当然，要是我们采取的是一种万物平等的观点来看待生命的话，那么，我们自然而然也会对女人的爱欲，持一种理所当然的态度。然而，人类社会中对同性接触的排斥与打压，却是由来已久。诚如金赛博士的分析：

在我们的社会文化中，对同性恋的全然排斥与谴责，可以溯源自人类历史的数个阶段，而当时对同性恋设下禁令的原因，和现在意欲保护个人或维系社会伦常的目的并无多大的关联。在希泰人（小亚细亚的古民族）、迦勒底人（曾在波斯湾沿岸建立古王国）以及犹太人的古律中，并无明文规定对任何一种性交行为有所谴责，倒是针对不同阶级的人或有特殊血缘姻亲关系的人，若从事同性性交则会遭到特定的惩罚；或是借助暴力威胁而发生的同性性交，才会受到古律法的制裁。直到公元前7世纪的犹太社会，才开始出现对同性恋关系（特别是对男同性恋）的全然否定与谴责。当时，犹太人正从巴比伦流亡回国，当时生殖器的口交及同性性交，仍是早年犹太教的仪式之一；此外，在亚洲的各民族中，也可发现类似的情形。如今世界各地的民情风俗也多留有口交或同性性交的遗风。后来，犹太各邦兴起了强盛的民族主义，于是，通过标榜跟异民族的差异，犹太人便断绝了许多早年跟异民族共通的民俗习惯。根据犹太古律法所载，对口交以及同性性交的谴责，是因为这类行为是迦南人、迦勒底人以及异教徒所为，犯下这些罪行者的罪名是偶像崇拜，而非性犯罪。自此，欧洲中世纪以后对同性恋的谴责，都将之归咎于异端信仰。

此外，金赛博士早年是个生物学家，他告诉我们，在很多的哺乳类以及其他种类的动物社会中，也都可以发现到有制度化的女同性恋以及同性恋的关系存在：

主张低等哺乳类动物皆从事异性性交的错觉，是一种来自人类世界观刻意扭曲的谬误，而不是建立在对哺乳动物行为的客观观察所得出的结论。许多生物学家与心理学家都接受"性交的自然功能即是为了生殖的目的"此一教条的灌输，很容易就忽略掉那些不具生殖功能的性交行为。他们一致认为：异性性交的生理反应，乃是动物与生俱来的本能，凡是迥异于异性性交的性行为，在他们看来都是偏离正常本能的性变态。他们的立论并非根据对动物性反应的生理学知识，除非他们能事先证明：性反应并非基于生理基础但却能反过来控制动物生理的事实。也许，在哺乳动物中，异性性交的现象的确是多于同性性交，但是，这却不足以说明异性性交即是"正常的"性反应，而同性性交就是"不正常的"性反应。

金赛还提到在各类的物种中，也曾发现女同性恋的性行为，诸如鼠、兔、豪猪、貂鼠、牛、羚羊、山羊、马、猪、狮、绵羊、猴、黑猩猩等。他的评语如下："每一个养过牛的农人都知道……母牛有时也会骑到另一头母牛身上去。"

女同性恋或同性恋的成因，到底是源自生理还是心理，到目前为止尚无定论，不过，答案为何并不重要。同性恋或想跟同性发生亲密的肉体关系者，都可视为人生"自然而正常的"体验之一。"不正常"的问题，只出现在社会将性爱局限在生殖功能之上，并且将生殖功能视为唯一正常而健康的性爱模式。就如同探讨异性恋的成因为何，迄今一样并无具体的结论。因此，将所有不具生殖功能的性交视为"违背自然的错误"，是一种很狭隘的观点。

得不到社会的允许，你便无法和性伴侣之外的人或动物做亲密的接触，这真的会让人觉得既沮丧又疏离。特别是女人跟女人之间的亲密接触，一直都在礼教的严防之下，使得女人觉得很有压迫感，甚至还会导致女人之间的情谊横遭拆散的结果。通常情况都是这样发生的：有时你会突然想跟你的同性朋友做亲吻或拥抱的动作，或者你会不自觉地想和对方有进一步的身体接触，甚至想和她保持更亲近的关系。可是，到最后你却只能把这种欲望强自压抑下去，或者努力遏止这样的情欲爆发出来。不过，一旦这种自然的冲动受到抑制而你却毫不自觉的话，便会转化成内心的激烈冲突、罪疚感或严重的焦虑。这样的压抑会导致你对她产生半自觉式的拒绝态度，反而对她衍生出不信任、厌恶的感觉。这当然是心理作用，且女性朋友之间以一种很微妙的方式呈现出这种紧张关系。总之，此种紧张关系的由来在于压抑女人无法表达她们对同性亲密接触的欲望，往往导致女人之间的冲突与敌意的升高。

我们或多或少都会不自觉地依对方的性别，当作选择性伴侣时优先考量的第一要件，这样的求偶现象即是佩珀·舒瓦茨以及菲利普·布鲁姆斯坦两人的研究重点[1]。他们发现，双方在一开始会不知如何是好，"两人会将这种兴奋的生理现象解释成他自己可以理解的事物……"此外，"引发兴奋的原因牵涉广泛，因此，对很多机灵的门外汉而言，他们依然很难加以分辨。"最后，"要是当事者比较倾向认同异性恋的话，他们便会将这些内心的冲突纠葛转化成对异性恋的追求。但是，若当事者开始质疑自己的同性恋倾向或已渐渐接纳自己是个同性恋之后，他们便会朝向另一个方向去发展关系。"换句话说：

　　同性恋就像异性恋一样，都是一种自我完成的过程。尤其在个人性生理发展的早期，那时的生理兴奋都会受到个人的性经验与性认同的影响。随着个人日渐接受异性恋的认同与生活方式，且一再从事异性性交，便不会再将对同性的兴奋感视为是性冲

---

① 他们在 1973 年共同发表一篇论文：《双性恋：社会学的观察》（*Bisexuality：Some Sociological Observation*）。

动，从而忽略了这些不可解、未知的生理信息。同理，在长久而固定的同性恋身上，并不容易发现他们对异性的生理冲动。不过，以这种二分的观点来看待我们的性欲，仍无从发现双性恋的倾向。

舒瓦茨跟布鲁姆斯坦在讨论女人之间的同性倾向时，则有如下的说明：

女人和男人有不同的生理兴奋状态。女人的生理兴奋涉及全身的反应，不像男人大都集中在生殖器官上。虽然，有些女人也会有"发春"的感觉（即在生殖器上出现性紧张的感觉，或在遇到意中人时开始有阴部分泌物产生），但是这些信息都不甚明显，不像男人在兴奋时很容易便被看破。简言之，女人可以在事后为她们的生理兴奋重做解释，而男人却很难不去注意到他们的生理兴奋，因此，便会主动将这些感觉定义为性吸引……

同理，女人与女人之间的关系亦然，女人之间传递信息的方式，比起男人还更来得机巧聪明。在这里顺带提到勃起的问题，要是在两个女人之中的一人突然感觉到勃起的话，她不会向对方解释自己为何会勃起的原因，却还能继续脸贴脸、交头接耳地讨论自己的性生活。如果她们两个人都觉得兴奋起来了，也想跟对方表达自己的性欲望，她们只消用眉目传情的方式，将注意力完全集中到对方的身上去，再借助一些表达个人性感的动作，来传达想和对方性交的信息。而她们之间的问题是，这一类的信息往往会让对方造成混淆，因为她们早已习惯于异性恋的求偶模式，所以，她们便会在女同性恋的情境中套用异性恋的求爱招式，结果反而适得其反，让对方误以为是同性情谊或不涉及性爱的亲密感。一旦另一个女人对当事人发出想要和她性交的信息时，当事人在面对这种状况时很可能会很害怕，即使她自己也很想要。要是先前她们所接收到的性认同并不是异性恋的性交模式，她们之间的性爱关系或许可以就此获得确认，不过，鉴于她们昔日从同性身上所接收到的信息，内容大都无关乎性爱，因此，当事人乍闻来自同性的求爱信息时，往往会迟疑不前或另作他解。

鉴于上述求偶信息在内涵上的意义分歧，而女人也不习惯于被另一个女人所追求，此外，女人也不擅长表现出作为追求者应有的侵略性，因此，女人之所以很少对同性表现出性反应，是因为她们并不明了双方所共同经历的兴奋感，便是对彼此爱意滋长的开端，尤其是双方均未明确地向对方发出性要求的信息。因此，两人都无法借此确认那便是一场邂逅，而后续的浓情蜜意便无缘继续滋长下去。基于女性性欲一贯是被动等待的传统，另一个假设也据以成立：既然女人都被教育成只有在那些想和她们性交的男人面前才能表现情欲，也就是说，她们的自我价值以及对自身性爱的体验，都是建立在男人对她们的身体所发出的"兴趣"，以及男人表达出想跟她们做性交的欲望之上，很多女人便以为，当男人对她们表示求偶的爱欲之后，她们才会对自身的性欲产生感觉。一旦她们发现男人是为了她自己而产生性冲动之后，她们便据以判断自己应该也会为了对方而兴奋不已。

可是，就女同性恋而言，这种性兴奋的状态可能无缘生成，因为双方都太害羞、没有同性的求偶经验，而且，鉴于求爱的信息并不明确，她们很难借此断定此感情便是性吸引。此外，她们也不习惯在这种暧昧不明的情况下采取主动，她们大多选择退缩不前，宁可拒绝贸然尝试，因为通常她们在面对这种状况时，都是准备不周或根本无从把握。因此，除非其中一人开始采取主动的性角色，鼓起勇气把双方的暧昧关系点破，否则，女同性恋的关系便无缘发生了。假使双方都没有办法担任这个角色的话，那么，她们之间的女同性恋情便永无建立的希望了。

你喜欢和谁性交？或是谁也不想

在本研究中，有144位受访者（约占人数的8%）说她们比较喜欢和女人做爱。而有73位受访者认为自己是双性恋，另有84位受访者表示她们曾经和男女两性都有过性经验，却未交代她们的偏好是男人或女人（共约9%）。

此外还有53位受访者表示她比较喜欢和自己做爱，另有17位受访者则表示她们并不想要性爱。还有50位受访者说她们尚未和别人发生过性关系，或者，她们自认性经验不足，无法回答这个问题。其余的女人则表明她们比较喜欢和男人做爱，但是，她们却再三强调：只喜欢和特定的男人做爱，而不是喜欢和所有的男人做爱。

从本研究的统计数据看来，我们很难据以判断在全美的总人口中，女同性恋的人数到底有多少，因为很多人都害怕自己会遭受伤害，因此很难确认到底总共有多少女同性恋或女双性恋。金赛曾经做过推估：大约有12%～13%的女人，在她们的成年生活中，曾经有和另一个女人一起"达到高潮的性经验"；此外，尚有11%～20%的单身女性，以及8%～10%的已婚女性，在她们20～35岁，"偶尔会有对同性产生兴奋的反应，或从事特定的同性性交"。最后，由理查德·格林博士（前加州洛杉矶大学"性别认同研究与治疗计划"主持人)指出,已有越来越多的女人,是基于政治因素的考量而选择成为女双性恋或女同性恋,这样一来,她们便可以借此"摆脱长年对男人的严重依赖。"

在此,要澄清的是,个人的性偏好,在人的一生之中是会经历转变的,甚至在特定的时空下还会经历多次的转变。因此,所谓的性别角色,并非如早年发表的统计数据一般那么僵化而一成不变。以金赛的解释为例,他并不认为我们可以将人分成两类:一种是异性恋,而另一种是同性恋。换句话说,我们根本无由把羊二分成绵羊与山羊。"在生物界中,就各种特征而言,均呈现出连续不断的变化"。因此,同性恋与异性恋,不过是两个极端的站点罢了,在这两者之间,则"充满各种变异状况的渐进过程"。所以,"女同性恋""同性恋"或"异性恋"这些词,应该视为形容词,而不是用来界定个人本质的名词,把人分成同性恋者、女同性恋者或异性恋者等,都是很不恰当的分法,重要的是,人们的性行为应如何分类为同性恋行为、女同性恋行为或异性恋行为。简言之,我们只能问:在某个时期中,有多少人曾经有过何种的性关系。这也就是本研究所探讨的重点所在。

本研究的调查发现,有为数相当多的女人一致表示:她们很有兴趣(或说很好奇)想和另一个女人做爱,发生同性的性关系。即使在本问卷中并没有针对这个现象做过详细的探究,但是,仍然有很多女人在回答中主动提及自己的这个想法,通常她们都是在谈及自己的性偏好时顺带提起的。

在回答"就你还没做过的性行为中,你最想尝试的是什么"这一题时,有些女人提到她们想和女人做爱的想法。以下便是一些实例:

"我已经结婚 12 年了,可是我的婚姻生活并不快乐。直到今天,我没有和女人做爱的经验,不过,我觉得这一定会比和男人做爱更让我满意。我不晓得要怎么去跟另一个女人建立身体上的性关系,因为我从来都没有机会这么做。曾经有一个女人令我着迷不已,而她也很喜欢我,可是,我却不敢主动接近她。"

"我真希望和我最亲密的女朋友,也可以像和男人一样,建立起性关系。我很想对她表示我的诚意、关爱与付出,以及我对她无条件的支持与鼓励。此外,我也希望她同样能对我表示关心,对我特别照顾,而且很看重我。我希望她也能把我当作一个历经社会锻炼、成熟的个人。我很想对她说'我爱你,我想要跟你在一起',但我并不希望她觉得有威胁感。"

"直到现在,我只和一个男人有过性关系,无论是悲是喜,我都喜欢和他在一起，跟他说说我的感觉。我们之间的关系是从好友进展到'谈恋爱'，之后又回归到挚友的深厚情谊。现在，我满脑子想的是和另一个女人发生性关系，就像我和这个男人维持的关系一样。我现在正处于一个过渡阶段，很可能就此改变我一生对性爱的看法与做法。"

"我一向就很爱慕美丽的女人，却至今仍未经历过女同性恋的性关系。虽然我也很喜欢和男人做爱，但是我越来越觉得女人更能让我兴奋起来。"

"要不是我爹妈一直给我很大的压力，催我赶快找个男人结婚生子，我可能继续和我的小学女同学们保持当年的美好关系。在我8岁那年，我跟一个最要好的女同学一起玩医生和病人的游戏，我们互相帮对方检查身体，一边用手去摸。到了12岁那年，我们俩晚上都睡在一起，脱光衣服在床单底下亲吻嬉闹，还轮流骑到对方的身上去，模拟男人和女人做爱的样子。我们两人都开始发春，变得很兴奋又很好奇，而且深爱着对方。我到现在还一直写信给她（而她已经结婚了）。"

"我真的很想和我喜欢的女人在一起做爱，我想爱抚，让她慢慢兴奋起来，然后再轻轻地和她做爱，接着停下来聊一聊，随后再继续做爱，直到我们累了，就一起睡去。我真的很想和她在一起，这样我才能搞清楚自己到底想要什么，可是至今我一直没有这个胆量。"

"我真的很想和女人发生性关系。有一个女人让我觉得她很性感迷人，可是，我却从来不敢向她表示我对她的爱慕之意。我们是很要好的朋友，而且，她很看重不涉及性爱的朋友，更甚于她的性伴侣。对我来说，这实在是很新奇的经验，我真的不晓得这是不是就算同性恋。直到两年前，我才发现对同性的爱慕也带有性爱的成分，以前我不自觉，甚至觉得令人作呕。就我所知，在我认识的人当中并没有女同性恋者，当然，我也知道在这种迫害同性恋的社会里，并不会有人主动说出她们的隐私。一般女人在讨论到女同性恋的时候，多少都会感到一丝不自在，即使女性主义者也不例外。所以，我似乎知道，她们的害怕以及潜意识的欲望，是希望她们的姊妹千万不要把她们当作性对象才好。若你决定要跟另一个女人建立性关系，你就必须通过好几道关卡的考验，诸如：'因为男人都让我失望至极，所以我才这样做吗？''我这样做，是借投入更大的危机中，以便逃避真正的问题吗？''跟我做爱的女人，是否因为从事性变态行为而无法平息自己内在的焦虑？''我这样做难道是在迫害她吗？就像男人曾经迫害过我一样？'"

"在学校念书的时候，我和很多男孩都有过不堪回首的往事，和他们谈恋爱根本毫无希望。而我也会对女人倾心不已，包括我的好朋友、老师等，现在我回想起来，其实那些对女人的爱慕都带有性爱的成分在内。虽然我很想要一个男朋友，可是，我同时也想和某个女人保持亲密关系，这是两码子事。"

"我很想和女人做爱。我觉得我自己应该是女同性恋，不过，既然我已经结婚了，而且离婚无望，没有能力供养自己，所以承认我是女同性恋的事实，对我帮助不大。无论如何，当我忍无可忍的时候，我就会离婚。"

"我还没有和另一个女人做过爱，除了在言语上的分享爱意之外，而我觉得很多女人也都是靠这种方式在表达她们的性爱，至少我就是这样。"

"我很想拥有女性的爱人，而且越多越好。我一直都很想和女人保持一种很亲密的关系，我很想跟她们一起好好地探索自己。"

"到目前为止，我的性经验都是和男人一起经历的，可是，我真的很想和女人一起做爱，发生女同性恋的性关系。不过，我会很严厉地质问自己，这么想和女人做爱的原因，难道只是基于一时的好奇吗？要是我和男人也是出于好奇的动机，却不至于如此反感，但对于女人，我就觉得不应该如此。"

"我从来都没有和女人做爱过，可是我真的很想这么做，虽然，我不确定和她们做爱会不会有高潮。在我经过一番深思熟虑之后，我确定我应该是个异性恋，即便我一直都和很多女人保持很亲密的关系。因为我想到做阴蒂口交并不会让我觉得兴奋，虽然，我会对很多女朋友的身体感到着迷不已，可是，我觉得那都还称不上是性爱——只是想去和她们拥抱一下，表示亲密罢了。还有，我不会对陌生男子感到着迷，却只会对我所喜爱的女人感到着迷。"

"我从来都不曾和女人做爱过，所以，我简直无从想象起，不过，我觉得这都是因为我受到社会制约的结果。我可以体会为何女人想和同性做爱，而且，我也颇能接纳这种感情。至今我连一个女同性恋也不认识。我有一个很要好的女朋友最近离婚了，我们一起讨论过这个问题，我们两人都自认自己是异性恋。后来，我发现我们两人从来都不曾接触过对方的身体。这是因为我们害怕自己变成女同性恋，而且会不知所措，所以才从来都不敢这样做吗？有时，我觉得我很想试试看，不过，继之一想，我又觉得我很满意目前的生活，我很快乐，就不再多想了。"

"我猜，要我主动去向女人示爱，我一定会觉得很奇怪，虽然，我也不觉得这有何不妥，但是，我还是不会采取主动，我想我早已习惯逆来顺受的缘故吧。此外，我认为我还没有和女人做爱的原因，是因为女人并不习惯主动表达自己的爱意，所以才少有女人这么做。要克服社会加诸女人的制约还真难，这就是虽然你相信何者为对，却不见得一定有能力使之成真的关键所在。"

"我只和男人以及我自己做爱——更多的时候是和男人做爱，和我自己做爱的机会比较少。若说和女人做爱，这的确很吸引我，不过，这大概是出于一时的好奇吧！我有很多深爱的同性好友，可是，我和她们在一起时，性爱却不是一件自然的事。所以，我觉得自己的性爱经验仍然不足。"

"我的婚姻一共延续了7年半。我不喜欢结婚，除了在一开始好像得到一个新玩具一样觉得很新奇，有时，也像在扮家家酒，之后，便每况愈下了。我的性生活简直糟透了。在我的那段婚姻生活中，我从来都没有发生过婚外性行为。我现在是二度单身，我很喜欢我现在这样的生活方式，不过，的确有一些苦。我的性经验很少，虽然，我想要的比我实际做的更多。在15岁那年，我爱上了一个女人（我为她着迷不已）。我想，那年她大概21岁。我们是朋友，而且，我发现在我们接触到对方的时候（当然都是很意外才碰到），我会很喜欢这些接触。我便开始觉得我一定是爱上她了。此后，我们便长时间地相处在一起，直到有一天，她告诉我：她爸爸不希望她再花那么多的时间和我在一起玩，她应该要多用功一点。当然，我才不相信她爸爸的鬼话，不过，我们的关系也就此画上句点。之后，大约在3年前，我和一个女人发生了性关系。我们只是光着身体躺在床上，互相帮对方做爱抚以及拥抱。我非常喜欢这么做，虽然我很害怕。可是，很显然她比我还更害怕，因为，事后她便一再假装我们从来没做过爱。"

"我有很多好朋友她们都是女同性恋，在表面上，我对这件事并无特别的感觉。可是，一等她们开始谈起她们的感情世界，我就变得开始防卫自己。我会有深沉而复杂的情绪不断地冒出来，无论正、负向的感觉都有。"

女人之间如何建立身体关系

"提起我们之间的身体关系——我们常常拥抱对方，互相亲吻、爱抚，我们会用手或手指替对方自慰，做阴蒂口交时也会手口并用。此外，也会用手去爱抚身体的其他部位。除了没有用到阴茎之外，我们的做爱方式就和男女性交没什么两样。"

"我只和一个女人做过两次爱，第一次是在一年之前发生的——我现在也记不得到底经过情形如何。和女人做爱的最大特点就在于似乎永远没有终点可言，你的高潮一直持续不断，就像个圆圈，不停地循环下去。"

"有时，我可以直接从深吻到阴蒂刺激，马上就达到高潮了。这要看我当时是否已经准备就绪。我喜欢我的情人用轻柔的手法碰触我的身体，尤其是我的臀部和下腹部。做阴蒂刺激并无诀窍可言，无论她用口或手，感觉各不相同。有时，我喜欢她先用口再用手指；有时，我又希望她只做阴蒂口交就好了。不论她用舌头轻舐我的阴蒂，或用嘴使劲地吸吮，或用手指上下来回在我的阴蒂四周做快速的摩擦，样样都会让我达到高潮。有时，她会用嘴死命地摩擦我的阴蒂，一边用力地摆动她的头，以这种方式做阴蒂刺激，也会让我达到高潮。每次变换不同的做法，都会让我有不同的感受，棒极了。"

"我们常常互相碰触对方的身体，借以表达爱意，用手指在彼此的身上滑动，两腿交缠在一起，然后吻遍对方的全身上下。接着，我们会开始做阴蒂口交，有时我们会同时帮对方做阴蒂口交，有时则一个接一个来。有时，我们会在中间稍事休息之后，再重新开始。"

"我们做爱的过程都很缓慢，会花很长的时间做前戏，互相探索对方的身体，轻松地闲聊，一边轻柔地爱抚彼此，最后以阴蒂刺激来结合双方的高潮，这真的棒极了！在你做爱的时候，这种感觉实在很棒，尤其对方以同样的情意回报给你，你真的会觉得太完美了。"

"到目前为止，和我在一起的女人，重视我们之间的情爱更甚于性爱的享受。而我也不曾和别的女人有过性爱多于情爱的关系。是她先开始亲吻我，而我也回报她更多的亲吻；我们常常互相拥抱在一起，只要我们相偎相依躺在一块，彼此感受到对方的体温，我就会觉得有一股烈火从我的身体里蹿升起来。有一次，一个女人轻轻地坐在我的骨盆上，她背对着我的脸，用她的手指轻柔地爱抚我的阴蒂和阴道，从容不迫，尽情地让我兴奋起来，而且还不停地在我身上做探索。她让我全然放松，毫不在意时间，我也回报给她同样的激情。现在，我很主动去参加女同性恋或女性主义的活动，以便在我的生活中可以充满各式各样的女人，使我有更多的机会可以跟其他的女人相识，并且一起做爱。"

"和女人在一起做爱，会比和男人做爱有更多的变化，而且，和女人做爱的肢体动作都是相互分享的多。虽然，和男人做爱的时候，也都是亲吻同样的部位，做同样的身体接触，可是，在我和女人做爱的时候，我却会有更高亢的兴奋感，因为我不仅身心都全然投入，而且，还在情感上有着刻骨铭心的感受，这一点非常不同。所以，当女人在触摸我的时候，我便觉得大不相同，而当女人开始亲吻我的时候，我一样也觉得这亲吻是如此的特别——整个做爱的气氛完全不一样。"

"和女人做爱包括：触摸、亲吻、微笑、深情地注视对方、互相拥抱、闲聊、用手指做阴道插入、爱抚、观看彼此的阴部、做阴蒂口交、互脱对方的衣服、事后回味、在做爱当中发出声响、轻柔地咬啮对方、时而哭泣、一起大口喘气并长声叹息。"

"我的室友叫丽丝，在我们其中一人有感情困扰时，我们便会一起做爱，而这是出于友谊之爱。如果是丽丝碰上很不好的遭遇，我就会和她做爱。我先亲吻她的前额，然后是她的嘴，接着，温柔地爱抚她的乳房。一边轻柔地亲吻她的双乳，一边也轻柔地为她做摩擦，同时还吸吮她的乳头。在我帮她爱抚乳房的时候，她也会来轻捏我的乳房，或者爱抚我的肩膀。之后，我开始伸手去摸她的阴道，帮她做阴蒂口交。接下来，换她采取男人的姿势，让她来亲吻我，拥抱我。这个时候，我的感情爆发出来。如果她愿意的话，她也可以开始帮我做爱。"

"如果你想和另一个女人发生肉体关系，你只要照你自己喜欢的方式去爱抚她，或者，你可以听从她的指示，照她的说法去帮她做爱抚。你们可以在做爱的时候，一同探索对方的身体，而且，共同找出最有效的做法。我不知道应该如何详细地作答，我并不认为这会有一种适用各种状况的'食谱'可供参考——谢天谢地，否则就太僵化了。对我来说，和女人做爱比和男人做爱还更自然而容易得多呢！"

"在技术上来说，女人和女人做爱，与男女做爱的方式并无不同——触摸、亲吻、彼此爱抚，除了没有阴茎是最大的差别之外（至今我还没有遇过会用假阳具的女同性恋，而我觉得用假阳具来做爱，根本就是中了男性色情书刊的毒）。我刚才提到女人互相爱抚乳房，有时，我会把我的乳头放进她的阴道里去，或者她把她的乳头放进我的阴道里来，这种感觉真好。做阴蒂口交的感觉也很美，无论是你帮对方做或是对方帮你做，双方都会觉得很棒。我不喜欢做'69'式的口交，因为那会让我分心，同时发生太多事，头尾无法兼顾，反而会让我没有办法专注在我们彼此的感觉上。在我帮她做阴蒂口交的时候，我喜欢先用舌头轻啜她的内阴唇以及阴道的边缘，而且，我还很喜欢吸吮她的阴蒂。这会让我非常兴奋，而且，我的女伴都显得很喜欢我这么帮她们做阴蒂口交。我还喜欢做女扮男装的性游戏。我也喜欢两个人亲密地抱在一起，用大腿去摩擦对方的生殖器，或者，两个人交叉身体躺着，双腿交叉成 V 字形的剪刀状，围绕在对方的躯干四周，而我们温暖潮湿的阴道就能快乐地贴合在一起，同时，还握着对方的手。"

"我和她的关系建立在相当平等的基础上，我们两人都会常常主动要求和对方做爱，而且我们会交换采用各种性交体位，如：女扮男装的性游戏、'69'式、互相帮对方自慰、爱抚乳房，或用乳房来摩擦阴蒂等。"

"我只和一个女人上过床，通常我们会花很长的时间做前戏，感觉就像过了好几年似的，最后等到我们再也无法忍耐的时候，我们就会用手去帮对方做阴蒂刺激，好让彼此都能达到高潮，或者由我来帮她做阴蒂口交，即使她不帮我做也无所谓。"

"我和第一个爱侣做爱的经验，是我此生最美好的性经验。我已经结婚数年之久了，而她那时却只是个处女。我们没有做过阴蒂口交，很想一试，那一刻我们得到了梦寐以求的快乐，我们都为对方神魂颠倒，如痴如狂，至今我仍对她念念不忘，那是我这辈子经历过最棒的性经验。"

"爱抚着情人的乳房、阴蒂、阴道，接着压到她身上去，便能让我觉得兴奋异常，而她一点都不需要帮我做什么，我只要一接触到她或尝到她的身体，对我来说已经够了，就正是我所要的刺激。"

"我和现在的女朋友交往已经两个月了，终于有了高潮。熟知如何做阴蒂刺激、前戏、爱抚、展现亲密的接触、深吻等等，对每一个人来说，都是很重要的。我和她做爱的时候，都要花上 2～6 个小时，不停地做爱抚、拥抱、碰触、亲吻、深吻、闲聊等，无论是在做爱之前、之中以及之后，我们都在床上一直爱抚着对方。这非常重要。"

有一位受访者做了很长的回答：

"我的情人对于我的需要非常敏感，她很关照我。她也会直接问我，我便率直地回答她，因为，我们觉得最好要跟对方说清楚你的欲望是什么。就像在前天晚上，她的爱抚非常温柔，可是，这样却无法挑起我的性反应，所以，我就告诉她：'我希望你粗鲁一些。'接着，她便照办，结果那一夜真是太棒了，太美好了。我们都喜欢自慰，而这并不会让我们觉得害羞，也不在意。有时，她如果在我之前达到高潮的话，她还会继续帮我做，直到我的高潮也随之来临，要是这样仍然没有效的话，我就开始自慰，而她便会来抱我，这就跟帮我做爱没什么两样。我们做爱的时候，她总会投入很多的情感。不过，有时她也会稍微心神不定。

"我一定要以脸朝下趴着的姿势，才可以达到高潮。而且，我还一定要把我的阴蒂对着我情人身体的某个部位做摩擦，或者，借助某个物品来做阴蒂刺激，才能让我达到高潮（在我做这个姿势的性交之前，我喜欢让对方来吸吮我的乳房，这是我最喜欢的性刺激。此外，我还喜欢用手做阴蒂刺激或做阴蒂口交）。之后，我就会转过身来，脸朝下趴着。有时，我的情人会压在我背上，然后，我便用阴部去跟枕头或毛毯做摩擦；有时，则换我趴在她背上（通常都是这样），而她就用手自慰，等到她的臀部跟腿部都开始发出连续的震动，带动我大腿内侧以至阴蒂的部位，去跟她的臀部做摩擦，于是，我便也随之就达到高潮了。

"我喜欢做无须生殖器接触的性交，更甚于做生殖器接触的性交。我喜欢做拥抱和亲吻（通常，我们不做插入式的深吻，不过，有时我们做起来也觉得很棒，因为我们都会找对地方，做短暂而湿润的舌头摩擦），我喜欢在做爱的时候闲聊、大笑、嬉闹，在月光下注视着她的脸和胴体。我喜欢她趴在我身上的感觉，她还会深情地看着我。她的脸充满爱意与自豪。有一次，在她对着我的脸抱着我的时候，刚好她的高潮来了，她还一边不停地对我说她有多么爱我。她果真也让我达到高潮了。我还喜欢做爱时的气味。我爱上的第一个女人（那年我 12 岁），身上便有着像在秋天里野林中的树叶味儿，而我非常喜欢这个味道。我还喜欢闻遍我情人的头发、乳房以及阴部的味道。我喜欢吸吮她的乳房，我也喜欢她反过来吸吮我的乳房。她还会帮我做各种新奇有趣的事。若要我帮她做同样的事，我还不情愿呢。我喜欢她在做爱时帮我做的所有枝微末节的小事，我觉得这些小事比起世界上最棒的高潮来得伟大。"

女人偏好与同性建立性关系的原因

"我和女人有性关系的时间已经超过 4 年了。我一向都和女人保持着稳定而温暖的情爱关系，我对人类关爱、热情以及体谅等的情感，大都是朝向女人强烈发送的。也就是说，我对女人的关心更甚于对男人，虽然，先前我曾经和男人有过性关系，可是，我和男人的关系却比不上我和女人的关系来得那么亲密，无论是否涉及性关系，我跟女人之间始终都维持着紧密的情谊。"

"我是女同性恋。我第一次对女人产生性欲望是在 8 年前，那时我才 14 岁。事后，我们两个人都很害怕，强迫说服自己是异性恋。在那之后，将近 3 年半的时间里，我跟七八个男人上过床，可是在情感或性欲上，我却觉得不满意。我之所以觉得不甚满意，是因为我在男人身上感受不到一种全然而完整的关系，包括情感、心灵等。我发现自己更喜欢女人的身体，而不是男人的。我 19 岁那年爱上了一个女人，为她神魂颠倒，至此，我知道不可能再欺骗自己，终于承认自己是女同性恋。"

"我相信对大多数妻子而言，虽然她们都宣称和丈夫做爱会有高潮，可是，其实她们根本就不知道高潮是什么。几乎没有一个女人愿意公开承认自己没有高潮的事实，这就好像是在对大家说自己是性冷淡一样。以前在我为期 30 年的婚姻中，我始终相信每一次做爱的时候我都有高潮。可是，在一次很偶然的女同性恋关系中，我才惊讶地发现那才是我此生所经历过的第一次如痴如狂的高潮。哇！那真的是我未经历过的完美性经验。"

"我在 1974 年 9 月离婚，到那一年为止，我的婚龄已近 35 年，而我从未有过婚外性行为，我只跟我丈夫性交，但我真的很不喜欢和他做爱。就在我离婚的前一年，我跟一个女人发生了性关系，而我真的很喜欢跟她做爱，所以决定要离婚。我觉得我一向都对女人着迷，幸好是妇女运动和当今开放的生活态度，让我可以勇敢地站出来做女同性恋。在我念中学、高中的时候，我就对很多女孩子着迷过，可是，那时我年纪太小了，根本不知道那是怎么一回事，也不知道该怎么跟对方进行交往，当时有关女同性恋的资讯，几乎都找不到。如今我已经 50 岁了，我独立经营一家公司，变得既能干又有财力。"

"虽然我才 18 岁，可是，我已经算是性经验很丰富的人了。不过，大多数性经验是不好的，但是，我从中学到了很多。我差不多和 20 个男人以及一个女人上过床。而我发现只有那个女人才真正懂得性爱是什么，她给我最棒的高潮。她人很温柔体贴，这是在我们成为 5 年的好友之后，终于上床做爱的原因。除非等到有个男人像她一样了解我，我才会开始和他上床做爱。否则，除了她之外，我不想和任何男人上床。现在，我也想和别的女人发生性关系。我认为若要得到最好的性爱，就应该要对彼此坦诚。如果你真的对某个女人着迷，你就该让她知道，说不定她也和你有同样的感觉。"

"在自慰的时候，我经常都可以有好几次的高潮，但是当我和丈夫做爱的时候，却总是没办法达到高潮。我总是对他假装高潮，不过，有时候我甚至懒得假装，因为我觉得那只是在满足他的自大罢了。我现在已经 40 多岁了，直到去年，我终于首次和女人发生了性关系，那真的是完全不同的性经验，而且我和她做爱都会有多次高潮。"

"无论对异性恋或同性恋来说，性爱绝不仅止于性行为而已。每一个女同性恋（或双性恋）都会这样告诉你：和女人做爱之后，你会发现与男人完全不同。这种截然不同的感觉，很难传达清楚，甚至很多女人自从和另一个女人有过性经验之后，就更喜欢和女人做爱的事实，也不足以说明这种感觉的差别。理由在于男人的成长背景，他们对自己身体感官与性爱的看法，和女人相较起来，是大相径庭的。女人都说这叫'和'某人做爱，而不像男人是'对'某人做爱，差别就在这里。"

"男人都只关心他们自己的快乐，而不在意我的感受。从他们身上，我感受不到情爱，只有肉欲。我觉得女人才是好情人，她们都深知女人自己想要什么，而且，我和她们都能自然而然地建立起深厚的情爱关系，这是男人永远也无法做到的。女人更温柔体贴，更善解人意。"

"和女人在一起，我们就会做很多的拥抱、亲吻以及爱抚，也就是说，女人之间有更多的身体碰触以及情爱交流。和女人做爱并没有什么特别的程序可言，除了在紧要关头会用手对阴蒂做刺激或做阴蒂口交来达到高潮之外，女人和女人之间不需要'照老规矩来办事'。女人比较温柔而善解人意，她们会很注意你的反应，而且，做爱的时候都很从容不迫，一点也不会操之过急，但是男人却刚好相反。和女人做爱，全身都是我们的性感带，并不会像男人那样只集中在生殖器的部位上，就像是个做爱'工具'似的。"

"女人在高潮之后，通常都还能保持相当旺盛的精力，要是我还觉得不够满足，她们都知道接下来要做什么，以便帮助我尽快再次达到高潮。和女人做爱，并不会因为某一人的高潮来了就自动宣告性交结束。"

"我身为女同性恋已经两年了，现在和我所爱的女人同居在一起。我们希望能白头偕老，长相厮守。但我却不认为这是一种婚姻关系，因为，根据我对婚姻的看法，我是不可能结婚的。就生理享受而言，跟女人在一起的性关系，远比跟男人在一起快乐。即便在心理感受上也是如此，因为，所有跟我有过性关系的女人，起先都是我的好友，后来才日渐发展成女同性恋的关系。从好友关系中建立起来的信任感，才是日后在生理上一起享受性爱的基础。对我来说，跟另一个女人保持性关系，是世界上最自然不过的事了。你要先了解怎么做才能取悦她。温柔体贴是最重要的，而这却是女人和男人最大的不同点。"

"我第一次和女人做爱的时候，感觉总是怪怪的：我竟然要和自己的好朋友上床？而且还要和她做爱、发生性关系？天啊！难道我是女同性恋？我一定是有毛病了！可是事后你便会发现你自己根本就没病。我觉得那是一种做爱的新方法。因为当你一旦投入全部的情爱，便会发觉和女人做爱不同。虽然和男人、女人做爱的感觉都很好，不过，两种感觉是大不相同的。"

"我第一次和女人做爱，是和我一位最要好的朋友一起做的，那次的感觉真棒。我已经期待很久，一直就想和她做亲密的接触，最后，我才终于鼓起勇气告诉她我对她的感觉与渴望；然后，她便开始按摩我的背，接着我们就上床做爱。那时我才惊奇地发现，原来女人的身体，摸起来的感觉竟然是这么的自然。当我在亲吻她的时候，一股热潮在我全身上下奔窜——这让我觉得实在太棒了——我的意思是说，我原本以为这会让我觉得很变态，可是，相反，我真的觉得很棒。那时的高潮还不算太美妙，因为，我们都已经被吓得半死了，特别是我，我很害怕，所以，就不敢再动了。之后，我们就再也不提起这件事了。"

"从今年年初，我才开始过着女同性恋的生活。我向一个女人说起我心里的感受，然后，我们就一起去她家。我对她说：'我想拥抱你。'接着，我就张开双手去拥抱她。当我亲吻她的脖子时，连我自己都吓了一跳，原来女人和女人做爱竟是这么自然的事，我很高兴地发现这一切果真是如此美好而且很轻松就达成了。至今我仍惊讶不已，我对女人的爱竟然这么轻松自在地表露无遗了。"

"在我 7 岁那年，我一想到去亲吻一个女孩子，就会变得很兴奋。到我 12 岁那年，我便开始幻想跟男女两性做亲密的脖颈接触。等到了 14 岁，我就想跟别人上床做爱了，我更想尝试看看女同性恋是怎么做爱的，那对我来说是更加神秘刺激而充满禁忌的事。现在，我早已身体力行过了，而且，我觉得感觉实在太棒了。"

"跟女人做爱的感觉非常好，虽然，那一次我们两人都没有达到高潮。那是因为她根本就无法达到高潮，而我则是为了体谅她的心情，不希望她为此而难过，所以，我就说我不想要高潮。"

"在我的异性恋生涯中（起自我 20 岁那年到 28 岁止），大多数男人一开始就急着要我帮他们的阴茎做口交，接着就骑到我身上去，然后马上就射精达到高潮。等他们射精以后，他们就会问你：'你的高潮来了吗？'而我跟女人做爱的话，通常就会有很多的变化，我们会尽量在其中发挥创意。跟我做爱的女人，她们都非常温柔体贴，而且，很关照我的需要，彼此互相照顾。她们才不会把我当作她们的'自慰机器'来看待，她们当然也不会在做爱之后马上就转身呼呼大睡。此外，从来都没有一个女人问过我：'你的高潮来了没？'她们当然早已知道答案。我跟女人做爱的时间，远远长过跟男人做爱的全程。跟男人做爱顶多 20 分钟，可是，跟女人做爱至少都要一个小时，通常都还更久。我衷心希望有一天异性恋的夫妻也可以宣称他们的性生活就像我现在跟女人做爱一样的美满。"

"女同性恋的性爱，和你与男人做爱的感觉是很不相同的。你并不是在和女人做'条件交换'，也不是在做一场'交易'，更不是在服侍对方。你不会觉得自己很笨拙，像我从来都不觉得是女人在施恩于我（因为跟男人做爱的时候，就连最体贴女人心意的男人，也都还是会让我有这种感觉），此外，跟女人做爱并不是在向对方要求高潮。这种感觉真的很棒，我既可以被动也可以主动，我还可以时而放松自己，时而使劲做爱。除了精疲力竭之外，绝无任何理由可以中断我们的做爱，我们一点焦虑也没有。我很喜欢她对我所做的一切，而她也很喜欢我为她做的，我们都毫无保留地让对方知道彼此的需要，同时，也跟对方分享自己的快乐。我以前和男人做爱的时候，就在我快要达到高潮之前，我便会感到有一股惊恐与害怕突然袭上心头，因为，我很讨厌我必须承受非要达到高潮不可的压力，所以，这种记忆会让我暴怒。不过，在跟女人做爱之后，就再也不会有那般痛苦的记忆了。此外，我觉得很可能我在作答这份问卷时，会因为记忆模糊以至于我不太能确定以前我和男人做爱的时候到底有没有高潮了，尤其那时的性经验对我来说并不快乐，而我也不知道要去计较我到底有没有高潮，否则，一旦在他射精之后，我就会觉得自己受到他的愚弄与摆布，感到上当受骗而心生怨恨。跟女人在一起多好啊。要是在 5 年之前，我一定不敢这样写，那时我很痛恨女人，我只相信唯有男人才会爱女人，而且，我把自己化成像波比娃娃一样的女人。"

女人之间的性关系之所以会跟男人不同，主要是因为她们之间并没有一套制度化的规矩非要奉行不可，所以，她们可以尽情发挥所长，和对方一起做各种尝试，表现独特的创意。也许，女同性恋跟异性恋性交最大的不同点在于女人之间可以从中享受到更多的情爱、温柔、性感以及高潮。在女同性恋中普遍都有高频率的高潮现象，很多性学研究报告中也都提到过，比如金赛就做过类似的报告。此外，女同性恋的性交也比较持久，全身的感觉都包含其中，因为，对她们来说，一次的高潮并不是性交的结束，而在异性恋的性交过程中，往往在男人射精之后就完全结束了。

🕊 双性恋的女人

"我出生的背景对我的影响很大，包括我对性爱的看法，都是受到家庭的影响。我是在中产阶级的家庭中长大的，我的父母教导我：除非我结婚了，否则，性就是不好的事。女孩子家绝对不能跟男人上床，除非他是你的丈夫。所以，至今我心里对性依然有很多罪恶感。当我想到母亲若知道我曾经做过的事，她一定很伤心，使我更加难过，但是，我还是没有办法照她希望的方式过活。我跟女人做爱已经两年余，这真的是很棒的经验。我从来都不曾跟别人有过这么亲密的感觉，我觉得她深爱着我。以前我一直都认为我比较喜欢和女人做爱，不过，现在要是有我深爱的男人，我大概不会拒绝。只要彼此心存关爱，无论是和男人、女人做爱，其实都是很美好的。我和女人在一起做爱会比较放松，觉得很自在，因为我对她的身体了如指掌，深知她的感觉。目前，我只和一个男人做爱，不过，要是机会来了，我还是会继续和女人做爱的。"

"我第一次和女人坠入爱河，是好几年前的事，对象是一位好友。我们一起去参加潜能开发团体，在那里我们曾讨论到女人之间的性关系。后来，我们分隔两地有数月之久，再度重逢的时候，她告诉我：她已经和一个女人上床做过爱了。从那以后，我们的关系就来往得很密切，几个月之后我们就开始同房。跟她谈起恋爱，实在完全出乎我的意料；我认识她好几年了，自此以后，世界就因此改观了。至今我依然深爱着她，如果我准备和她见面，会显得很兴奋，紧张得坐立不安。虽然，大部分的时间我们都分隔两地，比方说要各自去上学，可是，我们仍然保持联系，交换心得感想，只有她才是我最深交的知己。无论各方面，我们都能互相理解对方，而且能满足彼此的需要，这是别人做不到的。从我们开始谈恋爱之后，我也曾跟另外两个男人谈过恋爱，一个是日久生情，另一个则是一见钟情。我觉得幸好我有她的爱，让我更加开放自己，而且继续和别人保持强烈而亲密的关系。"

✍ 女同性恋的政治含义

除了更强烈的情爱、性感以及更多的高潮之外，和女人做爱还有另一个优点，那就是她们之间可以维持两相平等的关系。在我们的社会中，女人隶属于第二性的地位，因此，和女人做爱的意义，可视为对这种次等地位的反抗。

"和男人做爱，便是活生生政治教育的开始。和女人做爱，则意味着独立于男人的掌控之外。"

"我想是因为我们女人都深受社会制约之害，而我觉得这种制约几乎是普天下皆然的压迫，在这种制约之下，我根本就无法和男人建立起健康的性关系，也许和女人在一起比较有可能。"

"你当然可以和任何人做爱，然后对社会道德说：'随你怎么想！'你也可以和女人做爱，然后对着男人以及反对你们做爱的社会，大声地说：'随你们怎么想！'对我来说，女同性恋的意义在于让女人从男人的阴影中走出来，不再只是一个生儿育女的机器。"

"我认为女同性恋意味着你把全副的身心都倾注到女人的身上去，性爱即是一种抚慰；若你只和男人做爱，你便是在供给男人源源不绝的抚慰。所以，我觉得这应该要好好深思才对。"

"性爱有政治意义吗？当然有。在我和最后一位男性爱人分手之后（我是为了一个女人而和他分手），我才突然发现那是我第一次开始拥有自己的私密空间，享受属于我自己的时间，过我自己的生活。"

詹尼斯·凯利在《姊妹爱：探索女同性恋经验的需要》（*Sister Love: An Exploration of the Need for Homosexual Experience*）一书中，也提到一些有趣的意见：

在异性恋的关系中，女人总会受到男女不平等的权利关系所害。为了要维持男人的优越感，所以，就利用自己在情爱与经济利益上的优势来让女人服侍他们。而女人为了能在男人至上的社会秩序中求存活，只好忍痛将自己矮化，以便讨好男人的自大心理。所以，在这样不利于女人成长的社会文化中，僵化的两性角色一再被强调，才会让女人无法在异性恋的关系中得到全然的自主与自由。

女人之间的情爱关系，比较能免于上述社会文化对女人的摧残，所以，在女同性恋的关系中，女人并不需要自我防卫。当然，制度化的规范以及强权主控的社会文化，仍然会对女人造成相当大的影响。不过，即使在女同性恋的关系出现主控与臣属的角色扮演模式，也不能就此认定是个人的错误。因为，在女人之间的互动过程中，往往会自然衍生出很多平等互惠的对待方式，这些关系其实都是不具压迫性质的。

有鉴于在社会中的权势地位大都是由男人所把持，而他们又习惯在别人身上滥用职权，以便保障他们的优势地位维持不坠，所以，他们从不愿意坦然地接纳别人成为一样平等的同侪。人们的接触，都必须照着既定的等级关系来进行，而女人总是会被排到低等的地位上去。因此，一旦女人不甘就此臣服，冲突与紧张在所难免。相反的，其实女人大可从人人平等的基础上开始奋斗，把自己的精力与才干充分发挥，尽情地成长茁壮，表露自己的创意，而不必自限于传统的女性化角色中，费力地维持自身的认同，却还是难敌社会文化对女人的摧残。

对女人来说，能让自己体验到每个女人都很有潜能，可以跟别的女人建立起美好的性关系，是很重要的事。如果我们希望自己变得强壮，就应该学着去关爱、敬重并推崇其他女人的需要，包括你能接纳在女人之间，可以有亲密的性爱关系发生的可能。要是女人和男人做爱的原因只限于他们是个"男人"的话（也就是说，男人和女人做爱的原因，也是基于她们是"女人"），那么，我们是仍把世界分成两半，而我们也无法改善这种男女之间的对立冲突了。

若你一想到要和女人亲吻、拥抱或有肌肤之亲，就会产生恐惧或深沉反感的话，不妨重新审视一下你跟其他女人的关系如何。最重要的是：你对你自己有何感想？若你能爱自己，接纳自己的身体是美好的，这样，你才有可能会对女人的身体保持悦纳的态度，对于触摸自己的身体以及和其他女人做身体的接触——这一类在女人之间很自然的作风——才会有更正确的看法。就像吉尔·约翰斯顿曾经写道："……直到女人发现在她们之间有着深厚的情感，包括性爱——这正是她们会极力否认的，因为她们一向就习惯于将性爱献给男人，将所有的关爱与崇高的价值一一奉献给男人，于是，女人就此沦为第二性。"

性奴隶

被压抑的性爱

何谓性奴隶

"12 年来，我一直都很想和男人一起达到高潮。现在听起来，似乎是永远不可能达成的梦想。和他在一起，我就像个可爱的太监，只有当我自己独处时（自慰），才是一个性欲完满而正常的人。"

这个女人为何要说她和自己做爱，就是个"性欲完满而正常的人"，可是，她和男人在一起时却只能做个"可爱的太监"？从这个女人的告白中，我们发现一个越来越清楚的事实：女人正陷入性爱的两难中。这也正是本书再三强调的重点。我们都知道，异性性交的模式通常都是照着一套固定而僵化的方法去做：从前戏到阴茎插入，然后是阴道性交，最后则是以男人的射精作为结束。在这个过程中，女人一向都很难达到高潮。但是，在自慰中，女人却深谙让自己达到高潮的方法，而且，只要她们想要，随时都可以享有高潮。既然她们可以随时随地、随心所欲地想要高潮就有高潮的话，那在和男人做阴道性交的时候，为什么不能如法炮制一番，也让自己达到高潮呢？也就是说，为什么女人会习于在和男人做阴道性交时，一味地满足男人的需要，却忽略了自己的欲望？

事实上，女人在性交中所扮演的角色，正如她们在日常生活中的操劳与付出，总是一味在满足别人的需要与欲望——服侍男人与小孩。直到最近，女人才开始意识觉醒，认识到这种普天下对女人压迫的现状，而女人在性交中扮演性奴隶的角色，也一向都是大多数女人共通的生活方式。然而一般社会都认为，女人过的这种性奴隶的生活方式，大概是基于她们天生无可改变的生物冲动。

女人之所以是性奴隶，是因为她们至今还是不敢出面主张自己的性爱，此外，她们还被迫一定要去满足男人的性欲，却无法关照到自己的需要。就像一位受访者的自白："性爱是涉及政治意蕴的，因为在男女性关系中，关乎权力结构的不平等，女人不愿意也不能去要求她们的性需要得到全然的满足，而男人却能予取予求。所以，女人只得做一个忠心耿耿的仆役，随时待命，伺候男人的欲望与需要。"社会都认为，女人的性爱，就是和男人做阴道性交，仅止于服务男人的需要，却不能让女人在性关系中跟男人一同平起平坐。无法享受性爱的美好，正是女人受压迫的明证之一。

因此，重点并不在于女人不喜欢性爱或者说女人不喜欢和男人做阴道性交。因为，事实上很多女人都说她们很喜欢性爱。虽然很多女人并没有过高潮的经验，可是她们还是会像有过高潮经验的女人一样，表明自己很喜欢性爱。即使她们一向和男人做阴道性交时无高潮可言，她们还是会说很喜欢和男人做爱。所以，问题的重点在于在性爱中、在和男人做阴道性交时，女人到底喜欢的是什么？而女人说她们喜欢性爱、喜欢做阴道性交，这又意味着什么？

女性对性爱与性交的感觉

"性爱对你来说很重要吗？为什么？在你的生活中，性爱占有什么样的地位？对你有何意义？"绝大多数女人都回答性爱对她们意义非凡，她们所持的理由也都很相近，不外乎是借此和另一个人建立起美好的亲密关系：

"性爱是很重要的，在性交当中，你可以和另一个人做很亲密的接触。在性交时，我会觉得很自在，无论是在性交前后或进行当中，我们都可以很亲近地在一起。"

"性爱是美丽的，在和另一个人做如此完全的接触时，让我觉得自己已经超越了肉体的感官局限。这是我可以直接和别人化解藩篱的好方法，无须再分彼此了。"

"在我的生活中，性爱占有很重要的地位，这象征我和男人共享的爱。我知道这也是他借以表现相爱的方式。虽然我常常都没有高潮，可是我还是觉得很满意，重要的是我可以和他有那么亲密的感觉，就够了。"

"性爱的重要性在于那是传递亲密感的最佳方式，可以借此表达我对别人最深的情爱。而且，这也是我和丈夫在生活中最重要的交集处，我们不只从个人的生理满足达到情感的交流，更重要的象征意义在于我们共同分享着彼此的快乐。"

"在性关系中，我都会投入全部的感情，希望借此发展相互之间的亲密感，长相厮守下去。所以，我越和某人常常做性交，我就越觉得和他的亲密感又大大增进。如果我没有和他们做过性交，那么我就不会像现在一样深爱着他们。对其他的女人来说，她们是否也和我有着同样的情形？而男人又如何呢？基于以上的原因，我非常喜欢性爱。"

"性爱非常重要，因为这样两个人可以给对方最强烈的快乐，你还会从中感受到和对方在一起的亲密感，我们都可以在其中充分地展现自我。我们把所有的藩篱都一一拆除，以自己的本貌示人。"

"性爱是一种通过生理反应来和别人做沟通的方式，无须借助言语，直接传达对彼此的亲密感，这种相互的肌肤之亲，超越了人类心灵的极限。在性交 10 分钟之内，我就能和对方做心领神会的交流，而我若没有和对方做过爱，就算我花上 10 年的时间，也不可能达到像性交中那么亲近的了解。"

"性爱很重要，因为在两个人之间，可以分享那种彼此理解和欣赏的感觉，性爱会让你的生活变得很特别。和对方做爱，就意味着'对我来说，你比其他人都重要'。性爱让我和我丈夫的关系破镜重圆，这足以证明我们的爱情经得起考验。"

女人喜欢性爱的原因

本研究发现，在回答"你喜欢阴道性交吗？生理上喜欢或心理上喜欢？为什么？"时，有 87% 的受访者说，她们喜欢做阴茎插入阴道的性交，其中还包括很多从来都不曾在阴道性交中有过高潮经验的女人在内。很显然，无论女人有没有性高潮的经验，这跟她们喜不喜欢做阴道性交并无直接的关系。事实上，即使对那些可以时时在阴道性交中获得高潮的女人来说，她们喜欢阴道性交的原因，也同样是基于情爱以及亲密感的满足，而甚少提及高潮的重要性。

女人喜欢做阴道性交的原因，绝大多数是因为她们可以从中享受到情爱与亲密感：

"我喜欢阴道性交。虽然我不能每一次都享受到高潮，可是我真的很爱那个男人，所以，我还是很喜欢和他做阴道性交，因为那时我可以和他很亲近地在一起。此外，就高潮的重要性来说，我觉得高潮的快乐比不上我和他做阴道性交，高潮并不会让我和他有更亲近的感觉。"

"是的，我喜欢做阴道性交，虽然我从来都没有性高潮的经验。它给我一种情爱的感觉（或说是幻觉），在生理上，我喜欢让自己的身体包围着他的亲密感。"

"是的，那种感觉很温暖，就像你被紧紧地拥抱。我喜欢被对方接纳的同时享有这份感觉。"

"我喜欢他的身体，也喜欢触摸他的感觉。就生理的感觉而言，我喜欢他把阴茎插入我的阴道里去，这样他就和我合而为一了。在心理感受上，我喜欢彼此的爱意能通过身体的满足传达给对方，这种感觉真的很棒！尽管在我和他做阴道性交时，从来都没有达到高潮，可是我还是很喜欢。"

"在生理感觉上，我喜欢他的阴茎插入我阴道内的感觉，好像我在拥抱与爱抚他的阴茎似的。在情感上，我觉得我把身心都投入其中，两个人就此合而为一。我觉得自己因而精力充沛、精神亢奋。我觉得很满足，再也不必操心什么，只要和他在一起，我就变得快乐无比。"

"在做阴道性交的时候，我觉得和另一个人有很亲近的感觉，两人交缠在一起，合而为一，这就像抱起新生的小婴儿——他属于自己的一部分。"

"做阴道性交的感觉很好，你会觉得很温暖、很亲切，那是你们的爱情再度获得双方的肯定，而且两人一同分享绝佳的亲密感以及一个私密的心灵世界。"

"做阴道性交的感觉很棒，你可以除去自己的认同，和对方合而为一。"

"是的，和对方在身心两方面合而为一的感觉，真的很刺激又让人很满足。我们一起坠入爱河。"

"我觉得我在心理上和我的性伴侣做了真诚的沟通——我们尽可能地亲近在一起，无论是在生理上或在精神层面上。"

"是的，我喜欢做阴道性交，尤其是心理上，我最喜欢和对方分享亲密感与拥抱。"

"在做阴道性交的时候，我觉得他很需要我，很有安全感，我觉得自己很有女人味，感到很温暖，而且被他所爱。"

"在和他做阴道性交的时候，我觉得很有安全感，很确定他对我的爱，觉得他会保护我。我的身体、心灵都为之舒畅无比。"

"就生理享受而言，我喜欢和男人做阴茎插入，因为我会有温暖、甜美而彼此共享快乐的感觉。特别是在他的胸部贴近我的身体时，那种感觉最棒了。在心理上，我会觉得很完满，而且有被他需要的成就感。"

"这是对我们俩的爱情、相互关怀等的明证，让我觉得生机盎然、人生很有意义。尤其当我的脸贴近他的脸时，我可以清楚地听到他的呼吸声。"

"他的触摸与温情，让我深感温暖而有安全感，而且，和他非常亲近。"

"我喜欢做阴道性交。感觉到男人的阴茎深深地插进阴道中，而且，越向内里戳入越觉得这真是人间的极乐。心理上，我觉得很温暖而亲近——和男人合二为一。将你对彼此的爱意，通过生理之乐来表达，实在是件让人很快乐的事，深具柔情。"

"两人合而为一的感觉，把所有的一切都抛到九霄云外。我只感到全身都被一片巨大的热情所淹没，顿时对我所爱的人产生一种亲密感。"

"是的，这是两个相爱的人得以一同共享的最美丽的事。通常，在他做阴道抽送的当下，便是最棒的时刻，我们都觉得有一种超脱感，继而结为一体。"

"是的，我喜欢和男人做阴道性交，原因在于它的象征意义——这是我们两个人最亲密的结合方式。在我们之间，出现一种全然的亲近感，就像在对方面前将自己完全展开一样。"

此外，很多女人都强调男人在做阴道性交时对她的关爱与注意：

"我喜欢做阴道性交。这会让我觉得和他很亲近，就好像他真的是我的男人一样，而且我会认为他很眷顾我、关心我。"

"我喜欢和男人做阴道性交时的亲密感，因为就在那几分钟之内，那个男人便全然属于我，我很开心，觉得很完满，情绪很高亢，觉得自己被男人所爱、所需要，有时候，我总会觉得对方真的对我着迷呢！"

"我喜欢做阴道性交的原因，是因为只有在这个时候，才能得到全然关注，这让我觉得自己被他所爱，很有安全感。"

"我丈夫在和我做阴道性交时，便会表现出他对我的爱以及他需要我的样子。"

"是的，在做阴道性交的时候，我都会感到一阵阵的陶醉，我觉得自己是个成功、能干又美丽的女人。"

"当他的阴茎进入我的阴道之后，我才真正感觉到我可以'拥有'他这个人，这样我就根本不用再继续猜疑下去：到底他爱不爱我？他心里到底在想什么？"

和男人的情爱关系得以在性交中获得再度确认，同样也是女人喜欢和男人做阴道性交的原因：

"我们的性生活是很重要的，因为和他做爱才会让我觉得有安全感，证明他爱我、他需要我。"

"我和他做爱的目的在于取悦他。我最喜欢的就是他紧紧地抱着我，心里很有安全感。这让我觉得自己是个被他所爱着的美丽女人。"

"和丈夫做爱，才会让我觉得自己像个真正的女人，而不只是个家里的女佣而已。"

"和丈夫做爱，我才会有自信心，因为，我知道他需要我。"

"和男人的关系中最重要的部分就是和他性交。如果这个男人不想和我做爱的话，我就知道我们的关系一定是出了什么问题。"

"和男人做爱，会让我觉得自己是个有人要的女人，这样一来，我和他们的关系才会有更深入的联结。"

"在我的婚姻中最重要的一件事，就是和丈夫做爱。这会让我觉得自己被他所爱、所需要。"

"和丈夫做爱，会让我觉得和他很亲近，感情融洽，而且很有安全感。"

"当我和男人做爱的时候，他们会把全部的注意力放在我身上，让我觉得自己很重要，而且被他们所需要，这大概就是我喜欢和男人做阴道性交的原因吧。"

"对我来说，性爱是很重要的，再度保证了我在男人心中的价值，表示他愿意花时间和我在一起，温柔地对待我。"

"我和男人的关系如何，要看我提供给他们的性爱有多少。老实说，若我无法和男人保持亲近的关系，我真的活不下去。我需要被爱。"

"为了我的幸福着想，我一定要有男人来爱我，和我做爱，我才会觉得快乐。要是我可以让男人兴奋起来，我就觉得自己很有价值。"

"在过去的 21 年当中，除了做阴道性交之外，我从来没听过丈夫赞美我一句。虽然我很痛恨这种现象，但是我依然深爱着他，而且很喜欢和他做爱。不过，一切也仅止于此。"

"没错，我非常喜欢和男人做阴道性交。我唯一会觉得不喜欢的理由，便是基于政治意蕴的顾虑，因为我并不喜欢自己在生理体能上的脆弱与无助，当然，在生活其他各方面的脆弱无能也会让我觉得不快，而且可能比生理脆弱还更重要。我喜欢男人把他的阴茎放进我的阴道里去，如果他是我所爱的男人就更好了，但要是他这个人还算过得去，我也会觉得很开心。我喜欢用我的身体把男人包围起来，给他们快乐，感受他们全身上下的兴奋，两腿把他们紧紧夹住，体会他们身上爆发出来的活力，同时也表现我的热情给他们看。我很喜欢看到男人达到高潮的样子，聆听他们快速的心跳，还有他们当时的胡言乱语。所以说，跟男人做阴道性交，就像是一场小旅行。"

女人喜欢做阴道性交的另一个原因是她们认同男人的快乐，并因自己能给男人快乐而感到高兴：

"我喜欢那份亲密感以及我给他们快乐的成就感。只要男人觉得快乐，我就会为他们高兴。"

"在做阴道性交的时候，我从来都没有过高潮，但是，我很喜欢在做爱当中听到男人的喘息声，看到他们全身颤抖的样子，感受到他们因为性兴奋而几近疯狂。我喜欢在做爱当中的那份亲密感，一旦他们开始冲动起来，我也会跟着兴奋：听到他沉重的呼吸声，感觉到他的阴茎开始越变越硬，身体也随之进入痉挛式的摆动。"

"没错，我喜欢做阴道性交。因为我喜欢男人，他们的身体让我着迷，而且，我也很喜欢取悦他们。"

"在男人达到高潮的时候，我心里会觉得和他非常贴近，还有一种主控的感觉，因为我有能力可以给对方天下最快乐、最宝贵的东西。"

"有时，做爱的确会让我觉得很快乐，不过，通常都是因为我能给对方快乐，所以，我也会跟着一起开心。虽然我觉得我根本就不需要男人拼命地做阴茎抽送的动作，但是我还是很喜欢男人把他的阴茎放进我的阴道里去，因为这样会让男人觉得很快乐。"

"我终于发现和男人做阴道性交，便是和他和乐相处的最好办法，还能满足他的欲望。"

"除了性爱之外，和男人做阴道性交还有别的原因：我觉得我可以借此拥有他，和他分享亲密感，融入他的身体中，变成他的一部分。"

"在做阴道性交的时候，我都会一直挂念着：他是不是觉得这样做很快乐？我的阴道是不是够紧？他现在心里在想什么？而我是不是应该要把我的阴道紧绷起来？所以，我觉得我应该是很喜欢和男人做阴道性交吧！"

"和男人做阴道性交，对我的心理有帮助，因为我只关心男人和我做爱的时候到底有没有觉得很开心。而最让我担心的就是，要是我把阴道缩得太紧了，会不会反而就让他的阴茎失去了原来的硬挺。"

女人喜欢做阴道性交的另一原因是出于习惯，也就是受到社会制约的结果：

"我和男人做阴道性交从来都没有高潮。我猜我之所以还会喜欢和男人性交，是因为我已经被社会的价值观所制约了，因为认为一定要和男人做阴道性交才算是正常。若我不喜欢做阴道性交，或者要我承认在做阴道性交中从来都没有高潮的话，势将会危及我对标准女人味的自我认同。"

"是的，我喜欢和男人做阴道性交，尤其是在我主动要求男人和我做爱的时候。我想，我之所以很喜欢，大概是因为被社会制约了，认为那一定会让我很快乐。"

"没错，从各方面来说，我都很喜欢和男人做阴道性交。当我和男人做这一类的性刺激时，才会觉得比较自在。"

"和男人做阴道性交，心理上的快乐会比生理上还多，这主要是因为我对自慰十分反感。"

"是的，我很喜欢和男人做阴道性交，尤其是心理上的满足感最多。原因可能是受到影视广播、杂志报纸等大众媒体的影响，所以，我都会一直幻想着那一定会让我很快乐。此外，整个社会也和媒体一起联手，让所有的人都认为和男人做阴道性交是一件很棒的事。"

和男人做阴道性交，能将双方的性交赋予合法化的地位：

"若没有和男人做阴茎抽送，我就会觉得我好像还没真正开始做性交。"

"没错，从各方面来说，我都很喜欢和男人做阴道性交。若你没有和男人做阴茎抽送，好像就少了什么东西似的。"

"我喜欢阴道性交，因为对我来说，除了和男人做阴茎插入之外，其他的性行为都不算是真正的性交。我喜欢两个人的身体合而为一的感觉，而且在最敏感的性感带上融合在一起。"

"和男人做阴道性交，就生理上的感受而言还算过得去，不过，在心理上的感受就颇具价值了，似乎这样的性交才算合法。若没有和男人做阴道性交，那么，这样的男女关系便不可能持久。"

有些女人说，和男人做阴道性交，会让她们觉得自己"更像个女人"：

"在和男人做阴道性交的时候，我才会觉得自己很完整，像个真正的女人。"

"我喜欢和男人做阴道性交，在那时我觉得自己变得很野性、很自由。我会自认为自己是个性感的女人，而且，我也很喜欢自己散发出无限的热情。"

"是的，我很喜欢阴道性交，尤其在男人一开始对我做阴茎插入时，是我最喜欢的了。我觉得我喜欢和男人性交的原因，就是为了在阴道性交中表现出女人味，因此感到满意。"

"是的，无论从哪方面来说，我都很喜欢和男人做阴道性交，因为我的阴道天生就是为了要接收男人的阴茎。每次和男人性交，都会让我觉得自己身为女人。"

"在生理上来说，和男人做阴道性交可以让你长保健康；而在心理上，我也觉得和男人性交是不可或缺的。这是一个身心健康的女人的基本需求。"

"是的，我喜欢做阴道性交。难道有哪一个健康的女人不喜欢吗？和男人做阴道性交是很自然的过程。"

"和男人做阴道性交是一件很美的事，也是上帝给予我们的快乐，对我的幸福尤其重要。一个身心健康的女人，不能欠缺和男人的性爱。"

女人为何不创造自己的高潮

我们已经了解到，性爱以及和男人做阴道性交，对女人来说，其价值即在于亲密感与情爱的拥有。女人喜欢性爱的原因，取决于她们内心的感受，更甚于实际上从阴道性交中得到的生理享受。从前面详列的受访者的自我告白中，我们可以发现，在阴道性交中，和男人分享温情、爱意以及那份被需要的感觉，才是女人喜欢性爱以及跟男人性交的重要原因。

在一般社会中，性爱乃是表达亲近关系的重要渠道，一旦我们想和另一个人建立身心方面的亲密感，性爱几乎是唯一的方式。而且，性爱还时时会让我们对另一个人有爱与被爱的感觉。不过，在未来理想的社会中，我们根本就不需要将性爱限定在如此狭隘又闭塞的定义中。因为，女人不必为了得到温情与情爱，就必须接受剥削的性关系。

女人沦为性奴隶的原因，并不在于她们喜欢和男人做阴道性交，而是缺乏其他的方式满足自己的性需要。她们和男人之间的性爱，已被严格地定义成僵化的模式——前戏、阴茎插入、阴道性交以及射精。实际上，阴道性交只是这个模式中的一部分而已。这个模式不仅压迫女人，也对男人造成压迫，本书将在后续的章节中详细说明。既然女人都深知怎么做才能让自己达到高潮，为何她们不将之运用在和男人一起做阴道性交的时候？为何她们不曾想过将僵化的阴道性交模式加以革新求变呢？即使女人开始在阴道性交中运用阴蒂刺激并不会改变旧模式的既定走向，也绝不至于减少性爱中的温情与亲密，那么，女人为何不这样做呢？或者她们真的以为这样会影响和男人性关系的和谐？

习惯成自然

当我们一想到性爱的时候，我们就会直接联想到前戏、阴茎插入、阴道性交，之后就是男人的射精，因为我们从小就是这样被教育长大的，我们被教导性爱就是这么一回事，男人与女人之间的性关系仅止于此，我们一定要"照老规矩来办事"。我们对于性爱的想法，都是围绕在生殖主义的考量上，而被生硬地界定为人类的本能。事实上，这乃是积习日久的问题，因为，我们学到的就只有一种僵化的方式，而性爱和性关系其实都是人类通过特定的文化模式所创造出来的，并非生物律使然。不过，通常人们不会在性爱中和对方一起自由地探索，除了僵化的性关系之外，也不会发挥创意去建立其他的亲密关系，甚至不敢自发地对他人表达我们内心的感情或需要。

上述受访者表达她们对性爱的喜欢，是在反映她们对标准化的性交模式所持的看法：如果和男人做阴道性交是女人的本能，和男人共享性爱即是符合自然规律的事，那么，还有哪个女人会说她不喜欢呢？哪会有人想去改变这样的现状呢？不过，在本研究的一些特定问题中，仍然显示出许多女人对标准化的性交模式的诸多看法，有满意和不满意的。

当今的社会对女人施加很大的压力，要她们非说自己喜欢性爱不可。正如一位受访者谈道："现在大家都把注目的焦点放在性爱上，幸好我的性生活堪称美满，每当读到和性爱有关的讨论文章时，我就庆幸得以避免再次受到伤害。"许多文章强调的是女人一定要照着老规矩办事，而且非得借自己的口来说她们自己很喜欢这样做不可。要是她们说自己不喜欢性爱的话，就会被心理医生或社会大众看作精神病患者，心理不正常、举止怪异或是有毛病的人，等等。因此，不论是什么理由，女人都应该要喜欢性爱，尤其非要喜欢和男人做异性恋的阴道性交不可。

平日一向极力加深我们对性交模式的刻板印象者甚多，包括外科医生、传教士、著作等身的性学专家以及男性情人等，他们都不停地灌输我们什么是性爱以及正确的性交模式。然而，所谓"碰触别人的最佳方式"又是什么呢？从通俗的性交手册中，我们看到上面详载何时应进行何种方式的碰触，何时又应该达到高潮，等等，过程与姿势都相当的机械，而且叮咛你一定要达到高潮不可，否则会有很不好的下场云云。但是，关键在于只有我们女人才知道自己在性交过程中最想要的是什么，我们当然可以照自己的意愿与喜好在性爱中创造自己的快乐与幸福。若要和对方建立亲密关系，也就没有必要遵照一套僵化的标准模式去做。

爱情神话

女人在男女性关系上以及在社会生活的各方面受到性别压迫的原因，渊源复杂，绝不仅是积习日久的理由即足以解释殆尽。比方说："因为女人习惯于为男人奉茶侍饭，所以，她们在床上也习惯于为男人提供性高潮的服务。"这种解释并不充分。鉴于女人在和男人做阴道性交时，依然无法将平日在自慰中达到高潮的方法加以发挥，究其原因，不外乎女人害怕因此威胁到男人的权威与自尊心，不敢在和男人性交时将阴蒂遭刺激的性知识加以发扬光大，所以，追求男女平等的性关系，仍是遥遥无期。

为什么女人不敢在床上挑战男人的权威呢？首先，她们很害怕就此失去男人对她们的爱。究竟男女之爱是什么？这个问题太过复杂，至今仍无定论，不过，从本章受访者的自白中发现，女人之所以认为性爱对她们来说非常重要，是因为她们都将自己和男人之间的性与爱两者紧密地结合在一起。

"对我来说，性爱是很私密且神圣的事。我认为性是爱的至高无上的明证。"

"就我而言，我最想要的就是和男人在一起的快乐、长相厮守、情爱……而且，据我所知，要是我没有什么特别明显的理由却一味拒绝和男人性交的话，我就会失去很多生活中的快乐，因此失去男人对我的爱。他会认为我们之间一定发生了什么不好的事，然后就会移情别恋，把我扫地出门，自此，我便从他的生活中绝迹。"

"这就是一种条件交换。母亲曾经对我说：'男人为性而爱，女人为爱而性。'"

对很多性学专家或咨询师而言，他们也发现到这个现象——女人因为害怕失去男人的爱，所以不敢在和男人性交的时候要求高潮。像海伦·卡普兰在《性治疗新论》一书中说：

……女人担心要是她向男人要求在性交中达到高潮，便会因而遭到抛弃，所以，她们往往都会为此产生很多潜意识的恐惧。她们会害怕丈夫就此再也不继续"眷顾"她了。或者，认为只要她在性交中要求采用上位姿势，她的丈夫就会对她表示不满，因为，她觉得自己在上位的姿势，看起来一点也不性感。这些潜意识的恐惧，在她们的现实生活中都可以找出端倪。因为，她们的丈夫往往都会明白地对她们表示出不满或毫无耐心。更甚者，还会有人觉得他作为丈夫的性别角色与权威，竟然遭到妻子的僭越，所以，在丈夫这边也会产生诸多恐惧。因此，为了解消内心的深层焦虑，丈夫便采取防卫、不合作的态度，去恫吓妻子或蓄意抵制她的努力与建议。

同样，费雪也发现，无法跟丈夫达到高潮的女人（他的受访者都是已婚妇女），她们跟其他得以在性交中与丈夫一起达到高潮的女人相较，在心理上唯一的差别便是关乎她们对丈夫的情爱。费雪的分析如下：

……从不同的女人在高潮频率上表现出的高低差异来看，她们最大的不同点便在于她们会不会害怕失去她们所爱。高潮频率低的女人，她们都认为自己无法在情爱上或在价值观上依赖她们所爱的人，因此，她们会担心不知哪一天她们的爱人就会遗弃她，绝情离去。若要离开她们所爱的人，或跟她们亲近的人离别，她们便会非常害怕。

针对这个现象，费雪的评语如下：

害怕失去所爱的人，这种焦虑在女人的身上非常普遍，几乎可说是女人性格的特点了……很多研究结果显示，女人对于要跟亲近的人离别，往往很敏感。

最后，费雪得出结论：

从我的研究中发现：心理因素——比方说，害怕失去所爱的人——往往会在女人达到高潮的过程中造成相当的干扰，这同时也反映出女人置身在社会文化中的低下地位对她们的心理所造成的巨大影响，她们始终觉得自己岌岌可危、惶惶终日，除非有男人愿意保护她们，做她们的护身符，否则她们根本无以为生。所以，害怕失去所爱的人，这样的焦虑才会一而再，再而三地妨碍她们在和男人的性交中达到高潮，而这个现象又可以从社会文化对小女孩的教养与灌输中找到根源，因为她们从小就被告知：长大之后，如果没有一个强有力的男人来保护你们，你们这辈子就完蛋了，根本活不下去。因此，我们可以平心静气地做以下的推论：如果女人从小不受到被男人遗弃的威胁，也无须被迫表示顺从的话，所谓的高潮问题，应该就不会再继续持续下去了。

费雪是一位心理学家，所以，他认为，女人之所以会害怕失去所爱的人，是缘于她们自小的童年经验所造成的深远影响。不过，很显然，这种焦虑的起因也很可能是来自她们成人生活中所面临的现实因素。比方说，当她们年华渐渐老去，她们便会开始恐惧男人将不再继续爱她们了——她们需要男人的爱依然如昔，可是，男人却再也不那么需要她们了。

经济劣势

假使女人胆敢在性事上向男人主张高潮需求或挑战他们的权威，后果之严重将可想而知，她们害怕不只因而失去男人的爱，更糟糕的是，男人往往就此解除对她们的经济支援，致使她们陷入生计危机中。实施这种经济制裁的方式有很多种，有些是很微妙而细致的做法，有些则是明显而立即的行动。当一个女人完全依赖某个和她性交的男人来提供她日常衣食所需，而她自己又没有能力谋生的话，在这种情况下，男人若对她实施经济制裁，后果将不堪设想。这也正是传统婚姻制度的情形。

"从我所认识的人当中，通常，男人赚的钱至少都是妻子的两倍。这意味着要是你很满意现在的生活方式，根本就不会妄想要逆水行舟改变这一切。据我所知，很多女人并不是为了要跟另一半长相厮守才继续维持婚姻关系的，相反，她们图的不过就是经济的保障罢了。所以，我们只得寄望革命尽早到来，一旦女人可以像男人一样自谋生活的话，那种封建式的婚姻关系便会渐渐减少。"

"没错，至今我仍被迫要和丈夫性交，都是缘于当年结婚时定下的婚姻盟誓。要是我拒绝和丈夫性交，他经常威胁不给我钱用，暗示我一定要用性服务来换取我想要的东西。所以，我总是在和他性交的时候假装高潮，这真是生不如死的感觉。我想，等孩子长大之后，我就要向他摊牌了。"

"我不确定我和男人的性关系中有什么样的政治意蕴，不过，我很确定这绝对是经济上的依赖关系。好几年来，我觉得我一向都是靠和男人在床上的性交，来换取我的衣食所需，如果我想要什么东西，我丈夫只会在性交之后，才答应买给我。现在我已经独立，靠自己谋生了，再也不需要像从前那样忍气吞声，跟我丈夫玩那些假装高潮的把戏了。对我来说，这真是莫大的解脱。"

"我很难说清楚对性爱的感觉。我觉得两人一同颂赞爱情的伟大，对我来说是非常重要的，但是，在我身上却很少发生这样的机缘。我认为我和很多太太一样，都是为了经济的保障才甘愿成为丈夫随时可以发泄性欲的对象的，这便是我们所付出的代价。"

"常常我会觉得和我丈夫性交，就像我必须洗碗、熨衣服一样，是我做家务事的例行工作之一，也是我做妻子的职责所在。所以，我觉得自己真像个妓女。"

"对我来说，我真的很高兴我能活得够长，亲眼见到未来的曙光，我衷心盼望有朝一日女人可以得到性别上的平等。你能想象在 40 年前社会如何对你进行'洗脑'吗？那时，你要是好不容易攀上一个老公，就算你走运了，即使你觉得整个婚姻生活都完全不对劲，也只好用尽一生的努力去讨好男人；此外，要是他没有大发脾气毒打你一顿，你就该感谢上天保佑了。也就是说，既然他肯供养你，你就是个不折不扣的无偿女佣，唯有死亡才能解脱。如今，我总算找到工作，能为自己重新开创另一片生活天地。我有很多的姊妹在生前都不知道女人也可能有一片希望——她们对此全然无知，即已离开人世了。"

如果有人在经济上无法独立，必须仰赖别人的供养，而在人格的合法地位上又附属于同一人的话，对方一旦开口要求此人做性服务或提供情爱，此人势必是处在一种招架无力、惶惶不安的状态，终日岌岌可危。虽然有很多女人也是真心想取悦男人，但是女人们都得取悦男人，却是不争的事实。此外，她们往往为了取悦男人，便会将他们的满足放在第一位，忽略自身的需求，刻意隐瞒自己的高潮需要，此足以证明她们受到威胁与恐惧的震慑，因而变得胆小懦弱。很显然，要是女人必须在经济上仰赖男人过活，那么，她便很难跟男人在床上要求平等。即使深爱着对方，但处于经济劣势，在权力不平等的微妙关系中，仍会感受到其中的破坏力。

当然，法律早已明文规定：在合法的婚姻关系中，妻子必须和丈夫进行性交。金赛对此的解释如下：

在希伯来和基督教的法典中，都特别强调妻子应和丈夫同房做阴道性交的义务，偶尔才会提及丈夫应与合法配偶进行性交的义务……至于女人在婚姻中的地位，可从传统的英、美法律条文中窥见一斑，英美法律规定：女人一旦同意结婚之后，便必须无条件地答应丈夫在任何情况下的性交要求，即使他使用暴力胁迫的手段，妻子也不能反抗，不得违背丈夫的旨意。此外，在现行美国刑法的规定中，无论如何，即使丈夫强迫妻子和他进行性交，也不构成强暴罪行，就算妻子不愿意或丈夫确曾动用暴力胁迫，仍然不是强暴案件。

就像今天依然盛行的传教士上位姿势——男人骑压在女人身上——即是在奉行上述法典的基本教义。

金赛的论文写于 20 世纪 50 年代，不过，迄今已进入 70 年代了，在法学丛书中依然详载上述的法典条文。虽然，在美国各州执法的标准略有不同，不过，大致说来，上述的法律规定至今仍然有效。1969 年，有一群名叫"女性主义者"的团体，在纽约市婚姻证书局的门外站岗，散发宣传小册，册中罗列许多问题，诸如："你知道在婚姻中，强暴是合法的吗？根据婚姻法的规定，和丈夫性交乃是婚姻唯一的目的。因此，除非你持续和丈夫做阴道性交，否则，你的婚姻并没有得到合法的保障。你知道在婚姻中并不需要爱情和关怀吗？假使你不和丈夫做阴道性交，那么，他便可以诉请离婚，或者，他也可以马上撤销婚姻。但是，若问题出在他并不爱你，这却不构成离婚要件。"

当然，这绝非婚姻之过，关键在于双方应同意共度生命的每一个历程，致力于同样的人生目标。因此，基于真爱所定下的婚姻契约，当然是美好的。可是，到今天为止，对大多数女人来说，婚姻的真谛依然是基于经济依赖与人格地位的从属身份。处于这样的劣势处境，无怪乎她们不愿意主动和丈夫一同自由地探索身体与性爱的美妙。

不结婚的女人则会受到不同形式的经济威胁，威胁的手段更见高明。就像一位受访者如此说："小时候，我的家庭及社会就已经为我安排好未来的出路，步入婚姻的我即为人妻母。婚前曾做了 5 年的秘书，在这段时间，我对自己的劣势地位深感不满，觉得很自卑，这种自暴自弃的感觉想必也影响到我对性爱的看法。所以，我一直很容易受到男人的伤害，再加上我的自卑情结，形成了恶性循环。3 周前，我终于下定决心辞掉秘书的工作，回到学校专心念书。这个决定在我身上发挥了奇迹般的作用，我的自信心提高了许多，再也不会委屈自己接受别人的性要求。我觉得我终于可以自由自在地享受身体之乐，而不必再去讨好那些沙文主义的臭男人。其实，我不痛恨男人，我确定我很爱他们，可是，鉴于现在男女互相利用对方来满足自己的现况，以及女人在生活各方面所受到的不平等待遇，我都很想加以改变。"

就婚前的男女交往来说，即使双方的关系仅止于约会阶段，却仍然有女人会觉得自己应该和男人性交，因为这是她们亏欠对方的报偿：

"性爱是有政治意蕴的，特别是在女人觉得自己有义务一定要和男人性交的时候，比方说，约会的时候都是男人出钱，因此，她自然就应该和他上床来交换一切。"

"当我还在学校念书的时候，要是我想吃通心粉之外的食物，就会答应和男人出外约会——那时我很穷。我也知道他们想要的无非就是和我性交，如果他们肯请我吃一顿大餐，我会觉得应该和他上床作为回报。而且吃得越贵，我越感激他们。这不是很糟糕吗？没错，这种感觉真的很糟，可我实在也没有别的办法。"

"约会的时候，我会主动付钱，但我依然觉得亏欠男方。他是个事业心很强的男人，有许多工作、会议和应酬，却还要挤出时间陪我游玩，陪我逛街，这让我觉得过意不去，所以我不会拒绝和他发生性关系，即使我们才刚认识不久。"

"我和男朋友第二次约会时就上床了，这并不是我期望的结果，我们还没有深厚的感情基础，但我只能这样做。我和他在不同的国家，他为了来看我，坐了十几个小时的飞机。我很感动，也不想让他失望，我觉得自己没有理由不满足他的性需求。"

就像佩珀·舒瓦茨博士曾经指出，即使在未来女人有可能摆脱经济依赖的劣势，但是她们还是会依赖男性：

鉴于女人以前一向就习惯于将性爱和其他的基本营生需要联结在一起，诸如食物、居所、安全感、经济保障等，所以，很多女人反而根本就不再考虑到自己的性需求了。因此，一旦未来的情势出现逆转，女人不再需要通过性爱来交换上述的基本生活所需时（比方说，在她们的名下已有个人的财富、拥有显赫的工作生涯或众多的爱慕者等），可是，既然她们已经习惯于通过别的条件来定义自身的性爱与婚姻，她们便无法对以往的生活方式做反省，也不能为之重新做价值观的改造。她们完全相信别人告诉她们有关女人性爱的各种迷思。

对未婚的女人来说，她们也遭受到经济劣势的威胁，被迫加入婚姻——自此便落入先前讨论过的已婚女人对丈夫的经济依赖之中。有一位 26 岁的受访者，目前正在一家公司工作，她便为自己的处境提出了以下的解释："我是个很称职的秘书，但我没办法支付我的房租。我只好被迫跟男人同居，或者找室友同住。可惜的是，室友并不会关照到你的隐私，至于跟一个男人同居是很恐怖的生活。感觉自己就像是个临时工，时常把家当行李从这个地方搬到另一个地方去。这让我觉得很屈辱，开始想是不是该结婚了？赶快随便找个男人结婚安定下来，然后，把过去种种就此抛开。此外，即便和你结婚的男人同意在婚后像婚前一样采取共同分担家务的生活方式，可是，到最后，烹煮洒扫的家务事都是谁在做呢？还有，是谁时时摆出一副善解人意、温柔多情的样子，而且，还得随时准备好可以和男人上床做爱？假使你一时不想和男人做爱——天啊！这是上帝严禁的事！你马上就会被扫地出门！所以，你才会不停地想结婚之后，是不是就可以比较好过一点？"

对很多女人来说，婚姻也是工作机会之一。不结婚对她们来说，就意味是在工厂做个女工，或者做个家庭保姆，再不然就靠救济金为生。若妇女运动要她们就此放弃婚姻的话，实则反映出很强烈的阶级偏见，会让很多除了结婚之外，别无谋生能力的女人，无法加入解放运动阵营①。

当然，这并不是说在婚姻中就完全没有情爱可言。不幸的是，若某一方长期处于经济劣势，到最后必定会破坏原有的美好关系，形成爱恨交织的怨偶心结。因此，除非修改法律规定，改变女人依赖丈夫名义的婚姻地位，同时提供女人平等的工作机会，基于真爱的婚姻契约才有可能缔结。

基于经济劣势对女人自主权所造成的不良影响，无论在性爱关系或生活方面都是很深远的。根据美国劳工部的统计，1975 年，全年全职工作的女人（约占全美女性总数 40%）和相同就业情况的男人相较，薪资仅达后者的 60%。而且，过去 6 年以来一直就维持这个百分比，也就是说，妇女的薪资并未相对提升过。虽然已有大量受过高等教育且能力卓越的女人进入劳动市场就业，但是，在经营管理阶层以及非传统的专业领域中，依然看不到女人进入这些行业谋生。失业的风潮更容易波及女人，因为，她们往往都是在边际、不受重视的工作单位中就职。这便意味着对绝大多数女人来说，无论已婚或未婚，她们都处于经济劣势中，难以获得经济的独立。

女人缺少的并不是知识，而是权力——社会权、经济权、身体权等。换言之，并非由于无知，才导致女人陷入性剥削与不满足的处境，真正的原因在于女人手上毫无左右大局的实权。

---

① 桃乐丝·坦诺芙在《黄金时代》杂志（一本专为黄金时代的女人所出版的宣扬妇女解放的刊物）中提出不同的观点：对那些为了经济原因而仍然停留在婚姻关系中的妻子而言，若妻子对丈夫提供性服务是一件需要加以谴责挞伐的事，那么，所有出卖性服务者都做了错事。然而，就妻子的处境而言，错并不在于她从丈夫那儿获得报偿——由她提供性服务、家务劳动等而来的报偿——重点在于，她一直都付出太多而得到太少，以至于到今天她依然处于经济劣势之中，无可自拔。

性解放

性自由不是滥交

　　"如果性解放即意味现在的女人也可以像男人一样拥有更多的'自由'——跟陌生人、异性自由地性交的话，这会让我觉得很反感。女人要的性自由，并不是和男人一样的性交模式，女人要的是发现自己所喜欢的性交模式的自由。"

妇女角色与地位的变迁

　　盛行于美国 20 世纪 60 年代的"性解放运动"，是相应于长期以来，在家庭结构以及妇女角色与地位上的社会变迁所形成的一大回响。从古到今，截至 20 世纪下半叶之前，世界各国莫不将人口的高出生率视为国家大事，连升斗小民也得注意家里的人丁数量。就社会的整体考量而言，过去的看法是：人口越庞大，社会越富裕，国势军力便越强盛。然而，鉴于现代科技的日新月异，劳动市场已不再需要大量的劳动力。此外，当今核武器的威力，更胜于百万雄师。不过，大量的人口，仍为工商业社会中消费群众的重要来源。

　　就个人的考量而言，大家庭也早已不再是社会地位的强势指标了。过去养儿防老的观念（子女的工作所得可增加家庭财富，并能保障年老父母的经济所需），也受到空前的冲击。虽然社会地位的继承权，至今仍然是由男嗣来接续家族姓氏的名声与威望。但是，现在的美国社会已不再像从前那么重视家族的名声。相反地，由于子女的教育期逐渐拉长，多生子女，反而会造成小家庭的父母很沉重的负担，凡超过两三个子女的家庭，在社会中的地位不升反降。此外，现在的男人再也不会将养家糊口当作他们人生中最重要的目标了，虽然他们还是很喜欢小孩，也乐为人父。这乃是缘于婚姻制度早已为男人的父权做好妥善的安排（妻儿皆是他的财产），所以，既然当今社会已不再重视子女的价值，而传统婚姻也无法满足个人所需，尤其现在社会给女人越来越多的自由了，所以，男人对家庭的责任感也在逐渐式微中。

　　当今妇女角色与地位的变迁，对女人来说，有好也有坏。从传统多子多福的观点来看，女人的地位是在下降，因为家庭已不再需要女人来多生子女了。也就是说，女人传统角色的主要功能，即是为了家庭生儿育女的需要，在子女越来越不值钱的今天，原先负责生养子女的女人，当然对家庭也就不再那么重要了，除去为人妻母的角色，女人再也受不到社会上最起码的尊重。同时，由于一般人误以为女人也开始像男人一样，拥有越来越多的"性自由"了，因此，女人的价值又陆续下滑。值此历史契机，女人的独立与自主，似乎已出现曙光。然而，就像过去奴隶的解放一样，他们在社会中真正的独立与自主，仍然是难以达成的理想。鉴于妇女在教育、工作机会上依然没有享受到和男人一样平等的待遇，致使她们至今还是走不出传统角色的困境，仍需仰赖男人为生。即便经过 20 世纪 60 年代性解放运动的洗礼，女人反倒比起从前还更加顺服于男人的权威。此外，女人在家庭婚姻之外的社会地位，呈现每况愈下的情势，女人对自身地位的惶恐不安以及对男人加倍顺服的心态，都一一反映在 60 年代盛行的娃娃装上——超短迷你裙、女童式的连身洋装、长而直的发型、大而无邪的双眼，让人看起来青春可爱，我见犹怜。

虽然，也有许多反女性主义人士出来大声疾呼，要女人放弃追求经济独立，规劝女人重拾传统家庭的妻母角色。可是，无论是好是坏、幸或不幸，在现代社会中，已绝不可能让为数众多的职业妇女，再走回传统家庭的老路去。至少在生养子女价值低落的今天，无须女人待在家中养育儿女，女人在家中便成了待业女士。现在的家庭状况是来自长期社会变迁的结果，不可能在瞬间即将这样的变迁方向加以逆转。即便女人（作为一个阶级）仍然不可能在短时间之内在经济与社会地位上达成独立与自主，我们还是可以继续向前努力，以便能在社会上占有属于女人自己的一席之地。而且，要是行有余力，我们女人还能发挥改造社会的力量呢！

总而言之，就我所了解到的"性自由"——女人拥有不必以婚姻关系做担保的性交自主权，以及传统一夫一妻制的日渐式微，其实是缘于社会不再重视生养子女，而男人也不再重视自己的父权。虽然，这样的社会变迁已被公认为是"性自由"的结果，事实上，对女人来说，她们却并未从中获得自由探索自身性欲的自主权。相反，她们受到极大的压力，不断被驱赶着去和男人再三做同样模式的性交。因此，最重要的是，假使女人尚未享有经济自主权，便很难宣称已经拥有"性自主"了，因为若无经济独立做后盾，女人的性自由只会让她们堕入岌岌不安的处境，沦为男人的性玩物。

女人对性解放运动的看法

女性对性解放运动的看法包罗万象，大致上可分成 7 种意见，如下述：

1. 我喜欢性解放运动，因为它让我享有更开放的性态度。基本上，它是健康而必备的观念。

2. 性解放是一个长期的运动，至今仍未终止，未来还有很长远的路要走。

3. 何谓解放？根本就没有什么真正的解放可言。这只会让女人觉得非得跟男人性交不可，完全没有权利对男人说"不"。

4. 这不过是男人剥削女人的新花招罢了。

5. 对我来说，性解放运动实在为时已晚，不过，应该还是蛮有趣的。我真希望自己可以晚几年出生。

6. 感觉很混淆。对性解放运动我完全不了解，不过，有时我会觉得是不是太过火了。

7. 我才不相信性解放运动那一套，那真是恶劣极了，只会导致性泛滥、滥交罢了。

很多女人赞同第一种说法，觉得性态度趋于开放是好事。

大多数女人对性解放运动都有同样的疑惑，尤其是已婚、年老的女人，她们不曾亲身经历过所谓的"性自由"，所以面对这样的社会变迁会有如下的看法：

"性解放运动对我们的社会非常重要，而且是一种合理的社会改革之道。未来的年轻人——比方说我的孙女们，便可以从中得到好处。"

"我衷心希望人类可以变得越来越自由，而且，对自己以及其他人都能持更加宽容的态度。我还希望这样的自由可以代代延续下去。因为对我们的日常生活来说，性爱是非常重要的，希望在我有生之年，也有幸能亲眼看到我们人类社会在经济、政治、学术等各方面有所进步。"

"现在正是时候，我们终于可以挺身而出，发扬正正当当的人道精神。从前的社会禁忌，在今天都可以公开讨论了，我们也不会觉得低俗、不堪入耳。此外，如果我们觉得有需要，就可以开口要求，不必像从前一样要做个乖巧的女孩，我们有机会表达女人的自我，传递我们的感情，而且学着去理解他人以及自己的需要。"

"性解放运动已将性爱与身体之间的沟通与对话整个搬到台面上来讨论，这样一来，是在试着将这个问题变得更自然、更生活化而容易理解。虽然大家仍然像从前一样很放不开，不过，至少大家已经开始不停地谈论，而且发现自己并不孤单，因为有很多人也都有着跟自己类似的困扰。"

"大致上来说，性解放运动的影响是好的，至少大家对于自慰以及性爱的看法，已经越来越接纳那是正常生活的一部分了。这是对传统习俗以及价值观的重新认定。"

"一般而言，我是很支持性解放运动的。对我个人来说，我的婚姻生活非常幸福，只要不至于造成个人的伤害或让人觉得屈辱的话，和别人性交是很好的事。拥有丰富的性经验，不仅为你带来快乐，还能让你学到很多事，增加人生阅历。"

"越来越多的人开始讨论性爱的话题，我觉得这是个好现象，而且，很多女人也发现自己原来也有性需要——不再是被动的性物，等待男人兴奋起来对她们表示性要求。虽然我妈是个美丽而强壮的女人，但是，我觉得她无法从性交中获得快乐。就我所知，她从不跟别人讨论这些，也不去读一些相关的资讯，她一向就等着我爸对她示爱，给她性暗示以及性反应。我觉得她的性生活永远都是在黑暗中默默进行，藏身在被单底下，虽然像是苦刑一场，可是她依然甘之如饴，因为她觉得那是她的职责所在，应该咬紧牙关撑下来。要不是现在的社会风气开放许多，这种情况也可能发生在我身上。我很庆幸自己拥有较多的性自由，不过，我也发现很多女人却反而借此在玩弄男人，同样也是把和男人性交当作在尽义务或是在自暴自弃、剥削自己。有时，我也会不胜感叹，好像和男人上床性交才是女人唯一能用来掌控男人的手段。"

"没有任何一种爱情是'自由的'——总是会有个结果的。不过，只要不波及孩子，我倒是不反对有婚外性关系。我真的相信，从前所宣扬的结婚 50 载的金婚，至今早已是过时的了；尤其是那种到死方休的怨偶，早该分手，各奔东西才对。不过，就目前为止，并没有太多的女人真正得到'自由'。"

有些女人虽然支持性解放运动的正面意义，但是，她们仍然会忧心自己的女儿所受到的影响：

"我还不知道自己较具体的想法为何，不过，这也算是一桩好事。我有 3 个女儿：大女儿今年 24 岁，二女儿 23 岁，小女儿 18 岁。她们 3 人都有过很美好的性经验，我也为她们感到高兴，不过我也会担心，她们还这么年轻，对性的知识究竟了解多少。"

"大致说来，性解放运动的确是好的，可是，要是电影上突然出现一幕性交场景的话，我还是会忍不住想放声尖叫。我的 16 岁女儿最近刚去堕胎，而且再三向我保证，那个让她怀孕的男孩，根本就算不上是她最要好的男朋友，所以，她不希望我对他大发脾气。天啊！我怎么可能去责备那个男孩，相反地，我很喜欢他，不过我真的觉得很痛心，因为我深爱着他们，所以很难忍下心去签那纸同意书，让一个新生命消失。另一方面，我也很后悔放任她去和别的男孩发生性关系，虽然这在她的同辈朋友中早已是稀松平常的事。我真的很希望我所喜欢的那个男孩是我女儿唯一的性对象。"

"如果性解放运动即意味当下便和别人自由而随便地性交的话，那我很为两个女儿操心：大女儿今年 16 岁，小女儿 10 岁。我看过我那 16 岁的女儿跟朋友之间往来的书信纸条，我真的为她感到忧心忡忡。她现在还是个处女，而我希望她可以继续保持下去。"

"我觉得性解放运动所带来的影响，基本上是好的。我的疑惑只有两点：第一，很多人无法躬逢其盛，并未'参与其中'，所以他们心里往往会有一种罪疚感。不过，对我来说，这样的感觉迟早会过去的。其次，我很关心年轻人是否已经做好准备了，他们正处在新旧观念交替的年代。既然他们是从传统的教育中成长，但是现在所面临的处境，却不是传统教育能够解决的状况，因此，充分的知识经验可以帮助他们做出明智的判断。传统教育一味叫他们'不要做'，可是，现实社会却一直鼓励他们'去做'。他们经验不足，以致对自己的决定都无法负责，在他们心中，不断翻腾着新旧价值观的冲突。"

只有很少的女人会对她们的女儿放心：

"我个人完全支持性解放运动。我觉得自此之后，我们的万代子孙就可以免除受到从前各种性禁忌的荼毒。我的子女现年都是二十几岁，我很高兴他们跟所爱的人都能保持着美好的性关系。此外，我和女儿们谈起这些事，一向都很坦诚公开，早在她们第一次和男人性交之前，我便已经开始提供给她们有问必答的咨询，所以，对她们来说，性爱是生活中很重要的一部分，一点都不需要遮遮掩掩的。"

"我觉得很惊讶，我自己竟然可以很简单地就写下我对性爱的看法，可是，我却从来都没有和别的女人讨论过这些事。记得有一天早上，我发现 16 岁的女儿居然赤裸着身体躺在一个年轻小伙子的怀里睡觉，后来，那个男人醒来之后，就蹑手蹑脚地溜走了。我没有办法开口问她的性经验，而她也不愿意告诉我（连写个纸条或问问我的意见她都不肯）。前几天，我告诉她有这个问卷可以做做看，她便回答说她也想来做做看。我在想，要是我把自己的答案复印一份给她参考，不知道这样做算不算是在强迫她接受我的这份心意？"

"从我女儿 19 岁那年起，我就开始鼓励她把男朋友带回家过夜，我希望她不要对我'玩把戏'，借机骗我什么事也没有发生过。我从不为我的孩子们担心，我信任他们自己的判断，何况这原本就是他们应该自行负责的事。不过，我女儿在她 20 岁那年怀孕了，随后就做了堕胎手术，从头到尾，我陪着她一起度过，我依然为她所做的决定深感骄傲，可是，我还是很纳闷：我怀疑她是不是刻意让自己怀孕？到今天我依然不解，而她自己也说不上来到底是为了什么。"

大多数女人都对性解放运动觉得很反感。她们认为至今根本就没什么实质的解放可言：

"现在有很多人都在谈性解放运动，可是，我却觉得人们的性态度根本就没有什么改变。4 个月前，我刚离开结婚 8 年的丈夫，事后，我更惊异地发现，现在的男人竟然还想跟我玩把戏，他们无法接受我是个强有力的女人。这让我非常担心，因为我清楚地知道，要是他们想和我发生性关系的话，必须以平等的态度来对待我。可悲的是，他们和别的男人没什么两样，都很害怕女强人会带给他们威胁感。"

"对性解放运动而言，还有很长远的路要走呢！要是大家对性解放的看法，就仅止于翻一翻《花花公子》或《阁楼》杂志上的裸女图片，这真是令人作呕！女人总是遭到性剥削，从襁褓时期就被当作男人的性玩物，一辈子都得为男人做性服务，这样的性解放运动对女人来说，有何意义可言？我觉得性解放不过是给了男人绝佳的借口，让他们向女人猛烈地推销阴道清洁液以及腿毛剃毛刀罢了。至于在性交中的自我表现、快乐以及性高潮，似乎并不多见。"

"我觉得性解放运动的理想是很好的，但是，很多人却把性解放该做的事搞错了。像《兔女郎》的做法，比起《花花公子》也好不到哪儿去，都让人觉得恶心，把男人女人都丑化了。"

"我们有过性解放运动吗？我倒是没注意到。一天到晚谈论性爱，尚不足以构成一场解放运动吧。自以为是赶时髦的人，其实一点也算不上是时髦人，因为他们连阴蒂是什么都不知道。男孩急着'泡马子'、跟女孩上床，而女孩则一再受伤害——这有何新奇？女孩也许比以前有更多机会和男人上床，但是，这有何解放可言？她们对性爱仍然一无所知，只不过是换了另一种错误的做法。"

"性解放运动？这是什么？是大众媒体炒作的新话题吗？我觉得虐妻、性虐电影才不是什么性自由呢！根本就是一种变态的性固执。"

"那不过是空话罢了。性解放运动根本就是大众媒体推波助澜的话题而已，其中充满强势竞争和商业消费的心态，从而开创了一番全新的市场契机。比方说，迷你裙的流行，在我看来就算不上是一场性解放运动。"

"我才不会被性解放运动给吓唬倒呢！经常跟不同的人上床，这样的性爱才不健康呢！"

"根本就是一派胡言！这样男人就有更多的机会可以看到女人半裸或全裸的样子，然后，发生一大堆不负责任的性行为，接着，便有越来越多的女人开始假装高潮。"

"什么叫作'性解放运动'？我关心的是女性主义运动。从我的观点来看，性解放运动并没有为女人或男人带来实质的解放。男人依然可随意公开和女人上床性交，甚至当众做爱给大家看，还披着自由激进主义的革命外衣，乔装是为了解放之故，实则是在让传统的性态度再度复辟。而女人却依然希望要跟男人建立起长相厮守的性关系，因为在和男人的性关系中，她们已付出身心所有，非得在男人的影子下才能找到自我，并以男人的意见为意见。此外，男人无论是在就业市场上、妇女杂志中、床上、甚至在女人的心里，仍然霸据权势的高位。所以，据我所知，性解放运动所宣扬的理想，皆是一些老调重弹的论点，华而不实，女人仍然被当作性玩物来看待。"

"距离性解放运动的目标，还有很长远的一段路要走呢。就目前来说，性解放对女人造成了巨大的伤害，特别是对年轻的女人而言，祸害尤烈。而我觉得对年长的女人所造成的伤害也不算小，因为，绝大多数年长的男人根本就不曾受过解放运动的洗礼，他们依然都对女人持着沙猪的看法——我们都会误以为年长的女人并不性感，所以，就没有男人会想要找她们上床做爱，大家都错认为她们是没有性欲的人，弃之犹如敝屣。"

"性解放运动根本就是 20 世纪 60 年代末期兴起的胡言乱语。那是专属于男人的性解放，女人只不过是从男人的私有财产转变成公有财产罢了。"

"男人从性解放运动中取得了辉煌的战果，却对男女性关系不肯付出任何责任。我的感觉是：'在晚安亲吻之后，还会发生什么新鲜事呢？'"

有些女性表示，问题的关键点——和男人性交是健康而不可或缺的观

念，反而让女人失去了不和男人性交的自由。女人就此丧失了说"不"的自由：

"对我来说，性解放运动的意义，不过就是把我从小到大被要求保持贞洁的训示加以全盘逆转罢了。现在我们循着另一个完全相反的方向走去，这跟从前要求女人贞洁的训示一样，毫无意义可言。两者都在压迫女人，强迫女人接受男人的性要求。"

"我觉得性解放运动不过就是在把女人推去跟男人做性交，其实她们自己根本就不想和那么多的男人性交。现在，女人好像终于可以和男人一样自由地享受性交了，要是她们不像男人一般急着上床做爱的话，就会被说成是女同性恋或性冷淡等。我认为，男人对女人的态度至今依然没有多大的改变，男人一遇到主动的女人，便会觉得倍受威胁。对于性感的女人，他们也许想要跟她们玩玩一夜之欢的性游戏，却未必要跟她们建立起长久的性关系。"

"要是我不跟每一个我所遇到的男人上床的话，我就会被性解放运动者说成是不正常的女人。我只有对男人说'好'的自由，除此之外，别无其他。"

"我觉得性爱的确是很棒的，但是，我却不想和每一个男人都上床性交。我认为，性交的双方之间务必要有一些特别的吸引力才可以。此外，我也不赞同胡乱将女人拒绝男人加以定罪，比方说，你拒绝和一个黑种男人上床性交，你就会被看成是个禁欲的清教徒，或者认为你害怕性交或歧视黑人，等等。"

"毫无节制的性交，是最不负责任的作风。爱你的身体、爱你的感觉，才是美好的。专找'马子'的男人，最令我作呕。"

"有一些性解放运动的理想是好的。可是，当我们对自己喜欢的男人说'不'，拒绝他们的性要求之后，他们就觉得很扫兴，旋即甩掉我们。老实说，我根本就不想被人家叫作妓女。要是我们拒绝他们的求欢，他们就会骂我们是泼妇、婊子。我有一个16岁的朋友，她曾经和一个男孩上床。事后，那个男孩便到学校里大肆宣扬，如今要是这个女孩胆敢拒绝别的男孩对她的性要求，她马上就会遭到嘲讽，最后不得不乖乖就范。"

"原本我以为所谓性解放的女人，就是可以像男人一样自由地挑选性伴侣上床性交，而且不必对男人付出感情的投入。后来，我觉得这样让我感到很虚无，便转而加入妇女运动的阵营去。现在，无论在床上或生活方面，我都力行女性主义的主张。有时，女人会觉得自己被迫必须接受男人的性要求，以便继续维持他们的性关系。可是，我却不这么做，我依然拥有对男人说'不'的权利。"

"所谓性解放运动不过是大量解放了男人对女人的兽欲、敌意以及剥削与压迫。有一些年轻的女人似乎并不晓得应如何去对男人说'不'，其他的女人则失去了保护自己的能力。整体而言，自从禁忌遭到破除之后，天下便一片大乱，很多人都摇身一变，成了奸佞贱人，而他们原本都不是这样的人。所以，为今之计，我们应该出来奋斗，改善这些现象，而不是坐待世界自然变好。"

"绝大多数男人不在意我到底想不想和他们上床做爱，要是我说我不要在床上和他们鬼混的话，他们就会把我拒绝求欢说成是违背伦理道德的大逆行为，而且，想尽办法要对我说教，要我解放自己。"

"我是坚持原则的人。我所支持的性解放运动是：你必须要给对方平等的自由与权利，不强迫她去做她不想做的事。"

"基本上来说，性解放运动的确是历史的一大进步，但是，女人依然是被男人所玩弄的，而男人趁机利用女人的性解放来满足他们的性欲。"

"我从妇女运动中获益良多，对我来说，那是一场属于女人的性解放运动。我也知道当今所谓的性解放运动的真相为何，我希望女人在其中千万不要再受到更多的剥削才好。如果性解放运动可以给两性平等的性交自由——无论何时何地，男女都可以采取主动，自由地和对方性交，而且双方都能尊重对方的意愿并达成一致的共识，没有任何一方会受到剥削，那么，这样不是很好吗？"

在第一次问卷中，受访者均再三重复表示对这个问题的关心，因此，在第二次问卷中即直白问道："你会不会因为害怕男人'失望扫兴'，所以就不敢对他们的求欢说'不'？你跟他们性交时的感觉如何？事后的感觉又是如何？"很多女人都回答她们时常都会有下列害怕与顾虑。

"我不敢对男人说'不'。我很恨自己为什么这么软弱无能、对男人百依百顺。事后我便想，要是我无法对别人说出我心里的感受，别人还会喜欢我吗？我会喜欢这样的自己吗？别人会因为我说出心里的真话，就深受威胁而无法接纳我吗？"

"是的，我觉得自己被男人利用了，也对自己感到不满。我希望自己有能力改变这一切，避免这样的事再度发生。"

"没错，我很害怕。事后我觉得自己非常孤单。"

"我早已结婚，没有办法对我丈夫说'不'。而我认为性爱只是男人单方面的享受而已，我一向都对我丈夫伴装高潮。"

"我并不想承认，可是，我真的会在我自己不想要性交的时候，依然对男人的求欢说'好'。这往往会让我在和男人做阴道性交的时候觉得痛苦异常，巴不得性交能赶快结束，我的痛苦才能得到缓解。不过，要是我不能为我性伴侣带来生理上的快乐，我也会觉得对他很不公平，所以只好勉为其难了。"

"我无法对男人说'不'，这会导致我内心的无力感，以及当我不想要性交，却仍勉为其难地和男人上床的痛楚。这种感觉非常空虚。"

"我从来都不相信婚姻指南上所说的妻子一定要满足丈夫的求欢。16 年前，在我新婚之后，我便推说头疼之类。现在我则明白告诉他：'我没兴趣。'有时，为了避免争吵，我也会试着去迎合他的需要。可是，反过来说，要是我想要，而他不想要的时候，那就难上加难了，他一向都认为他的时间很宝贵，不容许任何人随意打断。"

"我没有被强暴过，可是每回和男人性交，或多或少，我都会有一些心不甘情不愿的被迫感。"

"我和男人上床性交，很少是出于自愿。通常，我都心存怀疑，在和男人进行一番嬉戏打闹之后，便开始做阴道性交。可是，就在这时候我便后悔了，我真的很想就此打住，因为我的情绪会很快就出现反弹；然后，我很想马上就立起身来，大步离开房间，说声抱歉后，一走了之。但是，我始终都鼓不起勇气这么做，我只好继续留下来，像个有礼亲切的女主人，热诚地提供招待与服务，一边祈祷这个男人可以立刻滚蛋，好让我可以一个人安静地睡觉。然而，从头到尾，我还是表现得像个'可人儿'似的。"

"我丈夫的心胸狭隘，处处提防着别人，我一直很怕得罪他，一味地迎合他的求欢，虽然我自己一点都不快乐，却不知道该如何改善这种状况。"

"有时，在我很想说'不'的时候，我都会再三迟疑。要是我没有坚持说'不'的话，和男人的性交，都会让我觉得痛苦不堪，巴不得赶快结束性交。在这种情况下，我一点都感觉不到与对方的亲密感，反而在事后觉得非常空虚。"

"在和男人的长期性关系中，我不曾拒绝过他们对我的性要求，而我对自己的被动与软弱，感到很不满。"

"是的，我觉得自己很蠢、很令人反感，而且很气自己没有胆量。"

"有时，我不敢说'不'的原因，是因为不想就此破坏了我们之间美好的关系与感觉。麻烦的是，我常常都要等到开始做阴道性交之后，才终于认定自己不想和对方性交，而在这时候叫停，对别人是很不公平的。可是，要是对方仍然强迫我和他性交的话，我的身体便会出现很强烈的反感，而且，我会在心里痛恨这个人。之后，我都会觉得很难过，哀伤不已，忍不住大哭一场。"

"在我 18 岁那年，有一个刚丧妻的男人来诱拐我和他上床性交。我还记得有一天家里没人在，他便开始伸手摸我的乳房，不断地要求我和他性交，他一直亲吻我。我则一心想保护他，以免他在遭到拒绝后会心里难过，可是，事后我却觉得有很大的罪恶感，从此以后，有好长一段时间，我都一直拒绝性爱。"

"在我 15 岁那年，有一位表姐告诉我，要是男人冲动起来却没有办法得到高潮，那便是世界上最痛苦的事了。直到去年，我对这样的说法都始终深信不疑。所以，一旦有个男人为了我而感到性冲动的话，我都会觉得自己很不幸又要担起这个责任，陪着他们达到高潮，以便解消他们的痛苦。也就是说，我常常会突然发现某某教授或某激进分子，赤裸着身子，带着一只肿胀的阴茎，出现在我面前，于是，我只好在心中默念：'噢，天啊，这简直就是一堆狗屎！我怎么这么倒霉，你赶快射精吧！射完之后，再也不要让我看到你了。'"

"我们都被教导：男人无法控制自己的性欲，要是他没有高潮的话，他会很痛苦。狗屎！这根本就是骗女人牺牲自己的鬼话嘛！"

在第四次的问卷问道："你曾经因为害怕让男人'下不了台'，或让他们觉得'失望扫兴'，而不敢对他们的求欢说'不'吗？若果真如此，你在和他们做性交时的感觉如何？你觉得这算不算是强暴呢？"许多女性的回答是。

"我从来都不晓得怎么向男人说'不'。我从小生长的环境都教育我说：女孩子家就要像个淑女，而男人则应该像个绅士。所以，我从来都不知道淑女竟然还可以主动控制和男人往来的场面。在我认为，强暴应该是来自你所不认识的男人对你所做出的性攻击。我倒从来都没有想过，跟你出去约会的男人，也会对你展开性攻击。如果连这些男人都包括在强暴的定义之下，那么，普天下的女人岂不时常在强暴之中过活。我想，她们的感觉是各不相同的，有的出于职责，有的则会心生怨怒；她们也许只会痛恨那些强迫性交的男人，或者迁怒到所有的男人身上，甚至产生自暴自弃的心理。无论如何，这些都是很不好的感觉。"

"我不敢对男人说'不'，因为，我怕会激起一场很难堪的口角场面。在这些情况下的性交，都让我觉得不安，我会很有罪恶感，对男人生气，然后悔恨不已。我认为，除非是我害怕遭到对方的暴力伤害，否则到目前为止，我还不觉得自己曾经受到男人的强暴，不过，老实说，我觉得凡是女人不想要的性交，都该算是强暴才对。即使女人出于嫉妒或其他的原因，才害怕、妥协，和男人性交，这些都算是强暴。重点在于性爱应该是出于个人的真心意愿，毫无保留地付出，无怨无悔才对。"

"没错，我觉得冷淡、被男人利用，所以，很憎恨他们。我以前没想过这就是强暴，不过，现在开始我会把这些都当作强暴。"

"有一次，我很害怕要是我一走了之，算不算是反应过度？然后，他就开始不停地得寸进尺，一直要我就范，接受跟他做阴道性交，而且，还要求我留下来过夜，他保证会让我自己睡一张床，不吵我睡觉。最后，我实在厌烦了他的骚扰，也懒得再跟他周旋下去了，便说好吧，就让他赶快达到他那愚蠢的高潮吧，这样我才能享受片刻安静。在整个过程中，我一点感觉也没有。当他做阴茎插入时，我还浑然不觉，等他告诉我他已经把阴茎插入我的阴道里去，我才恍然大悟，简直不敢相信。之后，我终于不得不承认他说的没错，因为他果真让我怀孕了。我一直都认为这应该就是强暴，原因在于他从头到尾都知道我并不同意，可是，却没有人愿意相信我。"

"我一直都很害怕对男人说'不'。所以，要是我妥协了，委屈自己跟男人上床性交，但却遭到他们对我的全然漠视，这会让我更生气，觉得很受屈辱。我还不晓得这算不算是强暴。"

"当我还是个处女的时候，我的男朋友夺去了我的贞操。千真万确，是他强暴我的，我根本没有办法抵抗他对我的性侵犯。事后，我怀孕了，生下一子，而且把孩子送走了。这整个事件带给我无比的痛苦，使我陷入深深的悔恨中，至今依然无法自拔。我想，这个经验对我一生的性生活都造成了深远的影响。现在我终于了解到，原来我是深受传统性禁忌的制约。从今以后，我会努力将那些心中的阴霾一一扫除。"

"这样的情况只会发生在我跟我丈夫之间。这是我们婚姻的常态现象，要是我拒绝他的性要求，他会非常气愤。我觉得这是女人在婚姻中所受到的屈辱之一。若说这是强暴，也许言过其实，因为他并没有对我动用暴力。不过，我倒是真的有做妓女的感觉，因为他从来都不在意我的需要与欲望，我觉得自己一直都在出卖灵魂和肉体。说真的，我认为这是沿袭人类社会的野蛮传统——男人对女人发动的求欢与性要求，永远不会在婚姻中受到妻子的拒绝。这就是我丈夫在性事方面令我反感的原因。"

男人的性冲动到底有多强烈

以下的告白清楚地描绘出女人无论有无婚姻关系，都会受到很大的压力，一定要她们和男人做阴道性交不可。尤其是假科学之名，要女人臣服于男人天生旺盛的性冲动之下，如果女人不去满足男人暴起暴涨的性冲动，就会导致很严重的后果。一位受访者比喻说："男人就像个兽欲大发的动物一样，他们的身体不断地驱使自己去从事性交行为，在高潮时射精，把精子传送出去。而且我觉得绝大多数男人根本就不想帮女人做前戏，他们一心只想赶快做阴茎抽送。"

这种对男性性欲的刻板印象是相当普遍的，从房间的性手册、男性杂志，以至于像心理学者、心理治疗师、外科医生等，大家对男人的性欲都持着类似的误解。最典型的例子，就是把男人的性冲动说成是时而骤起的生理需要，就像西奥多·赖克曾在《性关系心理学》（*The Psychology of Sexual Relations*）一书中描述道：

> ……粗鲁的性冲动，是纯然的生理需要，表现出生物的本能，这在生物体中会受到机体化学变化的控制。性冲动的大小，取决于生物体内在腺素的分泌，其唯一的目的即是在寻求生理冲动的满足。

推崇男人的性冲动，并再三夸耀男人的高潮"需要"，都是在合理化男人想随时随地和女人做阴道性交的借口罢了。因此，大家便公认所谓正常的男人，就是时时对女人表现出性饥渴的男人。另一方面，对女性性欲的定义，便倾向是被动、接纳式的矜持，劝诫女人要臣服于上述男人性冲动的神话。

那么，何谓性冲动？拉斯特·柯肯达尔在《澄清男人的性冲动》（*Towards a Clarification of the Concept of Male Sex Drive*）一文中解释道：

> 性冲动一词的滥用，其实并无多大意义，反而混淆了问题的真相。我们应该将性能力、性表现、性冲动等加以区分清楚，也就是说，你能做什么、你做了什么、你想做什么，这三者是不同的。

据科肯朵的解释，性能力（"你能做什么"）的确有其生物基础，但是，性冲动（"你想做什么"）"主要是受心理因素所制约……每一个人的性冲动都不尽相同，在不同的时间内，个人的性冲动往往也会有所改变，这些不同的变化显然都与个人的心理因素有关。"也就是说，性冲动（而非性能力）是基于心理的欲望而产生的，而非生理的需要。

上述粗鲁的性冲动……是无法完全借助升华作用而得到缓解的。一旦性冲动遭到挑起，就急需得到立即的缓解。性冲动不可能通过注意力的转移便稍获松解，也不可能像排尿、饥饿或口渴的需要一样可以稍事忍耐。性冲动一定要照着它的原始样态得到当下的缓解不可。

即使男人有很强的生理需要非要马上达到高潮不可，比方说，他已经处于勃起状态，但是，也没有任何基于自然律或生理决定的理由，非要把他的阴茎插入女人的阴道里去才能达到高潮不可。简言之，他感受到的生理刺激是他想要达到高潮的需要，而不是想和女人做阴道性交的需要。男人在此时所感到的生理冲动，是希望能进一步对阴茎做性刺激，以便让他能顺利达到高潮，绝非想要对女人的阴道做阴茎插入。因为在他的阴茎上根本就没有什么天生的生理构造，是针对插入女人的阴道所特别设计出来的感应器官。将男人的高潮需要和女人的阴道做结合的，乃是通过后天文化学习的结果，而非天生的本能，就连黑猩猩都要靠学习才晓得要如何做阴道性交，而自慰才是它们从小就靠自己摸索出来的习惯。因此，所谓男人想和女人做阴道性交这一出于男性本能的性冲动的说法，实际是衍生自生殖主义式的性爱观。

最后，还有一点需要做澄清：男人若无法顺利达到高潮，这跟女人在同样情况下所受到的痛苦相较，并不严重。关于这一点，金赛博士曾经有如下的说明：

大家都以为睾丸是在男人射精之前储放精液的地方。在性交行为中，精液不断地聚积起来，睾丸便会逐渐胀大，于是大家认为，为了缓解睾丸中渐增的压力，就有必要将睾丸中的精液全部射出来。无怪乎会有男人宣称：要是他没有办法好好地缓解一下他那勃起的阴茎，他的睾丸便会开始胀痛不已。此外，在古今中外的色情文学以及心理分析的文献上都可以看到关于男人的高潮满足感是取决于汇聚在"腺体"（意为睾丸）上的压力得到释放而来的说法。不过，这些说法大都没有根据。事实上，只有前列腺、贮精囊、尿道球腺等腺体才会影响到精液的数量，也唯有在这些腺体中才会聚积精液，因而在腺体的压力增大之后便需要缓解。虽然，在男人的阴茎勃起时，这些腺体也会分泌一些液体来助长阴茎的肿胀，但是，鉴于这些分泌液的量实在太少，微乎其微，作用并不大，尚不足以构成压力。要是性兴奋持续不消的话，睾丸的确会出现疼痛感，不过，疼痛感大都是集中在会阴部位的肌肉紧张或输精管的紧张感，特别是在靠近输精管的底部（即副睾丸）连接睾丸的部位。这些痛感在高潮之后便会顺利解除，因为肌肉的紧张感在射精之后，便一一消除了，但这绝非源自聚积在睾丸中的压力得到解消之故。同样的，要是女人的性兴奋也在相当时间中无法顺利达到高潮、得到缓解的话，类似上述的疼痛感也会在女人的会阴及鼠蹊部位聚积起来。

换句话说，要是女人不想和男人做阴道性交，男人大可借助自慰或其他的刺激来让自己射精达到高潮，甚至很可能比做阴道性交的满足感更高呢！虽然，这些不同的性行为，对男人的心理感受来说，是大不相同的。或者，我们可以进一步地追问：为何男人非要射精达到高潮不可？而且基于上述错误的性冲动论点，更没有任何足以迫使女人必须跟男人做阴道性交不可的理由，女人根本就不需要被这样的威胁所震慑。一位受访者在回答"你是否害怕对男人的性要求说'不'"时，回答道："当然不会。我的身体、我的乳房、我的阴道，都是我的领域，即使是我丈夫，如果他想强迫我做我不想做的事，那么，这就等于是侵略。"

性解放的双重标准

很多女人也曾身体力行与男人一样开放、自由的性行为，但是，有太多的例子证明，她们到后来反而落得遭人轻贱且深受伤害的下场，关键在于双重标准：

"我觉得性解放运动是以男性为中心的，基本立场是反女人的。男人可以到处拈花惹草，和任何一个他们想要的女人上床性交；而女人要是和男人一样有很多的情人，便会被视为淫乱女子。"

"通常在男人知道他们已经拥有我之后，他们就开始只把我当作一个阴道而已。从他们的身上，我可以清楚地感受到他们对我的敌意与轻贱之态。我发现双重标准仍然盛行，至今不衰。"

"绝大多数男人都想以性来征服我、战胜我。我知道他们费尽心力要取悦我，以便我会答应和他们上床性交。但是事后他们却再也装不出先前的兴奋状，更提不起劲来百般讨好我了。"

"我从小在性爱上相当开放，我和别人的相处都很自然、温暖、真诚而毫无禁忌；但是，10年之后，我却变得很冷酷、伪善、易怒、心怀怨恨、多疑且易受惊吓。我并不喜欢这样。"

"从很小开始，我就和无数的男人上床性交，他们总是想尽办法要我和他们性交，而我实在无力拒绝。我曾经怀孕两次，花了好大一笔钱去堕胎。除了现在和我同居的男人之外，我痛恨所有的男人。要是将来我和他分手的话，我决定独身一辈子。我今年才 21 岁，却对我的生命感到灯枯油尽，了无生气。这个世界真的是糟透了。"

"男人对女人的性态度，实在令我无法接受。除非让我发现那些微乎其微、脑筋开通的男人，我才愿意对他们付出我的情爱。男人生长的环境，都在告诉他们：性交是他们生活的例行公事，而且，若他们想和女人上床性交，他们就要想办法用欺骗诱拐的伎俩，让女人上钩，利用女人的懵懂无知，对她们予求予取。可是，女人愿意和男人上床性交的原因，却完全不是男人所想的那样。男人以为和他上床的女人便是他的战利品，而且，还想继续利用女人。等男人觉得自己充分满足之后，就再也不管女人的死活。这对女人来说是很可怕的下场。虽然，我还是会鼓励女人：'这是男人的问题，不是我们女人的错。继续走自己的路吧。'"

"露水姻缘、一夜之欢，仍然可维持友善而健康的性关系，这便是我现在所希望拥有的生活方式。男人都只想和我玩玩，事后就当作不认识我，再也不管我的死活，我曾经为此难过许久。不过我想通了，我想质问的是：他们对性爱的看法如何呢？他们对自己的性行为有何感想呢？"

"男人在和你上床性交之前，都会假装对你的关心，为你着迷不已，百般甜言蜜语，可是，一旦他们射精之后，一切就恢复原状。所以，对女人来说，最重要的就是千万不要相信男人那套谎言，也不要对他们付出感情，切记！他们说的全都只是甜言蜜语，这样你就不会受伤了。"

"要是你可以把握机会，从中得到你想要的，这未尝不是一种很棒的性关系。男人在性事上自吹自擂的蠢相，比起他们实际上的愚昧无知，显得还更笨，而且这些男人下地狱之后一定会得到报应的。我的意思是说，很多男人常常会大言不惭：女人现在越来越解放了，所以，男人也越来越容易'上'这些女人……这种话是没有人听得进去的。因此，你大可把怒气发泄出来，对着那个自夸不已的白痴说出你对他的看法。"

"这应该是比较健康的做法，不过，还是有很多男人很不上道，死抱着下流龌龊的想法不放，他们仍然以为解放的女人比较好'上'。如果你表现得很主动去争取你想要的，你会发现双重标准依然存在，潜藏在虚伪的、开放自由的假面底下，而且，总是在你和那些自由、开放的男人上床性交之后才发现。"

"我觉得性解放运动还有很多该努力的地方。也许女人可以和男人拥有更多的性交机会，但是，她们却依然在扮演着传统的性角色。假使女人和一个以上的男人上床性交，她还是会被视为应召女郎。"

"我在念高中的时候，每回自慰，最喜欢把自己幻想成是色情片的女主角，有一位男导演正在一旁指挥我的演出，我则对着镜头自慰。他会告诉我何时应该转身，而且，应该采用何种方式自慰等。当我实际上对着镜子宽衣解带的时候，我都会假想着自己是在大银幕之前做表演。之后，在我 20 岁那年，我开始做人体模特儿。很多男人都和我玩过，我一一问他们有没有兴趣帮我拍裸照。不久，我的时薪就爬升到 30 元（都在我家里拍）。没多久，我就开始拍色情片了——在摄影机前面和男人性交。我曾经主演过一部色情片，片商是一群经营'成人情趣商店'的合伙人。那部色情片，我们总共花了 6 个小时才录制完成。在片中我和数不清的男人性交——包括那个摄影师在内。我帮他们每一个人做阴茎口交，一连做了两个小时。那时，我不仅实现了自小渴望做色情片女主角的梦想，还经历了很多从来都没想过的事。第二天起来，我发现全身的肌肉严重酸痛，下巴也很疼痛。阴道内壁变得非常敏感，因为前一天做了太多次的性交——不止和男人的阴茎做，他们还把酒瓶塞进去。我整个人都瘫掉了，再也提不起兴趣了。之后为期两周，一想起性交就令我反感。此外，主演那部色情片，我也只得到 35 元的报酬。片商先前答应要在演出之后补给我的尾款，也从来都没有兑现过。他们料准我不可能依法控告他们，因为先前我并没有跟他们签合约。那时，我以为他们看起来个个都很友善，所以，我就没有坚持一定要预签合约。"

"这听起来的确很不可思议，但是，双重标准在今天依然盛行。虽然大家的性交机会增加了，不过，对于性爱，大家还是持着根深蒂固的偏见，仍然是在害怕责备的阴影下度日，无法坦然而自由地享受性爱的美好。比方说，我所就读的大学，是公认在性态度与性观念上独具前卫思潮的学校，但是，事实并非如此。男人对女人依然不甚尊重，要是有女人很在意自己的尊严，她只有两条路可走：一是只和真心爱她的男人上床，其他的男人便没有机会可以瞧不起她；二是私自去和没有旧识朋友会知道的男人性交。"

要做乖女孩吗

"本研究的受访者几乎清一色从小就被教育要做个乖女孩，小女孩总是会被大家禁止去发现、探索她们自身的性欲。如果她们胆敢尝试，就会被指为坏女孩。到了青春期，她们会被告知月经以及生殖器官的知识，却没有人告诉她们阴蒂的所在。"

"好女孩不会有性欲，也不想要性欲，如果你想要的话，那你就是个淫荡的女人。这样的观念，从我很小很小的时候就已经深植心中了。在我 18 岁那年，妈妈曾经对我以及小我两岁的妹妹说：'我希望你们不要像那种女孩一样……嗯，那种会和男孩贴颈亲吻的女孩一样。'而那时我和我妹妹都早就不是处女了。等我妈读了一些宣扬妇女运动的书之后，她便跟我妹妹提起：'这些书的确很有趣，可是，这些教你们采用不同的性交姿势做爱的女人，会是什么样的女人呢？'以上便是抚育我成长的家庭背景。我现在只知道，要是将来我有一个小女儿的话，我会告诉她性爱是美好的。我也曾经试过——在我回家的时候，我会和我最小的妹妹说起这些事，她今年 13 岁。比方说，我会把我用的避孕药放在她的面前，或赤裸着身体跑来跑去，一边告诉她：不久的将来，她的胸部也会逐渐隆起、阴部长出阴毛等。我对她说的话，连同龄期的男孩听起来都会觉得反感，不过，我想等过了 5 年之后，他们就会觉得好过一些了。我觉得应该不会造成什么样的伤害吧！可是我却很确定，像我妈那样的教育方式才会对我们造成伤害呢。"

"我爸爸是个职业军人，妈妈在我 5 岁那年出去工作。他们两人平时都很晚回家，对我们不甚关心，从来都不跟我们谈及性爱的知识。我妹妹在 16 岁那年怀孕了，自此之后，我爸妈就开始对我特别注意，严加管制我的行动，尤其是爸爸。每当我想跟他们聊聊心事，他们便会紧张地说：'难道你怀孕了？'当我明白地问他们：我可不可以出去约会？他们就会开始恶声恶状地数落我的不是，讽刺我是不是要去跟男孩搞七捻三。可是，你要相信我，我真的很感谢他们允许我出去约会，而我也很喜欢和男孩出去玩。只不过我对那些男孩并不友善，因为我总是觉得他们只是想骗我和他们上床罢了。"

"我从来都不曾听别人提起过，到底性爱是好是坏。不过，父亲对我和男孩子之间的性行为却大为光火，他一再警告我，如果我让男孩子在我身上予求予取，反而得不到他们对我的尊重。我很同意他的说法。在我 16 岁那年，他发现我已非处女，接连有好几个月都不肯跟我说话。我父母都说他们是自由派，我也这么认为，可是，你觉得呢？"

"我妈对性会感到恐惧，这是我早就知道的事了。可是，当我发现，原来我爸对他自己的性欲也会羞于启齿。而且，因为我是女人，所以，他也不希望我和男人性交。这就令我很不能接受了，我为他感到很惊讶而难过。我们父女俩很少有机会畅谈心事，有一次我问他：要是有一天，有女孩不想跟他亲吻道晚安，他会不会觉得这只是出于她一时心里不愿意。没想到他的回答却是：'不，我觉得她这样做，表示她是个乖女孩。'我很想说出他的话在我心里所激起的痛苦。也许，现在我对性爱唯一的恐惧，便是害怕男人在和我上床性交之后旋即瞧不起我的原因，即是出于他们自己内心的恐慌与厌恶。为了这一层内心的恐惧，好几年以来我都一直拒绝男人的求欢，不过，现在我想开了，也愿意去承担风险，要是有男人因为我喜欢性爱而且献身给他之后便瞧不起我，这样的男人就根本不是我想要的男人。有时，我还会进一步推论：要是男人都可以在床上和女人一同获得满足感，而且能坦诚相待，真心沟通，表达对彼此的爱意与高潮的快乐，这样一来，世界上就不会再有那么多的战争祸端了。不过，这很可能只是我一厢情愿的想法。"

"很显然，加诸女人身上的限制仍然未曾解除。我父母都是自由派的人，不过，老实说，要他们走出墨守成规的老路，还真困难。他们会说：女人在婚前应该守贞（就我妈而言，她的确是做到了，可是她的女儿却没有），既然我没住在家里，而且，我也没怀孕，所以，我妈只消稍事调整一下心态，还算可以接受现状。至于我爸，我就不晓得他是怎么想了。至今他还不知道我有一个情人，而我希望他最好永远不要知道。他要是知道了，准会光火。5 年前，我妹妹跟家里说她和她现在的丈夫同居多时了（他们那时尚未正式结婚），结果，我爸竟然想和我妹脱离父女关系。我爸唯一给过我的人生忠告便是警告我：'你要特别注意那种男人，别上当受骗了！'这真让我觉得悲哀。因此，我发下宏誓，只要我帮得上忙，我才不会那样对待我的女儿。"

"影响我至深的经验之一，便是我爸妈发现我和男朋友上床的事。那年夏天我住在家里，我妈看了我的日记之后，一连三天，天天和我大吵大闹，用尽各种恶毒的字眼来骂我，让我觉得非常的痛苦。现在 5 年过去了，我们总算停止了争吵，就此形同陌路。从此之后，我和男人的性关系，变得再也不像从前那么坦然。"

"就我记忆所及，我第一次的性经验是发生在小学三年级的时候。有一天我去一位女同学的家里玩，她爸爸就把屋里其他的人支开——或者说，那时他们都在别的房间里——她爸爸就把我拉进卧室里去，把我的裤子脱掉，注视着我的阴部，还不停用手抚摸，一边告诉我我的阴部长得很漂亮。我知道这样做是不对的，所以，事发后一个星期，我才鼓起勇气对那位女同学说她爸爸对我做了些什么事，她听了之后，就开始尖叫，完全不相信我说的话，还说是我在撒谎，所以，我就再也没有跟别人提起过这件事。一年之后，我爸的一位朋友终于对我做了阴道性交（那是在我家发生的）。我还记得很清楚，那次性交的感觉很好。不过，后来被我妈发现之后，那位爸爸的朋友就再也没有在我们家出现过。接着没多久，我跟我妹妹就开始互相抚摸对方的身体了。我们持续抚摸对方的身体达 6 个星期之久，最后，我们放弃了，大概是因为怕被爸妈发现吧！"

"有关性爱的资讯，真的是一个很大的问题。在我开始问'小孩子为什么都会长得像爸爸或妈妈？'我所得到的回答清一色都是：'等你长大之后，你就会知道啦！'等我年纪渐长，他们就会改口说：'我们会买一本书给你看。'12 岁那年，我的初经开始，那时我被自己身体的反应吓坏了，我以为自己得了绝症，我害怕得要命，于是，我便发誓再也不自慰了。我时时清洗我的阴部，而且，经常更换内裤，但是，经血依然流个不停。当天晚上，我只好跟爸妈说我的下体一直流血不止，我妈赶忙拿卫生棉给我，我爸则开始对我训话。我不记得他到底说了些什么，我只依稀留意到他说得很少，可是却不停地暗示我，好像我已经知道了所有的事情似的。16 岁那年，我开始和一个男孩谈恋爱。我们做的事，也仅止于深度爱抚罢了。不过，因为我很怕会怀孕，所以，我就到学校图书馆去看一些婚姻指南。过了 3 年之后，我妈送我的生日礼物是一本厚厚的性医学丛书，书中有一章专门介绍两性的性器官、阴道性交、生产、避孕、性病等，在我努力回想了好久之后，我才终于回过神来发现：原来这就是我期盼多年的书。"

有一位受访者写下了长篇的告白：

"我爸妈之间的问题，主要是来自他们对严格的宗教教义的崇信所导致的性压抑，而这便是我小时候的成长环境。在家里，我都不能把房间关起来看书写字，那会让爸妈、家人变得非常紧张，他们并不是害怕我在房里偷抽烟，而是害怕我一个人独处。记得有一次我把房门关上，因为电视声太吵了，可是，我爸一发现房门关上了，他便立刻用肩膀把门撞开。我爸从来都不准我穿宽松的内裤，而坚持我一定要穿贴身的内裤；此外，即使我外衣穿得很保守，他还是看不惯我穿的衣服。我绝不能在他们面前跳舞，而且，只要他们发现我在摆动身体，我就准会挨骂。他们推崇贞洁，所以，每回祷告时，都祈祷我除了礼貌式的亲吻之外，只会闭紧嘴巴，其他什么也不会做。要是我穿着裤子却没有把腿交叉起来坐着，被我爸看到了，他便会马上对我大声咆哮。在我爸爸面前，我一定要穿胸罩并衣着整齐，要是我只穿内衣裤，准会挨骂。我妈也从来不会跟我爸做性暗号，因为我妈'怕他会在脑子里胡思乱想'（这是引自我妈说的话）。我从来都不准去男孩家做客，除非他爸妈都在家，而且，我还不准去男孩的房间玩，也不准坐在他床上，或在他面前斜躺着身体，因为那样做有性暗示的意味。要是我父母觉得我看起来会让人家觉得很性感的话，他们马上会大骂我一顿，厉声要我去换衣服；或者，他们觉得我的动作太过放肆轻佻，他们便会立刻纠正我。我跟我妹妹从来都不准在说话中提到有关性的字眼，连口头禅或祈祷词也不例外。历数这些种种，听起来很蠢，不过，我还是照做了。我父母对身体的意识，设下了超级的防范。从小到大，我从来都没看过我爸爸的裸体。别人都很惊讶地告诉我：'你竟然还能活到今天！'我以前听了都会极力辩解，现在经过重重的回想，我觉得他们说得没错。对我来说，我从来都不知道男人实在是很烂的人，我也不明白原来自己是很强悍的女人。

"在我 4 岁那年，我被告知，要是我不信耶稣的话，我就会下地狱。从此以后，我都在质疑这个说法。可是，我爸、妈、姐、堂表兄弟姊妹等人，他们却不会感到怀疑。我猜也许我就是个突变怪胎吧。从小我就开始自慰，同时有很强的性幻想，到今天仍然如此，我都偷偷摸摸地做，这些性幻想帮了我很大的忙，我很喜欢我脑海中浮现的一幕幕景象，虽然，小时候还会有一些罪恶感。我常常在被我爸妈逮个正着的时候，还一时意乱情迷，难以自拔，而他们早已开始放声大叫，所以，我便把我的性幻想都一一收藏在心里，并且认定做这些事是不好的行为。我妈对女人有很多扭曲的偏见，她和我爸有同样的看法。要是我没有刮腿毛或没有把腋毛剃掉的话，他们便会说我这样看起来很令人作呕。我妈总是求我像姐姐一样画眼影、卷头发，可是，我却始终保持一张素净的脸以及一头长长的直发，因为，我觉得这就是我的本色。此外，我对自己的身体也深感自豪。我才不喜欢像一般的女孩把自己打扮得好像洋娃娃似的，而且，在我看来，只有从男人的眼中，才会看到女人想从衣着上表现出来的自我……我记得在我小时候，我就被我妈口中所说的性变态给吓坏了。对她来说，那是她想好好借机发泄一下，可是，她的一番话却在我的心中投下无比沉重的心理重担，至今我依然无法解脱，为之痛恨不已……对男人来说，最可悲的事莫过于他们根本就不可能知道、也不可能理解我的感受。他们甚至都不晓得他们已经对我做了些什么。我试着要向他们一一解释，可是，他们一双空洞的大眼，显得毫不知情，天啊！耶稣又开始训诲了……我记得在我还是处女的时候，我爸爸不肯帮我送一样东西，大概是我的衣服吧，那天他一直用尽各种肮脏的字眼来骂我，婊子、泼妇、妓女等，每一句他从《圣经》上读到骂女人的话，他都骂尽了……他责备我说，我对每一个来勾引我的男人，都张开我的大腿去迎接他们。那时，我对我的自尊心非常地在意，更何况还有男孩在旁围观我爸一直数落我的不是。从此之后，我对所有的事都抱着很深的罪恶感……之后，我便受洗了，我以前虽然是个悍妇，但是，上帝依然张开双臂迎接我，而且，把我当作新生的婴儿，他知道我已经迷失多年，他却依然爱我、接纳我，不求回报。"

性与爱

某些性解放运动的意识形态，已将性和爱的结合视为传统的性观念，换句话说，如果你仍一味主张性爱一致，便是落伍的人。不只婚姻被看作传统过时的旧制度，就连一夫一妻制、爱，甚至温情主义，都被视为落伍的观念。性解放运动的基本主张在于："你随时可以做性交，一点也不必担心会伤害别人，自由自在地表露你的欲望，立刻性交，不必紧张，无论何时何地，跟谁都可以，只要追求生理感官的满足即可。"不过，就本研究的发现来看，几乎没有一个女人会喜欢跟别人长期保持上述的性关系，只有少数女人觉得自己应该亲身尝试看看："我看过一出电视剧，男主角告诉大家我们应该要把性和爱分开，而我觉得他说得很对——这就是为什么女人会一再受男人的伤害，因为男人都可以在某种程度上做到将性爱二分，而我们女人却总是难以做到。"

绝大多数女人都希望性爱合一：

"我觉得性解放运动是很棒的理想。不过，我一直对我丈夫忠贞不贰，将来也势必如此，因为从过去的经验来说，性交即意味着我会与对方建立起长久的关系。性，即是我个人的一部分，不可能将我的肉体和心灵划分开来。我也不可能为了不同的性对象而把自己的性生活分成好几个部分。"

"虽然我还没有结婚，却很希望现在就能享有美好的性生活，我并不喜欢露水姻缘式的性关系，而是喜欢和别人建立起感情深入与长久的关系。"

"我赞成在两人的性关系中，只接纳彼此的爱欲与渴望。可是，我个人还是比较喜欢感情投入的亲密关系，而不只是露水姻缘、一夜之欢。"

"我觉得问题就出在我的很多朋友以及我们这一辈身上。很多人都想借性解放运动来彻底解放自己，所以，他们便贸然地和很多人做性交，可是，在他们心理上，根本还没准备好要和别人做这些事。很多人在集体性交或多人性交中，不断地摸索自己，结果把自己的生活搞得一团糟……很多人甚至离开原先的性伴侣、抛弃家庭，事后证明都是一时糊涂……这些人变成中产阶级的嬉皮群众，好像他们可以借此重返20岁的年轻时代。他们看起来个个都显得非常的迷惘，而且，很不满足的样子。这一群人好像完全忘记了性关系需要和其他各方面相互搭配起来，才会是美好的，比方说，一对一的相互关爱、稳定的工作、个人自我的不断成长、日渐深厚的友谊

（一起钓鱼、看日落）……我觉得他们把个人的情感都抛到九霄云外去了，生活重心就只有性交一事。性解放运动让我可以在没有婚姻关系下，还能和一个男人共享同组家庭的温馨，我自由选择了我想要的生活方式，而我并没有高举着旗帜标语上街头抗议……但是，话说回来，要是我自己不曾决定要投入这场性解放运动以便选择适合自己的生活方式，或没有停止伤害自己的话，我是绝对不可能享有现在的个人自由的。然而，就我先前谈到的朋友们，我觉得他们也尚未得到真正的性解放，他们不过是选择了另一种奴役自己的方式罢了。总而言之，性解放运动所带来的好处多过它所造成的恶果，我们这一辈应该会在不久的将来即可安然度过。"

"我很喜欢性交。不过，在性关系中，仍要投入许多温情、关爱、相互尊重以及全然的人格参与等。性交，真的无法证明什么。我还发现，要是我和一些并不喜欢的男人上床性交，或是他们并不确定是否真的喜欢我，这些性经验都会让我有很空虚的感觉。我也不相信我非要和对方坠入爱河才能结婚，相爱至死。不过，身心是一体的共生器官，除非彼此都能情投意合，否则很难得到真正的生理快感。"

"我是个很敏感的人，很害怕受到伤害，我把和男人做阴道性交一事，看成是两人浓情蜜意的性关系。这样的想法让我倍感困扰，尤其是遇到很多把性交当作家常便饭的男人，便会让我感到很难过。"

"我觉得性解放运动为大家带来很多的痛苦。很多人借此逃避对感情的真心付出，他们不愿意在性关系上多做努力，只一味憧憬所谓'完美无瑕的爱'。他们不断在和别人的性关系中寻找自己心中对爱情的幻想，但却对两人关系的经营，吝于付出任何实质的努力。在性解放运动的洪流中，没有人知道彼此的相对位置究竟在哪儿，也没人在意自己的喜好正是别人所憎恶的痛苦。我并非在宣扬传统的性观念，也不认为旧制度比较好，只是对性解放运动的未来感到很迷惘，长此下去，我不知道将来的生活是个什么样的情况，这令我害怕。"

"我依然坚信：最美好的性满足，来自你和所爱的人一同分享的性行为。我曾经同时结交很多的情人，那时，我自以为是个很开放的女人。不过，现在我却觉得只要能跟一个相爱至深的性伴侣在一起，就让我感到很满足了。"

"在我追随性解放运动一段时日之后，我坚信：将自己对别人的情感收藏起来，会让人觉得痛苦万分。但我却因此陷入深沉的情绪低潮中。我试着要多跟别人做沟通，但也不足以完全解决我心中的困扰。现在，通过和我情人建立起来的爱情关系，我对他付出完全的信任，我才恍然大悟：原来从前的性解放，对我已经造成了很大的伤害——让我对男女的性关系，再也无法抱有任何的互信与互谅。因此，有一段时间，我无法再和我的情人上床性交，因为，对我来说，我再也无法同时爱一个男人却又和他有性关系。这些日子以来，事情有越来越好转的迹象了。现在我认为对彼此的忠心，才是最重要的。"

"性解放运动是一种过度的反弹现象，而且，在多年以来的双重标准下，也就是说，女人在婚前一定要守贞，此外，也总是女人在片面守着诸多的性禁忌。现在，女人则被社会期待着：她们随时随地都可以和任何一个男人上床性交，露水姻缘之后，就再无纠葛。从性解放运动的过度反弹中，的确也对既往的性禁忌做了很大的突破与反抗，这是一些好的开始。可是，坏处是女人和男人却依然还是被传统的性别角色所害。我也发现我绝不可能将感情从性交中完全剥离开来，这种有性无爱的关系，我无法从中得到满足的享受。若我对某人没有信任感，我就不可能和他上床性交，更不可能觉得这样的性经验会带来很好的感觉。因为在上述的性关系中，对方并没有把我视为一个完整的个人加以尊重。因此，身心二分的性爱观，徒然只会造成更多的性泛滥或性压抑。"

"我对性解放运动有很多错综复杂的感觉。纵欲论与禁欲论，都不过是同一个铜板的两面。我的女儿曾经和她们所爱的男人上床性交，她们都对我说：觉得自己深受男人的利用、糟蹋，因此，她们现在坚决反对滥交。我个人尤其痛恨这种所谓单身滥交的情况，这会让我觉得自己只不过是别人眼中的一具活动阴道罢了。"

对于"在性交中让你最感不快的是什么"的问题，很多女人有如下的回答：

"我需要双方的相互交流，我得先确定对方也想和我一起做各种尝试。我最气愤的是遇上薄情寡义的男人，他们从来都不会把女人当作完整的个人加以尊重，只是一味利用对方来满足性欲，达成诸多不健康的心理需求。"

"能和别人分享身体上私密的感觉，便是性爱最能给人快乐的原因。这种感觉好似天地之间只剩下你们两个人，其他都不重要了。每回和他做完爱，我都会感到轻微的情绪低潮。这是一种轻度的沮丧，因为我不晓得下次是否还能再见他一面。"

生育控制

只有避孕药并不能为女人带来性自由，因为它只能提供女人另一种避免怀孕的方法罢了。而避孕药最大的功效，便是让女人面临更大的压力——不得不去和男人性交的压力。

"避孕药并没有给我带来更多的自由，倒是给了男人莫大的方便，他们会对女人说：'宝贝，既然你在吃避孕药，我们上床根本没什么关系呀！'"

虽然并无充分的机会可以深入地探讨避孕药对女人的影响，不过，很多女人对现行生育控制的做法大都表示不满，理由如下：

"虽然避孕药给了我方便，但是，我也担心吃了这些药，会造成副作用，反而不再操心我是否会怀孕了。我曾试过其他方法，不过还是不太保险，我依然会担心有怀孕的可能。此外，我也很气愤，为什么只有我必须承担生育控制的责任？甘冒这么多的风险，而男人却逍遥在外？"

"避孕药让男人免去使用保险套的麻烦。我倒宁可选择男人继续戴保险套的老方式来做生育控制。"

"要是真的有性解放运动的话，就它对女人所造成的影响而言，绝大部分都是祸害。男人都要求女人要比以前更加频繁地接受性交，但是，他们却一点也不愿意在性关系中付出真感情与真爱。男人从来都不愿意为生育控制负责，而女人却要随时随地准备好接收男人的精子，这真让我大为光火。对男人来说，女人的身体就像饱经掠夺的废墟，除了服务他们的欲望和方便之外，别无作用。"

"在我做子宫切除手术之前，如何避孕的问题，一直是我和我丈夫之间争吵的关键所在。他不喜欢戴保险套，觉得会被橡胶套给弄迟钝了。可是，装子宫内避孕器让我有痛感，装子宫内线圈（铜 T）不仅造成子宫的长期出血，还会引发疼痛，而我吃避孕药的副作用，却导致必须做子宫切除。为此我感到无边的痛苦，因为我必须忍受这些痛苦，以便能和我丈夫做阴道性交，我很少从中得到高潮，而他每回做阴道性交都能达到高潮和射精，却还抱怨保险套会把他的感觉弄得很迟钝。"

"避孕药的确帮助女人得以控制自己的生育，却也同时强迫女人独自承担控制生育的所有责任，无论生命、健康以及未来的生育能力，一切都在避孕的风险之中。"

"有两年之久，我一直拒绝我初恋情人的求欢，因为我不想怀孕，不想做生育控制，也不要吃避孕药。我还记得在我 19 岁那年，第一次接触避孕药的情形。那时，我不得不去一家老旧的健康中心，找一位医生求援，他并没有帮我做任何的检查，就塞给我一大包避孕药，足足有 3 个月的分量，随即叫我离开。在我服药期间，每逢月初，我便开始呕吐反胃，因为我的胃会对食物、药物过敏。一年之后，我才恍然大悟，原来是避孕药搞的鬼。还记得在那段时间，我常常莫名地哭泣。于是，我马上停止服用，直到 6 个月之后才再恢复用药，结果我又开始呕吐不已。这次，我前后试吃 8 种避孕药，其中两种会让我持续呕吐；一种会让我的子宫出血不止；一种会让我的月经达两周之久；一种给我的乳房带来轻微的胀痛感；有好几种药都会让我的体重直线上升。此外，这些药都会让我无缘无故地大哭不已，我的性冲动也变得越来越微弱。而且恢复用药之后，我就会得到一些阴道感染的病症，这大概是吃避孕药最严重的副作用。我曾经看过相关的报道，我的医生也告诉我，服用避孕药会导致阴道感染的原因在于，避孕药会让阴道内壁变得更加温暖而潮湿，分泌物大增。所以，不用再多说我是多么痛恨避孕药了，我甚至觉得避孕药乃是针对女人的身体所设计的最具杀伤力与毁灭性的发明。"

"要是有男人不愿出面争取堕胎合法权的话，我建议女人应该拒绝和这种男人上床。其实在和男人做阴道性交时，女人是将自己置于怀孕的险境当中，而使各种避孕方式大行其道。如果有任何一个男人和我的关系已经亲密到足以成为我的情人的话，他应该会有这个雅量而且愿意付出努力，以便让我免于受到意外怀孕的威胁。要是有男人肯在已知的生理危险的威胁下，心甘情愿要和我做爱的话，我也一定会尽全力去帮助他的。"

性爱有多重要

既然性解放运动的来临，即意味性爱已不再是严肃的问题，因为你再也不必担心怀孕，也不必为了和男人性交而结婚，所以，现在只要你和男人做爱越频繁，便越赶得上潮流，值得大家为你喝彩。事实上，女人总会听人家说，要经常把性冲动表达出来，以促进生理健康的正常运作。

但是，很多女人却非常厌恶把性爱商品化、庸俗化：

"我们女人总会被告知说：男人每一次小小的激动，都是巨大性冲动的前兆，所以我们一定要好好地伺候他们，否则会变成没人要的老处女。我现在对男人的性欲简直就厌恶到了极点——走到哪里，都是性！性！性！那又怎样？性，并不是人类世界的尽头，更不是生活的全部。"

"我希望我们不要再对性如此狂热。我很痛恨大众媒体对性、女人的极尽剥削。

而我也希望女人不要只爱上美好的表相，甚至不明就里地和男人上床。事实上，女人的价值在于她们的性感，我宁可把性爱变得更真实、更富情感。有时，我甚至希望重回传统性禁忌的年代，那时候什么事都不可说。不过，我觉得性之所以不可说，并非因为性是肮脏的，相反地，这正是因为性是美好而私密的，才需要加以掩藏。"

不幸的是，性对健康是不可或缺的观念，早已被商业利益加以运用，成为巨额的企业利润。我们总会在生活中有意无意地被提到上床性交："你为什么不如此呢？每个人都这样呀！上床吧。你要是错过了这个大好机会，保证你会后悔。"

很多女人都表示她们并不想和男人做更多的性交，甚至还有人为此非常反感：

"我觉得我们的社会文化太重视男女性交了。每一个人都以为别人每天花很多时间在性交上，这是风行全美的性迷信。我认为性爱在生活中所扮演的角色，只是借以表达彼此爱意的方式，虽然我也不免受到上述性迷信的影响，但却没有像他们那么重视就是了。"

"如果我有很长一段时间没有和异性性交的话，我的欲望便会大幅降低，这让我很担心，开始想：我自己是不是哪里不对劲了？然后，我会觉得我应该去找人上床多多性交才对。"

"我时常感受到很强大的社会压力，要求我应该多和异性上床性交，可是，对我来说，现在的我根本不太有时间花在这方面，因为我正全力在工作上冲刺。对性交并无太大兴趣，远远不及于我应该要做的那么多。"

女人一向都被告知：应该要有经常例行的性欲。可是，这样的说法和很多女人的实际生活体验大相径庭：对绝大多数女人来说，她们的确会对某个特定的性伴侣产生强烈的性交欲望，但这样强烈的性欲时有浮动，通常是取决于魅力或月经周期的影响。

大多数女人都强调：虽然她们在任何时刻都可以和别人一同好好地享受性交，可是，唯有在对方是个极其特殊的人，她们才会产生强烈的欲望与爱意。这种情形的发生，是很具个人色彩的神秘经验：

"美好的性爱，取决于两人之间的爱苗火花。我曾经有一个男朋友，我只要一碰到他，感觉到他皮肤上的热度、他的神情姿态，就会令我兴奋异常。在我眼中，他的魅力大极了，非常性感。一直到今天，我还在怀念他。"

"美好的性交并不仅止于满足生理的需要，你还必须做很多的心理准备。我曾经试过和并不相爱的男人维持一段性关系，结果真是在自讨苦吃、自食恶果，所以，我再也不想在友谊中强求性关系的建立。唯一能确定的是，性吸引力是强求不来的。"

"我从来不知道什么原因会让我对某人着迷，我想这应该不是取决于人格特质的问题。虽然性吸引力究竟是什么，我也说不上来，不过，一旦遇到对方，我就能清楚地分辨这就是性吸引力！那种感觉混杂着身心反应的共鸣。有时候，我也会对某些熟识已久的朋友着迷，产生性吸引力。"

"我最喜欢的就是和与我有着'特殊'感情的男人上床性交。和他们在一起，我会感到满足，即使我和他们没有真正做到阴道性交的地步，我还是依然会觉得很满足。我只要抱着他们，就会有很美好的感觉，温情与爱意充满我心里。"

"噢！你想知道我对性交有什么想法？告诉你，我觉得和男人性交真是一大麻烦事。连续数周的狂欢之后，我们大伙都开始陷入痛苦之中，因为我们会一直朝思暮想着先前尚无缘分得以上床性交的对象，那份无可抑制的热情，让我们堕入数周的痛苦之中，简直无法自拔。此外，无论先前是多么的快乐，之后我还是会怀念不已，虽然，我开始渐渐不信任这种迷恋，而且，也想远离这些荒唐的生活。"

当然，并非所有的性行为或性经验都是基于性吸引力而发生的，有些女人反而比较喜欢从友谊中培养性关系，而不愿受热情的驱使。不过，她们还是强调，对某人的欲望与性吸引力，是来自对他的情感，而不是想要从他身上得到生理发泄。

事实上，在人类生命的某些阶段中，即使没有性生活也不足为奇。大多数女人在 15 岁、20 岁甚至 25 岁之后，才开始有性生活。此外，在怀孕、寡居、老年或独身时期，女人都有可能过着没有性交的生活。

很多女人在她们一生中，曾经有过一段相当长的时间没有和性伴侣性交，此外，基于很多理由，她们也不会自慰：

"我和我丈夫曾经历一段感情疏远的生活，在这段时间，我们没有性交。我们结婚 14 年了，将近两年，我们不曾做过阴道性交，在这段时间我都是靠自慰来达到高潮。这对双方的性欲来说并不是一种严重的剥夺，在这段日子当中，我们还是会做很多亲密的身体接触。"

"至今我仍然是单身，在我跟数个情人交往当中，我一向都保持着独身状态。最近 6 个月，我和任何人都没有感情交往，也不觉得在性事上特别欠缺什么。我时常自慰。"

"我离婚一年半，在这段时间，我很少和别人性交。在我的生活中，性所占有的地位并不特别重要，而我也不渴望非要和男人上床不可。"

"身为军人的妻子，若不强自忍耐，就得靠自慰来解决性需要。这两者我都尝试过。但我无法单靠自慰来满足性欲，我觉得最美好的高潮，就是和男人做阴道性交。"

"我现在是单身状态，出于自己的选择，我例行的性生活都是以自慰为主，平均几个月，我才会想和男人发生性关系。而在大多数时候，我并不想和男人保持过度亲近的状态，或者说，这种关系太过复杂，我搞不清楚双方的期待是什么，所以，我并不想和男人建立起性关系。"

"以前我一向都信守贞节之道，直到 34 岁才第一次和男人做阴道性交（这是真的）。我是个虔诚的教徒，而且，深信我这辈子一定会结婚，所以，我便一直等到结婚之后，才开始过性生活。可是，有好长一段时间，我都一直未曾发现合适的男人，值得我托付终身，所以，等我过了 30 岁，性欲越来越高涨，我便跟我的宗教信仰稍做妥协。刚开始我觉得心里充满了罪恶感，所幸很快就克服了，因为我认为能和另一个人建立起这么亲密而温柔的关系，是一件非常美好的事，给人很大的快乐，这是以前的我从来都不知道的。所以，我发现，既然这是如此美好的事，又怎么可能是人生的错误呢？和另一个人在身心两方面都保持如此亲近的关系，真的是很快乐的事。虽然，那个男人现在已离开我 3 年了，而我也过着没有和男人性交的日子，不过，我还是很高兴。我想，我很善于把性欲做适度的升华，此外，我会自慰。我还是没有办法让我自己随便就和男人上床性交，我只想和我所爱的男人上床。"

"7 年以来，我和丈夫的关系非常恶劣，甚至对男人再也提不起性欲了。我以前总会有性冲动，不过，还不至于被热情冲昏了头。在过去几年不快乐的日子里，我的心里逐渐产生很严重的心理障碍，我已经完全放弃了。"

虽然很多女人都说她们很怀念在性交中的拥抱与爱抚，可是，她们也坚称自己绝对不会因此随便和男人上床性交：

"没有性交的生活，并不会严重到让我随便和不喜欢的人上床做爱。现在，我和我的宠物很开心地睡在一起。"

"除非让我遇到真心相爱的人，否则，我会继续保持没有性交的生活。对我来说，和别人性交并不重要，单身生活反倒让人觉得轻松、自在。"

"在我和男人谈恋爱的期间，我无法忍受超过两周没有性交的生活。独睡会让我觉得很孤单，不过日子久了我也慢慢习惯。现在我宁可自慰，也不想随便和男人上床性交。"

"以前我是个很虔诚的教徒，可以好长一段时间过着没有和男人性交的生活，最长的纪录是整整一年之久。如今要是遇到我所爱的人，我会很想和对方发生性关系，每天一次或偶尔为之。"

"我现在是独身状态，因为我还没有遇到会让我觉得性兴奋的男人。我很想和男人一起过固定的性生活。虽然自慰的感觉也很好，可是，我却更喜欢每天早上醒来可以有个男人抱着你，跟你亲热一番。所以，我很希望早日找到一个我喜欢的男人。"

"在我没有和任何人同睡性交期间，并不觉得自己特别欠缺什么。更何况我现在的兴趣和生活重心，都放在了别的方面。"

有时候，独身生活会让女人拥有更多的自由与自主：

"有时，没有和任何男人上床性交的生活，反而会让我觉得精神高昂。我想，这是因为我再也不必事事仰赖他们。"

"近 6 个月来，我不曾和男人上床做阴道性交。一开始，我的情绪起伏不定，时而沮丧，时而兴奋，直到一段时日之后，我才开始觉得自己越来越独立，越有自信，对生活感到自由自在。我很满意现在的生活方式，对于自己的性欲也比较有主控权。"

"有好长一段时间，我都不曾和男人有性关系，这让我把生活目标重新调整了一番。这些日子以来，是我一生中最美丽而安详的时刻。"

"有好长一段时间，我都不曾和男人上床性交了。在这段时间，我觉得自己的心灵世界拓展了很多，感到自己越来越独立而有自信。"

"有一度我曾连续 7 个月都不曾和男人上床性交，在那段期间，我很庆幸可以不受别人的干扰，认真地把很多事情好好地想一想。在我这一生中，有很长一段时间，性是生活中最重要的事，要是没有固定的男朋友，就会觉得自己失落了什么，生活缺少重心。现在我开始学着对自己多付出一些关心，把自己当作一个完整的人来看待——友谊、生涯、事业发展、生活目标等，多尽一些心力。现在，我再也不会对性持狂热的态度了，也不用借着和男人的性关系来证明自己的价值。我仍然觉得性爱是美好的，却不必再像从前一样抱着消费主义的看法。"

"提到独身状态，在我刚进大学的半年里，我就是过着没有和男人性交的生活。那是出于自己的理性抉择。因为，在我刚离开朋友、亲人以及爱人的时候，并不想在性关系上太过活跃。在我上大学之前的一年里，我同时有两个爱人，那时我的性生活非常活跃，所以，我几乎没有多余的时间、精力去与别人结交相处，而我也不想和没有感情基础的男人上床性交。没有和男人性交的独身状态，对我来说是一件好事，在那段时间，我对自己很满意，因为，我再也不用费心去找个男人上床，也不用担心万一自己不喜欢对方、不想和他上床怎么办。而且，我还可以和别人保持着柏拉图式的关系，完全接纳对方，却无须跟他们上床性交。我对自己又重新认识了很多，尤其是我与男人建立关系的模式。若有女人想把自己对性爱的看法加以理清的话，我会建议她们暂时过一段独身生活，因为，在一段没有和男人上床性交的生活中，你才能更清楚地知道你自己最想要什么，你也才能分辨出你最想和谁在一起。"

"目前我仍是独身状态。大致上来说，我非常满意现在的生活，不过，整个社会却时常给予独身者很多的压力，使我深感苦恼。比方说，有很多社交聚会都是专为一对一对的伴侣所设计的，因此，我会尽量避免参加这样的聚会。但我觉得现在的独身生活让我感到独立自主，所以，我还是觉得非常值得。"

"试着过一过独身状态的生活，可以帮助你重新审视自己的生命价值，发现自己对性爱的看法。有一度，我的独身生活维持了将近 5 年之久。那时，我不必费神去取悦别人，我把很多的时间和精力，专注在自己身上，与自己的心灵做各方面的探索，一边思考我与这个世界的关系。因此，我认为放弃和男人在生理上的性关系，并无严重的损失可言。"

"就独身生活来说，我觉得每个女人都应该把它当作生活的另一种方式。多年以来，我一直忙着去达成男人对我的期望，真的不晓得自己最想要什么，也不知道自己最真实的感觉是什么，我相信很多女人都曾经有过这样的经历。现在，我只和自己做性交，我还不确知自己在找寻什么，大概属于自己的爱欲吧！"

也有一些女人在她们独身的时期，深深觉得孤单和痛苦：

"要是我有一段时间没有和男人上床性交的话，我会渴望获得男人的温情，很想从性关系中得到肯定。"

"没有和男人性交的生活，在生理上还不至于对我造成严重的困扰，但在感情上我却会深受其苦。我很想和男人做身体接触，这让我觉得很沮丧。在我们事事讲求成双成对的文化中，独自一人生活会倍觉孤单、寂寞。"

"没有了性生活，会让我觉得自己犹如死水、面目可憎而心态慵懒，好像生命即将从我身边流逝似的。我之所以会想去和男人性交，都是基于心理的因素。"

"在我没有和男人性交的日子里，反而对性交更加朝思暮想。我会更加渴望和男人性交所带给我的温情以及舒适感。从我小时候开始，我就无法想象没有男人的生活将是多么苦闷！"

"我很渴望被男人喜爱、需要的感觉，尤其在我醒来之后，对方的体温最让我陶醉。过着没有和男人性交的生活，我会觉得自己不再有吸引力，变得没人爱、没人要，心里很沮丧、空虚、提不起劲。"

"没有男人的生活，我会觉得很孤单、放不开，变得很容易受惊吓、退缩不前。有时我还会陷入很深沉的沮丧，有与世隔绝的孤独感。"

"没有和男人性交的生活，让我觉得既孤单又寂寞，有遭人拒绝、遗弃的悲伤感。在这个冰冷的世界中，和男人的性关系才能让你回归温情、爱意与快乐，性交提供给你一个奇妙的避难所。"

身体接触所带来的肌肤之亲的快乐是非常重要的，但在我们的社会文化中，和异性做性交，才是唯一能让我们享受肌肤之亲的机会。一位受访者曾经解释道："当我觉得很沮丧、孤单、寂寞的时候，即使随便和一个陌生男人上床，我也可以得到回春更生的感觉。性交所带来的亲近感，让我不再孤单，被爱、被关怀的温馨感，在心中油然升起。"还有一位受访者谈到她喜欢性交的最大原因是："可以从中感到友谊的温馨，此外，在性关系中，自己得到了对方的肯定，即使这是稍纵即逝的幻觉，也会令人觉得快乐无比。当你觉得自己又重获新生因而雀跃不已的时候，你便会发觉到和对方产生了前所未有的亲密感、诚实与信赖。"

性解放运动仍在进行中

然而，20 世纪 60 年代性解放运动的真谛究竟是什么呢？

虽然性爱是非常重要的，可是，如果将性爱从生活轨道中剥离出来，只鼓励性交的观念，这样的情形仍会受到质疑。再三强调个人的幸福与快乐只能从性交以及与异性建立的性关系中获得的说法，其实并不客观。究其缘由，首先是大家都无法自由选择自己最喜欢的工作，很多人都只想用最快、最简单的方式来赚取衣食所需，所以在选择自己工作的权限上，每个人的自由便显得非常的狭隘。其次，科技文明的进步以及当代的大型企业组织，都已将个人的生活所需——取代，工作变得单调、重复、无聊且毫无人性，很少人能够从工作中获得真正的个人满足以及成长。就像一位受访者在问卷中说："性交，就像是个举世乞求的万灵丹，让社会大众变得沉默，不再在意自己内心的空虚、无意义感，以及对日常工作与生活的疏远。"同理，当子女的价值不再像从前那么重要的时候，女人的性别角色也从贤妻良母的形象过渡到性玩物上，一如对个人满足感的重视，也从家庭的和乐（大多数人）转移至强调性爱的罗曼史恋情的追求上（无论有无婚姻关系）。

鼓吹女人去和男人性交以及建立性关系，还可以作为掩饰个人和世界疏远的一大绝佳借口，将生活中公私领域加以二分，便是一种精神分裂式的划分，只要我们继续接受这样的区分，便无法主动参与整个社会的情势发展。同时，性爱的商品化、精细化，也将我们的生活变得越来越私密，遮掩了性爱对每一个人所赋予的不同意义。事实上，女人至今仍未经历性解放运动的洗礼。

11

老年女性的性需求

被忽视的需求

love

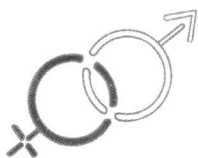

性解放运动并未关照到老年女人的性需要，她们同样也可以享受性爱，却没有被列为性解放运动的诉求对象。在西方文化中，至今仍对老年女性都抱有很深的刻板印象，认定她们都不是性感的女人。很多年轻的读者在读到自慰或性高潮的章节时，他们都会先入为主地认为这些自白必定是出自二三十岁的女性之笔。在本章中，我们将一同来看看美国社会对老年女性的偏见有多深，以下便是一些颇幽默的自白。

年龄对性欲的影响

谈到更年期（或子宫切除之后）对女人性欲的影响，海伦·卡普兰曾有如下的解释：

虽然有些女人会说她们的性欲开始每况愈下，不过，还是有很多女人提到她们反而在停经之后有更高涨的性欲。由此可知，性欲的状态，仍然取决于诸多因素的综合影响，比如性生理的改变、性交的机会以及是否能免除对怀孕的担心等。从纯粹生理学的观点来说，性欲理应在停经之后大为增加，因为女人身上的雄激素并不会受到停经的影响，加上雌激素在停经之后便无法继续对雄激素发挥抑制的作用。因此，很多女人在停经之后才开始表现出更高涨的性欲，如果她们并未陷入沮丧的情绪中，而且能找到合适的性伴侣做爱的话，她们的性欲便会随着停经而日渐递增。

在我们的生活中，生殖行为与性愉悦两者，总是会被大家混为一谈。没错，在女人停经之后，便失去了生殖能力，阴道分泌也会随着减少，但是，她们达到性兴奋与高潮的能力却不降反增。女人在停经之后的生理变化仅限于生殖器官，至于享受性爱的能力，仍是女人一辈子的天赋。诚如我们在童年时期也不具有生殖能力，但是我们依然有能力可以享受性爱的快乐。所以，我们应该改变自己对身体的想法，自认一辈子都是性感的女人，从出生到死亡，都能享受性爱之乐，生殖下一代的功能，则不过是生涯中某个阶段的生理特点罢了。

一位受访者陈述道："我今年 28 岁，可是，我却担心得不得了，我很气愤，为何社会对女人的年龄看得如此重要，女人越老越没价值，被看作人老珠黄，而男人越老却越得意、越成熟稳重。事实上，我根本看不出来何以女人在停经后便会失去魅力、不再性感了。更年期是女人一生中必经的阶段，那是女人生涯的一部分，并无任何奇特之处。"

很多女人说她们对性爱的满足感会随着年龄而递增：

"我相信性欲会随着年龄而渐增，性欢愉当然也会跟着递增。"

"我并不知道人老了，性生活是不是也会跟着变得更好。我今年 51 岁，这么说起来，我的'春天'才刚要来呢。"

"等你老了之后，性生活铁定会变得更好。在最近两年里，我的性生活正是我最感满意、骄傲的事。快活赛神仙，一天比一天开心。"

"男人都相信自己的性能力会随着年龄的渐增而递减。不过，我倒不这么认为，也不认为女人将会如此。我这辈子最棒的性经验，都是成熟及自信所赐。"

"我在 40 岁之后的性生活，比 30 岁时更好，而我 30 岁之后的性生活，又比 20 岁时好。这都是缘于经验的渐长、自我了解增多、自信日盛以及不用担心怀孕等原因。"

"55 岁的我依然觉得性欲高涨、春心荡漾，就跟 15 岁时一模一样，可是我的男人却认为我已经太老了，不够性感。"

"我认为停经导致我的阴道干涩，神经系统变得过敏。我的医生说这是因为缺乏荷尔蒙的缘故……可是我和我的新欢在一起的时候，却有重获新生的感觉。我的阴道仍然会有大量的湿液流出，不再觉得过敏或易怒。"

"虽然我的停经期还没到，不过，我已经做了部分的子宫切除术（我今年 47 岁）。对我来说，这真是太棒了，如鱼得水！我只有一位性伴侣为此感到不悦，因为他担心要是将来他想要有自己的小孩时，我便无法完成他的心愿，所以，我就跟他分手了。"

"我的室友在 5 年前做完子宫切除术（她才 50 多岁）。我发现从那之后她的性生活便完全改观了：她的性伴侣越来越多，性交的次数也大幅增加。"

"自从我不再为怀孕担心之后，我的性生活便大幅改善。此外，在我的孩子们陆续离家之后，我的性生活也变得越来越好，因为我越来越享受性生活，所以我丈夫也感染到了这份快乐。"

"我今年 67 岁，我发现年龄其实并不会影响性生活。最近几年来，我都能享受到越来越好的性生活，我真的很高兴自己已经停经，进入更年期。"

"更年期让我的性生活变得越来越好，越容易达到高潮，也不用再担心时间的压力。我的性伴侣也都能跟我一起享受越来越多的性自由。"

"我一一详答这份问卷的原因，是鉴于目前都没有针对 70 岁开外的女人所做的问卷调查（我今年已经 78 岁了），也没有针对寡居的女人所做的研究报告。到了我这个年纪，我已无任何家庭责任要负担，我也不想要母权式的性关系，但是，我仍然有很强烈的性冲动，因此，我只好找比我小上 15～20 岁的性伴侣来解决我的性需要。此外，我在两年前刚动完一次心脏手术，那使我返老还童，让我重获新生。所以，我希望在我有生之年一定要好好享受性爱。"

"我今年 68 岁，性欲一点也不见减少。我的性生活就像过去一样美好。我想只有停止和男人性交，你的性欲才会随之递减。因此，我觉得对性爱的享受，不会受到年龄的影响。"

"我认为性欲、性态度、性愉悦等，都会随着年龄的渐增而改变，可是，这些改变并不是大小数量上的变化，而是在性质上略做调整。这些改变是通过经验的增长与人生的历练所造成的，从对性爱持简单二分的是非观念，进展到复杂多元的深度体验，态度越益开通圆滑。我说的并不只是性技巧的日渐纯熟，当然，这也是其一。这就像幼苗跟大树的差别，虽然两者的主干、枝叶、基本结构都非常相似，但是，幼苗得经历一番磨炼才能长成大树。这是自然的成长历程，不过，在我们的文化中却大加压抑个人性爱的成长。比方说，我们都知道在黑暗中所有的猫看起来都是灰色的，所以，往往都要经过一番挫折，我们才慢慢发现进而得以欣赏到：原来每个人都有属于他（她）自己独特而细致的性格以及性爱的模式。我觉得到现在我才更了解自己的性欲，也才能更加随心所欲地享受性爱，而不用担心或苦恼自己到底想要什么。"

不过，也有女人觉得性爱对她们的重要性越来越小：

"我发现年龄已把我的性欲中断了，再也无法激起别人对我的性欲，而我也对他们不感兴趣。"

有些女人对性爱仍有很大的兴趣，可惜无缘找到她们喜欢的性伴侣：

"我今年 54 岁。到目前为止，我尚未发现合适的性对象，无论男人或女人。到了我这个年纪，似乎很难吸引性伴侣和我上床性交了，只得经常以自慰获得满足。最近我还买了一只振动器，可惜对我一点用处都没有，让我觉得很失望。"

"我今年 44 岁，我有过很多次性冒险的经验，不过，我发现年龄似乎对我的性生活造成了相当的影响，因为世人都以为性爱是属于年轻人的享受，以至于我的机会便越来越少了。而我却认为，要是一个女人非常有魅力且独具自信的话，在她这一辈子中，她永远都是个性感的女人。这多棒啊！我觉得性解放运动是很棒的，但是，我实在等不及，不晓得大家什么时候才要把我们这些祖母级的女人也划入性感尤物的行列中。所以我现在开始计划要将自己的性爱转变成是自体愉悦的方式——要看我是否能就此适应下来。就我在'性市场'上的供需状况而言，像我这样年过 40 的单身老女人，横在眼前的未来，似乎唯有无尽的冬天可以为伴了。真烂！"

"停经对我来说并没有带来很大的改变，我还在继续服用避孕药，以调整体内的荷尔蒙。我清楚地发现自己不像从前那么精力充沛，看起来也变老了。大家都看不出来我已经 54 岁了，而我从来都不曾花过任何心思来掩饰。"

"就这个问题，我可以提供两种不同的回答：其一适用在美满的婚姻关系中，其二则适用在寡居的女人身上。而我似乎只能让已婚的男人对我发生兴趣，因为这样一来，他们只需跟我保持神秘的往来即可。至今我和我的性伴侣性交都无法达到高潮（我自己则可以借自慰来达到高潮）。我和越多的男人发生性关系（从我寡居之后，我和很多男人有过多次短暂的性关系），我越坚信这许多年以来我所追求的就是男人对我的爱与关怀。我认为人生是快乐的，尤其和男人在一起的时候，可惜的是我只能让已婚的男人对我感兴趣，我多希望自己是他们唯一的所爱。"

"我觉得这份问卷应该多问一些有关性道德的问题才好，也就是说，我们对自己设下什么样的道德标准？而这些标准是否都合情合理？比方说，很多男知识分子会告诉我：对别人做性挑逗是很不道德的事，所以，我从来都不会跟别人有任何亲昵的接触，除非我和对方上床性交。这到底是好是坏？我觉得无论如何，这似乎只对男人有利，对女人却无甚助益。就我而言，我觉得要维系美满的婚姻很不容易，所以，我从来都不和有妇之夫上床性交，可是，我却一再发现，我周围的男人个个都有婚外性行为。因为，有时我也会做如是想：'去他的鬼婚姻吧！我也需要有个男人上床性交呀！'"

"我今年 50 岁，我已经对任何理想都放弃希望了。我觉得我对男人欠缺清明的判断力，此外，在这几年中，从来没有一个接近我的男人对我心怀好意过。所以，我也从来不曾认真考虑我们的性关系。我很想做很多事，我必须把握时机，以免机会不再。而男人却总是再三磨蹭——至少我选中的男人都如此。我已经不想再帮他们得到博士学位、帮他们写书、教他们如何爱人、把他们的孩子拉扯长大、教他们如何接纳成功的女人等。可是，至今我依然无法接受女同性恋的性关系，并不觉得自己有此需要。我可以忍受没有和男人性交的生活，而且，现在除了温馨的友谊之外，我并不想和任何人往来建立关系。我只想和三五好友聊聊天、分享心事、做脑力激荡、欢笑一堂、得到支持与认同、鼓励别人以及得到回馈等。我现在最满意的朋友关系，便是和功成名就的女人往来（有时，我也会突然想和成功的男人走在一起，不过，继而一想会是谁呢？既不是这个，更不是那个，算了吧）。然而，我也希望将来还会认识新的性伴侣，可以和我一起同床共枕。"

"我很确定我又谈恋爱了。虽然我并不确定这样的性关系算不算是健康的，不过，至少我可以确定的是，至今我还没见过别人有过所谓健康的性关系。我曾经见过非常恩爱的情侣，但是却一一离异了，即使婚姻也无法检验出真正健康的性关系，不是吗？"

有些老年女性至今还有情人：

"这是我首度让别人知道在最近 8 年以来我生活中的种种转变。我有一位很亲近的女朋友，只有她知道我有一个情人的事，此外，我没有告诉过任何人，这是为了不要影响到双方的夫妻关系。对于我的婚外性行为，我并没有罪疚感，因为，我觉得在我年龄渐长之后，我便越来越能了解我丈夫的性需要。

"我今年 51 岁，此生第一次高潮，是在 44 岁那年和情人做阴道性交的时候经历到的。从 7 岁开始，我就曾经试过自慰，可惜被我妈逮个正着，她把我训了一顿，再三告诫我不准再自慰，以免我将来变得心理不正常。所以，从那之后，我便不再自慰了，直到 7 年前，我才恢复自慰的习惯。

"我曾经遇过很多男人，让我觉得和他们上床性交一定会很好玩，可是，至今我只和我丈夫以及我的情人上床过。和我丈夫的性交，我一向都让他予取予求，随他高兴，以便让他可以保持愉快的心情。我丈夫一直都只想要快速的高潮，之后，便翻身睡去，我则暗自在旁饮泣（打从结婚第一天开始便如此），现在则会让我持续在性兴奋不退的状态。和我情人的性交就完全不是这样，他会关照到我们彼此的需要，而且，他都会让我得到满足，从来没让我失望过。和我丈夫的性交从来都没有属于我的时间，我的情人则一向都会先想到我。也许，这便是我会持续保有这个婚外性关系的原因吧。算算也有七八个年头了。我的情人很乐意为我倾注长时间的注意与爱抚，让我可以从容不迫地达到性兴奋，我丈夫则顶多给我五六分钟的触摸。

"从和丈夫结婚开始，我就觉得他对我的身体以及性需要都全然无知，而且，至今他依然如故，根本从来都不曾费过心想多做了解。而我的情人则是此生第一个让我知道原来我并非性冷淡的女人，他还教我认识性爱之乐，让我发现我居然是个完整的女人。现在，我可以和我的情人无话不谈，百无禁忌，他会给我回馈，同时，他也会向我诉说他的性需要。我们对彼此都持着很自由的态度，在他面前，我从不会感到害羞。事实上，我还引以为傲呢！"

"我今年48岁，对自己始终保持乐观而充满希望。我觉得自己尚未享受到理想的性爱之乐，不过，既然我现在已有两个老情人，再加上3个新情人做后补，未来应该大有可为。我对自己的性生活仍有一些不满之处，但是，我的爱情生活一向多彩多姿。我已婚，第二度婚姻至今已维持近11载了。我很讨厌结婚，尽量不让婚姻影响到我的爱情生活。我和丈夫已经有5年半不曾上床性交过了，我们无法在性爱上琴瑟和谐。我曾经有过10次外遇，婚外性关系从1～5年的都有，外遇为我带来很大的快乐，我的丈夫都尽量容忍，一方面是为了孩子，另一方面也是为了生活。"

"我今年51岁，结婚达33年之久。我们育有4个可爱的孩子，至今他们也都一一结婚成家了，家庭和睦，总共有9个孙子。8年前，我遇到一个小我10岁的男人，便疯狂地爱上他。一开始，我都跟他保持很远的距离，因为我觉得和他谈恋爱根本就是在愚弄自己，而且我害怕他会嫌弃我是个老女人。结果竟是他主动来向我示爱，于是我便对他表明我是有夫之妇，而且告诉他我的实际年龄。从此之后，他反而成了我亦师亦友的情人。他也结婚了，育有4个子女。他对他的妻儿非常好，我也从来都不想拆散他的家庭。我从他的身上学到的是：性爱是美好的，而我是个性感、美丽、被他所爱的女人，大可继续和他保有这份美好的关系。即使今后再也无法跟任何人发生性关系，我也在所不惜。这7年来，我和情人早已成为无可替代、无与伦比的神仙美眷了，从我和他的性关系中，我才知道原来我是个完整的女人。我是独生女，从小我妈对我的管教非常严格，而她一生中总共历经4次婚姻。我从来都没见过我的亲生父亲，我见过面的都是我继父。我妈对性爱的态度非常保守，我也深受她的影响，以至于我丈夫也不喜欢和我上床。在我和丈夫结婚之前，我们常常互相爱抚，可是，往往在紧要关头，我就会开始退缩，因为'好女孩'不应该那样做。结婚之后，我很想对我丈夫完全开放自己的性爱，可是，他实在动作太快了。所以，到后来就变成除非是他想要，我便会勉为其难地忍耐一下。我很难清楚地告诉你我的情人曾经为我做了哪些事。跟他坠入爱河之后，我的衣着打扮改变了，我的想法也改变了，开始自认是个迷人而性感的女人，而在我认识他之前，我却觉得自己不过是个日渐衰微的老女人罢了。"

"我今年 43 岁。我结婚已经 25 年了。我有一个 25 岁的女儿，没错，当年结婚是因为我才 17 岁，怀孕后无以为生。另外，我还有一个 22 岁的女儿，至今我仍然有很多真话不敢对她说。我的家庭背景可说是属于低级中产或高级劳工阶层——看你怎么认定就是了。我觉得当年的早婚经历，对我来说真是一件不幸的事，那时我对自己都还很不确定，我也不晓得是否就应该要全盘接受我丈夫的性道德观念。不过，我仍然接受了，这 25 年以来，我一直想办法迎合他那种占有欲极强、排他性很盛的性爱观念。这很违背我的本性，因为，就我所知，我越爱一个人，我能给予以及付出的爱便越多才对。对性爱，我很难采取偏颇的态度——选择性地接受某些爱，却排斥或压抑某些爱。在我经历了 25 年忠贞不贰的婚姻生活后，我发生了一次外遇，而这次的婚外性行为却将我的生活方式全然改变了。我以前一向都是个'性冷淡的妻子'，而且，我总是得假装高潮，以便能保住丈夫的爱。这并非因为我对性爱抱有如此的看法，而是出于对我丈夫的妥协，因为他已经深受社会制约之害，难以改善了，我也只得压抑我的自然需求以迎合他的模式。所以，到最后，为了压抑我那所谓'违反社会'的本能冲动，我只好把我所有出于自然的生理反应，都一一压抑下来。在我第一次赶赴和情人的约会时，我心里着实怕得要命，我很担心自己和情人在一起时也会完全无感觉。不过，幸好他非常有耐心，而且技术高超，让我再度发现自己身体各种美好的感觉。他让我原先对性爱的体验重新觉醒，而这些都是我经年长久压抑不察的感觉。我的情人比我整整小了 20 岁，我对他永远心怀感激，此外，我觉得我丈夫也应该对我的小情人称谢，多亏有他，我丈夫才能间接从我的转变中得到性爱之乐。"

有些老年女性则开始和别的女人建立性关系：

"我和很多男人都有过性经验，情况都堪称美满。不过，自从在 18 年前我遇到莎拉之后（我今年 66 岁），便对她一见倾心，非常地景仰她、爱慕她。当她对我说她爱上我了，而且主动对我示爱的一刹那，男人对我来说再也无关紧要了。从此以后，我和她的性生活一直非常美满，我也不曾和别人的女人发生过性关系。我现在的生活，远比结婚生子还来得快活而逍遥。我和莎拉的关系并非时下的'男女关系'，我们对彼此坦诚相待，互敬互爱，分享生活中的点点滴滴。"

还有一些老年女性偏好和年轻的男人发生性关系：

"直到年过 40 之后，我的性生活才真正开始进入如鱼得水的美满阶段。我的人生步入了黄金年华，达到了生涯的顶峰。我觉得人生再美好不过了，整个人都看起来容光焕发，神采奕奕。我对自己也深感满意，无论是身心都保持着绝佳状态。我和一个小我 12 岁的男人维持着神仙美眷般的性关系，我们是天造地设的一对爱侣。我尚不知我和他的性关系何时会宣告终结，也许那一天会自然到来。我们彼此都很清楚，届时，那又是我人生下一个阶段的开始。我衷心希望所有的女人都能像我一样，拥有美好的性关系。"

"我和丈夫的婚姻生活，是我此生维持最长久的关系（延续至今达 35 年）。我们在心智上颇能做深入的沟通与分享，在日常生活中也能彼此关照对方，所以，我的婚姻生活堪称完美。我们的性生活还算正常，只可惜我丈夫对我似乎不甚感兴趣，因为，在我们做阴道性交的时候，他并无明显的热情也不重视我的感受。因此，几年之后，我便开始发生了多次的婚外性行为，随着外遇不断，我此生的性生活才算真正地展开。现在，我的婚姻算是正式结束了，我和一个比我年轻许多的男人谈恋爱，我们在身心方面都相当合得来，而且，他的兴致很高亢。他和我在性生活上配合得完美无瑕，不过这也是缘于心理因素。当我认真回想起来，过去这 4 年里，我最美好的性经验都是跟比我年轻的男人一同经历的。"

"在我离婚之后的半个月，我经历了最美好的性经验。一位小我 20 岁的男人邀我赴约。我们彼此心里有数，那很可能只是一夜情缘。我有充裕的时间可以好好考虑要不要去赴这个约会，我并不急于要确定什么，也不想和他谈恋爱，对他或对任何人，我都不必负担任何的责任或义务。整个晚上，我们共度了美好的时光，做尽了各种尝试，从此之后，好几年以来，我陆续又和很多男人有过很多次的性经验，其中有些性经验也给我很大的满足感，这都是基于多年累积下来的心得与体验，加上我对性伴侣所付出的关爱，才能让我的性生活渐入佳境。而那一次的性经验至今仍然让我永生难忘，他让我了解到其实年龄对我的魅力与性感并无任何妨碍，他依然觉得我是个风情万种的女人，让我重拾信心，使我在刚离婚的那段时间里获得莫大的鼓舞。"

然而，有一些女人对自己老年以后的性经验感到失望与痛苦。以下几位受访者分别提出了不同的心声：

"对我来说，性爱并不重要。我今年58岁，结婚已经35年了，我对他一向忠贞不贰。可是，我的婚姻生活却充满着许多的不顺。5年前，我丈夫开始每夜酗酒，酒后就殴打我。他从来不曾对我说出一句赞美话，只有在性交的时候对我表示满意。我一直想不通，要是我在其他方面表现得如此拙劣的话，又如何能在性交一事上给他快乐呢？我曾经试过要自慰，可惜并没有什么特别的感觉……"

"近来我几乎没有性生活，这种状况已维持了将近21年之久。也就是说，我的独身状态已经持续达21年。我丈夫是个标准的野人，自私、愚钝、鲁莽，而且还是个大酒鬼。可是，我现在年纪大了，没有任何的谋生技能，还有心脏病，只好将就了。"

"对我来说，自慰非常重要，因为我没有办法和别人搞婚外性关系，所以，自慰对我来说就是一大发泄。可是，我也不敢沉溺在其中，因为我的宗教信仰和教育背景使我只能偶尔为之，自慰会让我有罪恶感。我通常是在睡觉的时候开始自慰，全身进入性兴奋的状态。可是，和丈夫做阴道性交的时候，我却很少有高潮的机会。他一向只顾自己的需要，从来都不在意我的感觉。"

"在我们刚结婚的几年里，我曾经好几次主动要和他做爱，可是，他总是不理不睬，因为他觉得性交的主动权在他，他想要就要，不想要就不要。我认为如果你和你的性伴侣像朋友一样亲切的话，你们的性关系一定会很完美，所以，你一定猜得出来，我和我丈夫的关系有多痛苦。两年前我开始接受婚姻咨询，我才发现自己有多么幼稚。我丈夫痛恨所有的女人，从对他妈开始，他便瞧不起所有的女人。以前他会送我一大束玫瑰花、各色礼物，但是，却不停地对我说：你是个大笨蛋。"

"没错，我一向都在假装高潮——几乎每一次做阴道性交都在假装——差不多每隔两天就要假装一下，有时，一次还要假装有两个高潮。"

"我现在很担心我丈夫是不是就要把我们的房子卖掉（我们住在这里已经32年了），然后搬到小镇上去养老。他递给我这份问卷，叫我看看为何自己这么紧张不安。为此，我大为光火，我才不肯向年龄投降呢，除非他来向我说好话，否则我绝不肯善罢甘休。"

"多年来，我一直都过着没有性交的生活，将来也还会继续下去，我已经习以为常了。这种无性的生活，给了我很大的自由，我不必再像从前一样和男人玩一些愚蠢的把戏，或者用性关系来和男人做条件交换等。我自恨生不逢时，无法成为当今的时代妇女——她们可以做一个完整而独立的个人、选择她们喜欢的生涯、安排自己的生活方式等。像我这样的老女人，只知道婚姻与家庭，我们的生活都是在服务他人，我们都是生活中的弱者。请关心这些可怜的老女人吧！"

"我对性的感觉完全都被压抑下来了，这并非年龄的缘故，而是环境使然。只要有个固定而友好的性伴侣，性欲又怎会随着年龄的渐长而递减呢？我虽然已经做过子宫切除术，却依然性欲旺盛。只不过我已经很久没有和我的性伴侣做性交了，所以不太确定自己的身体反应是否依然如昔。

"我回答这份问卷的原因，是希望能让一些和我有类似情形的女人，可以就此不再感到孤单。我被困身在南方一个无名的小镇上，在此，女人只能安静地劳动，由男人指挥一切，而且，女人还不准叫床，否则准会被男人狠狠地打一顿。你从来都不可能想象竟然会有这么多无知的人，可是，我们一直都在努力中。祝你们好运。"

"我今年 56 岁，做了一辈子的家庭主妇，时而外出工作，终生劳碌。在 20 岁结婚时，我还是个处女，当时我非常紧张，想尽办法去迎合我丈夫，此外，我不敢正眼去看别的男人一眼。对于性高潮我一无所知，只记得那时的感觉令我非常失望。老实说，我很喜欢前戏，在他身上我看到自己对他产生的作用力，让我觉得很有权威感。我仿佛是一只轻盈的火柴，点燃他的欲火。

"以前我以为是我爱上了我丈夫，现在，我则认为当时是我自己一厢情愿。这么多年来，我终于发现原来我丈夫并非当初我所崇拜的偶像。此外，我还惊讶地发现在他跟我初识的时候竟然还是个处男！我一向都天真地以为所有的男人都早已有过性经验，可是，那时的他却真的从来都没有过。我们交往 5 年之后才结婚。在我们初相遇的时候，他 17 岁，我 15 岁，一年之后，我们的关系就进入了深度爱抚的阶段。婚前，我们从来都没有做过正式的阴道性交，我们会用手指来代替阴茎，也做口交。一向都是他帮我做深度爱抚，那是因为我对性高潮毫无所知，不过，我十分喜欢和他做爱抚。

"在 30 年的共同婚姻生活之后，我们两人都感到厌烦了，我们开始谈论要不要和别人交换性伴侣。接着，我们便真的各自去找情人上床，结果却令我失望，因为我发现，无论是丈夫或情人，都不是我心目中的理想对象！我所渴望的对象应该是个好情人，有正当的工作，在家里是个好爸爸，对我们的婚姻深感骄傲，而且不会让别的男人来碰我才是。

"后来，我便开始和一个长我丈夫两岁的男人约会。好几年以来，我们都会在舞会上互相挑逗对方。有一天我便随口对他说：'也许我们可以一起玩一玩，但不伤害对方。'他马上点头称是。和他做爱的感觉非常美好，我总算知道男女性爱是怎么回事了。直到那时，我才亲身经历过性高潮的感觉。我的情人对我非常热情而温柔。我和他上床大约十五六次，我确定自己并没有爱上他，但很满意我和他的性关系。"

也有一些女人表白正在开始尝试全新的性经验：

"我结婚将近 36 年了，却从来都没有婚外性行为的经验。无论是我丈夫或我自己，都不赞成有婚外性关系，因为我们的婚姻生活美满幸福，性对我们来说根本就不是障碍。就我所知，年龄对性爱的影响，只有在适当的时机才会出现正面的效果。而我很庆幸自己生逢其时；我丈夫和我都已经退休了，无事一身轻，心情自在，我们发现性爱变得越来越完美，因为孩子们都陆续离家，也没有亲朋好友的拜访，我们有的是时间，随兴所至，一想要做爱就开始做。无论白天、夜晚，一天数回，变换各种方式，我们在屋子里赤身裸体，晃来晃去，在花园里洗露天澡，做体操，这些活动都让我们可以充分欣赏彼此的身体。我想，所谓的'性自由'就是要摆脱掉以往的性禁忌，解除身心的障碍。我已经 58 岁了，而我丈夫 57 岁，现在我都会先达到高潮，他则紧接在后，因为他相信热情必须来自女人的身上。通常他先为我做上数小时的爱抚，为我做性刺激，然后才轮到我帮他做。"

"今年 9 月我就年满 75 岁了。我是一位歌手，虽然我有一副绝佳的嗓音，可是，我的歌唱事业却遭到数次的感情困扰而中断。我总共结过 3 次婚，和我有过性关系的男人不下 20 人。我很容易就开始兴奋，整个人变得很高亢，不过，我的热情始终找寻不到适当的出路。我几乎想去撞墙，一了百了。我很想再继续我的歌唱事业，东山再起。我的嗓音依然甜美，希望女性主义可以帮助我变得更坚强，强化我软弱的性格。"

"没错，和男人做阴道性交可以让我达到高潮，不过，就我一辈子的经历而言，这些高潮还嫌太少。现在，我又可以再度享受性爱了，我的意思是说自慰。我几乎每天晚上都自慰，有时白天里也会情不自禁。既然我会自动自发地借自慰来取悦自己，而且我都能获得很强烈的高潮，那么——我的意思是说，我不只是玩玩而已，我真的从中得到相当的乐趣。不过，一般来说，我是个时时都开开心心、乐天爽朗的人。自慰让我获得更多的自由，或说它彻底解放了我的情欲。我在和男人性交的时候，很容易会害羞，身体变得僵硬，很不讨人喜欢。我现在就变得和蔼可亲，很容易亲近。没有高潮的性爱会让我很紧张，非常不快乐。我以前都会认为过错在自己身上，而且不论我怎么努力，都不见起色。和我前两任的丈夫还在一起时，我都只和他们做阴道性交而已。我很喜欢和他们上床，我也为此非常兴奋，但是，也仅止于兴奋而已，我始终还是没有高潮。

"有一次我玩振动器，那一次的高潮简直要把我整个人都拆成碎片，强烈得不得了。此外，我还会觉得有痛感，可是，痛得令我非常高兴。我常常会想：是否死亡的滋味便是如此？就像火箭飞弹向外太空冲刺而去。我的高潮来得非常强烈，就像在高山峻岭间徜徉。就在两三周之前，我连想都没想过要自慰呢。现在，既然我开始了解女性主义的观念了，所以，我非常乐于自慰。不幸的是，我常常会在自慰上花去太多的时间——起码也要 3～6 小时——用手自慰。"

"我虽然结过 3 次婚，可是，到目前为止，有将近 10 年的时间我不曾和男人有任何的亲近关系了。除了和他们上床之外，我一点也不想和男人有进一步的关系或感情。我还怀疑自己会不会变成一个女同性恋，因为我很喜欢和女人建立起友好温馨的往来关系，不过，至今我还不会为了女人而感到性兴奋就是了。自从第三任丈夫死了之后，我便一个人寡居至今。我非常喜欢独居生活，不过，最近我发现这样与世隔绝的生活方式，似乎是有些过火。先前我几乎从不和别人谈论性爱，我一点也不在意。现在我却很喜欢和人家分享性爱的感受与看法。自从我走出了孤立封闭的生活方式之后，我又可以再度关爱起我的孩子们了，偶尔还会出去拜访朋友，虽然，平常我会觉得他们实在都很无聊。"

"在这一生中，我常常会毫无理由便狂热地爱上一个男人。我时时都会陷入热恋。我在情感上很不成熟，常常想把自己抛到爱情之中，现在我就没有把握说自己还会不会再那么冲动。我的意思并不是说我比男人优越，可是，我好像找不到更好的形容词。我觉得男人和我的性关系都太过狭隘而片面了——只重视物质以及坚守老套的性交模式。我的孩子还小的时候，是我生命中最快乐的时光。那时我觉得我至少想要 12 次高潮，可是，往往在第 6 次的时候，我就停下来了，因为我想这样就够了。

"现在，我和我的音乐老师有很深厚的感情。在我歌唱的技巧和表达上，他都给我很大的帮助。可是，他却无法让我感到兴奋。10 多年来，已经没有一个男人会让我兴奋起来了。假如有个男人愿意跟我玩乐，直到我兴奋地达到高潮为止，我会考虑看看要不要和他上床试一试。可是，这似乎不太可能，而我也不想去向男人开口。"

"我很喜欢我的阴道以及生殖器，我觉得我阴部的气味很好。我很喜欢我的身体，我的身材胖瘦合宜。以前有一段时间我的体重减得太多，以至于我的皮肤看起来有些松松垮垮的，这让我不太满意，我会为此感到不安。"

"我现在很喜欢和别人谈论性爱的事，而且，很想多多知道有关性爱的资讯。我很喜欢做这份问卷，填完这些问卷，我很想和你做个朋友，亲自和你讨论问卷上的各种问题与研究发现，尤其我对性爱的看法，已有新的角度了。好几年来，我都坚信女人应该要改变传统的角色，我们并不是要去摧毁男人，而是要去改造社会，积极贡献一份心力。对我来说，女性主义就像一座找不到尽头的百宝乐园，而我们至今都还没有完全找到乐园之所在。我现在的生活重心与人生意义，便是在为女性主义奋战不休。"

"我对性的渴望非常强烈，但我的丈夫并不能满足我，在50岁之前，我一直压抑着自己的需求，只想让婚姻生活风平浪静。不过，自从在一次旅行中，我遇到那个英俊幽默、热情主动的男人之后，一切都改变了，我和他性交，我们尝试了许多姿势，这时我才知道，之前我的性生活是多么的枯燥。后来，我便再也没有委屈自己，我和丈夫交谈，我引导他尝试新鲜的性爱体验，这样的结果很成功，现在我们的性生活有趣多了。"

12

女性性欲新论

重新定义肌肤之亲

love

为性爱重新定义

　　以往我们对性爱的观念，早已经落伍了，或者说那是很过时的世界观。如今人们的性爱、性关系，早已不再根据双方的财产关系来决定。虽然，至今我们的社会制度依旧是基于父权体制的等级架构所建立的，可是父权体制的本身，却已无可避免地步入衰亡，就像父权体制所规范的性禁忌，早已遭到社会的扬弃。我们现在正处于历史的转折点上，对我们来说，目前最大的挑战，便是建立一个更符合人性的新社会，承前启后，延续旧传统中的美好价值观，诸如仁慈、关怀、合作、平等、正义等，并将这些美德在生活中的各个层面中切实遵行，在社会生活的公私领域里，都应该积极追求更人性化、更尊重个体差异的人际关系。

　　尤其是在性关系中，或者我们可直呼为肉体关系。此时此刻，我们大可试着去创造多种形式的肉体关系。人与人之间的肉体亲密行为，在传统僵化的性爱观之下，都被限制成机械的相互关系。从现在起，我们就可以为之重新定义，从日常生活的各个层面中，发掘各种肉体关系的新可能，包括简单的碰触或身体的贴近等。此外，友谊和性关系的界线也无须严格地予以二分。就像很多女人都提到，在性关系中，关键在于对方是否能激起她们的性兴奋；而且她们再三强调，亲密感便是她们和男人做阴道性交时最喜欢的部分。所以，对女人来说，和别人建立起强烈而亲密的肉体关系，即是最感满意的生活方式。

　　虽然，我们都习惯于将所谓的性爱理解成是固定不变的性交模式，由一系列的性行为（也就是生殖行为）所组成。不过，我们无须如此自我设限。也就是说，我们和男人的肉体亲密行为，绝不仅止于前戏、阴道性交以及男人射精作为终结这一系列的步骤。此外，何以阴道性交非得是异性恋性交的必要步骤之一？性爱的目的，便是通过肉体的亲密行为来分享彼此的快乐。你当然有权利享受性爱，无论是通过生殖器的性交达到高潮，还是身体的亲密接触，要看你自己的需要而定。性爱的目的绝非只是为了和男人上床做阴道性交，你大可为自己的性爱多增添一些情趣，根本也无所谓标准姿势或例行公事可言，重点是你要量力而行，选择最适合自己的方式；再者，你的性爱当然也不会受到"荷尔蒙"或"生理注定论"的影响。你大可自由自在地探索自己的情欲，勇敢地向未知的领域迈进，学习你前所未闻的事物，尝试和别人（男女两性皆宜）建立起最喜欢的肉体关系。

阴道性交的未来

对僵化模式不满

从本书所辑录的告白中，我们可以发现，绝大多数女人对于僵化刻板的性交模式都深感不满。这种老掉牙的模式起于男人的勃起，然后是阴茎的插入，最后是男人的射精。就像一位受访者说："如果我在自慰当中，偶尔缩短一些高潮的时间，并不会让我就此感到挫折；可是，要是在和我丈夫做阴道性交的当中，只为了他已经射精完毕就要我配合他提前结束性交，我便会因此大为光火。长期反复采用这种让我得不到满足的性交模式，只会令我觉得他根本就对我漠不关心，从来都不在意我的感受，简直教我忍无可忍。我的怒气，并非缘于高潮时时被中断而引发的生理紧张感，而是缘于心理的伤害。"

从本问卷的回答中可看出，很多女人都再三表示她们对僵化的性交模式感到挫折与不满，而且，她们还很希望在性交过程中能多一些变化：

"我希望男人应该要更温柔一点。我敢打赌，就我认识的男人中，75% 除了想要尽快射精之外，根本就不晓得女人要的是什么，而且还自以为射精便是对女人的恩赐。"

"我希望可以更轻松自在地先做一些性游戏，看看彼此会发生什么样的反应，而不是一切都按照公式来做，亲吻之后，就开始摸对方的生殖器，接着做阴道性交。"

"只专注在阴茎和阴道的性交，最令我感到厌烦。其实我只想好好抱一抱我的性伴侣，不必非得和他们做阴道性交不可。事与愿违，我真的很痛恨这种状况。还有，我也很想试试各种形式的性经验，可是，一旦我的性伴侣射精之后，他便倒头睡去，这让我大为泄气，深感挫折。我也很希望自己能像男人一样达到高潮，他们不应该在射精之后停止做爱，射精当然不是男女性交的结束。"

"我希望性交可以无止境地延续下去，缠绵悱恻。要是男人在射精之后就变得衰败不堪，我便会觉得很失望。"

"至今我尚无机会说：'好啦！到此为止，我已经满足了，这些就是我所想要的。'我所有的性经验都是千篇一律，我才刚刚开始兴奋起来，就被迫结束了。其实我要的还更多，但总是无法如愿以偿。"

"对我来说，性爱是不可能预先规划好的，更不可能一切按照例行公事来做。我觉得性爱是自发的性兴奋，并不是光靠婚姻证书就能买下全套的性爱，可是我尚未找到理想中的性爱。"

"我想要更多的热情，而他总是太过猴急，只关心我的阴道反应，对我的阴蒂以及身体的其他部位，都漠不关心。我比较喜欢在生殖器上做轻拍式的爱抚，应该先从脱衣服开始，撩起我的裙子，把内裤脱去……这些挑逗的动作也都应该列入性交的过程中。最后，我希望可以自由自在地做各种尝试，无须害羞，尽情忘我地享受便是。"

很多女人对男人过分拘泥于性交的完美演出，却对女人的身体触觉毫无兴趣的僵化作风，也深表不满：

"男人不能像女人一样，全身都是性感区，在性交中也比不上女人可以为对方付出那么多，男人的感觉只集中在阴茎而已。"

"男人似乎都很压抑自己的情欲，而且对我的身体心生恐惧，要是我出现一些性反应，他们就会开始大惊小怪，他们只关心自己的阴茎而已。"

"很多男人都以为，性爱就只是做做阴茎抽送，或者动用一下手、嘴、阴茎即可，而不涉及身体的其他部分。男人并不会自认他们全身上下都是美丽的。比方说，大腿和大腿的碰触，在他们看来，就不像用手做碰触一样，其实也是爱抚的一种。"

"我很想轻松地和男人上床性交，多一些枕边细语、嬉闹玩耍，尽量享受身体的快乐，放松身心。可是，我的医生告诉我：男人才不会喜欢这一套呢。"

"直到我和一个男同性恋者同住在一起，我才知道原来男人也可以从性爱中得到这么多强烈的快乐。就我的经验来说，女人和男同性恋者都会让自己的感觉保持很敏锐的反应，可是异性恋的男人却反而要咬紧牙根，将全身的生理反应都聚积在一起，凝结成高潮与射精。我见过很多男人都想尽办法要尽快射精，其实他们在射精之后，依然不觉得满足。"

多数女性认为男人从阴道性交中得到的快乐胜过前戏：

"是的，男人都觉得前戏只是在浪费时间，多此一举。在前戏当中，男人的态度让我觉得他们在屈尊就驾、施恩于我似的，一副老大不情愿的样子，仿佛是为了先苦后甘，才忍耐前戏的多余。"

"我现任的情人认为，任何延误到阴茎抽送的爱抚，或除了阴茎插入阴道之外的身体碰触，都是很没有男性雄风的做法。"

"对大多数男人来说，前戏是很无聊的举动，不过，他们为了想赶快做阴茎抽送，也只好勉为其难了。"

"他喜欢尽快射精了事，而我则不那么喜欢草草结束，假使我先跟他进行前戏，再做阴道性交的话，在他射精之后，我便会觉得更加满足。"

很多女人认为，绝大多数男人对性爱都抱着僵化的模式不放，这反映出男人对女人都漠不关心。再者，也反映出在男人的成长历程中，他们并不知道该如何享受自己的身体与性爱：

"没错，男人只喜欢和女人做阴道性交，不过，我觉得这是受到社会制约的结果，因为男人都以为和女人做前戏是一件很羞耻的事，而且泄露了他们的心事。事实上，我觉得男人也应该像我们女人一样，好好享受前戏的快乐。"

"男人都不晓得该如何享受性爱。很多男人对性爱的看法，都只局限在生殖器的满足上。对他们来说，前戏根本就不是一种游戏，而是一系列的战术与策略，目的是要让女人准备就绪，以便他们可以开始做阴茎抽送。我现在正努力要教育他们，让他们学会该如何和女人做爱。"

"我丈夫说：男人比较喜欢做阴道性交的说法其实只不过是一种男性迷思罢了。"

一位女士以长篇的告白，说明她对丈夫深深的失望，因为她丈夫除了做阴道性交之外，对其他的都不感兴趣：

"我曾经见过一些夫妻在他们共同生活一段时间之后，就能很自然地表达对彼此的爱意与喜悦，可是，在我的婚姻生活中，却始终看不到这样的转变。我丈夫除了和我做阴道性交之外，任何事都不感兴趣，我不晓得该怎么做才能让他有所改变，我已经做过各种努力了，他却依然故我。

"对我来说，自慰非常重要，我很遗憾为何自己不能早一点学会自慰。我很喜欢自己的身体，也喜欢性爱，可是，我的丈夫却不感兴趣，我只好自求满足。我一直对我丈夫怀有很深的憧憬，希望他能为我发掘性爱的美好，可是事与愿违，为此我不知哭了多少回。

"7年来，我都奉行着一夫一妻制的婚姻生活，因为我对我丈夫有一份强烈的爱与关怀，我并不想对他不忠，至今他仍是我此生唯一有过性关系的男人。我觉得我自己并不是那种可以随时随地和男人上床做爱的女人；不过，老实说，我很羡慕那种可以尽兴地和男人上床性交的女人。可是，我也真的深爱着我的丈夫，我为他着迷，而且我非常关心他，想时时都和他在一起。从各方面来说，他都是个很棒的人。不过，就我们的性生活来说，却让我痛苦不堪，受到了很深的伤害。

"从我的经验来看，我丈夫真的很像是一个清教徒，也许是因为我的性爱对他造成了威胁，令他害怕不已。他想要的不过就是阴道性交而已。他多次拒绝跟我爱抚，也不肯给我回馈与合作，让我伤心不已。我觉得我丈夫在做阴道性交的时候，不曾对我动过情。他从来都不认为我是迷人的，所以，他很少拥抱我。当他抱着我的时候，就表现得很笨拙，往往是我主动去拥抱他。他给我的拥抱，都很冷淡，感受不到他的热情，让我觉得好似一潭死水，根本就没有环绕全身的暖意与温情。

"他总是忘记我说过的话，我一直都会告诉他，怎么做才会让我觉得兴奋，怎么做则会让我不快。一开始，我真的很害羞，不敢对他开口，我希望他应该要主动来问我才对。可是，他却从来都没问过我，所以，我只好自告奋勇，不断地给他暗示。原本我以为那是因为他真的不知道，我便安慰自己，要有耐心，希望我和他终于能像倒吃甘蔗一样渐入佳境。不过，这6年的婚姻生活转眼过去了，我也识破了他对我的无知，其实是缘于他的漠不关心，这着实让我难过良久。

"直到今天，他还是认为我的阴蒂是很隐秘的黑暗地带，帮我做阴蒂口交，对他来说似乎是很不方便的事。因为他一向自诩他的阴茎威力无比，百发百中，非常好用，可是，每回做完阴道性交，他都要赶快起床，去把他的阴茎洗干净。总而言之，我觉得我所需要的性伴侣，应该是一个极富创意、热情自发且毫无禁忌的人，对男女性爱抱有很大的喜好，而且乐于和女人一同享受性爱的美好。"

女人有权做选择

很多女人对于从前戏、阴茎抽送，直到男人的射精为止等一系列僵化的性交模式都深感不满，此外，她们只要一想到自己总是要继续这样下去，一再重复和男人做如此僵化、一成不变的阴道性交，同样也会让她们深感不满。既然现行的异性恋关系即将步入解体的时刻，阴道性交就不再是男女性交过程的终点，或者说，以男人在阴道性交中的射精来作为性交结束的做法，就不再继续适用下去了。除非是女人自己想和男人做阴道性交，否则，她们当然有权拒绝。

此外，本书所讨论到有关人类性行为的各种改革之道，绝非只是在追求"女人也想要高潮"而已。问题并不在于男女各自拥有自己的性高潮，事实上，性爱的目的并不需要直接导向高潮的达成，甚至无须生殖器的接触或刺激即可享受到性爱的美好。人与人之间的肉体关系，有各式各样新的可能。男性性欲当然也可以大加扩充，包括各种身体的快乐，不必拘泥在阴茎插入阴道的性交模式上，固执地坚持非要尽快射精不可。当务之急，是将性爱重新定义，或者说，将传统对性爱所设下的僵化定义一一摒弃，继而将我们对人类性关系的想法与观念，积极地扩充到前所未闻、从未探触过的领域。

虽然大多数女人和男人做阴道性交都无法达到高潮，却依然表达出她们很想和男人做阴道性交的意愿。

当被询问"如果你可以在阴道性交和阴蒂刺激两者之中择一，你会选择什么"时，大多数受访者都以为所谓的阴蒂刺激就是自慰，而没有想过（其实她们大可想到）让性伴侣帮她们做各式的阴蒂刺激（借助口交或用手、物品等）。很多女人对这个问题深感混淆：

"我会选择什么？我不知道。要是我不爱这个男人的话，我才不会想和他做阴道性交。也就是说，重要的不是阴道性交的行为而是对方是否是你所爱的人，这才是真正的关键所在。不过，到目前为止，我只有在自慰的时候才能达到高潮。和我情人做爱至今，我从来都没有高潮的体验，虽然，我们已经努力过很多次了，上帝可以为证。此外，对我来说，高潮是非常重要的。要是我的情人已经射精完准备转身睡去，独留我一人还在期待着我的高潮能够快来的话，我一定会为此而失声痛哭（而我经常一个人哭到力竭而昏昏睡去）。当然，我很喜欢性爱，否则我也不会和他同居到今天。可是，假使我也可以从阴道性交中得到高潮，那就再完美不过了（也许问题是出在我平日自慰的方式很特别，我一定要趴在某个东西上才可以，比方说，趴在椅子上来回旋转身体）。我想，要是我不爱他的话，我又怎会时时想和他做阴道性交呢？老实说，我知道自己想要什么，我真的也很想要有高潮。"

"如果要我在阴道性交和阴蒂刺激两者择一的话，我当然会选阴蒂刺激。不过，我认为美好的性爱应该是双方都诚心诚意希望对方舒服、满足、快乐、越高兴越好，而不是把性伴侣的快感当作自己达到高潮的手段。现在，我还是会很高兴地选择阴蒂刺激，因为我很喜欢那种快乐的感觉，它让我得到我想要的高潮。或许这是很不切实际的做法，只是为了得到心理的平衡感。"

"我以前很喜欢男人对我做阴茎抽送，可是，最近即使没有做，我也不会很想要了。就生理感受而言，阴茎插入并不能造成很大的性刺激（除非插得很深入）。在心理感受上，我则非常喜欢那份亲密感，不过，这也没那么重要就是了。关键在于我的情人，他很关照我的感受，所以，我也很在意他是不是也得到满足了。因此，我会两者都选，阴道性交和阴蒂刺激缺一不可。"

"和男人做阴道性交，从来都不会让我达到高潮，无论那有多刺激，或说有其他的原因让我非常喜欢，我还是无法从中达到高潮。因为就在我的阴道开始收缩，即将冲向高潮点的时候，阴茎的抽送动作反而把所有的规律都搅乱了，以至于妨碍高潮的来临。对女人来说，这似乎是一场'必输无疑'的局面，因为传统式阴道性交的做法，就是无法让女人达到高潮。像我就会借助其他的方式来达到高潮，我会尽情让自己的欲望解放，身心均进入忘我的境界，就像男女达到高潮时的化学变化。"

"我并不需要两者择一，因为我可以在和男人做阴道性交的时候，同时也做自慰，虽然我这样做都会招来男人的嫌恶。可是，奇怪的是，在我和男人做阴道性交的时候，我的阴蒂似乎就变得一片死寂，完全没有感觉。虽然阴道性交也会让我觉得很兴奋，可是，我总是无法从中得到高潮，甚至在阴道性交之后，我再做自慰仍是徒然。有好长一段时间，我的阴蒂变得毫无感觉，费尽心力才终于起死回生。在我和男人的性关系中，至今尚未出现过美好的阴道性交，所以，我并不晓得该如何去应对这样的场面。或者我应该去说服男人让我可以在阴道性交的同时或事后，自行做自慰，这样并不会干扰到阴道性交，而我也不必再费心去二择一了。"

"我总觉得接受男人把他的阴茎插入我的阴道中，便是在取悦男人。一开始，我非常自豪自己可以给男人无上的快乐，而且，我很擅长取悦男人，那真的也让我自己觉得很高兴。对和男人做阴道性交，我一点也不觉得讨厌，相反地，因为我可以给我所爱的人那么多的快乐，这个方式既直接又很特别，我自己也很高兴。此外，我这么喜欢做阴道性交的原因，也是缘于我的爱人非常爱我，他也很努力要让我高兴，我喜欢他的拥抱、爱抚、轻拍、接触，还喜欢他对我付出那么多的关注，借着和他做阴道性交，我从他身上得到很多的爱。我今年18岁，很希望赶快长大成为一个成熟的女人。在我心里，我一直认为我需要有一个男人，才能让我成为一个真正的女人，而且，仔细盘算起来，这个交易还很划算呢。我可以从中得到很多我想要的东西：爱、肉体迷恋、关怀、保护等。此外，扮演别人的情人，让我的生活变得很充实。不过，现在因为我们同居日久，渐渐从罗曼蒂克的阶段走过来了，所以，彼此都不是对方生活的唯一重心了——当然，生活还是得继续下去——我的情人每天都很忙，长时间工作，晚上必须参加各类型的聚会，周末还要去教书。他现在开始变得很草率了事，一上床就马上想要射精，这让我觉得自己被利用了，他完全不顾我的感受。我很想忘掉这一切，因为好女人的美德是不应该批评她的男人的。有时我同他谈起这件事，我心里有很大的怒气。我开始扪心自问：自己最想要什么？最喜欢什么？我赫然发现光是取悦我的男人，已经不再使我感到满足了。于是我便开始很痛苦地找寻我真正想要的东西，如此再三质疑自己达4年之久（我始终都还和我情人同居在一起，因为我很爱他），至今依然不休。我和他都一起努力要再度重拾当年初恋阶段时的浓情蜜意，那时，我的眼里只有他一人，接受他所有的指示，一想到他，我就高兴得无以复加。现在，我很确定地知道除了阴道性交之外，我还想要点别的。虽然，偶尔我还是很喜欢和我情人一起做阴道性交。"

"我喜欢阴道性交，理由很多。我喜欢男人的阴茎插入阴道里的感觉。而我不喜欢的是内心的压力——被迫表现出达到高潮的样子。要是男人比我早达到高潮，我就会有一种没赶上的感觉，反过来说，要是他的高潮迟迟不来，我也会开始担心：是不是我哪里做错了，或者是我做了不该做的？我心里会有自卑感。我喜欢和男人躺在一起，他的阴茎插入我的阴道，使我们贴得如此亲近。不过，一旦他开始做阴茎抽送，我却会有一种疏离感，觉得自己似乎很被动，对于正在进行的事，完全没有参与的机会，而且感觉不到我和他在一起的亲近感。"

还有很多女人提到，在她们的少女时期，阴道性交并非情侣做爱的例行公事。所以，只消"颈脖爱抚"或"深度爱抚阴部"，就可以让她们感受到强烈无比的性欲：

"我此生最棒的性经验是在19岁之前经历过的，那时，我尚未开始和男人做阴道性交，可是，'深度爱抚'却给了我无上的快乐。当时我们会一连好几个小时做深度爱抚，事后还会引起我数小时的遐思与绮想。那真的是我此生最美好、最快乐、最感自由的时刻。"

"我现在的身体反应和少女时期差不多，而我在处女的时候，比较容易兴奋，往往衣服还没脱就已经达到高潮了。"

"在 20 世纪 50 年代末，我经常和男孩子在车后座鬼混，约会不断。不过，那时的我还不敢和男孩子上床做阴道性交。在那段时间里，我曾经有过无数次的高潮体验，却始终没有让男人的阴茎进入我的阴道进行阴茎抽送。等我日后开始和男人做阴茎抽送，反而觉得比不上以前在后座约会时的感觉那么好。"

"我从 12 岁那年就开始自慰，奇怪的是，从我第一次和男人做阴道性交开始，却再也感受不到像以前自慰时的高潮。"

"我喜欢在做阴道性交的时候，多做一些亲吻、爱抚，运用更多的五官感觉来增进情趣。这样一来，也许我可以重新经历 15 岁时的完美经验——持续数小时的深度爱抚，缠绵悱恻，似乎永无止境，那时的我既没有和男人做阴道性交，也没有非要达到高潮不可的压力。"

"在我们这一辈口中所说的爱抚，是一种非常刺激的性经验。那时，我们都自称是'半个处女'，因为我们和男人什么都做尽了，只差处女膜还是完整的。虽然日后和男人上床做阴道性交也是很愉快的事，不过，却始终比不上处女式的爱抚来得快乐。"

有些女人会选择只做阴蒂刺激：

"我和我丈夫刚开始谈恋爱的时候，我很想从早到晚，不停地和他做爱。这种情形持续了很长一段时间，不过，最近开始，我就没有那么想要和他做阴道性交了。现在我还不想做选择，不过，如果一定要二择一的话，我会选阴蒂刺激。"

"和男人做阴道性交给我的满足感主要是心理层面的，而不是生理上的满足。有时，我还会觉得非常无聊，真想马上停止，再也不和男人做阴道性交了。因为我不喜欢在前戏之后就马上做阴茎插入，这让我觉得一切都是预先决定好的，我根本没有自由。我觉得性交的做法应该要更有弹性、更自发、有更多不同的方式才对，而不是固定在僵化不变的老套上一再重复。在男女做阴道性交的时候，的确会有一种两相结合的亲近感，非常美好，可是，在我们的日常生活中，依然有很多身体接触的机会，也会让双方都有这种心心相印的感觉。所以，我会选择阴蒂刺激。因为，我发现那种感觉更刺激、更细致、更温情、更让我满足。"

有些女人依然想和男人做阴道性交：

"我还是会选择和男人做阴道性交。因为那会让我觉得很满足，我和我的性伴侣有很亲近的感觉，而且，看到他很快乐我也会跟着很开心。"

"虽然我在自慰之后，会感到很满足（生理上），可是，我还是会很想念和男人在做阴道性交时一同分享亲密感的快乐。有时我会觉得很迷惑，甚至还会觉得有很深的罪恶感，因为往往在自慰之后，我的满足感都远远超过和男人做阴道性交的快乐。我深爱着我的丈夫，而且，在和他做阴道性交时两相结合的感觉，对我来说是一种很美好的经验。不过，话说回来，无论如何，也唯有在自慰之后，我才真正有达到高潮的满足感，而这是毋庸置疑的。有时，和丈夫做爱的时候，我就是没办法兴奋起来，所以，我只好尽量为自己多做一些心理准备，以便待会儿和他做阴道性交。而我最喜欢和他做阴道性交的时候，便是在他表现出一副性感无比的样子，令我为之神魂颠倒、无可抗拒，只得让自己配合他的动作，进入浑然忘我状态的时候。这便是我最喜欢的阴道性交。此外，我还喜欢和他一起分享他的高潮，要是他没有射精的话，我才不会想做阴道性交呢！"

"我一向很喜欢做阴道性交，因为那样做我就可以给我丈夫很多的快乐，我也因此非常高兴。"

"对我来说，光靠阴蒂刺激，无须做阴道性交，更容易让我达到高潮。不过，我还是会选择和男人做阴道性交，因为和男人在一起的感觉更加完满，我觉得那是完整的经验，让男人在我体内做阴茎抽送，我会更加快乐。"

"我想我是太过重视阴茎抽送了，因而忽略其他各种方式的性行为，误以为女人和男人一起做阴茎抽送才是唯一真正的性交。不过，我倒是真的很喜欢男人的阴茎插进我阴道内的感觉，在做阴道性交的当下，我觉得我和男人的关系就不再那么疏远，也没有受控制的感觉，无须预谋，彼此也不用算计对方。我会选择和男人做阴道性交，而那是因为阴茎抽送真的可以让我达到高潮。"

尽管阴道性交无法为女人带来高潮，可是，还是有很多女人认为她们和男人做阴道性交的感觉很好：

"男人的阴茎在我阴道中抽送的感觉实在很棒，尤其要是那只阴茎很粗大的话，就更完美啦！有时，我会希望把男人的阴茎收在我的阴道中即可，无须做抽送的动作。我喜欢和男人尝试各种阴茎插入的体位，不同的角度会给我不同的快乐。我最喜欢深入而用力的阴茎抽送，可是，大多数男人都做不到（只有一些可以做得到，所以我才知道我最喜欢这个）。我还喜欢阴茎在我的阴道中来回拉进滑出的感觉，我也喜欢男人把阴茎整条拉出我的阴道之外，之后，我便会恳求男人再把阴茎插入我的阴道内。不过，这样做，我从来都没有高潮就是了。"

"把东西插进身体内，是一种很棒的身体快感，比方说，男人把阴茎插满我的阴道便是一例。在无数个夜里，我都很想把各类东西插进我的体内，包括我的嘴、耳朵、阴道、肛门等——哇！好棒噢！"

"有时，我的情人会把他的阴茎慢慢插入我的阴道里去，可是，他插得很深入；之后，他的阴茎就在我的阴道内保持不动，而我的下腹就会升起一阵一阵的颤抖，从内到外，一股热流不断窜出。这还不算是达到高潮了，因为，我知道高潮是什么感觉。不过，只要我的情人保持不动的姿势，就此让我好好享受他的阴茎插入我阴道内的感觉，我也觉得很棒。"

最后，就像本书曾经提到过的，很多女人乐于为她们所爱的男人提供生理的快感，而且，她们也很喜欢亲身感受在他们身上所经历过的快乐：

"虽然阴道性交并不能产生像阴蒂刺激那么强烈的快感，不过，我还是很喜欢和男人一起做阴道性交。我喜欢的是互相拥抱的快乐，尤其是看着对方射精，我们彼此都会很高兴，这样我就觉得很满足了。"

总而言之，如果女人无须被迫去和男人做阴道性交的话，她们还会继续想和男人做吗？这个问题的重点并不是强调女人不想再和男人做阴道性交，而是希望她们可以借此想一想：如果和男人做阴道性交已不再是女人被迫要做的职责与义务，而是女人可以自行决定取舍的一种人生抉择，那么，她们到底还想不想继续和男人做阴道性交？她们不必为了和男人建立肉体关系就非得和他们做阴道性交不可，做与不做，都应出于她们自主的选择。

有3位受访者已停止和她们的性伴侣做阴道性交，不过，至今她们依然和性伴侣同睡在一起，理由如下：

"我以前很喜欢做阴道性交，可是，我的情人一直固守着从前戏、阴茎插入到射精后转身睡去的模式，使我越来越反感，对阴道性交深恶痛绝起来，屡屡拒绝和他上床。自从我拒绝和他做阴道性交以来，他再也无法漠视我的不满，试图要找出解决之道了。"

"我和交往4年的男友几乎不做阴道性交了，因为我自己并不想做，而只要我不想做的话，他也不会强迫我。对我来说，和他做阴道性交，还要费尽心力避孕，而至今却始终得不到高潮，这根本就是在浪费生命，多此一举。有时我觉得自己不和他上床性交，心里有点罪过，可是，我知道我这样做是对的。他依然可以用别的方式达到高潮，而我也是，还不必担心怀孕。现在这样的安排非常好。要是我们继续做阴道性交，却仍然没有高潮的话，就会为之大怒——眼看我的男朋友达到高潮，射精时极度快乐，我就会为自己的'冷淡''无高潮'而感到难过不已。"

"我和男友在性爱上遇到了很棘手的问题，他一直力劝我去装子宫内避孕器，可是，我对此有一些不好的印象。我深思良久，最后决定不装，我把这番话对男友明说了，结果他气得要命，扬言要再和我好好谈一次。不过，我渐渐有一种预感，如果我还想再继续和他见面，前提是非得和他做阴道性交不可。为此，我深感困扰。"

创造阴道性交的新模式

在异性恋的性行为中，并不一定包括男人的高潮与射精，此外，我们还可以主动创造各式各样的性行为，好让彼此从中得到满足。尤其在做阴道性交的时候，也无须自始至终都由男人来主导一切。你可以自行发明创造，要看你最喜欢什么方式的阴道性交，戏法人人会变，巧妙各有不同。比方说，生殖器的接合方式就有好几种，不限于"阴茎插入"或"阴茎抽送"而已。还记得在"阴道性交"这一章中，受访者是如何在阴道性交中达到高潮的吗？她们达到高潮的诀窍，并不是借助阴茎的抽送或插入，是把阴茎夹在阴道中并与之两相挤压，以便阴蒂可以得到必要的刺激，最后才导致女人的高潮来临。其实阴道性交无须那么费力，我们都误以为非要用尽力气使劲地做阴茎抽送才会达到高潮，实则不然，这都是因为我们从小所接受的性知识有所偏差之故。男人也误以为"骑到女人身上，猛力抽送"才是做阴道性交的正确之道，因此，如果让他们有机会可以开始试验新的做法，说不定也能从中发现自己所特别喜欢的方式。

虽然，男上女下的体位一直都是男女做阴道性交最普遍采用的姿势，可是，这样的姿势对男人达到高潮的效果来说，并非最好的姿势。事实上，马斯特斯与约翰逊曾经指出，如果男人采取下位姿势的话，反而可以享受到更多的高潮和快感，因为，他并不需要在高潮的当下费力去承担自己身体的体重。尤其时下将男人"骑到女人身上猛力抽送"的动作说成是出于男人"自然的本能"，颇值得怀疑。比方说，绝大多数男人在自慰的时候，并不会剧烈地摆动阴茎做来回抽送的动作，相反的，他们是徒手在龟头附近做来回摩擦的动作。

如今，当务之急并不是要把传统男上女下的地位整个倒转过来，而是积极地扩充我们对人类肉体关系的体认与了解，更何况对所有的女人来说，采取在上位的姿势未必一定会比在下位还更好。很多女人还是喜欢偶尔在下位的姿势，因为躺在对方身体底下，全身受到床笫的包围，也是一种很美好的感觉。

同理，若在阴道性交的过程中，有渴望被男人占有或"取用"的感觉，也不能就此论定那必然是女人受压迫的明证。女人在阴道性交中会陆续经历各种不同的感觉，尤其在强烈的兴奋状态下，男女都可能会有想占有对方的感觉。另外，被对方占有也可能是诸多快感中的一种。

"有好几次我在上位的时候，不论是和男人或女人做爱，我都可以达到高潮的最顶峰，那时，我真希望自己有一只阴茎可以去刺别人。有时我还真想和男人交换一下性交的姿势，感受一下彼此身体的感觉，让男人也尝试看看被抽送的感觉如何，这样一定很有趣。我很想体验一下阴茎长在身上的感觉如何，以及当我进入男人的体内，又是一番什么样的感受，最后，便是一探在他们欲望之后的感情世界……"

无论如何，光要女人一味在阴道性交中帮助男人得到快乐，是毫无道理的。事实上，女人一向都在阴道性交中做出各种努力去迎合男人的高潮。比方说，会跟着男人的律动来摆动自己的身体，把两腿张得大开，一边调整体位，好让男人可以把阴茎插入阴道中，接着就做阴茎抽送，而且，女人从不中途叫停，除非是男人已经射精达到高潮了，女人才会停止性交。但是，如果男人不肯和女人合作的话，女人又为何要如此配合他们的高潮呢？

虽然，没有人强迫女人非得为男人牺牲不可，可是有人却说：要是女人在阴道性交中不肯和男人配合的话，那就等于是在给男人施加阉割的威胁。这真是无稽之谈。女人拒绝和男人合作，就跟男人不和女人合作是一样的，女人的不合作，不会造成严重的后果才对。一位受访者就如此建议道："如果我发现自己的高潮并不会来，或者我开始觉得累了，不感兴趣了，我就会主动喊停，即使是在阴道性交的中途，我也会要求中止性交。"

另一位受访者也如此建议："试着在阴道性交中得到你想要的，照你自己喜欢的方式去做。如果在做阴道性交当中，你发现自己不想做了，那就明说吧，别委屈自己。"

还有一位受访者鼓吹道："从我成年之后，便一直在履行性事的职责，结果让我变得非常的不快乐。只有在我开始挣脱了一切的规范之后，才有了改观。我衷心地建议女人要关照自己的心灵与身体，跟着你身心的感觉与需要去做。"

如果女人高潮的重要性一直都被社会文化给予刻意打压，那么，男人的高潮显然就是受到过度的推崇了。虽然高潮的确是很棒的感觉，但高潮的满足感仍然取决于诸多的感官快乐。

一位受访者也有如下类似的看法："我的性爱是和欲望相连一气，而不只是获得生理的满足而已。我不知道大家如此推崇生理的满足的原因何在。我喜欢对某人抱着渴望不已的感觉，一心想跟对方亲近，想多了解一些他的所思所想，抑制不住对他的关爱，而且衷心希望对方也能投桃报李，有所回应。"从这个观点来看，性关系中的快乐，主要是来自延迟欲望的满足，并继续增加欲望的强度，而不是尽快将冲动解除或提前结束。

肌肤之亲也是性爱

肌肤之亲的感觉

除了改变性交的僵化公式之外，女人还希望在性关系中做什么样的调整与转变呢？很多女人强调，应该更重视身体的接触以及肌肤之亲的感觉，而不是将它视为达到高潮之前的序曲或前戏。

"性爱是和别人亲近、沟通的最佳方式，但并不一定非要和越来越多的人上床性交不可。对我来说，我需要和别人亲近、分享爱意，却不必非要导向性关系的建立。假使我们可以和更多的人分享身体的碰触与亲近，我们的生活就会充满更多的温情与爱意，根本就无须将所有的身体碰触都导向阴道性交。"

很多女人都再三强调，对她们来说，和性伴侣的身体碰触与亲近，比起做阴道性交获得高潮更重要。不过，大多数女人仍得靠自慰达到高潮，由此可见，高潮是女人不可或缺的快乐源泉。

无论是亲密感或性高潮，对女人来说都是很重要的[①]**，但是，女人却不能如愿地享受到这些身体的快感，只能被迫做条件交换。因为在我们现行僵化的性关系中，身体的亲近与碰触十分有限，使得女人始终无法享受到**

---

① 有很多女人对性高潮的要求相当高，她们甚至会很主动地追求新的性伴侣以便得到高潮，有人说："如果我和这个性伴侣上床性交却没有办法得到高潮的话，那我就会马上换下一个新的性伴侣来试试看。很多女人从来都没有过高潮的体验，所以她们或许会认为没有高潮的性交也是美好的，但是，我却做不到。我认为，要是你没有达到高潮的话，你根本就不曾真正领略过性爱的美好。何谓超群绝伦的性爱？那就一定要能让我达到高潮不可。除非我对他用情很深，我才会觉得和他在一起即使是没有高潮的性交，也还会是一种美好的性经验。不过，不用多久，我就会开始盼望我的性伴侣一定要能让我达到高潮不可。"

这些快乐：

"高潮的确很重要，不过，身体的亲近以及情爱的分享，也是很重要的。我丈夫知道我可以达到多次高潮，所以，他总是尽量帮我做到。"

"自慰的时候，我会有很强烈的高潮，不过，在和性伴侣一起做阴道性交的时候，却可以一同分享两人的情爱以及身体的快乐。我还是渴望身旁能有一个男人为伴，他可以碰触我的全身，亲吻我，让我感受到他的温情。"

"对我来说，能和另一个人共享肌肤之亲，比达到高潮更重要。假使要我二选一的话，我当然会选择和别人做身体碰触。我喜欢亲吻、拥抱、爱抚、互相注视对方、感受彼此的身体反应等。我觉得无须和对方做生殖器的接触，就可以分享很多身体的快感，尤其是在刚谈恋爱的时候，没有性交，反而能分享更多的肌肤之亲，因为我在性兴奋和高潮的时候，必须把全副精神都集中到自己身上，这会让我觉得很孤单。"

"我觉得只强调性爱中的高潮，却将高潮和其他的身体快感完全隔绝开来，和温情、爱意、包容无关，是很不幸的事。对我来说，美好的性爱是真诚的沟通以及彼此的亲密感化为热情爱抚。"

"在我的感觉来说，性爱是连续不断的快感，而高潮不过是其中的一个顶点，一个强烈而震撼的时刻。我觉得相爱的两人在一起亲吻、爱抚、碰触对方的身体、闲聊、分享柔情等，比起高潮来得更重要。性爱的真谛在于了解彼此对爱欲的需要，体验肌肤之亲的快乐。这是一种强烈的美学经验，甚至是个人感官的极致，欣赏对方全然的美丽。"

女人喜欢身体的接触吗

"爱抚是性爱中最重要的部分，这是出乎自然的爱欲，当自己跟别人的身体接触在一块时，爱欲便会油然兴起。"

"长时间温柔而热情的爱抚，让我觉得自己深深地被对方所爱，这便是我终日最需要的生活支柱。"

"我喜欢穿着衣服做爱——只要亲吻以及轻柔的爱抚即可——衣着完好，衣扣扣紧，隔着衣服碰触对方的身体，一边轻松地闲聊。我宁可只做爱抚，而不要快速的射精。可是，如果只把爱抚当作阴道性交的前戏，那么，这样的爱抚就会失色许多。很多时候我都和男人胡搞鬼混，但其实我真正想要的是爱抚而非阴道性交。我想我自己并没有办法选择将爱抚作为性交的重头戏。"

"对我来说，全身的爱抚比高潮重要。美好的亲吻、在深夜里爱抚对方、倾听彼此的心跳与呼吸、面带微笑、目光交接、性交过后躺在床上闲聊等，这些种种都让性爱变得如此美好。无论是自慰或高潮，都不可能取代这份快乐。给对方一个美好的拥抱，让她觉得你会爱她直到永远，你对她的爱，深及心灵，谨以拥抱作为表示，这会让对方感动得无以复加。这份爱意，言语是无法表达千万分之一的。所以说，美好的拥抱更胜过高潮的快乐。"

"假使你喜欢性爱的话，你也一定喜欢和别人做肌肤之亲，无论是你去碰触对方，或由对方来碰触你的身体。在性爱中，双方的亲密感是一切快乐的源头活水。我跟现任的情人无论何时何地，都可以花上 2～6 个小时不停地做爱抚、拥抱、亲吻、触摸等。这种感觉实在太棒了。"

"我很喜欢和别人有肌肤之亲，我喜欢爱抚、拥抱对方。但我现在仍是单身，所以这样的欲望就必须压抑下来。我一向就很习惯和别人坐得很近、睡在一起、身体贴着身体、牵着手一起走来走去等。在我丈夫乍逝之后，美好的一切便消失了。现在当我和情人来往的时候，便想办法让这样的'爱抚模式'在我们身上重演。"

"对我来说，拥抱对方是很重要的。我还喜欢亲吻、爱抚身体的其他部分。我喜欢彼此互望，我的脸、我的头都喜欢被对方碰触。要是我和性伴侣的心情都很好的话，我们还会聊上一阵。我喜欢就这样亲密地分享身体的快乐，更甚于直接做性器官的接触，因为给对方一个拥抱，便能传达彼此的爱意，非常具有个人特色。我很喜欢男人在拥抱我的时候，还一边叫唤着我的名字。单单抱着对方，就已经让我感到非常满足了。"

"最棒的感觉，就是一连好几个小时和对方一起亲密地做爱抚，在高潮之前暂缓住性兴奋的到来，稍事放松一下，再继续做爱抚、闲聊、轻拍对方的身体等。对我来说，这一类的身体接触是很重要的，我还喜欢各种诉诸感官的性游戏，玩角力，裸身大跳艳舞。我的情人曾告诉我：我教他的性爱，大部分是身体碰触，其次才是阴道性交。"

"和对方躺在黑暗中互相拥抱，是一种很温暖、亲密而美好的感觉，我喜欢这样的肌肤之亲，甚过直接做生殖器的接触。"

"对我来说，和男人做阴道性交并没有那么重要，而碰触、拥抱、亲吻、爱抚等身体接触，我却觉得非常重要。我很喜欢和别人做身体接触，更甚于做阴道性交。在我的生活中，性交并不是顶重要的事。"

"我喜欢在性爱中感受到亲密，就像我喜欢做阴道性交一样。拥抱、亲吻、爱抚、轻拍对方的感觉，比阴道性交还要好，而且我觉得身体接触是非常重要的。在和男人做爱的时候，我喜欢看着他们微笑、傻笑、漫不经心在聊天的样子。如果你真的很想要高潮的话，你不妨自慰。因为你之所以要和男人做爱，是因为要和他们一起分享温情与爱意，相互给予彼此快乐，欣赏对方的身体，倾诉甜言蜜语，关爱对方却不流于愚昧无知。"

很多女人都再三强调，她们都很渴望得到更多的身体碰触、爱抚以及亲密感，这是女人最普遍的心声。

有时，也会有女人觉得爱抚是一种幼稚的举动，因为她们以为除非是基于无法做阴道性交之故，才会沉溺在爱抚的快乐上，但这并非实情。从古到今，爱抚一直都是人类性爱的重要形式之一，唯有在基督教教义中才会遭到贬抑，沦为阴道性交的附属品。

金赛指出，很多种哺乳类动物都经常做爱抚与身体的接触：

事实上，在大多数哺乳类动物的性交行为中，绝少会有生殖器的交接。当性兴奋开始之后，大多数哺乳动物便聚集在一起，互相磨蹭对方的脸颊，用鼻、嘴、脚去探索对方身体的各个部位。它们会做嘴对嘴、舌对舌的接触，还会用嘴去舔舐对方的全身上下，包括性器官在内……研究哺乳动物做生殖器接合性交的学者，往往要在畜舍中一连待上好几天，看遍各类型的性游戏之后，才有机会一睹它们做生殖器的交接。有时甚至在数个小时的身体碰触之后，尚未进入生殖器的交接，它们便四散分开，各行其路了。

我们当然可以自行创造我们喜欢的任何形式、各种乐趣的性爱，无论这些做法是否导致性高潮都无妨，即使并不涉及生殖器的接触也没关系。假使你所追求的性快感，即是在保存储备你的爱欲、提升性兴奋的话，那么，你当然可以和别人一起尝试各类型的肌肤之亲，既新鲜刺激又乐趣横生。事实上，性爱之乐，关乎和对方做深入而亲密的身体接触与情感交流，的确是远远超过高潮当下的快感。强烈的身体接触，往往会带来身心高度的满足感，无须再另寻借口，或将之贬抑为高潮的前戏。

在回答对身体碰触的喜欢与渴望时，很多女人都说，男人除了上床性交之外，并不喜欢跟女人做身体碰触：

"肌肤之亲是很重要的，可是，我却不会随便去和别人做身体的接触。因为你若不和男人做阴道性交的话，他们连亲你一下或碰你一下都不肯呢！"

"和对方做身体接触是很重要的，而且深具意义，不过，从男人身上，你却无法得到这一类的肌肤之亲，一旦他们开始触摸你的身体，那便意味他们心里只有一个目的——尽快和你做阴道性交。"

"我喜欢跟别人做亲密的身体接触，可是有些男人并不明白我的需要，他们会误以为我是要和他们上床做阴道性交。其实我要的不过就是那份亲近感以及温情罢了。所以，往往为了得到肌肤之亲，我只得和男人做条件交换，以阴道性交来换得身体的亲密接触，而我现在则发现自己越来越不想做阴道性交了。"

"我和男人做阴道性交的目的，只是想和他们亲近一下，做一些身体的接触，不过，现在我并不这么做了，因为我可以靠自己得到高潮，至于肌肤之亲，在和我女儿的搂抱中便已获得满足。"

"我觉得人与人之间的情爱是很重要的。当你知道对方如此热情地拥抱你的原因是出于你的关心与爱意，而不是只把你当作发泄性欲的阴道，你会觉得这个拥抱的感觉非常美好。要是我的性伴侣和我做爱抚的目的只是想诱拐我和他上床做阴道性交的话，我将会为此感到生气。大多数男人都是这副德性。"

"我觉得肌肤之亲与身体触摸，比高潮的快感来得更重要，可是我从男朋友身上却始终得不到这样的亲密接触，因为他觉得女人若有此需要的话，必定是基于心理的不安全感。"

"我非常渴望肌肤之亲。可是却始终得不到触摸身体的满足感。所以，我便有了外遇，因为他会拥抱我。我喜欢拥抱，甚至愿意以上床性交来作为条件交换。这对我来说也不算是苦差事，因为我蛮喜欢做爱的，不过，我仍然要强调，我衷心希望的是男人会爱抚我，并与我做身体上的接触。"

"我一向都很渴望和别人分享肌肤之亲的快乐，所以，我只好和男人建立起性关系，目的并不是为了达到性高潮（我靠自慰反而更能让我自己得到满足），而是在追求一份亲密感与温情，这才是我对性爱的期望所在。现在我可以从我丈夫那儿得到肌肤之亲的满足，不过，老实说，这才是我和男人上床性交的原因。"

"和丈夫在一起的时候，只要我们一开始做身体的亲密接触，他都会把它导向做阴道性交的路子上去，这会让我失去柔情，因为我根本就还不想做阴道性交，我只想搂抱一下就好了。"

"对我来说，肌肤之亲是非常重要的。我很痛恨我丈夫总是要把亲吻直接连到阴道性交上去。我喜欢自发地抱着对方，亲吻、嬉闹，可是，他却始终做不到。"

"在我的生活中，肌肤之亲和身体接触都被贬得很低贱，这让我难过得想哭。我一向都不敢随兴去碰别人的身体，我总会三思而后行，所以，我往往为了得到肌肤之亲的满足感，就只好和男人上床做阴道性交。"

"对我来说，身体接触以及肌肤之亲都是非常重要的，这才是性爱之乐。不过，这也是我的婚姻生活中最欠缺的部分。随兴的一个拥抱或亲吻，感觉真的很棒，但我说的并不是经历好几年的婚姻生活之后，像死鱼一般的例行亲吻。"

"在最近这几年里，我才学会开放自己对别人的态度，要是我觉得和对方在一起的感觉很好，我就会主动去抱抱他们，亲吻他们，无论对方的年纪、性别等。对我来说，在我结婚的年代（1938～1948年），身体接触即是和对方做阴道性交的前奏曲，而我真的很痛恨这样的陋规。"

"我很喜欢和别人分享肌肤之亲。不过，男人总是对我感到厌烦，因为他们不耐烦和我做长时间的拥抱或爱抚。有时，我会觉得自己在男人的面前似乎很低贱。"

"我喜欢和别人共享肌肤之亲及身体的接触，可是，这在男人身上却无可避免地马上就引发了他们的性欲。所以，即使是和我喜欢的男人在一起，我也会尽量压抑自己这方面的情爱需求，除非我真的想和他们上床做阴道性交的时候，才会表达出来。"

"我已经学乖了，除非是你想和男人上床做阴道性交，否则你就千万不能碰男人的身体碰得太多。大多数男人都会把身体接触当作阴道性交的前奏曲，而其实我对他们做拥抱或爱抚的目的，也只是想让心情放轻松一下罢了。这真的会让我觉得很失望，因为大多数男人根本就没办法接受我有这样的亲密需求，而且，要是我之后不肯和他们上床做阴道性交的话，好像我就是在欺骗他们的感情似的。真是岂有此理。"

"通常我都不会随兴、轻松地和别人做身体接触，因为别的女人会怀疑我是不是个女同性恋，而男人会以为我是在勾引他们来强暴我。我记得有一次我搂抱着一个男人，当时我只是想给他一些安慰，让他心里好过一些，没想到他却问我：'你为何要挑逗我？'我的回答则是'我有吗？'"

"我非常喜欢和别人做身体接触，可是，对我丈夫来说，一碰到他的身体，就意味他要赶快跳上床做阴道性交了。在我们的婚姻生活中（两年有余），一向都是他主动来碰我的身体，但是，他却不让我碰他，结果他还说我对他没有表露出情爱。不过，关键在于他表达情爱的方式令我倒尽胃口，丧失兴趣！看来这真是恶性循环，越来越严重了。"

"拥抱和亲吻对我都是很重要的。还有气味也会影响到性爱的乐趣，我喜欢在性交中途停下来，闻一闻彼此身上的味道。而我始终都觉得自己得不到这一类的满足。我的情人虽然是一个很棒的人，可是，他表情示爱的能力却非常低。有时，在我们做完阴道性交之后，他射精完便转身就睡。我很难谴责他，因为我猜当他很疲倦的时候，他就没办法表现得好一点。我只希望他可以抱着我一同入睡。要是我要求他，他便会来抱我一下，可是，却持续不了多久。因为一旦他睡着之后，整个人就变了样，完全碰不得，他需要很大的空间可以自由翻身。对他这样的习惯，我实在有很多复杂的情绪。我希望他可以给我更多的拥抱与亲吻。要是我们做阴道性交却连一次亲吻都没有的话，那实在太糟糕了。"

在前面的章节中提到过女同性恋的性爱和异性恋的阴道性交有诸多的不同处，尤其她们喜欢长时间和对方做亲密的身体接触。既然很多女人都有能力达到多次高潮，所以，无论高潮是不是分享性爱的焦点，她们之间的身体接触及亲吻，都可以无所限制地做下去。

有一些特例：

"我和约翰的性关系已经维持很久了，我们经常做很多的身体接触和亲吻。在我操劳一天之后，肌肤之亲便能让我立刻放松心情。在无数的夜里，他不停地轻拍着我，让我欣喜若狂。他实在太棒了。"

"我最近才遇到一个男人，他喜欢和别人做各类型的身体接触。我和他一起洗澡、淋浴，然后坐在一块闲聊，搂抱一阵，缠绕着对方的身体慢慢睡去。有时，他还会握着我的手入睡。此外，贴身的亲密感，也会让我快乐得不得了。他对身体触摸的喜好，让我深信他对生命的宽容态度。"

事实上，男人很可能也和女人一样，喜欢做身体接触或肌肤之亲，只是他们不敢明说罢了。因为除了性交之外，连女人之间的友好接触也会受到误解：

"很多次我都很想和我的同性朋友做个拥抱、亲吻，或把手环在她们的肩上，可是，到后来我还是没这个胆量，因为她们可能会被我吓得半死，以为我是女同性恋。"

"我很想和一些人做身体接触，可是，我都很迟疑，不敢付诸行动，因为很多人都知道我的'性偏好'，这让我以及其他人很不自在。你很难去对一个同性的好朋友解释，你之所以想拥抱她一下是出于友谊，而不是在于想让对方成为你的性伴侣。"

"有时，我会一直注视着某个朋友，她们可能是我很亲近的多年老友，而我发现她们竟如此美丽，我突然很想和她们的关系更亲密一些。在我感到被某位同性好友所吸引，我往往不敢主动示爱，反而潜身躲入安全的、无性的友谊关系中，因而变得很冷淡。"

除了在性交时才可以触摸性伴侣之外，你只能触摸小孩与动物：

"现在人与人之间的身体触摸，只能发生在亲子、幼儿或男女性关系之中。除此之外，要是你对别人做出亲昵的身体接触，就会被当作一种性挑逗的举动。平常我触摸的对象包括朋友、狗、猫、柔软的东西、我自己的身体、小孩等。尤其女儿是我最喜欢搂抱亲吻的对象。"

"我在野外从事开垦的工作，我很奇怪地发现，人类竟能通过身体接触以及语言和其他的生物做情感的沟通与交流，这给了我很大的启发。"

"在我成长的过程中，我只和猫咪玩在一起，搂抱它们。很多人都不明白这种肌肤之亲的快乐。我喜欢触摸我所爱的小孩、男人，要是有机会的话，我真的很想随时尽兴地和他们做亲昵的身体接触。"

要是亲子之间有涉及性器官的接触时，也不能互相碰触对方的身体：

"在我小时候，母亲经常拥抱我。可是，等我慢慢长大之后，她就不再跟我搂搂抱抱了，因为她怕我会变成女同性恋。直到最近几年，我才开始对亲密的身体接触或亲吻不再感到不安。"

"有时，在我和小妹搂搂抱抱的时候，就会有冲动的感觉。我非常喜欢我的小妹，可是，我完全无法想象和她做爱会是什么样的状况。想到这里，就让我很害怕。我曾经听人家说过，在性关系中也会经历类似的温情以及爱意，因为情爱布满在生殖器的四周，还会随着性兴奋而升起。现在我再也不像以前那样高兴地抱着她了，我怕那样看起来会觉得很可笑。"

"我常常与孩子们做身体的亲密接触，因为我希望他们长大对肌肤之亲要能多一些敏感度才好。"

"我的两个儿子小时候，都很希望晚上跟我一起睡，不过，我一向都不准他们这样，而且要避免任何性冲动或带有性欲的举止发生。我告诉他们说：大男孩不会跟妈妈睡觉，他们都自己睡。可是，我还是和他们保持非常亲近的关系，只要他们有任何需要，一喊我，我一定会马上去关照他们。"

"我认为我只想和家人有亲密的性关系就可以了，可是，他们都不理解我的想法。昨天晚上我女儿在帮我剪头发，她的胸部、身体都和我靠得很近，等她帮我剪完头发之后，她弯下身来亲吻我，这并不意味我们马上就要上床做爱，我的意思是说，这样的性快感是很美好的，一点都不需要害怕。"

大多数女人都希望她们可以有更多的自由去接触别人的身体：

"我希望可以和亲近的人正正当当地做身体接触，不必一定要导向做阴道性交的路。尤其我希望能更坦然地和我的朋友们做身体接触。"

"我很想和很多人做身体接触，可是，在我们社会中却不允许这样的肌肤之亲，除非你们之间有更亲密的性关系，否则在朋友之间是禁止触摸身体的。"

"在我平日的生活中，性关系是一个很特别的部分，与其他的生活领域互不相干。我希望可以同孩子们更亲近一些，通过肢体接触传达我对他们的关爱。如果在生活中可以找到其他发泄情爱需求的方法，也许我和我丈夫的关系就不至于像现在这么紧张，我一直很想自在而开放地对他表达我的温情、喜悦、爱意、感动等。"

"和别人做身体接触，会觉得温暖、有安全感、身心舒畅、柔情四溢。我会觉得很有人情味儿，与他人建立起亲近的连带关系，有归属感，互相悦纳对方。此外，接触身体的感觉真的很棒！可是，到底会有谁愿意和你尽情地来一场肌肤之亲呢？"

"在性爱中，理当可以更关照彼此的感情。通过身体的接触，可以自自然然地传达温情、爱意与关心。无论婴孩、幼童、青少年、老人，人人都很喜欢和别人做亲密的身体接触，包括拥抱、亲吻、爱抚、触摸等，可以尽兴地表达情爱。"

女人喜欢什么样的身体接触

同睡在一起

"虽然我和我的情人很少做阴道性交，可是我们一直保持亲密的身体接触。每天晚上我们都裸睡在一起，身体交织着一同入睡。我们一起洗澡，随时随地亲吻、拥抱、爱抚、轻拍、轻啮、触摸彼此的身体等。"

"我喜欢和对方做身体的接触、睡在一起，第二天早上醒来时还能转身拥抱彼此的身体。抱着他的感觉真好。"

"身体的接触是很重要的。虽然我和我最要好的朋友至今都没有做过爱，可是，我们已经习惯抱着对方入睡达 6 年了。"

"我非常喜欢和别人搂搂抱抱，做身体的亲密接触。我喜欢和对方在床上背靠胸躺在一块。我也很喜欢和我的小女儿睡在一起，搂着她，互相为彼此爱抚背部。"

互相拥抱

"躺在一起挤来挤去的感觉，真的很棒！那是一种身体对身体的亲密接触，我很喜欢就这样躺着，身体交织在一起，好像黏稠的粥一样。"

"我最喜欢做的身体接触就是：深吻，两手环抱着对方，全身紧紧相拥在一起。"

"当我丈夫紧紧地抱着我的时候，我真的非常高兴，他还一直用他的身体与我做摩擦。我喜欢把他搂在我的怀中，把我的鼻子埋在他的脸颊里，亲吻、做爱、做角力。"

"我喜欢享受身心合一的感觉。如果可能的话，我真希望我全身上下都可以得到轻柔的爱抚、缓慢而长久的亲吻，抱着彼此的身体，互做摩擦。"

"我喜欢躺在床上彼此抱在一起，享受温暖而紧密的肌肤之亲。"

"两人裸体在一起的感觉真棒——从头到脚，全然的肌肤之亲。"

"我常常会有一种冲动，很想把别人紧紧抱住。"

"我很想和我的女朋友一起裸体相见。我们会面对面相拥在一起，互相爱抚对方的身体，摩擦彼此的肌肤。"

"对我来说，性爱之乐便在于想和对方分享肌肤之亲的渴望——亲吻、搂抱、躺在对方的身上或被压在底下；偶尔再做阴道性交或阴蒂口交；再伴随着对彼此的喜爱，这便是性爱之乐。"

亲吻

"我最想要的就是和对方一直亲个没完。"

"对我来说，亲吻非常重要。光靠亲吻，我就几乎要达到高潮了。"

"我可以和一个接吻高手一连亲吻好几个小时。"

"我喜欢和善于亲吻的人接吻。此外，重要的是，在我们亲吻之后，并不一定非要上床做阴道性交不可。"

"当我的情人热情地亲吻我的嘴、眼睛以及全身上下，哇！太棒了。"

"我喜欢亲吻，尤其在舌头和嘴唇相接触的时候，感觉最棒了。"

"我们以前会到森林里散步，闲聊一阵之后，便脱光衣服，互相注视着对方的裸体。我们会继续边走边聊，有时半裸，有时全裸。当他躺下之后，我便跪在地上亲吻他的身体。我喜欢看着他的嘴，每一次亲吻之后，他的嘴都会不自主地振动。这会让我兴奋异常，亲吻良久。"

13

10个女人的婚姻故事

正在发生的真实故事

本章选录的故事，代表了参与本研究的 2000 位已婚女性。

我们之所以选了这几位女性，是因为她们是其他已婚女性思想和感受的写照。接下来的几章，我们将针对所有的答复加以分析——对本研究中所有的已婚女性做统计及概念性的分析。

与男人同居 5 年以上的女人也列入本章，这些人占本研究总人数的 4%。

❤ 第 1 个故事：被迫成为家庭主妇

我从来也没想到我得独自在家照顾小孩，丈夫上班去了，我被迫辞职，留在家里照顾小孩。我们原先讲好他要请育婴假，但后来他没请。我整天忙着照顾女儿，以前我不知道爱自己的女儿这么容易，而且无怨无悔。她聪明、有创意、漂亮又优秀，虽然才两岁，但已经会讲许多话了。

我目前的生活充满了危机。我的祖母和外婆都去世了，父母亲在离婚之前弄得天翻地覆（他们两个都利用我来对抗另一方）。产后我不得不辞职，因为丈夫为了升职而不请育婴假了。我的身材变形了。原先我自认为是个新时代女性，丈夫和我应该各有收入，家务则共同分担，两人一起规划远景，但是这个期望破灭了。

我是个专业的心理学家，喜欢徒步旅行和骑脚踏车（但最近只在心里想，没有实际去做），玩一点点艺术，同时是个女性主义者。我以我的硕士学位为荣。

目前我们之间的情况并不平衡：我全天候照顾宝宝，偶尔接几个病人；他则全天候上班，偶尔照顾一下宝宝。我们正努力地保持我们之间的生活品质和心理平衡，有时候我相信这一切都会得到解决，他比我还乐观一点。不幸的是，他不愿照原计划分担照顾小孩的工作，使我落到这个局面。但至少他可以赚钱养家，因为事实上他要靠我帮他处理一些事情。这自然会影响到我们的关系——从这儿就可以看出我们两人的角色有多么不平衡。

多年来，我一直以成为心理治疗师为目标，现在我终于做到了，但我却几乎没有时间执业。

虽然有这些问题，我最爱的还是我的丈夫。因为爱他，所以我感到快乐。这就好像你知道你有个可以依赖、满足你的性需求、分享你的一切的男人。我们已经相恋5年了，我可以感觉到，我这辈子就数跟他在一起的时候最热情。

我们两人的关系不是我生命的中心，但除了我自己、女儿和工作之外，这是相当重要的一部分。与丈夫在一起，我会觉得受宠、安全，我的情感是开放的。爱带给我无上的喜悦和满足，但最使我感情痛苦和愤怒的也是这份爱，因为我对这份爱有所承诺。是什么时候我开始陷入困境，我执着的又是什么呢？我想了许多解决办法，但没什么效果。

我是在产妇中心生产的。这里的产房布置得像家一样，妈妈和弟弟，还有那位护士兼产婆都一直陪着我们。在生产之前，丈夫和我一起淋浴，大概冲水冲了一个多钟头后，我突然觉得宝宝的头迅速往下滑，还好浴室门外的产婆告诉我们要怎么应付。当时我们还在冲水，但是一切无碍，后来我们到接生室去。弟弟和妈妈都站在门边，丈夫整个过程都陪着我。我们以勒博耶分娩法迎接她来到这个世界，并邀请妈妈和弟弟来看我们为她洗澡。

我们开了一瓶香槟，点了一些汉堡，我坐在产床上，觉得这是我所吃过最好吃的汉堡。我们郑重其事地把分娩和接生的情形都照相留念，妈妈还记了日记。这是件很有意义，很美的事情，但是过程实在痛苦。我丈夫在家里休息了两个星期（谢天谢地），妈妈每天都带着食物和礼物来看我们，还有许多亲戚也都来了。

我们变成3个人了，我丈夫哭了出来（他认为这是两人世界的结束），他觉得既兴奋又高兴。她出生的时候，我们真的都变得严肃了，几乎是震惊，而且在3个钟头后，我们开车带她回家时，觉得很认真——我们对她是有责任的。

要是没有这个女儿，我的生活会很不一样。我可以自由地在我想要而不是适合她需要的情况下吃东西、做爱，或是社交等。现在（在我辞职之后），我最重视的是我的孩子，除了对我自己忠实之外，任何事情似乎都不重要了。

目前我最渴望拥有平和宁静、不受打扰的时间。当我完全投入某项事务，无须为孩子分心，是我目前感到快乐的。然而，当我和孩子在没有任何压力下一起做些有趣的事，我也会感到很快活。

我丈夫说他相信、也支持女人在社会及家庭拥有地位。我觉得，像他在这种社会背景下成长的人，能有这样的看法已经很不容易了，我认识的男人中，他的想法是最前卫的。但他有时候会把我当作次等人来看待，他会不先问我的意见就做决定，而且他会表现出一副高高在上的姿态。或者我认为他没有给我一份因努力照顾小孩、处理家中大小事情应有的尊重。其实，大部分的男人都不敢说他们认为妇女运动很愚蠢，但他们的行为在说，妇女运动太咄咄逼人，没有女人味而且太过分。

我煮饭，所以他要洗盘子，我们共同分担整理房子、照顾小孩、处理社交事务等工作，但比例是 9 ∶ 1，而不是 5 ∶ 5。预算、银行和付款等琐事都是我在做，我还要整天照顾宝宝。如果我要出门，得花时间安排，而他可以下班独自开车回家，自在地来去各处，不需带小孩、日用品袋和其他随身用品。

我们两个人讲好现在由我来管钱——因为我做得比较好，而且因为我现在赚得不多，所以我想要处理有关钱的事情。如果负担太重，他就讲出来，而收支记录我一定让他看，遇有问题或需要做重大决定的时候，也一定跟他讨论。这对我们的关系很有帮助，因为这使我们互相尊重，我尊重他赚钱养家，他尊重我理财的能力。我们运作得很平稳，所以我不会因为钱的事情而感到有压力。为了避免周末时冰箱空无一物，所以（很不幸地）大部分的日用品都由我来买。

我的丈夫不喜欢我讲"脏话"，不喜欢我过于拘泥宴客的种种细节，而且有时候他觉得我对性别歧视批评得太严厉。我抱怨他不主动尽到他对于家应有的责任，他很懒惰（对事物的安排很随便），而且没事时他宁可休息也不愿帮我忙。因此，我们之间的确有过大吵甚至动手的场面。

做爱时通常都很温柔、有趣而且令人满足。我很喜欢，而且每次都会达到高潮，在前戏而非性交中，它来得太快了，而且通常前面都没有充分的时间来挑起性欲或是培养气氛。我不是指前戏，而是指在前戏之前，做点游戏或是别的事情。性爱最重要的地方在于它产生的那份亲密感。

当我告诉我丈夫，大部分的女人都不会只因为性交而达到高潮时，他很惊讶。他不相信这种事很普遍，但他开始相信事实就是这样。我觉得很高兴，因为以后他在做爱的时候就不再有错误的想法了。他总是能以手或口让我达到满足，我不会觉得害羞，因为我要让他知道这个大"我"（性交）的一切真相。我也喜欢对他口交，但是不喜欢他射精在我口中，也不许他这么做。我丈夫很喜欢口交，我在结婚前后花了好长一段时间，才让他习惯而且喜欢我为他口交，现在他也很喜欢这样了。他用手抚弄我的阴蒂的感觉很棒，我很少导引他的手，因为他对我了解得很清楚，但是有时候我要他停留久一点，或是不要太强、太快以致无法达到高潮的程度。总之，必要时我会请他轻一点，或是要他加快。

我认为无论做什么（包括照顾小孩和付税），我都是个女性主义者。我对于公平与否很敏感，而且会为我的权益起而和反对的人相抗。这有部分反映出我对母亲的看法，她是个全职的母亲兼家庭经理，某些方面我很像她，比较明显的像是：一、除非收拾了碗盘（也就是说先尽了责任），否则我无法放心享受我的乐趣；二、我觉得我得帮助大家（但没有像她的感受那样强烈）；三、管理的技巧。

在我的一生中，我还有一个很亲密的朋友，她对我的影响很深。她会为我泡杯茶，而且在她整洁、舒适的家中，我觉得很放松。我们会在星期五下午，或是周末我有空去她家的时候聊天。周末我会自己去，星期五就要带着孩子。如果带着孩子，我们就在她家谈，或带她到公园和其他孩子玩得开心的地方去谈天。我们支持彼此渡过难关，因为我们总是敞开心门，提供给对方一处没有压力的绿洲。跟她在一起，我觉得轻松、被理解、舒服、快乐。

我开始觉得我活了这么久，完成的事却不多（我已经30岁了）。我期待着40岁的来临，这是个让人有自信掌握一切状况的年龄。

第2个故事：她渴望改变现状

我要照顾4个小孩，其中一个只有1岁半，我现在的确需要丈夫的帮忙。我希望以后能够比较独立一点，因为我有很多兴趣。我不知道我丈夫是爱我，还是需要一个女人来照料生活，但我估计他爱我。

我们之间最大的问题就是钱。结婚以后，手头一直很紧，有很大的压力。结婚的前几天，他才说出他还欠了好几千块钱，这件事我从来没听他提起过。他还得付高额的赡养费给他的前妻和小孩。结婚之后，我开始领社会福利金，这样日子才过得去。现在我们6个人的收入是1.5万美元。

他做过最可恶的事情就是叫我肥婆。生了第4胎之后我就没有瘦回来，他大概觉得我没有吸引力了。他说过他觉得我很诱人，我当然喜欢听这种话。现在我常常感到疲劳，但是在我累得要命，为了要照顾小孩，连觉都不能睡的时候，他却不管我，也不帮我忙。

我们在一起8年，在搬到这里之前，没有真正吵过架。为了要不要再搬家这件事，我们吵得很厉害。他喜欢这里，但是我不喜欢，虽然他口头上说，我们如果找得到别的房子就搬家。但是，他已经问过我要不要在感恩节的时候出去玩一玩，在外面过夜。我想过之后，知道他是想把我们存起来要搬家用的钱花掉，一想到这里，就火冒三丈。这间房子很旧，没有储藏室，电线管路都做得很差，常常出故障，那个烂房东又不肯修理，还把我们的租金涨了 100 美金。

我们也为了孩子的事情吵架，因为我被最心爱的宝宝绑死了，我跟他说，为了照顾这个孩子，我什么也不能做，他认为家务事不是工作，所以除非非做不可，他连动一根小指头都不愿意。以前我们处得比较好，但是宝宝很好动，什么东西都想碰，我实在伤脑筋，我也因此没办法专心工作（我在家里做打字工作）。我认为宝宝很重要，但是因此而被困在家里我实在很烦。

这些问题都还没有解决，我们现在不谈是因为他叫我不要再谈了，我的问题让他很头疼。

我期待孩子大一点，可以多赚一点钱的时候，问题就能解决。如果他不喜欢我独立、到外面去上班、参加会议等，就得考虑要不要离婚，等我不再被孩子拖累住时，我就要去做我爱做的事情了。

他比较喜欢发表长篇大论，却没有耐性听我讲话，尤其最近这一阵子更是如此。我如果说他讲得比较多，他一定会否认，而且反驳说我讲的话比他还多。我希望我们之间谈话的质量能够提高，但我不想靠他。说真的，我倒希望能有个人来跟我谈谈，不过我对外遇没有兴趣。

家事的安排，我负责洗碗、煮饭，有多少时间就做多少家事。如果有客人要来拜访，他就会帮着收拾一下。我要照顾小孩，又要做打字的工作，实在没时间把家里整理得很整齐，就算我一个月前就知道有客人要来，也没空去收拾，所以他偶尔会帮着收拾一下，现在他还负责把衣服送到洗衣店去洗。

孩子多半都是我在照顾。他会帮忙，偶尔也会看一下宝宝，不过他都不大情愿，每次都要我三催四请他才肯做。

我最不喜欢的是没有空闲的时间。如果他有事要做，就见不得我闲坐一边，这时候他就会交代我去做这做那。

我们有时候同床，有时候不同床。现在我们不同床的原因是，我坚持孩子要喂母奶，而且要喂到两三岁，所以晚上我都跟孩子一起睡。至于我个人，我倒宁可单独睡。

我们的钱是共有的，但是，我们各有自己的户头。我们另外有个公司户头，要我们两人签字才能生效。这是因为他的前妻告我们，结果法院把我们大部分的收入都判给了她，为了要证明我们家的收入有不少是我的，所以我开了这个户头。当然，法庭上的人，或是所谓正义系统中，没有人关心我的财务状况。但是我很喜欢自己有一本存折，因为我单身久了，对这些事情很熟，而他连我是怎么帮他存钱进去的都不知道。

虽然我有自己的户头，但花钱时我们会互通有无。上个月的房租是他付的，这个月看起来似乎得由我出。日用品大多由他来买，但是如果需要的话，我会付钱。通常我会付信用卡的欠账，但是如果我没钱的话，就由他来付。我的爸妈和他妈妈也会帮我们一点忙。

我对于这样的财务安排感到很满意，我觉得双方拥有决定钱财如何处理的平等权利，是很必要的。但自从结婚之后，我们就没有多少余钱了。事实上，我们欠的钱，已经超出了我们偿还的能力。

我第一次知道自己有身孕的时候，心里觉得很安慰，当时我28岁，还没有结婚，已经试了7个月还是没有消息，我还以为我得了不孕症。我的情人没有什么反应，因为这件事对他而言没有什么意义。孩子出生的时候他没有来，后来在我的恳求之下，总算见了他唯一一面。后来他根本就否认他是孩子的父亲，不愿和我们扯上任何关系，而我们也没从他那里拿到一分钱（我没向他开口要钱）。

我原来存了一笔钱，是要来买房子的，但为了第一胎，我决定挪用这笔钱来支付必要的开销。我已经快要存够钱付房子的订金了，但是我更想要这个孩子。我的确很想得到那栋房子，但是我对于这个决定无怨无悔。女人总是得在孩子和工作之中择——这好像不太公平，是不是？

我猜，是我决定要嫁给我现在这个丈夫的，因为他并不想结婚。那时我租下了一层公寓，他租了其中一个房间，我们同住在一栋房子里（我会认识他，是因为他在报上登了广告，要卖掉他的音响）。在我们正式结婚前，我会在我3岁的女儿睡着以后，到他的房间找他。说起来，他其实算是跟我们同居的，因为他和我们一起吃饭。

我们虽然同居了好几个月，但是他还没跟他的前妻正式离婚。我不知道我们认识的时候他还没离婚，当时我也跟好几个男人约会。正式离婚的消息一传来（这个消息很突然也很意外）之后，他想要做一个星期的"单身汉"，我就顺着他了。

我坚持要正式结婚，如果我只是和人家同居，我会觉得被骗了。我们计划要在他正式离婚之后结婚，而且我在我们同居之后怀了孕。这么多年来，我一直没有结婚，心里很恐惧，所以我知道我的确想要结婚。

我嫁给他目的是多生几个孩子，还有性生活。当然也有经济上的压力，我讨厌住公寓，我想如果有他帮忙的话，我们至少可以租栋房子，而且还有人陪我出门、看戏等。我想他会娶我主要是因为他需要性生活，需要有人做伴。

我丈夫总是把我当次等人看待，而我一直在反抗。他假装问我有什么意见，但其实他早就决定好要怎么做了，如果我不顺从他的意思，就会闹得很僵。这种情形越来越严重，他表现出一副目中无人、高傲自大的样子，不只对我，对每个人都是这样的。

我从来没做过激烈的反应。不过最近我丈夫的行为很过分，我气得要命，对他大叫，把不锈钢碗摔凹了。我以前从来没有这样，我觉得他是故意要激怒我。

我希望我们能处得好一点，但我可不愿花工夫把他留下来。他爱什么时候走，就什么时候走。

据我所知，他对我一直很忠实，但很显然他对前妻并不忠实。然而，在我们认识的时候，他们算是分开了。我当然要他专一，如果他不专一，最好是不要让我知道，我也没有外遇，我认为人应该专一。

不管孩子有多麻烦，我就是喜欢拥有自己的小孩，我的孩子都很活泼，生产过程也很顺利，4个小孩都是在家生的。虽然有很多人主张父亲在场有多么好，我却不喜欢我丈夫在场。一切乱糟糟的，我真不想让他看到我这种狼狈样，不过当时的确需要有他帮忙接住孩子，尤其是最后一胎，因为脐带缠在她肩膀上。我想他现在已经觉得在家生比较好，虽然他不会非常积极地想要参与。

我这一辈子都是女性主义者，我从小就知道我跟男人一样好。我想，我如果乖乖接受现状也许会比较省事，但我不愿这样，我得全力奋斗，因为我个人的完整性全系于此。

第3个故事：在婚姻中假装快乐

表面看来，我是个有魅力、聪明、合作、温和、体贴、善解人意的58岁女人，但私底下，我却是从小就极力压抑自己，不愿给家人不便或让家人不高兴的那种人，小小年纪就知道不可能有人关心我，也不要求（或期待）别人会重视我的感受。

我爱我的丈夫，但是他不给我任何爱的感觉，所以导致这份爱干枯了。跟我最亲近的人是我的心理治疗师和几个女朋友。但是即使是跟我的治疗师在一起的时候，我也遵循着一贯的模式——不愿让她知道我太多心事，以免使她困扰或不高兴。我在和人相处时，通常都遵循着一套"先观察再调适"的模式，我先观察别人有什么想法，有什么感觉，然后根据观察所得来调整自己和别人配合。

我的快乐指数很低。我如果没有掩饰我自己的行为，就会紧张害怕得要哭出来。但哭泣是我父母、丈夫和孩子们都无法接受的事情，所以唯一的解决办法就是继续假装很快乐的样子。结婚以来我搬了27次家（我丈夫是军人），但我终于能从女人之间亲密的、开放的友谊之中感受到喜悦和欢畅。在参加志愿工作时，我领悟到一点东西，真正觉得兴致高昂；在参加一个兼具学术和艺术的团体之后，我获得前所未有的快乐。

我在35岁的时候，是位称职的家庭经理和母亲，同时大力支持我丈夫的工作——他是海军军官，刚接下第一份指挥官的工作；但却仍然相当否定我的丈夫，也许他供给我们经济上的需要，并在他方便的时候给我们一点肤浅的关怀，但其实他对我们一点都不感兴趣。甚至在几年前他还告诉我，他说不出"爱我"这两个字，因为他不能伪善。幸好他从未说过任何鼓励或加强我尊严的话，所以我们能安然面对这次的打击。既然我自我表达的能力一直受到压抑，所以我也不太适合过充实丰富的婚姻生活。这种稳定、安全，但没有高潮的婚姻让我颇为自在。

我会嫁给他，是因为做人妻是最受众人接纳的角色，而且他很迷人，有成功的潜力。我们从小就认识，我很熟悉以后我们会过怎样的生活（我父亲也是个军官）。

我打算继续维持婚姻，我不想牺牲我对于婚姻所做的投资。结婚44年了，婚姻的确有它的好处——安全感和归属感。最糟糕的地方是我无法做个完全自主的人。

结婚的时候，我不介意冠上夫姓，现在我却觉得使用他的姓氏会降低我对自己的认同感。但是不管是什么姓氏都会使我感到不自在，我总是不觉得那些姓氏所指的就是我。

现在我很庆幸自己有小孩，当初我并不喜欢孩子。如今他们都长成负责任、能自立的大人了。但他们在小的时候，没有得到小孩子应该得到的真正关爱和心理支持。我虽尽到了做母亲的责任，却没有从抚养孩子的过程中得到任何快乐。然而，要是没有他们，我真不知道我会不会婚变，因为我丈夫从一开始就跟他的事业结婚了。

我们最近处得比较好，是因为他现在已不那么粗鲁了。不过，他还是不太理会我讲的话。我知道我需要跟别人谈心，所以我找了几个这样的朋友。

他最糟糕的地方，就是没有勇气对我诚实，不将他"洗脑"和解决问题的奇才应用在我们的关系中。他批评我无法改变的生理特征，我对于我认为需要加以思考或推敲的问题，不会马上回答"是"或"不是"，还有我在性方面不积极的态度，这点他也批评得很厉害。我对他最不满的地方是，他所谈的几乎都是有关他自己的事情，他常常插嘴，他问问题时虽彬彬有礼，但他显然并不关心别人如何回答，因为他在我回答之前就改变了话题。

我没有外遇，但是如果我能遇到一个没有家累、欣赏我，又让我自己觉得很自在的男人，我会想要跟他发生感情。我丈夫？也许跟别的女人有交往，可以让他了解到他的性能力障碍之大，甚至让他认清他的心灵原来是这般的空虚乏味。

两年前我差点就发生外遇。我认识了一个海军军官，初次见面就有种一见如故的感觉。我们经常在社交场合碰面，每次都有好多话要说，我们同时感觉到这绝不是一般的友谊，我们彼此都感受到一股强烈的生理欲求，但是除了偶尔偷偷热吻到心满意足（这点我丈夫就做不到，至少对我他做不到）之外，我们没做其他。

我们对彼此之间的情意谈得很多，但是从来没有真正考虑过要怎么做。他是很敏感的，如果被丑闻中伤了，他可能再也爬不起来。后来他回家和家人住在一起，来了一封信，说他永远忘不了我们在一起的时光，之后便音讯全无。又过了好几年，我听说他得了肺癌，我丈夫和我写了一张便函去问候他，还是没有任何回信。他很钦慕、渴求和欣赏我这个人，那种美好的感觉，到现在仍深印我心中。但是他竟然放弃了一切，使我的自尊受到很大的伤害，虽然我知道他这样做，是因为他接受了我的暗示。

目前我跟我丈夫没有性生活，因为他缺乏性欲。我仍喜欢性生活，因为我需要抚触和亲密感，即使我常常无法达到完全的高潮，跟他做爱几乎没有情感上的满足感可言，他总是不带感情地，"一步一步做下来"。除了对生殖器的渴望之外，几乎看不出他有任何其他欲望。他很有耐性，但他对我的建议充耳不闻。除非抱怨，否则他难得开口——他从不跟我谈心事。

他从不听我说话，也无法理解我的需要，但却口口声声说他所做的一切都是为了我，我真的很讨厌这样。

钱由我们一起管。银行的事情差不多都是我在处理，至于投资，则多半由他来管。我们两个都是谨慎的人，对财务管理都很胜任，而且花钱都不需经过对方同意。钱是他赚回来的，但是我觉得因为我对这个家有承诺，我付出了心血，牺牲很多，而且我把家管得很好，所以我的贡献和他一样多。我认为他赚到这些钱，有一半要归功于我。

我们不吵架，所以彼此看法的分歧之处一直都没有解决，这多少是因为我不允许自己把愤怒表现出来。我很努力地试过要看透他的内心，但是我敢说我对他的认知一定有部分是错的，因为他难得透露他的感受。我最气的是他用话，或者用动作来打断我的话。我们多年前吵过的事情，到现在仍然是老样子，我已经放弃了，不愿再设法改善，因为每次我想要和他谈我感触很深的大问题时，他总是断然拒绝，如果要吵架，我一定先退出。

不过，上个星期我们为了要办事而进城，他提议到一家非常好的餐厅（比较偏向我的，而非他的口味）吃饭，我们讲了很多内心的话，很交心。他好像没有因为表白自己而感到不安，而且好像很专心在听我讲心事。在此之前的好几个月，他一直在压抑，不做接触，也不表露感情，但那天晚上我感受到了友谊的温暖。

我不喜欢付出爱情。我对父母亲的爱，是出于他们让我不愁吃穿，以及社会严格要求我们要爱上帝、爱国家、爱父母和所有的朋友，尤其是不可以让任何人不高兴或受窘。后来我遇到一个女人，她让我了解到温情和关心的真谛，从此，我开始慢慢改变，但那时我已经48岁了。

一想到女人味和性能力，我就会感到寂寞，我已经死心了，我这辈子不可能有机会和任何人建立满足的性关系，也不可能对自己感到满意。唉，到目前为止，我这辈子还没有真正快乐过。

妇女运动使我认识了自己的力量和价值，并认清了男人无力立即改变那种毁灭性的心态。我觉得我出生得太早了，仿佛受到捉弄似的。如果我能够在5岁的时候接受现代的心理治疗，将会获益不少，免须在受了50年的苦之后，才发现我需要帮助。我给人的感觉，总是坚强、好胜、冷静、随和、可靠，而且乐于助人，但其实我一直很恐惧、压抑、沮丧、没有一丝快乐。

我已经有几个要好的密友了，这是近几年不再把丈夫和孩子放在第一位之后才建立起的友谊，前面提到的那位朋友，多年来一直很有耐心地鼓励我接受她的关心和温情，现在我们很亲近，她会听我讲话，真的关心我，也鼓励我多照顾自己。我还有一个新朋友，我们两个有不少共同点，我们每个星期都一起徒步旅行，有什么不如意事都讲给对方听。以前，我甚至不知道怎样和人交朋友。

我有个女儿，极为聪明，颇受同事称赞，但跟我一样有抑郁、僵化的毛病。直到现在，她33岁，我58岁，才学着彼此诚实地、关心地沟通。

我敬佩那种有独立思想和独立行动的女人，我最不喜欢可怜兮兮地希望自己有所超越，却只在缓慢行动的人。跟从前那个严重受男人影响、伤害、欺骗、压制的女人比起来，现在我已成熟、独立自主。我不可能再跌落到旧的陷阱里，我要给我的余生更好的机会。

❤ 第 4 个故事：再婚女人的幸福生活

　　我今年 44 岁，离婚又再婚，其间当了 10 年的单亲妈妈，一边上班，一边带孩子。我实在太胖，也太老了，但是我那小我 6 岁、依然苗条性感的丈夫仍喜欢我，觉得我来劲儿，所以我想我是没什么牢骚可发的了。我还是蛮漂亮的（以前大家都说我是镇上最美丽的女孩），很少有人像我这么幸运，找到了自己梦寐以求的男人，我从没想过世上真的有这种男人。我们结婚已经 14 年了。

　　我跟现任丈夫相处得真是快乐得不得了。我知道我们互相属于对方。没有他，我就不是完整的人，有没有成功的事业都不重要，重要的是要能跟他在一起，这样我才能与他共度余生，如果可能的话，甚至生死相随。为了要跟他在一起，我辞掉工作，辞别家人和朋友，带着孩子搬到很远的地方。如果再活一次，我还是会这样做。

　　我们初识的时候，实在热情得难以言喻。我一直觉得自己极为热情，但这是我有生以来第一次可以放开来把热情表现出来。这是我这辈子第一次可以爱怎么说就怎么说，爱怎么做就怎么做，可以一次做爱做个够，再加上他做出了一切我梦想过（以及我想都没想过）的事情，所以我对性可说是需索无度。他曾开玩笑说，我只爱他的身体，有一阵子，的确是如此。别忘了，我已经 31 岁，有 3 个小孩，但是我和前任丈夫及几个情人都没有好好做爱过。

　　最重要的是，我要跟他在一起，有了他，活着才有意义。跟着他，我觉得每一分每一秒都很快乐，即使是碰上令人哀伤的事情，也不会那么难受。还有，他的床上功夫也是特别棒，而且每次都兴致勃勃。与他共同拥有这些孩子，也是一件乐事，尤其因为他对待"我的"和"我们的"孩子一点都不偏心。我有过一个不喜欢自己的孩子、还虐待孩子的丈夫，能遇到这么一位身兼好父亲的丈夫，我真的很感激。我们也喜欢一起讲话，住在这栋老而旧的房子里，清洁、维修我们的房子，拥有我们的孩子，看同一本书，养两条狗，玩牌，外出用餐——反正就是我们日常的运作，一切总是忙碌而令人兴奋（在我写字的同时，我 5 个孩子和两条狗都围在我身边）。

　　希望？我希望我有更多时间、更多精力和多一点点钱。他说他很快乐，而且看来的确如此，如果我能改变点什么，我会希望他在生气的时候能放松一些，他有时候似乎太钻牛角尖了。

　　从我们初见面，我就觉得"跟这个人就对了"，有一种归属感。我们开始约会后的第 10 天，他就向我求婚，在他求婚的时候，我心里还认为我永远不愿结婚，但是我不愿失去他，所以就答应了。当时我们才认识一年多。我们曾经分开 3 个月，两人心里都觉得像活活被剥开一样，虽然我们对结婚这件事有点怕怕的，但分开的感觉更糟糕。

结婚之后，我们有如沐春风的感觉，我们的感情更好，做起事来格外顺利，因为我们觉得轻松，彼此之间有更深一层的认识。我不是指性，我们的性生活一开始就很好，我指的是情感。结婚之后，他变得更甜蜜、更殷勤，一直到现在，我仍有这样的感觉，只是情意变得更浓厚了。我很清楚，这样的恋情可遇而不可求，但我们就是这样的相遇。

结婚最大的好处是，可以常常在一起，做爱完不必起身穿好衣服回家去，我们可以在情欲高涨时做爱，而不必找机会才能相聚在一起，住在一起，真是零缺点。我第一次的婚姻很不快乐，实在没有料到这一次的婚姻会维持这么久，而且这么美好。我以为做丈夫的会每况愈下，而且会让我觉得很烦。做梦都没想到这个婚姻竟然这么美好，而且渐入佳境。我喜欢妻子这个词，因为我们一结婚，他就用这个词来做我的小名。冠他的姓让我感到很骄傲。我认为感受热情是人世间最美好的感觉。

在我的性欲很高的时候，几乎什么方式都会让我达到高潮。如果不是很饥渴……借用振动器；有点饥渴……他用手刺激我的阴蒂；蛮饥渴的……口交；非常饥渴……口交、抚摸阴蒂、性交，有时候甚至只要我压在他身上，或让他吸吮我的乳头，我就会达到高潮。我告诉我丈夫说，有时候我不会达到高潮，而其实通常我一点也不在意会不会达到高潮。以前他不相信，但现在他相信了，而且如果我想结束的话，他会帮我完成。我第一次向他承认我会自慰的时候，觉得既羞耻又害羞。他再三跟我说这没有关系、很正常，而且觉得我这样子很迷人。

大部分男人都不知道如何做爱，而且也不以为意。他们不会——至少等到他把你弄上床之后仍不会——为女伴做阴蒂刺激。他们在想办法得到你首肯，让他们进去的时候，他们会做许多挑逗动作，但等到开始性交，他们就觉得自己做的已经够了。

但是我丈夫对这一切都喜欢，而且几乎没有性急过，大概是这个原因，所以我遇上他的时候，才会这么惊喜。他喜欢被挑起的那种感觉，而且喜欢在他能忍受的范围内尽量把步调放慢。他还发现这会使他的高潮的强度和时间增加，有时候我们也会"即时重播"，时间通常不会很长，但是很有趣。

我希望我们的社会对性方面观念能开放一点——我是指公开谈论。反正，在我们家，我女儿会和我谈性的问题，以及和自己的丈夫做爱的情形——频率、口交算不算正常？在怀孕时可以做爱吗？我告诉她们，如果丈夫想在她们哺乳期吸吮她们的胸部，一点也不需要大惊小怪，只要记得先把婴儿喂饱了就可以。我丈夫在吸吮我的时候，让我感到好刺激。给这3个孩子哺乳的感觉实在妙极了，我真希望能再生一个，好重温那种感觉。

我在怀孕期间变得更加好色，他也发现我在怀孕和哺乳的时候很能挑起他的性欲。我们都很期待新生的孩子。生后两胎的时候他都陪着我，我们都因为新生儿的喜悦而感到又惊又喜，眼泪就这样流了下来。我的女儿们开始有月经的时候，我总是抱着她们，说声恭喜，眼眶就自然地有点湿润。对我们而言，这是个特别的时刻。

我们吵得最厉害、也是唯一的一次吵架，是在9年前，他在一个宴会上吻了别人，而又谎称没有，我把一杯酒连酒带杯丢到他脸上，他吼了两声，气呼呼地瞪着我，过了一会之后，我们就和好了。

其实我们不会吵架，只是偶尔会骂出来，但是过后都后悔得要命，如果其中一人感到生气，就直接把话讲出来，把问题解决掉。我们之间没有谁输谁赢，而且不管是哪一个人伤害、触怒对方或是怎么的，自己会先感到难受。要是有什么不对的地方，我们两个都会道歉。

我们不会互相批评，我想因为我们一开始就知道对方极为敏感而脆弱，而且我们的父母都是非常挑剔的人。解决问题的最好办法就是平静地谈一谈，告诉对方你为什么不高兴，但是在讲的时候不要带怒气，只要和气地说："你知道吗？前几分钟你真的让我很生气。"甚至说："你知道吗？我很气你耶。"无论如何，千万要记得，讲话的口气要和缓。

家事由我来做，但是他会帮着照顾孩子、倒垃圾、做粗重的工作，还有修剪草坪。我们各有各的工作，但是我们尽量帮着对方把事情做好。我在做事的时候，他不但也做，而且会做得更多。我们一直都睡同一张床。我没有和别人上床，我认为情感和性应该专一，但是我并不是因为这个原因才对他忠实的。我对他忠实，是因为我爱他。如果他有别的女人，我会崩溃的，我宁可不要知道。

这么多年以来，我身兼赚钱养家和调配预算的责任，我很高兴能在婚后把担子交给他，我不是做不来，但是不用做这些事情，让我觉得很开心。我认为我们的财务系统其实是共管的。我们没有钱的问题，只有钱不够的问题。

如果没有认识他，我会继续发展我的事业，尽量追求事业的成功。在我们结婚的时候，我正走到了岔路口，眼前有3份诱人的工作正等着我去挑选，这3份工作都是我想要的。如果再让我重新选择，我的决定依然不会改变。我曾想要拥有一份事业，同时兼顾丈夫和小孩。但我发现，如果我想做我理想中的那种妻子和母亲，就得留在家中，以其他方式来抒发我的创造力。而且，由于我多把精力放在照顾孩子和妈妈身上，常令我丈夫感到被忽视，我自己也应接不暇。我希望我能给孩子和我妈妈少一点，给他多一点。还好等孩子长大一点之后，这种压力就显著地减少了。

我得照顾五个孩子，加上一栋十二个房间的房子、一大块草坪、一个丈夫、两条狗、三只猫（有一阵子还养了一只小山羊），再加上成年的孩子偶尔还是需要一点照顾。我自己和小女儿们穿的衣服大多是我自己做的，还要帮成年的女儿缝制婚纱及孕妇装，另外。小女儿的波比娃娃也需要新的衣服。这还没完，我还得帮我母亲洗所有的衣物，做缝补的工作以及粗重的清洗工作呢！

这种生活方式太好了，我和我丈夫享有共同的一切，我再满足不过了——我很喜欢分享每一件家庭事务。例如，我们的大女儿，虽然流产过一次，而且上次生产也很危险，但是在一个星期之前，她在众人期待下，顺利生下一个女儿。我们都很高兴，因为我们很担心她，而且害怕婴儿会有什么不测。她这次分娩很迅速也很顺利，小宝宝很健康，我们都乐得快要飞上天了。同一天，我们接到另一个女儿寄来的大包裹，里面是给大家的礼物，这个大包裹远从土耳其来，因为她和丈夫住在那里。我们都认为，有些日子就是充满了快乐，多得你都抱不住。我们就在医院里和宝宝、妈咪一起拆开这份惊喜的礼物。对这一生，我什么都不想改变；我所要的以及我对人生的期望，就是一起经历这些事情的那股兴奋之情。

第5个故事：新时代女性与传统丈夫

我71岁，和丈夫住在一起，我们结婚47年了。虽然我关心他这个人，但是我并不爱他。我丈夫和我对很多事情都有不同的看法，他对宗教信仰十分虔诚，而我是怀疑论者。他坚持非常传统的男女角色概念，而我是个女性主义者。我们没有性生活，我之所以没有离婚是因为我没有别的路可走，我会关心他的福祉和他的快乐，因为他是个好人。

我很想改变他的观念。结婚初期，我也是个很传统的人，现在他常常说："你跟当初嫁给我的时候差好多。"我批评他没有自我成长的能力，从不愿意改变自己。他变得越来越沉迷于宗教，并狂热地喜欢上观赏运动比赛。

他驳斥妇女运动，我对这一点很反感，觉得这好像是在攻击我的核心似的。我想，我对他所做过最糟糕的事情，就是说破了宗教的内涵，以及对于教会的活动不积极。他批评我缺乏宗教信仰，而且怪罪是女性主义误导了我。但是我得对我自己诚实呀！我这样做真的冲撞了他吗？难道我不应该像他一样，有权选择自己的信仰吗？

虽然他很传统，但如果我不在家，他会自己做饭。我退休之前是在学校教书，我很独立，有一些老朋友。我们都退休了，所以他偶尔会做一点家事，但是只限于少数家事。

他管他的钱，我管我的钱，我们各有自己的户头。因为当我开始工作，把钱存入我们的共同账户之后，他讥讽我连一本存折都管不来，我火大了，到另一家银行开了户头。家里的日用品通常由他来买，账单也由他来付（我们为此吵过架），因为我告诉他，他应该遵守教会的训诫，供养他的妻子（他深信不疑）。当然，我的置装费、医疗费、车油钱、娱乐费用等，我得自己付。

我记得我重新上班，领到第一张薪水支票的时候欣喜若狂。我做了16年的家庭主妇，终于有机会再做个代课老师（我结婚的时候必须辞掉教书的工作，这是本区法律的强制规定）。

我有过一次外遇，有几年曾经有过几次邂逅，那个男人住在另一州，我不确定我到底从中得到了什么。我丈夫一直都不知道。也许是因为怀旧吧，我在大学时候爱过他。我希望我丈夫是专一的，但就算他不专一，我也不想知道，我们分床但不分房睡。

我跟我丈夫最快乐的时光都发生在结婚前，我浪漫地爱上他。我们结婚之前已经相识多年。现在想起来，也许那是很肤浅的吧。但是话说回来，结婚是女人唯一的目标，不然你就会变成输家。现在我为什么会留下来？当然，因为我多少还爱着他一点。但是这到底有多重要，实在很难评估，因为我没有别的选择。如果我在经济上能够充分自立，而且清楚地认知到自己独自生活会相当满足、快乐，那么我就会离去。

我们曾因宗教问题起争执，现在则转到女性主义上。我认为讨论宗教问题无所裨益，而且我越来越赞同女性主义的结论。我们谁也不让谁，最后都伤了对方的心，什么也没有解决。说抱歉的通常是我，他说，女性主义是错的，而且在某些层面上，可说是不道德的。他讲得很难听，而且不止一次叫我以后不要再提。但是我认为宗教牺牲了女人，它认为女人是拿来使用的。

我最要好的女朋友和我有同样的想法。我们一起上课、看电影、吃饭、买东西，我们处得很好，对彼此的家庭都很了解（她是个寡妇）。我们都信奉女性主义，都有小孩，在政治上属于怀疑论的自由派。我们会用电话聊天，也会一起做很多事情。我们之间的共同点（家内事除外），比我丈夫和我之间的共同点还多。

我喜欢阅读，看漂亮的风景，谈谈启发头脑的事情，学习，这都是为我自己——我喜欢欣赏一切美的事物。如果现在和以后的世界政治有可能变得比较稳定一点，我会觉得比较好。悲哀的是，在我有生之年，是看不见我所期待的了。对于年轻的女人，我要奉劝一句：要有自觉，要活跃一点，试着改变世界！

第 6 个故事：从浪漫到平淡的转变

我今年 28 岁，有一个女儿，是个浪漫不羁的妈妈。现在是早上 6 点钟，我趁着女儿睡着了，才坐下来打字。

几年前，我认为世上最棒的感觉，莫过于和我的心上人共同喝点威士忌，然后整夜跳舞。现在我的乐趣就比较难以言喻：抱着女儿坐在摇椅上摇，和她父亲一起带她到树林里散步、带她到公园看松鼠。

我一生别无所求，只要活着——人清醒、有思想，所有的感觉都是活着的——活在我身体、精神和心灵的每一个角落。不要死在核战争中。

我爱着我的心上人约翰，他是我最要好的朋友，也是我最亲近的人。当然，我跟我女儿也很亲近，而且更亲密，她几乎可说是一个崭新、原始而清纯的我。

从前，我是非常自我毁灭的，使用过药性很重的毒品，甚至用静脉注射来取用毒品，还有过很糟糕的性关系。以前，大部分的时间我都在酒吧拥挤的人群里打混，和我不特别欣赏的男人睡觉，香烟一支接一支地抽，等着事情降临到自己身上。我感到欣慰的就是我现在是个反毒者，而且很健康，我不会去做伤害自己的事情。我已经找到了心中那片警醒而安详的乐土，而且几乎每天我都可以感觉到自己活在这片乐土上，行住坐卧。

在和约翰开始交往之前，我刚和同居一年的男友分手。为了要存钱去欧洲旅游，所以要找个便宜的住处。约翰和他女朋友之间维持着开放式的爱情关系，已经快 5 年了，那时候他们打算和她另一个男友合买一栋房子。我也认识他们五六年了，但会跟约翰比较熟是因为他常到我上班的那个酒吧打混，在我没事的时候，我们就聊聊天。有天晚上，他带了一本伊凡·伊里奇的书给我。我上班的那个地方是个摇滚乐酒吧，我从没遇到一个男人会跟我谈文化的理念和后工业化的社会。这份礼物让我十分感动，在我心中种下了小小的浪漫感受。

所以，当约翰、他的女友和她别的男友问我要不要搬进去跟他们住在一起时，我认为我应该让她知道我心里的感觉，我说那是个"小小的迷恋"。她鼓励我和他约会，我真的约他出来，接着我们陷入热恋，于是他们就分手了。他的女朋友曾经和我一起聚餐，谈谈当时的情况变化，但谁也吃不下一桌东西。我尽量多同情她一点，多支持她一点。但是，世上再没有比爱情更自私的了，所以我想我基本上蛮虚伪的。我不可能顾她而不顾自己，何况我一心一意地期待这份新恋情，我很确定未来一切都会变得非常美好。其实我觉得跟他们一伙人住、生小孩、一起睡觉、种植花草、吃一大堆食物、夏天时一起坐在门廊上乘凉，也蛮好的。

我们共度数夜之后，有天晚上约翰带了一些东西来找我，里面有一些他爱读的故事，是用油印机印刷的，一篇他写的文章，以及几张他前几年的照片。他会把他最喜欢的音乐专辑带来和我一起欣赏，他继续把他最喜欢的书带来给我看，他会真心地对我说心里的感觉和看法，而我说的时候，他也会很注意听。我们彼此都很好奇，而且觉得趣味十足。

现在，我觉得我们的关系很快乐也很不快乐。过去3年，我们可以说是为了将来而活。我们存了钱买下房子，又买了一艘船，这样子我们以后就可以环游世界了。两年前，我们买下一家公司之后，约翰从星期一到星期天都要上班，晚上还常常加班，家事都是我在做。现在我们的工作分配是很传统式的，我也很喜欢这样，我宁可跟宝宝玩、煮饭，也不愿像以前那样在保险公司上班。我只希望约翰能多留点精力给我，做一些我们看重的事情，不必把头发剪得短短的，穿着笔挺的裤子——这些有象征意味的东西真叫人受不了。我认为爱一个带点浪漫、随和，又有一点叛逆个性的男人，比爱一个生意人浪漫多了。

我们几乎再也没有卿卿我我了，从我怀孕、带孩子以来，就不大想做爱。以前，我们都很想要的时候，他就会常说他爱我、我很美之类的甜言蜜语，而且偶尔还会在我们做爱的时候描述我们的动作——他很会讲话，我很喜欢。

我现在是越来越寂寞了。有些日子他回来吃晚饭的时候，我们竟然无话可谈，晚上他躺在床上看电视新闻，我觉得我们像是分处在两个不同星球上似的，真可怕！我们以前相处的细节，我都记得清清楚楚的——他让我觉得好亲密，我可以感受到他整个人，有了他，我觉得活着真好。只要对方人好，我会喜欢和他融合在一起。有时候我会幻想自己有了新的人，但是那个人总是他，那个人一定是约翰，而且是我刚认识他的那个样子。

日常生活？约翰早上去上班的时候我才起床，然后一天就在清洁、煮饭、照顾小孩、购物等传统女人家的事情中度过了。我喜欢这样。我有一群朋友，她们的孩子都跟我女儿差不多大，平常我们会在固定的时间聚一聚，轮流照顾这一大群孩子。我们有一条规则，就是别人在照顾你的孩子的时候，你绝不能洗衣服、擦地板或做任何家事，你必须去散散步、写封信、做点有趣的事情，但是要完全遵守这个规定实在太难了。

约翰在傍晚回家之后，我们开始吃晚饭，吃过饭之后我看孩子，他处理公事到七八点，然后看电视新闻到十点半。有时候我会看看书。他说我不应该小看电视新闻的重要性，但是对我而言，那只是电视而已。无论看电视或看书，我们都躺在床上，十点半一到就睡觉。这样讲听起来好像很枯燥，但有时候我会去上数学课，或在晚上到妇女健诊中心做义工。偶尔我们会去看场电影，或到森林露营，或是去看个朋友，但是大部分的时间，我们会在什么时候做什么事都是可想而知，而且一成不变的。这也是一种苦闷，不过这只是暂时的现象。

我认为，我对约翰最失望的时候就是我怀孕的前几个月，因为那阵子他变得很生疏。我喜欢散散步，或躺在后院的树下，对他而言，这跟平常没什么两样。约翰在个性上很坚强、果断，他是领导型的人，很机智而且有自信。我就比较优柔寡断、消极、没有自信。我最喜欢做的事情就是跟他讲话，他不但敏感而且可信，总是让我觉得他讲得很有道理。如果我能改变什么，我会希望钱能多一点，只要够买一块地、一条船就可以了。物质是很重要的，这么一来，我们全家就可以聚在一起，有精力去旅行和冒险，而且仍能拥有一个庭院。

我喜欢孩子，我想要生3个或4个，我认为母亲和孩子不应该一天到晚都单独腻在一起，这样照顾孩子准会发狂。我最好的朋友之中，有一个最近搬到我家楼下，因为她住得近，出去买菜或是洗衣服的时候，她帮我照顾孩子，所以我的日常生活品质改善不少。同时还有心理上的好处：我们互相交换做菜的心得，互相劝诫鼓励，谈心里的感受。我以前没有想到两个女人的知心话有这么重要。但现在我觉得这样子很好，很适合我。

女儿出生是件很美好的事情。生孩子竟然这么痛苦，是我前所未料的，我还以为只要我够放松的话，就可以平平静静地把孩子生下来，但情况并非如此，我痛得好厉害，就像被推到极限似的。痛苦过去之后，一切变得格外美好。

约翰陪着我生产，看到他抱着我们的孩子，我有一种特别的感觉。他抱着孩子在房间里走来走去，孩子就不哭了，变得很安静，睁大眼睛看着我们，这时候，我觉得内心里充满了对他们的爱。

这是我十几岁以来第一次过独身生活，我觉得蛮有趣的。我对自己相当肯定，有很大部分是因为我认为自己有性魅力，而且我真的对那些在性方面吸引我的人评价比较高——这很诡异，我晓得。这真是不可理喻，因为一方面，我希望别人被我吸引住，但是另一方面，男人要是表现出被我吸引住的样子（经常如此），我就会厌恶他、讨厌他，会觉得很不自在——人总是有矛盾的，不是吗？

这段没有性冲击的日子，对我而言蛮好的，我会说这很有趣是因为我不必回应别人的性吸引力，别人也不必回应我。偶尔会有人被我所吸引，碰到这种情形我还挺惊讶的，但是这种事少之又少。我蛮喜欢跟男人打情骂俏，或小小邂逅一下，但是不会发生什么事，我觉得这样子蛮好玩的。但是当男人想要跟我做那件事，我不喜欢、不自在，也觉得这并不好玩、很虚假而且有点棘手。现在，我能够掌握性这件事，而且不会有太浓烈的性欲，可以说，我有一种舒放的感觉——我的自我无须妥协。

我最喜欢恋爱一开始时那种强烈的、热情的感觉，当关系进入比较成熟的阶段，就觉得不太适应。最美好的开始已经成为过去，但我还是难以接受这个事实。有时，我在想，如果我们的关系能够开放的话，我们会有另外一种感受。

我一点也不喜欢单身，从 19 岁以来，没有男朋友的时间只有 6 个月。我两次跟男朋友分手之后都觉得很高兴，因为我可以过自己的生活，我打算有空的时候要多留在家里，看看书、写写东西、做做瑜伽。跟自己不喜欢的人住在一起的感觉真是太可怕、太痛苦了。此外，我一想到我可以有很多情人，就觉得很兴奋。但是，这两次我跟男朋友分手的时候，都没有待在家里做想做的事。在家的时候，我觉得六神无主、心神不宁，所以有空的时候，我反而泡在酒吧里，几乎每一晚我都去跳舞。我不喜欢像那阵子那样杂交，它让我觉得很消沉、很无聊、很虚假，而且没有高潮。有男朋友比较好，因为男朋友不会在事后对你弃之不顾，所以你不会感到空虚寂寞。

我也想到关于独立的问题，在我们的文化中，非常重视独立性。尤其对女人而言，更是受到高度的赞扬，但是我正在重新思考它的定位，因为长久以来，我总是因为自己不够独立而否定自己。不过，为什么独立性如此尊贵？能够自主地以自己的方式过生活的人，不见得真正能与其他人有所联系，或者依赖他人，或者被人依赖，这样的人凭什么会比较尊贵？所以我慢慢觉得，我的依赖性也有可取之处，不过我还是希望我当初能多过些单身的日子。

我比较年轻的时候，和两个男人同居过。一个是在我 19 岁时认识的，同居了 3 年。事实上，我这辈子就数跟他在一起的时候情绪最低落，因为他很粗暴。刚开始的时候，他只是有点挑剔，一阵子之后，我就不再与我的朋友往来，只与他和他的朋友（大多是自行车选手那一类的）。我心中自我的概念越来越模糊，真的很糟糕、很可怜，所以你不难想象我在被他殴打之后是什么样子。我竟然变成那种可以被人殴打的女人。我是个女性主义者——不管怎么样，我都认为我是个女性主义者——所以我更加难以接受这个事实，事情过去之后，我才能够把它讲出来。

在那段同居的日子里，我大多单独待在公寓里。后来，我们搬进一个农村屋子里，和一群人住在一起，我变得很没有安全感，很怕把自己的想法说出去。所以我在别人面前说不出话来，我很怕到杂货店去买东西。怎么会发生这么可怕的事情？我记不得我读过什么，看电影的时候，不知道电影在演什么。即使重读一本我以前看过的书，我也不会知道。我不知道我为什么会变成这样。

他做的事情很过分。例如，他会因为晚上睡觉的时候，我把被子拉得太过来而揍我；如果我没有把制冰盒装满水，或是我在洗衣服的时候，没有把所有的毛巾拿出来一起洗，他就会破口大骂。他会站在洗衣间的门口，握着那条毛巾，扯开嗓门吼叫："你这个笨婊子！"在旁的女人都会惊讶得把嘴巴张得大大的。我很小心，因为不时会发生这种粗暴的事情，所以有冲突的时候，我大多不发一语。

这很不可理喻，但是这样的恨意却使我更加依赖他。

我第一次提出想跟他分手，大概是在我们最后决裂之前两年的事了。那天晚上，我们坐在客厅，我提出分手之事，他听了之后冲进房间里，我听到他在衣柜里搜来搜去，还有打开最上层抽屉的声音；他有一把装了子弹的枪放在那里，我以为他要拿枪来射我了。我还记得很清楚，我坐在沙发上，脑子里只转着一个念头："现在他要把我给杀了。"我知道我没有时间可逃，所以坐着不动。最后我弄清楚，他只是在找打火机来点香烟。

我们同居 3 年，我却花了两年的时间来跟他谈分手的事，实在不值得。我心里一直在想，总会出现一个时机让他能够接受，让我们顺利地分手，当然，这种时机是不会出现的。最后我终于离开了他，我以为我会觉得难过，而且会想念他，但是我没有。我第一次独自睡觉的时候，我把脚伸得开开的，占满了整张床铺，然后把手背到头下面，笑了出来，太好了！我真高兴终于把他给摆脱了，这是我这一生中最美妙的时刻之一。

我多少有点在经济上依靠第二个和我同居的男人。我在酒吧兼职，但是钱大部分都是他赚的，我们的钱不够用，账单总是赤字。家里总是没电，因为被断电了，而且总是付不出房租。有的时候，他得去跟别人借钱，我们才能买日用品和食物，我们一直都在欠债，但另一方面，我们花钱又不太节制，一有钱我们就去吃中国菜，把所有的钱都吃得一分不剩，然后买点古柯碱。我记得有一次，我们花了100美元买了一克古柯碱，却没钱买吸管来吸它。

他是靠劳力赚钱的，自己做老板，但是生意不太成功，他大半的时间都消磨在他的小办公室里，抽烟、喝啤酒、嗑药。我要照顾花园，晚上还要到酒吧兼职，所以我想，事实上，我做的事情比他还多。但是，不管是谁做的，都不该有什么区别，不该分是你做的还是我做的。有天晚上我们吵了起来，他就说我应该搬出去，应该住到别的地方去。但他又说："你还能去哪里？你什么都没有，没有一个像样的工作，也没有钱，光凭你自己根本就活不下去！"这是我所能忍耐的最底线了，而且是我们关系的转折点。

有一阵子，我们讲好要维持所谓开放式的关系，他和别的女人上床好几次，但是当我要跟别人上床的时候，他就改变心意，说我们应该要专一，后来我跟他分手了。

我想和上次一样，好好地和他分手，但这又是个错误。我一直在想，过一阵子之后，分手就会比较容易，他会比较能够接受，而且我们还是可以做朋友。后来，突然有一天他对我拳打脚踢，所以我就走了，再也不要见到他。我心里很难过：我认为交到一个有暴力倾向的朋友，也许是运气不好，但是一连遇到两个都这样，实在太不可思议了，而且我也害怕自己会被暴力型的人所吸引，或者，说不定是我引发了别人的暴力行为。

22岁那年，我刚和这个有暴力倾向的男人分手，却在酒吧里受到了性攻击。我不知道应上哪里去，所以又回到他那里，最后竟然在那里过夜，这真是太奇怪了，那实在不是被人强暴之后应该去的地方！他尽量装出很同情的样子，但是他就是不理解为什么当晚我不肯跟他做爱。最后我把他痛骂了一顿，好让他住嘴，才能一个人静一静。走出那栋房子的时候，我对我自己和我的身体都有了不同的感受。我知道我永远不要再回到他身边，我再也不要和我不喜欢的男人上床，不要再被人强暴，不要再因为强迫、贿赂、威胁而和人做爱。从那时候开始，我就变了，我的性行为和性观念都有了彻底的改变。从此以后，我的性行为，只属于我自己。

也许，我会这么不尊重自己，不尊重到让这些情况发生的地步，是因为我小时候曾遭遇过一件事。我在10岁的时候，被一个邻居伯伯强暴了，从此以后，我没有再亲吻或拥抱过我的父母亲，而且洋装下总是穿着一条短裤，因为我觉得这样比较安全。那个侵犯我的男人，不但是我父亲的朋友，而且我们全家都跟他很熟，他是个空军上校。我告诉妈妈之后，她有好一阵子都陪着我，但是她也未经思考，说出一些对我伤害很大的话。她带我去洗澡，然后叫我不要跟任何人说起这件事，她说这会把他的事业给毁了！

她把她小时候碰到的类似经验说给我听，但是没有教我了解这种事情的背景，没有让我知道这不是我自己的错，或是给我一点安慰。这件事看来就像个奇异的插曲，我想不通它是什么意思，又不能开口问人。我觉得它很可怕，却不能和别人提起。它在我心里越长越大，越来越有分量。如果当初妈妈换个方式处理，这件事就不会变得这样难以收拾。

我认为她应该让我把这件事告诉警察，虽然警方和法院的程序可能会很恐怖。但是，不管有多恐怖，也不会比我自己独自承担还要恐怖。

事发之后，不管对谁而言，一切都没有改变，我既痛苦又愤怒。我还是会看见他的车子。他女儿原来是我最要好的朋友，但是我再也不愿走近她的身旁，我认为那多少也是她的错。他们跟我们上同一个教会，以前，每逢教堂聚会之后，我妈妈、妹妹和我会走到军官俱乐部，我们姊妹俩各点一杯奶昔来喝，天气暖和的时候，我们还会到中庭坐一坐。但是，因为每逢星期天，他也都会到军官俱乐部，所以我就不想去了，宁可走路回家。

我父母亲还是继续和他们有社交上的往来。有天晚上，我妈妈一进门就说："你猜我刚才跟谁跳舞？"然后告诉我，她跟他跳了舞。我听了之后愣住了，我还是想象不出她为什么要这么做，但是我就是不敢问她。我可以跟任何人谈这件事，自自在在地谈，就是不敢、不愿跟妈妈谈。

在那之后我消沉了很久。我信奉天主教，所以觉得自己犯下了道德的罪，我四周的一切都在告诉我：这是你的错，我无法理解，也不能告诉神父这一切经过，最后，我们搬家了。我做了5年的噩梦，到了16岁终于忍不住告诉我最要好的朋友。一旦性侵犯变成可以谈的话题之后，我就能对付它了。但是如果有人能在我10岁时支持我，我就不会受到这样大的伤害了。

现在我偶尔会想要找到他，写信给他，或是揭露他所做过的事情，但是，一切已成为过去，离我很远很远。他已经老了，已经很老了……

我妈有个根深蒂固的观念，认为女儿就是要跟她做伴的。但我很讨厌这个观念，因为她似乎只在意我是不是做到某种形式，至于实质如何一点也没关系。她的话很多，总是讲个不停！讲的都是她日常生活的琐事，例如：她早餐吃了些什么，跟女服务员说了什么话，她穿的是什么鞋子，她对她的男朋友啃指甲的感觉，她穿的是什么样的裤子……但是我一开口跟她讲，我打算要买一块地的时候，她就说："嗯，我该走了。"

不到 10 岁我就看透妈妈的缺点，现在她都快把我逼疯了。她很没有安全感、好批评、欺弱怕强，而且下贱。她不会为她的信念而辩护，她会尽一切努力来避免冲突，而且她把这些可怕的伎俩都教给我。我大概终生都要跟这些念头奋战不已。我唯一喜欢她的是她的好心肠，在面对经历苦难的人时，她有人性、慷慨，而且充满爱心。

我已经认了，我们母女之间的关系永远不会圆满，而且只能停留在某些层面上，我很失望。以前我很恨她，我恨她的那种心情，就像恨一个令我感到失望的旧情人。

我们母女在一起的时候，气氛会很紧张，如果我说："我希望我们能处得好一点！"她就用一张面无表情的脸看着我——她无法理解那个意思。近来我跟她比较疏远，我试着去同情她。她会那么挑剔别人，是为了让自己觉得比较舒服（她不是那种很聪明的人，这点她自己也很明白）。不可否认，我也有这种爱挑剔的毛病，但是我终究得认清，我们之间的关系是很有限的，不会更好了。我想我之所以这么失望，是因为我们不可能真正亲近，我们之间实在没有什么话可讲。

我心上人的母亲和她恰好相反。他妈妈是那种可以真正坐下来跟我聊天的人。她是个跟得上时代的人，她是女性主义的信徒，她很注意而且很投入她周遭世界发生的事情。跟她在一起很有趣，所以多少填满了我心中那种不足的感觉。说起来，我实在幸运，不过在对比之下，更显得我们母女关系的贫乏及悲哀。

我不喜欢变老，我快 30 了，我觉得我在变，我的脸再也没有青春少女般的红润，我觉得很烦，真的很烦。我没有想到年纪会造成我这么大的困扰，我希望这只因为我处在 29 岁这个过渡阶段，以后我会慢慢习惯，并有一份成熟之美。但到目前为止，我没有处理得很好。

我记得我妈妈在更年期开始之后，在几年之间突然越显老态。那时我念高中，有一天回家的时候，看到她站在浴室的镜子前面，一边把两颊的脸皮往耳朵方向拉，一边很挑剔地审视自己，嘴里嘟嚷着皱纹怎么这么多，又说："要是这能录下来的话，我就让它倒带、定格。"我觉得那一幕蛮悲哀的，而且心里一直留着这样的印象：我会同情那一幕，也会同情那个时候的她。其实，我发现我年纪越大，就越来越能接受整形手术，但我很少在别人面前承认这点。

　　当然，我认为这个问题有部分原因是我们的社会中没有值得我们景仰、仿效的中、老年典型的女性。我所能做的，就是多注意我所仰慕的中、老年女性，例如多丽丝·莱辛，看看她们是怎么变老的。

　　我最敬佩女人照顾他人的能力、体谅别人的心肠，还有，女人会积极寻求建立人与人之间的联系。我自认为是女性主义者，不过我没有正式加入任何这类的团体。以前我参加过，但感觉上我好像一定得做什么事情，穿什么衣服或是说什么话，变得压力很大，后来我就不去了。

　　对我而言，现在最重要的事情就是自由。女性主义让我有这样的觉醒，能够由此引出更多的想法和行动。现在我认为，女性主义、自由、社会改变等理念，是慢慢演进而来的，而我个人综合的信念系统也是一直演变的。

　　以前我坚持女人一定要出外工作，因为女人能够借助工作和做重要的事情来肯定自己，这是很重要的。现在，我倒很怀疑自己怎么会有这个念头，因为我做的工作没有一样有价值，也没有一样能够反映出我的理念。我做过酒保，也在保险公司干过，我做过许多不用大脑的工作，但是我还是抱着一种中产阶级"仕女（Ms'）"的心态，认为工作应该是很重要的。对少数女人而言，这是很重要，但是对我和大部分女人而言不是，我们不会因为有工作而感到充实。

　　另外，在我自己有小孩以前，就非常赞成托儿制度，而且认为女人应该过自己的生活，在产后仍应像产前一样工作。但是我现在非常赞同孩子应该由家人带大，由家中的重要成员来看管，而不是受雇的人，因为他们对孩子有份爱和承诺，才来照顾孩子的。我认为，所谓重要成员，一般而言是母亲，但这只是因为母亲能够哺乳，若是由父亲来照顾也无不可。但无论如何，家庭的现状、运作方式和影响力都改变了。我们的世界分成两半，一半是公众的，一半是私人的，所有的焦点都集中在公众的那一面，家变成孤独、狭窄、没有生产力的小盒子，回到家来，只是为了要休息，以便回到工作的场合去。这种想法既荒谬，又死板，而且具有浓厚的父权风格。我认为，家是有生气、有活力、有建设性、让我们真正参与的重要地方。

　　在家里发生的事情，是不是不如外面的世界，或是他的公司里发生的事情那么重要？这个问题，已经在我心里交战很久了。不只我这样，我有许多朋友也和我一样矛盾。我想，从肤浅的角度来看，我现在的生活，再怎么说都算是很传统的。但是，要是没有女性主义，我不会这样做，也不会认为自己有无限的可能性。女性主义让我学会去爱我自己，这大概是人类最深远、最重要的需求。

第7个故事：不逃避，不妥协

我是个黑人，今年32岁，我聪明、幽默、受过大学教育、有爱心、心肠好、慷慨、有趣、负责任、敏感、诚实、小心、有伤害人的能力、有野心、顽固、讲话很刻薄、很会保护自己、很亲切、很性感也很有性魅力，而且很忠实！目前我体重过重，但我正在找对策——我是为了我自己才要减肥的。

我最希望能够发挥自己的潜力。我要我能够看着镜中的自己，说："女人，你很好。你有自己的目标，其中有的已经达成了，剩下的你还在努力之中。你很好！"我讨厌现在这个工作，我不能一展才能，赚的钱和我付出的心力不能相比，而且也没有晋升的机会。

到目前为止，我最大的成就是维持了5年的婚姻关系，虽然有重大的挫折，但这段婚姻还是维持下来了，并且慢慢地在成长。虽然我们各有苦衷，但仍彼此相爱，这是很了不起的成就！我这辈子最大的难关是因宫外孕而做过人工流产，当时胎儿已经4个月大，是个男孩，我们连他的名字都取好了。当时我真想不要再积极投入生活——不是自杀，只是不想活了。

我们现在住在少年辅导机构中，要负责管教6名少年。我们得为他们的每天生活负完全责任。我负责家事，而他负责外头的差事——送孩子就医、约谈假释人员、送孩子上学等。

我们领同样多的薪水，但我丈夫花的钱比我多（他外出的机会比较多，而且一到外面就只顾自己、行为不检），他钱花完了，还要来花我的钱，他没有计划，也不量入为出。他签了账单，但是付不出钱来，反而要我帮他付，这对我们的关系是很不利的。最近我们讲好用一种新的方式来安排钱的问题，即钱归我管，我每个星期给他油钱加上零用钱，并管理付钱和存钱的所有事情。

我认为他是我最要好的朋友。婚姻最糟之处，在于两人永远得为对方着想，我不能跟我的女朋友想出去就出去，我觉得我有责任打电话给我丈夫，让他知道我在什么地方，什么时候会回家。这不是因为打电话是我的责任，而是因为我不想让他担心。

在家里，家事都分着做，不过，厨房是我的"势力范围"，因为我喜欢做厨房的工作。而安排家中一切摆设则是他的"势力范围"。

原先我们打算要结婚是因为我怀了孕，而且我们同居在一起，但是在结婚之前，孩子就流产了。如果重来一次的话，我不一定会结婚，我觉得只是同居在一起也无所谓。但是我还是要把婚姻维持下去，因为我已经做了很严肃的承诺，而且我没有理由离开这个好男人；他也许不是最好的，但是他是我所能找到的人里面最好的。

我结婚之后从来没跟其他男人上过床，以后也没有这种打算。我只确知他有过一次外遇，因为事后他告诉了我，但是我怀疑他不只这一次。大致说来，我不会因为他有外遇而生气难过，因为我不担心。除非我觉得他把我当黄脸婆，或不把我看在眼里，那才是问题。

我年纪稍大的时候，看过我父亲的情妇，所以我对婚姻绝对没有不实的幻想，也不会期待我丈夫对我专情。如果他只和我做爱，那当然很好，但他要是和别人上床，我也不会惊讶。我跟我父亲很亲近，亲近到他连秘密（不忠实）都告诉我，他要逃开我的继母，到他的女朋友家"坐一坐"的时候，就拿我当他的挡箭牌，他常带我到祖母家或是他那些女人家。我爱他，但是我并不尊敬他，因为他那些情妇利用我做幌子。

不管怎样，活到32岁，我总算学会原谅我父母亲的错误，接受他们并不完美的形象。虽然父母亲不见得符合儿女们所有的期望，但我希望天下的儿女都能学着原谅自己的父母亲。我跟我丈夫在一起最快乐，而我们最亲密的时光是在度蜜月时。我们的蜜月有4天，那真是太美好了！但是我爱得最深的，还是在25岁时认识的那个男人，那种感觉，是一下子飘飘地飞上天，一下子重重地跌落地。他的个性很复杂，也很情绪化、爱冒险、工作很认真、很有决心、不会处理有承诺的爱情关系、不懂得如何照顾人、对人很信任、不会吃醋、成熟、随时都能接受新的理念、懂得反省，并多方尝试未来可能的发展。

他一直想找片更绿的草地，他会暂时留住我是以防他万一找不到更好的。我不会觉得这样很委屈，因为我已经宣布我对他有完全的承诺了。我们同居了一年，但他对我并不满意，我花了一年的时间才把他赶出我的心房，为了忘掉他，我接了一份义务工作，和假释出狱的人交朋友，做他们的大姐。然后为大专学生策划一系列不同目标的研究讲习会，参加为期6周、每周3个晚上的温泉疗养，同时每天慢跑，还在晚上进修硕士班的课程，这是我这辈子最充实、最骄傲的一段时间。后来遇到我丈夫，他给了我那份心理上的安全感。但是这次我不可能再像以前那样，爱得毫无保留，爱得毫无考虑了。

在大学时，我还有一次惨痛的失恋经验：在某次派对中，我男朋友突然向我走来，说他要和我分手，因我太胖了。我真恨不得挖个地洞钻进去，就此死掉算了。

接下来整个夏天，我还得每天和他碰面。他甚至没问我一声"你不介意我和你以前的室友约会吧"就和她同进同出了。他根本就不在乎我有什么感觉。我在学校和工作时（他们两人都在同一处上班）都表现得极为镇静，但是一回到家我就哭个不停。在周末的时候更糟，有时候，我真怀疑这样的痛苦会不会把心脏拖垮了，但我发现，就算我觉得自己活不下去，也不见得会因为伤心而倒地不起。

男人太过看重身材了。我的体重一直都超重，是个高大型的女人，我在认识他们的时候，身材就是这样，但是好像我们彼此越熟，他们就越挑剔我的体重问题。我丈夫是唯一在一开始就承认他不喜欢胖女人的人，但是他还是娶了我。他一直都很忍耐，不过嘴上还是不饶人。他认为我必须自己克服体重这个问题，但我别指望他会给我什么帮忙或是支持。

我跟我丈夫结婚五年半，才敢开始让他知道一点有关我性方面的事情。2年前我告诉他，我会手淫；5个月前，他和我一起手淫。2个月前我在性交时自己抚摸阴蒂，但是我还没告诉他如何使我快乐的种种细节，或者要求他在他高潮之后帮我做完，那需要不少勇气。有一次我在酒精的驱使之下讲了出来，但到了第二天，我简直不敢相信我真的说了。例如说，我真不敢相信我竟然说出我曾在浴缸中淋着水达到高潮。当他问我时，我说："那又怎么样，又不只有我一个人这样。"然后翻开《海蒂性学报告：女人篇》，让他看看别的女人的实例。他大吃一惊，我的脸红到耳根，窘得要死。我喜欢性爱袭上身的感觉，每次都有不同的感受。性爱是很重要，但不是万灵丹，它不能弥补缺乏金钱、恶形恶状，或是缺乏共同理想等种种情形。

我们最近一次吵架是因为他要跟我玩智力游戏。我说我很担心存在储藏室的东西，因为那个地方有遭小偷的迹象。我问他该怎么办，他却说他不在乎那堆垃圾。我气极了，因为他近来一直在花钱、外出、跟人应酬，留我一个人负责所有的事情。在暴怒之下，我告诉他，他简直就当我是双舒服的旧鞋子。他听了一语不发地掉头走回车内，拿出了六七个原来存放在储藏室的盒子。

我真气得一怒不可收拾，因为他明明就是要试试看我的反应而已。我告诉他，如果他要玩这些愚蠢的游戏，尽管去找别人，最好不要装出对我们花下无数心血的成果漠不关心的样子，并为此来试试看我有什么反应。他没有想到我反应竟这么激烈，而且很惊讶我会有不受重视的感觉，所以就问我这种感觉忍了多久。我说，他一直都那么忙，我怎么会有机会把我的感受讲出来。他真的用心在听我说的话，我甚至趁此之便，跟他讨论我们的经济问题，所以现在变成我在掌管家里的钱——我那些话没有白说。

平常我试着要和他谈的时候，他根本就没有时间来听我讲话，或想想我话里的意思。要是我告诉他我有什么困扰或苦恼，他就会在我们吵架的时候，拿出来做挖苦我的题材。

我和女朋友之间的友谊根本就不会这样。我们讲话的时候，根本不会有戒心，我们心里怎么想，嘴里就怎么说，而且我们会注意听别人讲话，我们之间是可以互通的，这些友谊是我这一生中最耐久的东西。但是要跟我的情人这样谈可就难了，首先有自尊心和荣誉的问题，其次，他可以能会说我太过敏感，或因为我稍作批评而不肯再谈。

现在我比年轻的时候更能付出爱，因为我学会了多爱自己一点、多尊重自己一点。我学会了去爱我丈夫本来的面貌，虽然他有些地方我并不喜欢，但我仍喜欢他这个人。我爱他的笑容（他吝于笑给别人看）、他的进取心、他的温文。

我喜欢我们无论好坏总是坚持维持婚姻的那份毅力，还有，我们总是一起努力地克服我们本身的小缺点。另外，我也喜欢我们在情感上、精神上和心理上的亲密感。我是很快乐的，但有时例外，例如，我最讨厌他对古柯碱那么有兴趣（不是上瘾，但他颇好此道），而且他有大男人的倾向。他觉得我太重，我已经说过了，但除了我偶尔出言讽刺又爱狡辩之外，大致上他觉得跟我在一起蛮快乐的。

我们最大的问题是金钱。如果我做家计经理，掌管金钱的调度，而他只要在做决定时提出参考意见的话，我们的财务会比较上轨道。我曾让他独掌经济大权两个月，那可真是糟透了，我可不希望这种事情重演。那种安排对我们的关系也有不好的影响，因为我觉得向他要钱很不自由（我比较客气）。后来我再也受不了，换上衣服叫他带我去就业辅导处，找到了一份工作，我们夫妻俩从隔周起一起上班。

我是个女性主义者，但我还是觉得妇女运动基本上排除黑人女性在外。白人女性的中心议题和黑人女性的中心议题不同，因为白人女性的迫切需要不见得是许多黑人女性所重视的事情。我们有共同之处，但我们的起点不同。我生长在以女性为主的家庭中，所以女性主义早就成为我的一部分。

我喜欢我本身的女人味。我把女人味定义为：偏好以最微妙的方式来融合智慧和情感的倾向。有女人味，表示我可以为饥民、游民、穷人而哭，也能够因为看到美丽的夕阳而哭。女人味也表示我会为了改善穷人的社会条件而努力，但不求回报。女人味就是以重叠的技巧和艺术的形式，将浮夸和平实组合起来，它是让女人能同时兼任成功的职业女性和伟大的朋友的复杂角色。我喜欢美丽东西，我知道我该擦什么颜色的口红和指甲油。现在我花在打扮上的时间不多，衣服也不出色，但是我越来越瘦了，这使我觉得轻松有劲。

我最爱的人是我的丈夫。我们之间有些事情本来是无法接受的，但却能巧妙地处理过去。现在我真的觉得我对他有承诺，以前我从没想过我会变成这样。虽然我对婚姻的梦想尚未全部实现，得到的爱情也还不十分满足，但是我仍然充满希望，而且努力不懈。

第 8 个故事：选对丈夫是一种智慧

我选的这个丈夫，老实讲，可以算是个傻偎，因为我可以灌输他有关我的知识、我的需要和梦想，就像在一张没有受到不实信息污染的白纸上写字一样。我选了一个又好又稳定的工作，而且由于上次婚姻的教训，所以非常痛恨虚假欺骗的男人来做我的丈夫。我警告过他，要是他敢打我的话，我就跟他分手（这种事有一就有二，不晓得哪天会复发），而他告诉我，他不相信男人有殴打女人的权利，即使她先出手，而且出手很重。

我丈夫不笨，但很单纯。他想事情的速度很慢，而且他的生活，几乎可说是绕着他的阳物打转——这都无所谓。他很诚实，而且很保守，像土拨鼠一样忠实，有着无比的耐心和好脾气，任我爱怎么做就怎么做。我占了他不少便宜，而他仍乐意接受我给他的些微好处，从来不抱怨，甚至没有对我讲过一句重话，更不要说打我了。我深深被他始终如一的付出，他的力量、个性和决心所感动，所以我爱上了他。他这个人要比我好多了，为了回报他，我表面上虽没做什么，实际上却总是尽全力帮他解决问题（好让他处处顺利），尽我的能力来保护他，不让他的身体受外力所伤，并小心不让他生病和蛀牙，教他用更好的方式与人沟通，并且设法让他了解别人是如何行事的。我尽我一切的能力来帮助他，而且我绝不会故意伤害他，我永远不会背叛他。他应该拥有最好的女人，所以我要把我最好的一面表现出来。

我相信人应该专一，而且从我和我丈夫约会之后，没有和别的男人上床——顶多握握手而已。无论有没有结婚，生活都是很复杂的，如果要把婚姻维持下去，就得保持忠实，在今日道德多少已经沦丧时尤其如此。我们可以彼此信任，因为我们熟知彼此的一切，而且世界再也没有人像我们一样，彼此知道得这么清楚。然而，我还是得向外界寻求，以满足心里的需要，因为我好奇的心灵总是想要知道一切可知之事，并学习一切的事物。我喜欢，也需要和别人做广泛的深度讨论，但我丈夫对这方面不大在行。

我已经结婚 5 年了，今年 24 岁。我们没有孩子——我们两人都不想要孩子——而且我们很快乐。人家说我很复杂，"乍看之下很难到手，其实保守得要命"。我受过不少教育，不只从书本上学到有关事物的知识，而且从生活中学到过有关人的知识。我这个人很独立，而且意志很坚强。我丈夫也坚定得像岩石一样。至于朋友，我发现她们是不可靠的，她们可以先宣称对你永远忠实，然后一下子把你当作烫手山芋般丢掉。他对我的爱，让我感到十分满足，也十分着迷。他的付出，毋庸置疑，他对我的仰慕，激励着我尽其所能，表现得又真、又美、又善良，就如我在他心目中的形象一样。他让我觉得自己很好——这就是被爱的感觉，一点也不错！我们对彼此的爱，就在平常的对话中表现无疑，我们说话的语调，脸上的表情，所用的每一个字，都阐释了我们心中的真情。我对他的爱既热情又尊敬。

我尽可能让自己看来美丽诱人——一副很想要他的样子——以加强我丈夫的自尊。这是为他而做的，就像是我送给他的礼物；也是为我自己而做的，就像是他对我的鼓励一样，因为我喜欢他看着我的样子。

目前，他每周工作 40 小时，把整份薪水交给我，然后我再给他零用钱。我对金钱有完全的支配权，所以也得对我们的财务状况和投资的进展负完全的责任。我们有洗碗机，把杯盘放进去洗，洗好拿出来的人大多是他，而不是我。我负责煮饭，因为他对此一窍不通，但是我正在一点一点地教他，因为在我的想法里，不该有人这么依赖。

我偶尔会赚个外快：帮人捉刀、校对和编辑。我坚持他要在我工作的时候做点家务事。开始的时候他不大愿意，但后来就好一点，现在他还觉得做这些事情很有趣，不一定非要别人（我）来做不可。我平时还在大学里修一两门课程——我所谓的心灵的饥渴就是指这个，所以我从来不会闲着没事做。

我最喜欢的就是我可以完全依赖他，他总是在身边陪着我，在心理上、情感上支持我。但是他并不能满足我心理上的一切需要——这样讲好像很不厚道，因为在别的地方他都尽量弥补我。我什么都可以跟他谈，只是有许多我感到有兴趣、知之甚详的事情，他却觉得很乏味。如果我谈的事情超出他的兴趣或认知范围以外，他会很有礼貌地听，能忍多久，就听我讲多久。他也会跟我谈他感兴趣的事情，其中很多都让我觉得很枯燥。但是在谈到性爱、人、人生、动物，或是食物等主题时，我们就谈得很融洽、很自在、欲罢不能。我没有听过，也没见过比他更好的情人了。我们都觉得和对方处在一起很快乐——不是极其兴奋的快乐，而是很快乐，就这样。

基本上，我们日常生活是这样的：他早上起床，穿上前一天晚上我已经帮他配好的衣服（所以别人总是看到他最好看的那一面），然后回家来吃晚饭。我早上起床，穿好衣服——我配好他的衣服之后就配我的衣服——去上课，或者是在家看书，做运动或跳舞，准备晚餐，等他回家一起吃饭。我们很少看新闻，看来看去都是坏消息。我会写点东西、看看书、看看电视节目。他听他的收音机，偶尔陪我看一会电视。我用功的时候，他就清理厨房。我们每个星期一起洗一次衣服，一起去采购食物，另外每个星期一定腾出两晚来做爱。这个时间表是很有弹性的，并不刻板，但我们会以它为基准来安排时间。我们日常的生活很舒适、很平静，通常是充满了乐趣的，有时候我们会出去逛逛街，或开车到乡下去看风景。

钱都是我们共同拥有，存在共同的户头中。虽然他有花钱的合法权利，但是每一次他要花钱的时候都会先问我。我们一起付我们的账单——事实上，支票是由我来开的——然后留点钱存起来。如果我们想要什么东西，且有足够的钱，就会把它买下来。我觉得这样很好，而且这是我唯一可以接受的财务处理方式。我受不了自己对实际的财务状况一无所知，或无权过问。我也受不了让男人管钱，然后再给我一点零用钱。

我是很公平的，我可以接受我们两个一起坐下来处理财务，但我很庆幸我丈夫对这些没有兴趣，所以我不必问他的意见，也不必向他解释。我自己决定、处理一切，的确简单、迅速得多。我知道我在做什么，也知道经济的情况如何，我可以做得驾轻就熟，但如果我得和他一起做，跟他解释我做了什么，现在正在做什么，那么时间不但会拉得很长，而且还会困难重重，因为他对有关财务的事情都一知半解。在我们结婚以前，他还得请个顾问和会计帮他管账呢！我曾批评男人总是不肯透露重要的信息，但说起来我也一样，若是投资失利的话，我绝不会告诉我丈夫。

下面这句话可能听起来像是神话故事一样，但是我们的确没有吵过架。我重责过他一两次，因为他说他已经清理过浴室了，等我踏进去发现垃圾没倒，浴缸里还有头发。他对我连重话都没有讲过一句，也不争论。他会听一听，想一想，然后我们以爱和幽默的态度来谈事情。

我们结婚两年以后，我突然发现在心中盘踞数月不去的感觉是：我宁愿死也不愿伤害我的丈夫，他的痛苦就是我的痛苦，他的生命就是我的生命，他的幸福比我的幸福还重要，他的健康，他的快乐，他的一切是这么样的重要，因为他是我这一生最重要的人。在那之前，我一直是那种先顾自己的人，奋力地向上爬，完全无情——不是暴力，是机巧而不择手段——我竟然让我自己爱上了我的丈夫，当初我嫁给他，不过是因为他能够让我过美好的生活，而且我不必工作，还有他看起来容易控制，"好训练"。

在这个社会里，女人仍需要财务的支持。我从没见过哪个女人领的薪水跟男人一样多，即使她做的是跟男人一样的工作，拥有同样的技巧和资历，所谓的同工同酬仍只是个口头的梦想。我赚的钱不够养活我自己，我是指基本的食物、衣服和避难所，而且我得通过他的公司和他的工作才能有医疗保险。所以如果我们分手，我就没有医疗保险了。我尽量不要想太多，因为一想我就紧张。我正在豪赌，赌他会跟我白头偕老，还是我一个人。

在结婚之前，我极为厌恶性爱，我觉得这是身为女人就得忍受的事情。现在，我上瘾了，无药可救——我爱死了跟我丈夫做爱（这是真的，人家说，貌不惊人的人会是匹黑马）！在做爱的时候，他很严肃，然后大胆起来，精确地说出他想要什么，接着又变得严肃起来，然后又大胆起来。我一定会达到高潮，除非我决定不要高潮——我偶尔会决定不要高潮，因为我要全心全意带给他快乐，这是我给他的礼物。他的阴茎放在我的阴道内，我的手指轻轻地在阴蒂的周围上下抚摸的时候，我会达到高潮。他喜欢那种收缩的感觉，而且他的阴茎压迫着阴道的感觉，会增加我高潮的强度。

我实在不愿意在形容我的性生活时用到糟糕这两个字，但是如果硬要说有什么要改进的话，那么我倒希望他在床上时能独断一点。跟我丈夫做爱，最美之处在于他没有大男人的作风。他不会因为我在上面而担心他的男人味会因此受损。事实上，他还蛮喜欢这种姿势，因为这时他可以逗弄我的胸部。

从我第一次做爱，到我跟我丈夫变得真的很熟之前，我一直觉得性爱令人失望透顶。既无聊，又愚蠢，有时还觉得很恶心。但是，和我丈夫在一起后，我发现我的快感的确会使他更加兴奋。所以我开始参与，不再只是静静躺着，让他爱怎么做就怎么做，这使他觉得做个人、做个丈夫实在是很美妙也很值得的。我的模样，我的声音和味道，还有我从他身上得到大量快感，使他感到至为兴奋。以前和我睡过觉的男人，都忽略了如何使女人感到快乐，也不在意女人的身体结构。

我第一次达到性高潮，是和我丈夫在一起的时候，他温柔地轻咬、吸吮着我的乳头，我自己用手摩擦阴蒂。那时候我们结婚一年半了，有一天，他说他想知道为什么我这么厌恶性事。他是诚心诚意想帮着改善这种情形，我很惊讶，但是他有这样的反应我也觉得很高兴。所以我们就从最基本的开始，灯没关，我让他看看下面有什么，然后我们开始做，那个感觉就来了。

现在我通常在性交中以手淫达到高潮。第一次要这样做实在困难，因为我把手淫当作自我虐待，而且我手淫似乎就表示对方不够好。但是我喜欢这样，他也是，所以我们认为，既然我们两个成年人都有一致的共识，所以，只要我们感觉好又行得通，我们就可以而且应该这么做。小时候的教育就丢到一边去了。

除了性爱，我也很喜欢他躺在床上抱着我。我朝右躺着，他也朝右躺着，躺在我身后，用左手搂着我，我们常常这样。

我和父母亲都不亲，我是祖母带大的。我母亲自己的问题就够她忙的了，她既没时间也没精力来关心我。我父亲不了解我，我也不太了解他。除了在我母亲告诉他我不乖的时候会用皮带抽我的背和腿之外，他没有碰过我。

他还因为"那种事"而打过我，还说如果我敢再做"那种事"，他就要跟我脱离父女关系。我母亲在我月经开始之后，告诉我，我可能会惹上麻烦，所以永远别让男孩子们碰我。这些到底是什么意思？父亲的解释是：如果你在结婚的时候不是处女，就会使我、你自己和我们家蒙羞。要是能的话我就把你给杀了，如果我不杀你，也会痛打你，当作我没生下你，永远不承认你是我的孩子。母亲的说法则是：男孩子总想和你玩乐，而你要是怀了孕，以后就再也抬不起头来了，没有一个男人会想要你。别让他们对你做那种事，男人若想和你上床，除非先娶你，否则别想！

我15岁就离开家里，找了个地方住下来，又找了份工作，并断绝一切和父母的联系。我的冒险经历如下：和那个把疱疹传染给我的牛奶商人做爱；为了在午间寻欢，和一个独居的男人上床；另外，我还和一个跟同居女友闹得不可开交的家伙一夜风流过。

我还不到20岁就相信世界上没有所谓的爱这样东西，男人和女人结婚，其实是自欺欺人，嘴巴上讲着什么爱呀、关心之类的好话，其实骨子里什么感觉也没有。我觉得很孤单，而且变得很冷漠。我不相信世界上有真正的爱情，有的只是彼此互相利用，而我不想过那样的生活。

现在，我爱上了我丈夫。他是我最要好的朋友、情人、同伴，他是我的心和我的灵魂。他是我的一部分，而我也是他的一部分。对我而言，他是全世界最重要的人，不过，他并不是我生命的中心。这很矛盾，我不知道怎样解释。

我喜欢和他相爱的感觉。这是我活下去的理由，因为有他和我分享一切。爱是欢乐、舒适、平静、温暖、安全和真实感的结合，爱是崇高的，爱是人生唯一值得追求的事情。爱和仇恨，甚至和冷漠的不同之处在于，爱是永无止境、积极而且不会后悔的。

我们之间的差异并不太重要。我丈夫不是知识分子，但我是。他知道他和我不同，但他不需卑屈于我之下。有时候，我在想，若能有个在智力上与我匹配甚至在我之上的男人为伴，也许会更好，但总是旋即打消念头，因为这样的男人由于文化和本身的知识之故，必定很难相处：他一定会觉得他得控制我才行。

现在，环顾四周（只是好奇而已，看看"市场"上有怎样的"货色"），如果我还没结婚的话，倒想去认识其中一些人。这些人都像我丈夫一样，年纪比我大、事业有成、肤色黝黑、头发剪得短短的、很整洁，但是不会太瘦。不同于我丈夫之处，是我们都属知识分子，在智力上与我相当（有时还在我之上）。但我不会真想要嫁给他们，因为我觉得他们会想要"拥有"我，而且会指使我如何思考。

我就是喜欢现在这个样子，我们之间有同有异。我丈夫迟钝得跟马一样，但是他的日常生活运作得很好。我们在心理上的亲密感，超乎常人想象之外，而且有着美好的性生活。和他在一起，我可以放心地付出、付出、再付出，似乎我付出的越多，就越想付出更多的爱。

第9个故事：经济独立才有话语权

我是个45岁的家庭主妇。有个14岁的儿子和我们同住在一起，他有些好动，而且有学习障碍。我和我丈夫结婚差不多25年了，我的继女今年29岁，已经结婚了，有两个儿子。我痛恨家事！

我曾经在外面工作过，但在15年前就辞职了。我原先在本地的周报做广告部副理，我真想再回报界去上班。我没拿到大学文凭，念到一半就不念了。年轻时，朋友比现在多，现在常感到孤单。我的性子很急，很容易发脾气。

我觉得我像是被困在这间屋子里。怎么会变成这样呢？当年我怀孕的时候，继女已经13岁，不再需要保姆照顾，正是我最自由的时刻。我知道要是有了小孩，我的自由就会减少。为了这个孩子，我放弃了我很喜欢的报社工作。在放弃工作的同时，也放弃了我寻求独立的机会，我放弃太多经济独立的能力了。如果我还保留着那份工作，我的生命会是何等面貌？我敢说我一定早和这个男人离了婚。从婚姻中，我得到的主要是经济上的安全感和大量的物质享受，像是彩电、洗碗机、烘干机、新的家电用品等。这些并不会使我感到快乐，只会让我很舒服，腐败到没有这些物质享受就活不下去。

我不想把这段婚姻维持下去，但是我也没打算什么时候一定得结束，不过原则上是要等到我儿子独立之后才行。他已经 14 岁了，但是很不成熟，我不知道他还会在家里住多久，希望在他 18 岁之前我能自由。其实我想说的话是，有一个这样的孩子，压力大得简直要把我累垮。

去年秋天儿子突然住院，医院离家约 104 公里。在他住院时，我在日记中写着：我觉得我好像丧失了为人母的身份。14 年来我一直把自己定位为母亲，突然之间，儿子不在家，甚至洗不到他的脏衣服，顿时觉得自己像是失了舵的船。以前我常为了要洗他的衣服而累得腰酸背痛，现在亦是如此，但那都不要紧。失去我的"工作"之后，使我提不起劲来生活。早上我不想起床，等到起了床又什么事都不想做。

我丈夫和我吵得最厉害的问题是性事和儿子。在吵架的时候我常会失去控制，变得很没有理性。如果吵的是有关于性的事情，通常到最后是我丈夫说声"算了"！然后他上床睡觉，而我去洗碗盘或是做别的事情。有时候，到了第二天，我还不知道我们吵完了没有。他就算气冲冲地去睡觉，还是可以睡得很好，而且因为我起床之前他就出门上班了，所以我们在早上不会碰面。在吵架的时候，有时候他会大吼，要我在他第二天下班之前滚出去。我才不相信他的话，照样过我的日子。通常我丈夫会在早上打电话来道歉，或者在下班回家之后向我道歉。如果我觉得自己错了，也会向他道歉。

我丈夫每隔一阵子就说："这家里的一切都是我的——钱都是我赚的。"以前我会因为他说的话而感到非常伤心，后来我比较宽容，因为心理医师说，我丈夫讲这种话实在不明智，他应该了解到"夫妻之间是种合伙的关系"。

我试着想换个方式来看这个问题，不要总是觉得自己屈居于他之下。我已经开始存钱了，我把买菜剩下的钱，加上我父亲给我的 500 元生日礼物，存到一个我称为"逃家专案"的户头里。我丈夫发现这件事情之后暴跳如雷，但是我付钱请了 12 个亲戚朋友，在他过 50 岁的生日时，到餐厅去吃了一顿。又买了到佛罗里达的机票给他做生日礼物，全家一起去度假。

我负责管所有的钱。我丈夫每周四回家的时候，把薪水支票交给我，我给他 40 元作为零用钱。虽然如此，我丈夫仍不当我是平等的人。做决定的时候，他几乎总是把我排除在外。我会知道我们度假计划的内容，是因他在告诉别人的时候，我正好在场。

家事上的安排通常是我洗碗、铺床、煮饭。至少有 85% 的时间，都是我在照顾孩子。我丈夫顶多跟他做些休闲活动或是说教一下。我偶尔几次晚上出去，留我丈夫和儿子在家，回家的时候发现他已经坐在电视机前睡着了，所以我总是在孩子上床前回家。要是我问我丈夫为什么没照顾儿子，他就会发脾气。

如果我丈夫说："这顿饭真可口。"我不会因为这句话而感到很高兴。也许这是因为我真的很讨厌做菜，我几乎总得费尽心力才做得好，而且我还得每天做，一个星期至少做 6 天。也许这是因为我跟我丈夫的关系不是太好，取悦他不是我的生命目的。

偶尔我丈夫会清理起居室——掸掸灰，吸吸尘。起初我认为他是想让我出丑，因为如果屋里不干净，显然是我没打扫的原因。但是不久之后我的态度就改变了，大概是因为我听到的一段广播，演讲的人可能是个女性主义者："这也是他的房子，如果他觉得那些灰尘很讨厌，他可以去清一清啊！"我丈夫试过用羞辱我的方式叫我去做清洁工作，他会抱怨桌子积了一层灰尘，这时候我一句话也不会说。但是隔天我会把家具亮光蜡拿出来，把起居室擦得到处亮晶晶的。不过他从来不说一句称赞的话，甚至让人看不出他到底注意到了没有。

我对于机械的东西也蛮在行的。大概两个月前，自动洗衣机在脱水的时候坏了。当时旁边的桶子里还泡着两个枕头，洗衣机竟在这当儿坏了，我实在生气。我打电话给我的父亲，问他有没有什么好办法，但我没有请他过来。

我相信专一，大概是因为我的成长环境。但是我并不专一，我爱着另一个男人 15 年了。我丈夫对这件事一点也不知情。开始，他只是很积极主动地和我调情，他们夫妻俩、我们夫妻俩和其他几个人，共同组成了一个公共服务的志愿性社团。他总是和我们这个小社交圈里的女人调笑。有一天，我们两对夫妻在傍晚时外出，然后回我们家来。我们总是交换舞伴跳舞，所以我和他一对，我丈夫和他太太一对。我们跟着音乐在厨房跳，他们在客厅跳。

不久之后，他便关掉了厨房的灯，手开始到处游走，他已经喝了很多酒，这时候已经醉得蛮厉害，但是他不笨也不恶心，只是很热情而已。我也喝了几杯酒。他的手开始乱动的时候，我没有大声抗议，那个感觉很好。我是试着稍微反对一下，轻轻地说了些"小心一点，要是他们进来就会逮住我们"之类的话，但他答道："你怎么知道他们不是在做跟我们一样的事情？"

事过之后，他打电话到家里来，说他想找个时间来看我。我很犹豫，但还是让他来了。他上的是晚班，我丈夫上的是白班。他与我做爱的方式很特别，我从来不知道可以这样子做爱。在这之前，我只和我丈夫亲昵过，但是他很不一样，我整个心都被他占满了。他总是非常的温柔，从不会对我讲"下流的话"，虽然我知道他平时会这样。他不会强迫我做我不想做的事情，但是他很有说服力，总是能够说动我试试新的事物。

现在我还是很喜欢他，但是我们不再固定每周见一次面了。其间的间隔可能长到一年。现在大概每次见面间隔两三个月，最近，我经常打电话给他。

有一次，他打电话告诉我，他要离婚，去和另一个女人同居。我问他："那我怎么办呢？"他答："我不知道，但是你早晓得我们的关系没有什么未来的。"我说："我懂了。"然后挂上电话一直哭，我的心碎了，而且觉得自己像是要崩溃似的。我打开收音机，听听脱口秀节目，想把他逐出心中。收音机没效，我总是失眠，总是睡不着。当然，我没有倾诉的对象。我开始对自己说："把他忘了！"每次他进入我的心房时我都会说这句话。在我丈夫在与人闲聊时我得知他已经离婚，现在和一个女人同居。我讲了些很适当的评语，装作是第一次听到这个消息的样子，然后到地下室的洗衣房去大哭特哭。

3个月之后，我已经快要把他抛在脑后，但是他又打电话来，问我中午有没有空，好像什么都没有发生过一样。我告诉他我前阵子有多么悲伤，但是我还是让他再度回到我的心房和我的屋中来了。我知道，我可能是个大傻瓜，但是我爱他，无论他什么时候想要我，我都是他的。他不再躲我了，所以我们又回到老样子。他告诉我，他很抱歉他伤我伤得这么深。

为什么我无法放弃他？他让我觉得我自己很好，他使我的自尊心提高了。他完全地接受我，从不对我身体做尖酸刻薄的评语。我猜我会这么依赖他，是因为他使我在性方面感到满足，在感情方面感到充实。再说，他是唯一真正可以和我谈一谈的朋友。但是我的确尽量不去让他发现我有这样的心理特性，因为他曾在几年前说过："我不能和你住一起，因为你无法使我如痴如狂。"他不知道他这话让我多么伤心。

我希望以后我会有另一个有未来的爱情关系，但是目前就这样了。

我对我自己的性行为仍是一知半解。几乎一切都是他主动，比如说体位。有一次我试着把自己摆到一个快感比较多的位置，但是我觉得太害怕了，所以觉得很不舒服，以后也没有再试过。但是我知道我还是喜欢那个姿势，而且偶尔他正好用这个体位的时候我会很舒服。我想，这就导出了一个女性主义的问题：我到底能不能在性关系中强烈地要求我想要的东西？不幸的是，答案仍然是：不能。我不知道为什么会这样，如果我说出怎么样做会让我得到更多快感的话，他也不会反对。但是我们深受时间所限（他得在午餐结束之前赶回去），所以我们没什么时间做试验。但是我一边这样写，一边说服我自己，向他要求我所要的并没什么不对，而且我也许会在我们下次见面的时候提出来。

在心里，我很担心我会像我母亲晚年的时候，有种反对社交的倾向。她会说："噢，不要再找人来了，这些人来这里要做什么？"我不太会交朋友，尤其是在我们这个社区，我交不到什么朋友。我在大学时交的朋友好像都消失了，不再写信给我。我需要多交几个本地的朋友。虽然我也参加了课程或团体，但是我还是独来独往。

两年半之前，我决心重新回学校（社区大学）念书，我修了几门课程，希望能为将来就业做准备。我发现我很难同时兼顾家事、学业、孩子和我个人的生活。大学的课程实在紧，比起当年我念大学的时候，没结婚，又只要对我个人负责就可以，这之间的差别实在太大了。我发现有了家以后，要腾出时间来用功真的很困难。

开课的前一天晚上，我终于下了决心。我告诉家里的人说，我决定不念了。像平常一样，我丈夫什么也没说。

那天晚上，家人都入睡之后，又是剩下我一个人，这是我很重视的时间，我用这段时间来洗餐具。我总是一边看电视或听收音机一边做，差不多从十一点半开始。

但这天晚上，我只是哭，什么都不想做，我无法自制。最后我总算把杯盘放进洗碗机，把所有的事情做好，但我的心情糟得无以复加。脑子里只有一个念头，那就是我失败了。天亮前，我终于深吸一口气，决心好好过我的生活，即使我的事业、梦想遥遥无期，也是一样——我现在就是这样。

这些是我趁我儿子的班上出去郊游的时候写的。换句话说，我儿子不在家的时候，我才能做我自己的事情——我可以做我自己。我从今天的凌晨一点写到四点半。在我丈夫睡着的时候，我也觉得比较自由一点。

✍ 第 10 个故事：家庭暴力带来的伤害

我最大的成就就是念完了高中。我 15 岁时因为怀孕被开除之后，就一直想要完成这个心愿。虽然多年来我在通讯、电子业界工作都很顺利，收入也很不错，但是念完高中一直是我梦寐以求的目标。现在我还有更多的求学梦想。

我 16 岁时便和丈夫分居。我的家人都支持我，妈妈还叫我带着小孩回来跟她住。她是真心欢迎我回来，而且对我呵护备至，但是我觉得这个情形实在太没面子了。还好，我很幸运地交到一个男朋友，帮助我离开家，这个人就是我现在的丈夫。在 17 岁时带着犹在襁褓中的孩子离家自立，现在想起来还是觉得很可怕。

我们之间的关系是依赖型的，这是由于我本身的情形造成的。我觉得我欠他太多太多，因为他接纳了已经有一个孩子，而且本身也还是孩子的女人做太太。我在选第二任丈夫的时候，还不很成熟，也不可能像一般女人选第二任丈夫时那么谨慎。我钦慕他的地方，是他工作做得好，很强壮（我父亲很强壮），而且他不是那种会在钱的事情上和你斤斤计较，或是不给你支持的人。我不知道他会打老婆，因为我没看过他打老婆。我以前以为，这是我罪有应得，是因为自己做得不好，才会受他打骂。直到我20多岁之后，才觉得那种想法是错的。

我丈夫一直断断续续地打我，直到两年前才罢休。我很恨他这种暴力行为，但是结婚10年来我只和两三个朋友谈过这件事，我痛恨他那种残酷的癖好。为了复仇，我找了个情人，但这不是我的本意，只是希望我的种种情感能有个出路，现在我对他连一点尊重都没有。我永远不会主动结束这段婚姻，但是他可能会这样做，如果现在离婚的话，我不会那么伤心。

刚开始的时候，我念的是函授教材，因为我一直在做全天的工作。后来我工作比较稳定一点，我就修几门课，定下自己的目标。我也让他知道我不愿再被他殴打了，我越喜欢自己，自己就变得越独立。我还赢得了选美比赛的头奖，这使我更有自信，因为我的同事都投我的票。大家都很喜欢我，所以我认为我一定可以做得更好。我决心要改善我的婚姻。他喝了酒之后变得更糟糕，所以他要是喝了酒，我就不跟他谈事情。他去看过几次心理医生，但是医生讲的话他听不进去，他就是看不见自己的缺点。

我认为人应该专一，但是我另外有个情人，我们已经认识两年了。理由很简单：多年以来，我丈夫打我，责怪我有外遇或是跟他的朋友混在一起，明知道我最反对他嗑药，却仍照嗑不误，一去钓鱼就什么事都不管。所以我变得很习惯他不在家，而且一点也不想念他。

今年春天，有一天他大发脾气，把我脑后的头发扯下一把来。还好我的头发又浓又长，谁也看不出来。城里有个警探挺注意我，他只见过我一次面，但是对我很着迷。他会假借公事为由（我是刑案的证人），打电话来和我聊天，我们变成了电话朋友。有一天，他到我家来，我们就这样凝视着对方，像两个孩子一样，如此而已。他见得多了，所以没有在我家里诱惑我，只说我们在有更进一步的发展之前最好先想一想。第二天，他带我到一家汽车旅馆，那是我有史以来最美好的做爱经验。

外遇对我的伤害是让我不想只和他上床，而想和他生活。我不喜欢遮遮掩掩的，总是怕被人发现，我心里担心，要是我跟了他，他会不会像丈夫那个样子？我想我们永远不会真心信任对方。他说他很害怕自己的感觉，我说我也是。我们不愿意伤害到他人，进而伤害了对方。我能这么开心，这么有自信，要感谢我的情人。但同样的，我也因为他不想要我而觉得自己一无是处。我假装对他不在意，因为他说："我们不该相爱的。"但是不相爱，我们又应该怎样呢？

我丈夫希望我理解他出身于很不好的家庭，但我不理解为什么我们家也得像他家一样。他会打老婆、会乱丢东西、不顾家是因为他父母的家就是如此。作为一个人，我不能享受到任何的权利，但是作为一个男人，他却享有许多特权，我们常因此而吵。我有权选择我的事业，而且设定目标、追求成就，只要我能对自己负责，就没什么问题。但是他说："做我老婆的女人，绝不能在全是男人的地方上班！"——不是他觉得我像婊子，就是他自己没有安全感。

我丈夫知道我在外上班是必要的，但是他总是说些性别歧视的评语，像是："等我们的贷款缴清之后，你就可以把工作给辞了。"其实我很看重这份工作，他以为女人还停留在没有投票权的时代。

我们最大的问题是，他看不起所有的女人，包括我在内。他认为女人竟然去做警察，做高科技的工作，或是做粗重的工作，实在太不守本分了。要是看到女人开车，或是胆敢占了他的车道，他就骂她们是母牛或婊子。有两次他当着我同事的面对我破口大骂，因为那天我的工作环境里全是男人。

如果能有一个平等尊重对方的事业和个人目标的伴侣，那该多好。这样的信任应该大到能够接纳对方的双性朋友，而没有一丝的怀疑。我希望两人之间，有一点朋友的感觉，还要有些鼓励。我要赞美、问候、拥抱和亲吻。

我们各自处理自己的薪水，而他负责付账单，我负责食物，存下大笔钱付房贷、车贷或一切的大笔采购。但我喜欢和他一起跑步（8公里）、滑雪钓鱼、做爱，以及休假时到外面去吃饭、旅行或开车———一切不需讲话的活动。

我很讨厌他沮丧的情绪，我认为那是他的心理问题。我很害怕他在吵架时那副怒气冲天的样子，也很怕在我没有事事顺他的心意，或是立下他非常反对的目标时，那幼稚的暴力性举动。他的嫉妒和敌视女人的大男人心态，才真正是让我们两人无法相处下去的因素，而不是因为我的工作或是情人才使我们疏远。他的嫉妒心重、占有欲强，他甚至嫉妒我的目标、我的学业、一切没有包括他在内的事情。我的情人会和我谈话，而且会称赞我、鼓励我追求目标，跟我平等地做爱。

我真怀疑我会不会继续留在我丈夫身边，但是，因为儿子的关系，我不想改变。我所做的每一个决定都得先考虑这对他好不好。我总是得为我们两个人，而不是我一个人着想。

我爱我儿子，即使他在学校或是私人生活中都不积极。我觉得我还把他当宝贝一样地疼爱着，而且我发誓要保护他、照顾他。从他小时候起，我就每晚在他睡前念书给他听，至少念半个钟头，直到他 12 岁为止。我常引导他做运动，直到他 14 岁时，不想再做运动为止。他有一把吉他，他还蛮喜欢的。在家的时候，他连起码的招呼都不打，而且不理会家里准时睡觉的原则和其他的规定。

我觉得我现在生理状况格外的好。我今年 31 岁，既年轻又性感。现在我会注意很多男人，想象他们在床上的模样。我觉得大部分的警察都很令我心动，因为我的情人是个警察，而且因为做警察的人大多留着小胡子。在性方面，我丈夫只会告诉我如何配合他的身体，以便让他得到最大的快乐。他不会说他爱我，或是他觉得我很美、很诱人，或是让我快乐……但是没关系，因为我情人都会。

我丈夫对我有没有达到高潮并不在意，他只重视他有没快感。我可以对他口交，但是我若要他对我口交，他就显得兴趣索然。我常得花很长的时间才能达到高潮，但是我觉得他似乎会因此而觉得枯燥，所以我宁可在做爱后，或隔天到浴室去自慰。我试着要和他谈，但他却勃然大怒："是你自己有问题，别怪到我身上来。"

我丈夫一直把满足自己当作最高准则，直到最近（我明明白白地大加抱怨）他才认为也许我应该有高潮，也许一个月一次。我非常喜欢性爱，而且总是全心全意地热切参与。他说，看着我在他面前自慰他会觉得很兴奋，但是他不知道我是为了他才自慰的。如果我在上面，他的阴茎前端便会碰到我的某一点而使我达到高潮，但是他不喜欢这个姿势。最糟的是他会在 5 分钟内断然地做完，然后道声晚安，开始入睡。我的情人很懂得如何抚摸我，而我丈夫会说他的"手很酸"，不只他的手，连他的嘴都很酸。

我在我丈夫面前自慰时，他会感到很兴奋，而且会很轻松，因为他自己毫不费力。这种态度真是令我痛恨极了。一想到我的情人我就觉得很兴奋，我自慰的时候总是想着他，即使在我丈夫面前自慰时也想着他。

我的情人结婚时，我感到最为寂寞。他瞒了我两个星期，但是还是继续维持我们的性关系。我会觉得这么寂寞是因为我不能告诉任何人，只有我最要好的女朋友知道这件事。我觉得我泄露了自己的秘密，可能保不住这个情人，也保不住这个朋友。我觉得被人利用了，想死，但又不愿死。

我的情人说他从以前相恋时到现在结婚后，对女朋友（太太）的爱一直不变，但是他却要我们的关系永远继续下去。也许他在心里除了他和太太的生活之外，特别腾了一块地方给我？我已经不再相信爱情了。

不跟我情人在一起的时候，我偶尔会想，为什么他和新婚才一年的太太活得不快乐？我一直想不通，但又总是会去想。我们之间主要是性和快感，以及电话聊天。当我们四周的一切都崩塌下来时，我们彼此支持着对方活下去。

如果当年我念高中时安全意识多一点，也许我会很喜欢高中生活。但是我的家庭不够好，所以我总觉得比别人差。我喜欢写作，而且成绩很好。

我跟别人格格不入，这是我怀孕的原因之一。有个小孩可以疼爱，而且自己也变得很特别。我让大家知道，我可以照顾我自己和我的孩子。因为有这种力量，我赢得父亲的尊敬，甚至连我那位悲观的姐夫都很敬佩我。

现在，我母亲和我什么话都可以谈，她有话就直说，不会隐瞒。我们谈时事、谈小说、谈伤痛和快乐。在我青春期时，我们曾闹得很僵，因为我不愿受她控制。但我怀孕之后，我妈妈从来没有舍弃我，她把我当作另一个女人来支持。我非常尊敬她——一种女人对女人的尊敬。她总是说，若是我的婚姻失败了，欢迎回家来，也许这是因为我父亲不在身旁，所以她感到寂寞。

我最要好的女朋友很诚实，而且让我觉得很温暖。我会告诉她我最亲密的感受和行为，我完全信任她，她永远不会说出去，而且只要我需要，她就会帮我。她诚实地对我说，她很讨厌我的做法（欺骗），而且她担心要是我丈夫发现了，后果会不堪设想。她说，如果我要跟别人睡觉的话，应该先跟丈夫离婚。她说她跟我丈夫合不来，至于我的情人，她也很讨厌，因为他会令我感到痛苦。她知道我痛苦之处，也知道我心中的感受。我们每周两次在同一个餐厅上班。我觉得跟她在一起既轻松又快乐。她已经离婚了，目前没有男友。她没有男友的时候，对我这两个男伴特别冷漠。

男人对女人不够尊重——男人把女人当作屁股、乳头、阴道和大腿，根本不算是个人！我恨他们叫我们娃娃或娘儿们，也恨他们认为女人都很笨。我喜欢敞开胸怀的男人，希望他有感情、敏感，又坚强又温柔。但是在性关系中，女人常感到自己不过是充充数而已。男人需要她，但是会利用她、虐待她。

以前我会选暴力和大男人主义的男人，但是我的情人一点也不会那样。噢，也许吧！他喜欢有一个和他做爱、给他快感的女人，另外还要一个女人做太太。现在这两段关系都弥补不了我心中的空虚。我想，大概没有人能弥补我心中的空虚，我的心空虚得太久了。

我很不愿意那么努力地克服我的婚姻中的种种问题，让两人的关系继续下去，我似乎已经放弃了。我能撑过来是因为我把注意放到别的地方，而且我不愿去想我丈夫坚持的事情，如果我换到全是男人的工作环境去工作，我穿了性感的衣服或我交了男朋友，他就跟我离婚。

我今年31岁了，我仍想接受更多的教育，努力达到更高的目标。我什么都学，而且我对我的外貌还是很有信心，老师称赞我的功课的时候我仍然很开心，这对我而言比什么都重要！

我觉得我现在没有受任何人摆布，我接受我自己，而且我对我自己大部分的表现都很骄傲。我并不是因为我跟会殴打我的男人同居了这么久，或者是我跟已婚的警察睡觉而感到骄傲。我骄傲的是，我处理得来。

14

婚外情

婚姻生活的毒药

love

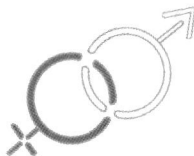

大多数女人是不是都从一而终

结婚超过 5 年的女人中，有 70% 有婚外性关系，然而她们几乎都相信专一才是对的：

"我跟我丈夫很快乐，他有我所需要的稳固和可靠的特性，但是他很难得热情。我们的关系进展很慢，我花了好长一段时间才明白我的确爱他，而且跟他在一起会感到快乐。但是我跟情人在一起的时候，才是最热情的，我们两个不可能久处而不做爱。"

"我有段为时 15 年的外遇，既激烈又热情。我是认真的，他也是，但我们从来就没有考虑要拆散各自的家庭，这是纯粹额外的。起初，我把他理想化了，现在，我只是很喜欢他，觉得他比较理想一点而已。在床上的时候，他的欲望很高，毫不羞怯，而且令人非常兴奋。此外我们还一块做了许多我丈夫根本不感兴趣的事情——开车到乡下乱逛、跳舞、参加滑雪俱乐部、一块工作。我觉得，他就像是我的嗜好一样，要保持他对我兴致高昂，不肯罢手实在有趣又有挑战性。我相信，我丈夫从未对我不忠，他对性爱缺少兴趣，要是我发现他跟别的女人有来往，我才惊讶呢！我很讨厌我丈夫和其他女人有任何关系。但是，如果现在我丈夫有一个能带给他乐趣的好情人，我是不会反对的。这对我们的现状没有影响。"

"很奇怪，我相信人应该专一，但我却另有情人。我有外遇，我跟情人在一起 10 年了。目前我跟 3 个男人有来往，甚至有一次还和朋友的丈夫，但是，罪恶感太重了。为什么？因为我需要变化，只和一个男人做爱实在无聊。老天保佑，别让我丈夫知道这些事情。他很忠实，但是他常旅行，所以我也不确定他有没有外遇。"

"那种感觉无处不在，那个人让我知道性爱可以有多好。他很在意我，也很敏感，但后来他却越来越要求我多花点时间陪他，我也多花时间陪他了。我的婚姻因为外遇而分裂，现在我们还来往，但是他又再婚了。"

"我有过婚外性关系，那个滋味真是棒极了。我一点罪恶感都没有，我忙着体会那种滋味都来不及呢！也许我丈夫有点疑心，但是他没说什么。这个外遇让我对自己的性能力和魅力更有信心。在性方面，我丈夫的想法非常古板，他不会以口或手来刺激我的阴蒂，我总是得不到满足，我已经厌烦了。我跟他讲了很多次，但他觉得我不满足是我的问题，不是他的问题，所以我就设法改善了。那次外遇在情感上不是很认真的，但是非常偏重性爱，那真的相当美好。"

女人为什么会有外遇

大多数有外遇的女人说，她们觉得夫妻之间很疏远，在情感上被丈夫排斥在外，或者受到骚扰。有 60% 的女人觉得外遇是享受生活、追寻自我的方式，虽然丈夫不重视自己的价值，但还有别人重视：

"我有过婚外性关系。我遇到一个既爱我又尊重我的男人。长久以来，我对他也是又敬又爱，但我从未想到他对我的感觉不只是友谊。那次时间很短，但是很认真。在我的自信心跌入前所未有的低潮时，它让我感到自己依然可爱。"

"我不会因为外遇而觉得骄傲。但是我跟这个人很亲近，他肯定我，这是我丈夫做不到的。"

"那次外遇，让我第一次有机会自由地发挥自己，很刺激。我觉得他就像我的救星一样，他真的关心我有没有得到性的快乐，而不只是注重他自己是否得到满足。那次外遇让我觉得热血澎湃，但是它也让我重新认识自己，跟他在一起，我可以把自己完全表现出来。"

"我的情人是我真正的友伴，他不会盯着我把衣服熨好，跟他在一起可以表现出我真正的一面。"

"我有过几次外遇，但只有一次比较久，持续了 4 年。我觉得我在家里一点也不受重视，但是他爱我而且重视我。外遇对我的影响就是重新建立自己，支持我、帮助我渡过婚姻难关。"

"我不相信专一！那是什么？宗教吗？科学理论吗？专一是爱情关系可能的形式之一。我有过外遇，那时候我非常沮丧，跟丈夫之间非常疏远，人很麻木，我想要接触一个活的东西，让我重新活过来，看看我到底有什么感觉。

"我在结婚后两年开始有外遇。很美妙，它让我了解到我可以受到理智而平等的待遇。跟我的前夫在一起可没有这种感觉。我外遇的对象还是个高明的情人，我们在一起大概 8 年了，到现在还常有联络。"

"我是个家庭主妇，有两个小孩，在 56 岁时重返学校读书。我相信人应该专一，但是我并不专一，我外遇 3 年了，原因是我渴望得到感情。我跟我丈夫讲过好几次，没有感情我活不下去，但是我不想离婚。

"我在经济上依赖我丈夫，这是个大问题。我丈夫独断处理一切财政事务，当作秘密一样守着不让我知道，我实在痛恨。家务事、买菜、煮饭、洗衣等都是我在做，我丈夫控制了一切，付贷款、付菜钱，给我一些钱零用。他甚至控制了我的爱情关系，我是得到他的许可才有这个情人的。"

"外遇很好玩，我们一个有丈夫，一个有太太，我没有罪恶感，而且我相信他也没有罪恶感。我们都不想离婚，只想享受这段关系，让生活更有趣。我最近最快乐的事情是和他一起旅行，在外过夜。他一天至少让我歇斯底里地大笑两次，这是我前所未有的经历。"

"这么多年来我丈夫一直对我不闻不问，终于让我发生外遇。我第一次的外遇是在试探，我学到了很多东西，很激烈、很满足，我成为完全的人。我发现当对方以热情而非冷漠的态度来对待我时，我在床上会有很多反应，表现好得要命。我们之间是很认真的，也很秘密。我的情人很温柔、殷勤，又多情。我真不懂为什么我要到 39 岁才有长大的感觉，我们还是朋友，但现在我们只在我们的周年纪念日聚一聚，喝杯酒，谈谈我们的生活。

"我和丈夫同住的时候有 3 次外遇。我刚提过的那一次维持了 8 年，另外两次维持了 3 年。它们的效果都一样，就是让我觉得我还可以留在这个腐化的婚姻中，同时发展出自我的认同，为将来过独立生活做准备。外遇在我身上产生了良性的效果——我的自尊大大地提升了。

"我和丈夫吵得很厉害，到后来，我们都认为互相漠视比较好过日子。我们吵架大多是因为孩子，他把一切过错都怪在我身上。我重回学校上学，拿到学位，用功念书，自我发挥，静待我能离开的那一天。在我离开他之前，我感到最为寂寞。

"其实我很需要在离开家之前做点心理治疗。我这辈子从来没有独自生活过，而且我不太会作决定。我慢慢学会了如何作正确的决定，最后终于体会到，独自生活的感觉太棒了。现在的我，跟以前的我不一样，我已经变成一个新人了。在我个人生活中，如果只为我自己的话，我会做什么？我喜欢做白日梦，看着微风吹过树梢，回忆过去的快乐时光。希望其他的梦想，也能一一实现。"

"我跟丈夫在一起非常快乐，而且我们结婚 25 年来一直都很亲近。当我得知他不再爱我之后，我又哭又酗酒，这样过了两年以后，我去找了个情人。

"现在我有一个交往 3 年的情人，他已经结婚，有子有孙了。我会跟他在一起是因为他能满足我所需要的性爱和感情。我不爱他也不爱我丈夫——我谁也不爱，也许我爱着我的大女儿。我喜欢我的情人仰慕我、接受我的感觉。他喜欢我的身体，而且喜欢看着他和我做爱的样子。虽然我的身体没有以前那样可爱，但是他坦然地接纳全部的我，而且只谈他喜欢的部分。

"我们的宗教信仰说这是错的，不过他每天打电话给我，而且真心地告诉我，他想和我在一起。他的笑容里包含了赞许、欲望和赏识。他为我做菜，抽时间带我看新东西，并且和我一起天马行空地乱想。只要跟他一起谈心、抱怨和做爱，我就觉得十分美好。"

有位结婚 45 年的女人，谈起她的婚姻生活，多年来令她感到无比的疏远与冷漠，并提及她的情人：

"我是住在东北部的白人英裔新教徒，今年 61 岁，受过高中教育，家庭主妇，1.68 米，体重过重，漂亮、观念和食欲皆强。我在 1941 年时与丈夫结婚，我们住在一起，没有小孩。我们之间的关系基础，最早是因为相恋，后来是为了学着与对方做长久的伴侣。我喜欢这份恒久的感觉，而且我们有共同的目标，我对我丈夫的爱，是一种对朋友，甚至可说是对兄长的爱。

"如果我丈夫对性方面的兴趣更高一点，也许我们的关系会比较好，虽然，别的问题还是存在。事实上，我们现在比结婚前更常吵架，因为以前他常出外旅行。现在他一年 365 天都在家，所以我们两人闹意见的机会增加了不少。

"近年我和丈夫吵架的理由千篇一律——在活动或是需要他帮忙的时候，他不肯合作。吵的都是小事情——他撑开垃圾袋让我把垃圾桶和字纸篓里的东西倒进去。我们总是因为他不合作、欠思虑而吵架。吵架的结果是我沉默下来，不再多说一句话；通常他都没什么反应，或者如果他很烦，就会气起来吼道：'好吧，什么都是你对。'我知道这表示再说什么也没用，所以我就不置一词地走开。这种情况之下谁也没有赢，我觉得愤怒、悲哀、沮丧和难过。

"他一离开房间，我们的争执就结束了。如果我们谈得太久，或甚至只是我话中带气，但还是很有条理，他就会起身走开，到浴室里待个10或15分钟。问题还是没有讨论，甚至也没有人会道歉，我们把吵架摆到一边去，恢复正常、安静的模样。我试过要和他讨论问题，但是他一点反应都没有，所以我在很多很多年前就放弃了。我丈夫根本不想知道我内心的想法，他计划国内外的洽公旅行时，从未考虑邀我同行。在许多方面，他都待我如次等人，让我独自处理各种不悦的私事。

"结婚三十多年后，我在经济上还是依赖他，我觉得这没什么不好，我做我分内的工作，而且婚姻的其他方面都有我的心血。事实上，在我的婚姻中，依赖的反而是他不是我：他需要我，就像一个孩子需要妈妈，我们的关系发展到这个情况之后，我便收回了某些层面的爱（例如性），一方面维持我们的关系，同时自己也不至于发怒。他从没抱怨过我不爱他。我不知道我丈夫有多爱我，他需要我，而且依赖我。我需要有人需要我，所以我在这方面多少得到了满足。

"现在我并不相信专一，我有12次外遇，其中多次是同时发生的，只有两次是单独发生的。我外遇是因为我需要爱和性——两者同时拥有——如果可能的话。要是我这些需要得不到满足，我是不可能活到现在的。外遇丰富了我的生活，帮助我和丈夫建立起好的、柏拉图式的关系，可说外遇的确拯救了我的婚姻，我丈夫并不知情。

"外遇大多很刺激、很有意义、很充实，拓宽视野、丰富了精神层面，而且令人满足。我有4次外遇是很认真的，在这4次之中，我全心全意爱着我的情人，彼此仰慕，非常珍惜我们相聚的时光，我既需要他给我性的快感，也需要他与我相伴。至于我丈夫，我不在乎他对我是否忠实，也不想知道答案。

"我不想离婚，宁可与熟悉的伴侣共度晚年。但我现在没有外遇，所以已算是'单身'。我较近结识的情人不是快乐地结婚了，就是死了，或是彼此失去联络；不然就是他们太老了——快80岁或是快90岁——而且要遇到一个我看得上眼的男人并不太容易。我对'新'的男人，通常不会太尊重。我常因此而感到空虚、不完满、愤怒和沮丧，没有人爱我。

"我爱得最深的是那个刚打完第二次世界大战回国的男人。我的心中充满了喜悦、热情和快乐，就像遇到另一半似的。他长得既高又壮，很顽固，很多情，而且非常性感。我们爱得很深，但是也很危险——我是指我们非常迷恋对方，一连19天，每天做爱12~14个小时。3年后，他又找到我，我们还是很要好。接下来那3年，我们一有时间就聚在一起。他已经结婚了，但是又和太太分居。当我一发现他酗酒时，我就告诉他，我不要再和他见面。他还试着通过朋友安排我们见面，但是我不肯答应。

"我跟他在一起的时候最快乐，也最亲密。我喜欢恋爱的感觉，因为恋爱给人纯然的喜悦，它是一种学习的过程，而且可以丰富生活，让你享受到种种的乐趣，但是到了最后，可能难免受痛苦和折磨。

"我在 54 岁时，回顾我这一生，细数心理压力之得失之后，决定退出性活动，现在我偶尔会想要再变得活跃一点，但是我不愿再花心力去追求了。

"友谊比较持久，因为我们对朋友的要求，不像我们对情人的要求那么多。朋友们只要自己喜欢，即使说谎、不整齐、不干净，乱七八糟，或保守自己的秘密。但是做情人的话，9 成以上的时间里应该保持真诚，达到整齐干净的程度，过有条理的生活，不保守太多秘密，而且不赌博、不嗑药、不酗酒、不搞个人崇拜等——否则就会影响到感情。

"我对妇女运动的看法和理念影响了我的一生。不是现在的妇女运动，而是早期主张女性参政的那种。我读了不少相关的书籍，认识了一些相关人士，我很赞同她们的理念，而且一直尽量将这些理念应用在我的行为和生活方式上。无疑，这些理念影响了我选择女性朋友或知己的标准。此外，我对妇女解放的体会，的确影响到我和男人之间的关系——我可以自在地把他们当作朋友或是情人，而这在我的经济、社会和亲戚中并不常见。

"确切地来说，我必须承认我常常怀疑：我们是否因为性需要而不得不与人建立关系，还是我们可以从独身的生活中得到完全的满足？换句话说，我们是否非得要性生活不可，还是就算没有，我们仍可过完满的生活？到现在我还是答不上来！但是我的确认为性是生命中最大的喜悦。毕竟，我还是跟丈夫在一起，过着安定的生活。年纪大了，又没有别的家人，我们可以共度和谐、安宁的生活。"

60% 的女人在情感上拥有非常好的婚姻，但是她们仍会外遇，就如这位女性所说的：

"我和丈夫的生活很快乐，我们结婚 4 年了，没有小孩。我今年 29 岁。我们亲密得像是彼此的一部分，我完全信任他，而且我知道我有什么问题都可以找他。我对丈夫的爱，比对任何人的爱都要深，因为有爱，所以我们平安地度过许多大小风浪。事实上，我不相信我能够以我对丈夫那样的深情去爱另一个人。

"我跟丈夫搬进我们第一个家的时候最快乐。那时我们新婚不久，我记得那种感觉像是一切终于聚合在一起，而且事事都很顺利。有时快乐则是意外的惊喜，例如，在逛街或洗衣服时，我们突然相拥，刹那间，我的心中充满了爱和奉献的感觉，因为有着满腔的爱意，所以我得拥抱他，告诉他我有多爱他，他也会这样。有时候，我们只是坐着，却慢慢握紧了手，相视而笑。没有什么特别的感觉，就是一起分享生活而已。

"我丈夫毫不吝惜地表达他对我的爱意有多浓，他送我花、打电话给我、寄卡片到我上班的地方。他每天早上都会帮我做好午餐，每天中午都会打电话跟我讲'今日笑话'。甚至连他出差到外地时仍是如此。以前我一直以为这种男人只有在小说中才见得到，事实上，我就遇过这样的男人！他也许不是完美的，但为了让我感受到他的爱，所有他能做的事都做了。他也说我让他有被爱的感觉。我尽量帮他做些小事情，让他高兴。看到报纸上他可能会喜欢的文章，我就剪下来给他看。

"还有一次是：我准备自行开业。我刷完油漆，开始把家具搬进办公室那天，他来帮我忙。我想，他一点都不知道，他那份快乐和兴奋的样子，对我的鼓励有多大。

"我最不喜欢我们的性生活，我们两人的性欲强弱差别很大。他只要一个月做爱一两次就能满足，但我比较喜欢一个星期三四次。如果可能的话，我希望我的丈夫能活泼一点。

"我相信专一是行得通的，但是这不适合我。我已经有两次外遇了。第一次短短的，大概只有三两个月。第二次持续了3年，而且是因为我的情人搬到另一州，所以才结束的。我跟他之间仍有联络，而且他回来的时候，我们还会见见面——有时候会做爱，有时候只是谈一谈而已。我们还是很亲近的朋友，而且彼此之间，有份特殊的爱。他也已经结了婚。

"这些爱情关系总是给我非常强烈的感受——有时候是快乐，有时候是悲伤。想要腾出时间，找个合适的地方和想见的人碰面，常常弄得我焦头烂额。不过，大体而言，我认为对内心的伤害很大。因为外遇不可能有善终，结局总是很悲伤，但是这对我的婚姻也没有什么影响。我丈夫对于我跟这些人的性关系并不清楚，他只知道他们是我的朋友。

"我相信我丈夫对我是忠实的，我喜欢他对我忠实，我怕他会对别的女人用情更深。我总是跟那些男人说，我丈夫占第一位，他们排第二，听起来好像我有双重标准，也许我真是如此。"

另一位女性不太清楚她的丈夫与她做爱的次数减少以及她有情人的原因：

"专一的问题让我难以作答，我的确认为专一才是对的，虽然我认定不忠实会有很大的伤害，我应该保持专一，但是我偶尔会有外遇。外遇有时很短暂（一夜风流），有时候比较长。我现在这个外遇已经快一年了。

"性事是我跟情人之间最重要的部分。我和丈夫之间缺乏性生活，实在让我觉得很烦。我们之间几乎没有性生活，我不太清楚为什么会变成这样。我们刚认识的时候，在性方面是很活跃的，我们每天都做爱，一天三四次。虽然一般人婚后不免会稍微冷却一点，但是我们婚后却变成性沙漠，现在我们每两个月做爱一次。一开始我会催他，但是他抱怨说他很累，以前我们的性生活是很自由的，我们把爱挂在嘴上，喜欢尝试新的事情。但从几年前开始，我们的性生活就变得敷衍草率。我试过许多方法，想让他兴奋起来。我直接问他，尝试不同的事物，看看他的反应如何。如果你一定要问我要怎样才能让他兴奋起来，那么我不得不说：不管怎么做，他都不会兴奋。

"我不会因此而对他不理不睬，我还是很喜欢有丈夫陪伴。有些外遇的本质只是性爱而已。我根本不想嫁给我的情人，除了做爱之外，我甚至不愿和他们久处。

"我已结婚3年，今年38岁，这是我第二次结婚，我有两个小孩。我喜爱我的工作，它让我有机会到处旅行。我的婚姻很美满，说真的，我记不得我们上次吵架是什么时候。前阵子我生过气，因为我们应该在家里等待来吃晚餐的客人，但他回来晚了。我爆发出来，他没有火上加油，反而一直跟我开玩笑，直到我不气了为止。

"婚姻最美好之处在于有人可以依靠，我需要他的稳定性，我觉得他很爱我。我觉得有点罪恶感，因为我爱他不如他爱我那样深，我想他的潜意识里晓得我对他的爱已经过去了，他知道我其中一次外遇之后非常伤心。他这个人会把事情藏在心里，即使表面上看来一切都已过去，但我敢说他内心仍有创伤。我相信我丈夫对我一直很忠实，他的本性不容许他出轨。

"跟我丈夫一起的时候，我不常达到高潮。我大多等到他睡觉之后再自慰。我不知道他晓不晓得我自慰，我们不谈这些事情。跟我的情人做爱很好玩，他非常会享受女人的身体，而且很注意做爱的细节，他知道要摸哪里，要怎么摸，而且会问我感觉如何，他的手掌和手指应该放在哪里，我有点不太习惯。我的情人不但知道我会手淫，而且坚持我跟他在一起时手淫或者相互手淫，或者是他看着我自慰。一开始的时候，他很自然地问起我上一次自慰是什么时候，因为他假设我有自慰的习惯，所以我一下就答：'两天前。'然后他握住我的手，放在我的胯下，说'让我看看你是怎么手淫的。'在他的鼓励和注视之下，我近乎疯狂，后来这成为我们正常做爱的一部分。

"我对丈夫仍有一份热情，而且，当我看着他或想着他的时候，仍会想要他。不过我对情人也有一样的感觉，而且稍微强一点。"

20%的女人外遇的主要理由是，家中缺乏性生活或是性生活很贫乏：

"我相信专一是最健康的生活方式。但是因为我的婚姻在生理方面非常令人不满意，所以我有了4次外遇，从为期数月、愚蠢但激烈的狂欢，到为期5年、相当投入、双方都很满意的关系都有。就算我丈夫怀疑过，也从来没有表现出来，或者，可能是为了大家好，所以他压抑着不说。"

"我跟丈夫很亲近，但我承认那不是百分之百的亲近。跟他在一起，我达不到高潮，但是为了达到高潮，我愿意付出一切。外遇之后我差不多就不需要丈夫了，我丈夫显然不知道我有情人。有时候我觉得我和情人似乎更为亲近，因为没有任何男人像他这般地亲近我的身体。我希望我一切心事都可以跟丈夫分享。"

特别是对那些在结婚时仍是处女的女人而言，由于外遇可以得到性的体验，所以她们跃跃欲试：

"除了我丈夫之外，我没有跟任何人上过床。我16岁开始跟他约会，那时候我还是处女。29岁时，开始想要体验生活，我想要知道跟别人做爱的滋味，但试了快一年，才找到肯跟我发生关系的男人。我的经验是，男人的内在其实比他们的外表害羞多了，我邀人上床时，4个家伙里有3个会退缩，这对我的自尊没什么帮助。"

"我知道要是他知道他满足不了我的性需求，一定会很伤心。但是我有过两次外遇——连着两天。我是个处女新娘，结婚20年之后，我开始幻想别的性伴侣会怎么做，不晓得我是不是错过了什么，我认为这可能是我找寻答案的最后机会了。做了之后，我有罪恶感、很沮丧、以自己为耻。我没有告诉任何人，那次经验让我了解到我的婚姻、我的丈夫有多美好。那个男人跟我做爱时无精打采，而且显然对我并不认真，但是我却以为他很性感。我什么也没有得到，连高潮也没有！我想我丈夫对我一直都是很忠实的，我真是感激他。因为他的忠实让我觉得我迎合了他在那方面所有的需要，我仍令他兴奋，我很性感。"

只有8%的女人因为丈夫外遇在先，使她们愤怒、伤心而发生外遇，这个数字低得令人惊讶：

"我发现他有个交往甚久的情人，而且偶尔会一夜风流。他的不忠令我非常伤心，所以我找别的男人。结果我遇到一个独特而美好的男人，并与他坠入情网。"

"我在结婚27年之后，发现丈夫对我并不忠实。前面这27年是非常平静的，我们俩很难得吵架。但我知道丈夫不忠之后，接下来的 6 年我们吵架的次数比前 27 年的总和还要多。外遇的影响是让我觉得自己性感又美丽，而且让我跟我丈夫扯平了。"

大多数外遇都不是因为女人坠入情网才发生的[①]，不过，仍有 19% 的女人爱上了外遇对象：

"我的外遇实现了我长久以来的梦想，让我得到高品质的性满足，它让我觉得我很诱人。我一靠近他，就觉得自己活了过来。我变得对我们的关系非常认真，爱得非常深，他一直警告我不要太过认真。现在倒蛮讽刺的，因为去年他要我离开丈夫，跟他在一起。他说他对我的爱越来越深，他总是想着我。这有可能是真的，但我虽爱他，却已不再为爱所困了，不过，和他做爱仍是最美妙的事情。"

"过去 8 年来，我一直深深爱着那个有妻室的情人。我爱他比爱结婚 12 年的丈夫还要深。我很高兴，但是常常感到消沉、愤怒。事实上，这份消沉和愤怒，比快乐大得多了。我的情人从不考虑离开他的家庭，但也不想离开我。说真的，我觉得如果他活到 90 岁，我还是会等在电话旁边。现在他的身体如此强健，更让我体验到前所未有的激情。"

这个女人相当爱她的情人：

"我对这个男人的爱是热切而强烈的。他一直陪着我，即使不是形影相随，至少在精神上是与我同在的，我从来没有对另一个人产生这样的感觉。我丈夫跟我大概是最亲近的，因为他陪我的时间最多，但那种感觉是很不一样的。可以这么说，我的情人住在我心里，我常想着他。我爱他的优点，也爱他的缺点，我对他的爱是无条件的，是真正的爱。

"我爱他已经 12 年了，一年多前，自己才承认这一点。7 个月前我告诉他，4 个月之前我们终于做爱了。他以为我是在一年前初吻时爱上他的，但是我不肯承认，多傻啊！跟他在一起，我非常热情，不过为了不吓倒他，我稍微收敛了点。

"我丈夫说他不爱我，我相信他是说真的。我们都爱孩子，而且处得还不错。不过除了工作之外，别的他好像都不在乎。我不恨他，他只是不值得我去爱就是了，我会照顾他，也关心他，还跟他做爱，但是我渴望的是我的情人，不是我丈夫。

[①] 早先的研究结果也显示，大多数男人会发生外遇，并非因为他们坠入情网；但是爱上外遇对象的男人比例很小。大多数男人喜欢和交往的女性朋友发生性关系。

"在我怀孕的时候，我丈夫并不会因为我隆起的肚子而感到特别兴奋。我不得不常常自慰。生头胎之后，我的腰侧出现了大片的妊娠纹，直到9个月后才消失。性交时我常感到疼痛不已，我丈夫对我没什么耐心。如果他能多关心一些，我的性反应也许会好一点，我们之间的许多事情也许也会改变。但现在我们过一天算一天，尽量往好的方面想。

"我的情人向我调情时，我简直不敢相信，因为我丈夫从来不会这么做。我喜欢他一边触摸，一边对我说话。我的情人一开始温柔地讲话之后，接着就会恣意地挑逗，听得我简直要疯狂。他的吻既美妙又有触感，有时候让我觉得他像是要把我整个人吸进去似的。我们不一定有性行为，但我很珍惜我们共处的每一刻，即使只有前戏也是好的。

"我丈夫和我的性生活通常是性交加上一点前戏，我喜欢他抱着我，跟我讲话，但是他不肯这样做，我还得提醒他取下眼镜。我可以达到高潮，但当我请他帮忙的时候，他把我的话当作命令而不肯照做。他认为我无法达到高潮，他说他的情妇都能在性交的时候达到高潮。我想，她们可能是假装的，不然就是他给她们较多的挑逗和刺激。

"我的情人不需我要求就会抚摸阴蒂，他可以很自在地在我面前自慰。我真的很难相信，他到了30岁才第一次口交，但我很高兴做第一个为他口交的女人。他第一次因口交而达到高潮的时候累得要命，而且很惊讶我把精液吞进去了。看到他这么快乐、这么满足，我也感到无比的高兴。

"如果我的情人自由了，我会离开丈夫，而且带走孩子。我丈夫赚钱养家，所以财务上的安排让我不得不保持现状，但是我觉得我和孩子是相亲的，他多多少少因为自己在赚钱而觉得高高在上。我对他很反感，因为他不能以正确的方式来照顾家庭。

"情人的妻子有酗酒的毛病，而且常常生病，因为她无法独自照顾小孩，所以他不能离开她。当然，我希望他离婚，但是他很疼爱他的孩子。"

对17%的女人而言，外遇是夫妻之间渐渐疏远以至离婚的过程之一：

"我有过外遇，持续约一年，其中6个月简直像天堂一般。我们有外遇的理由——配偶让我们以为自己很不可理喻——我们需要证明自己是理智的，我们的心中仍有感情，还得证明我们对于两性关系的观念和理想并非痴人说梦，我们需要放松些，多笑笑。它毁了我的婚姻——我已经不再受承诺所限了——我的身体和心灵都告别了那场婚姻。这次外遇让我体验到生活的不同面貌，原来生命可以这么美好，我可以做活生生的人。"

"那次外遇很突然。我们下班后去喝酒，当晚不到 8 点钟我们就做爱了，好像我们彼此相识多年似的。我们是很认真的，认真到开始看房子。我为他着迷，我爱他，但是我想我们住在一起会处不好。我们是在生命中的某一阶段深切地需要对方，现在不一样了。"

大多数外遇并没有导致婚变。事实上，我们可以看到，许多女人继续将外遇当作一种稳定的生活方式。见面一两次的外遇不算，外遇平均的时间长得令人吃惊：是 4 年。

但是，即使对情人的爱超过对丈夫的爱，大多数女人仍不考虑离婚。女人之所以跟丈夫离婚，多半是因为婚姻生活不美满，而不是因为爱上别人：

"我对与我发生婚外情的那个男人爱得最深，我每次跟他做爱，都比跟我丈夫做爱时更激情，但是我不会考虑离婚。"

"我还是跟我丈夫守在一起，我们很快乐。但是能够再一次爱得这么激烈，对我是很重要的。"

最后，有 12% 的女性认为外遇纯粹是种乐趣和刺激：

"每一次的外遇都不同，差不多都是为了游戏和性才发生的。通常我对这些人不像我对我丈夫那样喜欢，但是跟他们在一起，得到的性刺激可就多啦！"

"我每一次外遇都有不同的面貌，像看电影似的。我有很多机会可以遇到男人，谈谈天——事实上，这是我的嗜好。不过，男人（无论已婚还是单身）在遇到外向又可以轻易得到手的女人（我）时，会变得局促不安，而且一开始会拿不定主意，我会帮助他们跨过这关。"

"跟他共事 3 个月之后，我开始跟他应酬。有一天，我丈夫到外地去，我请他和室友一起到我家来吃饭。他的室友在楼下听音乐的时候，我们在楼上浴室的地板上做爱——是我诱惑他的。这次邂逅之后我们再聚了 3 次就停了，因为他觉得这样做是错的。7 个星期之后我们一起吃饭，后来我们到了他的住处，我真的很惊讶，以为我们又要重新开始，但是就只有一次而已。过后他没有再提起，我也没提。我们还是一起工作，而且他和他的女朋友仍和我们夫妻俩在社交场合碰面。没有人知道，而且我们在办公室里总是表现得很自然。我真的很喜欢这家伙，而且我希望我们可以继续做朋友。不管什么时间，只要他想要，我仍会给他！"

令人惊讶的是，绝大多数女人并不会因为外遇而有罪恶感，只有少数会内疚。这点和男人的情形很像：

"跟我的情人在一起，最大的问题是我内心不安，有时候我非常痛苦，难以自持。我很希望能完全归属于我丈夫，而不需要这个男人介入我的生活。"

"那次外遇很庸俗，而且只是玩玩而已。我喜欢那个男人，但是他的妻子是我的朋友，我真希望我当初没做。"

我们可以发现，89%的女性外遇都不为人所知，从这里可以知道，大多数人似乎都觉得——除了怕配偶的反应激烈之外——不使外遇为人所知，这种方式比较文明、比较有礼。

外遇有什么代表意义

有外遇是不是表示婚姻中有些事错得离谱？是的，如果她或他所想要的是婚姻的亲密感。但如果她或他只期望婚姻提供稳定的家庭基础，不怎么期望婚姻提供情感上的支持，那就是另一回事了。

在本研究中，大部分的女人之所以有外遇，是因为她们想要得到情感的支持和亲密感，她们认为外遇是极为真实的爱情关系。女人寻求婚姻以外的爱情和快乐的现象，与女人在情感上与丈夫相当疏远有关。由于在婚姻中受尽屈辱，而且缺乏情感上的亲密，所以在情感上，女人无法完全以婚姻为满足。对于许多女人而言，外遇是使她们不致离婚的少数方式之一——外遇在女人的心中注入了新的爱和人性，使她们能够继续活下去。

一般来说，女人并不是为了要"更多性爱""多样化的性经验"而外遇的，但这却是许多男人外遇的目的（男人有没有可能也是为了要追求心理上的满足而外遇），虽然有些女人的确是想要更多的刺激和浪漫。通常女人对于婚外情的感受较为强烈，因为她们不愿受到轻视，至少，也要有人听她们倾诉心声，这样她们才不会离去。

夫妻感情疏远的时间表

结婚不到两年的女性，发生外遇的比例只有13%，但是结婚5年后，发生外遇的女性，比例一跃而为 70%（男性为 75%），之后便没有显著增加。男性发生外遇的可能性也没有在结婚 5 年、10 年，或是 20 年时显著增加，唯有在结婚两年后急速上升。

女性发生外遇的可能性，则在结婚两年后急速增加。为什么会增加？不是单纯因为时间久了，或是"做爱做腻了"。这也许是因为多年来男性在情感上和女性疏远，处处表现出挑战性作风，甚至不自觉地骚扰女性，终于自食恶果。

也许在两年的那一点上，男人开始寻求婚外性关系，而女人却再三地"把问题讲开来"，希望事情会有改变，也许——在这里，我们只能猜测时间因素——到了 5 年以后，便放弃解决问题的努力了。简而言之，男性意识形态之下的不平等（而且是未曾言明，半自知的）情感契约具有毁灭性的效果，而且导致男性在婚外性关系或外遇中格外亲密。

现代女人是不是较有可能有外遇

女人普遍发生外遇是不是新的现象？在 1953 年时，金赛发现 26% 的女人有婚外性关系。在本研究中，结婚 5 年以上的女人中，有 70% 有婚外性关系。这样的增加实在惊人，在这 35 年间，女人发生外遇的比例增加 3 倍，几乎和男人数量相同。

这表示男女地位变得较为平等，或者表示男女都对婚姻的主要层面感到不满？这是不是预兆了我们的社会将会分裂为千百万个像我们远祖那样的关系？无疑，这表示社会正过渡到另一种形态，而家庭的本质，才是讨论的重点。

这种增加的趋势是逐年形成的，还是在性解放的巅峰期一举大增？性解放将性视为人身正常、自然而健康的表现，而专一则是不正常的行为，是不是或多或少促进了这个风潮（艾滋病的盛行，是否会减少外遇的概率？这是有可能的，但是可能性不高，因为大多数女人外遇的对象都不是玩玩就算的人，而是长期的情人）？但也许从非常古老的时代开始，女人就已经有外遇了，而金赛测得的数据是偏低了，因为他是用面谈的方式取得资料，通常是先约谈丈夫，次日再约谈妻子，并以约谈时的相关记录作为资料来源。但是这个方式可能会使部分受访者不敢畅所欲言。而现在这份研究是以匿名的问卷为基础，所以女人没有理由隐瞒任何事情。

但是在考虑过各种可能性之后，这些数据的确反映出增加的趋势。

当然，性解放不应与妇女运动混为一谈，性解放希望让大众接受女性的婚前性行为。而妇女运动的目标就深入而广泛得多，以女人在法律、教育和财务上的权利为主。有些女人赞成性解放，有些则否。但是大致上而言，性解放是由男性小说家、男性导向的杂志所发表并推广的。

哪一种女人比较可能有外遇

有些人可能会迅速联想到外遇的增加是"职业妇女"现象——有外遇的女人越来越多，是因为现在在家庭之外有工作的女人比较多。但是这并不符合本研究的数据分布，因为在家庭外和家庭内工作的女人，外遇的比例只有些微的差距而已，而且现在几乎所有的女人都在家庭之外工作。事实上，根据本研究，家庭妇女的外遇比例还稍微高一些。

在经济上依赖对方的女性，其外遇比例，不亚于自己有事业或工作的女人。女人不会因为拥有自己的钱，而变得更有可能外遇。所以，这不止不是"新时代女性"或"职业妇女"现象；反而恰好相反——没有经济自主权的女人，可能在生活中的挫折感较大，而如果她的婚姻在情感上无法令她满足，那么，外遇可能是她仅有的几个出路之一（除了孩子之外）。当然，许多女人已寻求和女性朋友建立亲密的情感关系，但是只有外遇可能得到生理上的爱慕。有工作的女人现在可能将精力贯注在工作和同事上面，而不会另觅情人。

换句话说，虽然女人可能偶尔喜欢和男人做爱和尝试新事物，但是现在许多女人可能有着更多样化的兴趣，所以外遇不再像从前那样，是不圆满的婚姻的焦点或唯一的出路。今天，女人对情人付出的感情，甚至可能比从前还少。

从统计数字来看，没有外遇的女人不见得较老或较年轻，不见得小孩比较多或比较少，不见得是在外工作或是在家工作的，对宗教的信仰也不见得比较虔诚或是没有宗教信仰，这些族群的外遇比例差别相当微小。在新婚 5 年间，绝大多数女性努力尝试维持婚姻，最后只剩下那些婚姻"维持得下去"的女人，还保持着专一。

女人争取爱情和真正的两性关系的权利，是不是最近才有的现象？在近来的妇女运动之后，女人是不是更为期待亲密的情感契约？这些观点颇耐人寻味。也许现在的女人非常重视她们给予男人的感情，所以她们会细数男人是否给她们回馈。由于在过去 20 年间，女性的经济实力和其他力量都增加了不少，所以现在的女人不大可能相信或接受 20 世纪 50 年代的女性常挂在嘴边的话："男人就是这样子，你只好接受吧。"现在的女人，想要和男人拥有真实的生活——情感、心理、智力和生理上。

女人对丈夫的外遇有何感想

在本研究中，有79%的女性说她们相信她们的丈夫或情人没有外遇，只有15%的人表示怀疑。有19%的人知道丈夫或情人现在或过去有外遇。有外遇的女人会不会对丈夫比较疑心？不会。大多数人都毫不迟疑地说，她们的丈夫是"忠实"的。

82%的女人说，她们相信丈夫是"忠实"的：

"我确信我丈夫没有跟别的女人上床，他不是那种人。他觉得人要是有了内心所爱的人，就不会为了性和别的女人上床。"

不只丈夫忠实，连情人都是：

"据我所知，我丈夫对我是忠实的，我情人对我也是忠实的。我相信现在和我有关系的男人没有和别的女人睡觉。我希望我能够说，只要我的伴侣能够满足我，他就可以和别人上床，虽然我不太有安全感！"

根据《海蒂性学报告：男人篇》，已婚两年的男人中，有72%有外遇。为什么男女性的说法差这么大？是这两组受访人截然不同，还是女人在自欺欺人？

虽然大多数妻子对丈夫毫不起疑，但他们是否真的忠实？许多回答都提到一些小事情：

"他有好几次在公司熬夜加班或是去朋友家过夜，也不打电话回家讲一声。"

"他从来没有跟别人上床，我觉得这样很好。我不知道我是不是真想知道他有没有。有一次我以为他在对另一个女人毛手毛脚，而我就跟他在同一个房间，我气得要命，扳住他的下巴大喊：'你这无耻的家伙！'开灯一看，原来他们只是跳舞跳得很浪荡。乖乖，我对他大叫又说他无耻，他还真吓了一大跳呢！"

"我丈夫曾被设计陷害，被控诱导卖淫的罪名，后来撤销诉讼了，因为他反控而且胜诉。反正我们两个都被这件事情弄得意志消沉，彼此依赖对方的支持，我还在做爱的时候哭起来呢！我这辈子第一次在做爱的时候哭，我觉得他真的爱我、珍惜我。"

事实上，大多数妻子似乎都没觉察到她们的丈夫可能有婚外性行为，虽然绝大多数人坚信她们的丈夫没有和别的女人见面，但以方才所提的统计数字看来，男人外遇的概率不低。

许多单身女性说，她们知道专一的男人少之又少：

"老实说，我相信只要我愿意，我绝对能勾引我最好的朋友的丈夫，这些家伙有什么忠实可言？几个月前，我开始有这个发现，因为我跟丈夫分手之后，我丈夫最要好的朋友（已经结了婚，而且叫我不要担心他太太的问题）告诉我，我是他唯一想要上床的女人。然后有个已婚的法官想把我弄上床，已婚的会计师、已婚的珠宝商也是如此。"

"我不会跟朋友的丈夫约会，也从来没有受诱惑而和他们上床。但是我朋友的丈夫、男朋友、约会对象和朋友的确动过脑筋想与我上床——事实上，他们大多如此。每当一个家伙对我示意的时候，我就想：'他还想要什么？'男人似乎都喜欢尝新，他们觉得这和热情一样重要。"

"我结婚之后觉得震惊，竟有这么多已婚的男人对我有兴趣——第一个是我前夫最要好的朋友，我本来把他当兄弟一样看待。我仍难以相信某些男人竟然这么粗野，他们多么轻易地把对妻子忠实的念头抛在脑后。太太们，我要对你们讲一句话：你的丈夫正在外面哄骗女人。像我们这样有自尊的女人对这种人厌恶至极，而你应该也是如此。跟他离婚，找回自尊吧！我今年38岁，目前跟一名男士同居（已经2年了），他是我最要好的朋友，之前我和一个有性别歧视的男人同居9年，直到我发现婚姻的内幕才跟他离婚。"

发现丈夫有外遇之后，大多数人会感到伤心又生气：

"我还是很爱我的丈夫，虽然他跟别的女人发生关系实在令我伤心。我从没有不要爱他的念头，我真的认为我没办法不爱他。"

"我丈夫对我不忠实，我又生气又伤心，就好像有一种病慢慢侵蚀着我一样。我想象关灯一样关掉自己的感觉不再爱他。我要我的丈夫专一，我认为我的期望不会比他对我的要求或期望更多。"

"他做过最糟糕的事情，就是在他应该跟我同床时，睡在别的女人的床上。"

"我知道他跟别的女人来往。我又悲哀，又嫉妒，失落感很大，内心非常痛苦。"

"在性方面，他并未让我满足，因为我心里总是在跟别的女人竞争：'我大概没有她好、我的身体没她美、我是少了点什么，才让他老想往外跑？'为了要改进情况，我开始做些新的改变：性感内衣、振动、体位、地点等。一切有了改善，但等到他常常光顾脱衣舞场之后又变了。现在我觉得我很低下，而且对那类事情再也提不起兴趣来。我没有和我丈夫坠入情网，但是跟同一个人住了 31 年之后，不可能把对他的感情通通抛在脑后。我还爱着他，但是爱得没有以前那样深了。"

"我想他可能不忠实，我尽量不去想这些事。我希望他忠实，他总是坚持说他是忠实的，连证据很明显的时候也不改口。他跟一个女人来往 5 年了，好像一点也不会良心不安。我实在很怕他，所以我不敢讲他。我不会外遇，要是我有外遇的话，一定不会跟他说，他会杀了我的。有一次只因为他怀疑我有外遇，就差点把我杀了。"

"我怀疑丈夫可能是不忠实的。他在 35 岁的时候，曾经认真地和一个 20 岁的离婚女人在一起，还打算抛下已有身孕的我去娶她呢！不过，他说他没和她上床，真可笑！对我而言，真正的问题是，我觉得他欺骗我，对别的女人付出那么多感情已经是个错误了。他隐瞒他自己真正的感受，又背着我去解决这些问题，我觉得这是非常不成熟的。"

这位女性经历了许多混乱和不安：

"我很不快乐，我必须强迫自己去过日子。孩子跟我很亲近，但是他们无法理解我的感受。两年前，我自认为是快乐的妻子与母亲，我有 3 个孩子，丈夫有份好工作，有个可爱的家，坐落在很快乐的社区里。我全心全意照顾孩子，帮助丈夫的事业，保持房屋干净整洁，与邻居交朋友，而且固定上教堂。

"但是私底下是一团混乱。我丈夫对我不忠实，10 年之间皆如此。我们有过好几次危机，都是同一个女人引起的，我借助婚姻顾问、牧师、亲戚和朋友的帮忙才撑过来的。这是出于宽恕的本性，我要让孩子在团结的家庭环境中成长。我相信我丈夫终会厌倦另一个女人，并接受他对家庭的责任，但他没有，后来我们完全决裂了。

"我丈夫总是说，我似乎不像别的女人那样需要他。他的意思是我没有他照样能够过活——我非得这样不可——虽然这不是我的本意。

"他跟孩子们还是有接触，但是另外那个女人已经搬进去跟他同住，而我也拿到离婚证书，并且不戴他的戒指了。

"我有过外遇，那个男人帮助我度过婚姻的危机。对我而言，我们的关系是很珍贵的，要是有适合的情况，我们也许会共度一生，但是我决定留下来陪我的丈夫，保持家庭的完整。现在想起来，那个决定是错的。我绝不会劝人'看在孩子的份上'留下来吧！孩子们只要好好照顾，保持一般的作息，便能安然度过危机，无须挂念。

"现在，是友谊的力量支持着我向前走。跟别人讲讲话是很重要的，但是私底下我哭得很厉害，我真的得靠自己的意志力或内在力量来熬过去。别人是很好心的，但是他们的忠告往往只会添麻烦——'想办法跟他谈谈'或是'看在老天的份上，别去管它了，忘掉就好。'

"我花了很多时间想事情，想要解决我心里的问题。如果我能依赖男人来照顾我和这3个孩子（2个还在家里），我宁可不要独立，但是没有这样的男人，所以我很独立。我想，独立是要花点时间才能适应的。"

有趣的是，几乎没有一个女人把怒火发在"另一个女人"头上。在一般观念里，女人总想要竞争，就像这个女人一样：

"我痛恨桃乐西。她总是在玩弄他，我跟她讲过100次，要她离他远远的，她却说她要怎么做是她的事。他们已经出轨了，虽然她丈夫警告过她，要是再有一次外遇就要跟她离婚。有天晚上我遇到她，我告诉她我要跟她丈夫讲，她说：'你才不敢呢！'我豁出去了，揍了她一下，我们就真的打起来了。我赢了，但是他们的关系还是没有断。我得提醒我自己，这件事约翰也有份，他们两个一样错。"

有些女人开始考虑找情人：

"我丈夫似乎喜欢我待在家里，照顾小孩，但我却发现他和职业妇女不轨。我第一次发现不太对劲，是他说他觉得本地的儿童教育组织有歧视，因为生完孩子就在外工作的女人不能担任重要的职位。我尽量向他解释，这是很合理的，宝宝小的时候最需要的就是妈妈。

"虽然他知道我做的是我认为对的事情，但是他开始受到女性解放理念的影响（不用说，这是他情妇的理念），开始有意或无意地贬低我，我觉得很困惑，因为那时候我不知道他有外遇。我想不透，从前他蛮支持我的，现在怎么会变成这样。我最近提到要外出就业，我看得出他心里怕怕的。

"我认为我现在主要的工作是管家和照顾孩子。我对我身边的人很支持也很照顾。我喜欢帮助别人，我也喜欢做个母亲。我有为人付出的天赋，也需要别人来满足我的需要。我开始想要找个情人，满足一下我的情感需求。

"我认为，如果我真的开始和别人接触，可以增加我的自身价值。现在我没有东西可以跟他谈判，我常觉得他大权在握，几乎一切都由他来决定，我只能照做而已，我觉得很气。"

但是有14%的已婚女性，对丈夫的外遇或是可能会发生的外遇持乐观的看法：

"我认为他应该稍微尝试一下，这样他就会知道他拥有的事物有多美好，而且可能会因此成为更高明的情人。"

"我丈夫说他从结婚起一直都很忠实，我信得过他，但我倒希望要有段婚外情，这也许能让他开开眼界，看看'80年代的女人'对于性伴侣有什么要求。"

"我丈夫在得知我有外遇之后，真的和他的大学学生上了床，我没有什么感觉。我希望他是出于爱她，而不只是为了身体的经验才这样做，因为他认为应该出于爱情才做爱。"

"如果他有外遇，我希望他掩饰的工夫像我一样好，但我知道他这个人一定会说漏嘴。我绝不会为了他不忠实而跟他离婚，我认为这是天性，但我会希望自己快他一步。"

"有一段时间我心里乱糟糟的，但是现在不会了。以前一想到我丈夫跟别的女人在一起，我就会变得很不可理喻。现在我不会再想那些事情，也不会再因为那些而心烦了。"

"我敢说我的伴侣目前没有跟别人上床，但以前他有这种纪录。我一直觉得这样很好，我很高兴他能够自由地对别人表达情意。我不用担心他会撒谎，因为他觉得他要是做了什么就非告诉我不可，而且他也没有理由撒谎。何况，他可能会学到一些新花样。"

男人对妻子外遇的反应

40%的男人在发现妻子有外遇时，反应非常激烈[①]：

"在我丈夫欺骗了我之后，我也欺骗了他。我是为了要报复，以及听一些赞美我多么漂亮、多么好的话（也就是浪漫的爱情）才这样做的。过后我的罪恶感很重，而且发现我只爱我丈夫。我原谅了他，但是他不肯真正原谅我。这对我们的关系造

---

① 但是，有外遇的女人中只有1/4曾被丈夫发现。事实上，根据本研究和先前的海蒂报告，大多数外遇（74%）从未被发现，或被公开指认。

成很大的伤害，一切都变了。"

"那次外遇使我耗尽体力和心思，主要是因为我丈夫发现之后，逼着我离婚。他到我们聚会的地方，不客气地数落我们。我真是恨我自己，我哭了好几天。"

这个女人细数丈夫发现她的外遇之后，种种令人懊丧的改变：

"几年前，我很不理智地爱上一个男人，而且在情感上做了不该有的付出。不到两个月，原来早已岌岌可危的婚姻和外遇之间的冲突，便已压得我喘不过气来。我丈夫离开了我，而且我的外遇弄得尽人皆知。我过去 10 年间交往的朋友都跟我断绝了关系，孩子们在学校里变得不受欢迎，别的父母也不准自己的孩子邀他们到家里参加生日会或是过夜。有人对我说：'我们就当你是死了。'事实上我也慢慢觉得我已不存在这世界。

"跟我外遇的那个男人，对他的太太和我们的朋友发誓，他绝不会再跟我联络，而如果我跟他联络，他会向他们告发（我联络过他一次，他没有'告发'我）。我开始去看心理医生，一直到一年之后我才觉得比较好一点。我还是会偶尔沮丧好一阵子，失落感很严重，而且很想回到过去，并且弥补我的家人、朋友和我自己所受的创伤。"

无论如何，在本研究中，绝大多数女人都没有因为外遇被揭发，生活就变得没落破败，无论是她们的或是丈夫的外遇曝了光，这反而提供了一个机会，让两人真正坐下来谈一谈，重新建立双方关系的基础，或者是分裂。

但是，60% 的男人发现妻子有外遇时都低调处理，有时候甚至还松了一口气。比起一般观念中总认为男性的行为较为强硬，这个数据的确出乎意料。这是不是因为许多男人（根据《海蒂性学报告：男人篇》，有 72%）有外遇、也有秘密的情人，所以感到松了一口气？

"我丈夫发现我有婚外情之后很生气，但是他克制了自己的怒气。现在他让我知道结婚 7 年之后，爱情还会有怎么样的意义。他既没打我也没有常人所说男人都会有的那些反应。他抱住我，告诉我，他爱我，他已经原谅我，而且已经忘掉了那件事，重新开始信任我。我跟男人一起，从没有这么受宠爱、这么宁静的感觉。"

"我有过 3 次外遇，他隐约知道，但是一句话都没说。"

"我跟我们两个人的朋友有了外遇，很认真，也动了感情。我丈夫没有阻止我，他知道我需要大量的感情，而他没法给我，他决定让我从别的地方得到满足，而不要自己付出这些感情——对他而言，这也是种解决方式。"

"2 年半以前，我有过 6 个月的婚外情。在最后一次做爱后几个星期，我忐忑不安地告诉了我丈夫。他认识那个人，我以为他会尖酸地说：'他？难道你就不能找个比他好的人吗？'我还想到他可能会怒气冲天地说：'你为什么没有把我们的关系放在第一位？'其实，他根本没有这些反应。他有点惊讶，而且想要知道我对他有多认真。我向他保证，我不会跟这人建立长期的关系，他听了很高兴。从那时候起，他完全尊重我在这方面的隐私。甚至于他也只能从那人在夏天时搬走了这件事，推测这件事已经过去了。"

"我倒希望我丈夫对我冷淡一点，他可能很清楚，我会热情起来并非因为他，而是因为我刚和情人见了面。但他还是那样的热诚多情，就好像我们没有谈过一样，而且还更体贴呢！"

"在情感上而言，这个外遇是很美好的。他深深地被我吸引住了，他说我是很美的。我很喜欢听到这些话，因为我对我自己的长相一直不是很满意。我最开心的就是我躲起来，让他来找我。他记得我一天的时间表，而且曾经在我下班时在公司门口等我。"

另一位女性发现，因为她有外遇而瞧不起她的，竟然不是丈夫，而是情人：

"结婚几年之后我终于和 P 单独相处，这是我婚后第一次。那天是我的生日，在浪漫地庆祝过后，我跟他上了床，任由我跟着感觉走。我觉得很美，但是他讲了几句话，犹如一桶冷水当头淋下：'你常常这样，是不是？你真应该用多余的精力来做更有意义的事情，你知道我的意思。'"

采取开放式婚姻的夫妻不多，只有 5%。这位年轻的高中教师和她丈夫是少数还算顺利的开放式夫妻：

"我今年 31 岁，是个高中老师，我和丈夫、女儿住在小镇上。在做感官式的肢体活动——游泳、劲舞，尤其是做爱时特别有朝气，交换性伴侣——我和我丈夫，或是我和我的情人和另一对男女交换伴侣时，会使我非常亢奋。

"我爱我的丈夫，我跟他结婚快 15 年了。我也爱吉姆，他是我的情人，比我小好几岁。再就是我的女儿，她今年 7 岁。他们中跟我最亲密的人要算是我丈夫。

"我们的关系最重要的就是一家人的感觉，三人一体的安全感和一个家的气氛。还有，不时有个性伴侣。我想我们对双方的爱是很'公平'的。我对其他的关系看得比较重，他觉得'我有能力去做……'的感觉很自由。

"我从没想到，我的婚姻几乎能满足我'与另一个人的亲密感的最高需求'。但是世界上没有人是样样好，能够填满你每一寸心房。现在，我不能和丈夫分享的那些东西——更野性、更冲动、热烈、激情的我——就和情人分享。极浪漫地在大卡车上做爱，月圆时在池塘边做爱，或做爱到凌晨 3 点半才离去——这些我都和情人分享，大概有 3 年了，这是我珍藏的回忆，我只想把它们留在心中。我希望他能找到一个真正了解我们俩之间关系的女人，稍微改变一下。但这种机会可能微乎其微，所以，我尽量接受我们的现况，在它尚未消逝前尽量享受，因为我会重返我的婚姻。和丈夫分享部分（不是全部）感受，使我倍感亲密，体验到对方是独立的个体，并且使爱更加美妙。

"我和家人的关系是我生命中最重要的。我们没有计划要生小孩，而我发现自己怀孕之后，第一个反应就是去堕胎（我从来没有跟我女儿提过，以后也不会告诉她）。但是堕胎的费用竟然比生一个小孩还要贵，而且我（完全没有想到）一想到要杀死已经活在我腹中的小孩，就觉得很可怕，再加上我丈夫的支持，所以我们最后就决定把她生下来。我们原来借了一笔钱，准备用来付堕胎费用，后来我们挪用做旅行费用，到新英格兰一带去买古董，这个决定，我们从来没有后悔过。

"女儿大一点之后，我丈夫照顾她的时间越来越多。她 3 岁大的时候，每天跟在我丈夫身边的时间比跟在我身边的时间还要多，而且她要是跌倒或受伤了，或是在幼儿园里做了什么东西，想给我们看的时候，她会找爸爸。

"我觉得我的外遇十分美妙，但是它对于我丈夫和情人都有相当的影响，我得很小心地处理。我丈夫从我们第一次做爱的时候就知道了。

"至于交换伴侣，我丈夫和我都喜欢有多样化的性伴侣（我丈夫比我更喜欢，因为他没跟别的女人睡过觉）。但是，出乎意料，我们发现两人之间那种贴心的亲密感至少跟交换伴侣所得的性经验一样重要。我们共同生活了 15 年，却一点也没有倦怠感。

"我真的觉得'忠实'这个字眼很倒胃口。我丈夫曾经跟一个他很喜欢的女人上床，在交换伴侣时他也和别的女人做爱，当你所爱且身为丈夫的人和别的女人约会了，可能还跟她做爱，留你一个人孤单地守在家里时，那滋味真难熬。但我有种很深的感觉，这种经验带来了自由和多样的变化，是值得用这份苦闷去换来的。

"我知道我变老了——鬓边的白发让我有这个体验，而且我很清楚美丽并不会随着年岁与日俱增。我尽量保持我的身材和身体的活力，我也很高兴能感受到自己的情感和心智更趋成熟，使我倍添魅力。虽然我不会胡思乱想，害怕我丈夫不再爱我，但我的确会尽一切力量，不让这种事情发生。"

许多女人试过开放式婚姻之后，都成了开放式婚姻的逃兵[①]：

"一开始的时候，我们和他们夫妻俩交换伴侣——两家人都面临中年危机，没有收入，我想要野一点——我们是很叛逆的，也许我们还认为：'传统的那一套不管用，老爸老妈，你们都错了。'

"之后我们探讨了很多，结论是，这样的痛苦实在不值得，这些性关系对我们的生活没有一点帮助，反而助长了混乱和不安，而且我们不需要为了与人结成好友而探索别人的身体。我认为不见得每个人都适合专一，但是，老实说，我看不出自己和陌生人上床有什么好。"

"我相信，对我们而言，专一是最好的哲学，而且据我的观察，对于大多数人而言，专一也是最好的哲学。在我二十多岁时（约10年前），我和我第一任丈夫体验了所谓的开放式婚姻。这是他出的主意，因为他爱上了我的朋友，想要和她上床。刚开始我吓了一跳，但是想过之后，觉得这对我们两个都好。何况，有些人还觉得我蛮有魅力的。

"起初，我们觉得这种新的生活方式很好，而且很愿意把这当作种新的信仰。无论对谁来说都是很完美的，如果有人不喜欢，一定是两人的关系不够'成熟'。我丈夫，还有跟我上床的那些男人煽动这种言论，但是实际上他们却不知道要怎么处理。他们就是受不了'自己的女人'被别的家伙干了。但是在他有这种想法之前，我已经有好几次外遇了。

"最后我们离婚。接下来那两年，我还是花絮不断，非常拥护这种哲学，直到我遇到现在这个丈夫为止。起初我对他说，我不相信专一行得通。他说，我要这样想，可以，但是他认为那是胡扯，掉头就走了。他走了之后，我想了一想，发现自己竟因一套不可理喻的想法而放弃了一个完美的男人。除了专一之外，其他的性关系都不能发展到令人心醉的程度，因为彼此之间永远无法互相信任。我们得先保护自己不受伤害，所以我们永远不会和对方亲近到可能会受到伤害的程度。我又去找他，告诉他我会接受专一（但是是有保留的）。

"现在，我很明白，我不会冒着失去我们所拥有的一切的危险，去追求一段暂时

---

① 女人心中的不适感甚于对性传染病的担心，例如艾滋病和疱疹。

的、有限的关系。我另外四五个体验过开放式婚姻的朋友也有类似的看法。有的人回头修补原有的关系，有些人找到了新的、长久的关系，但是没有一个女人（或男人）真的认为开放式的两性关系可以行得通。至于秘密的外遇，我想，因为某些个人因素，有时候你可能需要'证明'一下自己。这是很冒险的，因为外遇的刺激感可能使原有的关系变得索然无味，但我觉得，若能保持秘密的话，外遇还是有其建设性的。真正的危险是，伴侣的自我受到损害，或者两人不再互相信赖，腐蚀了良好关系的基础。我非常小心地保护我现有关系中的自我平衡，我不会表现出受到其他人，甚至电视剧中的人吸引的样子。我一直觉得我是他最爱的女人，而他是全世界我最想要的男人。"

身为"另一个女人"

52% 的单身女性说，和已婚的男人交往是错误和不实际的，她们不会这样做：

"婚外情是种罪恶，甚至和已婚的人交往都是一种罪恶。"

"我被诱惑过，但是我觉得那种关系一定会使人受伤，再说天底下又不只他一个男人。"

有些人提到，她们想要对其他女人忠实：

"无论是什么情形，我都拒绝和已婚的男人见面，我觉得那是在诈骗与我同为女性的人。长久以来，做婚姻第三者的女人，总是吃亏的那一方。我接受妇女运动之后，有了很多改变，其中一个改变就是，无论我多么渴求性爱和关注，我就是不会接受这种事，让另一个女人受到欺骗。"

"我开始跟那个男人交往的时候，他并没有说他已经结婚了。我发现之后，马上与他绝交，我不要做别人男女关系的第三者。我不想找麻烦，我相信他太太也不喜欢被人找麻烦。对我而言，支持女人比支持男人更重要，即使我不认识她们也一样。如果做丈夫的到处留情，很可能他们的婚姻已经亮起红灯，我可不想蹚这个浑水。"

"跟有妇之夫交往，我总是忍不住想很多关于他太太的事情，我 20 岁左右时，和一个已婚的男人邂逅，他告诉我他的婚姻很糟糕。但是我遇见过他太太，她很美，很和气，有 4 个孩子，对她的丈夫'愚忠'。"

令人惊讶的是，45% 的女人很热衷于和已婚的男人交往：

"我还是单身的时候，和不少已婚的男人交往过，其中一个是长期的。我们得偷偷摸摸的，但是很刺激。"

"我跟好几个已婚的男人交往过，我们很合得来。我从来没有要求他们离开太太，但其中有一个，我真希望他能离婚。"

"我在婚前婚后都有这种经验，那是种可怕但很刺激的感觉。"

"我现在正和一个已婚的男人交往，没有我原先想象得那么难处理，事实上是蛮容易的。我们的关系很好，不会有太多期望。"

"我曾和一个已婚的男人外遇，他让我第一次达到高潮。直到今天我们还是无话不谈的好友。"

"有时候我喜欢和已婚的男人交往，但和别的男人同居。已婚表示他们主要的需求都已经满足了，所以我们在一起时可以纯为享受而享受。有时候，我需要别人专注在我身上，这时我就不太喜欢已婚的男人。"

在这些女人口中，这种关系既正常又美好：

"我最喜欢跟他一起讲话、一起笑，跟他在一起会觉得很轻松。在亲密的时刻，他很温柔。他的话不多，但是从他的动作里我就可以看出他的感受。他会抱着我，然后我们开始聊天，什么都聊，他离开之前会吻我一下，让我觉得他还不想走。我觉得跟他在一起很好，只希望他能战胜偶尔浮现的罪恶感。"

有个女人认为受到已婚男人的追求是莫大的赞美：

"那种感觉很刺激。家里有另一个女人等着他，而显然他偶尔也会想要那个女人，但他就是想要你。当然，已婚男人的底细是很难探知的，说不定他跟太太很协调呢，谁知道？"

但是别的女人说，她们不会尊敬有外遇的已婚男人。有个和已婚男人短暂交往过的女人说，她认为他明明不喜欢还不离婚，显然是个懦夫：

"我大一的时候，迷上了一个已婚男人，但时间很短。我认清他原来是个真正的懦夫，因为他的婚姻已经有很大的问题，但是他还拖拉着跟他太太走一步算一步。我决定跟他分手，免得惹麻烦。我们睡过一次，后来再也没有了。他这个人不错，是个不凡的艺术家，但是他的魄力不够。我现在不会考虑和已婚的男人外遇，我想都不会想。"

虽然大多数女人都不觉得，但是有 22% 的人说，和已婚男人交往是很孤单的，或是伤心、痛苦的：

"糟糕透顶。在心情不好的时候没有情感上的支持，假日也不能待在一起。结果是颗破碎的心，不值得这样做。"

"那感觉就像我们两个中间有一道墙，或是他心里有一部分总是在别的地方，没有全心和我在一起。"

"很伤人，而且会令人非常寂寞。那一直都是心口的痛，除非你喜欢三角关系。"

"我初恋的对象是一个年纪比较大的已婚男人，我跟他有了第一次的性经验。那种寂寞的感觉，无以为甚。等着他打电话来，等他有时间来陪你……即使在一起的时候也是很寂寞，因为你心里知道他会留你一人面对寂寞。有很多个夜晚，我是哭着入睡的。"

"我们的事情是不能公开而且很秘密的。我从来不知道他住在那里，从没跟他的朋友见过面，他也没有跟我的朋友见过面，这就好像我在过两种截然不同的生活似的。我花了很多时间抱着希望等他，但我不知道他什么时候来，也不知道他会不会来。而且，不管我们的性关系让我觉得多么亲近，我每天早上醒来的时候，总是孤零零的一个人。不管有多快乐，都是短暂的，因为他不能留下来，我心里总是想着这一切都会结束。"

有的人说，这种暗中往来，让她们觉得自己很贱，或是很不妥：

"有一次我和已婚的男人交往，时间很短。我真的很不喜欢那样。我们得躲躲藏藏，而且不能在周末见面。"

"有一次和已婚的男人发生了关系，我觉得痛苦极了，因为我觉得我像是他不贞的共犯，一切都听他的号令。认识他的时候我已经离婚两年了，说起来很讽刺，我在结婚的时候没有外遇，但是单身之后却成了第三者。单身的人受人控制，而结了婚的人又没有勇气离开不好的婚姻。我觉得我简直是他的玩物——不用花钱的妓女，慢慢地我才抚平这种伤痛的感觉。"

有些女人有罪恶感：

"我觉得我很对不起他的太太和两个小孩。其实,我想过要打电话给她,把一切都告诉她。我也跟他提了,他说他不在乎,因为他对她的爱已经死了,这一点她也很明白。他打算跟她离婚之后娶我,我实在太喜欢他了,但心里的罪恶感很重。最后我告诉他,除非他离婚,否则我不会跟他来往(就算他要离婚来娶我,也不是我的错,但是我还是有罪恶感,因为我们不是正大光明的)。他问我能不能等他一年?我说我不确定。那个时候,我想了很多,但我老觉得自己是破坏人家婚姻的人。我跟别的人来往,他还是跟他的太太在一起,事情本来就应该这样。再说,他娶了我,如果要骗我,就好像他骗她一样,我也挡不住啊!"

大多数女人不愿想情人有没有跟太太上床这件事实:

"我很难要求他对我忠实,因为他结婚了。我知道他有太太,这是我必须面对的事情。我知道他会跟太太上床,但我不会觉得心烦,因为就算他不在我身边,他还是属于我,我非得这样想不可,因为我跟他之间是外遇,不是普通的感情。"

"我的情人对我是忠实的,我对他知道得太清楚。他会和他太太上床,但我认为那不算是对我不忠实。如果他去找别人,我一定会很难过,但是我可以接受他太太,她是我们关系的一部分。我认为她不知道我的事情。"

"我知道我不是他生命中唯一的女人。我不喜欢这样,但是我无能为力。"

有些人喜欢已婚的男人,对她们而言,那是个"安全地带":

"我跟已婚的男人交往,他不能控制我也不能绑住我,但是我却能拥有他。"

"我知道他已结婚,这点倒让我觉得很安全,因为我很确定他不会催我结婚。"

已婚的女人通常能和已婚的男人建立良好或是顺利的关系,她们这样也算是"第三者"吗——是:

"我的情人已经结婚了,我不在乎他有太太,不过,当我是单身的时候,我会因此而难过。现在,我的婚姻让我感到快乐,所以我不会在乎我的情人结婚了没。"

"我第二次外遇的对象是个已婚男人,我觉得这样最好。我自己一个人住的时候,总是得等他,烦死了。那些单身男人等我时,大概也有这种感觉吧。如果你一开始就知道他结了婚,而且不会离开他老婆,那么你们大概可以有个像样的外遇,但是别期望他离婚,就算他离了婚,娶了你,你也不会真心相信他。"

有已婚情人的单身女性,比已婚女人更认真地看待这种关系:

"我喜欢爱的感觉，唯一惋惜的是，他已经娶了另外一人为妻。他很爱她，也爱他们的小孩，所以他不会离开他们，我可以理解，也可以接受，但我真的希望我们能有多一点时间相处。也许就是因为相聚时间不长，我们才会觉得彼此很特别吧。我们在一起的每一分每一秒都很宝贵，这是一种全新的感觉。在一起的时候我很快乐，不在一起的时候，我也很快乐。"

"我爱我的男人，爱得非常深，我想我们彼此的感觉是一样的。我就是爱他那个样子，我接受他的一切。他老实告诉我他的'另一个生活'，从不避讳。他难过的时候，我也跟着难过。我看着他因为罪恶感而内心交战，就觉得难过。如果他负担不了，就不要再坚持下去了。我对他的爱很深，深到我可以为了他而让他走。然而，如果我得让他走，我们心里都会明白，这是一份特别的爱。"

"我们单独相处的时候，讲话、动作和思想都是自由的。我们彼此觉得快乐，因为我们拥有对方。他很想把我当作一叠文件带回家，但是他不能这样做，有时候他会因此而哭起来。这样高大强壮的男人竟然哭起来，因为我不是他的人！"

"对我们两人而言，共处的时间是非常宝贵的。我觉得我给他很多很多，让他生命更有意义，而他给我的回报简直太美妙了，我一点也不后悔跟他交往。我们各自都试着要切断这段关系，但是谁也做不到。"

"我不能打电话给他，只能打电话到他的会计师那里留话。我不会很担心，因为他经常和我联络。我们之间的关系，不只是性而已。我们不是每次见面都上床。事实上，我们已经三个月没上床了。我们每星期至少一起吃一次午饭。

"上个星期他告诉我，就算会弄得焦头烂额，他也要想办法拥有我。我也有这种感觉，但是我一开始就知道我不能逼他。我知道他会离开老婆，不过这需要时间。他会损失不少东西，因为他是个生意人，他努力工作了一辈子，才有这些财产。我们之间无话不谈，讲什么对方都能心领神会。我们彼此之间是很真诚的，他让我觉得很快乐，我觉得自己是个完全的女人，心里非常满足。以前我总以为，男人有婚外情，一定是为了性事，但我们之间可不一样。"

"我们一起做好多事情。我们总是在很隐秘的地方相会，搬运建材到他正在盖的房子那里、贩卖牲口、坐在机器的齿轮底下喝酒，或者我坐着看他帮我的朋友修水电，跟他在一起的感觉真好，每一分每一秒，对我而言都是种享受。但愿他是单身就更好了。"

"我对他用情很深，深到即使我明明知道我永远不能拥有他，也永远不会放弃他。我知道，我们的恋情越久，越可能被他太太抓到，我不想伤害她，也不认识她，但是做人家老婆的人，不应该只是花钱、应酬、自称某某太太而已。只要我能让他快乐，他能让我快乐，我们就能继续下去。他要我找个对象结婚，快快乐乐地生活，但是他说他会很伤心，而且他整个人会变得一团糟。"

有一位五十多岁的女人描述她的情人突然撇开她，回到太太身边时那种伤心欲绝的感觉，因为她对这段感情看得很认真：

"我今年55岁，已经离婚了，之前我结婚25年，有3个孩子和2个孙子。我曾担任全职的秘书工作长达20年，而且还帮人代销厨具。我是个基督徒，对于教会工作很投入，我不觉得我的年纪有这么大了，可能别人也看不出来。

"我谈过一段感情，去年才结束。这段感情给了我许多——爱、热情、性的亲密感和自信。但是我不快乐，因为他还没离婚，我很珍惜与他相处的时间。我们会很深情地做爱、聊天，但是我们不会走出去，因为他还有太太。

"他说，他爱我，而且已经爱我很久很久了。但是他也说，他无法娶我。他从来没说过任何有关分手的事，然后一连两个星期都没有和我联络。我打电话给他，但他一直拖了好几天才回我电话。在电话里我说：'听起来你好像过得蛮好的嘛！'他说：'是啊，家里一切都很顺利。'他请我第二天中午一起吃饭，但是他根本没来，我也没有再听到他的消息。

"他竟然不说清楚就走了，我实在很难过，因为我认为我们的友谊很深，谈分手的事不算什么。我以为他很了解我，知道我不会给人难堪。他是我第一次真正爱上的人，而且原本一切都很好，我的心几乎碎了。我花了很长的时间才让自己承认了我们不会再见面的事实。他是我生活的重心，我所想的，所做的，都是为了他。

"8个月之后，我终于接受分手这个事实。没有人知道这段感情，我也不能跟任何人提起这件事。那段日子真难熬，我常常祷告。在我承认这件事情之前，他经常会出现在我的心中，我曾努力将他逐出，但总是不成功。现在看到令我想起他的东西时，心还是会跳，虽然我知道那已经过去了。"

♡ "另一个男人"

最后，我们要谈一谈"另一个男人"现象，也就是和已婚女人外遇的单身男人。为什么这个名词不像"另一个女人"那么普通？当然，取名字是件很平常的事。而"另一个女人"这个名词之所以这么普遍，是因为社会利用这个名词来强调、主导社会的意识形态：这个社会特别只针对女人创造出这个名词，借以惩罚那些有"不法"性关系的女人，但却不惩罚那些情况类似的男人，这就是双重标准。我们的语言常给同样表现的男女不同的评价，而且通常是否定后者，这种例子比比皆是。在本例中，"另一个女人"一词背后的概念，可追溯至邪恶的女人的原型，即夏娃的诱惑，因为我们的语言中，并没有相对的名词可用来形容男性。

15

财务和家事

婚姻的根基

love

钱是谁赚的？ 钱该怎么分

现在有 70% 的女人在赚钱，这有什么影响？

在过去 7 年之中，婚姻的面貌产生了本世纪以来最大的变化：大部分已婚的女人都有自己的收入。无论这份收入有多么少，有选择和没有选择毕竟是不同的。

在一般说法中，会有这么多女人工作，是出于财务上的需要，要维持中产阶级的生活标准需要两份收入，而不是一份。但是本书所访问的女性却提出与一般说法不同的解释，她们说，她们是因为喜欢拥有属于自己的生活才去工作的。许多人都有过在经济上依赖他人的经验，被人当作孩子来看待或者只能任人发号施令。有的人是一直都有工作，而且不愿放弃她们引以为荣的技术和业已建立的名声。当然，女人也提到家庭的需要，并且抱怨工作的种种困难，就像男人一样，有时工作既累又烦，巴不得能有永久的假期。但是本书中有工作的女人中，有 86% 都不愿再回到没有机会去工作和建立专业的日子。无论她们是为了钱而工作（因为有钱就能独立），还是因为唯有参与外面的世界，才觉得自己是完整的。她们喜欢工作，也喜欢经济上的独立，即使她们想要和别人共用这笔收入。

在经济上依赖丈夫的女性，有什么感想

现在或过去曾在经济上依赖丈夫的女人中，有 88% 感到这种情形令她们不自在或不快乐：

"我现在在经济上依赖丈夫，这是出于我自己的选择：不上班，在家带小孩。但是我觉得现在不如我在婚前上班时那么独立，我很少把钱花在自己身上——把别人的钱用在自己身上好像不太公平。但是我丈夫很讨厌我上班，他要觉得自己是一家

之主，是真正供给家用的人。"

"我有一阵没一阵地上班，账单都是他在付，如果没有自己的钱，我不过是个奴隶而已。这么多年，我带孩子、管家，他们都习以为常，认为这是我该做的事情，而且他们还会因为我没有做得更多，或是没有马上做而让我觉得有罪恶感。"

"我还在想办法解决这个问题，我打算要修点课程，但是我也得顾全孩子们的需要，所以我真的是绷得很紧，时间和体力都只有这么多而已。我觉得我比他低一等，因为我在经济上依赖他，他高高在上，因为钱是他赚的。"

"不管要什么钱，我都会有罪恶感，而且除非是为了买日用品，否则我不会开口向他要钱。"

"以前我在经济上依赖我丈夫。那个时候，我觉得一切都很好、很正常，但是他离开我的时候，丢下了一句话：'你需要的只是我的钱而已。'"

"我觉得依赖他使我丧失了大半的独立性，我觉得我像个薪资微薄或是没有薪水的佣人。"

"这是我们婚姻的问题之一，我从法学院毕业之前那3年，只上课，没有上班，那时我觉得我像个妓女似的。我目前在财务上依赖我的情人，但是这没有关系，因为直到数月之前，他在财务上仍是依赖我的（我们轮流赚钱）。"

"我觉得，即使我们之间没办法处得很好，我还是得跟他过日子，因为我没有钱做其他的选择。"

"我在经济上依赖我丈夫。花他的钱会使我有罪恶感。后来他开始骗我，我觉得很难过，但这也使我觉悟到，我不必因为花他的钱而有罪恶感，就像是在报复他一样。我不能把这些事情讲给他听，也不能把这些话讲给别人听。"

"我现在在经济上依赖跟我同居的那个男人。我不喜欢依赖别人，但是我没有能力养活自己，所以我觉得有人来养我还蛮幸运的。但是我丈夫不断提醒我这一点，好像我得无尽地感激他似的，我可不喜欢。"

但是财务上的依赖不一定会造成问题。事实上，对于13%的女人而言，这似乎是良好关系的一部分：

"以前我在经济上依赖我前夫。这对我一点儿问题都没有。在结婚之前，我工作而且独立生活了很多年。我蛮感谢他让我有机会在孩子还小的时候，留在家里照顾他们。钱都是他在赚，但这对于我们的关系似乎没有什么影响，就算我得为我们的生活去外面工作，我也不会觉得这是不得已的。只用他的那一份收入，我们也过得蛮好的。"

"我丈夫是个消防队员，女儿出生之后，我就没有再工作，但是我另外再照顾一个小孩，这样我们的钱会充裕点，不过最重要的是能够待在家里陪女儿。"

"在孩子小的时候，我在经济上依赖我丈夫，但我并不在意，因为从小大人就告诉我事情本来就应该这样。"

"我丈夫喜欢我在家里，他喜欢在经济上供应我们需要的一切。我在外面工作的时候，我丈夫很支持我，而且鼓励我在工作方面想要怎么做就怎么做。在体验过两种生活方式之后，我们还是喜欢现在这样。我很喜欢这种自由和悠闲的感觉，他喜欢我快乐的样子，他觉得这样子我给他的支持更多。"

比起其他女人来，这些女人是比较有自我尊严的，而且对自己持家的评价比较高，当然，还是那些坚持自己赚钱的女人更值得自豪。

这些女人很清楚，她们在家所做的工作和男人在外所做的工作一样困难，她们提供了不可或缺的服务，所以她们跟男人一样，有支配金钱的权力：

"我因为自己在财务上没有贡献，所以觉得有罪恶感，但后来我醒悟了，他不但有女佣、有司机等，还可以把他的名字镶在门牌上。他赚钱，我出力。"

"钱是他赚的，但因为我对这个家有承诺，我付出了心血，牺牲了很多东西，所以我觉得我的贡献跟他一样。"

"我在家带小孩的那10年间，在经济上是依赖他的，但是这之前的3年我们两人都有工作。我一直觉得，他的钱就是我的钱，我在家里所做的工作，和他在外面所做的工作一样困难。他得依赖我来照顾孩子和这个家。"

"直到几个星期之前，我在经济上是完全依赖丈夫的。我一点都不觉得这有什么不好，或是对不起他。我一直都觉得我善尽为人妻、为人母、管家和女主人等职责，这份经济上的安全感，我受之无愧。然而，手握一张数千美元的支票，知道那是自己赚的，而且够我独立好大一阵子，心中涌出一股崭新的、前所未有的兴奋感。我马上去找财务顾问，决心要把投资的事情弄得一清二楚。"

但是有的人没那么确定：

"我说不出我做的事情里，有什么是可以和他相比的。这可能是因为我对我自己的评价不够高。以前有关钱的事情会影响我们之间的关系，我总是接受男人的钱或礼物是件很糟糕的事情。我现在正想办法摆脱让我有这种不好的想法的那些儿时往事。同时，我要积极肯定自己的成就和自己照顾自己的能力的价值。"

我们是不是应该看重自己一点，不要因为在经济上依赖他人而感到不自在？我们在依赖男人的时候会感到不自在，这是经济上的依赖性，还是别人对我们的态度使然？我们是不是被"洗脑"了，所以才这么轻视自己？

在英国和其他国家，有人提倡家事薪资的运动，它的理念是丈夫应该给妻子薪水，以酬谢妻子为家庭提供的服务，特别是，如果全天在家工作、带小孩、煮饭和打扫等。唯有如此，才有可能使女人在出于自愿的情况下继续维持婚姻。这样的经济调适虽然很不容易，但无疑会改进女人的地位，并使女人更加尊重男人。

即使女人不会因为经济上的依赖而感到不自在，但这种依赖仍可能在经济上造成潜在性的影响。如这位女性所述：

"我认为许多女人一坠入情网就被这种依赖的关系套牢了。如果女人能在两性关系中保持独立和平等，这一切都不应该发生。但是一旦她开始依赖他，那么，即使动机再好，仍不免落上述窠臼之中。"

只在家中工作的女人不能领退休金，也没有社会福利：

"我在经济上一直都是依赖丈夫的。孩子小的时候，我没有在外面工作，现在我赚的钱，也跟我丈夫赚的差一大截。现在我年纪大了，有个问题，是跟退休有关的。因为我退休之后没有退休金，所以以后我就没有自己的收入了，我实在不愿意再回头向我丈夫伸手要钱。"

只要能赚一点点钱，或是保持自己的工作技能，似乎都能减轻这种压力：

"他赚的比我多，所以我们靠他的薪水来生活。但我喜欢自己有赚钱的能力，我喜欢像以前那样，赚的钱够自己用，不用跟别人要钱，我喜欢那种独立的感觉。他还在念书的时候，家里只有我一个人赚钱。"

"我30岁，做了12年全职的工作，现在我还在兼职，而且我打算一直做下去，直到退休为止。只要我不觉得自己太依赖他，就不会有问题。我好像有点财迷心窍，而且对我来说，有钱就代表独立，这既会影响我和我所做的决定，当然也会影响我们的关系。"

"目前我是个代课老师，做这个工作让我觉得我对家里的财务有贡献，因为我丈夫很尊重我这份工作，至于带小孩或是家务事等，他就会觉得没什么，而且因为我在做这份工作时，由他来照顾小孩，所以他对于这些事情，重新有一番认识和尊重。"

或者是自己有一个小小的银行户头：

"因为我在结婚之前工作过，所以我有自己的钱，而且钱就存在我个人的户头里，这给我独立的感觉，这点我丈夫和我都明白。"

如果一个女人由于经济上的因素，不能自由决定要不要离开男人，那么她永远没办法知道，她留下来是因为她想留下来还是非留下来不可。而如果她想离婚的话，会突然发现自己没有依靠，也没有钱：

"其实几年前我就想跟他分手了，我没有走，是因为我养不活自己。我已经50岁了，我不知道我还能找到什么工作。"

"当初跟他结婚时，我告诉自己，我是因为被战争所惑（第二次世界大战），追求浪漫爱情和相互的安全感。到了20世纪70年代，我终于痛苦万分地承认，我是为了钱才嫁给他的。我没离婚是因为孩子的关系，而且他赚的钱不少。我再怎么想，也想不出自己要怎么赚钱，我能够做什么。我一想到这个问题，脑海中就浮现了我在餐厅地下室帮人洗碗的样子。结婚越久，我越觉得这是我唯一够资格的工作。"

"58岁的人了，要是想要离婚，又30年没有在外面工作过，钱就会影响一切。他结清了活期存款户头之前，一直像对待小孩那样给我零用钱。我们分居和调解会拖那么久，是因为他要跟我一刀两断，而且，一分钱都不会给我。他一点都不觉得他对我们的女儿有责任，她还不能自立啊！"

虽然大多数女性的情形已经比10年前好，但是经济方面的冲突，尤其是经济上的依赖所造成的问题至今仍然存在。这位女性的情况便是一例：

"我今年25岁，是黑人，我很聪明、多情，而且有趣。我有很大的潜力，但是我并不特别快乐。我应该算是年轻的，但是我却觉得自己不年轻。我很怕变老，要是我一直这样穷下去怎么办？我不想变成年迈、贫穷的老妇人。

"我现在最大的问题是，我得依赖男人才活得下去。他是个乐师，今年33岁，我们同居5年多了。我们的关系是建立在经济的基础上：我破产了，他资助我。对他而言，最重要的是能有固定的性生活；对我而言，则是食物和住处。最困难的地方，在于他不想让我待在这里。我不爱他，我从来没有恋爱过，但是我真的非常在意他。我也不觉得他爱我。

"我想要经济上的独立，自己有车、有房子、有工作、有钱、有选择。我是半工半读念完大学的，当时我立志要建立自己的事业，现在这些东西好像很遥远。跟我的朋友在一起，是最快乐的事情，她们喜欢我就喜欢，没有任何条件。

"前几天我们大吵了一架，因为他养我的问题，他觉得他被套牢了，我也觉得我被套牢了。毕竟这两年来，我已经尽全力找工作了，但是在这里找不到好工作，底特律的失业率是 25%，他一直说是我没有尽力。我建议他去看看招聘广告，是否真如他所说：'适合你的好工作到处都是。'

"我们常为了钱的事情而争吵，没有人吵赢，我们吵的问题从来没有得到解决。有时候他一直讲到我睡着为止。有时候，他会恍悟到自己讲来讲去还是那几句老话，就不说了。通常他都会向我道歉，这时候我又得重听他那些苦难的故事。其实我们没有真的和好过，他认为错都出在我身上。

"我们最快乐的时候，是我白天工作，他晚上工作，我们各有收入的时候，每回我们相聚都很快乐，但是这段时间只有两年。

"现在他对我没什么感情，也没有什么尊重，他也不会在情感上支持我。在我们亲密的时候，他不会说他爱我，也不会说我很棒或很美。他不会说我令他想要跟我做爱，也不会温柔地跟我说话。他跟我说，他不想跟我同住，叫我去别的房间睡，他说我又胖又丑，而且说我在榨取他的利益。

"我想我现在真正想要的是能让我自立的事业。对于爱情，我没有任何过高的期望。"

越来越多的女人发现无论结婚与否，其实她们都得养自己一辈子：

"我从没有在经济上完全依赖男人。我丈夫没什么责任感，所以我扛起了整副担子。后来我跟另一个男人同居两年，关于用钱的事情我们都对半分。对我来说，这是个全新的经验——另一个人扛起他的那一半担子。"

25 岁以下的女人中，有 82% 不愿在财务上依赖别人：

"我从没有依赖过男人，而且只要我有能力，我一定不要依赖男人。我喜欢成为他生活的一部分，但我不想加重他的经济负担。我不要用人家的钱，而且我不喜欢把别人的钱花在自己身上，我会觉得有罪恶感。"

"我不想在经济上依赖任何人，那样子会影响我和男人之间的平衡。"

有个女人提到，她的婚姻生活因为她成为家中主要赚钱的人而改变了：

"在我和我丈夫之间，钱是很重要的事情，因为以前我丈夫赚的钱一直很多，而我那个小公司总是生意惨淡。我丈夫常提醒我说，他既要养我，又要养我那个公司，虽然他总是利用我那个公司来避税。原先他几乎一点也不怜悯我的经济状况，但是后来他被解雇了，此后态度就改变了。

"既然丈夫被解雇，而我要上班和上学，所以他做家务事和照顾孩子的时间比以前多得多。他变得比较谦虚了，不像以前总认为他赚钱的能力是一流的。他甚至承认以后他可能再也找不到全职的工作了。

"但是，所谓工作会使女人生活层面较广，或者智商较高的人才能胜任工作，这些都是胡扯。我认为，那些拥有令人羡慕的工作、事业前途看好的女人，很容易忘记大多数女人之所以会工作是出于经济的需要，而且为了赚钱，不管是什么工作，只要忍得下去，她们就会去做。我很幸运，因为我有一份不错的事业，但是我很清楚，不是每一个女人，或是男人，都有这样的际遇。"

另一个女人说，她家里的收入有一半，甚至是一半以上是她赚的，她十分高兴：

"过去有 4 年的时间，我在经济上是依赖我丈夫的，那种感觉很不好，因为我看不起自己，又觉得自己对我们两人没什么贡献。自从我开始赚钱，而且有时候家里一半以上的钱都是我赚的之后，我觉得好多了。我一点都不想回到从前那种没有收入的日子。自从知道我有能力养活自己，我各方面都变得更果断，所以我现在不太依赖我的家，我非常喜欢做钱赚得比较多的那个人，而且为了某些自私的理由，我希望这个情况能持久一点。"

这位女性结婚 26 年，而且大半时间都是家中主要赚钱的人，但她似乎不觉得这种情形有什么好奇怪的：

"我今年 52 岁，属中产阶级，我有丈夫，也有小孩，大学毕业，现为职业妇女。我已经结婚 26 年了，一直很快乐。从我大学毕业后，只在女儿出生的那一年休息过一阵，此外我一直在做全职的工作。我是家里主要赚钱的人，我丈夫自己当老板，他是个很好的人，但是做生意不行。

"因为钱主要是我赚的，所以账单大多由我来付。我丈夫做得很辛苦，但是赚得很少，他负责他生意上的开销和小额的账单。我们各有自己的户头，多年来我已经体会到我从事的行业薪资优厚，但他那一行不太可靠。

"有个人共享生活是很美妙的，我是那种按时间表过生活的人，这个习惯有时候会把家里弄得鸡飞狗跳，但是为了要完成所有我该做的事，我得慎重地执行我的时间表。我希望我丈夫能果断一点，打理好生意，但也许他要是那样的人，就不会那么好相处了。"

还有多少女人仍在依赖丈夫？工作对女人的意义何在

有些女人想要过依赖他人的生活，尤其是产后和孩子小的时候。依赖不依赖，应该是女人或男人自由的选择，不可强加。但是在本研究中，只有17%的女人说为了年幼的孩子，她们愿意留在家中两年以上，完全依赖男人。大多数女人希望在照顾孩子几年以后，能像男人一样也有工作。

由于留在家中超过两年的女人很少，她们常需要自我辩护：

"留在家里照顾小孩是出于我自己的选择，孩子很快就会长大，我不想为了钱和刺激的工作而错过这段时间，我的情人似乎最能理解我这个想法。他知道对孩子而言，父母之中有一人在家陪他们是多么重要。妇女运动所强调的应该是选择，但是它却常喊些'和男人竞争''日间托儿和妈咪的照顾一样好'的口号，那根本就不是解放。"

但是有一个女人毫无羞愧地说：

"我结婚19年了。它最好的地方在哪里？我不用工作！最糟的地方？没有多少自由可以做我自己。"

大约有29%的女人相信，从理论上讲，男人应该给女人财务上的支持，以报答她管家和照顾孩子的辛劳。虽然默认这种理论的女人更多，但是，几乎所有的女人都一致承认这在现实中行不通，因为男人赚进一切家用所需的事实，会使得大多数男人表现得高高在上。

所以，在本研究中，大多数女人都宁可有工作，而不愿依赖他人。拥有收入的女人中，有92%不愿再回到没有收入的时候。现在在财务上依赖他人的女人中，只有12%希望保持现状。其他的女人，不管属于哪个年龄层，都希望有家，也要有工作。

她们想要加入外面的世界，享有伴随工作而来的身份和声誉以及与许多人接触的乐趣，并得到财务上的报酬。虽然女人也认为外面的工作就像家里的工作一样单调而辛苦，但一般都认为家里的工作更为难做，而且还得不到薪水来证实自己的付出。

女人在依赖男人的时候会觉得不自在，这是自然而然的感觉，还是因为大多数男人的态度问题，也就是说，是不是因为女人在财务上依赖男人，才使得许多男人表现出高高在上的样子？也许两者皆是。但是无论理论上的答案为何，对于绝大多数女人而言，最简单的事实就是，有一份工作，就等于踏上自主、独立之路，有能力决定自己的未来，并扩展各方面的兴趣。①

但是有些女人认为女人"自付费用"的新平等原则并不公平，因为在其他地方，例如家事和情感的支持上，男人仍未平等地回馈女人：

"女性主义真使我吃足了大亏。我是说，我跟这些有钱的男人交往，却从来没有结婚，没拿过他们一分钱。而我现在呢？已经 50 岁了还是没什么钱，这个世界就是男人有钱而女人没钱。当然，我有工作，我有一份令人羡慕的工作，但是我真的没有钱。我本来可以有栋房子之类的，为什么我没有接受？因为我太骄傲了，但是我想，要是我重活一次的话，我还是会选择这条路。"

在本研究和其他研究中，有些女人对于她们"也"得赚钱这件事感到痛恨，因为家里的工作——不管是情绪的还是体力的工作——大多还是由她们来做的。她们可能会说："现在男人什么都有了！"男人是过去 10 年来最大的赢家。因为女人在外工作，对家中财务也有助益，所以男人的经济压力变小了，然而大多数男人仍期待、喜欢女人提供家事的服务、照顾孩子的服务、性的服务（这里的性的定义是，男人一定要能达到高潮，而且能随心所欲拥有她的身体，否则就要求她"解释"一下），女人仍得费劲维持优雅的形象。所以，相形之下，男人的责任不多，而女人自己的时间却越来越少了。事实上，有些保守的女性团体认为在男人供养女人的时代，女人的声望较高，因为当时都认为只有男人养女人才是对的，而如今女人的权力和地位都下降了。

但是大多数女人，连那些痛恨"男人什么都有了"的女人，也喜欢随着工作而来的独立感。在本研究中，不分年龄、婚姻状况和经济背景，有 76% 的女人不愿回

---

① 换个角度来看，是外面的工作如此充实，所以无论男女都想逃离家中，还是家永远是最稳固的避风港，是我们在工作的世界里无情地竞争一天后最为渴望的地方？

到在财务上依赖男人的境况，她们反而要求男人改变态度。

在大多数家庭中，都由女人来管钱

掌管整个家庭经济的女人之多，真是令人惊讶。所谓女人有多么无能、多么可怜的固定观念，在统计上都站不住脚。在本研究中，无论在外工作与否，有91%的女人负责保持家中的收支均衡，并支付账单。

"掌管所有金钱"指的是什么？这不过是家务事的一种？或者这代表了权力？

在丈夫为家中唯一经济来源的家庭中，有82%的妻子表示她们掌管家里的钱：

"我没有在外工作。我丈夫会把薪水的支票交给我，他甚至不会在支票上签他的名字，家里的钱都是我在管的。我喜欢这样，但我希望他对这些事情能有一点兴趣，至少要知道我们的财务状况如何。"

"他是我们家里唯一有工作的人，他会把他每周所需的钱留下来，然后把剩下来的钱存到银行里，我负责在账单到期之前把它付清。"

"他给我钱让我支付账单，他把一切的财务工作都丢给我做。我不介意，我已经做了17年，都快变成我的习惯了。他不喜欢我们没钱用，但却不愿知道我们为什么没钱用，他一想到那些钱的事情就烦。"

许多女人也说她们的丈夫处理家庭预算不太可靠，或者是不大在行：

"第一年，不断地发生问题，后来我们换了另一个方式分派财务责任，他把钱存进我们的共同户头里，我提取一定数额来支付家用。我负责支付所有的账单。"

"我们两个都在上班，我一直都很会管钱，我的信用很好，账单也都准时支付。他却从来没有准时付清账单，收账员总是在找他，自来水公司停止供水，电线也被剪断了，房租总是迟交，所以我们在结婚之前就讲好钱都由我来管。我们有一个共同的户头，所有的账单都用这里的钱来支付，我们希望，能在一年以内将一切欠债还清，虽然这可能意味着这一年内我们什么娱乐都没有。"

有一对夫妻每隔几年就交由另一人控制财务，成效良好：

"我们每隔一年或两年就交由另一方来管钱。现在是他在管钱，并且处理账单，但采购工作由我来做，他会告诉我，我可以花多少钱而不至于破坏预算。"

双薪家庭安排金钱的方式

双方都在外工作的家庭中，大多使用下列前 3 种基本的财务处理和费用分摊方式：

事先安排各人每月须负担那些项目的开支（32%）：

"我们两人都上班，各有一份固定的收入。食物、家用品、衣服和家里的开支由我来支付。贷款和暖气系统的钱由他来付。土地税通常都是他付的，但是今年由我来付，因为他缺钱。"

"家里吃的、用的、我个人和儿子的开销以及买礼物的钱由我来付。房租、暖气，我们的车子，晚上出去的花费、派对和保险由我丈夫来付。如果有余钱，就把它花掉，谁也不会过问，我们从不为钱的事情而吵。"

"我丈夫负责支付和房子有关的账单，我负责房子的维护等。他的衣服大多是我买的，此外，年度旅游的钱也由我来支付，一趟要花两三千美元，日用品也由我来买。我认为他花了太多钱跟朋友交际，但他不喜欢我插手他的事情。"

"我们两人都有工作。账单大多由他来付，因为他有家公司，可以把很多开支都归为公司账。我负责缴贷款的钱，我有余钱够我去看芭蕾舞或戏剧，这对我来说是很重要的。我通常是跟我妹妹或女朋友去看表演，他没有意见。"

"我们轮流付贷款的钱。他付保险和电费，我付信用卡、电话费和我的助学贷款。我们有个共同的户头，用来支付大额的、一次性的开销。日用品是轮流买，感觉上很公平。"

**所有的钱都存入共同户头之中，有时候由两人一起处理家计，有时候
由其中一人负责开支票和平衡收入（36%）：**

"我们两个人都上班，钱都合在一起用。钱由我来管，因为他不想花工夫。若有大宗的采购，我们会一起讨论，他自己兼职赚的钱另存在他自己的户头里，这些钱大多花在他那辆跑车上。"

"他跟我所赚的钱都存在同一个账户里，我们持有的股票大多登记在我们两人的名下，我喜欢这样的安排方式。我做这些事情比他行，所以由我来做。这不会

影响到我们的关系。"

"付了房租、欠债和账单之后，剩余的钱，我们一人分一半。剩下的钱不多，完全是公事公办。"

"我们赚的钱是属于我们两人的。各人拿点零用钱，各项费用都有预算。共同拥有这些钱使我们更加亲密。对我们夫妻俩而言，钱不是问题。"

"我们的钱都混在一起用。从我们的手头松了一点之后，就这样做。我们都可以自由地花一定的钱，不用通知对方。我们运作得蛮顺利的，因为我们两人都很负责，没有什么好埋怨的。"

另一个方式是：一切费用都对半分，而且通常是各人有自己的银行户头（28%）：

"以前我们是花我的钱，存他的钱来支付购物所需（我的钱存入我的活期存款账户，他的钱则存入他的储蓄存款账户），但是那样行不通。现在我们自己的钱自己管，各项支出则对半分账。这个方式好多了，而且我有独立感，爱花什么钱就花什么钱。我们两人都有工作，不过他赚的钱比我多多了。"

"我们两人都在上班。各项费用都是一人出一半。我们各有自己的户头，我们喜欢这样。这解决了我们不少冲突，谁都不需要承受对方的负担。"

"样样都是一半一半。我们两个人都兼职教书，他赚的比我多一点。我养我自己和我的小孩，他养他自己。我们都觉得这样最好。"

但即使两人都有全职的工作，如果其中一个（通常是女性）赚得比另一个人少，这个方式就不太行得通：

"我们两个人都工作。他赚的比我多。钱如果有剩，我们就把它花掉。我的钱，通常是一点不剩。显然这个安排并不公平，但是他还是很不愿意拿钱出来付汽车贷款，更不愿拿钱出来付房租、日用品等。我不喜欢这样的财务处理方式，这只会使我们提早分手。"

对女人而言，对半摊分费用或是决定如何摊分费用是个很大的问题，因为女性薪资所得比男性少得多。既然全美各地都有类似的情形，摊分费用就成了普遍性的问题。为解决这个问题，夫妻有时候会采取依收入比例来摊分费用。

有些女人对于男女之间收入的差距感到不安。如果她赚得比较少，是

不是仍应付一半的钱？

"我一直尽量负担一半，但是他一年赚 2.5 万美元，我才赚 4000 美元。所以我觉得不如人，罪恶感很重。"

"我做秘书和语文老师，年收入不超过 7000 美元。我们的钱是混着用的，但因为他赚得多，所以其实大部分的钱都是他付的。我常希望我没有在大学毕业之后直接结婚，这样的话，我就有可能自己花自己赚的钱，而不必感到有罪恶感。"

在另一方面，有 12% 的女性赚的钱较多，或是全部的钱都是她赚的，但是这也可能导致不同的问题或感受：

"目前我得扛起一半以上的财务负担。这跟我自小所接受的观念——男人应该支付所有的钱——不合。"

"我从来没有在财务上依赖过男人。其实，我的情况恰好相反，以前跟我同居的那个男人，偶尔还要靠我资助他。这使我们之间的关系变得很紧张，因为他要靠我，所以他一点都不敢惹我不高兴。"

"钱不是问题，主要是因为我赚的钱比他多，所以我从不觉得我得在财务上依赖他。账单都由我来付，他的钱则用来作额外的开销。"

"一开始我会被我丈夫吸引，是因为他的财力雄厚。在遇到他之前，我断断续续地资助我前一个情人达两年之久。跟那个男人在一起的时候我感到很不安，觉得自己被利用了，因为他没有工作，没有能力付他该付的钱，而且不想负起责任。所以，我遇到我丈夫的时候，很为他倾心，他有份好工作，有自己的财产，能够量入为出，等等。事实上，他的财力可能已经蒙蔽了我对他真正的看法，我非常羡慕他付钱的能力，甚至忽略了我们之间其他的问题。"

对于黑人女性而言，这个问题特别难处理，因为能够找到工作的黑人女性比黑人男性多得多，多到女人常被指责为"掠夺男性之自尊"。就连在外和在家都十分努力工作的女人，也可能受到这样的批评。

这个年轻的女人已经结婚半年，她在财务上支持她丈夫，但她不确定自己是不是感到很自在：

"我结婚 6 个月了，很高兴。结婚最好的地方在于，有时候你会对伴侣有很深的感觉，最糟的在于你不知能持续多久。

"直到一个月之前，我们之间最大的问题是我丈夫失业了，我们只靠我的薪水过生活。我早从 16 岁就开始享有财务自由的美妙感受，因为我能够自己赚钱，所以我对自己的评价和独立性大大地增加了。

"但是我们结婚的时候手头突然紧了不少——钱变成令我担心的事情——我心里稍微挣扎了一下。拥有自己私人的钱，表示你可以在想花钱的时候花钱。但是当你得为另一个人负责，钱也变成你们共有的以后，你就不能这样奢侈了。我不喜欢钱变成不是我的那种感觉，虽然钱原来是我赚的。现在我们两人都上班，但是我丈夫赚的钱不到我的一半。我很小心地安排钱，务必让账单、房租等都付清。这种金钱状况会不会影响我们的关系？会。好处是我不用在财务上依赖他，但这也许会损坏我对伴侣的完全信任。我变得很不信任别人而且非常保护自己。"

即使女人赚的钱比较多，能供应夫妻的基本收入，她还是可能会被对方瞧不起。她仍必须为了她自己的权利而奋斗（她甚至得因为自己"掠夺丈夫的男性自尊"而有罪恶感）——就如上述这名年轻女人的婚姻生活一样。地位不会自动伴随金钱而来。

家事仍由女人来做吗

"女人跟毛主席说的不一样，她们撑起了不止半边天。不信的话，你去试试为整家人做家事是什么滋味好了。"

"男人不会帮忙做家事，他们只把垃圾拿出去，就站在那儿等着你给他大大的赞美，感动地抱住他们说：'我爱你，你真是太好了！你是如此的善解人意，如此的优秀！'"

"他先等我把晚餐做好，又要和我做爱，他说我可以把盘子留到明天再说（他一点都没考虑到明天我也要上班），好像这些盘子很神奇地就会洗好。时间总是不够用，我得做饭，也许他会帮忙，但是如果我不想做爱，他就会怪我不爱他。所以你就是赢不了他。"

大多数家事还是由女人来做的。最近的研究显示，男人每做两小时的家事，女人就做 5 小时的家事。女人对这有什么感觉？分担家事的观念不是在改变吗？尤其是因为没有在外工作的女人只有 30% 而已，几乎所有已婚女人都在做全职的工作，而且做大部分的家事，就连孩子年纪尚小的女人也不例外。

在我们的社会中，女人的负担变得越来越重，如果我们再考虑一下，女人常感到她们必须提供大量的情感服务（而男人觉得女人本该如此），那么，男女之间分担家事的情形并不公平。如果男人想说，要解决这个问题，唯有女人放弃工作（如果经济状况许可），那么女人可能会说，男人能够选择他们要什么工作，自然而然地把家事当作女人的事，太不公平了。

在外拥有全职的工作，而且小孩年纪不超过 12 岁的女人中，有 76%似乎还没找到稳当的家事安排方式。她们认为女人要做家事，而男人可能会帮忙：

"实际的安排如何？一切都由我来做，外加一份全职的工作。谁洗碗、谁叠被子？我。煮饭，照顾小孩呢？我。日常生活如何？又累又枯燥。"

"我要洗碗、叠棉被、煮饭、照顾小孩。我有份全天的工作，3 点半要到学校去接女儿，做晚饭，看文件，上床睡觉。"

"抚养孩子不但使我们俩少了钱、隐私和空间，而且有时候还使我身心疲惫。我得收拾这个猪窝、打点房子内外、教孩子守规矩、做晚餐。在这种情形之下，我还怎么做个依人小鸟，满腔热情的太太？最近我丈夫才开始做一点家事和带小孩，我做了全职的工作之后，他帮的忙已经比从前多了，但是他没有尽全力。我想，等到孩子大了会好一点。"

"家事上的安排，只有一个字：我！"

"有时候我觉得我周遭的压力大得喘不过气来。如果我跟丈夫处得不好，女儿又正好紧黏着我不放，加上公司的工作又堆积如山，我会彻夜难眠。有时，真的梦见自己窒息了，无法呼吸。去年这个情况发生过 3 次，这是我最怕遇到的事情。"

有 54% 的人可以接受，如果夫妻都在工作，或者有年幼的孩子，那么家事应由两人一起做，至少原则上是这样。但是在家照顾年幼的小孩的女人，工作量大于在外做全职的工作，所以家事应由两人平均分摊。能够接受这个概念的人，相较之下就少多了。

大多数女人说，夫妻一起做家事、照顾小孩、把衣服送到洗衣店去等的概念，在理论上讲得通，但实际上却不然；在本该由双方共同分担家事的夫妻中，有 80% 的女人到头来仍得做大部分的家事：

"最近我们吵架与分担家事的责任有关。我们两个都上班，而且讲好家事都一起做。可是我做了 3/4，他只做了 1/4。"

"以前我们很快乐，那时候我们总是轮流洗碗、煮饭、叠被子，这是我仰慕他的原因。他愿意做他那一份事情，刷地板、洗浴室、吸尘、熨衣服。但是，后来事情变了，这些都成了冲突的根源。他不愿花一样的时间来照顾小孩，他开始一星期上好几次健身房，而我却被孩子缠住了，根本没有时间出门。我尽量扮好妻子的角色，整天工作，照顾小孩，以便腾出时间和丈夫独处，我没有任何其他出路。"

"我们讲好要轮流哄儿子睡觉。但是这些责任都落在我身上了。如果我松懈一下，他马上就什么都不做了，他没有把这些事情当作他自己的责任。若要维持夫妻感情，共同分担一切的责任是很重要的。这样，每个人才能游刃有余，才不至于负担太重。人，要能对自己负责，才会受人敬重。"

"日常生活似乎是我们最大的问题。他一进家门来，就把衣服丢到地上，文件到处乱放，对这个房子不闻不问，我认为这表示他一点也不重视我的需要，他有种'汽车旅馆'的心态。"

而在"一起做"的个案中，大多数女人说她们得主持全局，把工作分派给其他家庭成员：

"我们一起做家事，我主持全局，只要我开口他就会帮忙。"

"实际上的安排？基本上都是我的工作。我教过大家要一起负责任，但是我还是得分配每个人要做什么。有时候我很讨厌我的角色，我得不断地设法让大家努力工作。我丈夫跟孩子总是需要我提醒，否则什么都不做。被大家公推为女佣、厨子、司机——不知怎的就变成这样——一点也不好玩。"

"在周末的时候，我们应该是要一起做的。但是说得比唱得好听，通常只有我才知道该做什么事情，什么时候要做。"

48%的已婚妇女都说她们的丈夫是在"帮忙"，这又再一次地显示主要责任仍在女人身上：

"家里的杂事主要由我来做，但是我丈夫帮了不少忙。他做的比我认识的许多男人都多。"

"家事大多由我来做，但如果我生病或有事的话，我丈夫会帮我做。"

"家里的杂事大多是我做的，如果我开口，他会帮忙，但是他不会主动做任何事情。他比我更脏乱，所以我总是得跟在他身后收东西。"

需要负责一切家事，同时得照顾小孩，又没有在外面工作的女人，到最后常觉得自己又孤立又寂寞：

"我一直觉得待在家里好像与世隔绝似的。他啊，来来去去的，我却只能待在家里。他得穿西装，而且衬衫非得白净、硬挺不可，而我是不是穿得好看就没什么关系了，因为我得去做清洁之类的工作，说不定会把衣服弄脏。这让我觉得有点抬不起头来。"

"在家里，他们可以游玩，我却得打扫，这使我觉得很寂寞。我知道要做个好太太、好妈妈都得这样，也尽力依照前人的榜样去做了。"

即使两人之中只有女人在外工作，家事仍由两人共同分担。几乎没有人会想到做家事的责任应该落在男人身上，因为女人没有上班，责任就会落在她身上：

"自从我丈夫失业而我在工作之后，我们就一起做屋里屋外的工作，并一起照顾女儿。"

"因为他目前失业，所以开始扮演家庭主夫的角色。碗盘我们轮流洗，棉被他来折，他常常会帮我做饭，至于其他每周固定的杂事，我们一人做一半，像是吸灰尘、擦窗户等。"

"家务事我们分头做。因为我有工作，而我丈夫现在在家，所以他肯做大部分的清洁工作，或到外面办些杂事。我负责买日用品、煮饭、洗衣服和碗盘。"

在大多数家庭之中，由于女人和儿女的关系较为密切，所以孩子的事情，自然而然地变成女人的工作——也就是，了解孩子的心理，陪他们度过危机，等等：

"我女儿17岁了。我觉得，在她小时候半夜起来喂牛奶、换尿布、追着她满屋子跑、看着她病好起来等等，都不像现在这样费心。照顾十几岁的孩子，要考虑的事情太多了。在我和她之间保持开放的沟通，是很重要的。"

"我负责照顾孩子。他们都十几岁了，要跟他们保持开放的沟通得花不少心思，这都由我负责。如果需要打电话跟校方谈一谈，或者孩子需要钱，由我出面。去年冬天我儿子在鞋店偷了一双鞋子，押他走回店里的人是我，我丈夫根本不闻不问。"

但是真心一起做家事的例子也开始多起来，有23%的夫妻成功地共同

分担家事，而且自得其乐：

"我洗碗盘、他擦干；我打扫房子，他洗衣服，谁想折被子就折，我没有意见。我们平均分担煮饭的工作。白天的时候我带孩子，晚上要是我去看看电影或找朋友，他会很乐意照顾小孩，并哄他们睡觉。早上是他叫醒孩子、送他们出门的；他们出门的时候，我才起床喝咖啡。我能做的事，他也能做。偶尔他还会剪草，让我蛮惊讶的。"

"几乎不管做什么事情，我们都互相帮忙。他做菜的工夫远比我好。但是我会努力地洗碗、洗衣服。"

"我们家的家务事，应该算是平均分担的。我洗衣服的时候，他就去倒垃圾。我一个星期煮三顿晚饭，他也是一个星期煮三顿晚饭。我打扫一半的房间，他打扫另一半。这些都是我们讲好而且用白纸黑字记下来的。他还在念书，在期末考试的时候他会对家事打马虎眼儿。我在赶着截稿时也会这样。"

"我真怀疑全美是不是找得到第二对像我们这样分配家事的夫妻。因为我们俩都有工作，所以我们很尽力地分担家务。因为我们都很有心，所以我们会各自做夫妻拿手的事情。"

在非婚姻的关系中，家事由谁来做？

"我们不住在一起，但如果他晚上有事，我会帮他把房子打扫一下，把所有的家事都做好。"

"我们轮流到各人的家里去过夜——比较常到他家里去。我们一起煮饭，食物和外出的花费都平均分摊。大致上来讲，照顾小孩和安排临时保姆是我的工作，但是他常陪我们，出去的时候多出一点钱，并且偶尔买双鞋子或者小礼物送给我女儿。我一个星期会在外面教一次课，这时候他会到我家里来陪我女儿。"

"我们总是在他的公寓见面，因为我结婚了。他是个烹饪高手，而且家事都不需要别人帮助，这是我喜欢的原因之一，这跟我那个沙猪丈夫正好相反，我丈夫既懒惰又依赖我。"

有 2% 的个案中，家事做得比较多的是丈夫：

"我丈夫做的家事比我多，他每个星期会把浴室和卧室打扫一次，我只会偶尔振作一下，把厨房的地板刷一刷。"

"一年之前，家事全部都是我做，加上一天 10 个小时的工作，于是我出走了。现在，除了晚上和周末之外，大部分的家事都是他在做。"

"我丈夫在 35 岁结婚之前，一直都是个单身汉，长久以来，他总是在照顾自己。我丈夫是个烹饪高手，他喜欢做菜，而且他几乎每天傍晚都比我早到家而且我到家就开始准备晚餐。我们都会照顾小孩。样样事情他都做得跟我一样好，或是比我还要好。"

根据本研究的女人所述，大多数男人，在家仍有（就如一位女性生动地形容）汽车旅馆的心态。接受夫妻一起做家事观念的人越来越多，但是现实生活的改变速度却很慢。

大多数女人都有类似的经验，她们看得见灰尘和家里面需要做的家事，但是男人却看不见。这使得许多女人感到愤怒，而且大多数女人，在经过一段乞求男人去做某件家事的阶段之后，决定放弃，不是自己做，就是干脆不做。因为自己做比别人做省事，而且不会发那么大的脾气。但是在平静的表现下，愤怒已经开始滋生，使女人觉得受到剥削而且没有受到尊重。

财务状况的改变，是否会改变婚姻的外貌

我们已经看到，大多数婚姻的情感契约并不公平，而且大多数女人在情感上不算是满足的。很显然，女人在经济上的自给能力，以及这种能力所衍生的一切意义，都已渗入男人的意识层之中。但是，光靠经济力量，也许无法导致平等，或者，虽然大多数女人希望男人给她们情感上的滋润，但是大多数男人可能都还不知道如何发展这种技巧。

同样，女人在家庭以外的地方工作，并不能使男人自动去做他分内的工作，但是经济状况的改变的确改变了婚姻的外貌：女人的感受不同了。在外工作的女人觉得男人已经无法说服她们。但是男人的想法还没改变，尤其如果男人不尊重女人，把女人当作服务员，或是很容易应付过去的人——只要讲几句好话，一点点性爱，就几乎可以使女人把一切都做好——这只会使女人更加愤怒。

换个角度来看，因为大多数女人赚的钱没有男人多，而且许多人还很委屈地做酬劳微薄的女红，所以许多女人还是觉得男人的财务支持是必要的，至少可以作为后援。然而我们将在下一章看到，许多女人（甚至那些薪水非常微薄的女人，或是

有小孩的女人）已经决定要离开不如意的婚姻了。如果说，经济上的自足，对婚姻的影响只是个起步，至少它使得女人有可能离开婚姻。虽然现在的媒体极力宣传为了郊区的一个小房子而放弃了一切的女人，但是这种女人毕竟是少数。[①] 由本书中所见，全国各地的女人除了想到这些故事，除了对大众对女人的封号（"妇女运动者""妇女运动人士""新时代女性"等）嗤之以鼻之外，她们的心中长驻着尊严、独立、自我定义的荣誉等概念。

女人正在各方面的意见（无论是杂志、丈夫、情人、男友，某些学派的女性主义者、心理学家都急切地想告诉女人"要怎么做"）所形成的沼泽中，走出一条属于自己的路来，她们做了耐人寻味的选择，创造出尚无适当名词可以指称的生活方式。

女人一再地说她们喜欢自由——这几乎是本书的主旋律。但是女人对爱情的渴求，就像她们对自由的渴求那样强烈，而且她们无法理解为何这之间会有矛盾。女人的选择是，继续把照顾别人、和善的态度、不滥加批评当作自己的信念和价值观，但是她们拒绝向男人索求。根据女人的价值系统，女人拒绝在婚姻中索求——为了改变婚姻而争吵、斗嘴——即表示离婚。女人既不认为自己是"女性主义者"，也不认为自己是"传统的"，她们的目标只有一个，就是要让爱情能够顺利，但是要有不同的、非常不同的情感上的安排。

---

① 同样，在美国内战之后，媒体每10年便大声疾呼"妇女运动已死"——暗示女人"做不来"，"真正的女人"根本不会真的想要"这些"，等等。

女人对离婚的感受

改变无果的选择

　　决定要离婚并要求离婚的，大多都是女人，91% 的离婚女人说，决定要离婚的是她们自己，而不是丈夫。这实在令人惊讶，因为这和一般观念里，女人通常是被人遗弃的，女人比男人更重视安全感，等等，恰恰相反。

　　大多数女人说，在决定离去之前，她们已经试了好几年，想要改变她们的婚姻。而且，有别于一般想法，大多数女人之所以要求离婚，不是因为男人不忠实（虽然双方都可能是不忠实的），也不是因为性生活贫乏（大多数女人都觉得这可以解决或不难忍受，因为她们可以在丈夫之外另找情人），而是因为她们在婚姻之中，长期忍受寂寞和情感上的孤立。

女人对离婚的感受

　　大多数女人在决定离婚之后感到轻松与幸福，但是在考虑和决定之际，可能会感到难过和内疚：

　　"这是我这辈子最清楚的决定。我的前夫丢下这个家不管，好几年都没有拿钱回来过，他有毒瘾而且会动手打人。我做了决定之后感到非常好，我觉得跟他保持夫妻关系是很失败的。我离婚快一年了，之前我哭了 10 年，现在我不会哭了。我的朋友给我很大的支持。"

　　"我想要离婚是因为我很不快乐。我会离婚是我终于觉悟，我没有错。有时候，我觉得我像是个失败者似的，虽然我知道我明明不是。离婚之后，我有种前所未有的感觉，很自由，我可以轻松地做我自己。"

　　"我结婚 9 年，我跟我丈夫离了婚，因为结婚之后我变得不像是我自己。对我而言，离婚是个不得已的决定，我是在天主教堂中结婚的，所以我有很深的罪恶感，我整整花了 5 年才恢复精神。离婚的那一天，我连哭了好几个钟头，在收拾行李，跟他道别时，我一直哭。我觉得好悲哀，为什么我们不能让时光重返，拭去这段没有沟通的日子？但是，离开之后，我觉得自由，好像重新出生一样，现在我一点也不后悔离了婚，只惋惜当初拖得太久。"

大多数女人说，无论她们多么努力地维持两人关系，仍然抓不到丈夫的心，而且常受到轻视：

"对我来说，要离婚是很困难的。我结婚 11 年，大半的日子都糟糕得无以复加，但是我还是努力地把我们的关系维持下去。在他眼里，我做什么事都不对，所以我只好更加努力，做得更多，但是他仍不停地指责我，使我感到完全的空虚和绝望。我必须离婚才能找回我的自尊，重新过快乐而健康的生活。这对我来说，是件非常困难的事，因为我一直以为自己做不到。在他搬出去之后，我才松了一口气，我一点都不后悔他搬出去。我觉得自由了，我从不觉得自己失败了（如果我没离婚，那才叫失败）。我跟很多朋友谈过，要是没有她们的支持，我可能做不到。"

"我会离婚的近因是我们 25 周年的结婚纪念日近了，孩子们正在计划要开一个盛大的派对，一想到我得像过去 25 年那样，再过 25 年，我就受不了。他会喝酒、赌博、和别的女人闹外遇。他从来就没有帮过孩子什么忙，从来没有参加过他们的活动，我们什么沟通都没有，性生活总是随他想要开始，而且总在我想不到的时刻结束。我生日那天，我们一起出去，顺便庆祝结婚纪念日，因为前后只差两天，我们通常都一起庆祝。我无法真正的投入教会的活动，因为我根本不知道他什么时候要做什么，而且我得等他讲出他要做什么事情，才能计划自己的时间。我没有自己的价值。我的孩子们的感受比我更深，但是他们仍无法了解为什么我忍受这么久没有离婚。"

"我想跟他分手而且我自己先提出来，因为 7 年来我一直设法改善我们的婚姻，但是我想我再怎么做都没有用了。我们俩各过各的生活，完全不相干，只有在床上才碰头。我丈夫跟很多女人来往，订婚那天他根本没有出现，而且没有负起财务上的责任，造成了可怕的经济问题。"

"跟他分手绝对是我这辈子做过的最棒的 10 件事之一。一开始的时候，我觉得我是个失败者，但接着我感到难以置信的自由。我本来恨他，后来我不恨了，恨太浪费能源了。我的生活变得很美好，那段时间让我全心注意自己的成长，并重新评估我对男女关系有什么期待。"

大多数女人多少都觉得婚后自己的生命被掏空，好像没有生命一样：

"这一切马上就要过去了，我觉得很高兴。我想要离婚是因为他总是弄权，把我捏造成他想要的样子，而不是让我做我自己。我决定要离婚以后，刚开始觉得感叹，然后觉得悲伤，最后变得快乐。"

"我们不该那么早结婚，那么快生小孩，不该承担那么大的经济责任。从怀孕一直到我离婚的那一天为止，我觉得我的生命好像暂停了。想要离婚的人是我，离婚之后，我觉得又自由，又快乐，我有一点恨他，但我不常哭。我把大方向做了个180度的转变——约会、找工作、上学念书。有一年多的时间，我既不做家事、不洗衣服，也不下厨。"

绝大多数人都说离婚后她们迅速恢复了自己的人格：

"当初是我想跟他分手，现在他还坐等我返回家门。分手很困难，但现在我很开心，我只遗憾自己等了那么久才离婚。离婚后我觉得自由多了，我知道我可以重新开始生活，而且我的朋友会听我说话，为我喝彩。"

"当他离开家门，离婚已成定局时，我仿佛卸下肩头的重担。过去15年来，我只能活在他的阴影之下，但离婚后我有了全新的自我，重获新生，有种非常自由的感觉。"

"离婚是我这辈子最困难的事情，但也是最美妙的。我想离婚，不想再和前夫一起生活了。我不爱他（我不确定我是不是爱过他），连喜欢都谈不上，甚至觉得他很糟糕。他永远不可能用我的观点来面对生活，而且我认为他失败了。"

"我在离婚前就哭够了，因为有小孩的关系，这段过渡期十分困难，但我还是开始重新生活了。我有新生的机会，而且我决心好好把握。这条路很难走，但是很值得。"

这位女性为离了婚的朋友开庆祝酒会：

"以前我住在郊区，每星期三我固定让我的女朋友和她们的孩子前来聚会。在一个星期三的早上，有个朋友伤心欲绝地来找我，她已经决定要离婚了。下午我在为晚上的聚会采购的时候，经过卖酒的店铺前，突然灵机一动买了瓶香槟，宣布这是要庆祝她离婚用的——这瓶酒的确治愈了她的创伤。回到家之后，我们举杯共祝她的成功，此后可以过新的生活了。消息传开来之后，下一周我们放了好多烟火；等到另一个朋友离婚时，我们又如法炮制。最后，连本镇的离婚协议书都规定：'不得公开庆祝！'"

虽然有74%的离婚女人（无论属于哪个年龄层和何种经济状况）感到轻松和幸福，但仍有24%的女人对于离婚的感觉苦乐交杂，而且难以平复：

"离婚真是可怕，虽然这是唯一的，也是最好的解决方式。我们俩都想要离婚，因为彼此的伤害大得难以弥补。我们各过各的生活，完全无法配合，但是离婚之后我再也没办法平衡过来。整整一年，我才恢复正常。现在我慢慢可以拿婚姻中的愚蠢行为来开玩笑了。"

"我已经做了两年的心理治疗，现在我真的体会到这个婚姻有多烂。他离开了我，我却一直有着悲苦交杂的感觉——罪恶感、遗憾、愤怒。我把这些话藏在心中，哭得很厉害，大叫大笑，既感到轻松，又感到悲哀。我跟朋友谈得很少，她们给了我最大的支持。一次次的悲伤，时间一次比一次更短，你心里知道一定可以熬过去，每个人都鼓励我离婚，但是大家都害怕得不敢听我最真实的感觉。"

"我整整想了7年才决定离婚，我几乎崩溃了，我接受心理治疗，为了做我自己和过我的生活而挣扎了很久，我还祷告良久，最后终于下了决心。我认为离婚是不好的，所以离婚之后我感到很深的罪恶感。虽然现在已经过了两年，我还是有罪恶感。"

这个女人详述离婚时混乱的感觉：

"我离开丈夫和另一个男人同居之后，我丈夫突然想要我回去。他一直打电话给我，到后来我根本不去接，让它一直响，我觉得好困惑，于是开始去看心理医生。我几乎用了一年才拿到离婚证书，我觉得我和这整个世界之间的联系被切断了，我父亲威胁要和我脱离关系，我们差不多有一年没讲过话；我母亲不住在本州，但她摆明了不高兴。我最要好的朋友和我绝交了。我根本没办法决定接下去要做什么，每个人对我都有要求，而我逃不开这一切。我很想找人帮我决定，这样一来，就算错了也不会是我的责任。回头一看，我真不知道当初我是怎么熬过来的。每个人都在气我，他们会有这种感觉是因为约翰在大家面前假装得很成功。大家都以为他很完美，是我一个人把事情搞砸了。

"跟他做夫妻我感到寂寞。他的眼里只有工作，从不注意我。我心里难过得不得了，但是他好像不在乎。他喜欢事情过去了就算了，不要再追究。如果他至少试着改变一点的话，我也许会留得久一点。但说真的，我对这个婚姻没有信心，因为他太自我中心了。

"虽然办离婚手续的是我，但是提议分手绝对是我做过最困难的事情，我感到六神无主，不知该怎么办才好。我不知道我到底想要什么，我只是看不到别条路可走，下半辈子我不想继续过这么不快乐的生活。我花了好几年，才真正把他忘掉。搬来跟我现在的丈夫一起住，给了我最大的信心，是他告诉我要真正面对自己的内心，并且说我有力量熬过这一切，在我恢复的过程中，若没有他的鼓励，我不会有今日的自尊。"

有少数的女人（4%）感到非常恐慌而且伤心。这些女人通常都不是自己决定要离婚，而是"被离了婚"，所以无法控制局面：

"我 20 岁的时候丈夫遗弃了我，我感到沮丧得不得了，但又无可奈何。之后我因为沮丧的关系，住院两个月，我很难去面对分手这个事实，心里悲伤、愤怒、轻松、焦虑的感觉纠缠不清，两年之后才觉得自己又缓了过来。"

"当时我 22 岁，有两个小孩，他一去不返。我好几个星期没有和朋友见面，有时候我整天都待在家里，窗帘拉下来，没有穿衣服。"

"我丈夫想要离婚，这是我最难面对的事实。我哭得很厉害，觉得又孤单又害怕。我努力地挣扎，非常渴望能保住我的婚姻，但这只是我的独角戏。我已经做了 10 个月的心理治疗，我希望我能变得更坚强。这是一个 36 岁、哀愁、忧虑、困惑的女人所写的。"

有些女人和前夫仍是朋友，而且非常喜欢他们，但是为数不多（8%）：

"我觉得很好，一点也不后悔，我们各自开始了新的生活。我们仍彼此相爱，我们仍有共同的旧朋友，只是新朋友不相熟罢了。但我们就是不能过夫妻生活。"

"说真的，我成功地结婚 13 年，成功地分居（有点小摩擦，但是没什么大碍），而且成功地离了婚。我们还是维持着很和谐的关系，而且没有真正的争执，连钱的问题都没有。这些个星期分家具，感觉上怪怪的，但并不难过。因为我搬到小公寓去，所以把一些我们都喜欢的家具留给他，但我觉得蛮好的，婚姻结束我并没有哭得很厉害，那时候我已经有了情人，我有个很贴心的好朋友，还有很多的亲密朋友，他们都能谅解我、接受我、支持我。我们的朋友并没有'站在他那边'或'站在我这边'，因为我们没有互相战斗。我这一生，除了外遇之外，每件事情发展、演变的步调都很慢，所以我有足够的时间来调适每一个变化，并且在下一个改变到来之前做好准备。"

时间可以治愈一切，如果时间没有完全治愈创伤的话，就要求助精神医学了。"

✍ 离婚的过程和诉讼

根据许多女人所言，离婚的过程、法律的程序非常丑恶，而法院使这一切变得更糟：

"这一切真可怕，我们得受这么久的心理煎熬，而且过程如此痛苦，一开始的时候是朋友，后来成为恋人，再成为夫妻，然后爱情全部死亡了，其中很大一部分是因为离婚的关系。当然，当你放弃丈夫的时候，爱情会死亡，但现在不只失去一个丈夫兼朋友，还多添了一个敌人。"

"离婚太丑恶了，但要避也避不了，有的人说他们可以和和气气地分手，我才不相信。我第一任丈夫和我讲好要离婚，但是在离婚的过程中，我们都失去了对对方的爱和尊重，最后简直惨不忍睹。离婚到现在他没给我一分钱抚养小孩。"

"离婚法律对女人不公平，使女人的境遇更加悲哀。我只遇过唯一一次公平的裁决，那次的法官是女人。全场的人都对我表示同情，而且我可以得到两年'恢复期'的赡养费。"

"我结婚已经 38 年，那个混蛋虽然走了，但是上高中的孩子还是要用车、吃饭，而且有各式各样的问题。4 个月后，他就再婚了，搬到加州去，只付了 5 个月的赡养费就断掉了。我还没见过没有吃过法庭暗亏的女人。真是太丑恶了。"

这位女性提供她对离婚过程的忠告：

"事过之后，拿到协议书的副本算不得聪明，更重要的是要在开庭之前，到法庭里看看你的档案。

"我曾经因为先前的律师没有呈上我前夫所写、经过公证的财务承诺而必须再上法庭重审。而我的案子之所以要重审，是因为初审对我不利，使我丧失优势，所以我就翻翻看我的档案。结果是我'律师的秘书'恰好忘了在开庭之前把那份财务承诺的文件放进去，当然，法官也就从未见到这种情况。"

总括来说，离婚是很累人的，下边是我给其他女人的忠告——只是些随便的意见：

* 和律师交涉时要注意的问题

1. 他们有没有告诉你第一次开庭的时候要带什么东西。

2. 他们或你有没有当场填写一份完整的问卷，并给律师一份副本。

3. 他们有没有问好些问题，把你的情况弄清楚。

4. 律师有没有告诉客户（你），他有不同的看法——赞成的和反对的。

5. 费用。

6. 他们有没有告诉客户他们的判断以及原因。

7. 律师应该设法在法庭外商谈一切的决定。

* 法庭上可能发生的问题

1. 法官对你或你的律师有没有偏见。

2. 你有没有充分的时间讲述你的情况。

3. 你的律师有没有转达法官要问你的每一个问题。

4. 法官所下的决定够不够清楚，执行时有没有困难。日后你是否需要为了澄清或是强迫执行而再度上法庭。

5. 法官是否基于事实，而非假设来做出判决。（我曾为了要求我前夫的部分退休金而重上法庭，因为我前一个律师忘记提了。在双方冗长的辩论之后，法官说我不能拿到那笔退休金，因为"前一审的法官一定已经考虑过了"。讽刺的是，前一审的裁定说我可以得到"全部共有财产"和"一生"的保险——这两样我都没有得到，不必说"全部"了。）

* 分配财产

1. 共同财产：百分之多少归妻子，百分之多少归丈夫。

2. 主妇失去了谋生能力——她有没有得到相当于她的薪水或是她的价值的赡养费。提供赡养费的期间有多长。她总共失去了多少谋生能力。对于这点应尽量一次给付大量金额予以补偿，而不要拖延数年，每月给付。

3. 如果他死了，她能得到什么。

* 孩子的抚养费

讨论这个问题的人比较多。但别忘了只有 40% 的丈夫会支付孩子的抚养费，而且时间仅及 4 年。

"如果你遇到困难，就向律师组织告发你的律师，我曾告发我的律师，但是我既不能出席那个听证会，也不确定指定代表我的那个律师有没有看过我的陈述，也没有人告诉我听证会的过程或结果如何，这个体制腐烂到底了，应该要有人揭发出来。"

谈话有助于下定决心，或是度过痛苦阶段，从这个角度来看，婚姻咨询可以减少离婚的毁灭性：

"在我真正离开之前，我前夫和我一起接受婚姻咨询。我一提出要离婚，他就说，我们去找个婚姻顾问吧。慢慢地我发现，其实我再也不想跟他在一起了。"

"我离婚之后接受了一阵子的咨询，因为我搬家了，跟旧识距离很远，不想跟他们联络。心理医师仔细听我讲话，这正是我所需要的，后来我交了新朋友，就没有再去了。"

"有的人会同情地说：'离婚真苦。'我会回答：'拿什么相比？'如果婚姻应该结束，拖下去只会使事情变得更糟。我们接受了两个月的婚姻咨询，看看我们是不是应该分居。后来我丈夫决定要离婚，我就独自去找婚姻顾问，解决我倾向继续'照顾'这个与我形同陌路的丈夫的问题。现在我没有男友，而且我是独身的，但我喜欢我的生活。"

经济状况与离婚

大多数女人会因为经济问题而不敢离婚，但是最后还是会离婚：

"我跟我丈夫离婚是因为他有酗酒以及欺骗别人的毛病。我觉得内疚，因为他真的爱我和孩子，也需要我们。但是我的确感到寂寞，尤其是在晚上的时候。我也害怕我独力养不起孩子。"

"我想要分手，但是我有种失败的感觉，而且害怕我自己活不下去——养不活自己、付不出账单的钱等，我心里害怕得要命。我真的是一个人，我的父母亲对我一点帮助都没有。我母亲'想介入'——她根本不肯谈这些事情，那几乎是我一生中最低潮的时刻。但是我做了我该做的事以求生存：努力工作、付清账单。我还交了许多女朋友、知心的朋友。现在，我知道没有他，我也活得下去，而且婚姻不是女人一生所能得到的唯一成功。"

　　跟男人相比，女人在离婚之后，的确会遇上经济的困难。根据美国劳工部的调查，有 2/3 的离婚女人在离婚之后，生活标准也随之下降。[①] 虽然现在大多数女人都有自己的收入，而这笔收入亦无疑地使她们能够离婚，但是她们的收入大多比丈夫的少。况且，离婚后可以领到赡养费的女人只有 14%，可以领到孩子的抚养费的只有 58%，而真正领到赡养费的女人更少，只有 4%。大多数法院裁判都无法有效执行。男人常搬迁他州，以躲避法令的约束。根据美国劳工部的资料，2/3 的离婚女性在离婚后，不会得到赡养费和孩子的抚育费，虽然有一半的案子被裁决应得到上述补偿。

　　然而，女人明知道这种情况，还是主动要求了大多数离婚。在本研究中，大多数已经离婚，而且年薪不到 7000 美元的女人，说她们现在比较快乐，虽然得为了家计而操劳，但是这好过待在舒服的家里任人贬抑的生活。这种"贫穷人口的女性化"的状态，强烈表达了女人对婚姻的疏离，它有力地表达女人重视情感上的幸福，也就是许多女人在此所说的，她们现在有了一个生活的新机会。

　　单身、从未结婚、年纪在 20 岁之内的女性家长越来越多，即使她们穷，是否仍算是自己选择做单亲妈妈，而不是她们"被人遗弃"？十几岁的母亲之所以单身，是出于选择，或是"被人遗弃"的？大多数人本可堕胎，但是她们却生下了孩子。根据一项针对美国南方各州所作的调查，许多生活在贫穷线下的女人未婚怀孕，因为她们希望和这孩子共组家庭，因为这样一来，他们不但能得到爱，有时候还能得到或多或少的财务支援。

　　"贫穷人口女性化"的现象应该受到指责，但是另一个现象也不应发生：像我们这样的社会，竟误以为女人会永远接受丈夫或男人的协助，而不考虑他到底有没有提供协助的意愿。

---

① 根据统计数字，离婚之后女人的生活水准通常会下降，男人的生活水准则会上升。

17

结婚的目的

已婚女人的说法

love

女人在婚姻中享有的乐趣和好处

有人为伴、归属感和安全感

几乎所有已婚的女人都提到（有时候还提到别的事情），她们喜欢（真正的喜欢，或者希望拥有）那种稳定的、安全的、拥有共同的过去和未来的感觉——归属感[①]：

"我们婚姻的主要基础是快乐、安全感、有人为伴、一起为共同的目标努力，在需要支持的时候，知道另一半就在身旁，真正地关心对方的福祉。"

"安全感、彼此的尊重。我们都知道对方会永远支持自己。"

"我结婚 15 年了。我喜欢整个家凝聚在一起的感觉，那会使你觉得安全又满足。在结婚之前，我一直在追求一点什么，现在我觉得，我找到了。我喜欢太太这个词，它让我觉得我属于我丈夫。最好的地方在于我可以跟他撒娇，要他紧紧抱住我。"

"我结婚 12 年了。婚姻最大的好处就是让我觉得有所依靠，在我想逃离这个世界时，有个可去之处。如果外面的压力大得我喘不过气来，我只要去找我丈夫就行了，我喜欢做他的太太。我会结婚是为了安全感以及不再被恋情所伤。"

"我想我会嫁给他是为了取代父亲在我心中的地位，他们都像大岩石一样稳固，可以让人安心停泊。他很踏实、很正直、诚恳，没有心计。虽然有好几年我心里为了要不要嫁给他而挣扎不已，但他一直耐心地等我点头，而且他依然是稳定的磐石，忠实、多情、可以信赖。"

[①] 84% 的人喜欢婚姻最大的原因是有人为伴，或是拥有一个家，然而她们也可能希望自己能够改变与丈夫的情感关系。

许多人说，这是种被需要的感觉：

"我们的关系最重要的是爱情、性的亲密感、精神的契合、家人以及互相为伴。"
"我最喜欢需要他和被他需要的感觉。"

而在某种层面上，结了婚便意味着成为对方心目中最重要的人：

"他常说他爱我、我很美、我令他兴奋起来、我是他唯一想要的人。我很爱听他讲这些话，他的话让我觉得自己很美，很满足，他最看重的就是我，我真的很重要。再过几个月，我们就要庆祝结婚 20 周年了。最美好的就在于那份亲密感，对他而言，全世界就数我最重要。"

有些人的婚姻生活一点也不浪漫，但她们似乎不以为然，她们仍喜欢婚姻，因为有人为伴：

"我喜欢每天的日常生活，就是有个人在屋里动来动去的感觉。你心里知道，他就在那里，我们的性生活是很美满的。我得到了我想要的，他也得到他想要的。其实我们并不很浪漫，谈得也不多，但就是有种互相陪伴的感觉。"
"最好的地方在于有人相伴，而且是你喜欢的人；也许是做爱，也许是一起吃饭或出外走走。"
"我们会在一起，不只是为了孩子和这个家，同时也因为我不喜欢独处。"

即使是对婚姻十分不满或感到沮丧的女人，也喜欢平日有人陪伴的感觉：

"对于我的婚姻，我觉得它最好之处在于经济上的安全感和平日有人陪伴的感觉。如果要我丈夫离婚，等于叫他承认自己失败——他才不会这么做呢，他是不会犯错的！我喜欢跟他做爱（大约一个月一次），我快不快乐？快乐。我丈夫呢？不知道。"
"想想看，除非开车旅行，我们很少讲话，而且讲的大多是关于他退休之后要做什么。过去 16 年来，我们从来没有谈过有关性生活的话题。我们不会公开地表达感情，我们的孩子都独立了，不用我们担心。除了旅行之外，我们没有共同的兴趣，而即使是旅行，也是偶尔为之。有时候我们会到外面吃顿饭，但是我反对花那个钱，那么，我到底喜欢哪一点呢？我想我们大概都很喜欢一起过日子，看电视，各自拥有小小的兴趣。"

只有 2% 的女人认为她们的婚姻中最重要的事是，婚姻使她们成长，

而且生气勃勃，而不是"有归属感"：

"我们在一起的时候，我觉得充实而满足，我可以自由地表达我所感受的一切——愤怒、性爱、幽默、焦虑、评价和对时政的看法。我们彼此学习，彼此接受。最重要的是，我一看见他就感到兴奋。我想，这大概就是真爱吧！"

虽然大多数女人都这么重视有人为伴的感觉，但是有位女性说，对她而言，恰好相反：

"婚姻最糟糕的地方在哪里？一天到晚有个人在你身边打转！"

有时候，女人所谓的归属感，是种负面情绪的反映。有位年轻的女性，虽然不是非常快乐，还是打算守住婚姻，因为另一个选项——单身——令她避之唯恐不及：

"我今年25岁，结婚4年了。我在做打字工作，但是一去上班，就觉得总机的工作比较好。我不知道我是不是爱上了他，但我的确关心他，我们有个儿子，快要3岁了。

"我希望我和丈夫之间的关系能亲近一点。我得费很大的心力，才能让我们两个运作得很平顺。我们的基础是我们彼此相爱，我们疼爱儿子，我们都认为自己不可能找到更好的人，而且要是分开的话，我们可能会破产。问题在哪里？差不多每件事情都是问题。

"说真的，我们没有讲很多心里的话，因为他睡得早，我却是夜猫子，而且要让他讲出心里的感受非常困难，几乎没有任何事情是他觉得兴奋的。我真希望我们能多谈点心里的话，在这方面，我们用写信或用电话比较能够谈心，有好长一段时间，我们以为这样的沟通很不错，其实，我们只是讲些对方想听的话罢了。

"目前我在经济上是依赖我丈夫的。我觉得这没有什么不好。我出外工作时，我丈夫会很高兴，不是因为钱的关系，而是因为他知道我需要走出这个房子，跟别人接触一下。

"大部分的家事都由我来做，但如果我生病或有事，尤其是当孩子哭闹得特别厉害，让我特别疲倦不堪时，他会接过去做。现在我儿子很干净，他快3岁了——陪着他、带他到处去走一走是很有趣的。

"我发现自己怀孕时，才结婚五个星期。我刚开始呕吐时候，心想自己可能怀孕了，我的反应是：'未免太快了吧！'这对我们伤害蛮大的，因为结婚后不久我就怀孕了，而我丈夫决定不要有任何性生活，怕伤到孩子，虽然我一再试着说服他在这个阶段不会对孩子造成伤害，但他就是不听。孩子出生之后，我们才做爱两次，他就被派到日本一年，而且不准携带家眷（他是个海军）。更糟的是，我还得跟我妈做伴。他在国外的时候，我接受了半年的婚姻咨询，因为离他要回家来的时间越近，我就越感到沮丧。

"他回来以后，我们一起接受两期婚姻咨询，但却没有真正亲近过，我们几乎没有性生活。我们知道这个问题有待解决，但是我们愿意等待，用时间来化解，呃，我丈夫真的很适合做神父或和尚。

"我丈夫知道我会自慰，而且说他很高兴。我只能在自慰时达到高潮，这还是我念过不少东西——差不多都是《海蒂性学报告》——之后才发现的。性生活最糟的地方在于它常让我觉得一切都是为了他的高潮。4个月之前，我发现原来我很正常，我觉得蛮开心的，因为我一直很怕我是那2%永远不会达到高潮的人。

"我打算要守住这个婚姻，至于单身，那是非常寂寞的。我以前的关系可以分为几类：有的是我爱他，他却不知道我；有的是对方只想利用我的身体，或者是我们彼此都很喜欢，但是环境不许可。除了跟我丈夫在一起之外，跟别人在一起我通常都很悲惨。

"有时候，我认为我之所以会爱上我丈夫，是因为他爱我。我从小就缺乏爱，所以我一直努力去追求爱。我还受到社会压力，因为神父希望我们那个教区的年轻人早点结婚。再说，结了婚之后，我们的财务就可以融合在一起，他的工作可比我的工作有前途多了。至于性方面，我已经过了两年独身生活，对这个也不在意了，如果一切重来，我会不会再嫁给他？会的，但不会这么快就结婚。我觉得我22岁就结婚算是太早了。

"他让我觉得很满足，但我们之间少了一点生气，也没有强烈的快感。我认为我不该再奢求什么了，但我常会想要再多一点。我接受了6期的婚姻咨询，但是它的帮助实在很少。我真想找出我真正想要的是什么，然后努力达到，不过，这是个不可能的梦想：我希望我是第一批或第二批星际太空船的队员。"

经济上的合作

虽然现在大多数已婚女人都在外工作，但是因为女人赚的钱比男人少（而且在招人的时候最后才想到女人，在裁员的时候头一个就想到女人），

所以许多女人仍觉得她们需要男人作为后援：

"我还没有在经济上真正地依赖过任何人，但是我觉得我在心理上是依赖着他的，因为我一直都知道，要是我丢掉了工作，或者破产，他会支持我，至少我认为他会支持我。我不喜欢在经济上依赖别人，那样子我会觉得自己像个妓女似的。"

不幸的是，对许多女人而言，在决定要不要结婚或者守住婚姻的时候，经济问题仍是个必要的考虑因素：

"对我来说，婚姻并不是全世界，没有丈夫我照样活得下去，但因为经济因素，所以我会维持现状。我有份好工作，有个好家庭。多年来，我对这个家的贡献不少，我觉得我实际上的付出，比我应该付出还要多。现在我想要维持现状，因为我不想再另起炉灶了。"

"我结婚快 7 年了，我喜欢有人陪伴的感觉，而且可以多一份财务支援。我跟前夫结婚 18 年，但是他对家里的经济几乎没有什么贡献。我不喜欢被人限制，或有被人控制的感觉。会再婚，是因为家里可以多一个人挣钱，比较好维持。同时我也觉得我十分渴望这个男人。"

"习惯了。我习惯和他在一起，他也习惯和我在一起。经济的问题也有影响。现在我们都失业了，钱比以前紧得多，从经济上来讲，分不如合。还有，就是我讨厌独处，担子太重。他会帮我做家事，这样日子比较容易过。"

"我差不多一直都有工作，但是这个家靠我一个人赚钱是撑不起来的。家里一开始就有经济的问题，但是我前夫不喜欢我出外工作，因为他会因此而没有安全感。不过，他还是喜欢钱。后来我不顾一切出外工作（夜班），但他却不负责任，到外面鬼混，留孩子们看家。"

"婚姻最美好的地方，是有这些孩子；最糟糕的地方，是我得在心理上和不喜欢我的人对抗，以保持自己的尊严。如果再给我一次机会的话，我绝不会嫁给他，但是我会守住这个婚姻，直到我再也忍不住为止，因为我养不起孩子。但是我打算回学校学点工作技术，以便日后抚养孩子。"

今天，有越来越多受到丈夫贬抑和压迫的女人有意愿而且有能力离婚，即使她们可能会在经济上遭遇困难。事实上，就我们所见，90% 的离婚都是女人提出的（这与一般既定的观念恰好相反）。而"贫穷人口女性化"（一般的解释是：男人遗弃了女人）的现象渐增，正代表许多女人宁可离了婚，过贫穷的日子，也不愿继续被人贬抑。

简言之，现在有许多女人决心要改变自己的状况，就算她们有小孩，日后会遭遇经济的问题也一样，也就是说，她们明知自己和孩子的生活可能会低于贫穷的水准。近来由单亲妈妈和孩子共组的家庭急剧增加，而"贫穷人口女性化"的统计样本中，大部分都是上述的家庭和年纪较长且又独居的单身女人。一般以为这些女人是被丈夫遗弃的，这种想法已经不合时宜了。事实上，许多人之所以选择离开丈夫，甚至永不再婚，是因为她们觉得她们能给孩子和自己提供更好的家和心理环境。

另一个普遍的观念也几乎完全扭转了：今天为了要有份"经济支援"或是"长期饭票"而结婚的女人少之又少。虽然，她们偶尔难免会被前途看好、过着上流生活的对象所吸引，但是现在一般的女人都期待工作而且希望一辈子工作，永远自给自足。

肉体的温暖

许多女人也很喜爱在床上亲密地靠着、拥抱，甚至是讲情话时的那份肉体温存。虽然只有 44% 的已婚女人能固定享有这些感觉，但这却是本书最美丽的章节之一：

"我喜欢我们生活中的好多事情……坦诚、在半夜里讲悄悄话、亲切的感觉、偶尔我们做了什么蠢事、大笑自嘲的样子、我们的爱情生活、我们一起动手美化并打扫这间房子，还有，我们在休假日坐着聊天、计划将来。这些都是家常琐事，但是很美妙。偶尔他会出其不意地来找我，温柔地跟我说说话或是摸摸我。他说，我是他快乐的源泉，而且我使他的生命变得更美。他会神奇地使我们的身体融合在一起——混合了爱和欲。他让我感到十分的美好，我知道他爱我，而且我们的心是一样的。"

"全世界最美好的事情，莫过于我们夫妻俩在床上相拥，亲密地谈心。"

"他很迷人。我最喜欢的事情是我们躺在床上相拥，无所不谈。我觉得那真是美妙极了……"

"我最喜欢和他坐下来聊天，只是聊些世界新闻、工作和过去的事情。无数个晚上，只有我们两人在家，我觉得那真是再美不过了。他一直非常温柔，非常多情，他总是赞美我有多美（虽然那已经是过去式了）。睡觉时他总是用手臂环着我，让我觉得好安全，觉得他好爱我。"

"我们最亲密的时候，是我们赤身躺在床上，只是相靠在一起，享受彼此相伴的感觉。大半的时候我们都不讲话，即使讲话，也是寥寥数语——很纯净的感觉。"

"虽然他已经过世了，我最喜欢的还是他对我和孩子那份强烈的爱意、他的笑容和我们躺在床上紧紧地用身体包覆对方的感觉。"

或者，两人一起出游，甚至只是独处，没有他人在场的时候，也可能很快乐，很亲密：

"有时候我会和丈夫在太阳下山时到海边去散步，这时候我们会天南地北地聊起来。我觉得那好快乐噢！"

"最快乐的，是我们把每天要做的事情抛在脑后，到外面做些不打紧的事情或者玩个一天。我们的眼睛看着对方，心里想着对方，别的一概抛到脑后。"

"我们偶尔会到墨西哥湾的小岛上去度个两三天的假，在那里我们很快乐。我们把工作、孩子、钱的问题和日常生活全丢在一旁，住在一个小房间里，过着非常亲密的生活。逛逛画廊、看看鸟、买买东西，享受彼此为伴的感觉。我爱他，而那里是我们小小的一片天堂。那里没有电话，没有孩子会来敲我们的门，没有邻居，没有我们认识的人。这些时光保住了我们的婚姻。不时到那里住个两三天，使我们比水泥还坚固，并使我重新发现他的另一面。"

这些亲密时候多与性事有关。事实上，大多数女人都说，她们的丈夫在做爱前和亲密的时刻中，表现得非常温柔。这些女人很可能就是在其他时刻会如同前文所述，受到男人有意或无意疏远的人：

"他跟我讲话时非常温柔。他总是说我有多么美，多么令他渴望。这个时候我会对我自己很满意。"

"他总是把'我爱你'三个字挂在嘴边。在亲密的时刻中，他常用最最温柔的方式来抱着我。有时候他会直接地表现出来，好像我使他变得欲火难耐。"

"他感情很充沛。他常对我说，他为什么会这么爱我，他有多么快乐等。我们做爱的时候，他会讲他有什么感觉。我们停下一切，亲密而多情地共处时，通常也是我们之间最有情的时候。"

"我最喜欢和他四目相望，感受他的体温和肢体相依偎的感觉。他总是想办法逗我开心，他很温柔，他是我所见过最体贴的情人。我得到的高潮，大半都是在和丈夫一起时发生的。"

"他这个人非常敏感而且温柔。他会轻柔地爱抚我，他会对我说他爱我，还会说他觉得我好美——比以前更美，他称赞我的身材一流。在亲密的时刻，我们什么话都说。有时候只是柔情地谈谈，有时候会讲'喜不喜欢这样'或是'我喜欢看到你兴奋起来的样子'之类的话。而且他从一开始就一再真心地对我说他爱我。"

"他每天都不止一次地说他爱我。不管在公共场合或在家里，我们一见面他就靠上来亲亲我。不管有没有做爱，我们每天都会抱在一起，很久很久，他叫我'俏女郎'或是'美人儿'，还说他喜欢跟我在一起。每次他表现出这一天他有多关心我，有多想我的时候，我都觉得很感动。我不知道为什么他会这么关心我，因为有时候他对我的爱，比我对自己的爱还要深。他对我这么好，我真的很开心，这是让我前进的动力。"

33% 的女人说她们的丈夫并不多情：

"他偶尔会说他爱我。我不记得他上次是什么时候说的了。"

"他用间接的方式，写张卡片给我，或者转述别人称赞我的话。"

"在我们亲密的时候，他很少讲话，我常觉得好像我在为他服务似的。做爱的时候，他只会被动地配合，我想那是因为他害羞吧。我好希望他能抱着我，浪漫一点。有时候我就是需要他抱抱我，但我还得开口请他抱我。"

"去年我买了件小熊花样的衣服，穿着睡觉很凉快，也很性感，我鼓起好大的勇气才敢穿给他看。他是个男人，也许会觉得我这样子看起来很性感，很有魅力什么的，但是他看了后笑个不停。噢，我真是伤心死了，我觉得好丢脸。我没有超重——60 公斤、170 厘米，大家都说我很迷人。"

虽然大多数女人都很重视性生活，也想要有活跃的性生活，但是如果问女人，她们认为在婚姻生活中，哪些东西最重要，其实性爱只排第 5 位。无论如何，较之 10 年前，夫妻的性生活已有了改善。

生儿育女

大多数有小孩的女人都说，孩子是两人之间最重要的部分。① 有 14% 的女人，虽对婚姻有着复杂的感受，或觉得婚姻不美满，却仍很高兴自己

---

① 当然，女人不需结婚，也能生孩子，然而结了婚可能会对经济上有所助益。从经济的观点而言，大多数女人都宁可结了婚再生小孩。但是，即使没有结婚的女人，也相当能接受有小孩的乐趣，有些人宁可做单亲妈妈。

终于有了孩子：

"有了孩子之后，我得到了很多东西。我对于孩子们在不同阶段的表现很感兴趣。看看他们如何观察这个世界，给了我很大的启发，也大大地影响到我对于事物的看法。孩子的爱，纯真又包容，是生命中最美的事物之一（在他们小时候，真的很美好，大了之后就变得挑剔起来）。宝宝在你的胸前吸奶，会给你最大的温暖和满足。生下这几个孩子，看着他们成长，是我最大的喜悦。"

"我知道我怀了丈夫的孩子之后，高兴得要命，飘飘欲仙的。这是只有我才能够给他的礼物。当然，别的女人也可以生他的孩子，但那不是我们俩的结晶。我辞掉了外面的工作，和他结了婚，准备生下我们的孩子。我们都很重视亲子关系，希望孩子小的时候尽量不要由保姆，而要由双亲来照顾。如果没有小孩，我大概还是在工作，会不会结婚也很难讲。现在我有很大的收获，因为我给这个社会带来新的生命，等我们夫妻俩走了，身后还能留下一点自己的痕迹。"

"那时候怀孕真的很苦，因为我们才结婚，没有什么钱，但我还是让它发生了。我知道我下一刻会做什么——我会生小孩，我会做母亲应该做的事情。我不觉得我因为结婚生子而失去了什么东西。我早年是有可能就业，但要是当初我有勇气那么做，就不会结婚了。现在我结了婚，有了小孩，而且这一路下来，也培养了足够的勇气到外面找工作了。"

有些女人说她们觉得亲子间有种肉欲的温暖和情色的感觉：

"照顾孩子（尤其在孩子那么小，那么柔弱的时候）带给我强烈的肉欲上的满足，我很珍惜这种感觉。人与人之间的亲密常是可遇而不可求的，但我却能把孩子抱在怀中，感到我们俩紧密相连，真是太美好了。从前我不大了解，有了孩子后，却发现孩子给了我情色的滋润，别的都比不上这个经验。"

或者在怀孕和生产时有特别的感觉：

"我认为许多研究都忽略女人这个阶段的重要性，他们低估了在这个阶段中女人个性的种种取向，与他人、社区和世界的关系有可能发生的转变。大家强调的都是负面的影响：情绪起落，怀孕期沮丧和生理不适，而不是参与奇迹的喜悦、快乐和兴奋。"

"到目前为止，让我很快成熟，影响最深远的事情是生我女儿的经验。我喜欢自己的肚子一天天地大起来，我喜欢她在我肚子里跳来跳去的感觉，我全力把她生下来，没有麻醉，意识很清楚，过程很迅速，很痛苦。当她终于生下来时，我真是太快乐了。我觉得自然的基础（生命）和我自己的身体，有了真正的联系。"

几乎所有的女人在得知怀孕的消息时，都感到又陶醉，又兴奋：

"我觉得自己像个皇后似的，我成了最重要的人。"

"我怀孕之后，只感到快乐、快乐、快乐！我把原来那份超级专业的工作（高中导师）给辞了，专心留在家里等着做妈妈。我喜欢待在家里照顾我们的小孩。"

"我得知自己怀孕的消息之后，觉得又兴奋，又害怕，我丈夫也一样。她出生的时候，一切都很好，我立刻爱上了她。如果有机会我愿意再重来一次。"

"我一听到自己怀孕了，觉得既兴奋又高兴，我丈夫也是。他是个十足的好爸爸——很和气，很关心她，总是为她着想。我喜欢孩子，有孩子真好。"

不过，并不是每一个女人都会因怀孕和生产而感到陶醉。在此，我们记录了女人对婚姻的美好感觉，而对许多女人而言，这种美好的感觉是因有了孩子而产生的。

当然，不见得每次生产都那么顺，许多女人在生产时感到巨大的痛苦和不适：

"我每次生产都痛得死去活来，而且我不像人们常说的那样，生过之后就忘记了。我喜欢有孩子，但是应该要有人发明别种生产方法才对。"

有趣的是，虽然大多数有小孩的女人都说这是最令她们兴奋的经验，但是决心不要生小孩的女人之中，也有高达 92% 的人说她们从不感到后悔，事实上，她们对于自己的决定感到怡然自得：

"我今年 39 岁，结婚两年了。我丈夫和我都不想生孩子，他说他只想多陪陪我。我从来没有生小孩的念头，也不渴望孩子。即使我们去拜访有孩子的朋友，我仍觉得没有孩子好，也许还有点庆幸。我喜欢我们的生活，而且要是我们日后改变了心意，还可以领养小孩。"

"我刚结婚的时候，的确受到周遭的压力，催促我快点生孩子。有些同事既要事业，又要兼顾小孩；还有的人辞掉工作，做起全职母亲，过了几年，就开始后悔自己的选择。我从一开始就知道我没有精力兼顾两者，所以我选择事业，但偶尔也会怀疑自己是不是应该生个小孩。"

"那时候社会压力很大，因为我没有孩子，所以常有人说我自私，说我不算是真正的女人，或说我没有女人味。对于这些，我都不在意。我从未因为没有孩子而后悔，我的事业给了我很大的回馈，不但使我满足，而且使我有能力帮助他人。"

有 43% 的女人，虽然喜爱自己的孩子，但仍因未能继续积极地工作而感到有缺憾：

"我曾经想要兼顾工作和孩子，但最后我发现，要做到我心目中的主妇和母亲应尽的职责，我势必得留在家里，用其他的方式来发挥自己的才干。"

"我喜欢孩子，所以我把事业摆在一边，全心做个好妈妈。以前我不知道女人可以兼顾两者，真是太可惜了。现在我心里的挣扎蛮痛苦的。"

育有子女的女人中，有 19% 觉得百感交集。另有 39% 觉得这对于夫妻之间的关系有负面的影响：

"我得知自己怀孕之后，心里并不高兴。之后我把它当作既成的事实，所以我尽量调适。我喜欢孩子，也喜欢怀孕，但我希望我是想清楚了才做这个决定。虽然我真的很喜欢做妈妈，不过我实在不知道我到底想不想要孩子。以前我有份好工作，而且觉得自己比较重视事业，我喜欢那样的感觉。"

"它有没有影响我们夫妻的关系？有，我们的生活大不如前。我要带小孩，常觉得好累。孩子跟我们一起睡。"

"我想要孩子，怀孕之后我好高兴。我认为我丈夫在一开始的时候，把我当作怀了洋娃娃的小孩。他对我们的新生儿的注意，简直少得不能再少。几年之后，他对孩子们那种形同陌路的样子，使我不再尊重他。"

"我很疼爱儿子，但是从他出生后，我得花所有的时间来照顾他，直到现在，我几乎仍然没有自己的时间。儿子出生的时候，我不太稳定，因为宝宝的需求太多太多了。现在他慢慢有了自己的个性，所以我好过多了。但前两年几乎是一场梦魇。"

"有一次我的经期慢了 5 天还没来。我几乎不相信，因为我们一直都有预防。我们心神不定等了几个星期，结果测试显示我怀孕了。当然我们不想做人工流产，但我们都还没准备好，很不愿意遇上这事情。从得知消息到生产那天，我天天都很珍惜，因为这种无忧无虑的日子已经不多了。"

"我有两个小孩。但真希望我只要为我们俩打算就好了。虽然我想要第一个宝宝，也想到责任可能很重，但事到临头我还是不太招架得住。我把工作辞掉了，要是没有小孩的话，我们可以多玩几个地方，但是这一来，我们就不会有这么多的欢乐和欣喜。我丈夫比我看重孩子多了，我的感觉却很矛盾，我觉得有孩子也好，因为我丈夫让我觉得我给了他一件非常珍贵的礼物。"

"我喜欢有自己的小孩。虽然有时候考验挺大的，而且偶尔我还希望我不必为他们负责，我可以爱做什么，就做什么，但他们也蛮好玩的。如果再来一次，我还是会生小孩，但是我会多等一两年，多玩几个地方，多存点钱再生。孩子出生之后，我们的关系的确改变了，但这到底是孩子，还是时间所造成的，实在难讲。主要是因为我们各要担负起养育孩子的不同职责，所以我们相处的时间少得可怜。我们连谈话都很困难，因为孩子很吵。为了让我们的感情恢复，我们不带孩子，出门玩了几趟，而且我们坚持（我坚持）：每天晚餐后要在没有孩子的干扰下独处 10 分钟。蛮有用的。"

许多女人说，孩子大了对婚姻造成的压力更大：

"我儿子 13 岁时（这个时期的他，由于突如其来的荷尔蒙分泌作用，一夜之间变成了怪人），丈夫对我管教他的方式百般挑剔。我们对于教养孩子的观念很不一样（他觉得我太宽容儿子了），这对于我们的婚姻能否继续，是个真实的考验。还好，我们和儿子总算走过来了。"

"虽然我很疼孩子，而且刚知道我怀孕时，我陶醉得要命，但在孩子离家之后，我们之间才变得比较轻松、融洽。我们好像不再绷得那么紧，而且大小事情都变得好处理多了。也许和 3 个青少年同处在一个屋檐下，不太容易保持心平气和吧。"

无论高兴与否，有 68% 的女人表示孩子占去她们原来和丈夫独处的时间，并使得情况改观：

"孩子消磨了我们不少时间和精力。有了小孩以后，我们无法和以前一样随心所欲地做爱，而且我们的隐私也受到影响，我们不能在兴致来的时候上床。"

"我想做了妈妈之后，我变得比较一板一眼的。我丈夫说，我不像以前那么爱笑、爱闹了。"

"我们再也不能恢复往日的亲密。他总是吓唬我说，我得把孩子顾好。"

"孩子的到来的确改变了我们之间的关系。以前我们不时会出去活动活动，孩子出生之后，他就不愿出门了。"

"因为有了小孩，使我们夫妻俩的关系起了变化。我还在外面做全职的工作，所以我变得更忙，而且总是觉得疲倦。我真痛恨他有那么多自由的时间，尤其是下班之后，对比更是强烈。"

前夫或前妻的小孩会造成另一些问题：

"在第一次婚姻中，头胎出生之后，前夫再也得不到我全心的照顾，因此心生不满。再婚时，我们双方已各有了两个小孩。要融合成一家人很难，做继父、继母更难，但都很值得。我的情况是，我觉得很不自在，因为我突然多了两个儿子，在以前，我的孩子都是女孩。而且男孩子，就算年纪还小，也都迫不及待地摆出大男人的样子。我想，在两边的男孩和女孩互相认识的过程中，使得他们对于另一种性别的人有了更深一层的体会。但是整天忙着排解纠纷、沟通观念，也够手忙脚乱的了。"

"我以前和一个男人同居，他前妻生的孩子和我们住在一起。我觉得和孩子处在一起，给我们好大的压力，因为我搞不清楚自己该扮演什么角色，或有什么权利。"

"孩子们对于父母再次的婚姻有着很大的影响力，而且他们很明白这点。他们只消要求自己的父母，在新配偶和旧孩子之间择一，就可以把这个新的家庭给毁了。"

但是有 38% 的人觉得，即使情况改变了，孩子仍使她们和丈夫更亲近：

"我丈夫接受了我们这两个孩子。一起生产算得上是我们最深刻的经验之一。我们觉得彼此紧密相连，如此合作无间，这种感觉并不常有。两次怀孕，都是事先计划好的，我们都既快乐，又兴奋，又有点害怕。现在我们有两个孩子了，我们变得更快乐，有时候会更害怕（这可是个神圣的任务），而且多半的时间都苦不堪言。"

"我觉得我们年年都更加互敬互重，孩子的问题很多，而这些经验使我们更了解对方。"

被社会所认可

我们曾提过，单身女性在 25～30 岁会受到极大的压力，要她们"进入角色"，"融入社会之中"以及生小孩。虽然一般人都说这种压力已经不再，或至少不像以前那么强烈了，但是今天美国的已婚女性，比 19 世纪时多得多，而且今天 81% 的女人之所以觉得结了婚比较自在，最主要的原因之一便是受到社会催促她们结婚的压力。

女人常深刻地感受到，社会对她们的认可，常随着她们的婚姻状态而有不同。这种例子，不只此处，在本书其他部分也很常见：

"我在结婚 12 年之后，发现他有了外遇。而我只有两条路可走，一是带着孩子离开他，二是留下来，尽量看开一点。我决定走第二条路，理由有很多，最重要的是，如果没离婚的话，平常跟我打交道的人——像是店员、机关团体，对我会比较客气，对他们而言，我是'有头有脸的某某太太'，而不是'默默无闻的某某小姐'，身后还带着两个拖油瓶。"

"做太太当然比做女朋友好多了，这还用得着解释吗？"

"我今年 43 岁，是个寡妇。对我而言，嫁给一个好男人，拥有美满的婚姻，是很重要的。我希望能再嫁一个这样的丈夫。"

有时候，女人在形容有了小孩的喜悦时，不经意流露出她们觉得这一来，还可以受到社会的认同，进入应有的角色：

"怀孕之后，我感到自己比较像个女人，比较有女人味，比较完整。我不喜欢阵痛和生产，但相比之下，这个代价似乎不大。"

"我怀头胎的时候觉得好高兴。我觉得我得到了生命中最重要的东西——我做了妈妈，对于爱和照顾，另有一套新的认识。"

♥ 女人希望在婚姻之中享有怎样的爱情

有多少女人是为了爱而守住婚姻，为的又是怎样的爱情？

我们已经看到，大多数女人之所以觉得丈夫爱她，是因为丈夫需要她们，而不是她们看到了这份爱。相对而言，感到丈夫真正了解自己，或者是因为自己独一无二的特点而受欣赏的女人，数目更少。有些女人似乎觉得男人对她们的支持是种赠予。大多数女人说，她们和丈夫之间的爱情，并非基于深度且双向的情感支持。夫妻之间的沟通，能够达到这个层次的女人都极为快乐，但这种例子极少。

只有 6% 的女人将平等的情感支持，列为婚姻主要的乐趣之一：

"我们之间一直沟通得很好，这是我们婚姻的主要基础。跟丈夫一起，我觉得最快活，跟别人在一起都不及于此。"

"不管情况再怎么不许可，他总是会腾出时间来陪我、支持我。他会欣然接受我傻气的言行，想办法让我消气，而不是要求我改变。"

"我真喜欢和这个男人做夫妻。我嫁给他是因为他很风趣、有幽默感、感性、真诚、老实、值得信任——我们两人可以共享梦想和奇想。在我心情低落时，他会拉我一把；换作他，我也会拉他一把。"

"不管在什么时候，他都喜欢我自然的样子。当我向他抱怨我产后身体变了形的时候，他十分诚实也十分热心，但也十分奉承，十分支持。他是个非常和气的人。"

大部分的女人都"爱上了"丈夫吗？

我们的社会有种假定，人长大之后，会坠入情网，然后结婚，但是，承认自己"爱上了"丈夫的女人少之又少，而且这个现象还受到公认，实在令人吃惊。

在结婚超过两年的女人中，只有13%表示她们深深爱上了丈夫；82%的女人说她们爱着丈夫，但把爱定义为关爱或有人为伴。

这位女性的话清楚地点出了"爱上"一个人和"爱着"他有什么不同：

"'爱上'一个人会使你对于一切的事情都感到高昂，有种非理性的感觉。这种感情是无法预测的。这时要你去冒险是很容易的事，就像是感受到永恒一样。但，说真的，爱是件脚踏实地的事情。爱就是把地上的脏衣服捡起来；爱就是在他夜归，在浴室吐了一地，令你一肚子火，但还是把浴室清洗干净；爱就是每天晚上坐在他身旁看你不爱看的电视节目；爱就是在他晚下班的时候为他担心，懊恼着自己太没有把他到外地出差当一回事；爱就是看到他深情地望着宝宝；爱就是一连数周数月没有性生活，因为你为了孩子而累得虚脱无力，一点欲望都没有；爱是拥有共同的历程；爱是在夏天傍晚手拉着手散步；爱是以日常的生活，织成一幅互相关照的丰美图画。"

"现在，我爱他爱得比从前更深。换作去年，我也会这样说。我想，一年之后我会爱他爱得更深。我们结婚11年了，日子过得非常快乐。我们的爱，是温柔、平和、不用费猜疑的，既安全又稳固；我们的爱，是持续不断的支持和极大的宽容。宽容是最重要的，不管遇上什么事情，因为有爱，我们都会宽容对方，接受对方的错误，摆到一边，继续走下去。"

82%的已婚女人把对丈夫的爱定义为关爱：

"要完全地喜爱一个人的个性，你得跟他过好多年的生活才行。我为什么守着他没离婚，实在很难讲出个确切的理由来。我丈夫是个好情人，而且他对我的心思了如指掌，我对于性方面的喜好不停地改变，他却总是很有耐心。至于做伴，他几乎把自己封闭起来了，要他开口讲些他真正重视的事情和他的感受难如登天。所以虽然大致说我是快乐的，但还是有不快乐的地方。"

"人与人之间可以有立即的亲密感或强大的吸引力，但这再怎么样也不能算是爱。真正的爱是在现实的生活中一点一点地累积起来的，它是互信的产物，经过了一再的考验才能成形。这样的考验需要时间。"

由此可见，要说女人是为了爱才结婚，不如说女人是为了与家有关的一大串理由而结婚的：有人为伴（即使结婚以后在情感上可能会感到更加疏远），安全感（从大多数女人的话中看来，可能是真的有安全感，也可能只是想象的），生儿育女，觉得被爱和受到社会认可，觉得自己是对方心目中最特别或最重视的人。那么，女人在结了婚之后，是不是实现了这些梦想？50%的女人会离婚，其中大半以上是女人提议分手的。许多女人再度结婚，继续期待和找寻婚姻这两字在某个层面上所保证的家和人类社会的温暖。

我们希望在成家之后获得温暖，但这种种的慰藉，是否早就存在，等待我们去发掘。或者，也许这些慰藉尚有待我们加以促成？也就是说，我们是不是得重塑家的概念，让家成为新的民主化的家庭，以便增加我们实现梦想的机会？

18

何为爱情

是激情还是关爱

love

爱情的本质是什么

你如何定义爱？爱是在性关系中长久努力而得的感觉，还是一开始就有的不晓得是什么缘故的强烈感觉？

大多数女人都清楚地区分下列两者的不同：一是热恋，另一是在时间累积的过程中，学着去爱对方、关心对方：

"恋爱有几个层面：遇到新男伴；或是短暂的邂逅时，令人感到热情而激昂；比起来，和伴侣共度日常生活，算是最叫人悲伤的了。我曾经痛苦大哭，因为我明白我想要的男人永远不会在我身边逗留，我也曾因我真正钟爱的男人不再令我感到性兴奋而哭。我认为我丈夫很有魅力，但是我不再像从前那样地渴望他了，我敢说我永远都不会再有那样的感觉。然而，他身上还是有我很珍惜的特点，虽没有来电的感觉，但我尽量往他的好处想。"

"在我们一开始的时候，我可以说是心醉神迷，整颗心七上八下的。只因为他走进房间，你的心便狂跳起来，感到无比的兴奋。但是结婚30年之后，你的爱不是这样的。我的确爱我丈夫，不是内心狂跳型的爱，而是我可以永远奉行的爱。我学会了如何去尊重他，我重视他的意见，在我悲伤或难过的时候，我会寻求他的安慰。我关心他这个人，也关心他的起居。这是最好的爱。"

"对我而言，恋爱所引起的伤痛和苦闷比乐趣要多。伴随着恋爱的狂热而来的，是它那种独一无二的痛苦。我的快乐时光都是在我丈夫身旁度过的，我认为我没有和他恋爱过，但是我非常爱他，而他伴我度过了许多最重要的时刻。"

"我们的关系在本质上是属于爱情的，但与其说它令人兴奋，不如说它令人感到自在。要是对情人的话，我还可以更热情一点，但是我对我们的关系也很热情，而且我想要维持下去，所以我想我对丈夫也很热情。热情不像熟稔的感觉那样持久。"

"我非常在意我丈夫快乐或不快乐。我在爱一个人的时候，心里想的不是性的感觉，而是我在乎对方的感觉。我希望婚姻中能同时有爱着对方和爱上对方的感觉。我爱上别人的时候，想法一点都不理性，心不在焉，很激动，一下高兴，一下伤心。"

热恋给人的感受如何

女人形容热恋是种非常激烈的感觉：

"我深深地爱上了我丈夫！他既英俊又聪明，很少说人家的不是，很懂得欣赏生命和别人的个性。我是完完全全地爱慕着他，而且我们在一起 8 年之后，我还是这样迷恋他。我对他的深情，深得几乎会伤人呢！"

"我在 18 岁那年，疯狂地爱上了他。他很敏感、和气、温柔、有股内在的力量。我嫁给了他，这是我这一生最美好的事情。他很爱我，让我觉得他因为我而感到兴奋，让我觉得我不会受到伤害，等等。我现在比以前更爱他。"

"我第一次跟他上床的时候，感觉到世界似乎消失了，而我像是颗发出光芒的星星，照亮了最暗的黑洞。不管在床上、床下，我都有种非常强烈的感觉，而且老觉得对他要得不够。"

"我每一秒都想和他在一起。我想抱着他，也让他抱着我，和他做爱，看到他注视我时眼中的那一份爱。"

"我第一次和他见面的时候，我觉得天旋地转，好像跃进了一大步，然后内心似乎有声叹息，说：'终于来了。你到哪里去了，那么久才出现？'那是种深刻的重新认知和放松之后的兴奋感。从某些小地方来看，他和以前我会爱上的人有着共同的特点，但是他是更令我心仪的人。他很英俊，聪明得惊人，非常热情、好色（但只有在床上），他的声音让我的耳朵感到美好，连我的胸，我的背也有一样的感觉。他的眼光可以透视人心，他的幽默感会使人喜悦，几乎所有的事情他都想得通，也知道要怎么做。还有，他令人疯狂、沮丧、生气、鼓舞，他这个人既无法预测也无法控制，但是他是个很好的人。我不知道要怎么形容他，他就是他，我喜欢的就是他那个样子。我认识他 8 年了。"

"每次我看到他，心里都充满了喜悦。他的脸振奋了我、我的精神和灵魂。他满足了我一切需要，包括理智的、情感的、精神的和身体的需要。他是唯一令我热情以对的人。"

其他女人说，虽然事情已经过去了，但是热恋却是一生之中最深刻的经验：

"在我爱得最深的时候，我觉得好像他一离开房间，我就活不下去似的。我们交往了一年，后来他搬走了，我们也没有再联络。我把我的初夜给了他，而且直到今天，我心里还是想着他。"

"像旋风一样席卷我的心，从来没有过这样的感觉，炽热、冰冷，最强烈的喜悦、快乐、悲伤，一点都无法控制。他就是太阳、月亮、星星，他做的事情绝错不了（虽然他也会犯错）。他很讨人喜欢，长得好看，性感而且可爱，不吝于付出。我们之间一直有种内在的联系感，不用说出口，也能彼此通晓的默契。"

"我爱得最深的男人，就是后来成为我丈夫的人。当时恋爱的感觉既美妙又可怕。我用我最深刻的内在去爱他，他是我的一切，我最要好的朋友、情人、智力上的伴侣。他非常聪明，充满热情与精力，趣味十足，想法有点偏激。我们之间的关系维持了10年，其中有8年是夫妻。我们是极端的组合，我们热爱对方，继之又痛恨对方。我们在一起的时候很疯狂，我们在对方身上找到自己身上缺少的那份自我。这段关系对我们两人都很重要，我们一起成长、一起发展。"

说不定恋爱是我们接触自己精神实体真正的感受的方式之一，因为，在恋爱的时候，我们可以自由地表达我们所有的想法，能够对我们的生命和这个世界看得更为清楚。

许多女人不再喜欢（或不再相信）激动热情[①]

恋爱既不实际，又令人痛苦

无论恋爱有多么美妙，69%的已婚女人和47%的单身女人说，她们已决心不再喜欢，或不再相信所谓的恋爱。它太脆弱，也太危险了：

---

① 在《海蒂性学报告：男人篇》中，大多数男人也说他们没有娶他们深爱的女人或热恋的对象为妻。但男人和女人不同之处是，男人从小生长的环境教导他们把感情放在一边，而女人从小生长的环境却鼓励她们尝试感情，表达感情。这样的女人在决心放弃这种爱情之前，所吃的苦头可能比大多数男人都多。男人从一开始就尽量避免这类的经验，或者，至少尽量把这类的经验轻描淡写带过去。

"恋爱可以给人快乐，甚至喜悦，但大半的时间都很痛苦、不真实，而且变幻无常。人们总要在投入过深之后才会学到教训，而我学到最大的教训是，我绝不能再恋爱了。不幸的是，我的性欲和热情总是受到恋爱的牵引，无法自拔。我希望我能把这些感情用在婚姻之中，放在我丈夫身上。"

"我不喜欢恋爱，太容易受伤了。我总是在一开始的时候太过怀疑、太过小心，然后大开心门，让别人占尽了便宜。我宁愿不要恋爱，只要跟让我感到自在和安全的人在一起就行了。"

"恋爱有它好的一面，那种兴奋的感觉是无可比拟的。但我不喜欢让自己变得歇斯底里，强烈地渴望对方而无法运作。我必须能够控制自己和周遭的环境。"

"我曾经爱得很深，但是那个经验太可怕了。那年我才 19 岁，我把一切都给了他。我给得越多，我的力量就越小。我受的伤害越大，就越想再试一下。一年以后，我因为种种不当的理由而嫁给另一个人。我结婚那一天，他打电话来告诉我：'我会永远爱你。'我离婚之后，我们又复合了。我竟然笨到用同样开放的心胸去接受他。6 个月之后他就离开我了。"

但有许多女人，纵使离开对方，或者不再相聚了，仍说她们难以止住停下心中对他的爱。对她们而言，一旦有爱，就永远不会消失：

"我对我第一任丈夫用情很深（同时我也很恨他，因为他丢下我，娶了别人，还跟她生了孩子），虽然过了这么久，我还是觉得我们之间有种联系（好比说，他是唯一知道我真正内心世界的人）。现在，我对他的爱，既令我快乐，也令我悲伤，这种感觉很矛盾，因为我永远忘不了我在分居和离婚时受到的伤害。每一次他带着另一个女人的孩子来接我们的孩子时，我觉得心如刀割一样。我尽量以成熟的角度来看这件事情，尽量想开一点，但仍觉得自己被他拒绝了。"

"我的爱人已逝，但我仍然非常爱他。一天之中，我想的大多还是关于他的事情，而且我非常思念他。"

"'天涯何处无芳草'是我少年以来最喜欢的爱情故事，我很赞同影片中的观点。故事中的男女主角由于受到父母和社会的强大压力，不得不分开。后来两人都各自嫁娶，虽然都成了家，娜姐莉华最后还是跟华伦比提见了面。他问她快不快乐，而她说她不知道，因为她不大问自己这个问题。接着她问他快不快乐，他的回答跟她一样。他说，事情怎么会变成这样，太可笑了，但又能怎么办呢，只能接受事实。后来她的女朋友问她还爱不爱他，她只想到华兹华斯的诗，大概是：'噢，草地的光彩，花朵的风姿，怎么样也唤不回，而我们不为此悲伤，只在余影中寻求慰藉。'"

连想要离开毁灭性的情人，都很不容易，内心深刻的感受难以放弃，短暂的撤退则给人空虚的感觉：

"我应该恨他的，但我没有恨他，反而还关心他。他对我的态度很差，不尊重我，也不理解我是怎么样的一个人，但我还是想要他。为什么？我不知道。我使尽全身的力量，才能让自己完全不介入他的生活。我非得让他走不可，否则他会毁了我、我的自尊和自我评价。"

"爱情和你所爱的人一点关系都没有。也许他们对你造成的伤害，大得你非得离开不可，但你还是会觉得对他们有一丝爱意。"

和"错误的男人"交往，就表示这个女人心理错乱吗？被爱的那个人，虽有种种缺点，但说不定他的个性中尚有值得珍惜的特别之处呢？也许在这个女人这一生的这个阶段中，他的言行别具意义，所以她心里总觉得这番体验，比"正正常常"地寻求"成功"的性关系更加重要？女人如何才能看出她的情况正是如此，或者是她太看轻了自己？

有些女人在爱情中受到伤害之后，决心硬下心肠，日后再也不要如此脆弱：

"我在初恋时用情非常深。那次的恋情来得既强烈又突然，我很爱慕他，但我没有表现出害怕失去他的样子。跟他在一起的感觉实在太美妙了，到现在，我还是有点后悔自己因为害怕而玩了些游戏。当初若能表现出真心，应该会好一点。6个月之后，我们分手了，但我心中所受的伤害，大到难以弥补，我以后再也不会爱得那么深了，我要找一个他爱我比我爱他还深的男人，这样才不会受伤。"

"我每天开车去上韵律舞课程的时候，都会经过他父母的家，我还是会想着他。我已经30岁了，以后我再也不会让自己受到这么大的伤害。"

虽然如此，仍有53%的女人说她们决定不要把自己封闭起来，虽然她们也害怕，不知道这种出于本能的热情，会把自己带到什么地方去：

"我在恋爱的时候，最能感觉到自己是活着的，那种感觉既快乐又痛苦，很吓人、很危险，也很刺激。恋爱是要冒险的，但很值得。"

"虽然我们之间唯一的交流就是身体，但他改变了我，因为有他，我不再抗拒心中的欲望，反而顺从心中的欲望和他在一起，所以我们之间的关系虽然有种种瑕疵，我还是很感谢他。"

热恋的经验固然重要，但要将它视为生命的动力则十分牵强：

"爱情怎么可能诚实？怎么可能改变性质？恋爱是很重要，不错，但是掉到水池里并不能保证你一定学会游泳。"

"深刻的感情关系真的是大问题，几乎无人能幸免，我们之中，大多数人都没有面对真感情的经验，一遇上了不免慌乱无主。就算你胸有成竹，除非你能以闪电般的速度做好公司的工作、参加老早就约好的聚会和应酬活动，并兼顾一切有助于你和同居人的生活事情，否则你定会被压得喘不过气来。我们根本不可能腾得出时间、地点和精力，和投入了太多感情的人交往，至少我自己的处境是这样。"

热恋通常难以稳定持久，原因是每个小细节都变得十分重要。这使人容易受到伤害，变得多愁善感，而导致争执或分手：

"我喜不喜欢热恋？我现在就在热恋。随便哪件事都可能被放大千百倍。我几乎要崩溃，我很害怕这种感觉，我怕我会败在他手下，爱他爱得比他爱我还多，心里矛盾得要命。但是我也对自己多了一分认识，而且感到很大的喜悦。"

"跟我们仰慕的人在一起的时候，我会觉得倍受威胁。换作跟我们讨厌的人，或没有我这么聪明、好看的人在一起，我会觉得自在多了。"

深深地仰慕对方而且爱上对方，可能会使两人的关系不稳定，原因很简单：两人都太过关心对方了，要是讲了句气话，对方就调头而去。难怪恋爱常常如此波涛汹涌。

54% 的女人之所以喜欢爱和关心的感觉，胜过激烈的恋情，原因是前者较为稳定：

"持续不断而且有回馈的性关系，才能给我稳定而满足的感觉。当我说'我爱你'时，我要听到他说'我也爱你'，而不是'多谢了'。"

"我已结婚了，而且一直觉得蛮快乐的，这是我前所未有的感觉。我不能和父母或是过去的情人讲的话，都可以讲给我丈夫听。我们之间也许并没有电光石火的感觉，但回馈却多得多。"

"在我寂寞无聊、没精打采的时候，我会想要找个人来谈恋爱。在恋爱的时候，我会感到喜悦，但是，那种心灵状态，和日常生活格格不入。如果你真想要完全投入爱情之中，就得把事业、社交、日常生活和事关生存的种种想法抛在脑后。我认为恋爱的确有其重要之处，唯此，人们才能学着通过他人的眼光来看世事。但是恋爱并不能解决实际问题，也不能教你如何照顾自己。"

59% 的女人说，激烈的恋情无法持久：

"恋爱是一开始时魔幻般的感觉，你想要他，而他也想要你。至于爱一个人，我认为这是种持续、恒久的性关系。我已经期待很久了，但似乎从来没有遇到这种机会。"

"激烈而且侧重情欲的爱情不会长久，爱是归属、承诺和尊敬。"

"又刺激又痛苦，但却因太过热烈而无法延续下去。"

但是 22% 的女人说，如果肯下功夫的话，激烈的恋情是可以持续下去的。激烈的恋情固然脆弱，但是若能辟出适当的环境，便能纯真而热烈地滋长：

"我们夫妻俩结婚 3 年半了，我爱他，常常想着他，心还会怦怦地跳。我可以肯定地说，我现在比我们新婚的时候更爱他（当时已经很爱他了）。我相信爱就是承诺和为对方奉献，无论是甘是苦，都要一起度过。"

"现在我喜欢恋爱，因为我爱上的人是他。我们彼此尊重，其乐融融。我很惊讶，我最要好的朋友竟然是男的，而且在性方面，我还对他非常热情——这种情形少之又少。我们共享一切的感觉——快乐、痛苦、学习、启发、沮丧、喜悦。因为有他，我感到极大的喜悦和解脱，我们都尽力达到这一点。当然，我已 38 岁了，也该享受这种喜悦了。"

如果不得不在激情和稳定之间做选择，58% 的女人会选择平稳的性关系：

"如果要在我情人和丈夫之间选择，那么，除非我神志不清，否则我一定会选择和气、可靠、稳定的丈夫和小孩。"

"我希望那些正在做'额外情感试验'的女人能重新想一想，她们是不是真正需要这个男人！我的意思是说，他能给我们平静和安全的感觉吗？两人聚在一起的时候，有没有'回到家'，或是无忧无虑的感觉？如果没有的话，我实在很难理解，女人为什么还会掉到这个陷阱里去。那些已婚的女人尤其如此。"

"倒不是说激烈的爱情太耗神耗力，而是在这一刻，我们夫妻俩比较适合成熟一点的感情。我们的爱情关系，是基于尊重、耐心和成熟的心态而建立起来的。这也许很无聊，但是这个方式很好，因为我们不会像过去的情人那样，狠狠地伤害对方。"

"爱情是在尊重和体谅另一人的过程中慢慢成长的。它代表了共同的价值观和共同的经验。如果双方都有真正的自尊，爱情就可以滋长。我对于其他民族的婚姻安排方式听得越多，就越觉得他们的婚姻之所以成功，另有一番道理。最近有位巴基斯坦女人对我说：'性有什么好特别的？呸！几分钟就过去了。婚姻里还有更多更重要的事呢！'"

恋爱是错觉，还是心理问题？难道只是情欲

17% 的女人不把恋爱看在眼里，她们说那是种不平衡的心理状态：

"神经不正常的人才会恋爱。"

"我会怎么给爱下个定义？噢，恋爱中的人是病态的，但这是社会所接受的精神病，这种人对我造成的骚扰比别人都多，因为这种人眼里看到的并不是他们所爱的人的真正样子。恋爱的人早已心理失衡，只能感受到自己眼中的对方和世界是什么模样，却无法体会真实的一面。我认为，爱一个人就是关心对方，并且能够看清对方在阳光之下的真实面。"

"许多人由于极为渴求爱情，而找个人谈恋爱。"

或只是心神迷乱，有点"幼稚"：

"那是心神迷乱的现象，不过是年轻时的疾病罢了。"

另有人说激情是错觉，或是幻觉：

"我认为恋爱是电影上才有的情节，它是浪漫的好莱坞式的神话，还没睁大眼睛看，就急着先付出，以为从此以后可以过着完美的生活，也许我太愤世嫉俗了。偶尔我会有恋爱的感觉，在那个时候我只觉得很好玩，不在乎我是不是有点傻，但我还是觉得这是暂时的现象。"

"我会说，除非下过功夫，否则不能得到爱情。你在刹那之间所感受到的东西，只是自己心理的反映罢了，不是真实的。一见钟情根本就狗屁不通，你连那个人都不认识，这个心上人怎么会恰好符合种种条件？这一切只是你胡思乱想想出来的。"

还有一个女人对这种观点颇表赞同：

"恋爱是个错误，说得好听一点，是荧光屏上的疾病，但是爱着另一个人一定会使人得到满足和启发，不过需要学习与付出，最后会留下喜悦的感觉。"

这个女人也写道：

"我在结婚之后，感到最为寂寞。"

这种矛盾的话语，俯拾皆是。女人真的像她们所说的爱得很快乐，还是她们付出爱付出得很快乐，但有时候会感到寂寞，因为她们得到爱的回馈太少？

28% 的女人说，恋爱只是情欲作用而已——完全是性方面的：

"我认为骨子里那全是情欲的作用，说成恋爱不过种掩饰或借口，为的只是让性爱在感觉上比较自然一点。"

"我认为我和丈夫初相识的感觉不是爱情，而是很火热的感觉，再怎么多都觉得不够。"

"恋爱是不带感情又很肤浅的情欲，是种自私的欲望。"

"从一开始你就有种强烈的感觉，心怦怦地跳，身体像是要融化一样，那便是情欲。两人共享愿望、梦想和目标，他慢慢地弥补你内心最深处的需要，爱在其间滋长。"

"我不相信一见钟情，虽然这种情形也在我身上发生过好几次。现在我认为那比较像是情欲和热情，加上我们对于未知的好奇。好奇的感觉慢慢消失之后，我们才能领略爱的真谛——两人站在平等的基础上，互有所属、齐心协力。"

然而，少数几个女人认为，即使这种感觉只是情欲而已，其价值亦不会稍减：

"对我而言，这种热情的感觉非常重要。我整天都觉得兴奋而高昂，工作上的小挫折也很容易就度过去了。"

但是 41% 的女人不愿将情欲和恋爱的感觉区分开来，她们认为那是整体感觉的一部分：

"我觉得我们做爱之后的感觉最亲密，在我们做爱的时候，我觉得我们像是一体的，我说不出他是什么时候开始，或我是什么时间离开的。似乎有种'整体'的感觉，占满了我的感情，理智和身体的知觉。"

"也许大部分的人都相信性爱是生理的，爱情是感情的。但对我而言，性爱永远等于爱情，我没办法把这两者分开，我相信我们都是肉欲的产物。当其中一人或两人同为重大的损失（工作、亲友去世等）而受苦之际，性爱可以用来表示虔敬的心意。"

有个女人认为，这些无法解释的感觉可能比理性化的方式更能探知别人真正的内在，她将这种感觉定义为爱，继之怀疑自己的想法：

"在我恋爱的时候，我觉得是真实的，我可以把真正的内在表现出来，但也许这一切不过反映出我的内心而已，说不定是我脑子编了一套我的生命会如何如何的故事，然后我遇到他们，决定把他们当作我的故事里的人物，让他们了解我内在的世界。但如果我非得如此，才会有这样的表现和感受，那么这算不算是更深刻的现实呢？也许我只是在邀请他们到我的故事里客串一下，却没有真正参与他们的故事。"

热恋在生活中扮演什么角色

欲望引你走出安全之地，直闯入无规可循之处……

——伊丽莎白·彼德罗夫

热恋真的是精神不正常的现象吗？萨福（古希腊女诗人）如是说，罗马诗人卡图卢斯也有同感，这一定是远古流传下来的感觉。由诗人庞德所译的这首埃及古诗，说出了爱情的神秘感绝非"资产阶级心态"的产物：

无声无息
你的手愉快地逗留在我的手，
当你拥抱我时，
你脸上的异彩
几乎刺痛我的双眼。
全世界都发出光芒……
我希望我们能像这样

继续比肩而眠，直到永恒的尽头。

然而，就我们所知，将爱情（尤其是激烈的爱情）收入家庭的结构之中，在人类史上是较晚的发展。近来针对史前人类部落所做的研究，也无法证明最早的家庭是由父母子女所组成。事实上，早期的家庭，可能是由母亲、幼儿，或亲族所组成，父亲则是个笼统的概念。在早期人类部落中，情人之间的爱情，是否包括长期的关心，即我们称为"家庭式的爱情"？或者，就如今日一般的看法，那样的爱情是否只是短暂的激情而已？身体和精神上的热情，果真如我们的文化想要达到的目标那样，是很容易分开来看的？

20% 的女人说，她们从未有过恋爱或是陶然忘我的感觉。为什么有些女人比其他人更常感到这类的感觉？那些会有这类感觉的女人，算不算是特别需要爱情，或是喜欢巅峰的感觉？她们是想要探知体内莫名的感觉，还是想要和某种比她们更大的东西、某种更大的感觉结合在一起？甚至于，可不可能说她们渴望有某种宗教性的经验呢？换个角度来看，那些没有这类感受的女人，是不是封闭了自己的生活，堵塞了自己的感情，过于现实，忽略了内心深处的感受？有个女人形容自己非常渴望能抓住更多的感觉、伟大的爱情。她这样说："我最想要完完全全的爱情，完完全全的爱情就是不顾一切、刻骨铭心而且无法解释的爱情。"

有时候，这种想要"浪漫的爱情"（更多精神上的亲密感，不再孤独的感觉）的愿望，似乎是一个永远无法实现的目标，心灵的孤独感，可能难以避免，身心的圆满结合更在未定之中。女人在恋爱时，会兴起想要孩子的欲望，这到底是心灵渴望结合的感觉，还是生理机能在女人身上布下了机关，让女人在性欲大起时，同时也渴望生下孩子？

"如果对他，我连点热情都感觉不到，我宁可不要跟他有任何瓜葛。我觉得女人应该学着去照顾别人，应该忍受无止境的苦闷、空虚，尽女人的责任，照顾家和丈夫。至于热情，我指的是你对另一个人感到兴奋——认识他、谈谈心事、享受美妙的感觉、想跟他上床的欲望。热情也许不会持久，但过后你们还是朋友。我喜欢这种比较有朝气的生活，而不是像许多人那样过着像是机器人的生活。碰到这种情况，我不会强调我爱着对方，因为这不过是我的嗜好罢了。当然，我的确爱他们，我会永远爱着他们，但这不是那种两人共度余生的爱。我想要的是成长、寻求刺激，稍微冒险一下，来段不寻常的际遇——这样才算是真的生活，朝气蓬勃的生活。"

从未结婚，目前尚为单身的女人中，有 73% 说，对她们而言，有人做伴还不够，她们想要的是恋爱的感觉、激烈的欲望和承诺：

"如果我没有爱上那个人的话，一定不会跟他结婚。与其和我并不怎么在意的人做爱，还不如过独身生活。没有爱的性经验，既无意义又令人失望。"

大多数二十多岁的女人，对婚姻的要求都不止于有安全感和有人为伴，除非有爱，否则她们不想结婚。是不是不管是哪个时代的女人，在结婚之前都会这样讲？然后等到年纪大一点，她们才又改变看法？或者，这显示女人的意识形态已经改变，也就是说，现在的女人是不是把恋爱的感觉，看得比稳定的伴侣或是长期饭票还重要？也许是因为女人在财务上和心理上都变得更独立了，所以她们较能负担得起寻求激烈的爱情代价？但是今天还有许多女人倾向选择浪漫的爱情，她们宁可将精力倾注在工作上，扩展交友圈，积极参加各种活动。

有些女人相信爱就是关心

在本研究中，82% 的已婚女性说，真爱的意义是经得起时间考验的爱，不是恋爱、热情的感觉，而是学着去认识和关注另一个人：

"爱就是相互为伴和亲密感，这是非常重要的。他是什么样的人，就接受他，喜欢他那个样子，不要想办法改变他。要用这个方式去爱一个人，要花很长的时间。"

这些把爱情定义为关怀的女人有个共识：她们觉得早期恋爱的感觉，大概都会发展成更深刻的爱情，她们把这样的爱情定义为关心和了解，如果两人的关系能够维持下去的话：

"随着时间的累积，我和丈夫恋爱的感觉渐渐消逝，但是因为彼此学习更加尊重对方、理解对方的感受，所以我们之间的爱情越来越苗壮。这种爱情有其内在的光辉，使我更有毅力，我很喜欢。它的价值，比起初识时激烈、冒险的兴奋感觉，可说是不相上下。"

有些人说，这种爱情是最好的，因为它能使人成长，给人鼓舞：

"除了爱自己，也要去爱别人。爱别人可能会使你变得比原来更好。爱给你机会，要求你把眼光从自己身上移开，放在别人身上，他们的快乐、恐惧和挫折，变成你的大事。"

"爱应该会使人觉得，自己有能力追求更好的成果。爱所带来的安全感，使我们放心地向四周伸展，尝试新的东西，排除恐惧和不安全的感觉。讲得更明白一点，爱就是滋润。"

下面这个女人深入地讨论爱是什么以及她对爱的定义。38 年来，她如何将爱融入生活之中，并随着时间而改变：

"我喜欢做家庭主妇，我喜欢把我的世界整理得洁净舒爽。我喜欢下厨，要是他想接管我的厨房，我会不太高兴。只要不涉及主权，我是不太过问传统男女角色分配的问题。这些传统角色的安排，并非出于偶然。我喜欢会保护女人的男人，像绅士一样使用优雅文字的男人，传统男性的特质深深地吸引着我。督导女人、照顾女人，这些我通通都喜欢。

"结婚时钱由他来管，生活也由他来安排，他是家长。现在，钱的事情大都由我处理，我算是家长。钱都混着一起用，这些事情我们处理得很好，所以可以很早就退休。我认为我未来再出外工作，并非完全不可能的事情。如果我是个需要稳定收入的年轻单身妈妈，我会在工会的支持下，争取传统上由男人来做的工作。但我太爱恋这份女人味了。

"我当然也喜欢赚钱，但重点是成就感，而不是钱。老实说，因为家计主要由他负担，所以我可以多方尝试，而且有时间学习。在我赚钱赚得比他多的那几年，他还是很好，很为我高兴。对于我的设计工作，他是百分之百的支持，甚至还帮我粘展示模型，因为我花不起钱请别人来做。他从来没有摆出大男人的架势，想办法把我拉回来一点。

"我丈夫常常烦我，但我对他爱慕依然。爱就是自己退让一步，全力支持另一个人。有好多次，我为了他把自己摆在一边，他对我也是如此。不管是金钱，或是生命，我们都可以彼此信赖。关键在于无论我们在这个世界上做什么事情，都不如相爱和被爱来得重要。

"维持爱情关系？呃，其实有些事情根本就没有解决呢。只是我一直有种想法，不管发生了什么事，不管情况有多糟，要是没有他，一定会变得更糟糕。我相信我们会有快乐的结局，而且，我们的确有快乐的结局，所有的问题都是可以解决的。对我而言，这份关系最重要之处在于它给我安全感——永远都有人陪在身旁的安全感。

"我也相信专一。为什么？因为我有过不专一的经验。有一天，我丈夫出差去了（当时我们已经结婚 12 年，他的公司把他调到另一州去工作），我收到一封信（信封是用打字机打的，没有寄件人的地址），是从他的旧公司转到我们家里来的。打开之后，发现里面都是账单和垃圾邮件之类的东西，是一个女人寄来的。看到这些东西，比遇到心爱的人死了更难过。那几天，从自杀到离婚，我通通都考虑过了，我完全崩溃了，他背叛了我，他不爱我，他玩弄我。最重要的是我觉得好像自己哪里不对，没有让他完全满足（这是什么心态，竟然为另一个人扛起所有的责任！而且还认为问题出在我，而不是他身上）。

"几天之后他回来了，很焦急、很丧气，表现出中年人的疯狂样子（那年他 36 岁）。我要求我们的婚姻要完全开放，而且说做就做，然后我变得很郁闷。接着我迷上了一个比我年轻一点的男人，他叛逆成性，跟我这种乖乖牌恰好相反（我真恨自己怎么不能变成一个 21 岁的嬉皮）。

"我对第一次的外遇是很认真的。我很爱慕他。问题是他在我丈夫手下工作，而且十分敬重我丈夫，所以他很难取舍。而我只想在最短的时间里把他弄到床上去，但他却深深地内疚。最后他对我丈夫公开了一切，而且不愿再和我见面。这件事过去之后很久，我仍渴望着他。我是在恋爱没错，但没有爱到要离开丈夫的地步。

"后来，大概是那之后的五六年间，我有过好几次一夜风流。说真的，世界上再也没有比床边有个新鲜人更棒的感觉了。这使得我的生活变得非常刺激，而且让我有更多洞察他人的机会。那时候，我丈夫也有各式的性经历。

"后来，我们一起做深入而密集的心理治疗，把心底的话赤裸裸地摊开来，有时候我还会听到我不想知道的事情，激烈、多情、悲伤、喜悦、自由的感觉都有，重新体会这些本该体会的感觉。现在，我们之间无话不谈——我非常重视我们俩要诚实相待。

"尝试过那些事情之后，这一切也就过去了，我们又回到专一的老路子。其实，我相信人应该专一，但要是没有开放一阵子，我们真的可能以离婚收场。所以，也许不管是什么，都要适时适地吧。要是我丈夫在我年轻的时候和别人在一起，我会吓得半死，现在我知道他一定会回来。

"我们结婚 30 年了，彼此之间的事情，差不多都知道了，而我们还是守在一起。我满不满足？不是百分之百满足。我希望能多一点感情，但我也承认到我无法随时接受他的感情。近来我把心思都放在工作上，到我这个年纪，性爱的习惯大概都已经定了型。现在我工作超量，倒头就睡，但偶尔稍有变动，我们便会像从前那样彼此探索。

"我觉得我是个多情又肯付出的人，我很关心在我生命中的每件事物。我很爱我女儿和我的双亲，至于宠物，我养过一只猫，它跟着我好多年，已经成为我生命中的一部分。猫死了两年之后，我还是会想念着它，有点难过。我丈夫是我的生命，我们走过的岁月，是永远无法替代的。我真的很高兴我撑了下去，我非常爱他。"

有些已婚的女人，似乎跟前一位女性一样，认为在长久的夫妻生活中，另有一种热情：

"我认为，时间一久，性爱的热情可能会消逝，但是彼此之间生活上的热情，或者对于爱情的需要却一点也不稍减。事实上，还可能与日俱增呢。如果热情就等于混乱，就像我从前的经验那样，那么，热情的确有必要随着时间而改变，以配合两人之间更为稳固的感情。"

有少数女人说，在良好的婚姻之中，恋爱的感觉会一次又一次地重生，这种感觉时有时无：

"想要结婚的男女，最重要的是有恋爱的感觉，而且深爱着对方，如果缺乏这两种感觉，婚姻就维持不下去了。恋爱的感觉，指的是重新发掘对方种种想法和习性，这一来，无论你们共度多少个年头，两人之间的关系仍能长保新鲜。深爱着对方表示另一个人在心理和生理各方面都能使你满足。在一开始的时候，两人一定要互相尊敬爱慕，才能融入对方的生活之中。"

"现在我对他没有恋爱的感觉。这种感觉时有时无，他对我的感觉也是如此。他偶尔会说他爱上我了，然而他一直都很爱我。"

"爱就像潮汐一样，有时候强一点，有时候会隐没，有时候占满了你的心，有时候你根本不知道这到底是不是爱。"

有的人含蓄地建议女人不要再追求伟大的爱情，或是炽热的爱情，要好好地享受单纯的事情——与伴侣共度终生，毕竟这才是夫妻之间最美好的感觉：

"我们俩都很喜欢旅行，差不多 10 年之前，我们买了一辆小小的房车，我很喜欢这种自由来去的感觉。所以他退休之后，我们又买了一辆好一点的房车，我也把教书的工作辞掉，然后我们就上路了。每次回家待不到几个月，又出发云游去了。

我们很喜欢这样的生活。但是几年前，一方面为了住得离我妈妈近一点，一方面我们也喜欢山，所以就搬到这里住下来。我们花了不少时间把这个小房子整顿妥当，而近来我妈妈的身体状况不太好，所以我们一直待在家里。不过，我还是觉得，我们最快乐的时光，莫过于在远离尘嚣的野营地停下来，散散步（不走现成的小径，反而信步乱走），享受营火的温暖，听听鸟叫虫鸣，看看书，融入大自然的美景之中。这是我们共有的财产。"

14% 的已婚女性说，只要能满足双方的需求，维持某种程度的礼貌和善意，那么，有没有浪漫爱情，甚至两人是不是相爱都无关紧要：

"我认为他不爱我，但是他对待我的方式正是我想要的。他很风趣，常让我笑个不停，而且他非常亲切。"

"我越来越相信，在男女关系中，与其说我真正想要的是热情，不如说是英国式的礼貌。库尔特·冯内古特不是希望男女关系之中'应有的尊重能稍微多一点'吗？我觉得这话很对，具备应有的尊重和礼貌，两人才能够持久。"

在本研究中，许多女人宁愿付出爱，也不愿"恋爱"，这可能是因为她们发现在粗浅的邂逅之中，男性对她们的敌意很深，所以她们学会在和对方建立关系之前，小心翼翼地踏出每一步，审慎地把对方弄清楚，确定他不像别的男人那样，内心充满了敌意。女人之所以偏好男女双方在长期相处之后，建立类似做伴或像是朋友一般的关系，可能是因为性别角色的不公平，使得男女必须花相当的时间，才能建立体系，而不是因为恋爱的本质是幼稚或不成熟的。还有，人们常常会嘲弄恋爱的感觉，很可能是因为他们不愿承认它真正的重要性。美国性教育工作者、咨询员和治疗师协会的前任会长雪莉·祖斯曼博士曾经这样说："在一切都过去之后，或者自己明明无法得到自己想要（或曾经拥有）的东西时，承认恋爱很重要未免太伤感了。"所以人们会振振有词说："恋爱不持久"，或是"恋爱既危险又容易受伤"，等等，以反驳其真实性和美丽的一面。祖斯曼博士又说："但是，每个人的内心都应该知道它有多重要，并体会它的意义。即使有时候恋爱的感觉变幻无常，却仍是生命中最重要的经验。"

关心就是爱吗？或者只是喜欢

我们可以看出来，有部分女性对于丈夫的态度，与其说是爱，不如说喜欢来得恰当。除了对丈夫很习惯之外，她们似乎没有其他强烈的感受。她们的确关心丈夫，但那比较像是朋友之间，或是手足之间的关心之情。

只有少数女人能够自在地谈论她们到底是深爱着丈夫，或仅止于喜欢，觉得跟丈夫住在一起很习惯，如此而已：

"我不爱我的丈夫，但是这话很难说得出口，而且我一定不会告诉他或让我的朋友知道。我很爱慕他，也很喜欢他，但这到底是友情还是爱情？这会有影响吗？"

"我相信，爱就是一开始你便无缘无故地对某个人产生强烈的感觉——也许别人会说，我是浪漫得过了头。我相信长期而刻板的男女关系是很难维持下去的，但我现在就处于'长期而刻板'的男女关系之中。我想要比较热情、比较浪漫的关系。我知道每对夫妻都有各自的问题，世上没有完美的事物，但是世界上的确有真正的爱情，即使你一生中只有过几次这样的经验，你仍知道这个感觉很特别。"

"有时候我觉得我花这么大的工夫来寻求爱情，实在很不切实际。真正的爱情是令人激昂而难以形容的——'这就对了，错不了'的感觉。这可不容易找。"

"以前我认为爱情是经过培养就会有的东西。现在我还是认为爱情需要培养，但我相信我们偶尔会遇上强烈的爱情，对我而言，这是指一开始就有种强烈的感受。不过，我绝不会接受我这种强烈的感觉，而且，我一直在培养我们夫妻之间的感情。我的确关心我丈夫，但这并不是强烈的爱情。"

15% 的女性老实地表示，她们结婚时，没有恋爱的感觉，甚至连深爱着丈夫的感觉都没有。这样的婚姻，有时还挺美满的：

"我曾和我爱得最深的男人大吵一架，事后我想打电话给他，帮帮他的忙、陪陪他，但他总是摆出一副懊丧的样子，不肯让我接近他。后来他加入陆军，之后我就没有再听到他的消息。两个月之后，我嫁给了一个蛮不错的男人，虽然我们才认识了 5 个月。我没有恋爱的感觉，但是感觉很舒服。到现在，已经 10 年了，我们还是没离婚。"

"最大的问题是我不知道我到底是爱着他，还是只想利用他的钱、他的车子、他的财产。"

"我一直弄不清楚我是爱上了我丈夫，或只是很喜欢他这么注意我。"

21% 的女人很后悔自己没有嫁给自己深爱的人（这并不表示其他 79%

的女人是因为深爱着丈夫才结婚的）：

"我不爱我丈夫，我觉得很失望，因为我认为我有能力热烈地爱一个人。有一阵子，我考虑要和他分手，但是我觉得，虽然我赚的钱够用，但是分手还是太冒险了，不够安全。我觉得自己没办法应付单身世界的一切事情，我不会竞争。我今年45岁，我的满足感来自工作，这多少可以补偿一下，但是我还是觉得生活里少了点东西。"

"我跟我的前夫离了婚，因为我们的婚姻徒具形式。我不是真的爱他，但我关心他。"

到底有多少女人是真的想要这种低调的、"互相关心"的婚姻，有多少女人只是因为当初别无其他选择而屈就？

有的人也许对性关系或婚姻倾注了大量的心血，但是使两人凝聚未散的，是愤怒而不是爱情，连喜欢都谈不上，这样的抗争可能会维持很多年。

大多数女人都同意这句话："人们很可能会和自己不爱的人维持着沉闷的感情关系"：

"我之所以会结婚，理由有很多，但绝不是为了爱。我们之间的关系非常沉闷，我一直无法把其中的脉络想透，到现在还是一样。要我抽身而退，实在很困难。"

"许多人将就着沉闷的感情关系，但我认为那不是真爱。由于早先的选择，使她们处于进退两难的情况，但这一切都跟爱或关心没什么关系。他们会维持下去，是因为他们已经有共同的生命了。"

在本研究中，有23%的女人表示，她们所处的性关系很不好，两人只能互斗、相抗。都想得到爱，但都感到不满。

有些女人将真正的爱情定义为谅解和关心，而不只是热情。同时强调，无私的付出，不求任何回报（连情感的支持都不要吗）是很重要的。这种爱情的定义有点像是"服务"：

"爱就是付出，但是不期待对方因为你的关心而回报任何东西。爱就是诚实以对，毫无保留地表现自己。把伴侣的感觉和处境看作和自己的一样重要或更加重要。恋爱的感觉超越了文字所能叙述的范围，若试着下定义的话，会降低你的感受。"

"爱就是愿意放弃，爱就是不去想是对是错，只去想所爱的人需要什么，所以你就付出什么。爱情是恒久的，它是凝聚两人不散的纽带，爱来自心中——不是有就是没有。"

"爱就是完全否定自己，迎合对方一切需要，毫不自私地尽最大的能力付出，让他快乐，但不用线绑住他。"

"爱就是真正的谅解和同情。关心他吃得好不好，是不是很健康，尽量不要惹他生气，等等。"

"我爱他，所以我会在他生病、难过的时候照顾他，在困苦的时候，我会支持他。"

有一个女人说，爱就是"意志的行动"：

"爱就是你的意志的行动，只要你愿意，无论要爱谁都可以，只要去做就好了。你会关心他们，你会把他们的感受看得比自己还重要，你会为他们，而不是为自己着想。如果你用这个方式对待你最大的敌人，你就会爱上他们。"

女人是不是被性别的固定观念误导，而认为好女孩或好太太就应该如何如何，所以偶尔会认为无论受到怎样的待遇，她们都必须继续付出爱？

大多数女人的成长环境都一再灌输女人这样的观念：真正的爱是精神上的，她们应该付出爱，如同圣母般的爱，永远关心自己的孩子——丝毫不带热情或是生理的欲望。而典型的女性代表夏娃，则表现出女性理智的好奇和性的欲望，是邪恶又自私的，因为她没有付出，也没有表达真爱。

哪种爱才是真爱？是热情，还是付出？当然，都不是，也都是，其他许多种爱也是一样。但是我们的文化有个严重的问题，它禁止这些形式的爱互相结合。为什么精神上和生理上的爱一定互相对立？为什么带有强烈生理感受的爱，也就是热情，常常受到贬低、轻视和毁谤？

在什么情况下，"关心"会变成"照顾他人"

对于女人而言，爱到底是什么，这个问题特别重要，因为这个社会一向设法以爱来定义女人。对于男人，则以他做什么样的工作来论断（并且要求男人不要陷在爱情之中）。直到现在，谈到女人，一般人仍先以她有没有结婚生子、有没有男人爱着她来定义她本人。有个女人颇表赞同地叹道："女人若想做个真正的女人，就得爱一个人，而且生些孩子来爱！"

但现在大多数女人已经开始问自己：为什么要跟这个人死缠下去？为什么还没有离开这个男人？女人正在为自己重新定义她们爱什么样的人以及原因所在。不愿再被社会和经济压力所迫，只因为"女人本来就该爱别人"而爱。

"我相信性的热情和长期的婚姻关系之间存在着矛盾。性的热情是非常情绪化的，会使生活变得不平衡。长期的性关系若要稳固，则必须平静、镇定，而且规律。真正热情的性关系是狂乱、狂喜而且饥渴的，这些特质只会把平静的生活弄得天翻地覆。但如果不和伴侣住在一起，长期的爱情关系也可以很热情。"

婚姻生活和性的热情、恋爱的感觉是否能并存？大多数已婚，但仍有恋爱感觉的女人说，如果两人继续相处，一两年之后，恋爱的感觉会褪为爱或关心的感觉，这样的发展很自然。

这种过程是不是无法避免？或者，这是因为种种伤害，由于社会文化的作用，化入日常生活最细微的互动之中，使得男女针锋相对、都被性别化了——这些不必要的敌对状况，是不是会损害热情？

这个女人对性生活越来越提不起兴趣，她想知道这种情况是正常的，还是因为她对他感到愤怒所导致的结果：

"我真希望热情和稳定之间没有矛盾，但对我而言，日常生活、工作常和心爱的男人起冲突，似乎都在冷却了我们之间的热情。大致说来，他很尊重我，但有时候他会让我觉得我傻傻笨笨的，如果我臭骂他，他就粗鲁地说：'嘴巴放干净点！'使我更生气。至于其他方面，他还是蛮给我精神支持的。

"是不是应该对一个稳定、努力工作的好人（他就是这样）感到性的热情（因为我父亲就是这样的人，就我所见，我母亲和他在身体上一点也不亲近）？也许是吧。换句话说，对花花公子型的男人感到热情，或和他在一起堕落就没什么关系——反正他本来就不好嘛！

"我最气的是去年夏天，我病得很厉害，他却不肯依我的需要，好好照顾我几天。我知道从小就没有人教男人要听女人的话，但至少他应该照我的请求那样做，我的要求又不是很多。我不过请他给我一杯水，或给我一条毯子，他好像就不高兴了。他生病的时候我可不是这样对待他的，我把他照顾得很好。还有他不太愿意谈到或是去了解我的工作，偶尔甚至冷言冷语，我很讨厌这样。"

彻底失败的模式： 男性在情感上的疏远及漠不关心

为什么女人对性生活越来越缺乏兴趣？是因为热情自然而然地会消退，还是因为热情被人扼杀了？是因为长期与同一伴侣做爱令人感到枯燥，还是女人常因"男性应主导一切"的态度，而在不知不觉间变得冷漠，热情亦慢慢褪色，所以她才这么消极而且提不起劲来？

有几位女性直言她们之所以越来越不会感到兴奋，是因为男人以难以察觉的方式来疏远她们，贬低她们：

"有件事我一直想不通，男人怎么能先把你丢在一边不管你，或是把你当垃圾一样看待，等到他想做爱的时候，又期待你以爱来回应他？男人好像不把两人之间的关系当成一回事，只看重性生活而已。对我来说可不是这样，如果我们之间的关系不好，性生活也不可能好。"

"我和别人之间真正快乐的、最清晰而强烈的经验莫过于我的婚外情。我可以和他争着跳石头过河，或是爬上岸边的悬崖上，感觉我们之间、我的内心和这个世界是如此的平和宁静。从他注意着水里或者草地上的小小动静，就知道他的内心也像我一样平静满足。从前我们在做爱时，一样会有平静和快乐的感觉，但自从我发现我们在很多地方无法沟通之后，我就不想再和他亲近。另外，我发现我的心境已经走到另一个阶段，感到他再也不能给我这样的快乐了。"

"一开始的时候，跟他做爱的感觉很好。他会用意大利语非常温柔、非常亲密地跟我说话，感觉好浪漫、好刺激、好性感，我爱死了。到后来，他变得敷衍了事，跟他做爱就没有从前那种满足感了。我们跟从前比起来，完全两样。我心里很明白我再也不想做爱了，因为我并不满足。然后他就说我既不爱他也不亲切，我就回他说他总是那么好色，急着想上床，却没有完全了解我的感受。一开始的时候，我们都很喜欢一起做事情，互相帮着洗碗盘、做菜、整理花园、整修房子，现在这些都不见了。"

"现在我们各过各的生活，在一起的时间不多，虽然我们一起生了孩子，但我们之间几乎无话可谈。他想要做爱时，我一眼就能看得出来：他变得格外挑剔，我最好是什么错误都不要犯，我真是倒足了胃口。他还嫌我太重，他越说，我就吃得越多。"

女人之所以会在心理上抗拒或放弃性关系，是因为男人表现出如此疏远和骚扰的行为，然而她们仍可能做出很付出的样子并继续与对方做爱。但事实上她可能已经将她真正的感受和自我转入地下了——对性生活越来越不感兴趣，表现得越来越不热衷，倾注于性关系的心力也减少了——也许会把注意力集中在孩子身上，以求取内心的满足。在这个阶段，男人多开始抱怨性生活不足，有些人甚至开始找上其他人以满足性方面的需求。这使得女人更感到寂寞、疏远，一时之间，她可能试着作点突破，但不久之后，越来越感到这些努力徒劳无功，最后也许干脆找个情人算了。两人的关系只剩下空壳子，彼此间几乎没有真情与交流。

这一个女人描写她为时 8 年的婚姻，几乎是循着上述的模式来发展的。写到最后，她因自己无法继续下去而十分感伤：

"他说我根本不欣赏他。现在我已不再说他哪里不好了，因为他的脾气很火爆。就算以前我说过他哪里不好，其实也只是讲出了我需要却得不到的东西。

"要是他肯听，不要睡着，不要露出不自在的样子，不要走开的话，我什么话都可以讲给他听。但是一提到他自己或他有什么感受，他就变得很没有安全感。我试了好久，最后终于放弃了。满足我内心深处的需求？爱说笑！我们的关系一点也不能满足我内心深处的需求。"

"对我而言，我们的关系可有可无，虽然我们的生活占掉了我大多数时间。我今年 40 岁，是个老师，结婚 18 年了，有两个孩子，一个 13 岁，一个 12 岁。我这辈子一直想要一点不一样的东西——为某个人而活，做他的女人。

"我为什么没有离婚？因为安全感，还有，我丈夫是个好情人。我觉得孩子们需要在稳定的环境中成长，而且我是个基督徒。另外就是我一直觉得我丈夫是爱着我的——呃，是需要我——我感受不到他有什么爱意，他很怕万一我走了他会应付不来。至于我，什么时候都可以一个人活得好好的。

"我有过婚外情，我相信丈夫不知道。我所追求的东西很多，但是我的收获不多，主要是一夜风流。我一直希望能找到一个伟大的情人或是理想的男性，但是现代的男人没有这种特质。我希望对方渴望我，我遇到过这样的男人。

"我相信我丈夫对我一直都是完全忠实的。他不是没有机会，我就知道有好几个女人想要诱他上钩。要是他出轨，那是他自己的事，我不想知道。

"我们在大学的时候就订婚了。前两年我有种恋爱的感觉，一直到新婚夜我们才第一次做爱，那年我 22 岁。性爱对我一点作用都没有，而且我很怀疑为什么人要费那么大的工夫去结婚。而他，当然非常高兴，因为他随时都可以上床——好像怎么样都满足不了他，但是我什么感觉都没有，所以我开始排斥他。

"我在生女儿之前辞掉了高中老师的工作，我并不后悔，但是从此以后不能再回到这一行，倒觉得很可惜。我可以整天待在家里照顾孩子，但是现在我还在大学里兼了好几堂课，另外还要负起为妻、为母的种种责任，忙得晕头转向。

"孩子小的时候，我在经济上是依赖他的，现在我虽兼职，但还是要靠他。我对自己说，除非我养得起自己，否则我不会离开他或跟他离婚。我知道我丈夫不介意我兼职，他总是说，希望我能找到一份好的工作，这样他就可以留在家里，让我来养他就好。因为他什么家事都不做，我认为他的意思是，除非他真的留在家里，否则家事还是由我来做。

"一般来讲，我们争吵都是为了小事情。我们之间谁都不会向对方道歉。我们不会言归于好——各人自行消解愤怒，于是日子又回到平常的样子。

"我认为男人之所以对爱情和恋爱那么认真，是为了把女人娶到手，一旦造成既成事实，他们就任由它坏下去，听过所谓的'小飞侠症候群'之后，我觉得这种讲法真是鞭辟入里。其实，大多数男人只能算是有大人外表的小男孩而已，他们无法成熟到付出真爱或是建立任何爱情关系。

"我认为，大多数男人外表看起来非常坚强，其实内心比女人还要依赖，但是他们摆出大男人的作风，对这种讲法嗤之以鼻。他们害怕一旦露出敏感的一面，可能会使他们看起来很脆弱，尤其是被别的男人知道了，就更糟糕。

"我越写越感伤，实在写不下去了。我和丈夫之间的关系实在离理想太远，我开始觉得很难忍受下去。"

深爱着丈夫的已婚女人

这个结婚 9 年的女人，描述她和丈夫之间的关系经历，觉得她深深爱上了另一半：

"我对丈夫爱得很深很深，我这一生任何其他的事情都比不上这种感觉。他是我的朋友、我心灵的伴侣，他就在我的心里。初见面时，我就爱上他了。我不只希望这辈子与他相爱，还希望能永远相爱！要是有来生的话，我还要跟他在一起。我爱他之深，实在难以表达，他也有同样的感觉。他说他看到我的时候，他觉得他之所以在世为人，为的就是要和我在一起，好好地爱我、照顾我。我觉得，我在遇见他之后，感受快乐的机能才苏醒过来。

"我们结婚 9 年了，之前我们同居了一年。我们生了一个男孩，今年 3 岁。我们之间到底谁对谁的爱比较多实在无法分辨，而且我们的爱一直在成长，越来越美。即使我们的余生只能孤独以终，心中仍会感到充实和快乐——当然，我还是需要一些书本啦！

"我想我会这么快乐是因为我可以做计划，我可以大声地说：'5 年内，我们要生个小宝宝。'或者：'半年内，我们要买个威尼斯式的窗帘。'因为我知道我们会一直在一起。这个感觉真好，恒久的承诺是个喜悦，我喜欢跟他相爱的感觉。我一点都不觉得这有什么好痛苦、好难过的，有人与你共度生活，是最好的状况。

"爱是一开始就有的强烈感觉，也是两人努力的成果。它当然是种电光石火的作用，但它也是共创历史的过程。爱就是彼此熟得可以把话接下去讲完，同时会发现对方还有许多自己不知道的事情，彼此更加珍惜。他绝对是最能令我热情相迎的人，我对这么强烈的感觉既喜欢又不喜欢，它带给我很大的快乐和安全感，但也使我累得要命。

"我们喜欢单独相处在一起。我们常常躺在床上紧紧靠着聊天，那个感觉真好。我们的笑话数不胜数，像是我们遇到的新鲜事，讲出笨笨的话来，等等。有时候做爱做到一半，不经意地提到什么好笑的事情，两个人会笑得东倒西歪，再也做不下去。

"我们怎么做爱全看心情而定，他总是让我觉得我自己很不错。他对我的心情非常敏感，并借此把我们亲密的时刻营造出特别的气氛。

"我们喜欢一起分享生活的点点滴滴——陪孩子、遛狗、上超市，只要我们能在一起，做什么事都好。

"他以前很不愿讲出他心里的话，但这些年来，他开始把他的心事释放出来。以前这是我们的大问题，现在已经不是问题了。只有在我们觉得对方有欠考虑或是太自私的时候，我们才会互相批评。以前我们吵架的时候，我会说：'你不想跟我在一起了吗？'他就说：'不要说那种话，除非你有那个意思。'但我又说：'你不想跟我在一起了吗？'不用说也知道，这种对答的方式使原本只是无关紧要的斗嘴，变成重大的战役。我们花了很久的时间，才打破这个模式，但我们终能了解我们不必讲这么重的话，也可以表达出强烈的感受。

"我从来没想到我生命中真的会出现这样的人，我从来没想到我真的会有这般的情人。我把我的一切都讲给他听，我们不会把话藏在心里，也不会避着不让对方知道，我们之间无话不谈。我从没看过哪一对男女的关系及得上我们，亲戚朋友们的性关系，比起我们俩来都差得远了。

"我们都不是很会管家，要是手头上有钱，我们会上馆子。我们整天 24 小时都腻在一起，但还是觉得相处的时间不够多。"

另有一对非常贫穷的年轻夫妻，虽然他们的处境一点也不安定，可谓一穷二白，但他们仍决心维持彼此之间激烈而炽热的爱情：

"我已经结婚了，没有小孩。我这个人开朗、聪明、风趣、狡猾、好看、体重超重，很忠实。我不遗余力地达成我的目标，我今年 22 岁，渴望有成就并获得成功。我是个好得令人吃惊的妻子。

"我深爱着我丈夫，我对他用情之深难以言表，总怕他会突然消失。我们之间的感情很好，即使意见不合，也很快就过去了。我很怕我对他太依赖了——我发誓绝非刻意这样做的。我爱他爱得疯狂——精神上、心理上，还包括性方面。他让我感到由衷的快乐，我可以感觉到我的灵魂雀跃不已。爱情真好，但也令人害怕，我很害怕这一切会化为云烟，因为我觉得我不够格得到这样的快乐和安全感。

"开始的时候，我们穷得什么都没有，只能住在他车子的后座。没有工作，为了要生存下来，所以一个城市接一个城市流浪。现在我们还是没钱，所以和他爷爷奶奶住在一起。但是每晚能睡在他的臂中，醒来第一眼就看到他，我就觉得这辈子没有白活了。只是住在他爷爷奶奶家，性生活得收敛点。我虽对事业很不满，但还是很快乐，因为有爱，所以我感到快乐。

"我们结婚一年了，之前我们断断续续地同居了两年。我本以为我会痛恨婚姻，但事实并非如此。

"有一次我们缠绵做爱之后，两人同时说：'我们结婚好不好？'（那时候我们同居在一起。激烈的性爱、巧合地讲出同一句话，使我们觉得心灵是合一的。）我想就是从那时候开始，我们认真考虑要结婚。

"在认识他之前的两年半里，我和许多男人交往，唯一让我快乐的，是短暂地被人抱在怀中的感觉。我认识他以后，他不费什么工夫就给了我第一次由男人所导致的性高潮，于是我就嫁给了他。现在我是专一的，我蛮惊讶的，我从来没想到我这样就可以满足。除了他之外，我不想跟任何人做爱。我想，这表示我的身、心都是专一的。他对我完完全全地忠实，我真难以相信。

"我一直很害怕这一切快乐会在我的眼前消失无踪。我们两个都看过自己的父母亲不幸的婚姻，这在我们的心中永远留下了不安全的阴影。

"有时候我虽没有害怕的理由，但就是想要逃开，在我的四周竖起高墙。我很害怕承诺，所以要把自己藏起来，这样他就不能伤害我，但我知道他早就把我的底细摸透了，即使我在玩游戏，他也会跟我开玩笑、逗我开心，直到我把心里的话说出来。我想这是因为我从小跟着我那对疯癫的父母，过着不安定的生活，所以不安全感才会这么重。

"虽不愿意承认，但保罗的确是我生活的中心。把这话写下来，我觉得好脆弱，但是他使我有了生命。我很怕40岁这个阶段，到时候他也许会需要更年轻的女人来加强他的自我，因为我就体验过这种事情。从前我就曾是第三者，虽然没有偷来任何爱情，只和他上了床，但我总觉得有一天我会因为'报应'而失去我的丈夫。这样讲是不是很好笑？

"我遇到过的男人里，只有他担心我有没有达到高潮，是不是得到快乐。他终于明白他给我的高潮，是我第一次高潮时，我觉得害羞得要命。那几乎像是童贞的感觉一样，很陌生、很刺激。后来他要看我自慰，一开始我几乎做不下去，我叫他闭上眼睛不要看。但是因为是他提议我这样做，以增加我的快感的，所以我慢慢地就不再那么紧张、害羞了。

"即使没有做爱，我们也会是很好的朋友。我想，就算我们生理条件无法做爱了，我们还是会彼此相爱。但是性爱、爱和每天的生活是紧密地连在一起的，我实在很难想象不能做爱的日子会是什么样子。

"他这个人精力十分充沛，而且除非我满足了，否则他不会罢休。我很喜欢跟他做爱，很刺激，我总想要他（不只是阴道，我全身都在等待着他）。一般的过程是拥抱、亲吻、抚摸，我稍微舔舔他或吸吮他，然后他舔舔我的外阴部，让我兴奋，然后他进入我的体内，吸吮着我的乳头，紧紧抱着我。我会自己做阴蒂刺激，我会先达到高潮。最棒的感觉是他进入我的体内，我抚摸着阴蒂，而他牢牢含着我的乳头——那种感觉太棒了。

"我们的热情是真实的，永远存在的。我希望我能永远和他在一起，死在他的臂中，安详地睡去，那时我大概已满头灰发，最好在阖眼之前，能先与他做爱。"

哪一种爱情在婚姻中运作得最好

世间男女可能都在心中反复思量这个问题：那就是，他们到底想不想，或能不能与他们的心上人结婚。或是选一个安全、稳定的对象，不要像跟"心上人"在一起时，有那么大的起伏，那么多的伤害。到底哪一种选择更能带来幸福？令人惊讶的是，至今仍无大规模的研究，探讨婚姻和性关系运作良好是什么样的爱情形态。

女人常在内心思考：恋爱是什么？只是性冲动吗？长时间关心对方，深入了解对方，是不是更为真实，更为成熟？事实上，在本研究中，有的女人在问自己，为什么跟现在这个男人在一起？这到底是什么样的爱？这种爱到底正不正确？

女人在考虑要不要结婚，或者在婚姻或性关系运作得不大顺利时，常会把责任揽到自己身上来——是不是自己哪里做错了？如果她们爱上对方，那么，她们会认为是自己搞砸了，不够理性和成熟。另一方面，如果两人的关系较合理、平淡，却还是无法令人满足，她们可能会责备自己对安全感的要求太多，太过依赖了。

到底哪一种爱情在性关系中运作得最好？这些众说纷纭的论点之中，到底哪种说法才是正确的？一边认为恋爱是不真实的，是自己的想法投射在别人身上的结果；真正的爱，是用时间去认识对方，另一边认为比较平淡、稳定的爱，根本就不算是爱，不过是照顾对方，为求安全感而把这说成是爱，以证明爱也可以使性关系运作得很好。

根据第一种理论，若想维持长久的关系，"恋爱"是行不通的，因为这种爱情太苦涩了（两人并非真的认识对方，所以无从转为成熟的爱）。两人的关系应该是越平淡稳定越好，否则便难以维持下去，因为彼此太在意，所以很容易受伤，甚至使两人之间的气氛紧张，导致不可收拾的爆炸性局面。另一种理论与此恰好相反，它认为热烈的迷恋固然可能使人们容易受伤，但也使人们超越了沟通上的小失误，无论有多么大的障碍，都要和对方聚在一起。

初遇时的恋情会不会转变？如果会的话，是为什么转变？有一种理论是，恋爱中的人在一段时间内和世界是脱节的。而在世界迫使它复返之时，恋爱的感觉会稍微消退。是不是有些夫妻或情侣找到了某种方法，把外面的世界阻隔开来，为彼此和内心最深刻的感受建立起独特的时空岛屿。而且，时间越久，情意弥坚？或者，正如许多人所想的，所谓对爱情的渴望，一旦感到满足或是相聚在一起之后，便消失无踪，或转变成另一种情愫？

在本研究中，大部分女人所嫁的对象并不是自己最深爱的人。在《海蒂性学报告：男人篇》一书中也是如此：大部分男人并未娶自己最热爱的女人为妻。但就我们所见，这样的安排并未使他们更快乐。在本研究中，女人避开了忽冷忽热的恋爱，希望借此建立更为安全稳固的性关系，也许在心灵上得不到什么鼓励，但起码日子容易过，对孩子也比较好。

女人和男人不同之处是：通常女人不会因自己理性且客观地选择配偶而感到自

豪；男人常因自己没有选择深爱的人为配偶而沾沾自喜，因为根据男人的讲法，他们应该基于理性且客观的考虑，来决定婚姻的对象。

在一般看法中，恋爱型的婚姻不持久，平淡型的性关系才会稳固，但从本研究的统计数据来看，这种说法站不住脚。而且，在持久的婚姻之中，还有快乐程度的差别。就我们所见，即使是平淡的爱，也可能是争执不断或无话可谈。恋爱的狂暴不好忍受，但是从揭露的多项日常生活的问题看来，在大多数平淡型的婚姻中，情感的约定也是不公平的，男人蔑视女人、骚扰女人，同时在情感上处处要求女人付出，期待女人提供爱与支持。当然，这样的性关系难免使双方疏远，到最后甚至使双方感情荡然无存。

换句话说，从本研究的结果来看，即使用满足感来取代热情，婚姻也不会因此而变得更稳固。在本研究中有许多女人说，她们的婚姻不是以激烈的爱情为基础，然而她们的满足感仍相当低。所以在逻辑上，我们不可能论定热情是导致性关系不稳定的原因。

至于是什么扼杀了爱情，本研究显示，一般来说是因为情感的约定并不公平。若要使性关系稳定且快乐，必须先改变情感的约定，不管是平淡型或恋爱型都一样。

从本研究中的统计资料来看，夫妻和情侣最有可能分手的时候，是在男人拒绝谈论女人重视的问题的时候，这种情形持续一段时间之后，可能会造成双方的隔阂。双方心理距离扩大之后，大多数女人会重新调适两人的情感关系和自己的感受。至于未受到不平等的情感约定的影响，两人的关系又会如何演变，便不得而知了。

婚后感情安排的新方式

婚后感情安排的方式虽是数不胜数，但是事实上有这样 3 种新的心理安排方式：

1. 感觉亲密型：大多数女人都比较喜欢这一型，希望能和丈夫处得更加融洽、亲密。
2. 家庭基地型：通常双方在心理上颇为疏远，但是在互相为伴的层面上而言，运作得还不错。
3. 团队合作型：这一型的夫妻同心协力为工作、事业而努力，这也是两人生活的重心。只是这一型的夫妻数目仍然很少。

换句话说，第一种模式将情感上和心理上的亲密感视为首要目标。大多数女性便是想要使丈夫采纳这个模式，同时这也是大多数女人最想要的生活方式。

在第二种婚姻中，家便是两人后半辈子的基地，她们需要的只是一份归属感。然而，传统型的家庭固然普遍，但和这种新的家庭基地型的婚姻不同，因为在传统型的安排之中，女人必须为丈夫和小孩提供稳定的基础，让他们出外顺利，但女人本身的生活空间和时间却受到了很大的限制。对她来说，这个婚姻并不能给她稳定的家庭基础，她，才是其他人的家庭基础，婚姻不是她的后援，而是她的人生。但在家庭基地型的婚姻中，情感的约定并未改变，男人仍继续在情感上疏远和骚扰女人，但女人通常不那么在乎，因为她把感情上的主要目标转到其他地方去了。

最后一种团队合作型婚姻，它的概念就如这个女人所说的："去年冬天，我们终于存够了钱，此后我们就可以放心地做我们想做的事，不必担心钱的问题。我常在工作室加班到凌晨。我们一起工作，有着共同的理想，可以自由地把能力发挥到极限，这个感觉真好。"另外有个女人和丈夫一起创立小事业，她也觉得团队合作型的婚姻非常令人兴奋。

为什么有这么多女人选择家庭基地型的婚姻？

"我跟我丈夫的关系是我生命的中心，因为有这个基础，我才能自由地在外活动，并回家补充能源，孩子也能有好的成长环境。我们的经济基础很稳固，而且他可以和我做伴。他很注意孩子的事，不劳我费心，所以我才能放心地在事业上冲刺。"

看来这个女人是做了很明智的决定，把生活安排得很好，但是，女人大多是在放弃希望，不再努力建立感情亲密型的婚姻之后，才发展成家庭基地型的婚姻的。

在现在这个时间点上，女人若想拥有感情亲密型的婚姻，仿佛痴人说梦，因为男人从小就学着去否认自己的感情生活，要把理性、科学和客观放在一切之上。男人一直都在贬低感情的重要性和正当性，所以女人若想使男人恢复到情感比较开放的程度，就会发现这是件永无止境、令人难以招架的工作——这真是情感的大工程。所以，许多没有离婚的女人改用另一种做法，发展出家庭基地型或是疏离型的婚姻。早就有许多男人将婚姻视为他们的家庭基地了，但现在女人也开始这样做——利用婚姻所建立的家庭基地，尽可能自由地外出工作、访友、会情人等。只要女人不要太过在意，不要妄想和丈夫建立更深刻的情感约定，这就算是可行的生活方式。

有没有可能把爱和不爱的感觉完全分开

爱的意义到底是什么？是感到自己和另一个人（无论是家人还是朋友）产生密

切的关联，使我们的心灵复苏。或者，在我们寂寞的时候，爱的感觉使得一切变得很真实，并觉察到生命之美，令人雀跃不已；爱让我们忆起多年前，和所爱的人共度的时光，而且现在用情之深，仍不减当年。这不就是我们最深切地感悟生命力的时刻吗？这是不是爱？

我们没有足够的词汇来形容情感，其中只有少数几个细微的变化有名词可以指称，所以要思考或写出有关爱的事情就更加困难。女人的确还没有建立有关爱的词汇，虽然我们的社会会倾向以女人是不是爱着别人等，来评断她这个人。但是今天的男人也没有建立起这类的词汇，虽然自古以来男人一直自诩为文化的创造者和继承人。我们虽然试着以先人流传下来的文字诠释内在的感觉，然而这些观念果真是又好又完全的吗？或只是在钳制我们的思绪而已？

有人曾经这样说："这实在很难解释，但是我们的社会里有某种机制，一直在教导你应该有什么感觉。如果我们的社会不要你有某些感觉，你最后只好失望地学着把它压抑下来，到了最后，你真的就感受不到某些东西了。由于我们的社会再三教导人们应该有什么感觉，所以人们连自己真正的感觉是什么都不知道了。"因此，爱的概念是什么，也许已经没有人知道，爱只是个涵盖多种感觉和经验的模糊字眼。到底哪个经验才是真实的？

爱是什么？有个女人借着田纳西·威廉斯《欲望号街车》中斯坦利说的一段话："我相信五彩的灯光，那个才是真的——你在五彩灯光下接触到的是人，还是日常生活？"我们每一个人都可以自己选择，或在不同的阶段做不同的选择，但是你们做的选择会有长远的影响，不只影响你自己，也影响着我们的文化。

19

婚　姻

家的保证

love

已婚女人快乐吗？有没有实现梦想

已婚的女人快乐吗？我们能问这个问题吗？这有什么意义？有一个女人说："人生有苦有乐，但我们总得走下去啊！"另一个女人说："我不会用快乐与否的角度来看人生，我可以说这个情形或这个人让我多快乐，但我不能总的来看人生如何如何。人生太复杂，陷阱太多，不可能快乐。"还有一个女人说："快乐这个字真奇怪，它的定义不好。我在某些时候会有一种既幸福又满足的感觉。"

"我不是真的快乐，但我也不是不快乐。"

对于本研究中某些婚姻而言，虽说它们只固守在旧模式上，却至少提供了稳定的生活。但是，大体上我们看到的现象是，大多数女人之所以仍和丈夫过日子，不是因为她们感到快乐，而是因为眼前似乎没有别的路可走。她们没有得到情感上的支持，甚至有很多人连财务上的支持都没有。然而她们喜欢生活上有财务后援的感觉，喜欢有归属感，喜欢有自己的孩子。另外，这个社会较肯定结过婚的人，尽管有 50% 的人已经离婚了。

我们看过这么多有关婚姻的章节之后，不禁感到遗憾，爱情关系应该可以更好才对：

"在我们家里，我管家。我自己过自己的生活，他不理我，但我尽量看开一点。我丈夫比我快乐，因为我不吵他，也不烦他。我总是觉得很消沉。"

"我们结婚 23 年了。结婚最好之处是可以享受生理上的热情和安慰，最糟的是我常生气。婚姻生活比我原先所想的还要枯燥无味——我是指家事。我们是因为不想分开，想要聚在一起所以才结婚的。如果有机会，我还是会结婚而且不会跟他分手，因为我喜欢孩子。"

这个女人解释她为什么喜欢结婚而且打算守着这个婚姻。这是一封很

典型的复函，讲得大而化之，什么也没有解释，但是大多数女性的复函就是这个样子：

"我就是喜欢跟丈夫过日子，不管是度假、在院子里活动、上馆子、一起下厨、躺在床上看书、甚至讲话（但不能挑太敏感或会引起争议的话题）都好。我丈夫常说他爱我，但他不会说我很好看，或他很想要我——我真希望他会说，我希望我们能常常谈心。他不太知道我的心事，我也不太知道他的心事。他说人的感受和感情是个人的隐私，不需要让任何人知道。"

简单地说，大多数女人之所以会喜欢或不喜欢婚姻生活，多半是因为这些理由①：

"结婚的好处是有伴，我们可以聚在一起；最糟的是我在外面工作，回来还要做家事，我丈夫不肯帮忙。"

"结婚的好处是有人陪伴你到各处走走，也许经济上的安全感更好。我才刚毕业，觉得外面的世界实在难混。"

"我喜欢有伴，但我讨厌他那副趿屣的样子。此外，银行和生意上来往的人，因为我结了婚就不把我看在眼里，这也令我讨厌。大多数人都认定女人自然而然地排在她丈夫后面，这真是不公平！"

如果我们找得出女人愿意结婚的条件底线，以及一半的女人没有离婚的原因（另一半女人已经离婚了，虽然她们常会试着再婚），就可能会理解为什么许多女人讲起话来似乎十分认命，而且若请她们以 1～10 分来评定她们有多快乐，她们只会给 5 分。

感情出走

许多女人背弃了婚姻——也许是离婚②，也许是感情出走，只留一片小小的心在丈夫身边。

听到这么多女人谈论她们的婚姻生活之后，我们发现 90% 的女人把感情生活的

---

① 统计数字显示已婚的男人比单身的男人活得更久也更健康，但对女人而言并非如此。

② 90% 的离婚事件是由女方，而非男方提出的。

重心放在了别的地方。大多数女人已经放弃了原有的希望，不再设法营造夫妻之间的亲密感，或尝试建立平等的搭档关系。大多数人在经过初期的尝试阶段之后，便开始把感情倾注在其他地方。在新婚那几年"设法突破"之后，许多女人变得心灰意冷，逐渐开始感情出走，也许连家人都不曾发现。

这就是大多数女人真正想要的吗？不，不是最想要的，而是起码想要的。但是许多女人觉得她们是无可选择才出此下策："我现在怎么处理呢？我就是不再把那么多心思放在那上面了。这样，如果我失望的话，也不会太过在意。我把姿势放低，以减少冲击。也许过一阵子，爱情会恢复原状，但是如果恢复不了，我最好加强其他部分的生活，这样事事都会比较顺利一点。"

大多数女人几乎连试都不试就在情感上背离婚姻，她们发现自己越飘越远，再也无法和丈夫产生联系，因为丈夫似乎没有注意到她们，也没有注意到事情的发展和演变，仍是一副爱理不理、不过问而且很冷漠的模样。

有个女人这样形容事情的发展："一开始，我假装一点都不在乎丈夫，因为他对我漠不关心，讲起话来又毒辣又刻薄。后来，我怕我的脑筋会变得不正常，就不再假装，但我真的不在乎他了。我本来很担心自己会不会太过讨厌他，但我转念一想，我应该要担心我自己才对！"但是她也像许多女人一样，并没有真的离丈夫而去。她的选择是，留下来，但是把情感的焦点、内心世界的重心转到别处去。我们看到的情况是，没有离婚的那 50% 的女人，到最后大多把婚姻当作"家庭基地"来看待。

这个 50∶50 的比例实在惊人，就好像女人在这个决定未来的转折点上所作的表态。女人自问着：我们是不是应该在婚姻中使用男人的模式，利用婚姻作为较不具感情的家庭基地？除此之外，有没有更好的方法，为婚姻做更理想的安排？

这个情况非常复杂，女人常想到离婚的问题，但是离婚之后，又能走到哪里去？许多女人一直试着和男人建立深情、开放而亲密的关系，但对方却没有任何回应，或者只有零星的回应，使她们非常失望，但离婚后，这个过程可能还是得重演一次。虽然几乎有一半的女人放弃爱情，就此离去，但许多人还是会再度结婚，遍体鳞伤地问为什么会这样？为什么会如此困难？

社会的不公平，已经反映在婚姻的情感约定上了，然而，除此之外，我们似乎找不到其他方法，以求取温暖和爱情。单身男女的约会世界也好不了多少，女人与女人也许会有非常好的情谊，但是大多数女人都不愿向同性的人寻求肉体的亲密感。一般而言，女人会将大部分的注意力转到孩子身上，但这是不够的。

因为眼前似乎无处可去，而且有时候甚至没有机会跟别人建立更好的关系，所以就算在情感上和丈夫非常隔阂，许多女人仍留了下来，尽可能妥协。虽然她得不到情感上的亲密感，但她可以利用夫妻关系得到肉体的温暖、得到伴侣（就算他不跟我讲话，至少会和我一起吃饭），有时候还会有小孩。

面对这种僵局，常让女人觉得自己要求过高，不管她决定要走还是要留（我们到底能对生命或爱情关系有什么样的期望）：

"感觉上，生命好像处处有流沙，有的人就此沉没了，实在令人惋惜。我曾和一个毁灭性很强的男人相处了两年，最后我终于走了，但还是每天都哭，因为我太想他了。我知道我这样做是对的，心里也慢慢地好起来。现在我真的很庆幸离开了他。"

"是不是一切的感情都要这样收尾？我已经忍受他的脾气 10 年了，性生活非常枯燥，过去种种伤痛使我变得尖酸刻薄，待人无情，这就是感情的代价吗？这个世界上，二流爱情不可胜数，难道是因为大多数女人都害怕独自面对生活吗？"

所以，女人在婚姻生活中常会经历两个阶段：一开始，她试着保卫自己的权利，并保持沟通渠道畅通。接着，如果她决定放弃感情上的亲密，但是不想离开家（毕竟，这是心之归属），那么，她可能会像许多女人一样，决心为自己设计一种与丈夫没有牵连的生活——家庭以外的生活。

事实上，大多数女人都在过双重生活。结婚 4 年以上的女人中，有 90% 表示，夫妻关系并非她们情感上满足的主要来源，她们也无从期待丈夫会给她情感上的满足。双重生活对女人而言，不只重要，而且是必需的。我们可以说，对许多女人而言，要和男人同居，并同时爱着他们和自己，唯一的办法就是过双重生活。

在《红舞鞋》这部英国电影中，女主角因为受深爱着她的男人所迫，不得不放弃芭蕾红星的事业，正反映出女人遭受的种种压力。这样的选择实在令人进退两难，无疑使她的人生大受威胁。但事实上（虽然影片中没有表现出这一点，但从本研究中的众多实例来看的确如此），即使女人没有双重生活，而把婚姻摆在自己的人生之前，只要她有作抉择（不为她自己，而为顾全忠实）的压力，她就会对她爱的人，也就是因为她的抉择而获益的人，感到隔阂。为什么一定要作这样的抉择？为什么女人一定要以此证明她的爱？这种理论其实非常矛盾，若是她选择了忠实，可能会感到前所未有的寂寞。因为她既摸不到他的心，也找不到其他的出路。她越想接近她所爱的人，他们好像就变得更遥远。

双重生活中的第二种生活有哪些面貌？工作、事业，和回学校去上课，是许多女人喜欢拥有的第二种身份。这个女人所说的话，代表了许多女人的看法："虽然我结了婚，但是我最大的成就感来自我的工作和我养活自己的能力。我因为工作而得到他人的认同，我的薪水充分显示我拥有相当的身价。我爱我的小孩，也爱我的丈夫，但是每天早上，促使我迫不及待地起床、感到有股冲动的，是我的工作。"

虽然媒体大幅刊登"放弃一切，回归全职主妇生活"的故事，但事实上，潮流与此正好相反：工作的女性人数正在稳定增加，而且根据本研究，大多数女人都喜欢这样。虽然有些比较年轻、从未结婚或新婚不久的女人会觉得在家里照顾宝宝两三年是件令人心动的事，但大多数在事后却发现自己渴望二度就业。而且她们常担心自己的工作技能不如从前。

女人同时兼有家庭和事业的压力，简单地说，是因为时间太少。另外，由于在情感上丈夫要求她付出的太多，而她得到的支持又太少了，因而使她感到非常空虚，也造成很大的压力。

此外，大多数女人不可或缺的第二种生活是她们和女性密友之间的情谊。事实上，大多数已婚女人所得到的情感支持，主要来自她们的女性密友。例如这个女人所说的："我很喜欢跟我的知己聊天，跟她聊天要比跟我丈夫聊天容易多了。要是我真的打开心胸，开始讲我的心事，他就一副受到胁迫的样子，嘴巴闭得紧紧的。而她会听我把话讲完，我看她的反应就知道她感兴趣，而且了解我的意思，她好像总是知道要说什么最合适。"

传统上，女人多将注意力放在孩子身上，但是她们这样做又会被人讥笑"孩子都快透不过气来了"，不这样做又会被人责怪不爱孩子。即使孩子长大了，母子之间也常维持往日的亲密，例如这位女性所说："我那几个孩子都已经是大人了，但我们母子间的感情比我们夫妻之间的感情还要好。"

还有很多女人把接受心理治疗或参加心理咨询当作第二种生活。因为她对咨询员讲的都是她个人的隐私，甚至是秘密，所以她可以表现自己的另一面，在这个环境中，创造出独立于世界之外的另一种生活。如果遇到一个好的专业人士，她甚至可以探讨心中最禁忌的部分。从这个角度来看，也许有那么多女人接受心理治疗（人数超过男性甚多）是件好事。也就是说，医学界也许将心理治疗视为针对有"问题"的女人所做的治疗，但女人多将此视为一种新的哲学，创造新的生活方式——让她们的内心世界浮现出来，变得更明了，让她们看清那些表面真实或不真实的世界中没有意义也不被接受的事情。

最后，还有一部分女人通过外遇来建立第二种生活。我们已经知道，结婚5年以上的女人，70% 有外遇，而外遇的平均时间是 4 年。由此可见，这些女人过着两种截然不同的生活，不只是性方面的恣意狂欢（虽然大多数人也不爱对方）。许多女人觉得她们和情人的性关系似乎更加平等，这也许是因为情人并没有拥有她们，也许是因为对方并未以性别的固定模式来看待她们，例如，他们不会假定这个女人要找老公。

家庭基地型的婚姻是否能解决一切问题

在传统的婚姻之中，女人为丈夫和小孩建立起家庭基地，但是她自己却没有个人的生活——她就是这个家庭基地。比较起来，家庭基地型的婚姻算是一种进步。但是，长期待在家里，与一个情感相隔阂的男人住在一起，即使她另有满足情感需求的方式，她真的快乐吗？下列这个女人的婚姻便是家庭基地型的，但她言下颇为沮丧："我找了一份工作，而且开始喜欢上这份工作，尤其是我还会有自己的时间、自己的钱。但是我和我丈夫之间的生活跟以前没什么两样，过着像是两条平行线般的生活，他过他的日子，我过我的日子。"

大多数女人的理想，是和丈夫建立一个更亲密、平等的感情架构（虽然她们也喜欢继续工作，拥有独立的收入），但却发现自己的伴侣顽强地抗拒这样的架构。因此女人不再努力，反而把自己的感情分做两半（如果她决定留下来），尽量去习惯这样的安排。虽然她们相信结婚的目的应该是为了让两人在情感上更加亲密，但最后她们作了决定，如果这样的亲密感无法强求，至少婚姻可以作为她的生活基地。对某些女人而言，这个办法目前还行得通。然而，这样家庭基地型的婚姻也算是女人出走的方式之一——她们带着希望和梦想，在情感和心理上背弃了婚姻。

痛恨这种感情二分法的女人越来越多。以后会怎么演变呢？

重新定义婚姻

有许多理论认为婚姻剥削了女人，因为婚后女人做的家事比单身时更多，此外，还会丧失多种法律上和财务上的权利，所以，如果她真想获得自由，就应该放弃婚姻。可是大多数女人仍步入结婚礼堂，这类理论便暗示这些人并不先进，正证明女人的本质是很落伍的。这样的论证遗漏了一个重要的因素，那就是无论女人有多先进、独立或者有自己的见解，她仍想要成家，有个归属的地方，在这个层次上，我们的社会唯一可以满足这些需求的机制便是婚姻。

男人也一样，这半个世纪来，男人不断喧嚷他们对承诺完全不感兴趣，并拒绝以婚姻作为他们的生活方式，抱怨他们婚后犹如困兽一般。有位男性作家写道："婚姻似乎非常不切实，婚姻使人切断与外界的许多关联。就算只是交个朋友也不得安宁。再说，大量的精力只能倾注在一个人身上，这种日子能撑多久？"20世纪，首先异化婚姻宣言的男性是詹姆斯·塞伯所画的漫画，他画了一个身材巨大得足以占满整个房间的女人，贬低妻子的形象。再者是"花花公子哲学"，其后以性解放时期单身的男性银幕英雄和摇滚明星偶像为代表。对于男人这种抹黑婚姻的倾向，媒体似乎总是抱着认可的态度，因为男人追求的是他们自己人生的意义；然而媒体却瞧不起抗拒婚姻的女人，认为她们"不自然""恨男人"。

"婚姻已死"这个口号已经喊了20年。现在的人常说他们是因为孩子才结婚的。但是婚姻之所以仍然这么普遍，真正的原因是，今日的社会如此冷酷而对立，每个个体似乎都无关紧要，在这个情况下，唯一能保证女人或男人不会被社会遗弃的，就是婚姻。我们所需要的是一个新家，重新界定家是什么，如何才能找到家，找到快乐和宁静的感觉。

在父权社会开始之前，是否有婚姻的存在

婚姻是自然的机制，还是由人创立的？即使没有现今的社会结构，人们也会自然而然地想要结婚吗？在父权社会开始之前，是否有婚姻的存在？

现在的媒体对于家庭问题的讨论相当广泛，主要环绕在"家庭已死"这个课题上。它的大前提是，除非采取核心家庭，否则无法维持文明的社会，因为"一直都是这样的"，"就连旧石器时代的人类也是如此"。

这是真的吗？在父权社会中，由于社会秩序的缘故，女儿先是父亲的财产，后来又成为丈夫的财产，目的是要生产属于父亲的孩子，继承他的姓氏。但在这之前，是否真有婚姻的存在？也许在早期的家庭中，只有母亲和孩子，而遗产和姓氏由母亲来传承，就像现在某些考古学家所说的一样。

就我们所知，多年以来，婚姻在法律上便是以财产和继承的角度来下定义的。[①]

---

① 许多马克思理论学者尝试以劳力的角度来定义婚姻，用可以换算的价值来衡量女人所做的工作。为了要符合理论性的分析，连做爱都被视为一种生产形式，或者劳力。

在父权社会出现之前，人们会以仪式来庆祝个人的浪漫爱情吗？谁也不知道。但是，人们一直希望能用公开的方式，为生命留下痕迹。我们只能就这些庆典的本质和意义（如果有的话）加以推敲。

同样的，我们也无法想象，未来（后父权社会？）的机制和庆典是何种面貌。但是我们可以说，我们不应该迫使大家将婚姻，即便只是人们创立的婚姻，视为求取真正快乐或参与社会的唯一途径。

对于家的渴望

目前的离婚率居高不下，还有这么多已婚女人感到不快乐，但是，婚姻仍是社会的重要机制。

为什么女人想要重返婚姻？虽然在爱情关系中饱受痛苦，心情起伏不定，但是许多女人仍会回过头来，想要寻找一点东西——到底是什么东西？

从整体社会的角度来看，婚姻到底是什么？婚姻是容纳每一个人所有希望的地方：不要孤独、享有温情以及稳定而有意义的生活。让个人感到她（他）不只是社会的生产单位而已，在对方眼中，自己是个特别、真实而重要的人，对方会体谅她（他），赋予她（他）为人的价值。在我们的社会中，没有其他可以取代婚姻的类似机制，而且无论情况有多坏，我们仍深受婚姻这个根深蒂固的观念所吸引，并试着给它新的意义。我们可以多加探讨独身而拥有朋友圈的生活，在神话研究中，婚姻并没有这么神奇的效用，神也不会考虑结婚，过另一种生活。

如果问"结了婚之后，女人是感到失望，还是感到梦想失落了？"女人可能会幽幽地答道："现在我的梦想大概在别的地方吧。"人们仍想要结婚，对婚姻有份期待和希望——能得到完美、热烈、亲密而且长远的爱情，快乐地建立一个家。但以后女人还会不会用这个方式来看待爱情，尚不得而知。

家的时代是不是过去了

如果女人开始对男人产生疏离感，开始不把婚姻当作主要情感支持的来源，也不再限定自己非结婚不可，对社会而言，会产生什么样的意义？如果女人离开婚姻，无论是感情出走，或实际上离了婚，是不是就表示家和家庭的时代已经过去了？家成为过去，到底是好还是坏？家，到底是什么？

"家庭是社会的基础，如果没有家庭，我们的社会就会分崩离析。"

家的解体是不是会酿成灾难，或者反倒是重新组合，重新思考，依据更好的蓝图，重新创立基本的社会机制——改变社会基本架构及整体价值观——的最佳时机？如果父权式的家庭消失了，男人会不会因此而对世界感到更为乐观？

一般认为，核心家庭是整个体制的枢纽，如果核心家庭消失，我们所知的社会便会崩溃。从许多方面来讲，这个说法是对的，这的确会造成重大改变。但是这个改变结果真的不好吗？事实上，我们是在退回母子家庭的时代吗？由于统计数字显示，单身女性家长不断增加，这样的推论也不无道理。

所以，大多数男性恐惧一旦核心家庭消失了，整个体系会倾倒。社会上仅余市场经济，成千上万的个体为求晋升而争得头破血流。许多男人怀疑，未来会不会无处寻求慰藉？连想要有个互信的园地也不可得？

这引出令人感兴趣的重点：这个社会是不是在依赖着婚姻（即女人）来应对"外面"严酷的世界和竞争激烈的男性价值观，好让男人能够忍受这个世界的冲击？也就是说，这个系统——这个严酷"理性"的系统一直在压榨女人的精神能源。（或者，就像有人说的："找女人的麻烦！"）反过来，这也可以解释男人为什么会害怕女人不再善尽家中的角色，会使这世界变成什么样子。像远古时代一团混乱，每个人都感到生命没什么价值。当然，如果主导社会的价值系统能做一番改变，采用女人的价值观，那么人们不但可以在自己的巢穴中寻求慰藉，外面的世界也会减少暴戾之气。

但是，在这个男性意识形态系统（今日也许尤其严重，因为市场上的风潮是赢家通吃）之下，人人无以为家，因为没有人看重他们，没有人在意他们。在这样的父权式社会之中，只有"顶尖"的人才真的算数，那么上述现象会不会使原已存在的社会暴力问题急剧升高？至少这会是我们心头挥之不去的恐惧。

其实，我们也可以说，家是早自工业化之前一直存续至今的价值观，只不过这种价值观和整个社会没有交流，所以发生了工业革命，大部分的工作都在工厂（而非家中）完成之后，家的概念就落伍了。家成为封在时空胶囊中的概念，等待被人重新发现。

然而，现今社会的主要活动不是在家中完成的，女人的活动范围也离家越来越远，而市场体系对家庭事务的评价也越来越低——家庭生活和工作都被社会主要的意识形态侵入。女人受到重重的压力，要她们采取主导工作场所、主导社会的价值观——也就是男性的意识形态。

所以，现在是重新探讨这种男性价值观，以及女性价值观的最佳时机，从两者对团队合作的压力大小来比较何者可能有助于解决我们的文化问题。我们所需要的，也许是个新的视野，更有效的架构，以便重新定义我们和工作之间，我们彼此之间，以及我们和支持我们的地球之间的关系。

在最近的《美国心理学家》杂志中，伯尔赫斯·弗雷德里克·斯金纳曾问："今日西方世界的日常生活中，到底出了什么差错？"他的答案并不周全，但是这个问题直指核心，因为今天的问题，不是出于我们的制造单位、财经措施、国际关系或自然环境，而是出于我们每日的生活、人与人之间的关系中。大众传媒也将忧心的焦点指向家，也就是，离婚率为什么这么高，为什么夫妻之间处得不好，为什么家中频传暴力或乱伦事件，等等。事实上，这整个价值系统必须加以彻底评估，以便找出是什么因素使得人们——尤其是男人的行为如此狂暴和无序，这指的也许是个乖戾的工人、愤怒的丈夫或是激进的司机。这也就是大部分女人所谈论的焦点，以及她们对自己、对别人、对这个世界所问的主要问题。

家庭将会失去中心人物——母亲

长久以来，女人一直是家的中心人物。虽然女人并非一直都很快乐，但婚姻这个机制既然存续下来，似乎——至少就目前而言——正足以代表世界的永恒以及事物的常轨。奇怪的是，权力较小的性别，也就是女人，竟成为稳定的基础——女人所在之处，就是男人回家的地方——在旅程的终点，男人总是要受到女人的爱慕和赞许。

虽然女人一直都是受到强制力量（例如，她们在经济和法律上隶属于对方，而且舆论也会施压）才主持家计，但是女人就此离开家庭（无论是离婚，或是感情出走），难免使家庭结构松脱滑动，甚至有人觉得社会结构会受影响，实在令人吃惊。在西方的男性意识形态之中，女人是最恒久的现实，与母亲退居幕后，无私地全力奉献的角色相吻合——说是象征也不为过。在意识形态上，这个象征的权力很大，然而女性个人的权力却十分有限。

在20世纪70年代，有些右派的理论学者曾发出警告，女人如果离开了家，离开了她们"应该在的地方"，不但会丧失已有的权力，而且仍然无法在外面的世界中，取得平等的地位。其他的女性理论学者则担心，生殖的技术一旦进展到男人不需女人，也可以在试管中营造出孩子的时候，女人的权利可能会变得更小，成为多余的。这两种分析，都可以看到女人在社会中的地位，主要靠生殖能力和才干。将来我们会笨得不去依赖我们的法宝吗，或二者无论如何，都会渐渐湮灭？是不是因为我们的选择极为有限，所以我们决心不再过这样的生活？我们是不是看到整个社会的前景岌岌可危，而且我们的未来毫无保障，因为这个社会以这种意识形态来运作？而这是不是使我们更想贡献心力，觉得自己必须加入解决问题的行列？

这又是女人面临的另一个问题：我们是否应继续将我们的权利扎根于我们重新创造生命的能力之中（男人已经能够在试管中重新创造生命——当然需要我们的卵子，那么他们是不是变得和女人平等，因为他们也能复制生命）？或者我们应该把目标转向广大的社会，坚持我们对这个系统享有一半的主权，无论对于生殖方式——命名、哲学、艺术和文化，一切的一切，我们都应享有一半的权利？

渴望爱情

家是什么？家在哪里？有多少人曾在生命中的某一刻，站在客厅中，满腔怒火，高喊道："我要回家！"还有多少个住在公寓里，而不是平房里的人，会觉得："这不是真正的家，这是个公寓！"家的实体不是应该恒久不变吗？但是，对于身处20世纪末的我们而言，恒久不变的家绝无仅有：我们常常搬家，也常常离婚。

我们不但这样做，连统计数字也告诉我们，一生不变的核心——家庭，再也不是基准了，不过我们内心深处似乎总想要有个家。如果我们没有撑下去，没有撑住这个特别的家园，我们就算是失败了、错了。然而，我们眼见许多身处于家中的女人感受不到滋润，也没有人在意，甚至与丈夫两不相涉。这种情形使许多人感到无比的寂寞和愤怒。而从《海蒂性学报告》中，也可看到男人对此也常感愤怒。①

家是一种心理状态，是人心之中油然而生的一种感觉。感情的成长，互信与互赖的累积，都需要时间——直到有一天，它才会成为一个真正的家。我们可以说，这就是女人在抱怨男人不肯跟她们亲近的时候，心里所渴望的目标，因为在那个时候，她没有家的感觉。

我们是不是能重新设计家和家庭的理念，超越近来有些人所说的"家庭是两个

---

① 世界从工业化转变到后工业化，男人常得学习新的工作技巧并适应时局的变化，男人总希望能回家要求女人的慰藉。然而，男人仍感到怅然。

生产单位进食和满足性需求的地方"这种讲法？是的，异性恋的爱情关系可以变得更好，但我们没有理由排斥所有其他的家庭，认为除此之外不能称之为家。其实每个人都知道，此刻她和他的心在何处，那个地方就是家。只要我们找到了家的所在，决心建立一个家，就是一件好事。我们不一定要和"正确的那一群人"相吻合，也不一定就是住在那种房子里面。

为了要重塑一个家，男人只是帮忙洗碗是不够的，男人必须重塑自己，洗涤自己的心灵，相信女人，不再热心于控制一切。由于女人已经待在家里很久了，她们也许不愿意这么快再度对家倾注这么大的心力。要女人相信男人，可能得等上一阵子。

在重新评估整体社会目标的同时，我们必须重新认清我们对于所谓的家的基本结构的新观念。今天我们社会的哲学是什么？整体社会的目标是什么？经济成长？稳定的家庭？保证个人有追求快乐的权利？拯救地球，并改变我们和大自然的关系？

很明显，女人会在内心产生这么大的疑问，跟文化的剧烈转变有关，因为女人身处于这场转变的漩涡中心。然而她们心中有另一种看法，她们想要另一种可行的替代方法来解决目前的问题。我们的社会需要注入新的理想和梦想——重新规划目标。女人通过自己的生命做一番思考，了解这些理想、梦想和目标以及她们所爱的男人的同时，也就是在审视这个世界，并预想未来世界的形态。女人正在进行一场革命，而且要连文化一起改变。

20

女人爱女人的8个故事

另一种形式的爱恋

love

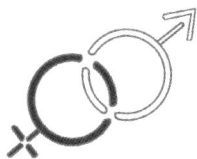

听听另一个频道的声音

"跟安玛莉讲话可以讲得很透彻而且深得我心，好比说：'哎，我们真的要去参加宴会吗？我真的觉得有点不大妥当。你觉得呢？'然后我们会讨论，考虑一下该怎么办。吵架的时候，我们其中的一个人会说：'你在占我的便宜。'另一个就说：'你为什么会这样讲？把你的感觉告诉我，把你的看法一字不漏地讲给我听。'然后她会听我讲 5 分钟或 10 分钟，即使她不同意我所讲的，也一样会听我讲完。我和她之间的关系就是这样子。

"在女人和女人交往的时候，谁也不会把对方视为理所当然，但男人却往往会这样。和女人在一起的时候，我们一定会讨论，而且会常常讨论两人关系的发展，至少我以前和别的女人相处的时候是这个样子的。而且我也用这种态度面对我和安玛莉的关系。说真的，我很怕她承受不了这么多感情波折，我们的关系太强烈也太费心了……

"两个女人聚在一起，无论大小事情都会提出来反省，总是在探讨现况，不停地问问题，可能真的问得太多了。但是，这个感觉真的很好。"

女人和女人之间的爱有什么不一样吗？更公平？女人跟女性情人在一起，是不是比跟男性情人在一起更好相处？也许我们这样问，其实是问错了方向，我们所谈的，是另一种文化，所以我们应该问不同的问题。

有位女人评论道："我认为要谈这种全女人的文化，好比打开了世界的另一扇窗——大多数女人对这些概念和情况都一无所知。"

在本研究中，有 7% 的女人只和女人发展爱情关系。另有 70% 的女人偶尔会和女人发展关系。最令人惊讶的是，年过 40，首度和女人发展爱情关系的女人，数目相当多，而且这些人先前大多是异性恋者。年过 40 的女人，有 16% 只和女人发展关系。40 岁以上和女性情人同居的女人之中，有 61% 曾结过婚。在完全同性恋的人口之中，有 31% 拥有亲密关系，52% 与人同居，17% 是单身。

💚 第 1 个故事：最难忘记初恋情人

说真的，我对别的女人的爱，可能比不上对初恋情人的爱那么深。我对她的爱非常纯真、专注、毫无保留。她很聪明、敏感，总是非常温柔。她鼓励我去尝试新的事物，甜蜜地挑逗我，教我如何支持别人，而且她总是讲别人的好话。她很吸引人，有头长长的褐发和淡褐色的眼睛。她可谓多才多艺，而且非常文静。她常会给我小小的惊喜，为我付出很多。

她打过我两次。一次是在我们"亲热"的时候，她喝醉了。另一次是在我们吵架的时候，她掐住了我的脖子，要我闭嘴。我难得发这么大的脾气，满腔怒火燃烧到身体每个角落，我警告她以后不要再犯。她没有再犯了。我可以原谅她，但我永远不会原谅这件事情。

她是我第一个情人。现在我小心多了，永远不会再把自己交到别人手上去。我现在的爱情，比最初和她在一起时健康多了。

在我们分手之后，我常常哭着入眠。我的情人有了别的情人，一想到这件事我的头就要炸开，所以我整天都缩在公寓里，怕出了门会撞见她们在一起的场景。最后我移居他处，把自己舒展开来。刚开始的时候，心境又凄凉又孤单，我思念的不只是我跟她的爱，还有我跟她的友情，以及许多朋友，直到安定下来，才觉得好些。

到了后来，我宁可想成是我决定跟她分手的，但当时的我似乎别无选择。我的情人在我外出的时候跟别人凑成了一对，事先连个预兆都没有。当时我们相爱 6 年，曾是同性恋圈子里的模范情侣。

在第三四年的时候，她母亲的病已经进入末期，我们一起照顾她。她们母女需要的钱，大半是我出的。她的母亲身体很虚弱，脑筋也不太清楚，经常唆使我的情人在我和她之间选择一个。在这方面，我的情人并未明确表态，于是把我们之间的关系给毁了。

到最后，她的母亲变得更难相处，我到外面另外找了地方住下来。过了几个月之后，我坚持要她下定决心，到底要不要搬过来和我住在一起。她是搬过来了，但是她一直责怪自己没能和母亲同住，照顾她的生活起居。后来她的母亲搬到疗养院去，我们还是每天去照顾她，不过她已经不理我了。虽然她在我们分手一年半之后才过世，但是我们之间的嫌隙已经大得无法弥补了。

她竟会跟一个先前一直是异性恋的女人凑成一对，实在不像是她的作风。我们之间，倒也不是密不可分，我们有各自的交友圈，也有共同的社交场合，但我们一直都是专一的，晚上一定会回家过夜。她开始不回家，我好像悬在半空中一样，两个月之后，我再也受不了，就叫她搬出去。

她搬出去之后，我们之间的关系更糟了。她继续跟那个人来往，不肯在新情人和我之间抉择，希望同时拥有两个情人。最后是我再也受不了，决心不再和她见面。我不再出去应酬，不和朋友见面，常常一哭就停不下来，颓废极了。我敢说我要是撞见她们两个，我的心一定马上掉到地上，摔成两半。

我们的性生活早就衰退到一年差不多三四次，我的情人对于任何可能酿成冲突的话题，一概不愿谈论，性的问题也包括在内。所以那几年她从来不跟我谈为什么我们会缺乏性生活，并劝我说，这种事情太隐私了，我最好别跟外人谈这些。因为这是我第一次发生性关系，所以我单纯地以为这不过是我们的性生活衰退了，如此而已。当时我并不知道这可能跟其他事情有关，直到我发现她把兴趣转移到别的女人身上，心里着实吓了一大跳。

我们之间的爱很深，而且因为我出身于天主教的家庭，我想这大概是我这辈子唯一的爱了。我本来打算要继续和她过日子的，但是这一切过去之后，我的自尊心也几乎荡然无存。

我开始不跟她见面、不跟她讲话的时候，并没有准备跟她分手。我幻想她会恳求我原谅她，说这一切都会过去。但事实上，她却梦想着别的情人，我成了不折不扣的受害者。

最后，一个好朋友终于出面，她说，为了我着想，我最好离开对方一阵子。这两句话对我的帮助太大了。我搬到了千里之外，找了个陌生的城市住下来，让自己抚平情绪，重新出发。我工作一直都很顺利，这时我做得更卖力。我本来希望自己留在家乡，至少在那里我还有朋友，但是后来我觉得无地自容，我以为大家都知道我跟她搞砸了，一定是我哪里不对。她带着新情人去找我最要好的朋友，我真是恨死她了。当时我真的很不愿意和她们见面，因为我怕被人拿来跟她那个新情人比较。我如果想恢复理智、正常的生活，最好的办法就是远离家乡。两年之后，我才完全摆脱她的阴影。这期间我过得垂头丧气，甘愿用寂寞来折磨自己，承担一切的过错。

从那之后，我们一直维持着朋友关系。我们之间就这样结束了，她后来也觉得很难过，而且向我道了歉。但是我们住的地方相隔遥远，难得见面，只是保持联络而已。我偶尔会想念她，但是随着时间推移，这种思念之情越来越淡。现在我们已经互不相干了。

我的父母并不知道我到底发生了什么事，当时他们为了处理我弟弟离婚的事情忙得不可开交。我弟弟竟然那么容易就能得到父母的支持，而我却什么都没有，因为他们对这些事情一无所知，我心里好恨。我的同事也不知道我的生活方式，许多人说我一定是受了什么重大挫折，因为我再也不笑了。

与情人分手、搬家之后，我认为自己已经失去了与人相爱的机会，再也没有爱的权利了！

第2个故事：爱慕与友谊交织

我是一个37岁的单身女郎，信奉女性主义，由于偶然的际遇，成为女同性恋，我和现任情人之间，彼此是有承诺的。我是个专业人士，我热爱我的工作，也喜欢朋友。

我跟现在的情人在一起很快乐。我们在一起两年了，对于"恋爱的感觉"，我宁可说我们是互相爱慕，这样理性多了，而且有成长的空间。我们的关系最重要的是，可以在每天的生活中感受到彼此的爱，性是爱的表现方式之一。她很进取、聪明、幽默、冷静，且有颗开放的心。我非常尊敬她，虽然我对她的爱不像"恋爱"般浓烈，但是我跟她在一起时热情无比。我有心要让这段关系成为最美好、最深刻、最持久的友谊。

她认为她对我的爱，比我对她的爱还要多，但我认为这是平等的。如果硬要挑毛病，那就是我们两个都不大会管家，我觉得她很爱我，但是她既不感性，也不热情洋溢。前阵子我们和几个好友聚会，会后我们俩共处的感觉，是近来最快乐的时光。

我们开始同居后不久，她前任情人的父母来此游玩，我们吵得很凶。她跟前任情人的家人极熟。他们邀请我们去玩，我一听说她正在考虑，就气得从椅子上跳起来，我才不想和他们一家人共度大好假期呢。我承认我是反应过度了，但是我对这很敏感，后来我们还是没去。

我们是这样分担家务的：以前我们每星期腾出一晚来打扫家里，但是因为她在家的时间比较多，所以最近开始，都由她来做。衣服由我来烫，花园由她来整理。我大多在前一天晚上就先准备好晚餐的材料，隔天下班之前，她便把晚餐做好了。

买日用品的钱我们一起出，另外我付她房租，我们各付各的电话费。我们没有把钱合起来用，她比我有钱多了。

如果房子有什么问题的话，她会负起财务责任，如果我们想添置家具，就对半分账。她帮我做不同的投资，好让我在经济上更为独立。我们互为对方在紧急医疗状况时的代理人，如果她出了什么事情，房子就归我，我们正打算要合买一辆车。

结婚也许是很老式的，但我喜欢老式的事物。我是那种在专一的关系里活得最好的人。以前我从未发生过婚外情，以后也不会发生，我的伴侣也不会去找别的女人。我相信从我们认真地在一起之后，她就只有我一个人。我在单身的时候曾有过许多性经验，我记得很清楚，有一个月我几乎每天晚上都有人陪——我有 3 个伴侣。最后我改掉了，因为我觉得并不值得。

我和初恋情人在一起时，第一次达到高潮，她则抱怨我太早停下来，没让她达到高潮。于是我又继续下去，结果真的高潮了！我把圣诞树的灯泡找出来（那时是 7 月），挂在床边庆祝。

现在我一次做爱时会达到好几次高潮，而且不会像以前那么害羞了。有时候我们会使用假阳具，我们一边用，一边彼此抚摸，便可以同时达到高潮。我也很喜欢肛门的刺激，我会兴奋得难以控制。但是对她来说，这是个禁忌——她还不知道我有这种经验！我以后得告诉她，也许还会劝她试试看。

通常做爱之后，我觉得跟她最亲近，因为做爱表达了我对她一切美好的感觉。做爱的时候，我觉得彼此是一体的。

我出身于信奉天主教的爱尔兰裔工薪阶级的家庭。我的父母已经结婚 42 年了。我妈妈对我最失望的就是我从未结过婚，也没有小孩。她不知道我的生活方式，要是我讲出来，她定会瞠目结舌。以前我是个虔诚的教徒，如今我虽然还上教堂，认为自己是天主教徒，但是我有自己一套非常坚强的信仰架构。

我绝对是个女性主义者。我所做的事情，大多受到女性主义的影响，我的同事也有类似的心态，她们了解女人需要发挥全部的力量。在我这一生，最重要的就是跟女人的关系。

第 3 个故事：从闺蜜到情人

我现在又跟第一个情人复合了，我们分手两年，之前我们曾经在一起 11 年，再加上 3 年的知己关系。我们尚未成为情人之前，是高中时代最要好的朋友。我在 15 岁的时候，爱她极深，我们时常聚在一起，一起写科幻小说，活在属于我们俩的梦想世界中。每天晚上我们都写一段话给对方，并且用电话聊天，周末的时候，我们就一起去旅行。18 岁的时候，我们成为情人，那时我上大一，她高三。

我们分手 3 次，每次的感觉都很可怕。我变得没有胃口，经期迟了，觉得没有一件事是真实的，想她的时候，总会哭泣。

现在我们又复合了，内心充满矛盾，我觉得自己并不爱她，但我知道她一直都是爱我的。以前我爱她的时候，非常需要她给我肯定，表现出对我忠实、身为伴侣的样子，了解并接受我的一切。后来我有过其他的性关系，才知道到这其实是很不切实际而且会有不良影响的，所以我现在不会要求这么多了。我不想再像从前那样，完全把生活的重心放在她身上，但是我们之间还是有很多感情和真正的关怀。我想，恋爱的感觉大概就像一扇窗，敞开一阵子，然后又关起来。

好几年前，我曾为了对方有别的爱人而嫉妒不已，现在我再也不相信专一了，但我会小心地不让对方受到伤害。因为我不再专一了，所以性经验也多了。我喜欢跟许多不一样的女人做爱，各式各样的方式让我着迷极了。现在我的情人也说我的做爱技巧好多了，而她的反应也比跟我睡过觉的女人来得强烈。我很喜欢探索女体的每一个部分，尤其是她们的胸部、阴蒂和肛门。

我的第一个情人很喜欢假装被人抓住的性幻想。我们初次的亲近，就是因为她告诉我怎么跟另一个女人假装挨打的场面。她对我这么坦白，使我觉得受宠若惊。我们成为情人之后，偶尔会假装某些场面，但是我不肯打她。不过时间一久，我了解到强迫她用我的方式做爱，和她强迫我用我不喜欢的方式做爱，其实是一样的。

所以我试着将她绑起来，用绳子鞭打她，之后再做爱。结果她所有的压抑都不见了，像是变了一个人似的，脸上绽放出了一股纯美的光彩——我不知道怎么形容。于是我们就继续用施虐和受虐的方式做爱。后来我成了妇女运动的活跃分子，心中矛盾万分，终于离开了她，因为我知道自己正过着双重生活。

施虐和受虐早就成了妇女运动的课题之一，如果有人问起我，我会把我的感觉原原本本地讲出来，我也渐渐理解了我的情人为什么会有那样的感觉。我认为在以施虐和受虐的方式做爱之后，她真的会觉得比较安全，因为她可以借此表达出自己对性爱的恐惧，无须强迫自己隐瞒起来。一般的性爱方式和寻常的社交场合没什么两样，你得和蔼有礼，行事中规中矩，你一定不能生气，也不能让人知道你心里害怕。从某种角度来看，像我们这样的做爱方式，有点像是心理治疗，她得先承认恐惧，才能战胜恐惧。

我那些同为女性主义者的朋友们，大多不愿听这种观点，当我发现她们并不接纳我的观点，我亲身的经验对她们一点影响也没有的时候，感到万分沮丧，加上当时我得了单核白血球增多症，曾一度想到自杀。

两年以后，我们又复合了。我不太愿意发生这种情形，大概是因为我心中还留着对女性主义者的认同感。但是她真的还爱着我，我怎么能错失呢？所以，我就下了决心，既然我在本地的女性团体中已是个恶名昭彰的施虐和受虐狂，不如多花点心思去扮演这个角色吧！

我认为，粗暴的性爱和被强暴的幻想是两回事。我在十几岁时幻想过很多种强暴的场面，我认为男人会强暴他最着迷、最想得手的女人，现在我还一天到晚幻想新的情节。我的幻想生活包罗万象。以前我还不会自慰的时候，大多编些"不好的故事"来让自己兴奋。最近我试着在听完另一个女人念一篇色情故事之后再自慰，那种感觉比平常强烈多了。

平常我穿的衣服，都很符合女同性恋和女性主义者的标准，但是我很喜欢西装，如果我能随便选衣服穿的话，我会穿很华丽的女装，除非我知道对方会不自在。我们四周的世界，除了女性主义的世界之外，总是不断地迫使我们"多注意一下自己的样子"，至于我这么喜欢漂亮的衣服，是不是受这种环境的影响，我倒说不上来。

以前我很钦慕女人的敏感和耐性，尤其是女人总会诚心地听人讲话。我觉得男人缺乏关心他人的能力，只想利用别人而已。我变成女性主义者之后，才了解到原来女人和男人一样不敏感，女人也许对别人知道得比较多一点，但是她们运用知识的方式不见得比男人高明。成为女性主义者，使我对女人感到失望，但是却看得更真切。

现在妇女运动走到一个十分危难的阶段。20 世纪 70 年代早期它给了女人相当大的支持，我真怀念那个时期。这几年，妇女运动本身的改变太大了。现在的妇女运动与日常生活一点都不相干，所以你再也没办法告诉男人，他们可以先从洗碗盘开始做起，一点一点地进步。我认识的男人中，就有几个人因而改变很多（例如和对方共用薪水）。

回答这份问卷，让我了解到妇女运动对我的影响有多大。早在我遇到女性主义者之前，便十分相信这类理念，但是对这类理念的执着，却使我和别人格格不入。我会这么相信女性主义，是因为它强调的是人应该互相聆听，互相尊重。真正的女性主义者，不是那些领导人士，而是形形色色的一般女人，但女性主义却从她们身上慢慢转移到作家、评论家、机关团体的主持人身上。除非这个现象有所改变，否则我不会再认同了。

✍ 第 4 个故事：被乳房切除手术改变的生活

我是名同性恋，今年 53 岁，我这辈子都是同性恋。我有很多朋友，和旧情人之间也大多保持着朋友关系。

我一直都很喜欢和女人相爱，她们跟我是平等的，也把我当作平等的人来对待。我认为女人最美好不过，我只爱女人，一直都只爱女人。我和一个女人相爱了 10 年，和另一个相爱了 7 年。但别的关系也都维持三四年，我一直都有伴侣。

我深深地爱过两个人，第一个是我的初恋情人，她是第一个和我睡觉的女人（她也是我的老板），她比我大了 20 岁，是她把我带出了家门，帮我解除了婚约——我本来以为逃不过结婚这条路。她的眼睛炯炯有神，看起来既强健又多情。

说也奇怪，在此之后，我的情人也都是长期的，但是我再也没有那么强烈的感觉了。直到两年前我遇见了她，才又重燃心中的爱火。她长得非常美丽，而且很有钱。我们在性爱方面的相似点太多了，我们的肉体关系可谓登峰造极。我一看到她就融化了，躺在她的怀中，忘了自己是谁，身在何方，仿佛飘浮在另一个世界之中。可惜只有 3 个月恋情便结束了。

我身边一直不乏情人，我受不了单身生活。当我有固定伴侣的时候，不会在外拈花惹草。但现在我对这一切都烦透了，有情人就难免要妥协，解决问题，报告行踪，烦透了。不管你们相爱多深，毕竟各有不同的个性，不可能每件事都配合得好好的，所以你们会起冲突，会吵架，我不想要情人了。

今年我的转变蛮大的，因为我动了乳房切除手术，我想，这是我对性生活不感兴趣的另一个原因。我从来没想到我会得癌症，但不是这样，我也不会知道同性恋圈子对我的支持有多大。

我在动手术之前最后一个情人是南茜，说来实在讽刺——虽然我在得知胸部有肿瘤之前跟南茜已经转变成普通朋友的关系了——南茜在 20 年前就动手术切除了乳房。她一听到这个消息非常关心，手术的前一天晚上我照常跟朋友聚餐，她也在场，而且整个晚上我们还在为了她要不要陪我上医院而争吵。她坚持要来，但我坚持她不要来。我不想亏欠她人情。

但第二天早上，她还是出其不意地来我这儿，陪我上医院。还好她来了，事实证明我的确需要她，我在中午的时候进手术房。我只有局部麻醉，当天就可以出院。

切除肿瘤时，他们马上发现它是恶性的。我的神智很清楚，每次铃声响我都知道（他们一边在做癌细胞测试，如果测试结果是阳性的就按铃叫人赶快过去看结果）。我问医生说："怎么样？"他说："是阳性的，但是不用担心，我们发现得早。"

过后我穿上衣服，走到大厅里，南茜在那里等我。这时医生又出来和我们讲话，我虽有点害怕，但大致上感觉蛮好的。但是他开口说："我建议我们定个时间，尽早做乳房切除手术。"我说："这话是什么意思！你是说我还得切除乳房吗？"说完我突然觉得一阵燥热，然后就昏倒了。

当时我心情很沉重，南茜陪我回家，又搬进来陪我住了一个星期。白天她去上班，但是每天晚上都会回来陪伴我。我希望立刻动手术，但是除非这是唯一可行的办法，否则保险公司不会付钱。所以我又等了两个星期，这段等待实在难挨。

这段时间，我充满恐惧，除了南茜上班的时间，我不肯让她离开我的视线之外，她和我同床睡，但从没有要求做爱。有人陪着，让我安心多了。而且她做的菜口味棒极了，这是她照顾我的方式之一。

那时候还在圣诞假期之中，同事都认为我会按时回来上班，没有人知道我动手术的事情。我忍到最后一刻才说出我不来上班的原因。恢复上班的前一天早上，我打电话给平日搭我便车上班的朋友和老板，后来我才知道在公司里引起了不小的骚动，大家都很难过，有的人还哭了。另一个朋友开车送我上医院，她也动过乳房切除手术。同性恋的女人对这件事不大忌讳，换作异性恋的女人，也许就会避而不谈。

我记得手术之后我被人用轮椅推回病房的时候，心里觉得好可怕。我反胃，想吐，但是我24小时没进食了，所以吐不出东西来，反胃得很厉害，头又晕，很不舒服。

我被推回病房时，已经有3个女人在房里等我了，这3个人像是3个好巫婆似的，突然出现在我面前，一个是安妮，一个是搭我便车上班的女人，还有另一个朋友。她们都到了，她们不知道我已经请了特别护士，还打算照顾我直到痊愈为止。这不是很奇妙吗？3个女人竟然都来了。我的意思是，她们3个并非全都是同性恋，其中只有一个是同性恋，她们都是很体贴的人，彼此不认识，她们是在病房里碰面的。谁也不知道另外那两个要来，每个人来的时候心里都打定了主意要单独照顾我。

朋友们对我尽心的照顾，使我几乎得不到半刻的休息。我是说，我躺下去，又得马上爬起来，把家里弄一弄，振奋一下精神，以便迎接下一拨客人，下一拨人潮。但至少我不会感到寂寞，我觉得大家对我很关心。

我认识的所有女性朋友都打了电话来，有的人送我去医院，有的人送食物过来，有的人帮我照顾宠物，有的人帮我移车位，等等。真是太令人惊讶了，我根本没想到会得到这么大的支持。

有朋友说，我得到的支持似乎比大多数异性恋的女人还要多，异性恋的女人所能依靠的，大概只有丈夫，但是有的丈夫实在不会照顾别人，也没有照顾人的心理准备，但是我的朋友把我照顾得很好。同性恋的圈子不像异性恋那么松散，我们之间是比较密切的，我认为同性恋的圈子比较像是个大家庭。

还有，比起其他的病症来，女人比较不认同乳房切除手术——大家都知道这会伤害个人的自我形象。当时我的确很庆幸我不是异性恋者，心情也愉快多了。

现在，性爱猛然已从我的生活中消失，我曾经和朋友外出游玩，但是我不想跟任何人建立任何关系。我谁都不想要，我对于性生活不感兴趣，我觉得我可能失去了吸引力。

我站在镜子前面，看着自己，努力设想别人看到这样会有多惊讶。客观地来讲，我知道自己看起来还是很好，尽管南茜做过乳房切除手术，我对她的胸部一点反感也没有，所以别的同性恋也会像我一样聪明，有悟性，是不是？

有个女人很俏皮，我真的很喜欢她，她说："只要一只乳房就够我玩的了。"她看出了我心底的不安。但其实我不担心这个——这很难解释，另外一个旧情人也一直在试探我。

这倒不是说我不喜欢女人了。一般而言，女人比较会关心别人，也比较和气。此外，女人和女人之间是平等的，是同一类人。我喜欢长得像我一样的人，我喜欢女人的模样、气息和触感。她们比男人好多了，连声音都比较好听，事情也做得比男人好。

从动过乳房切除手术之后，我就没有性欲了，以前我会因为没有情人而烦恼，但现在不会。我不需要时时寻找性伴侣，感觉上好像被解放了一样。我和朋友在一起比较自在，将来会发生什么事，谁也不晓得。有的人还想试探我愿不愿意，我明白地告诉她们，我不想要，她们是钓不上我的。我没有说出原因，我不需要帮自己找理由。

我是很爱热闹的人，如果要去参加派对，我就自己去，我喜欢这样。许多单身的女人好像非得有人陪伴她们，才会有安全感，我可不要玩这个游戏。

我想我大概变了，变得跟以前不大一样。有人叫我去接受心理治疗，但我认为没这个必要，因为我本来就不想转变。我在8年前做过心理治疗，对我的帮助很大，但是这一次不一样。人是为了要改变自己，才会去做心理治疗的。她们希望我变回原来的样子，觉得我现在有点怪怪的，因为我没有情人。我一点性欲都没有，她们觉得这是不对的，甚至是不正常的。她们把价值判断强加在我头上，觉得我应该矫正。

现在我已经很习惯了一个人的生活，虽然我是很爱热闹的人。我很喜欢一个人住，一个人睡。我以前根本不习惯，其实，基本上我这辈子一直都有同床的伴侣。现在我对性失去了兴趣，却发现单独的生活更自在，我可以在半夜3点钟爬起来，弄出各种声音，做各种事情，全属个人隐私。换成是以前，你总得考虑床头的伴侣，蹑手蹑脚地走动，不能发出噪音。如今我能够在任何时间，做任何一件自己想做的事，真好。

我喜欢这样，我不必告诉人家说我在哪里，不必报告行踪，多爽快呀！我已经报告了30年，终于可以休息了。但在另一方面，我也会怀念相互吸引的那股战栗和兴奋的感觉。

但是与人相爱，也有不少缺点，我受够了。我爱女人，但我对两人结合的概念不以为然。人为什么一定要双双对对？世上没有完美的情人，但女人总是忍受一切，结果连不好的关系也照单全收，现在我不想再忍受下去了。

我有过一个维持了10年的情人。我跟她都很成熟，可以吵架，但情分仍在。离开她的真正原因是，在发生突发事件时，她一点都不可靠。我就想，要是有了麻烦，还得不到情人的支持，维持这样的关系有何用？但是她根本不管我。

我本来是愿意继续吵下去的，虽然偶尔会感到很糟糕，但当我真正领悟到这一点之后，我觉得还是离开她比较好。

我的社交圈子很广，朋友多得不得了，所以说真的，我并不寂寞，反倒友情泛滥。我认为女同性恋，特别是一些本身就很热衷政治或喜欢社交的人，都很喜欢结交朋友。此外，年纪越大，你和朋友之间稳固的友谊也就越久，如果你不常搬家，你很容易获得友谊……不只是朋友，简直是个大家庭。

我们彼此之间都很关心，逢年过节，我会想到她们，尤其是单身女人。我们就像任何其他家庭一样稳固。但是一般人都会投向传统式的家庭，她们认为那样比较安全，我倒觉得不一定。

我那些同性恋朋友不会问我："你老了以后怎么办？"她们看得很透彻。她们知道，就算你有情人或结了婚，也不见得就能保证你老了之后有所依靠。而且，到头来，每个人都得孤独地离开人世。就算别人有心，又能帮得上什么忙？

最重要的是，在动过乳房切除手术之后，我才了解到我是多么喜欢活着的感觉。我喜欢我做的一切事情，我喜欢社交，喜欢看电影，喜欢独处，喜欢看我自己的录像带，喜欢参加宴会，喜欢跳舞，喜欢遛狗，喜欢海滩。我觉得一切都很有趣，我就是喜欢这一切的感觉。

我已经学会把我不喜欢的东西一一摆脱掉。但有时候还是觉得负担太重，我还在尽一切力量摆脱那些我所厌恶的事情，只做我想做的事。我花的钱也比以前多了，我不担心存的钱是多是少。我变得有点像雅皮那样，用钱毫不考虑，如果我看到我想要的东西，而且也买得起，就会把它买下来，不管它的价格是多少。好比说我那张床，值两千美元。我刚才提过没有？

✒ 第5个故事：只要彼此相爱就好

我今年21岁，刚从大学毕业。我现在总算有时间念书、写字、弹吉他、到处乱逛、跟朋友聊天了。无疑，我的情人兼室友是我最重要的人，我最喜欢的"浪费"时间的方式，是跟她一起在床上念书、睡觉、做爱。

我们在一起9个月了，可能会永远在一起，或者相爱几年。她爸爸仍然希望她嫁人，这可能是避免不了的。再说，我们都喜欢小孩，但是同性恋情侣要养育小孩真是太困难了——法律障碍、上学的问题、孩子和同学相处的问题等。

我们之间的关系最重要的是什么？实在很难讲。我们处得很好，彼此相爱，彼此照顾，只要跟她在一起，我就觉得很快乐。这是我们俩前所未有的、最为美好的性生活。我曾读过一篇演讲的摘要，讲题是："女同性恋的爱情关系：是结合还是融合？"演讲者观察到女同性恋倾向于互相融合，使两人合而为一，而不是各自维持自己的个体，再由个体互相结合。现在我们几乎把这当成笑话来看待，我认为融合少一点，个体多一点比较好。但其实我不在乎，人，无论生死，都是一个人，独自来去的。我们心里永远都要有面对寂寞的准备。

我们两人的家，在管理上就像学校宿舍一样。我们把日用品、房租和账单一一列出，每月清算一次，每人各付一半。我比较在意秩序和整洁，而且我在家的时间比较多，所以清洁、拖地和洗碗盘的事，我做得比较多。我们都喜欢下厨，而且每晚都在一起吃饭。她要上她的班，我则到合作社上班，上图书馆，或去逛街，不然就待在家里看书、写字、弹吉他。

她比我高一点点，长得很美，有点异国风味。有时候她对于事物的看法非常天真，而且对人、小孩、玩具、云朵和马路上的车声非常着迷。我难过的时候，她会拉着我的手，听我把心事说出来，慢慢我就破涕为笑了。

刚开始的时候，我们真的都很冷静，我们是在一个酒会上碰面的，自以为很先进、很成熟，一副不把上床当一回事的样子。后来我们彼此联络，坦承自己对对方有好感。我突然变得很在意会不会再相聚，而且只要在她身边就快乐得不得了。我们抛开面具承认自己是真情以对。

她从来没有伤害过我，但是我却重重伤害过她一次。当时我们第一次谈到往事，她说她童年很快乐，没有什么真正烦心的事情，当然更不会去考虑自杀的问题。突然我觉得彼此之间有了严重的隔阂，如此重大的差异是无法化解的。我告诉她："我不能和你生活，你太快乐了！"话一说完她就哭了。我能怎么办呢？她在哭，而我爱她。我抱住她，说我很抱歉，我真是大错特错。那是七八个月以前的事了。

我讨厌高中时代，原本我很受欢迎，穿着入时，后来厌倦了才改变装扮，有个酷哥型的男朋友。他喜欢音乐、露营和大麻。另外还有个年纪较大的男朋友。我喜欢跟酷哥型的男朋友接吻，尤其是法国式热吻，但另外那个男友总是让我觉得紧张，我不太喜欢和他身体接触，我只是喜欢有个年纪大点的男朋友开车来接我放学而已。

在内心深处，我觉得很寂寞，有一年还考虑过自杀，没有人了解我，我太聪明也太奇怪了。我认为自己可能是个同性恋，永远无法恢复正常。我的朋友都很好，但是不可能和她们谈到这些事情。

有一年，我整个夏天狂热而且不求回报地迷恋上和我一起打工的一个女孩子，那是我第一次想到自己也许是个同性恋。我问学校的同学说，如果我是同性恋，她们还会不会喜欢我？她们说："当然会！问什么傻问题。"有一个女人曾和许多同性恋男人工作过，她对我说："人，会彼此相爱，这是很自然的。"我开始觉得和男人相爱实在是难以想象，男人的情感比较封闭，男人和女人，好像一在天南，一在地北，而且许多男人对纯机械式的性爱很感兴趣，但是一般女人都不会这样。我曾和一些男人外出，但气氛总是有点僵。

我的父母对我很好，我在高中的时候，什么都恨，就是不恨他们，我很后悔自己离开家去上大学。我还记得小时候，爸爸抱着我举上举下，让我踏在他的脚上走路。我哥哥大我两岁，我从小就想仿效他所做的一切事情——骑车到马路的尽头，上寄宿学校，成为古生物学家。

离开家人，住在学校里，我就不再那么快乐了，我马上就有了情人，但不久之后，就没有相爱的感觉了，只是沉溺而已。在柔和的灯光下、浪漫的气氛中，她看上去真是美丽。但是我们吵得很厉害，常常哭，一点都不想做爱，更怕分手之后的孤独，那真是糟糕。最后，我说我很嫉妒那个跟她睡觉的男孩子，我说我非得跟她分手不可，否则我的胃壁会腐蚀掉。她哭了起来，感到很恐慌，她说，我们来想想办法。结果我们分手了，我们发誓要永远做最要好的朋友，永远都这么亲密。我哭得很厉害，晚上失眠，功课退步了很多。

到了我生日的那一天，我服用了一点兴奋剂，想给自己打点儿气。但我错了！我走进学校的咖啡店，一个朋友走过来问道："怎么啦？怎么一副丧气的样子？"我当时就哭了，有3个相熟的男性朋友陪我坐了一整晚，抱着我，让我哭个痛快，哇啦哇啦地讲了一大堆话，那是个转折点。不久之后，我交了些新朋友，感到几个月来的阴郁一扫而空。单身太有趣啦！我心中感到难以言喻的快乐和轻松，巴不得自己早几个月与她分手。

我跟现任情人之间的关系，是生命中最重要的一段。我们试着分开过一阵子，我毕了业，得回老家去看看爸妈，并且参加一场婚礼，而我们的结论是："没有你我也活得下去，但是我宁可不要和你分开。"等到秋天她要回学校上课，我要开始上班之后，会发生什么事情是很难预料的。我现在是不是在恋爱，是不是会一直恋爱下去，我不知道。我喜欢独处，四处走走，上博物馆，逛街，坐公车，还有参加派对，遇见许许多多的人！

现在我最牵挂的是我将来会做什么样的工作，这个夏天，我接了些零散的木工。秋天的时候，我希望能找到电子或电脑方面的工作。此外我还觉得人类的环境需要改善，目前我加入了一个马克思主义的妇女运动团体，我真不知道要怎么把这样的思想渗入我的工作之中！但是我还有很多时间可以想一想。

第6个故事：不敢承认自己是同性恋

我不可能让别人知道我是同性恋。我很害羞，通常我跟别人（包括大多数朋友）的交往方式，是尽量讨好他们，做他们希望我做的事。要是我告诉这些人说我是同性恋，他们会很不自在，因为他们都是异性恋，实在太难启齿了。我要接受自己的身份很容易，但是要我去向大多数人承认是不可能的。

现在我没有恋爱，也没有情人，我今年30岁，我最要好的朋友是名男性，我跟他之间的关系就像兄妹一样。他说我是他有史以来最要好的朋友，而我对他也有同样的感觉。他是异性恋，但是他和女人之间的性关系并不顺利。

我很怕遇到我喜欢的人，要是碰上了，我不是逃开，就是故意当面讲些不客气的话。跟我喜欢的人在一起，我感到一种威胁，反倒跟讨人厌，令人痛恨，不如我聪明、漂亮的人在一起时，比较自在。

性生活？我差不多一个星期自慰 1 次。我跟女人邂逅的机会不多，而且我和同一个人做爱的次数，大多不会超过 3 次。我曾在一个女人的怀中感到非常兴奋，这和我跟男人的经验完全不同，那种感觉奇妙无比。

在不知道自己是同性恋之前，我就爱上了好几个异性恋女人。第一位是大学时的室友，她诱惑我，我愿意为她放弃一切，虽然我最怕失去自我和我对自己的感觉，但我却高高兴兴地把自己交给了她。

一年前我开始接受心理治疗，希望能让自己承认是个同性恋，我已经逃避这个问题很久了。自从我承认自己是同性恋之后，就开始积极参与本地的女性社团，从事一些像是"女人的音乐会"之类的企划案，我觉得这样对我比较好，而且我也结交了一些新朋友。

第 7 个故事：容忍并没有维持恋情

我曾和一个情人同居两年，我真的很爱她，我对她一再容忍，我让自己经历这一切，甘之如饴，直到我再也忍受不了为止，然后就分手了。和她分手之后，我如释重负。

在第一年的时候，我们既激烈又专一。尤其是前 3 个月，我们之间的热情简直难以想象。接着开始有点混乱，例如说，她觉得自己夹在我们的感情、她的家人和过去的生活之间，心都快要扯裂了。她的家人不知道她是同性恋，也不知道她和女人同居，还要她回家和旧男友结婚。她内心受到极大的压力，产生认同危机，她不知道自己是个怎样的人。这个问题很大，但那时候，我们之间激情仍在，每一刻都令人回味。

6 个月之后，我们开始进行一项旷日持久的工作计划，没想到却使我们的生活走了样。为了要完成这项计划，她感到压力沉重，连我也感到非常焦虑。从那时开始，我们之间就没有安宁了。当时她对工作很投入，但是我却不想把重心放在工作上。我们吵过几次架，典型的模式是这样的：比如我们在高速公路上行驶，她开车，我看地图，我坐在车里，用手电筒照着地图找路，而她对着我大叫，因为我看地图的方法不对。不管我再怎么尽力，她总是不满意。也许是因为我没用她的方法去找路，所以她大发脾气，口气也恶劣了。我觉得脑子昏沉沉的，有时候我就静静地坐着不讲话，或者用理性的口吻说："冷静点，你为什么这么生气呢？轻松一下嘛！把车子停下来，我们找家餐厅，坐下来把地图研究一下。"但是她老觉得时间压力很大，我们非得开车赶路不可。然后我再说一句"休息一下嘛！"她就发火了。我记得那次她一路上都在抱怨我，整整3个钟头的车，我起初都很平静、理性而消极，后来忍不住扼住她的脖子，使她难以呼吸，吼道："你再多说一句话，我就把你给杀了。"

她总是教我要怎么工作，后来我也很习惯了。我没有一件事情做得好，因为我知道她一定会说我哪里做得不好。她的建议不算坏，但是她建议的方式不对。她每每在极度紧张的情况下把话通通讲出来，讲得我头都昏了，所以我们再也无法彼此尊重。

虽然有这些折磨，但还是值得的，她将我的心灵带到另一新的境地，我从未想过我们可以发展到这么深，我们一起工作，一起生活，共享生活的每一刻。

那两年我们几乎都是专一的，后来她渐渐开始质疑专一这个理念，与朋友聚会时，她像讨论哲学问题似的提出这个问题，而不是直接对我说"我想要外遇"，仿佛是为了"拓展女性自我"才需要外遇。我的想法则不以为然，一个人可以既有自己的生活，又和另一个人有爱情关系。如果这两个人是共同生活在一起的，有共同的家，再加上和朋友相聚的时间，就已经占满了全部生活了，所以我觉得一个人不可能同时有好几个情人。

尤其是同居的情侣，更是完全不可能。不管怎样，总有人会受到伤害。要是对方没有回家和自己同眠，而是和别人睡在一起，谁不会觉得难受呢？

就在这个时候，她开始有了外遇，对象是我们的一位朋友。过了好一阵子我才知情，当时，我甚至和那个女人一起共事，但却不知道她和我的情人发生关系了。就我的工作来讲，我对那个女人依赖甚多，我们是同事。

后来这件事会被我发现，是因为有一次我的情人在周末时到外地出公差，但是她出门之后，我却有种怪怪的感觉。所以第二天她一到家（早上6点钟左右），我马上就坐过来，说声"嗨"，然后就看着她，嘴里讲出来的第一句话竟然是："你有外遇了，是不是？"她说："什么？你知道了吗？"而我说："听好，一个钟头之后我就要上班了，但是我要先搞清楚，你是不是有外遇了？"她说没有，而且完全否认一切。我说："我不相信。一定是你在说谎。不管你是为了我，或为了任何事情而说谎，我非知道不可。"这时她才承认确有其事。

接着我问她对方是谁，她不肯说，我提了好几个人的名字，包括那个女人的名字在内。她都说不是，而且说"我不能讲，我不能讲"，所以我没有再追问下去。两个月之后，我知道她还和对方往来，所以又试了一次，把我们之间的问题提出来探讨。但是她一个字也不肯透露，只说她还爱着我，但是"人生就是这样"，她现在需要一些"外来的能源"，"我们如果要维持下去，我就得这样做"。她说出这样的话，好像她的确是为了我们才坚持不吐实情，因为我一定会受伤害。

又过了一个月之后，我大概知道是谁了。

她们还是继续往来，而她也还是跟我住在一起，我们照样过日子，我总以为时候一到她们就会分手了。一个星期她大概有一两个晚上不在家。我觉得我被骗了，但我还得和她生活，到最后我们连一点乐趣都没有了，不吵架的时候，也不像以前那样，在床上相依偎、听音乐、念诗了。

我们就这样过日子。她就是不愿意对我说："我要离开你过自己的生活。"她不是个很坚强的人，她不愿伤害我，而且她很怕离开我去过自己的生活。最后我终于对她说："我想你得搬出去，我受不了，我活不下去，因为有另一个女人。"她说："别说得这么绝，不要逼我选择！"我说："我不是逼迫你，你已经没有选择的余地了。我不想让你和那个女人分手，日后又在心里恨我。我说的是我们没办法再生活在一起了，你明明知道的。"她说："我知道，但是我说不出口。"我觉得很难过，真的下了好大的决心才把话讲了出来。

她在一个月之内就搬出去了，但之后我们还是常常见面，她住的那间房子离我这儿不过10分钟的路程。不是我到她那儿去，就是她到我这里来。这时候做爱已经不重要了，我们之间的性生活已经毫无兴致可言，只成了偶尔的点缀。

如果我们做爱的话，我不禁会想象她和别人做爱的样子，心里悲伤无比。这使我们的性生活越来越糟，但我更怕她不想做爱。我还记得她有一次说："我希望我们的性生活能继续下去，而不是被迫停止。"

这个阶段维持了相当长的一段时间，我们之间时好时坏，她还是和那个女人见面，我们也时常相聚，但有时她会说"噢，我得走了，待会你最好回去睡"之类的话，或者是我在她那儿看到那个女人的东西，比如她的内裤。我总是希望自己看开一点，但是想到她还在跟另一个女人见面，心里就常会感到焦躁，因为我还是深深地爱着她。虽然我们已经分手了，我还是全心全意爱着她，而她也觉得我们之间有种无形的联系。我不知道她是不是还爱我，但是我们曾恋爱了很久。

她大体上是个很好的人——热情、忠实、体贴。所以分手那段期间，她比我更难受。这点我完全同情她，因为我和我的男性情人分手时也是这样。

但从另一个角度来看，有时候我不同情她，反而会怨她，我现在就很怨她。我觉得我被她耍着玩，到末了的时候，她根本不顾别人有什么感觉，她什么都不想听也不在乎。她会冷冷淡淡地对我说："事情就是这样，要么就接受，不然就分手，我为什么要管你想什么！"她说这些话，可能是说服自己的成分居多，另一个可能是她想吓唬我，她要我恨她，因为如果我恨她，她要抽身就会容易一点。但是我却不恨她。

后来我开始和别人约会。她的直接反应是醋劲儿很大，某天我正要出门，她试着诱我上床，对我说："我不要你走，留下来陪我吧！"我当时笑了笑，讽刺她说："我非得出门和别人约会，你想要我，是不是？真可怜。"然后就起身走了。我觉得这整件事情，既错乱又邪恶。

她的新情人离开她之后，我陪了她10天，在她那儿过夜，每晚和她一起睡觉，讨论她对那人的感觉。我们没有做爱，只是一起过夜，守在一起，一起做我们平常会做的事情，帮她面对这一切。我相信男人在爱过之后绝不可能像我这样，和旧情人谈论这么深入的事情。我认为，在女人和女人之间的爱情关系中，如果你真能面对自己的感受，爱情其实永远不会完全消失，你一定会觉得两人之间有种联系，因为你们深深地爱过。

后来，她搭飞机离开了，我就自由了，那让我感觉到了真正的自由，很轻松。但是，脸上却也流下两行眼泪。

我会永远爱她，但是，我知道我们不能在一起，我想她也有这样的感觉。不只是因为外遇，而是整体的感觉让我们领悟到彼此的确不应该在一起。爱过那一场，我们都失去了某些东西。

现在，她在我心里的地位，是一个我所深爱而非迷恋的人。我们会互通电话，也会小聚一下，她还打电话给我的情人，要她好好照顾我。我依然把大小事情都告诉她，我一拿起电话就说："哎，我那个女朋友真是个烂货。我真不知道该怎么办？"她说："你当然知道该怎么办！还有，我要你开心一点。"

第8个故事：双性恋的困扰

我以前是个同性恋者。虽然这听起来很吓人，但自从我念高中做了拉拉队队长以后，这一直是最令我感到自在的身份。

现在我跟一个男人在一起，我不是真的爱他，而且有种罪恶感。我害怕孤独，但说不定我应该告诉他这一切都结束了，我会更快乐、自在。我没有恋爱的感觉，我和他不及和我的女性情人之间那么亲密。

和这两个人在一起，我都很快乐，但是我本能地知道，太过亲密的感情只会带来伤害，连带把感情给毁了。我真希望自己能够勇敢地捍卫自我的界限，但是这两段感情都已经毁了，虽然我现在还和男友在一起。恋爱和热情是不可分的，那绝不只是性，是像汽车一样，焊在一起，交换引擎。我跟我的女性情人做爱的次数很多，而且感觉美妙无比。我跟男性情人做爱次数虽多，但是每次我都会觉得痛，所以我很生气，而且痛仍然不能使我得到很大的快乐，让我更生气。但是我在面对这两个人的时候，都太脆弱了，总是屈服于他们的要求之下，无法维持爱情以外的正常生活，也不能借此让自己多得到一点快乐，我越来越厌恶自己，无论对他们或自己都很消极，所以把这两段感情都给毁了。

我在离开她的时候，感到最为寂寞，好比知道自己不再拥有妈妈的爱，或者失去了部分的自我一样。我常常独自喝得醉醺醺的，但这份完全孤独的感觉给了我力量，让我知道我想要活下去，虽不能靠自己一个人活下去，但我想学着坚强起来。

我离开她的时候哭了很久。离开她，我便失去了女人彼此相爱的世界。她改变了我的一生，使我能够以开放的心去爱别人。她很聪明，很积极，也很害羞，她觉得自己不漂亮。此外，她喜欢操纵大局，有点疯狂，很抑郁，也很迷惑。有时候，我真希望当初我们只是朋友，那么到现在也还是朋友。我们之间的看法颇为一致，也很容易沟通，我跟别人在一起，都不像跟她在一起那么容易沟通，连说谎都会马上被对方揭穿。我们之间，什么话都不用讲，而每句话都会得到彼此的认同。

一开始的时候，我觉得很高兴，因为我不必再听她的命令，但当我跟现在这个情人之间的关系慢慢变得矛盾起来，我就越来越想她了。从此之后，我就再也没有那么亲密的感觉。我最气的是，她在我之后马上就和我们俩都熟识的朋友交往，因此切断了我和她之间以及我和我们的朋友之间的关联。而我变成异性恋之后，自然和她们疏远了。我失去了唯一挚爱的人，内心十分脆弱，简直无法生活下去。

我们虽能理解彼此的心理，但她的脾气不太好，会像小孩子一样，在生气时小小地捏我或打我一下。她很会欺负人，在我们的关系结束时，我有了另一个情人，于是告诉她我要分手，她竟动手打我。我打回去，而且踢了她，她痛得蹲下去。我很抱歉，但我还是走了。

我看到她的时候，还是会有很多美好的感觉，她对我也是一样，我跟别人做爱比不上跟她做爱那么美妙，因为我再也没有那么亲密的感觉。

我跟现在这个男人在一起已经快两年了。他想娶我，但是我不知道到底想不想嫁给他，所以我们又分开来住，先解决事业、学业以及我内心的疑惑再说。我以前希望能找个男人，负起全部的经济责任，生几个孩子，保护我，和我做爱，像中世纪的浪漫家庭那样。现在我却领悟到我永远也不想在经济上依赖他人，如果要我一手担起家务、照顾小孩和洗脏衣服的责任，我准会疯掉。

这些日子以来，我唯一喜欢的事情就是找几个朋友一起聊天。其他时间我们总是在吵架、斗气，幽默和欢乐早就荡然无存，再怎么说都没用，总是不了了之。我会多听听他讲话，就算我知道得比他多也不会反驳。我不能做专家型、指导型的那种人，要是我得到一点权力，他就会全身不自在，连自尊都动摇。

我们常因为做爱和独立性的问题而吵，吵得最多的还是性问题。照现在这种情形，我实在想象不出要怎么跟他过一辈子。他也不快乐，但是他一直说要娶我，他也说他爱我，但是他根本不想知道我是个怎样的人。

但是，离开他会使我更内疚。我需要安全感，我很害怕孤零零地一个人。由于贫穷的威胁，我一直不敢轻言离开他，而这份恐惧使我感到内疚。

他说他爱我，又说他喜欢我的胸、我的臀，好像欣赏我分解之后的肢体。他批评我太抑郁、太依赖，但我若和朋友去做我想做的事情，他就开始攻击我。他虽不直接说，但我知道他希望我更有女人味。我则批评他无情、情绪脆弱。别的问题？我的求知欲对他而言是个威胁，而不是激励。有时他干脆用大铁锤一锤敲扁我的疑问，他不想了解。我也不能接受他，我想，你在对别人完全开放时，难免会使对方幻想破灭，不再以为你是十全十美的。但我仍希望他能多倾听，接受我的矛盾性格。

我认为两人的爱不应互相侵略。他从不直截了当地把他的感觉讲出来，反而放在心里，找个机会批评我。所以跟他在一起实在伤神，我们不是在过生活，而是在争论问题。此外，我对我自己和工作很不满意。要是满意的话，我早就离开他，或嫁给他了。不管走哪条路我都可以得到自由。

以前我们住在一起的时候，总会为了家事而吵架。他会做，但是他总要等一切都脏得不得了之后才做一次特别的大扫除，而我喜欢家里时时保持干净。他最不喜欢被"指使"去做这做那。

噢！乖乖！以前我们住在一起的时候，我们的收入差不多，但他总是把钱用来买唱片和衣服，而我的钱大多花在我们的房子上面。我的原则是，钱要花在食物和必需品上面，华而不实的东西只能偶尔为之。他的风格则是花一大堆钱买奢侈品，他最痛恨的就是共同分担费用，而且他撞坏了我的车不但不肯赔，还大发雷霆，他认为情侣之间，用钱不该分彼此。

为了要维持我和这两名情人的关系，我花的心血太多了。我不太敢做对我有益的事情，这影响了我所有的人际关系。上了大学之后，我才开始学着多照顾自己一点，从某些角度来看，那是我最快乐的时光。我心里有种无形的障碍，让我不敢去做我想做的事情，甚至不敢去找出我想要的答案。

我们之间最严重的问题，是性问题，我们似乎各有理想的做爱方式。他好像只把性交当作"真正的性爱"，但是那样子我无法达到高潮，而且他好像认为阴蒂摩擦不过是动作而已。我很愿意主导性爱的过程，但是我还不知道怎样控制男人，我们之间总是他占上风。我很喜欢在做爱时扮演积极主动的角色，若只是消极地任对方摆布，我的配合度会很差。

我很想知道别的异性恋女人有什么感受，还有她们怎么做。我只和妹妹谈过这个问题，她是个根深蒂固的异性恋，就算用斧头砍，也无法把她和男人分开。她接触男人10多年来，连一次高潮也没有，所以我想我们的优先顺序大概是不同的。

后来我又想，要是我对他的感觉比较好，这些可能都不成为问题，我们的性生活也会变得更好。女人和女人做爱时，情感的因素本来就占了很重要的地位，尤其因为女人的高潮反应和阴道刺激没有直接关联，使得女人尤其注意做爱时的心理感受。

跟女人做爱，就像在做梦一样，我最怀念与女人做爱时充满肉欲的抚摸，我们都知道做爱是种亲密的感觉，是性活动的模式之一，而非把阴茎插入阴道。性爱应该是传达欲望的律动，但我跟男性情人做爱时，无论他是用手、用口或阴茎，我都很少感受这种律动。他碰我的时候，力道太重、太快、太战战兢兢，而且没有韵律感。他的身体太僵硬，而且常常把我当洋娃娃一样搬来搬去，我得一直对他说不行，这不是我的身体在抗拒配合，而是我心里感到自己没有受到"人"的待遇。

我觉得女人才是自然的性伴侣。我喜欢女人的身体。胸部很美，到处都很美。我喜欢女人，女人的皮肤比较细，肌肉上覆着一层脂肪，摸起来比较柔，手指和关节都比较纤小。因为我有过女性情人，我对女性性器官的认识，不只是阴蒂、阴道和阴户而已，我熟知而且热爱每一处皱褶、肌理和振动。我常和我的女性情人互相手淫，怎么样舒服，我们就怎么做，如果没办法达到高潮，对方便接过去做，而自己则抚摸或轻咬对方的身体，吻着她的胸，或是紧紧压在她身上。通常我会摩擦我的阴蒂，而她用手指在我的阴道内上下摩擦。

这几年间，我的情人从女人变成男人，从这个观点来看，我的作风是改变了。但我却一直听任我的情人塑造出两人的性经验模式。从这个观点来看，我一点也没变。

我希望拥有专一的性关系。我从不会在外另觅情人。我不是那种能瞒天过海的人，不过若能跟第三者发生关系，可以让我舒缓一下，比较不会觉得自己被掐住、被征服了。我想，要是我和第三者上床的话，我会觉得比较有冲劲，而且比较独立。

我觉得我应该分手，但是我实在不想忍受分手之苦。他抱怨我不够爱他，偶尔会用力地对空挥拳。但有趣的是，他不相信他表示愤怒的身体语言——对空挥拳的动作，会吓到我，所以我更不敢公开对他表示愤怒。他的体能比我好太多了，所以他一生气我只想退缩。

我们常为性事或是如何安排时间而不愉快。我们从未公开吵架，差不多都是他训我一顿，或是我稍微提一下他的缺点，如此而已。我们从来就没有真正解决过任何事情，通常我还没把困扰着我的问题讲出来，他就和我和好了。或者我才说了一点点，他就不准我说下去。我可以接受他的和平提案，但是我并不高兴，而且很消极。

为解决这个问题，我找过两个心理医生。我实在是太脆弱了，我最后的决定是，我不能放弃一个关心我的男人，而且我一想到自己可能会变成失败者，变成一个不能和男人有正常关系的失败者，就觉得很可怕。我对这个男人的感觉真的很矛盾，但是我无法面对一个人的孤独感。两位心理医生都要我和他分手，而我却做不到。

21

女人与女人的爱情有何不同

另一个世界

love

另一种生活方式

同性恋的女人对爱情的定义方式，是否有所不同？

这是截然不同的文化，而它之所以不同，是因为与整体社会环境有密不可分的关联。关于这点，一位20多岁的女人说："女人比男人好吗？有些女人一见面便与我亲如姊妹，也有的女人和男人没什么两样：冷漠，难以沟通，总是利用他人来达到自己的目的，丝毫不考虑别人的感受。不是有很多女人感染了男性的权力观吗？把权力当作维持感情的要素。我们能够仿效的模式不多，我和女人之间的爱情很热烈，比起我和男人之间的爱情，那可是亲密得多，而且能有许多回报。我们也许不完美，但是我们绝对是很用心的。"

另一个50多岁的女人说："拥护妇女运动的人说，男女关系的问题在于男人太沙文了，也就是说，男人从不道歉或过问我们的感受。所以，同性恋的关系应该会比较好一点，因为两个女人是站在平等的基础上交往的。女人和女人是不是比较好相处，我的答案是肯定的。最好的爱情形式，莫过于同性之间的爱情，尤其是女人和女人之间的爱情。她们拥有全世界最好的机会，两人之间比较平等，相处得更和谐、贴心。尽管有这些优点，吵架也不会就此绝迹。你所学到的经验是，好好地协调，尽量保持两人的向心力。除了女人之外，我不可能和别人建立这样的关系，我认为，这是全世界最好的一种爱情。"

"我怎么能一爱她就爱了10年呢？我爱她的心、她的身体。她是个非常勇敢、坚强、才华横溢、品貌出众的人。"

"我们的爱就像一条不断流动的小溪，越流越深，越流越强，给我平静的感觉。她不时幽默地讲一两句话，每每令我开怀大笑。她是那样的坚定而可靠，使我内心生出一股力量。而我平日最大的快乐，来自我对她的热情，只要能和她在一起，我就觉得心满意足。我们住得很近，平常一起睡觉，一起洗澡，帮对方洗头，擦防晒油。我喜欢这份温暖和亲密的感觉。我们的钱差不多都合在一起用,谁有钱就拿出来用。心里有什么话都会彼此倾诉——亲密的事情、回忆、梦想等。我们的用情是专一的。"

"我们做爱的时候,她会让我觉得我是全世界最美的女人。她会一边玩弄着我的长发,一边说我的头发有多性感。她还说她很喜爱我的胸部。我尤其喜欢她呢喃道:'你好柔软哦!'"

"我24岁时和我的情人住在一起,连假日也一起过。一听到她的声音,内心便激动不已。我爱上了她,爱得既自在又强烈,而且会继续下去。她是我的情人,我心灵的伴侣,当我看到她那特殊的笑容,内心便涌出无数念头,就像我们已经做了几百年的姊妹似的。我很安心,因为我知道她也深深地爱着我。"

"我的情人长得很美、行事合宜、聪明、学问好,而且很体贴。她很看重政治和心灵的观念,这点和我一致。我很喜欢和她在一起,我们一起做过很多新鲜有趣的事情。我们同住在一起,不会吵架,但有时候会争论一下,花点时间事情就解决了。我们相差最大的地方,就是对银器花纹的喜好不同,但是我们之间的亲密感已逐渐消退,我越来越担心了。我的工作时间太长,有时候忽略了她的需要,她就默默地忍受下来。她在学着让自己变得比较敢作敢当,而我也变得比较体贴。我们配合得非常好。"

有爱情关系的同性恋女人中,有39%目前有恋爱的感觉,例如下面这个女人:

"我今年25岁,是个黑人,我爱上了一个32岁的女人。我睡不着,也没办法集中思做事情,整个脑子里想的都是她。我很想跟她安定下来,自在地过日子,在经济上也会宽裕些。她对我的感觉也是如此,她第一次吻我,说她想要我的时候,我开心得要命。爱上她是种考验,喜悦、痛苦、挫折、受伤、学习和快乐的感觉都融合在一起了。我最喜欢的爱情故事,就是我自己的爱情故事。

"我们交往两年了。我跟以前的男友生了个女儿,现在一岁半了,她也跟前夫生了个孩子。我们之间最重要的事情是沟通、热情、爱,以及性生活的亲密感,最糟的是我们没有多少时间相聚。她和亲戚一起住,要是我能有所改变的话,我会搬到一个属于自己的地方,并邀她和我同住。我既爱她也钦慕她。

"我与前任男友分手之后,才成为同性恋。他是我孩子的父亲,但他走了,不再回头。我的心境起了很多变化,最后我的结论是,分手是他的损失,而不是我的损失，我好端端地经历过来了。我对他很好，但是他一点也不知感激。我觉得女人比较敏感、可爱、亲切、好相处，而且比较忠实。跟女人做爱，比较有感情地投入，这样对我比较好。

"我的情人是我最爱和最恨的女人，她很甜、很可爱、宽大、和善、顽固、自私，是个好情人，但是她的心绪很混乱，她不太知道自己到底想追求什么。我们常常见面，逛街买东西，看电影，吃午饭，参加宴会，等等。我们每晚都通电话。大半的时间都很开心，但她想逗我嫉妒的时候例外。我猜她是想看看我有什么反应。

"我喜欢探索她身体的每一部位，尤其是胸部、阴道和阴蒂，那种口感和味道使我非常兴奋，通常我在口交时最能达到强烈的高潮。和我所爱的人做爱，让我觉得充实多了。

"我的女人认为，要做个完全的女人，不一定要有男人、情人或孩子。我十分同意她的看法。没有那些东西，你还是个女人。许多女人觉得她们非得有个小孩，有个男人，生命才算完整。我可不这样想，凡事只要能忠于自己就可以了。"

同性恋的女人和异性恋的女人一样常常探讨热情和关心的不同：

"恋爱是种短暂的状态。爱才能够持久。"

"基本上，恋爱是自私的。爱情要禁得起考验，就得找出对方最喜欢什么，并学着让步。有时候，喜欢对方似乎比爱对方来得重要。但是，恋爱给人相系的感觉，这是任何逻辑的推理都无法取代的。"

"爱情故事？我最喜欢珍·奥斯汀，她笔下的爱情都是由友谊逐渐发展成相互尊重的境界。但是，她没写到性爱的复杂性，也就是说，她把热情和尊重分开了。问题在于人们得先找到对象才行，至少专一的爱情就得这样。"

"我认为热情是生命的苦难，热情绝不可能恒久，因为世上没有恒久的事情。病痛会消磨热情，死亡会消磨热情，恐惧也会消磨热情，愤怒、贫穷、药物、朋友打来的电话，都会消磨热情。生命就是这样。但热情也像希望或金钱一样，会失而复得。"

"通常我的热情都不能和我的生活交融在一起，换句话说，我所喜爱的始终不是我想要共同生活的那种人。"

"恋爱是爆炸性、偏执、非理性的概念，它就像梦一样，会影响大脑的运作。爱则是长期的工作，包含信任、沟通、承诺、痛苦和乐趣在内。"

"我们非常尊重彼此静默的时间和内在的生活。要是失去对方，我们会觉得不知所措，但这不是盲目而混乱的迷恋，因为基本上我们都爱自己，尊重自己。但要是少了对方，生活会变得比较无味。"

"我喜欢恋爱的感觉，但我可不想让它变成常态，或是一辈子都有这种感觉。基本上，我觉得恋爱使我变得消沉。我认为和对方同住在一起，彼此相爱，比坠入情网还要重要。爱是每日生活所需的力量。'恋爱'就像是药物一样，使我进入陶醉、催眠的状态，把本身的责任丢在一旁，举止像个孩子似的。真正的爱是信任、挂念、关心和照顾。"

43% 的同性恋女人说她们会不惜一切代价来营造两人的爱情关系，但是持相反意见的人更多：57% 的同性恋女人说，激烈的爱情或恋爱都太过脆弱，无法持久。然而，喜欢激烈的爱情生活的同性恋女人，仍比异性恋女人高出许多。

同性恋女人一如异性恋女人，也常会感到困惑与矛盾：

"虽然明知道激烈的热情不能持久，但我还是很渴望有这样的经验。"

"说真的，我真的不知道如何应付长期的爱情，那一套对我是行不通的。"

但是有个女人说，热情和稳定性是可以并存的：

"你无须选择到底要热情还是要稳定。性生活会越来越好，连日常的细节都会令你兴奋。它虽时有高潮与低潮，但是偶尔也会冒出炽热的火花来。"

有时候，爱超越了一般简单的定义，像这位 29 岁的女人就感到非常痛苦，因为她还有着已经过世的情人：

"我的情人过世 4 年了。一开始的时候我的身体产生了许多反应：病恹恹的，一天到晚都觉得寒冷，人好像被挖空了，睡不着也吃不下。我感觉不到身体的存在，看到自己的手脚还在，还会活动时，觉得蛮惊讶的。接着我觉得世界像是要炸开来似的，自己好像在目睹世界末日的来临。我知道像我这样的人不多，但是我却觉得沮丧而消沉。我特别记得，有次我看着一个朋友熨衣服，心里却想着：'哎呀，世界末日都要来了，她还烫什么衣服？'一切感觉似乎都随着情人的死而消散了。

"后来我变得很害怕孤独，常常有四肢无力的感觉。朋友建议我戴臂章，这对我有很大的帮助，因为我用外在的形式，表现出内心的痛苦，这一来就不那么孤独了。而且人们知道我的心境之后，我就不必假装自己一切都很好。我并不愿意假装我一切都很好，太可怕了，总是觉得自己的心迷失了。

"我也感到很生气！尤其一开始的时候，我还当她是躲起来了，也许是大家搞错了，也许她是去旅行了，她可能会回来。我觉得很害怕，我怕她会因为我生气躲得更远。

"那时候我还有种感觉，自己既然失去了最重要的东西，就什么也不怕了，什么都伤害不了我。我会到平常会避开的市区去逛街，我想冒险。但是之后有一段很长的时间，我感到任何事情都会伤害到我，尤其是我想往前走，和别人建立联系的时候。

"我最思念她的，是她那份锲而不舍的精神。即使我当时的表现不太能引起她的欲望，她也不会罢休，她会一试再试，也许她希望，或者相信我会因此而改变吧。她的执着，使我内心更加认定，现在这样的人不多了。"

她们最喜欢同性恋的哪个部分

86% 的女人说，她们的关系中最重要的部分是交谈，而且她们时常在谈话中感到亲切无比：

"交谈，感情，日常生活，拜访朋友。"

"游泳，谈话，做爱，吃晚饭，亲切感，一起过日常生活。"

"交谈，大笑，依偎，一起做事情，到乡下去玩。"

"做爱，拥抱，谈话，亲切感，谈话比较重要。还有，一起弹奏乐器，大声念书给对方听，一起健身或骑车，不带性意味地亲密互拥。"

"讲话，看电影，玩游戏，亲切地讲话。"

"上个星期天我一整天都觉得很开心，因为我们整天守在一起，却没有计划下一刻要做什么。这种自在的感觉真好，这几个月来，我从不曾这么无牵无挂。总而言之，我很喜欢每天告诉她我的生活里发生了什么小事。对我而言，这是很重要的。"

"我最喜欢和她聊天。我每天都迫不及待地告诉她我今天遇到了什么事，并听听她的遭遇。我们什么事情都谈，还有和她一起去应酬。"

82% 的女人说，她们和其他女人的爱情与友情最特殊之处，在于两人之间的谈话很畅快、很亲密：

"和她讲话是种升华，我们两个都会讲出自己的想法。"

"我们讲话都讲得很久、很深刻，直指内心。我很能接受和体谅对方。"

"我们要交谈是很容易的。通常她会从她的感觉、想法、反应等开始谈起，然后我们鼓励对方继续谈下去。我们才认识不久，我的确觉得我需要别的朋友与我分享不同的生活。而且我心中有些秘密或恐惧，并不准备要公开，她也了解。"

"我们能共处这么久，就是因为我们之间有充分的沟通。例如，她可以对我说'你太缠人了'，我也可以说'你太冷漠了'，然后把问题谈开来。"

同性恋女人口中的快乐时光令人神往：

"我好喜欢和她在一起！有时候我们只是一起看书而已，各自处在不同的世界里，但我们是在一起的。我也喜欢拥抱和亲热，性绝对是第一优先！"

"我现在说有多快乐就有多快乐，虽然我们还有小地方需要调适。她让我觉得非常感动，我很喜欢我们之间自然的亲密感。我猜我最不喜欢的是我从不知道她真正的感觉如何，因为她总是怯于启齿。"

"和初恋情人相爱，在她的怀里度过一夜，是我最快乐的时光。"

"谈话，大笑，饮酒，吃东西，讨论——我们可能会一边做爱，一边做这些事情。我们一整天都很热情，用各种不同的方式亲热。跟她在一起，既美妙又有趣。"

"我喜欢和她互相依偎，欣赏电视长片，我们都很喜欢亲密地交谈。跟她做爱，有着意想不到的滋味。我们的感情很深，即使在公共场合，我们也不避讳他人直视的目光和窃窃私语，我们就当作没看见、没听到。我们认为，我们公开的表现可以起带头作用。"

还有比较不寻常的：

"到处乱逛，做爱，嗑药，听摇滚！"

同性恋女人在爱情关系中最大的乐趣是什么？ 81% 的女人提到性生活。大多数女人说，女人与女人之间的性生活是极为快乐的：

"跟她做爱的感觉太棒了。我喜不喜欢？喜欢。通常会达到高潮吗？是的！最重要的是，平常开的玩笑及做爱时的亲密感，正足以表示我们感情之深。"

"我们的性生活很美妙，我很喜欢，几乎每次都能达到高潮。最讨厌的就是结束的时候。有时候我会裸身滚过被毯枕头，一边爱抚自己，一边往床上摩擦。跟她在一起最棒的事情就是我觉得无论我想怎么做爱都可以。"

"我爱我情人身上的一切——她的胸部、阴蒂、阴户、阴道、肛门。我喜欢尝她、闻她，我想她也喜欢我的身体和味道。她很清楚要怎样才能使我兴奋，虽然她很少直接触摸阴蒂。我根本不用引导她，一开始的时候我引导过她几次，而现在，她让我多么来劲啊！我有各式各样的幻想——侵略的、粗暴的、多情的、暴露狂的、被虐的、自虐的、强暴、异性恋。我自己可能扮演各种角色——男人、女人、小孩、动物、不同的人。我的情人像我一样变换各种身份，模拟各种状况。"

"跟我现在这个伴侣做爱的感觉非常好，我很喜欢，而且差不多每次都能达到高潮。我喜欢口交，但我比较喜欢用手达到高潮。跟她在一起，我感到前所未有的自在。我们会在做爱的同时相互交谈，我曾看过她自慰，这样会让我知道如何让她达到高潮。我在最热情的时候，会无穷无尽地取悦她，感受她兴奋的样子。有时候，我真不知道，到底是我达到高潮，还是感到她达到高潮让我觉得最快乐。"

她们描述自己喜欢和女人做爱的原因：

"柔软、激情、温文以及神秘。"

"一切都是那么的柔软——柔软的身体、胸部，光滑的脸蛋，湿透的衣服……"

"我爱女人，温暖且敏感，我喜欢取悦女人。"

"我在 19 岁那年恋爱时，才发现女人是这样的温暖、贴心，令人兴奋不已。我们之间有种联系，是我和男人之间的经验如何都比不上的。"

"我喜欢女人的方式、女人的身体、热情、温和与力量。此外，女人没有敌意，不会粗暴。"

"男人在做爱时不如女人多情、体贴而温柔。跟女人在一起，一切都比较有人性。"

"女情人比男情人好多了，而且比较关心伴侣的感觉。"

"女人从来不会强迫我做爱。但男人总是强迫我做爱。到现在为止，跟我约会的男人，没有一个不强迫我跟他做爱。有几次约会演变成肢体暴力，而且我不得不装出喜欢他们那副粗暴的样子，同时尽量用甜美的态度去阻止他们，压力好大。"

女人之间的爱可能是非常温柔的：

"她是个非常温柔而体贴的情人。她还没有正式告诉我她爱我，但我知道她非常关心我。她说我很漂亮，她很喜欢我的身体，她觉得我的身体很性感，她从不吝于赞美。"

"在她跟我做爱时，我会觉得她很想要我。我还觉得她知道我有种无助的感觉，所以对我格外温柔。"

女人与女人之间的性生活也可能非常刺激：

"跟我现在这个情人做爱，比从前任何体验都好。我们很快就发现，我们的性幻想非常类似，而且我们都可以把自己的需要和欲望坦白地说出来。我们都很热情，几乎每一次都能达到高潮。我们特别喜欢用我们想得到的体位，以假阳具或手指伸进去玩。我们也喜欢被控制的感觉，偶尔我们会彼此互绑，或者把对方抱紧压倒，我们喜欢粗暴地做爱，用力地挤捏，大口咬，拉头发，有时候还会厮打。我喜欢咬她的阴部，她会因此而感到疯狂。

"在我的性生活中，受虐和施虐的性爱占了很重要的地位。通过这个方式所释放出来的感情，无法用其他任何方式来取代。最重要的是双方要有高度的信任，只要能互信，就不难释放出心中的感受。跟她在一起，我可以感到彼此之间有着信仰、爱和率直的联系，这种感觉超越了我过去所有的经验。我喜欢粗暴的性爱，因为这个方式打破了女人自限于'美好'的性爱神话，不必再谨守轻柔甜美的原则，我一点都不需要压抑。"

有不少异性恋和同性恋的女人指出，幻想和她们实际想要的是有差异的：

"我和我的情人都很喜欢幻想性虐待、粗暴的性爱、强暴等场面。这些幻想会让我这么兴奋，就因为它只是幻想而已。在做爱到炽热的阶段，我们偶尔会打屁股、啃咬、紧压住对方、大力地亲吻。"

"在情人面前自慰，我是很想这么做，也跟她谈过几次，要她在我面前自慰，但她怎么也不肯答应。"

"我很不喜欢伸进女人的阴道之中，这大概是因为我不喜欢人家伸进我的阴道里。但是我曾学着去做，而且有些女人真的很喜欢这样。我曾有一次伸进女人的肛门——我比较喜欢抚摸外面，那里非常敏感。"

虽然 76% 的女同性恋对性爱的感觉非常好，但是也有 29% 的女人在这方面遇到困难：

"我罹患疱疹，所以这么多年以来，我一直在情人面前自慰。我觉得抚摸自己的身体没有什么不好，但是我不会因为害怕对方在抚摸我的阴部时碰到痛处而时时警觉。我的情人大多很能接受我这样的做法。我特别喜欢她们在我自慰的时候爱抚我或亲吻我。我现在这个情人看到我自己抚摸自己时会感到很兴奋，而且我在她面前真的很忘我。"

"有些女人会强迫我跟她们做爱，我只向其中一个屈服过。这个女人单方面认为我们已经有'性关系'了，因为我们共睡过几次。我喜欢她这个人，但我无法对她报以同样的热情，使我感到很内疚。跟她睡觉的每一分每一秒我都觉得可恨，在她看不见我的表情的时候，我便愤怒地咬紧牙关。"

"女人催促女人上床的方式不如男人来得强硬，所以对方在拒绝时会感到比较内疚，这或许很悲哀，也许不会，全看你怎么想。我认为这个现象并非表示女人对性爱的渴求不如男人强烈，只是她们对于性爱比较内疚，尤其是女人与女人的性爱。"

尤其是年轻的女人，可能偶尔会很羞怯，或者难以达到高潮，甚至难以用自慰的方式达到高潮：

"我在一年半之前，才达到有生以来第一次高潮。我在小时候从未自慰过，直到成人之后才开始尝试，因为我知道我的朋友已经有过高潮或自慰。但是试过之后我的挫折感很重，因为我在抚摸阴蒂的时候，不太容易兴奋起来。后来我去找性治疗师。我真痛恨我自己，到了这个年纪还得去学习如何自慰。然而，一旦我对自己比较有耐心之后，就越来越喜欢这种感觉了。现在呢，我不但会达到高潮，还觉得其乐无穷！"

"我今年22岁，同性恋，大学生，和情人同居在一起。在做爱的时候，偶尔我们俩会同时感到很别扭，我们很难突破这关。偶尔突破僵局时，我会感到很美妙、坚强而热情。如果不行的话，我们就罢手，这时我会觉得好羞耻。我们都没有高潮，这是我们无法突破的关卡。我没有自慰的习惯，我希望这一切都能改变。几年以前，我连注视自己身上性感部位的欲望都没有，现在我开放些了。"

"我的许多朋友都知道我没有高潮。她们不但借给我关于自慰的书，也把个人秘诀告诉我，甚至还有人自愿要帮助我。有个朋友建议我说，要是哪天我真的达到了高潮，应该发一份通知告诉大家。"

"其实，就算是跟女人在一起，我也不一定想要做爱，但我却觉得我应该喜欢做爱才行。一般来讲，我对性爱的兴趣很冷淡，而且很难放松自己，与性伴侣在一起时，我从未达到高潮。我觉得自己好像不太对劲。我得用振动器直接刺激阴蒂，才会达到高潮，但我实在不愿对她说她无法使我达到高潮。我害羞得不敢教她如何用振动器让我达到高潮，我觉得我不应该教别人帮我自慰。所以我在做爱时表现得更主动，并控制一切，因为我在主动出击时，比被动接受时更有信心。"

但是，根据本书和其他研究报告，大致上，同性恋女人达到高潮的比例高于异性恋女性。

有些单身的女同性恋者特别会担心和新伴侣做爱的问题，例如这名女性，在考虑艾滋病的可能性的时候说："我会这么担心，是因为女同性恋者偶尔想找个男人睡觉的时候，对象大多是男同性恋。而男同性恋最有可能感染艾滋病。所以，要是和我上床的女人曾和男人睡过觉，那我的危险就大了！尤其是逢场作戏的性爱最是可怕，哇！"

女性间的爱情问题

"和你所爱的女人建立关系，不见得就能从此过着甜蜜快乐的生活。"

这两名女性的坦言代表了 93% 的同性恋女性的意见——女人和女人在一起，并不能避开所有的问题：

"以前大家都说女人之间才会有完美的爱情，都是男人在出错，因为他们不懂得如何去爱。但是同性恋的关系也会发生同样的状况，例如其中一个人比较冷淡，或者认定自己的独立性比一切都重要等，真令人大失所望。女人爱女人并不等于可以解决一切问题。"

"很不幸，女人和女人之间也有权力斗争，像是经济问题，一个人依赖着另一个人，在这种情形下，依赖别人的那一方就会自觉不如人。无论谁比较需要谁，谁比较依赖人，谁比较独立，都是会出现问题的。要是我太依赖她，她就烦躁起来；她太依赖我，我也很烦躁；但要是她不依赖我，我也一样烦躁！"

一般反映的问题如下：

"我们很难说彼此拥有足够的自我空间。"

"我们在智力上的差距很大。她只想要简单的东西。我希望她多念点书，我对功课是十分认真的。我希望能多留点时间和精力给她，但是我的功课很重，很难找到平衡点。"

"不稳定。我希望同性恋婚姻能合法化，并且拥有和异性恋婚姻一样的地位。"

"我们两个人的意志之坚定，举世无敌。我希望我们不必以分手来终止争斗。"

"问题是，我的情绪很不稳定、很怪异，而且在工作压力很大的时候会想要独处。我应该轻松一点，多享受一下和她共处的时光。"

"没有时间在一起。其他的约束太多了：家庭、事业。"

"大概是我太不够社会化了，我愿意改变这一点。但我更希望她能接受我本来的样子。"

"我不喜欢她把社会上的竞争心态带到我们俩的生活之中，她对于琐碎的事情非常固执，比如她认为别人心里一定有怎么样的想法。"

"她批评我太爱发牢骚了，我则批评她在别人面前话讲得太少，但我不会对她一讲再讲，她比较羞怯，所以会批评我话讲得太直接了。"

"她在我们的圈子里公开羞辱我，所以我就搞一场外遇给她看，大家扯平。"

"我们最大的问题是她没有与我同步的感受，她常常避开问题，不让我知道她的感觉，宁可生气也不肯跟我谈一谈。"

"她最令我伤心的地方，是她不把我的感觉当一回事，也不知道我有怎样的感觉。至于我最糟糕的，大概是占有欲太强了。"

"我们最大的问题？我太粗暴，她太沉静。"

"我偶尔会对她很冷淡，因为她总是会引起我的不悦。"

"有时候她会让我很伤心。通常我们会达到我想要的亲密程度，而且我相信我们可以继续保持亲密和坦白。但有时要做到这点实在困难。"

日常生活的安排通常不会造成问题，同居的情侣中，有 95% 表示日常运作相当好：

"我煮饭，她洗盘子。虽然我们有两间卧室，但总是同睡一房，她比较爱干净。"

"我们好像很自然、很本能地便配合得天衣无缝。我们俩什么事情都做，而且都很高兴为彼此做点事情。尤其是下厨，我们每天都下厨。"

"通常是我到她那儿去过夜，我们在外面吃饭，从来不叠被子。当然，我们是睡在一起的。"

"我们两个一起做菜、打扫、铺床、洗衣服、洗车、种花、修理水电。我比较善于构想，她比较善于实干。我们一起泡澡，一起淋浴，一起睡觉。"

有了孩子的女人，还得应付特殊的问题。然而，我们知道，孩子也会使同性恋的爱情关系更为复杂。

这个女人终究因为情人孩子的缘故而和她分手：

"我曾跟一个女人有过 7 年之久的爱情关系，但终究还是分手了。说老实话，这是因为她孩子的缘故。我承认我的确争不过她，我不喜欢跟人分享一样东西，所以我始终在爱情关系之中保持专一。我可不想和情人的女儿共用情人，虽然大多数人不会承认这点，但这就是原因所在。女儿永远是女儿，你不能跟她离婚，不能把她甩开，什么都不能做，而且她还活得比你更久，就算死了，还是女儿。我实在承受不了。

"她女儿不知道她是同性恋，所以我们一直得躲躲藏藏的，压力大得要命。如果她女儿知道了，我会不会觉得好一点？我不知道，但我从来就不希望她告诉女儿。

"我认为小孩子没有办法面对这种事情，她女儿 7~14 岁期间，我和她同住在一起。这个年纪的孩子，最顾虑的就是自己的同学和朋友，只想和别人一样，要是妈妈说出她是个同性恋，他们会受不了的。对他们而言，这和别人差得太远了。

"等到孩子再大一点，可以和别人稍有不同之时，告诉他们就不要紧了。但是 7~14 岁实在不行，至少要 17 岁高中毕业之后才可以。高中的时候，孩子得紧紧跟随着团体的脚步走。

"当然，有些同性恋母亲不同意这种看法。在妇女运动之中，对这个问题的意见相当有分歧。我知道有的人告诉孩子说，她们不愿放弃自己的生活，所以才这样做。有的人说这就像孩子在有圣诞老人的世界中长大，然后发现现实是不太一样的。如果你有个快乐的家，那它还是个快乐的家，即使你跟别人不太一样。也许现在的孩子比较容易接受这件事，我的意思是，如果你留意一下统计数字的话，差不多有一半的孩子都是由单身的家长，通常是母亲来抚养长大。"

让孩子知道甚至会比让父母知道更为困难：

"我真希望我能坦白地对我女儿说明有关我的性行为的事情。20 岁的孩子已经可以理解，而且支持我，但是 17 岁的孩子根本不肯听。所以我只能和她们谈对异性恋的感受、恐惧和犹豫之类的事情。我对她们谈的是这些事情，而不是我目前的生活。"

女人之间的爱是否比较平等、尊重

女人之间的爱是否比较平等？女人是否更能彼此尊重？付出和分享情感时是否比较能得到回馈？

96% 的女人觉得两人之间的爱是平等的，或是令人满足的，至于日常生活的起伏却是难免的：

"我们俩之间的爱和需要都很平等。我觉得她很爱我，所以我很满足。她对我很照顾，又不失尊重，在我需要的时候，会特别注意我。我对她也是一样，我经常说出自己的欲望，也鼓励她把她想要的，以及所有感受都讲出来。"

"我爱她，可能爱得比较少一点，我认为她比较需要我。我觉得她爱我，我很满足。"

"我们两个都认为自己付出的爱，比接受的爱还要多。有时候她认为她比较需要我。"

"我可以感受到她的爱，她的爱温暖了我、滋润了我，我们两个都会说自己需要对方，但我认为她比较容易开口。"

但是有爱情关系的女人中，74% 的人对爱情有不安全感：

"我总是在问自己，她爱不爱我，或者我是不是比较爱她。我不喜欢这种感觉。因为我如果用这个角度去设想未来，会被这种偏执的心态所影响。"

"我觉得有时候她很爱我，其他的时间则忽略了我。我满不满足？不满足。"

"我觉得我需要她，比她需要我还多。我觉得她爱我，但我多少有种不安全感，我希望她变得更想要我一点。然而，要是她太依赖我，或让我疲于奔命的话，我也会很讨厌她。"

"现在我觉得她爱我，我也很满足，而且我认为各种感受都是平等的。但在以前，我觉得我比较需要她。如果她的任何感受或需要与我不同，我就会倍受威胁，不只对情人这样，对别人也是如此。这时我会把不安全感和欲望投射在她身上，我依赖她帮我做决定，我不愿对自己的需要负责，所以我们不得不分开。我要学着信任自己，和对方分享一切，而非因为需要附着在别人身上，才建立爱情关系。"

"我们不是一开始就这么顺利的。起初她对我的感觉，不像我对她那么强。她告诉我的时候，我气死了，心里恨得要命。我表面上装作不在乎，看看她会有什么反应，当我比较不注意她以后，她反而黏着我了。现在我根本不让她知道我有多需要她，多渴望她，因为我从来就不想让她有缩手缩脚的感觉。我在心理上非常需要她，但不会让她知道。"

"我认为我比较爱她，但这只是因为能完全地感受到并接纳自己的感觉。我并不害怕露出脆弱的内在，但她因为诸多原因，就是不能也不肯表露自己的感受。所以目前我不是十分满意。"

"我们之间算是蛮平衡的。我很不愿承认我需要她，就像她需要我一样。我一直认为，如果对方比较需要我，我的地位就比较有利。过去我和情人相处时，总是尽力维持这个地位。我觉得她爱我，有时候我希望她能多表示爱意。当然，在公共场合是有点困难，但是至少和朋友在一起的时候，她可以送我小礼物，让我觉得自己很特别。要是她这么用心，我会很高兴的。"

29% 的女人，就同异性恋女性一样，有着类似的不安全感，渴望对方的注意，偶尔也会感到自己在情感上很依赖对方，对方不是很在意她们：

"我总是在情感上太依赖对方了，总是怕被遗弃，被人遗弃就表示我失败了。"

"说真的，我已经发现自己十分害怕亲密感。以前我几乎毫不例外地选择那种非常冷漠的人。我认为那样的追求不过是停留在刺激和浪漫的层次，好像自己不值得人家关心，只能作为牺牲品似的，只注重别人，不注重自己。接受心理治疗对我的帮助非常大。现在我所想的，是如何接纳自己、爱自己，而不是期待别人来接受我或爱我。"

"我今年 27 岁，觉得非常沮丧而且迷惘，我正试着想解决这个问题，所以我们之间的关系才会越显重要。她以我为中心，这是我们能维持下去的理由，时候到了我还是会离开她。我自己就是任何爱情关系中的最大问题，因为我没办法对别人说出内心的想法和感受。我最恨浪费时间，我很怕时间就这样流逝了。这辈子我最想得到的是自由和内心的宁静。"

"我要是开始感到和对方太亲近了，就会变得很冷淡，在情绪上、生理上以及其他方面都退缩回来。我需要感情，但是遇有机会，却不大放得开，我知道这是因为我成长于酗酒的家庭之中。这个情形显示出我缺乏自信、没有安全感、自我尊严很低，以及骄傲。我知道这种情形，但是改变得非常慢。"

58% 的同性恋者说，她们希望情人不要在情绪上过度依赖自己，否则

她们会很不舒服：

"要是她好像太依赖我的决定，总想聚在一起，我会觉得很不舒服，好像不能呼吸一样！"

"累死了。不公平，我可不要做别人的妈妈。"

"窒息感。"

"要是别人在情感上非常依赖的话，我会觉得不舒服，好像我该回报她们似的，这很可笑，因为我已经帮助她们的生活了。"

"好像被人软禁一样，生气。"

"栽入陷阱之中。"

"这种情形从未发生过，但我想要是真的发生了，我会逃之夭夭，我根本不喜欢这种情形。也许就是因为这样，所以我总选择那种不会太依赖别人的女人。"

但是 42% 的女人说，她们喜欢让对方感到安心。女人似乎较能接受对方的不安全感，较能给予对方支持，连对于伴侣的依赖性感到不舒服的女人也一样。这一点和男人的反应差别很大：

"我一直都很缠人，而且会在情绪上依赖情人，她们对我也是一样，我们彼此之间常说自己有多么珍惜对方，一天要说好几次。要是情况有必要，你自然会变得坚强而独立。我需要我的情人让我觉得安心，同时我也让她们觉得安心。我遇到的所有情人，无不深受这种恐惧之苦，我喜欢在日常生活中，安抚她们并建立她们的自信。"

"要是有人在情感上非常依赖我的话，我会很高兴，如果她们比较需要我，我会支持她们。我从不会觉得这样的情人使我不能呼吸或使我受到限制。"

一般来讲，女人大都认为，维持双方情感上的幸福，是两人共同的责任：

"如果对方似乎非常依赖我，我却拒绝或忽略她的需求，就会感到内疚、不负责。"

"如果她生我的气，我会陪着她，一直到她把感觉通通告诉我为止，因为这样做我才不会伤心。我害怕我们之间不再亲密，如果她开始默默地恨我，我们就会疏远了。"

"我们尽量当场就把话讲出来，当场解决问题。"

同性情侣之间的吵架

当然同性情侣之间也会吵架，就像男女之间的爱情关系一样。只不过这些女人所说的话，从头到尾并不像男女之间的口气那样隔阂：

"有一次雪伦非常沮丧，觉得谁都帮不了她，那次我们吵得最厉害。她不想让我去看她，反而要我把她丢开，让自己无止境地消沉下去，自己吞下所有的哀愁。我对她说，不行，我不会让她伤害自己或是我们。我们像角力般地挣扎了一阵，总算让她把对自己的怒气发泄出来了。"

"我们为什么会吵架？她说我吼她。她讨厌我和过去的情人有任何联系。还有，她认为我像一潭死水，我一直不太喜欢做这做那的，对现状感到很满足。"

"最近我们出了点儿问题，和握手有关系。当时我的兴致很高昂，想要一直握着她的手，她的情绪不佳，不想跟我太亲密。后来我发了脾气，因为她一点反应都没有，她也不高兴，因为我不尊重她。她需要自己的空间，她说：'情侣也不是一天到晚都握着手。'我们轻声细语地吵架，因为有别的朋友在场，但我还是哭了。第二天我们就和好了。"

48% 的女性表示吵架和嫉妒与第三者有关系：

"上个周末我们大吵了一架。我们过了两天非常亲密的生活，可是后来她接到了一个电话。我听得出打电话来的人有点难过，电话一挂上，我就问她是谁打来的，但我马上就觉得内疚，因为我侵犯了她的隐私。她看了我一眼，没有回答，我以为她在看完电视节目之后会讲，但是她什么话也没说。我心里很失望，就提早回家去了。

"第二天她要求和我一起吃晚饭。她想知道，昨晚我为什么那么冷淡、烦躁，她说她本来是打算要晚一点告诉我的。电话是一个年轻女人打来的，这人在五六个星期前开始追求她。她对这个女人说，她已经有固定伴侣了，但是这个人打电话给她好几次，又去她公司找她。这件事我先前一无所知，她知道我一定会生气，又不知该怎么告诉我。我觉得她还瞒着什么事情没说，况且这个人明明就是绕弯子接近她，难道她看不出来吗？"

比起异性恋，同性恋的爱情关系是不是比较难以持久

有固定情侣的同性恋女人中，有 87% 的人提到她们会以谈话来解决问题：

"通常问题尚未变成真正的问题之前，我们就把它解决了，我们会认真地促膝长谈。我们都觉得这样很好，除非我喝酒太多，变得防御心很重。偶尔我们还会尖叫几声，但过后就没事了。"

但有 14% 的人仍不愿意与对方交谈或进行重要的谈话：

"如果她肯说出心里的话，就没有问题，但有时候她非常保守，要她讲心事很困难，她的包袱太重，比如说她小时候受过虐待等事情。而我也很难处理，因为我根本不知道她心里怎么想。其他没有问题，我们之间既亲密又热情。"

"她讲述一些难以启齿的事情时，我不一定很专心听，我只在意它对我有什么影响，而不是她有什么感受。而且她一难过起来就没办法谈事，但我却希望能继续谈到一切都解决为止。"

"我不擅长谈话，用写的方法比较好，我心里的想法和感受还没升到嘴边就堵塞住了。但我说的话还是比她说的话多，我希望我们能时常亲密地交谈，但是我不想催她，这需要时间。我们喜欢一起拟定未来的计划，虽然这么爱她，而且喜欢跟她讲话，但我心里有些事情，恐怕是永远不能跟别人分享的。"

"要跟她谈话蛮容易的。但谈来谈去，都是自己的感觉和我们的感情。我不太可能批评她，因为她防御心极强，而我一开训就停不下来！"

"我们之间最大的问题在于我们不太会把心底的话讲出来。像我现在就有一些感觉希望她能了解。我们沟通得比较顺利的时候，性生活也比较好。"

这一对情侣正努力解决问题：

"我们斗嘴斗得厉害。例如，她的工作压力一大，就开始发牢骚、很紧张、胡思乱想，起初我的反应是反击回去：'如果你让我不好过，我就让你不好过。'我会说：'你太以自我为中心了。''你怎么蛮不讲理？'这无异于火上加油。我的习惯是，人家向我诉苦，我马上就返回去。其实她也是这样，她把和妈妈吵架那一套搬到我们之间来。我花了不少时间才领悟到这一点。我坐在那里看着她和我吵架的样

子，突然领悟到我们就是这样吵架的，又是抱怨，又是自怜，每件鸡毛蒜皮的小事都不放过。但现在我学着告诉自己：'好了，停一下，想想你有什么心得。现在你坐下来，保持镇定，用理智的方式来解决问题。'但是，实在很难把握。我全靠每周两次的心理治疗，才能克制自己不要过分。

"这种镇定而合理的方法实在有效。她无理地念叨不休时，我只是往后一坐，讲些很有理性、智慧而成熟的话，例如：'拜托，你一定要这么伤人吗？'或者讲些可以使她醒悟和缓和一下的话。不然就说：'我真的已经尽力了。我已经尽了最大能力来善待你，既然如此，你是不是应该少抱怨一点呢？'然后她通常会静下来，好好地试一试。"

15% 的女人说，两人之间所讲的话，所做的分析，已经太多了：

"我认为，有些女人对于爱情关系分析得太多了。我最近有个亲身体验，我爱上了一个社会工作者，有时候她似乎把我们相处在一起的时间当作心理治疗的延伸，她想迫使我赶快把话讲出来，讲得更详细点，但我觉得不太自在。我不是反对心理治疗，我以前看过心理医生，对我的帮助很大。但那是医生在诊疗室里的事情，而不是我的房间里的事情。"

"跟我现在的情人在一起，如果需要谈什么事情，差不多都是我提起来的，这跟我上任情人正好相反：她什么事都要分析。"

这个女人从两人的谈话之中，深刻地反省了自己。许多谈话，一开始时固然令人乏味，最后却是重要的：

"我只和一个男人发生过爱情关系，比较起来，我和前任女友之间的关系绝对伤神多了，那些内省的事情多如牛毛。我的意思是，我和法兰克同居 5 年，我常常反省自己，但他恰好相反。很奇怪，要是两人都喜欢反省，反而会对心理造成更大的伤害，这与我原来所想的恰恰相反。当初只有我一个人在反省的时候，感到很隔阂。但如果双方都反省的话，你们会得到更多的意见。那个过程很痛苦、很烦闷，但你们会有更稳固的联系。到现在，不管想说什么，我还是可以跟我的前任情人说，然而，法兰克和我虽然还是朋友，我却不会跟他谈这些事情。"

女性同性恋情侣之间亦有肢体暴力事件，18% 的情侣曾发生过这类情形，在年轻的情侣之间尤其常见：

"我从来没有被情人打过，但我的情人中，有一个曾和她的前任情人打过架。她在不高兴或是大吼的时候，会握紧了拳头，或抓住我的衣服。我对她说，如果她敢动我，我们以后就不要再见面了。她是没动过我，但我还是跟她一刀两断了。"

"我们曾为了一件根本不值得吵的事情大吵了一架。我慢慢地镇定下来，她却仍在生气，毫不留情地痛骂了我一顿，我觉得她讲得太过分了，求她停下来，不要再讲了。后来她还打我，我回了她一巴掌，告诉她，我恨她。我是说真的。"

"我以前的情人曾打过我，我觉得好可怕，我觉得自己一点价值都没有，被她虐待，被她遗弃。"

"我以前的情人中，有一个跟我吵过几次架。我们会打架，是我先动手的，我生气的时候总想找个什么东西来发泄。"

"我第一个情人在最后要分手的那个阶段打过我，她气得不得了，我则尽量忍让，但终于有一天我把她压在床上，狠狠地打了她一拳。事后我决心再也不使用暴力。"

这个女人描述了自己和情人分手时的状况以及心中生气和矛盾的感觉：

"我今年24岁。跟现在这个情人在一起我既快乐又痛苦，我们同居快两年了，我从没这么热情过。但是我们之间的关系就要改变了，这是我坚持的。我不知道未来会变得怎么样。月底一到，我们就要各自搬出这里了。

"我最喜欢的是跟她讲话和做爱，最讨厌的是不平等的感觉。她的问题是，她总是拖到很晚才把不好的感受说出来。她也说我为了避免冲突，把真正的感觉藏在心里。但是她做人并不圆滑，她很会记恨，连细小的事情也不放过，有时候还很刻薄！但她也很亲切、多情，而且性感，我爱她，连我们吵架的时候都爱她。

"每次我在爱情中陷入越深，自我就失去得越多，这实在很危险。现在我觉得我在开创新纪元，将来我不会对情人的要求那么百依百顺了。唉！现在我们只能带着残余的怒气，各奔东西了。以前我们会坐下来谈话，直到怒气烟消云散为止。后来我们发现这个方式不一定每次都行得通，有时候，了解他人的看法，或者找出自己真正不高兴的地方，是需要时间的。你跟别人吵架，常是为了发泄另一件你不知道如何启齿的事，我就常这样。

"通常我们会在吵架之后做爱，以前是她会哭出来，我则紧紧抱着她。我们正在设法解决我们之间的问题，我们定期每两个星期去和婚姻顾问谈一谈，我常常哭，有时候我真的好恨她，但我也最爱她。我的感觉很复杂，连我都弄不清我想要的是什么，所以我把全副精力都用到了工作上面，我可以一天工作 12～15 小时。另外，我尽量多跟朋友接触，我家里的人对我们俩一直都很支持，尤其是我妈妈。

"我们两人都没有其他的情人。要不要专一这个问题，我们不知谈过了多少遍。这种事情我应付不来，我的心和我的骄傲不允许我做这种事。我太没有安全感了，要是她有了外遇，我一定伤心得要命。要是真的发生了这种事情，我希望我会知道。但是如果不加以交代，或扯太多谎，那么，两人就会互相猜忌。没错，我以前是和几个已婚的女人上过床，现在我是到了另一个极端，我向自己发誓，永远不要这么自私，不考虑别人。以前我喜欢跟没什么瓜葛的女人上床，她们不会对我要求太多。

"我们的性生活很棒，超级刺激！我想要怎么样她都会配合我。我每一次都会达到高潮，我们的性生活最棒的地方，就在于它很刺激，有种亲密的感觉。我真担心以后我找不到像她这么好、这么有趣的情人。对我而言，热情是很重要的。除非彼此之间有热情，否则我不会把对方当作情人。我喜欢女人热切拥抱生命的方式，那不只是性欲的特征，也是一种生活方式。

"对我而言，爱意味着把另一个女人的福祉置于一切之上，关心她、注意她内外的感受。爱是会改变的，在一开始，是调情、玩游戏、找刺激，想办法让她留下印象。不过我现在已经走到内省的阶段了。我前面有大好光阴要过，随我任意挥洒。只不过，若能知道我应该何去何从，那就更好了。"

害怕爱情关系不长久

同性恋爱情关系能不能长久？同性恋婚姻好不好？

同性恋情侣最常谈到的话题，除了缺乏大众的支持、经常受到压迫、不得不隐藏自己的生活方式之外，大概要算是如何建立恒久的同性恋爱情关系。恒久的异性恋爱情（合法的婚姻）受到大众的肯定、传颂，甚至赞扬，但同性恋女人却缺乏如此有利的强势机制。

许多同性恋女人，终其一生都在害怕自己不能与情人维持长久的感情，即使她们的爱情关系近乎 10 年之久，她们仍暗示这样还不满意，或感到不够安全：

"现在我很快乐，但我不知道我还能持续多久。虽然我相信她，也知道我可以依赖她，而且感觉得到她爱我，也爱我的身体。不过，要是爱情褪色了，会发生什么事呢？"

"在'正常'的爱情关系里，热情会稍纵即逝吗？那个时候该怎么办？是要为了承诺而留下来，但过着单调枯燥的生活，还是每几年就随着恋爱和失意，一个接一个地变换情人？我真的很难想象老的时候该怎么办。"

"我现在有点沮丧。我认为我和别人的爱情关系，怎么样也不能超过 3 年。我这一辈子是不是要一直努力和不同的女人周旋？这跟我所期待的人生实在差得很远，我认为感情应该长久一点。也许不管多么热情，终有消散的时候，但我在恋爱的时候充满了活力，对整个世界都很积极。"

在本研究中，年纪在 30 岁以上的同性恋女人中，有 39% 曾拥有 10 年以上的爱情关系，或者目前的爱情关系已超过 10 年。年纪 40 岁以上的同性恋女人中，有 46% 曾拥有 10 年以上的爱情关系，或者目前的爱情关系超过了 10 年。

事实上，29 岁以上同性恋女性的爱情关系维持的平均时间，比 29 岁以上异性恋女性的婚姻和爱情关系的平均时间（两者一起平均）差距不大。但是 29 岁以上的同性恋女性的爱情关系的平均时间，比 29 岁以上的异性恋女性的非婚姻关系还要长。

要分手是不是比较困难

由于同性恋的爱情关系不能通过公开的方式——"结婚"以取得大众的承认，所以对同性恋女人而言，分手更是感情的磨难。与对方分手，使她们更加怀疑爱情关系是否能长久，而且在许多情况之中，她们得埋藏自己的痛苦，独自忍受孤独：

"我在 18 岁时，第一次感到爱情的强烈力量。当我们分手的时候，我实在感到迷惑。我问自己，我到底是不是同性恋？她会不会是我这辈子唯一所爱的女人？我感到好孤独，好像与世隔绝了。我和爸妈都不亲近，所以不可能告诉他们。感情没有别的出口，感觉好像自己脱离了人世间的一切，真痛苦。我的许多同性恋女友也有同样的遭遇，第一次分手是很惨痛的，因为这件事把一切都画上了个大问号。当下你就得想好：你要一辈子这样合合分分，还是只把她当作特例？这些事情令我痛苦不已，但却是我能熬过来的关键。"

"我这辈子最难过的事情，莫过于苦心与她相搏，终于留不住她，失去与她维持了 3 年的爱情关系。我本来是想要跟她一起过好多年的，现在她是我的朋友，而且算起来还是我最要好的朋友。我们的爱情关系早在几年前就结束了，但我还是有点恋着她。我失去她的时候，觉得爱刺痛了我的全身。晚上我会哭着入眠，因为我没办法让她爱我、需要我、想念我。那阵子我在其他方面有自我毁灭的倾向，大概也是我这辈子最寂寞的时候。"

"我第二个情人离开我的时候，我真是伤透了心，我觉得我完全孤独了。我这辈子最寂寞的时候是我父母分居的时候，我觉得好像全世界都离我远去。这一次，我在一年半之后，才觉得整个人完全恢复了，可以再像平常人一样和她应对。"

"我和第一个情人长期关系结束时，感觉好可怕。虽然这是双方的决定，而且我也知道她不能给我我所需要的东西，但我仍痛苦万分。那之后有好长一段时间，我每晚一定要看电视才能睡着，而且我就是一直哭一直哭，好像哭不完似的。也许是因为我们没有合法的结婚和离婚，情况才会这么糟，但许多结了婚的同性恋者，在分手的时候也会很痛苦。"

"我这辈子最低潮是在 10 或 11 年前，我所深爱并同居的情人在没有充分预警的情况下离开了我，这件事对我的伤害太大了。她离开我之后，虽然我也有过别的伴侣，但一直到 7 年之后，我才能重新爱上别人。她走后我也搬了家，和另外两个异性恋女人合租了一层离学校不远的公寓，住在一个小房间里，强迫自己开始吃东西，并考虑要自杀。后来我做了心理治疗，才没把自己置于死地。"

"我离开她的时候，感觉好像走到了人生的尽头。虽然已经过了两年，我的心里还是痛，一直没有真的把我们之间的事情'做个了结'，现在我们是蛮要好的朋友，每个月见两三次面，但总是小心翼翼。不管有什么困难，在钱的方面或道德上需要支持等，她好像总是第一个想到我。我刚和她分手的时候，工作得更努力，严厉苛责自己，并且酗酒，感到世界上没有一件事是稳固或者永久的。到了今天，我还是抱着这种想法。"

"不算我现在这个情人，我爱得最深的，要数在 24 岁时和我同居的那个女人。当时我快乐得不得了，而且以为这段感情会延续到我们老死为止。我把这段感情当作我生命的基石，支持我向前迈进、让我补充能源的基地。我们的性生活很活跃，令我非常满足。但是 15 年后，她突然提议要分手。寂寞感啮噬着我，我心里难过极了……她打电话告诉我：'分手吧！'之后我整整哭了 3 天，我本以为会一直哭下去，再也没有停止的一天了。"

"跟第一个情人分手之后，我花了 5 年才完全恢复过来。我对她是很真诚的，认识她之前，我从未对别人做这么大的让步，而且为了维持我们俩的情感，我用了很多心意。但她却在和我相爱 3 年半之后突然离我而去，我真的吓了一大跳。到现在我还是很生气，不和她讲话。分手的第一年尤其难熬，多亏我那些朋友，我才撑了过来。"

"我跟那个交往 3 年的情人分手的时候最痛苦。她之所以要结束我们俩的关系，是因为她有了别人。我们试着用理性的方式来解决，看看能不能维持 3 人的现状，但不久就发现这样行不通，我们俩都受不了，她的新情人也受不了。我们又试着只是把对方当作朋友，但是这样也不行，因为我仍爱着她。4 个月之后她搬出了我的房间，我才从虚幻中惊醒。

"我真不知道该怎么面对这种事情，一开始我不愿意接受。我们虽分手，但还住在一起，待在我的房间里，听着我的旧情人和她的新情人在隔壁房间做爱，真是一种酷刑。于是我开始参加心理治疗，又加入了一个为刚分手的女同性恋者所设的团体（后来，其中的一个成员成为我的新情人）。但是这些辅导对我的帮助很小，因为我很不平，觉得她完全把我排斥在外，而且我无法理解她为什么对我做出这种事情来。我觉得我在跟她结束之后好像失去了什么东西，但却更经得起考验了。

"我把全部精力放在功课和工作上，这些才是我这辈子最恒久的事物。这些事情可以让我头脑清楚。"

这个女人多年来不断变换情人，但她对此另有一套更积极的看法：

"我已经做了 30 年的同性恋了。我有过很长久的情人，我的朋友们也不乏这样的经验，但是几乎没有人能'白头偕老'。以前我们很担心这种事，因为异性恋情侣似乎比同性恋情侣持久。但是我们分手时所产生的问题显然比正式离婚的异性情侣要少得多。我们大多没有小孩，也很少有人富有到可以一起买栋房子，所以问题就单纯多了。而且，已婚的女人可能会因为自己没有工作而不敢离婚。虽然她们有所谓的赡养费，但通常领不到这笔钱。所以，她们的经济压力很大，至于我们就没有经济问题。

"同性恋男人的爱情关系一直都比较持久，会持续好多年，因为他们不在乎对方是否专一。他们之所以能维持下去是因为只要两人处得好，对方和别人上床也可以。最重要的是，你会回到你所熟悉的老伴身边。但大多数女人在情感上做不到这点，女人的整体心态是不同的。"

另一个女人指出，女同性恋情侣之间会这么不稳定，也许是因为她们

不敢接受自己的现状，这也使得她们必须设计出一套完全属于自己的方式：

"非传统的爱情比较难持续，因为它没有规则可循。在传统的婚姻概念中，两人所扮演的角色恰巧符合从小接受的社会礼仪，这是一种非常好的安排。两人都确切知道自己的局限在哪里，自己该怎么做，这样大概比较令人安心。但是我们这些有情人，或者结婚的同性恋者，真的什么规则都没有，所以我们一边过日子，还得一边摸索自己的路。我们得不断地摸索，找出一套最适合自己的方式，有时候，我怀疑同性恋会出这么多问题，会不会是因为她们想用典型的异性恋爱情关系的做法，以这个社会所灌输给她们的那种方式来过日子。"

其实，许多女人也了解分手并非失败，如果你曾有过美好的日子的话：

"分手这两个字太可怕了，应该禁用。其实，在你真正爱上别人的时候，便已留下不可磨灭的痕迹了。我真正爱过的人有3个（2个女人，1个男人），到现在，他们跟我仍然很亲近，这是我这辈子最快乐的事情。我知道其中有个女人愿意为我赴汤蹈火。我和他们3人之间仍有浪漫的爱情。这种感情不是要每天生活在一起，而是强烈的爱意和尊重。我的内心变得更充实，也更坚强了，因为我认识了他们，他们也认识了我。分开是很困难的。我用工作把自己包起来，我不会向朋友谈这些事情。我会写下来，睡个觉。我最怀念的是对方身体上的味道。通常我的做法是，完全分开，搬到另一个地方去，一直要等到很久很久以后，才会转换成这般美丽的友谊。"

而且分手不见得都那么痛苦：

"我跟情人们分手过好几次，都蛮痛苦的，但最后一次例外，那次是在跟她交往4年之后分手。分手是我们共同的决定，但是她先提出来的。我竟然这么容易就和她分手了，大概是因为长久以来我们之间一直有着隔阂……我早就觉得事情不太对劲了。"

"分手很困难，但是它让我自由了。是我想要分手的。我们的感情很不健康。我太依赖她了。"

"和她分手，我一点都不后悔。这种无悔的心态不能减少我的痛苦，我的确有点失败的感觉，以前分手的时候也一样，但其实不能这样讲，有时候两人就是合不来嘛。所以你就会受伤，然后愈合，然后又想找别的人。"

最惊人的是，和最深爱的情人维持长期朋友关系的女同性恋者，高达64%：

"我承认我们两个都不知道未来会何去何从。以前她说她不要压力，我说我没有施压力，但也许我应该改变自己，以免受到伤害，而事实上我们已经开始斗嘴。后来我们说好彼此不再见面，也不能通电话等，我们应该分手。但我们终于了解到这样做仍是徒劳无功，我们根本不想和对方失去联络。也许我们不再是情人，但是我们彼此相爱，喜欢互相做伴，并深入了解对方。"

"稳固的爱情关系好像很难求。我的某些朋友的确有长期的伴侣，但她们虽未分手，却通通有外遇。那么你能追求什么？你要追求多情、体贴的爱情关系所带来的安慰感，还是不停地追逐热情？而如果热情减退，你要不要逃开，再去找别人？我不知道。但如果我这一生的一切都要以爱情关系为主，并不惜为对方放弃我所拥有的一切，那么我一定要和一个肯共担责任、愿意和我经历一切的人，建立稳固的爱情关系和一体的生命。"

同性恋的女人是否专一

虽然在同性恋爱情关系中的女人，有 94% 相信专一才是对的，但其中 1/3 的人却有外遇：

"跟我现在这个情人在一起之后，我曾和另一个女人发生感情。我跟她之间慢慢变得非常认真，我爱上了她。但是，当时我是很爱我的情人的，所以感到极为苦恼和内疚。不过，我对另外那个女人的爱还是继续成长。最后终于被我情人发现了，我们差一点儿分手。我对那个女人还是有很强烈的感受，但我们之间已经没有感情了。我认为这样比较好，因为我仍然保有我真心所爱的女人。"

"我跟每一个情人在一起时，都曾跟第三者发生关系。通常她们都晓得这些事情，我觉得没什么，一点都不会有罪恶感，也不遮遮掩掩的。这种事情会对两人的关系产生什么影响很难讲，要看两人有没有安全感。我相信专一是好的，但不会否定自己的满足感和所做的事情，或者要求我的情人负责我性方面所有的快感。"

"那个女人吸引着我，我不是爱上了她，我只是很渴望她而已。这跟我的情人没有关系，那个女人和我彼此欣赏，我们知道自己在做什么，界限在那里，然后就做了。感觉很好，很有趣，彼此都没有长期的打算。"

"我年轻的时候，偶尔会骗骗我的情人，但我不喜欢骗人。我认为，如果你和对方很亲密的话，还是专一比较好。"

"我跟另外那个女人不是很认真的。她跟我们两个都很熟。这个外遇满足了我对冒险和热情的需要，但这种需要没有我的情人那么重要。一般说外遇很有趣，但它不是绝对必要的。"

"我有过几次外遇，我的伴侣也知道。我觉得这样很好。我们不相信专一，但我们都会把主要的爱情关系摆在第一位。"

"我小她9岁，我觉得我需要新的经验。我有时候会爱上别人，但我的心从未有过外遇，我也不会多花时间陪她们。那只是性爱而已，像蜻蜓点水一般。"

"我跟别人约会过，最后还是停止了。对方是个男人，早在我开始跟这个女人有关系之前就有来往了。我对他并不认真，只是重新恢复联系。那主要是性方面的，令我重新忆起过去的年轻时光，如此而已。"

26%的同性恋女人说她们的情人有过外遇，或者现在有外遇：

"我们之间最大的问题是，克莉丝同时还在跟另一个男人交往。我觉得很痛苦，因为我希望我们能全心爱着对方一人。而且这使我们的关系运作得不太顺利。例如，我需要她来陪我的时候，她可能已经和那个男人有约！"

"第一，她的不忠使我非常苦恼。第二，她的不忠使我有被背叛的感觉。"

"我觉得很糟——她一再地利用我，我要跟她一论短长。"

同性恋女性外遇的比例远低于与男人结婚或者维持长期关系的女人。另一个不同点是对方通常都知道，或者很快就发现了。知道伴侣有外遇的同性恋女人也比异性恋的女人多。这可能是因为女人之间的爱情关系更为强烈，在情感上更为亲密，沟通更多，与大多数女人所述的男女之间隔阂状况大不相同所致。

女同性恋者专一或者逢场作戏的模式，是否可能因艾滋病的盛行而受到影响？同性恋女人虽其他女人一样，会讨论到艾滋病的问题，但是她们的性活动却未因患病的可能性而稍减，其主要的原因是，在女同性恋的圈子里，罹患艾滋病的比例相当低。男同性恋的圈子受到艾滋病的侵扰严重，但女同性恋的圈子却几乎完好如初。而且，与男人发生性关系的女同性恋少之又少，所以这个疾病更不可能渗入女同性恋的圈子之中。更有可能的是，一般女人还在照常过日子的时候，许多同性恋女性已经去做过艾滋病测试了。

发现情侣有外遇时，大多数女人都感到难过：

"我最后的情人，是一个生了两个孩子的女人，当时她 41 岁。我和她交往了 2 年，对她很认真并满怀希望，期待着我们继续交往下去，最终能同住在一起。我把自己完全奉献给她，连我都吓了一跳，因为我是倾向同时和几个人交往的！然而，她却不相信我的感情，开始和我玩各种心理游戏，看看我可以忍受到什么程度。当然，我也让她彻底向我解释过，她的意思是，她需要这样做，我让她顺着自己的需要去做事情是很重要的。然后她就到处偷腥，乐此不疲。她不停地和别人约会，想引起我的嫉妒。我尽量保持理智，最后实在很糟糕，我们惊天动地地吵了一架，然后就分手了。"

"她一直都是水性杨花的人。我忍受她 3 年了，我们同居 2 年，最后我看破了，所以搬了出来。我还是会跟她见面和上床，但我也和别的女人睡觉。看多了她和别人约会，我也想试一试。现在我很喜欢这样，我想，我大概基本上已经不是专一的了。

"我认为我是想要知道为什么她会乐此不疲，并借此报复，这样也就扯平了。现在我除了她，同时和 3 个女人交往。我只是想要多一点经验而已，但其中一个女人可能是认真的。

"因为我跟她分手时极感痛苦，所以我去做了心理治疗。这对我的帮助非常大。原先我对她嫉妒得要命，因为她都在骗我。现在我一点也不在乎。我非常地独立，我还跟她见面。但是分手的感觉好可怕，就像离婚一样糟糕。现在我尽量多做爱、多玩乐，把那种感觉冲淡。"

女人普遍会因嫉妒而感到非常苦恼，这种事在任何人身上都可能发生，例如这个女人：

"我们去一家的士高舞厅跳舞，有好多女人上来和我的女朋友搭讪，使我感到非常嫉妒。我有种不安全感，因为她跟这些人有说有笑的，而我半个晚上没看到她了。

"第二天，我真的觉得很糟糕，我开始想：'我怎么会有这种反应？我是怎么啦？我得好好控制自己才行。'我要跟她解释一下，所以我打了电话给她，她说：'喂，我今天晚上想要出门，我们去看场电影还是做点别的事情？'我就说：'好啊，好啊，我们去吃顿饭吧！聊聊天，然后看场电影。'

"等到我下班回家的时候她已经回到家了，还在化妆，她说：'我们去酒吧。'我说：'酒吧？我不要去酒吧。我只想好好谈一谈，我们需要独处一下。'但她非常坚持，最后我说：'你听好，我觉得我们真的需要谈一谈。'我开始火大了，而她说：

'我只想去酒吧。我才不要谈，谈，谈，总是那么死板，严肃得要命！你根本就不想找乐子！'

"然后我决定跟她出门，而且要把自己灌得醉醺醺的。这就是我对抗她的方式。我当时还不够坚强，说不出'你自己出门吧，我要留在家里'这样的话来，但是我现在会这样对她说。我知道前一天晚上是我不对，所以不想让这件事越演越复杂。

"刚到酒吧的时候我们还坐在一起，两人都有点闷闷不乐，心里不太痛快。后来我们开始跟别人混在一起。我遇到一个以前就认识的女孩子，不时找她谈天，这使得我的女朋友非常高兴，既然如此，她就可以为所欲为了。她不想回家了，跑进来对我说：'这不是很好吗？我们各有一片天地，但还是在一起的。我们可以一边和朋友来往，认识新的人，同时维持我们的关系。这种做法比较成熟，你说是不是？'

"第二天早上醒来的时候，我真的慌了，因为我醒的时候她不在我身边。我开始胡思乱想，然后我起床，发现她不在屋子里，我着实慌了。后来她打电话来，当天早上她7点钟就离开家里了，她睡不着，而且很不高兴，因为前一天晚上我喝到酩酊大醉时，源源不断地讲着责任感、财务负担。我把我所痛恨的事情，一股脑儿全讲了出来。

"接着我大病4天，不能吃东西，什么都不能做，所以我赶去看我的心理医生。我觉得，这种事要是再发生一次，我一定撑不过去。我一定要解决这个问题。"

10%的女人，对于爱情关系应不应该专一的问题比较看得开：

"我认为我的情人不曾有外遇，主要是因为缺乏精力。我比较喜欢专一，但我不要求她一定得保持专一。我比较在意她给我什么东西，如果这方面没问题，她做别的事我就不太担心了。当然，如果有外遇我一定要知道。"

"以前她是蛮纯真的，只被一个男孩子重重地爱抚过而已。我有什么感觉？每个人都会经历这个阶段嘛！我希望她能专一，但是我的占有欲还没有强烈到要逼迫她的程度。"

"我知道她有过外遇。我觉得没什么，我不相信专一。"

她们争吵的焦点，也许不是外遇，而是调情，或可能会与别人调情，这些调情，有些是真的，有些只是被熟人所吸引，或只是朋友较为热忱的表现而已：

"她最惹恼我的就是在最近这个假期里，她调戏我一整晚，却不肯跟我上床，反而跟朋友谈到很晚还不睡觉，告诉我这个朋友说她有多么迷她。她完全忽略我的需要，我需要她来陪我，也想知道他们在做什么。这件事对我的伤害很大，后来我们把话讲出来，僵局也就打开了。"

"这种事情在女人的圈子到处都是。人人不顾道德，某某人跟某某人的前任情人睡觉，又跟另一个人的前任情人睡觉，弄得没有人不知道其他的人在做什么。如果我们跟陌生人发生感情，谁也不会知道，这还好办一点，但是女同性恋的圈子这么紧密，人数又不多，所以你终究会和她的情人的旧情人睡觉，或和两人的共同朋友睡觉，这有时候是非常令人痛苦的。这种事情一再发生，根本没有什么顾忌。这年头，道德感好像彻底地消失了。"

"这种现象与女人的心态有关，女人一开始踏入同性恋的圈子时，潜意识就认定自己毫无道德可言。所以，我们为什么还要把限制加在自己身上呢？再说，如果你是个同性恋，你过的生活便和社会上大多数人完全不同，那么，你为什么还要坚持这个社会奉行不渝的道德规范呢？既然我们不在其他方面顺从大多数人的做法，为什么还得接受专一的价值观呢？这种价值观，其实是无中生有的规范。"

"这种心态很复杂。有的人在假设的前提之下高谈阔论，事到临头，却因女友和别人睡觉而尖声大叫。她们起初说这没什么大不了，事情本来就是这样，但要是这种事情发生在她们身上，那么又有另一番说辞了。"

女性同性恋者的婚外性关系，多半会变成朋友关系或长期的爱情关系。女人与男人之间，也许较容易发生逢场作戏的性爱，但女人与女人之间则不然：

"我发现我要和男人逢场作戏并不难，但是要和女人可就难得多了。事实上，我发现几乎不可能，和男人邂逅很'好玩'，但纯为寻欢。可是跟女人在一起，一定会谈得很深，投入感情，彼此熟悉，至少都会变成朋友。"

在同性恋的爱情关系中，作为"第三者"的女人，大多感到很伤心：

"我跟现在这个情人初遇之前，她对她的情人是专一的。我们的感情如同'狂风骤雨'一般，但我们相恋一年半，她才和那个女人分手。那段时间，真是备受折磨。我要她离开我，我们好几次试着互不相见，有时几个星期，有时几个月，但等到我们再也受不了，就又相聚了。"

"我曾和一个已婚的女人发生关系，并维持了两年半。我很在意她是有丈夫的人，但我慢慢挣脱这种虐待自己的想法而承认了现实。"

"我那时已经爱上她了，那真是痛苦。我知道她需要我，但是我却不能像她的情人那样，给她日常生活的稳定感。我们的感情使她受到鼓舞，给了她力量，给了她所需要的滋润。她和那个人的关系也因此变得更好。我一点都不怪她，因为我要给她最好的，而且我自知我们永远没办法住在一起。"

61% 的同性恋女人一直都是专一的[①]：

"我今年 34 岁。我在本质上算是专一的，在有固定伴侣的时候，我几乎从未和别人上过床。我相信，专一是最适合我的。我也非常希望我的情人能对我专一。但我认为这不见得是每个人唯一的出路。"

"我对她是专一的。我觉得自己在感情上，无法维持一个以上的性关系。我是希望我有能力同时处理一个以上的性关系，我认为可以借此成长，而且我喜欢体会新的经验。将来我有可能会和别人发生关系，但是我会事先告诉她。我知道我的伴侣没有和别人上床。我相信她，而且我不要她对我专一。"

"只要我还跟她在一起，我就不可能和别人上床——没有理由嘛！是的，我要她对我专一，如果她有了别人，我也要知道。"

"她不会去追求别的女人，这是她的弱点。有些女人令我十分心仪，不过我和她们之间是另一种关系，我把这种感情引导到其他方向上去了。"

我们是妇妇[②]

31% 的同性恋女人结过婚，或自认为结过婚。这是女人和女人之间的婚姻：

"我喜欢结婚的感觉，结婚最大的好处在于爱情比较长久，最糟的地方在于吵起架来很痛苦。我们是妇妇，我们结过婚。一开始是她的主意，她向我求婚，我答应了，因为我们彼此十分着迷。做这个决定并不难，我只想了一个晚上就答应了。我觉得非常好、很兴奋，而且我对她的感觉一直都没有改变。"

---

① 30 岁以上的女同性恋保持专一的倾向尤为强烈。这个趋势和异性恋在婚姻中的表现恰恰相反：30 岁以上，结婚超过 5 年的女人，发生婚外情的比例更高。

② "妇妇"是女同性恋者相对男女婚姻的"夫妇"提出的一种说法。

"我和另一个女人结婚多年了，结婚给人很大的安全感，我很喜欢。我挣扎了很久，才答应与她结婚，而一旦结了婚，我便得放弃我的信仰和家人。最糟的是，我发现结婚根本就是假象，并不稳固。我本以为会找到一片新天地，但我大错特错。人们在结婚时，彼此像陌生人；等到离婚时，就像外星人。"

女同性恋者的金钱状况

女同性恋者如何处理财务问题

在女同性恋者的爱情关系中，双方如何处理财务问题？她们会分担费用和收入吗？

一般而言，在同性恋的爱情关系之中，财务和经济的主导权或依赖性，都不是大问题，虽然同性恋的情侣间，两人往往收入有别，而且有 21% 的女人在经济上供应对方。

常见的分担费用方式如下：

"我赚得比较多，她要多少我就给她多少。我们有共同的财务目标。我愿意努力工作，奠定生活的基础，以便做别的事，例如投身于无酬劳的政治事业或艺术。"

"财务安排不会影响我们之间的关系。我们两个人都有工作，也各付自己该付的那一部分。我赚的钱比她多，所以我大多自愿支付社交活动的开销。"

"我们两人都是专业人士，所有支出各付一半。各人赚的钱，各人自己控制。这间房子是我的朋友兼情人的，我付她租金。"

"现在我们分担费用，但之前我照顾她一年左右。账单通常是我来付的，等到她有钱的时候再还我。我赚的一直比较多，所以谁付什么钱，是个形式而已。"

"我管钱，付房租，买日用品。在她拿到学位之前，我得暂时多扛点责任。她是个全职的学生，只有一点点收入。"

"我们各有收入，钱也不混在一起用。我们花钱很自由，花在对方身上的钱都差不多。我们保留了各自的住所，我们的收入是同级的，而且我们之间的关系不受财务影响。"

"我们不会共同使用金钱。虽然会有例外，但是我们比较喜欢各用各的钱，尤其是偶尔我们的收入有高有低的时候。"

"我们没有合着用钱，缺钱的时候她会支持一下，或者教我如何明智地使用金钱。"

但是，完全地依赖对方，显然会发生问题：

"她付房租，我买日用品。一般不会有什么问题，不过如果我们的感情不太顺利，感觉上就不太对劲了。钱的问题当然会影响两人的感情，我认为我就是因为钱的问题才会变得这么胆小。"

以前，这个女人的情人一直在经济上依赖她，现在她质问自己，建立这段关系的动机到底是什么：

"我问我自己：'为什么当初我明知跟她在一起不太稳定，却还是选中她？'我会选她，是因为在那个时候我需要有一个依赖我的人。这段感情关系是我主动的，因为我想要一个依赖我、感激我、陪伴我的人。我需要有个人来爱我、需要我、渴望我，尤其是性方面。所以，我就跟她在一起了。但同时我也告诉她，我要教她一些可以快速'好起来'的方法，例如你得了解，要谋生就得这样那样等。最后，她真的走出去，找到了一个很棒的工作。

"我跟以前所有情人的组合，都不及我和她之间的组合来得那么好、那么健康，因为我们的意志都很坚定。她就像我一样，不想在各方面受别人操控。我真的很佩服她这点。她说：'我要出去找工作，自己养活自己。'不只是口头说说，她说到做到。从那时候起她就一直在工作，现在也开始赚钱了。"

这对情侣很穷，但仍尽量不使爱情受到金钱的影响：

"现在我们的手头很紧，所以我们就住在这个小方盒子般的房间里，她有好一阵子找不到工作了，她觉得她完全在依赖我，但她不想有这种感觉。这个念头使她烦得要命，脾气暴躁。她对我说：'你想想看，如果是我在养活你，你心里会有什么感觉！我在心理和财务上都这么依赖你，要是有个差错怎么办？那我要去哪里啊？要是我们吵架呢？我能上哪儿去呢！'

"我完全理解她的想法，但我也希望她不要有这种想法，我总觉得这些问题都会解决，不用担心！但是我知道，要是我们不用点心的话，这个问题是不会消失的。"

女同性恋者很富有，还是大多很穷

这个女人透露出她的同性恋圈子的惊人内幕：

"一般人好像都有种想法，以为同性恋者没有什么钱，因为在电视上出现的同性恋，都穿着邋遢的衣服，举着牌子，在街上走来走去。所以一般人得到的印象是，这些人差不多都很穷！其实，许多女同性恋和男同性恋都很有钱。认真讲起来，同性恋男人也许是社会上收入最高的一群人。

"纽约附近有个社区，堪称女同性恋的大本营。她们都有房有车，这些女人口袋里可是满满的。当然，男同性恋的口袋更满。但是，以女人这个族群来讲，她们的确很有钱。她们有自己的生意、房子以及昂贵的工艺品。

"这些女人会这么有钱是因为她们已经工作一辈子了。她们不像那些刚离了婚，正开始学习谋生技能的女人，她们早就对这些工作技巧了然于心了。她们的平均年龄是50岁，所以她们已经存了很多的钱，也对财务处理非常娴熟。

"最有趣的是，这对当地人的想法也造成了改变。我是说，虽然那里住了不少同性恋人士，但主要还是个异性恋的社区，这很自然，每个社区都一样。但是那个地方的人因为我们而更尊重女人，他们虽不会把在街上遇到的女企业家都当作同性恋，但是他们知道拥有房地产和个人企业的女人多得不得了。我不知道他们到底把这些人当作女同性恋，或只当作女人，但是比起全国其他各地（尤其是纽约）的人而言，当地人对于女人极其尊重。有些市长还是女人呢！不过这种事情并不普遍。"

♥ 女同性恋喜欢单身吗

62%的女同性恋喜欢单身，但她们大多不愿意长久过单身生活：

"我喜欢单身，因为这样我比较有空和朋友相聚，也不会寂寞。这样子耳根也清净一点，不必费那么大劲和别人争斗。"

"在单身的生活里，我对自己多了几分认识。不用回答别人的话，这种日子的感觉，真好。"

"我喜欢单身，单身上餐馆、酒吧或者是派对，这样我才能跟别人调情，有时候还可以找到约会的对象。有的人很嫉妒我这么容易就能找到约会对象。这是蛮好玩的，但是过一阵子就会变得很痛苦，极端寂寞的感觉可一点也不好玩。"

"现在我必须靠自己站起来，反省自己，接受自己，依赖自己。我也喜欢自由地和几个人约会，我不想要全天候的爱情关系，因为我要专心照顾我自己，但是我害怕完全的孤独。"

这个年轻女人写出了许多较年轻的女同性恋者对于单身的疑问：

"我是学生，今年 19 岁，兼职做女服务生的工作。我很注重自己的内心世界，喜欢读有关女人或者女性作家的书。在政治上我属于左派，我是名同性恋，没有特定情人，还算是蛮快乐的。到目前为止我尚未遇到任何美妙的事情，也没有任何重要的长期情人。我 16 岁那年爱上了我的女朋友，那是我爱得最深的一次。此外，今年年初，我对一个亲密的老朋友产生了许多热情的感觉。

"身为同性恋者，要找一个有魅力、风趣又和我有同样价值观的女人并不容易。我不常去女人酒吧，当然要在非同性恋者聚集之处找到这样的女人更加困难。单身的生活是很寂寞的。我真希望我的好朋友能多一点。跟一大群朋友或是亲戚在一起的时候，我会觉得很快乐，而且大家都很尽兴。

"在目前的孤独状态之下，我还能保持身心健全，是因为我住在大城市里，所以我可以到女性主义的书店逛一逛，看一些由同性恋剧作家所写的上好戏剧。也可以到很不错的酒吧去喝两杯，这种地方，可不像那种既脏又暗、烟雾弥漫的酒吧，让客人觉得自己很低级。"

这个年长的女人比较喜欢单身生活，并认为一般人过于强调爱情关系：

"我最基本的支持力量，来自我和女人之间的友谊。要是没有女人，我这辈子会很孤独而寂寞。我有过不少长期的女性情人，我觉得，跟女人谈心、讲话比较容易，比跟男人容易多了。我今年 64 岁，单身，比较喜欢和女人之间的亲密感和爱情。虽然爱情很重要，但我不会把这当作生命的目的。你一旦找到了自己的目标，就可以找个人与你共同分享生活。但是许多女人却落入了爱情的陷阱而不自知，白白浪费与生俱来的天赋。"

令人惊讶的是，有固定情人的女同性恋者之中，有 17% 的人仍视自己为单身：

"对我而言，单身的好处在于自由。我占尽这两种世界的优点，既拥有情人，又能和朋友见面。"

"虽然我已有固定情人，但我还是把自己当作单身的人。我喜欢单身的生活，因为我可以自由地做我想做的事，没有人会要求我。我来去自如，喜欢自己逛街买东西，或找朋友聚聚。有些事情，我就是不想和情人分享。但我的确喜欢有个情人陪我看电影或上馆子。"

这个女人之所以厌恶单身生活，有个独一无二的理由——太费劲了：

"我一直比较喜欢有固定情人，因为这样可以省下不少时间。你不必出门和别人约会。我每次总是迫不及待地想结束那种忙乱的生活，虽然那很好玩，但是要花好多时间。如果有固定情人，你要做什么事都有人奉陪。你可以携伴去看芭蕾舞、看电影、参加派对，这种感觉真的很好。"

21% 的同性恋女人都希望自己没有固定情人的时间能够多一点：

"最近我对爱情关系有了另一种看法，我认为，爱情关系是种经常性的伤害，使我分神，让我无法专注在应该去做的事情上面。我是说，我的确很尽兴，但伤害似乎总是伴随爱情而来，所以就减弱了爱的力量。说真的，排除困难，去追求真正热烈的爱情关系，到底值不值得，我也说不上来！"

56% 的人抱怨，有时要找到合适的对象十分困难：

"我年纪越大，要找对象就越困难。我找不到真的和我谈得来的人。"

"要是你只上酒吧的话，就很难找对象。最好是去那种同性恋很多的场合，这样你就会有一大群朋友。要找对象就要这样，唯有你熟识的朋友，才可能会变成情人。"

"我在工作上所接触的全是女人，但是我不喜欢和工作上有往来的人发生感情。所以我很难遇到女人，因为我住在中型的市镇里，只有一间酒吧，那个地方说什么我也不想去。"

要表明心迹实在很难

要向别人说自己是个女同性恋真的很难，但是大部分女人都觉得能把话讲出来是很高兴的。

大多数女人都怯于表露心迹：

"我今年18岁，金头发，蓝眼睛，中等身材，想法和作为都独具一格。目前我爱上了一个非常漂亮的女人，但是我鼓不起勇气问她对我有什么感觉。所以我觉得蛮困惑的。如果我能鼓起勇气，让她知道我对她的感觉，也许我们可以成为情人（我们已经上床一次了）。我的性生活虽然很丰富，但我还是觉得不够，我妈妈还以为我是处女。我可以感到我体内的高潮，正等着与她销魂之时爆发出来。但是，我就是不敢让她知道我对她的感觉。"

年纪在25岁以下，最近曾对人表明心迹的女人，得到的回应大多认为自己大错特错了：

"我今年22岁。最近我告诉妈说我是个同性恋，她听到这个消息都快吓坏了！她相信我唯有结婚生子，才能得到真正的快乐。但我听到这样的反应也吓坏了，因为她自己的生活非常悲惨。虽然她对许多事情都很谅解，但是无法接受这个事实，对她而言，成为同性恋，代表全面失败。"

或者有人会认为自己的想法和感受是错的：

"我觉得我在某些方面有双性恋的倾向，但在某些方面又像是个同性恋。我喜欢跟男人做爱，但我的确对女人很好奇。我觉得很困惑，我跟未婚夫暗示过这个问题，但是我们没有真正谈过，我想他是愿意接受并体谅我的，但是我就是没办法让他知道我内心某些想法和感受，因为我的心里很不安。"

"前一阵子我打算讲出来，但话到嘴边又咽回去了。这倒不是因为他可能无法接受，而是我不愿接受或不愿真正了解自己的这个层面。"

女人在表露心迹之前，可能会感到苦闷和寂寞，因为她们竭力想使自己契合异性恋的基准：

"在高中的时候，我不是同性恋，也不认识任何同性恋。应该这样说，我在高中时，还不知道自己是同性恋。我感到寂寞，无法进入大众的圈子，也没有跟别人约会。我觉得，人要是聪明的话，就注定要过呆板而寂寞的生活。高三的时候，我开始跟男孩子约会，也有了几次性经验，但在19岁那年，我就承认自己的确有同性恋的倾向，所以我的异性恋生涯实在短得可怜。我想跟男孩子在一起，这样我才会觉得自己很正常，但我还是觉得自己不太正常。在做爱时，我得竭力忍受，而且难得有快感。跟女孩子在一起就好多了。即使是跟女孩子在一起，我也是过一阵子之后才能真正进入状态，我仍然很少有兴奋感，而且这段过渡期持续很久。"

"在高中的时候，我开始发现自己会对别的女人着迷，但是我马上就把这个念头驱走，告诉自己说：'每个人都会有这种感觉，只要你不付诸行动就没事了！'我从未想过我会真的变成同性恋，因为同性恋显然都是病态而且叛逆的人，与我的个性差远了。我没有跟任何人谈过这件事。"

"我的高中时代并不好过，跟男孩子在一起，我觉得很紧张，我很喜欢他们，甚至还喜欢跟某些男孩子接吻，但我就是觉得他们的侵略性太强，身体也没有任何吸引人之处。跟女孩子在一起，却让我感到陶醉，虽然我是同性恋，却不太知道要怎么做，我算是蛮封闭的。我这辈子，就数承认自己是同性恋之前最为寂寞。我父母亲一点都不晓得我在 16 岁时就有了性经验，但是我承认这个事实之后，就告诉他们了。不管怎样，我父亲毕竟接受了我，但我母亲就显得很难过。"

一旦决定要表明心迹之后，一个人的心境就会有所改变，94% 的人在决定表明心迹之后变得积极起来。

86% 的女人觉得她们的初恋很重要、很认真、很美，无论她们已经坦白地承认了 1 年还是 20 年：

"我在大一时爱上了一个同班同学。当我领悟到我对她有这种感觉的时候，我都快崩溃了，我对自己说：'你爱上了另一个女人。'我觉得好震惊、好意外，又好高兴自己终于'恋爱'了。我会感到震惊，是因为我知道一般人认为女人爱女人是不正常的。我会感到意外，是因为我的行为会被大家认为不正常。可是我一直很受人欢迎，高中时的男朋友是棒球校队中的明星选手，在大学里又是个优等生。但是跟男孩子在一起，我没有恋爱的感觉。我对珍娜用情很深，她是我的初恋情人。虽然我一直都很喜欢性爱的经验，但是在她之后，我变得比较喜欢女人，并开始追求女人，而男人却想追求我。"

"我在 20 岁左右成为同性恋。我在青春期时就知道自己有同性恋的倾向，但我一直和男孩子约会，掩饰内心的感受。我在 16 岁时深深地迷恋上了和我在同一家餐厅打工的拉拉队队长。不久之后，我们变成朋友，大概 4 年之后成为情人。我们的关系，自始至终约有 9 年，而且非常的激烈与热情。"

"顺便一提，我妈妈觉得同性恋的生活方式也不错呢！我非常喜欢我妈妈，我既仰慕她又尊敬她，我想，100 万人里也未必找得出第二个像她这样的人来，毕竟，赞同而且支持女儿过同性恋生活的 70 岁老妈，是很少见的。我非常喜欢她，她对人生十分热忱，而且总是全力以赴。我喜欢她对人生的热忱以及开放的心胸。"

但在本研究中，仍有 46% 是秘密的同性恋者，很少和外界沟通：

"那个时候实在没有人可以与我谈这个问题，而我现在虽已 36 岁，我的父母仍不晓得我是同性恋，要是传出去，全家人的面子就不保了，这个代价未免太大。我的信心，多半来自我认识的那些拥有长期爱情关系的同性恋女友。"

这名已婚的女人因为自己对另一个女人的强烈感受而觉得吃惊，她提出不同角度的看法：

"以前我曾帮一个女人和她的家人工作，帮他们整理家务。我渐渐对她产生了很深的感情，这种感觉强烈到我恨不得每天都能看到她。她讲话的语调、走路的样子、她整个人，对我都有种魔力。跟她在一起，我就觉得快乐，我们之间没有任何逾矩的行为。她知道我对她的感觉，我真受不了这种折磨，我还有丈夫和孩子呢！我爱我的家人，但是一看到她，我又有很强烈的感觉。

"后来我辞掉了这份工作。做这个决定我真的很后悔，但是除此之外，我想不出还有什么解决的办法。至今已经过了 7 个月了，我对她的感觉仍很强烈，心里渴望着和她在一起。有时候我觉得很迷惑、很难过，但是我知道我得对我的丈夫和小孩负责。

"想到未来我实在很害怕，我怕我会深深爱上别的女人。我很难接受自己双性恋的倾向。我非常努力想去除心中对女人的感受，但有时候真的很痛苦。"

这个女人回忆她在 20 世纪 50 年代表明心迹的滋味：

"在那时候表明自己是同性恋，无异进入一个神秘的黑暗世界。那时候，最大的目标就是酒吧，而酒吧常遭突然检查，我还在监狱里待过几晚呢！警方不能把酒保和酒客关起来，但会对这些人严加讯问，出言恫吓，让大家吓得要命。我还记得当时我一到酒吧，第一件事先找出口，以便在突然检查时迅速逃逸。

"当时的处境实在很糟。我们不时听到那个酒吧被突然检查之类的消息，所以我们都躲在暗室中，偷偷摸摸的，对外则尽量伪装，用假的身份。我曾对公司的人谎称过去曾结过婚，我还用过我姐夫的姓氏，编造出其他的故事来。

"在 50 年代，许多上酒吧的女人都剪成平头或是穿戴打扮得像个男人。但不知怎么的，我一直很看不起那种举动。而我这群朋友也不时兴那种做法。要是有人问我是不是同性恋，我便迅速地分析出对方的目的，然后说出对方想要听的话。对方认为我是什么样的人，我就说我是什么样的人！"

年过 40，第一次成为同性恋者的女人

本研究最惊人的发现是，有许多年纪约四五十岁的女人，在离婚之后和女人建立起爱情关系，并认为这是很理想，甚至堪称最佳的生活方式。

在本研究中，有 24% 的同性恋女人在 40 岁之后首次和女人建立爱情关系。这个数据相当令人惊讶，因为这个结果和过去的研究完全不同。下面这个女人，先前曾结过婚，生过小孩，但不久前她的生命又起了重大转变：

"我这一生中，一直把我和女朋友之间的友谊看得比什么都重要，我觉得我这些朋友既坚强勇敢，又美丽。但我活了 40 年，怎么样也想不到我会对女人产生关于性的那种爱。我吻过也抱过我的女朋友，我们一起哭、一起笑，一同在各自的婚姻中奋斗，然后一起离婚、一起工作。但我从未想过我有能力爱一个女人。我曾谈过这件事，我说我相信这种理论，人类如果没有思想上的限制，必然会有双性恋的倾向。但当时对我而言，这只是一种理论而已。

"现在，我的眼前突然开启了一片新天地。我已经问过千百个问题，但还有一些问题尚待理清。我已经得到了这样多的喜悦和乐趣，却难以理解为什么我以前并不曾发现。

"两年前，我搬到此地，接手一份新工作。搬到此地之后，我一直都是独身的。我的工作紧凑而忙碌，压力又很大，能留给自己的时间实在很少。一连几个星期晚上开会或加班之后，我宁可在家照顾女儿，也不要外出寻找男人。我偶尔会自慰，但是慢慢地连这份兴致都没有了。工作和孩子似乎榨干了我每一分精力，我难得有时间考虑自己的需要。大概在一年前，有天晚上我躺在床上自慰，几乎是一达到高潮我就不可抑制地痛哭起来，因为我感到又焦虑、又寂寞。我觉得我好需要有人来抚摸我、宠爱我、安慰我、拥抱我、亲吻我。我需要再爱一次。

"在我的同性恋朋友的介绍下，我认识了一个非常特别的女人，一开始的时候，我除了想跟她交朋友之外，也有共同的兴趣，会交换欣赏对方收藏的唱片，后来却演变成到目前为止最美好的感情关系。你可以说我又复活了，重新回到那个快乐又轻松的感情世界。我女儿以为我们只是朋友，目前我只打算让她知道这点。

"跟我的情人做爱实在快乐，有时候温暖而体贴，有时候热情又有力，有时候既好玩又有趣。我从中得到了无穷的快乐，几乎每一次都会达到高潮。跟我丈夫在一起时，却时有时无，为什么有的时候达不到高潮，到现在我还是不太清楚。跟我的女情人在一起，我几乎每一次都达到高潮，就像我自慰的时候一样。我的高潮有好几个层次，但是我没办法控制自己要达到哪一个或哪几个层次。

"过去22年来，我只跟男人做爱，因为我所知道的仅止于此。然而，跟女人相爱半年，却让我感到跟她做爱的滋味，胜过跟我认识的任何男人在一起的感觉。她就像我一样渴求抚摸、拥抱、亲吻和爱抚。不必我提醒，她自然就知道我想要的是怎样的。跟她在一起，我很容易就被她的快感所感染，因为我知道她有什么感觉。她的阴蒂、阴部和阴道，比男人的阴茎和睾丸更能使我兴奋。她达到高潮时，不禁令我生出同样的感觉，就像是'共鸣的振动'一般。"

另一个住在得克萨斯州的女人，描述了她和情人的生活：

"我去年才成为同性恋者，开始和我的情人同居。她今年36岁，已经离婚，在学校教书。她是个很好的人，毫无条件地接受他人，尤其是接受我。她伴我度过了无数个情绪最低潮的时期，以前我不知道我可以对别人爱得这么深。我对她的爱，就像我对妹妹的爱那么深，而妹妹是我自小就疼爱至今的。

"我今年45岁，生于得克萨斯州中部。我在12岁时住进童年男伴的家中，并在18岁时嫁给他。我们俩结婚24年，生了3个孩子，然后分居了3年多。我受过两年大学教育。我们俩的生活一直很快乐，但是自从他有了外遇之后，一切就变了。我简直快崩溃了，这大概是我这辈子最大的难关。我要求分居，然后搬出来。此后他更肆无忌惮地和一个护士约会，并打算申请离婚。

"我一直在经济上依赖着丈夫，对我而言，他就是钱的代名词。今天，我很庆幸我有3年的时间可以成长，领悟到我也可以靠自己活下去，虽然有时候我还是蛮害怕的。我会那么悲伤是因为没有人让我去爱，也没有人来爱我。但我却觉得生活更自由、更丰富！真的像是新生一般。

"一开始的时候，我非常积极地追求自我，但却没想到心头会被一股深沉的失落感所占据，要接受单身而没有男伴的事实的确很困难。我很沮丧、很寂寞，渴望和人接触，还好我有好几位女性知己，给我坚强的支持。对我而言，单身的生活是很重要的，它让我了解到自己到底是怎样的人，而不是我过去极力扮演的那些角色。我在结婚的时候，原本是想向妈妈看齐的。

"去年真是个大转变。第一，要接受自己是个同性恋，原本就很困难；其次，我前夫又把我和她的关系扯了出来，还向与我交好的亲戚投诉。一开始我真不知道要怎么应付这些接踵而来的事情，但现在我好多了。要不是有了妇女运动给我的启示，我一定无法做这些改变。我支持妇女运动，有些人只是出于愤怒，便反对女性主义的观点，这是我最看不过去的。"

一日同性恋，一世同性恋吗[①]

11% 的女人在改变性行为和爱情对象之后，感到相当自由，但有些人不愿被定型：

"最近她老逼我下决心做个同性恋，不要三心二意。"

"我觉得，我和女人上了床之后，好像就被'定了型'似的。我一直只把这当作尝试，然而这个压力总是如影随形，虽然我觉得这没有什么可耻的。"

20～30 岁，曾经体验过同性恋滋味的女人有 12% 认为自己不算是同性恋，例如这位女性的自述：

"虽然我不是同性恋者，但我大概算是双性恋，因为我体验过和女人在一起的滋味。我从来没跟男友提起，要是他知道了，一定以为我是吃了兴奋剂才会变得怪里怪气。

"开始，我以为这很病态，但这种想法是错的。其实这就像是男女之间的性事一样，只不过女人会比较喜欢和女人做爱。

"这件事全无征兆，但是她的手一放到我的大腿内侧，我的下体就变得湿润了，

---

① 金赛指出，异性恋和同性恋族群之间并不是泾渭分明的："生物的世界（包括动物王国在内）有着无限的可能性。"而异性恋和同性恋不过是这个"无限可能性"中的极端形态。

全身像是触电了一般。虽然我先前没有这种经验，但我却没有阻止她。事后我先是躲着她，后来却成了好朋友，但我们再也没有做过爱。说得明白点，我只想告诉每一个人、每一个女人：和另一个女人做爱不但不是病态，而且还会令人大开眼界呢！"

非同性恋者中，有 6% 的女人仍会怀念在中小学或高中时的同性恋体验：

"我在初中时，曾在通宵聚会中跟别的女孩子亲吻或吸吮她们的身体，她们也对我这样做。"

但是大多数高中女孩或中小学的女孩并未和其他女孩有过性体验，这和男孩子的情况恰恰相反，无论是不是同性恋，高中男孩很多都和其他男孩有过性体验。①

十几岁或二十几岁的女同性恋中，有 23% 的人似乎希望自己以后会转变：

"我喜欢单身生活，因为我还年轻，除非我年纪再大一点，否则我不可能安定下来。我只和女人约会，因为我觉得女人比较可靠、可爱、敏感、令人尊敬。我成为同性恋已经两年了。"

"三年前，我爱上了我的室友，她也是我最要好的朋友。我觉得很美妙，快乐得不得了，那是我这辈子第一次觉得性爱是如此的美好。她长得很美——漂亮的脸蛋，漂亮的眼睛。我们之间的关系只维持了两年，因为她决定投入男人的怀抱，那是我这辈子最痛苦的事情。"

"我一直都很吸引女人，但最近我对男人也蛮有吸引力的。我只和两个男人有过性关系，而且我很愿意再尝试这种感觉。我很喜欢和女人做爱，因为我们在许多方面都是互相配合的。我爱女人的身体、女人的心，我一直都爱着女人，我很喜欢跟女人做爱的平等感觉，什么都可以做，很多样化。但我也想认识男人。"

"她很想找个好男人，安定下来，我也是。话虽如此，我们还是宁可守在一起。我们是很快乐的。我们都还在大学念书，朋友一大堆，所以用不着马上做决定。"

但对于这些爱着女人的女人而言，这种情形可能很难受。下面这个女人便是如此，她感到很伤心，因为她的女友对她不如对男人那样认真。影

---

① 根据金赛研究和《海蒂性学报告：男人篇》的数据显示，约有 1/3 的高中男孩和其他男孩有过性体验；另一方面，男孩子几乎都在青春期之初便开始以自慰达到高潮，约在初次射精之前数月或一年前便开始了，年龄约在 11 或 12 岁；而女孩子开始自慰的时间还要更早。

响所及，她也决定对男人更加认真：

"有一阵子我男朋友加班加得很凶，使我觉得很寂寞，所以我开始和一个女友谈情。她在性方面非常大胆，但她怎样也不肯谈她自己的事，保密到了家，我很讨厌这样。我那时候很迷她：又是送小礼物，又是写情诗的，什么都做了。白天里，我会坐在桌前呆呆地想着有关她的一切。有天晚上我做爱时问她，我们不在一起的时候她是怎么想着我们的事情，她说她尽量什么都不想。她的话刺伤了我。

"一年之后，她开始和我男友的哥哥谈情。当我们4个人都在场的时候，她总是明白地让我知道她和他的关系比她和我之间的关系更重要。不过私下她会告诉我我们之间的关系更重要。

"后来有件事使我完全改变了，不但影响到我和她的关系，也影响到了我和我男友的关系。有次我们本要共度周末，但那一晚看着他们一男一女其乐融融的样子，我就再也待不下去，心里觉得一团乱。我恨他们，也恨我男友。我躺到床上，用被子把头盖住。我们没有车子，但是我男友借了一部车带我离开。我们开到乡下的湖畔，在朋友开的旅馆住下来。第二天早上我醒来的时候，觉得又快乐又清醒，我好久没有这样的感觉了。我对那个女人不再有感情，而对我男友的感激和尊敬之情油然而生。我永远也忘不了他对我的温柔和关心。他才是我真正的朋友。所以我嫁给他了。"

虽然大多数同性恋女性在尝试过异性恋的生活之后仍保持原来的方式，但有8%的同性恋则彻底投入了异性恋的爱情关系中。她们这样做最大的理由是为了要融入这个社会：

"我今年27岁，8年来我一直认为自己是个同性恋者，虽然我和一个男人发生过性关系，但现在我觉得我仍是同性恋。

"过了8年的同性恋生活后，再和男人接触，难免令我感到困惑，进而重新思考。我爱他，但没有恋爱的感觉。也许是因为我很不放心、比较谨慎吧。我不介意他是个男人，但在性方面我的确比较喜欢女人，女人的身体也比较吸引我。不过他这个人是非常温柔、亲切的。

"目前我还不想对他完全开放，因为有些东西要留着和其他亲密的女友分享。他对于我这些好友的确有点嫉妒，但是他可以接受。我们之间的关系就像我和好友的关系一样重要。

"我觉得她会注意听我说话，我们之间一点也不需要隐瞒。我们在一起的时候不外乎是讲话、吃东西、睡觉、拥抱，差不多一星期见3次面。我们处得非常愉快，我非常爱她。"

值得注意的是，在本研究中，有32%的同性恋女性结过婚；而她们离婚的理由和本书中其他女性所提的理由并无二致：

"我结过婚。我喜欢那份恒久的感觉和每天的生活。但是我难以抵御外界对于人妻的刻板定位，而且后来我和丈夫对生活的看法也有一些差异。"

"我结过婚。我一直不太喜欢婚姻生活。结了婚的好处在于有安全感，坏处在于你可能会受到野蛮的待遇。"

"我结过婚。我不喜欢那种感觉，结婚没有一样是好的，一切都糟糕透顶。我可没想到会变成这样。我本以为结了婚就不会寂寞了。"

"我有过10年的婚姻生活。最糟的感觉是自己变成了某某太太，只能依赖丈夫而活，缺少谈话对象和情感上的沟通。结婚的好处在于我们是很要好的朋友，性生活很不错，平时相处很有趣，也常常旅行。我把独立的自我形象丢在了一边，凡事我们都一起决定，但是我们要搬到哪里得考虑他的事业，因为我没有事业。我现在的生活，比当时好多了。"

我们已经知道，有24%的同性恋女人，在40岁之后才第一次爱上女人。这些女人大都结过婚，现在她们却宁可和女人建立爱情关系。例如这个女人：

"我已经离了婚，现在我是个53岁的快乐女人，我的职业是旅游资讯专家，因为拗不过朋友的劝告而成为宗教信徒。此外，我有4个女儿，两个孙女儿，又身兼打杂、应付家庭紧急事件等多重任务，脑子里总是转着：'一定有更好的做法。'

"现在，我爱上了一个女人，她是第一个和我有肉体关系的女人，虽然我早有过不少非常亲密的女朋友。我实在很难想象自己竟成了同性恋，但我更不可能再和男人建立关系。这是我一生中最深刻的爱情关系，它给我的痛苦最大，快乐也最多，而且使我不得不随之成长。

"我爱她爱得很深，这是我这辈子最喜出望外的经验。在遇见她之前，我本已不再相信浪漫爱情的神话了。遇到她之后，我才领悟到，书上写的关于坠入情网的事都是真的，跟她在一起，就有那种感觉。

"要和别人同住在一起，首先得爱上对方，等到两人的关系渐趋成熟，变成没那么刺激，却得为长远的未来打算。每当回忆当初，我会觉得既美妙又愚蠢，实在不可思议。

"我们之间的关系持续了近5年。我们以前就曾相遇，那时她逃开了，但我们却再度相遇，相伴至今。我们只在周末时同居。我们没有孩子，因为我们都是女人。对我而言，她已经够孩子气了，我给她的感觉也是一样。

"这段关系最重要之处在于我知道我属于她，她属于我，这是我们前所未有的感觉。跟她在一起，我感到很快乐，她鼓舞了我，而我常常写些关于我们的诗或长信。

"在我们恋爱的时候，每次互相碰触，最后总是滚在床上做爱，而经过8小时的做爱之后，我们累得几乎无法起身上馆子吃饭。我相信恋爱是很美妙的，是我这辈子最重要的体验之一。现在的我最快乐，而且有了一个最亲密的伴侣。我再也不觉得寂寞，或觉得自己无家可归了。

"我最喜欢的就是这份归属感、身体的接触以及心灵相遇的刺激。我最讨厌的是我们不能马上就同居，所以偶尔我们相聚的时候，还要花时间抚平彼此不在一起所产生的感伤。

"我们喜欢到湖边去散步、聊天、做爱，一起躺在床上看电视或看书、看电影、跳舞、邀请朋友来聚会等。

"我认为爱情关系若要维持下去，就得彼此互许承诺，并且愿意畅谈，设法解决问题，这是最好的办法，也是唯一的办法。碰到难以处理的问题时，我们就一起去做心理治疗，我们的治疗师真的很棒，到目前为止，成效良好。我们都努力把一些箴言记在心里，希望不管遇到什么情况，都能给对方最大的支持。

"我觉得我们像是结了婚一样。以前我虽真正结过婚，但只在孩子小的时候，才觉得事事顺遂美好。我不曾感到寂寞，东西坏了有人修理，账单寄来了有人付钱，而且有种财务上的安全感，我觉得蛮好的。但是他很没有安全感，而且醋劲奇大，发作起来便不可收拾。

"我觉得当初想要结婚的人是我，而这多半是受家庭的影响，长久以来，家中的女孩子高中一毕业就去结婚，另组小家庭。男孩子高中毕业了就去当兵。父母只照顾孩子到18岁，或有了月经为止。我高中毕业班的女同学大多一出了校门就结婚，结婚一年内就生下宝宝。所以，一开始我觉得很兴奋，觉得自己长大了，在做'大人的事'。

"我发觉自己有身孕时很高兴，马上就辞掉工作，专心待在家里操持家务。我想我丈夫知道我怀孕时一定很担忧太太和小孩的经济责任。但不久他就恢复了正常，开始享受这样的生活，他对孩子很尽心，在孩子小的时候，他格外耐心地照顾她们。

"孩子长大以后，我们的感情就开始变质了，丈夫又重回学校去念书，两人为了钱的事情忙得不可开交，只能各尽所能，过一天算一天。

"要是当初我没有结婚，生活是不是会变得不同，我不想评论。我认为，要是我选择了事业而非婚姻和儿女的话，说不定仍会成为同样的人，我很庆幸我的生命能有今日这般的发展，我拥有这两个世界中最美好的东西——有了孩子，也有了充实的爱情。我有时觉得自己既是孩子，又是情人，真是分身乏术。我最小的孩子都 17 岁了，慢慢在建立她自己的生活，而我也要运用我的权利，过我自己的生活。"

成为同性恋者是生物性使然吗

成为同性恋者是生物性使然吗？ 54% 的同性恋女人持这样的看法，对她们而言，这是生物性的：

"我喜欢跟女人做爱，因为我既想要她们对我做爱，也想要对她们做爱，跟男人在一起时，我只会要求他们对我做爱。我很喜欢女人的身体，尤其是女人的胸部，我很喜欢亲吻并爱抚女人，对男人的身体却没有这种感觉。"

"对我而言，根本没有所谓的选择。我一开始采取的方式，就不曾改变。这不是来自周围的人给我的压力，只是因为我喜欢这样。"

"我现在的情人是个女人，我一直都比较喜爱女人。我偶尔会找个男人约会，但那一点意义都没有。女人既亲切，又善解人意。女人很柔软，而且有着我所喜欢的体味。女人比较美，而且能真诚相待。我真希望社会大众能多了解女人，不要再贬低我们，说我们脑筋有问题。"

"以前我一直以为，一个人会不会变成同性恋，是自己的选择问题，现在我的想法变了，我越来越觉得，这是基因问题。我很明白，男人引不起我的兴趣，我只跟男人上了一次床，便了解了为什么有那么多女人说男人总把做爱当作尽义务，我不但没有半点性欲，而且什么欢畅的感觉都没有。女人跟男人恰好相反，女人比较温和、柔软，肯关心别人，她们知道什么感觉才是好的。

"我相信，异性恋的女人若和彼此平等的男伴在一起，在性方面大概也能感到快乐。但对我而言，唯一令我欣赏的对象，就只有她而已。我刚成为同性恋的时候，心里以为自己是双性恋，不管我爱的是男人还是女人，唯一的关键是我恋爱了。几年以后我才领悟到我比较喜欢女人，我是个同性恋，这种感觉真好。"

从本研究及先前两个研究的回函看来，有的人可能只会对同性感到强烈的性兴趣，而其他人则觉得自己比较喜欢同性恋的生活方式。

在另一方面，46% 的人认为成为同性恋是出于自己的选择，其中有一半的人觉得她们的选择是基于政治性的理由，例如下面这个女人：

"我喜欢女人，但我之所以喜欢女人，绝不只是因为性方面的感受，而是因为想把精力花在女人身上，我跟女人的感情一直比较深。我在年轻时还跟男孩约会过，但心底深处却觉得，我只是在为我和女人之间的爱情关系做准备而已。

"据我所见，男人在和女人交往时，总想独揽大权，不管他们遮掩得多巧妙，还是可以看出这种心态。一般人敌视同性恋的态度尤其令人难受。同性恋倾向是我本质上相当重要的特点，但我周围的每一个人，都对这种倾向持着错误的看法，这些看法是无形的，挥之不去，就算我把大门紧紧锁上，它们仍会从缝隙中钻进来。

"我真希望人们不要再对同性恋存有偏见。我觉得我很正常、很健康，也很吸引人。我要像别人一样，拥有健康、积极且可爱的爱情关系，而且不要重复男女无法避免的许多问题。

"女性主义？当然，什么算是女性主义，什么不是女性主义，每个女人都各有一套说辞。基本上，我认为女性主义意味着男人和女人、大人和小孩、女人和女人、男人和男人之间原有的关系已经出了问题，这种关系并不健康，让人不快乐。这样的关系需要改进，而我愿以一生为试验，验证改进的方向。"

寻求同性伴侣是"正确的政治选择"，还是比较新潮

这种"如果想加入我们就得采取正确的政治路线"的态度，也反映在严格的服饰规范上。在谈到关于衣着服饰的规范时，有个女人这样说："我在赴女人的约会时，远比赴男人的约会更加注重自己的容貌，不能流露出太传统的女人味。"另一个女人则有如此的顾虑："我真的很想仔细地装扮自己，有时候我会把自己打扮得像个异性恋女人，而非典型的同性恋女人。"

有一个女人企图反叛这些压力："我喜欢性感衣料，所以我的外表很有女人味。

我觉得同性恋女人似乎有种过分抿杀人体美的倾向，穿戴不具美感的衣服，也不注重自己的身体。"然而对许多女人来说，这些都不是问题："虽然我已有白发，但我并不想染发，因为我要让人一看到我就知道我很成熟、阅历颇多、值得信赖。换言之，年纪比别人大，反而成了我的优势。"

不幸的是，同性恋女性也可能会很"大男人"：

"有一阵子，我的情人在一个同性恋酒吧做女侍，那段期间她经常受到性骚扰。有些女人会走上来摸她的屁股，嘴里说着：'噢，你真是美极了，跟我回家吧！'我的情人则说：'我可不想受到性骚扰。'她回家时常带着满脸泪水，因为那些女人误解她了，使得她心里觉得遭人强暴似的。"

在本研究中，过半数的同性恋女性说，她们身为同性恋者，最重要的意义是把女人当作她们的生活重心，尽全力支持女人。在本研究中，几乎所有同性恋女性都因为自己认同女人的倾向而深感骄傲。

同性恋者和异性恋者对感情的分界线在哪里

"以前我和我的室友最亲近。当时妇女运动尚未展开，她是个很有人文素养、很忠实、很温和的人。我从没见过像她这么好相处的人，她和我简直分不开。我曾为她做裸体素描，甚至有过一些性的念头，但都没有把这些事情当真。在那年头，男人才是女人该找的对象。现在我们已经失去联络了。她搬到大城市里，在大公司上班，我则搬到乡下去住。我们碰过几次面，她是我的偶像，但是不会看不起我，不管要做什么'天理难容'的事，我们都会一起行动，疯狂得可爱！

"有一阵子，我觉得我爱上了我的室友，我向她提了，她说这种感觉很正常，尤其是我先前经历了许多变故，更容易产生这种感觉。我们试过同性恋式的爱情，但这一套对我们来说是行不通的。我们见面时，身边总围着一群朋友。我爱她，因为她的价值观和我很相似。由于我本身成长的过程，以及父亲对我的重大影响，使我无法去爱别人，或者把别人的感受放在第一位，我是个矛盾的人。要是我不肯改变，就永远别想达到自己的目标了。"

同性恋者对于最要好的朋友的感情

有些同性恋女性的密友不知道她们是同性恋，但明知她们是同性恋仍保持长期的柏拉图式友谊的密友为数更多：

"我现在又恋爱了，但跟我最亲近的不是我的情人。我们在一起不过两个月而已。跟我最亲密的人是我的知己，我什么事都可以让她知道。"

"我们在同一个地方上班，有着相同的兴趣！我们一起旅行，一起驾船和工作。每个星期至少都得花几个小时聚一聚。"

"我不只拥有一个女性密友，而是 4 个！我最喜欢她们的幽默感和开放的心胸。我们会一起看电影或吃饭，每星期聚一两次。她们会静静听我说话，也喜欢跟我做伴。"

"跟我最要好的女性密友才 25 岁，比我小 8 岁。她对工作很卖力，无论公事或私事，都是个很可靠的人。她很独立，但也很容易亲近。她是个天生的领导者，遇有需要解决的难题，她就组织大家，找出结论。她随时准备捍卫自己的信念，但她会在骤然行动之前缜密思考。她肯学，也明白自己的缺点，她了解自己有能力伤害别人，也有能力带给别人欢乐。跟她在一起是很有趣的，她既活泼，知道的事又多，凡事无不努力去做，从不会马虎带过。我们一起做运动，一起用餐，一起喝酒，偶尔一起看场电影，一起挑水果，一起看哈得孙河上过往的船只，最主要的是一起聊天，偶尔我会帮她捶背。我们在一起的时间非常之多，有她的支持，我才能安然度过几次低潮。"

"我最要好的朋友是个直觉型的人，她很聪明而敏锐。她不是那种感情丰富的人，但她对我很支持也很照顾。跟她在一起，我可以安心地让她知道我心里的想法，我喜欢这种感觉。"

下面这段叙述道出了女性间情谊之极致和彼此之忠诚：

"我和挚友之间的关系极为重要。她是个心理学家，也是我的老师和治疗师。她个性开朗、口齿清晰、能力很强，令人敬佩。她的自我要求很高，很含蓄，也很注意控制自己的情绪，常以半认真半开玩笑的口气谈论事情，尤其是讲到我的同性恋倾向的时候。

"我跟她认识一年时，出了一件意外。我被汽车撞伤，左腿几乎断掉。警察问我要联络谁的时候，我报出了她的名字。她随即赶到急诊室来看我。天晓得我当时有多狼狈，她陪在我身旁待了5个钟头。我又哭又叫，抓着她的手，告诉她我有多爱她。

"第二天一早，我被送进加护病房的时候，她已经到了。在我住院的10个星期之中，她一有空就来看我，还常跟我用电话聊天。那时我正准备研究所的课程，她帮我找齐书本，收集简报，还帮我注册。我在开学前3天才出院。当时我腿上的石膏裹到臀部，连走路的力气都没有。后来我开始上班，做的是行政工作，这样就不必走来走去，并修了3门课。那一整个学期中，所有的找书、借书、还书等工作，几乎都由她代劳。

"我们的关系越来越密切。我们的爱情不必挂在嘴上，在一起的时候，我的兴致特别高昂，会有很轻松的感觉。我们也一起工作过很长的时间，我们唯一没有体验过的，大概只剩性爱了。

"我最不喜欢的，就是她自己一有了麻烦，有了困难，就退缩回去。我花了很长的时间才发现到这点。现在我可以引导她打开心胸，放松心头的警戒。"

当然，还是有很多同性恋女性把情人当作最要好的朋友：

"我最要好的朋友就是我的情人。她很美，有着迷人的淡绿色眼睛。只要有空，我们就聚在一起。早在我们还没有成为情侣之前，就常开着敞篷车到处旅行，到乡下去野餐，到森林里散步，到湖边游泳。我一直觉得我们的友谊很刺激，每当我要去看她时，就觉得又紧张，又兴奋。我最喜欢她的善良和美丽，最不喜欢的是她那些不负责任的放荡行为，她一直很支持我。"

"我最要好的朋友就是我的情人。她是全世界最美的女人！我老觉得我们相处的时间不够多。但我们相聚时，又会花很多时间讲话、看书，或者去跳舞和聚餐。我们时常参加团体讨论会，漫无目的地散步，或者做爱。"

值得注意的是，62%的同性恋女性，和已经分手的情人仍保持着亲密的朋友关系：

"我这辈子爱得最深的人，就是早已和我分开的那个女人。我们仍把彼此当作朋友，跟她在一起，比跟任何人在一起都更令我快乐，在我的生命中，最快乐的就是与她共处的时光。我很庆幸我们还是朋友。"

"我们的爱情在10年前就已经结束，但我们一直住在一起。我们是一家人。"

"我这辈子最重要的人是与我相爱9年的那个女人。我们彼此相爱，亲密的程度就像婚姻一样。时至今日，我的真我大概都沉淀在最底层，显露在外的，却是当初我们俩交往的痕迹。我爱她，但现在只是朋友。她才华横溢，聪明又有创意，感觉很敏锐，而且很孩子气。我们一旦忘了彼此联络，就觉得怪怪的。"

"我跟我的旧情人虽已分手 3 年，但现在她却成了我的生意伙伴，也是我最要好的朋友，几乎每天都和我待在一起。当初分手是因为彼此对性生活的需求和体能状况不同，生活方式和个性也稍有差异。分手是双方的决定，没有什么波折，倒像是我们重新评估，把我们的关系推入新的一页。现在，我还是很喜欢她。我们很遗憾不能再做情侣，但又都觉得现在这样子更自由。"

"我爱她，把她当作我最要好的朋友，我们几乎天天见面，一天要打几次电话。我们时常一起活动，并帮助对方渡过难关。她是我心灵上的支持力量，我们聚在一起时是很快乐的，欢笑不断。我们也会讨论政治，并讨论最深层的思想。"

爱上朋友和喜欢朋友的界限到底在哪里？差异何在？

什么样的爱算是同性恋，什么样的爱算是友谊

"我最要好的朋友常和我一起散步、旅行、读哲学和禅学的书，一起工作、谈天、玩乐。6 年来，我们对彼此的爱（但无关性爱）不断增加，我们都知道，我们会是永远的朋友。我从未对别人爱得这么深。虽然我已结了婚，但我们几乎把所有的时间都用来与对方共度。她是个非常聪明、风趣、美丽的人，我们一起经历过许多痛苦和喜悦。前阵子我还有另一个女朋友，后来我们发展成情侣关系，但不到两个月我就把它结束了，因为它伤害到我和她的友谊。其实，就算没有变成情侣我也会把它结束的，因为我们之间一直有点情侣的味道，再加入第三者就太多余了。要是失去了这个朋友，我会觉得生不如死。"

"就是因为这个最要好的朋友，我才会答复这份问卷。我爱她极深，连我自己都无法理解。她帮助我度过了几次人生的低潮，鼓励我成为今天的我。我们算是拥有一段没有性爱的外遇吧。我们每星期要见好几次面，每天都通电话讲几个钟头，一起去购物，她送我的礼物，是我明明需要却又买不起的。她带我去看电影，看戏剧，去逛动物园。她也疼爱我的孩子，她会带他们出去玩，买东西送他们。她说动了我，使我在服饰上更讲究，还去染了头发，妆也化得更浓了，她使我觉得很快乐。她教我要忍受得住生命的打击，鼓励我去找份差事做。今天我能这么健康、快乐，真不知道有多少要归功于她。她帮助我找到了心目中的自己，成为真正的我。跟她在一起的时候，

什么事情都是美好的。我们喜欢彼此做伴，她是我这一生最钟爱的女人。"

"在我成长的过程中，我迷恋过许多女人，其中有几个已变成了我的好朋友，但无关性爱。我相信女人会吸引女人，就像女人会吸引男人一样。但这样并不表示你是同性恋，那不过是种生理的吸引力。通常当我开始好好认识对方，并变成好朋友后，这种生理上的吸引力也就自然消散了。"

"我最要好的女朋友和我极为相似，相处起来非常自在。她既诚实又率直，毫无保留地接受我，而且不会要求我改变。她让我做我自己，我们的心意是相通的。这份爱给了我们很大的力量。我们都互相协助对方解决困难，跨出重大的步伐。以前我最烦恼的是她太消极了，但现在她变得一点也不退缩。

"我们也曾有过亲密的性行为，但后来决定不要这样做。原先我们是想借着这种行为让两人在情感上更接近。我爱她，也希望这份亲密感一直维持下去，我们还讲到要做'一生的伴侣'呢。为什么非得要结婚或成为情侣才能共度一生？我觉得，朋友之间也可以拥有这种承诺。"

从以上的案例中便可看出，女人常觉得自己和女人比较亲近，和男人比较不亲近。有89%的女人说，她们希望在和所爱的男人交谈时，能像她们和最亲密的女人谈话时那么亲密、那么容易。

另一方面，大多数女人都觉得她们基本上是异性恋者，也就是说，女人的身体或性方面的吸引力对她们起不了作用。基本上，女人只想和女人心灵相通，或者互为心灵伴侣。但是，如果女人不必在经济上依赖男人，男人不再主宰大半的社会，女人还会觉得她们应该是异性恋吗？也许，女人可以从男女之间的性关系中得到另一种亲密的感觉——非语言的亲密。换个角度来看，部分女人是否单纯地因为男人有权有势，而受到男人的吸引，觉得自己若是少了男人的帮助便无以立足？

这并不是在暗示"其实所有女人在表相之下都是同性恋者"，而是指出女人可以矫正心中长期对于同性恋生活方式的偏见，重新探讨女人能否运用这种生活方式找到安全和幸福的归宿。

认同女人——这种感觉确实有根据

"女人通常认为只有在男人身上才能找到某些特质，其实只要一经尝试，便会发现女人身上也有这些特质。"

也许女人觉得，和另一个女人在一起，不像跟男人在一起那么有安全感。当然，同性恋的身份不同于异性恋，也无从拥有核心家庭。但我们可以从本书看出女人给予了女人极大的情感上的安全感以及经济上的安全感，女人自始至终活在女人与女人文化中的可能性相当大。而年过 35，采取这种生活方式的女人中，有高达 92% 的人认为，这样的安排，为她们的生活构造了卓越的基础。

女人总结出的女人爱女人的重要性和乐趣如下：

"恋爱没有失恋来得重要。对我而言，我和一生钟爱的女人之间的关系，才是最有价值的，我们之间的亲密更胜过情人，那份情谊比爱情更深，更多面化。我们永远不会失去联络，我知道她们就在世界上的某个地方，我没有忘记我们的爱，这份爱足以加强我们心心相印的感觉。"

"我的经验是，女性情人比男性情人更关心我，也更诚实。她们更能令我感到满足，就像某一首情歌所说：'罐头里找不出家常菜，塞车时吸不到新鲜空气；男人的身上，找不到女人的爱，即使 100 万年也找不到。'对我而言，女人之间的爱和男女之间的爱相差万里，无从比较！性生活也很不一样——女人更柔软，更甜蜜，而且真实。"

"我相信女人和女人间的爱远比男女间的爱更认真。女人比男人更能放开自己的感觉，而且能与同性达到更深的层次。"

另一个世界，另一种文化

女人与女人的生活，尽管十分丰富，但一样要面对与异性恋女人相同的问题。然而，我们应将之视为一种特别的文化、另一种生活方式、另一个世界。这个世界的存在，提供了丰富的文化资源，让我们得以施展本身的力与美，开启多样化的乐趣。

为什么有人会起来为女同性恋者的生活方式辩护？诚如研究 19 世纪美国女性的历史学者，卡罗尔·史密斯·罗森伯格所说："将异性恋视为强加于人性的人为手段，实为一种革命性的看法。"有谁能断言哪一种生活才是最自然的？去爱和自己不同性别的人才自然吗？我们也许要探究一下，为什么同性朋友之间连拉拉手，表现出肉体上的感情，都会被视为禁忌。诚如上文所叙，重新审视我们整体的性观念，并深究我们与其他女人交往时之优先顺序，确实刻不容缓。

许多女人都对她们所爱的女人表达出了深刻的爱、欢愉、热情和悲伤。以下摘录诗人朱迪·格兰的诗篇，文中道出一份最深刻的心灵感受，借此描写出两情之间超越生死的强烈亲密感。

我的初恋情人以及长久的挚友，伊玛娜·玛莉·罗宾森的葬礼。

此人生于 1939 年 10 月 20 日，卒于 1974 年 11 月

无论我往何处去，你会尾随而来

无论你到了哪里，哪里就是我的归宿

我留下来的，将由你继承……

无论形影如何改变，我们都会再重聚

我们会再重聚，这是我们的权利

我将取代你的位置，如你一般大胆行事……

只要肯分享，就会有所得

我将成为你的战士，打赢你的战斗

因为你我的联系早已存在

在终结之时

我若能化作一场雨

将洒落在以你为名的山巅

滋润你的身体

最大的希望，莫过于让你渴求我

日夜思念，只愿长伴君侧

朝朝暮暮，相依相偎

但愿你只以我为意

而我是你最好的选择

鼻中所吸，是你呼出的气

我将永远拥有你

不管触及何人的芳唇，都会令我忆及往昔

你我共存于生命之中

生死相依。

对男人的爱

爱情中的主动者

love

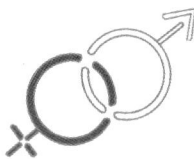

另一种人的蜕变

40多年前，西蒙娜·德·波伏娃曾确切地指出，女人实为"另一种"人。从男人的观点和男人的世界观来看，确是如此。现在，女人已经掌握了另一种人的身份，并加以改造，完全翻转过来，将这种身份变为分析和界定社会的有力角色。女人不再是敲着门要求进入社会的另一种人，如今女人早已超越了这个阶段，不想将自己并入男人的世界中，而是希望改善这个世界，让世界变得更好。由于我们置身"外围"，因此更有助于我们完成这个目标，我们不在该体制中，所以比身在其中的人更能清楚地了解并阐释这个体制。

我们现在就像太空人一样，眼见地球渐渐远去，越变越小，从而对男性意识形态看得更加清楚了。现在，这只是历史上众多的世界观之一，不再是渐行渐远的现实的全部。而新观点、新意识、新分析也迅速成型，这就是我们一手创造的革命过程。

女人对于爱情的想法，使她们质疑整个文化体制

现在，女人的心中发生了大规模的文化革命，各地的女人都在扪心自问关于自己的种种严肃问题。一开始，是因为她们想要与男人建立更亲密、更满意的关系而产生了一连串问题。等到女人在交往之中感到失落，便不禁一步步探索下去。最后，她们的问题不只在爱情上打转，而是遍及整个系统。

一旦女人开始在夜间躺在床上独思"为什么某某人没打电话来"，或者"为什么我丈夫不肯转过身来跟我谈这件事？他明知我很在意，至少我跟他说过我很在意啊"时，她便开始思考、分析可能的答案了。首先，她怀疑："是不是我哪里不对劲？"然后，她可能会试着去探讨对方的心理状态和他的心理背景。为了上述目的，她可能会开始分析父母之间的关系，追根究底的结果是，她终于和这个系统碰了个正着，

并问自己为什么事情会变成这样。

换言之，女人生活中的苦痛和探讨爱情关系所累积下来的失落感，使得女人找出了一连串深刻的问题：为什么爱一个人如此困难？为什么男人可以一下子亲热一下子冷淡而疏远——为什么？这一句"为什么"，通过书中每一页发出呐喊。而女人心中辗转思考："非这样不可吗？"进而对自己的爱情关系想得更清晰、更仔细。这也就是我们对全书进行反思的真正意义。

女人的不满，导致社会改变

女人一方面思考这些问题，一方面促使社会各方面产生改变。女人确认了问题的根源，并透彻地想过这些课题之后，也就和她们所分析的对象有了不同。由于女人常被剥离现有的体系，所以她们开始觉得自己和这个系统有些隔膜。女人不可能问了这些问题而不改变，或停止内心改变的过程。一个人心中有了更高层的领悟或认知，不可能再回到当初。

由于女人个人生活中的失落感，使得女人基于传统的观点，加上过去 20 年来女人所造成的变革，而产生了一套新的政治目标、哲学信念以及新的哲学。

女人正与主导文化的意识形态结构抗争。由于女人对她们的爱情关系和生活有了不同的看法，很多人不再以活在双重文化之下为满足。她们不但在心中和这些文化观念搏斗，也把这些问题提出来和女性朋友讨论，比较彼此的爱情生活，探讨自己对生活的期望可以大到什么程度和应该如何阐释男人的行为。女人和女人之间的讨论，实为创造并维持特殊价值体系的重要过程。

最后，思想上种种的改变实与女人新的经济地位息息相关。女人经济地位的改变被称为无声的革命。过去 10 年来，在职女性数目成长之快，已使女人大体上不再依赖男人的经济资助。这个现象相当惊人，而我们只能初步掌握它的意蕴而已。虽然许多女人所得的薪水极为低微，但在必要的情形下，能够独立生活的女人已经越来越多。无论生活得多简陋，美国的离婚率有 50%，且大多为女人所提出。再加上"贫穷的女性化"现象，显示出当今的女人宁可离开负面的爱情关系，也不愿委曲求全。

一般人对于"贫穷的女性化"的现象的解释是错误的，与其说这是因为男人离开女人所造成的，不如说这是因为女人的选择所造成的，许多女人再也不愿继续留在恶劣的环境了。

女性不只要平等，还要更好

女人早已开始重新评估自己和文化了，时间已在一个世纪以上。[①] 过去 20 年间的改变，以女人对自己和社会的定义而言，亦可称为革命，可以分几个阶段来看。第一个阶段是女人要求男女平等；第二阶段是女人设法在男性的世界中取得一定地位，加入男性世界；第三阶段，也就是现在，是女人巩固自己的价值体系，审视并讨论现有的社会，接纳主导文化的某些价值观，其他的则予以抛弃，因而导致正在进行的文化抗争；革命的第四阶段，将是改变文化。[②]

在目前的阶段，女人早已超越了要求男女平等的阶段，因为她们发现，要求平等不等于将自己并入男性的价值体系中。就我们所见，女性受到相当大的内外压力，要她们放弃本身的传统价值观，接受男性的价值观。但是许多女人觉得，这样做有违她们自己的信念。例如，大部分的女人都不喜欢时时刻刻与人竞争的生活方式。

有个女人这样说："除非女人整个接纳男性的价值观，否则无法拥有和男人一样的权利。但是大多数女人一旦选择了这条路便无法保持内心的完整。她们得时时和外界妥协。"另一名女人说："我们不会再说想变得跟男人一样。我们是女人，不是男人的复制品，也不是社会说我们是什么，我们就是什么。我们拒绝接受这种讲法。"

结果是女人必须重新设计整个体系，我们已经看到许多女人过着双重生活，亦即将自己分为两部分以维持日常运作的方式和解决问题。许多女人已经开始考虑要不要将她们的文化和男性的文化合并在一起。另一方面，大多数男人却不想去配合女人的意识形态。他们也不觉得自己有必要这样做，他们认为女人才应该要接受他们的意识形态。

女人在历史中的力量

女人的想法是革命性的：借着重新设计个人生活和爱情关系的本质，女人正在

---

① 法国的女性主义传统可以再上溯 5 个世纪：公元 1500 年时，已有作家克里斯蒂娜·德·皮桑作文为女性辩护。

② 女人重新审视整个情况，始于争取"男女平权"，但却导引出了更多的东西。伊夫林·福克斯·凯勒便说："一开始，我们只是问几个有关男女平权的简单问题，此后却像拉出毛线圈的线头一样，越拉越长。我们越想追寻源头，线就拉得越多，最后终于把它整个拆开了。"

决定理想生活的面貌，并理清她们的个人哲学。目前仍很难看出我们会往何处去，但这一点同样令我们感到兴奋，因为我们看到有这么多人在参与改造的过程，提出了这么多观点。

当然，无论哪个价值体系都会有本身的争论，例如，在男性体系中，便有民主、保守和自由等各派看法。在此，我们不会一一列举每个女人所想或所作的每一个细节，例如她要不要竞选公职，或者她现在有什么想法和信念。但是，有件事是很清楚的，那就是女人的想法的变动范围，代表着一种不同的文化外貌，有别于《海蒂性学报告：男人篇》或是其他研究中的男性想法。

我们正处于从根本上改变一切的时代。这是第一次由女人主导的革命。它在我们的意识中兴起了巨大的变化，无论女人认为她们是旧观念的保守派或自由派。

我们活在历史之中，我们有机会去扮演活跃的角色，而我们也的确善用了这个机会，无论是知名的女人，或不知名的女人，个个都是台上的要角。我们已占有了一席之地，而历史将会为自己也为世界所推动的过程做一个公断。

❤ 爱情何在

这是耐人寻味的现象——在本研究中，大多数女人，无论已婚、单身或离婚，也无论其年龄大小，都不厌其烦地表示自己还没有找到她们想要追寻的爱情，并希望属于自己的伟大爱情终将来临：

"我的家人待我不错，但我永远不可能找到理想的爱情了。我有过一次伟大的爱情，结果却令我伤心不已。我还是想找一个理想的对象和我共同分享生活，我也希望下一次爱情到来之时我不会太忙乱。"

"我还没有找到我所需要的爱情和家庭，所以我总觉得自己好像缺少了什么。走过这一生，我才发现那是个虚幻的梦想，同时使我丧失了信心。"

"直至今天，我还没有机会付出我所有的爱，也没有得到我想要的爱。也许是因为我出身于破碎的家庭，所以才不知道该怎么做吧！我真想拥有一个敢大胆示爱、不怕碰钉子的情人。"

大多数女人，无论她们的爱情生活多么的不如意，也无论她们多么明白要和所爱的男人真正地相互了解有多困难，她们仍然渴求爱情。正如这位女性所说，爱情总会在我们身边出现，好像一把钥匙似的："我想不出适当的话来形容这种感觉，但可以说，浪漫的爱情，包含着一把开启心门的钥匙，让我发现内在的自我。"许多女人都有这种感觉。女人一再找寻，一再尝试，务求延续爱情或找出妨碍爱情的理由，似乎这样才是对的。

然而，大多数女人想要的不只是爱，而是真正的爱情。因此，男女交往时，女人往往谈及"爱意会不会变得更浓厚"，或者她们隐隐觉得，生命不只是这样而已……

下面这位女性令人印象深刻。她正在做心理治疗，内心非常哀怨，她思考着生命的意义，问自己到哪里才找得到爱情，什么才是对的，以及是否能将爱情看得淡一点：

"我现在没有情人，也没有恋爱的感觉。我今年 34 岁，还在大学里进修，很关心社会，常常旅行，有时候很踏实，有时候很理想化。我跟谁都不亲近，我的心，有一部分留在和我有感情的人身上，比如我的孩子、心理医生和朋友。跟我最亲近的是我的孩子，但是他们年纪太小，不可能在意我所关心的事情，也无法真正理解我的痛苦、希望和梦想。

"奇怪的是，我觉得长久以来，就数这段时间最舒服。我喜欢和别人建立亲密的关系，但目前我独自生活却是出于自己的选择，我想把我的感觉理清楚。现在我在进修，我真的很喜欢重回学校去读点书。我很爱我的孩子，喜欢看电影，看书，过我想过的生活。如今我实在分不出精力来好好和男人交往，我怕那样会破坏我的计划，因为我打算继续读书，而这事非全神贯注不可。如果我想偷懒，不想洗碗或打扫屋子，我就让它去脏。目前我不想引人注目，只想安静地过我的生活。我虽怀念性生活的滋味，但光有性生活是不够的。

"我想要的绝不止于此，但我还不太知道我想要的是什么，所以我正在一点一滴地探索自己。身旁有个人陪着四处走动的确不错，但是我可以自己去。我那些朋友，不是已有了男伴，没空陪我，就是早已结婚。怎么会这样呢？我也开始培养新的兴趣，交交新的朋友了。我真不懂她们为什么老把朋友置于男朋友或是情人之后，我不会这样，我认为这两者是可以并存的。

"我跟第一任丈夫分手之后，有一阵子蛮疯的，认认真真地跟好几个家伙交往过，约会的对象更是多得数不清。在和男友分手之后，我还是继续与男人约会，但谈不上用心交往。而且此后就再也没有恋爱过了。在和这一任丈夫分手之后，我完全地抽身引退，什么约会都不去，也不做任何程度的接触。我不相信自己的判断力，不相信男人，除非我知道自己要的是什么，否则不会跟男人交往。我很想念外面的世界，因为我正在用私人的生活紧紧地裹住自己。

"我在恋爱的时候会感到很安全，但现在回头一看，只觉得是自欺欺人。所以我不敢再坠入情网。恋爱使我感到温暖、满足、安全、受宠、被对方接纳，因而增强了自信心，但我却得在情感上依赖对方才会有这些感觉。

"我一直觉得自己为了找出问题症结所花的心血比对方多得多。在这方面，我的伴侣并没有尽到他们的本分。所以我总会先提出分手的要求，为的只是要让他们看看问题有多么严重，进而设法改善情况。我希望他们能看清这点，把问题解决。但他们大多就此了断，根本不想回头面对问题。

"我很怕自己会再有真正恋爱的感觉，因为这种感觉很不牢靠，有个说法是'没有收获就没有损失'。这两种想法都不太健康，所以我希望我能继续做心理治疗，从这两种想法中逃脱出来。但我大概过于沉溺于往日的爱情，甚至无法想象健康而安全的爱情关系是什么。我虽然了解这一点，却不知道如何选择一个终身伴侣。

"我本身就很有自信，无须担心别人是否接纳我或拒绝我，我跟孩子也处得很好。这个年纪的孩子是很敏感的，我不想逼他们，给他们今后的生活留下烙印。在他们面前，我无论讲什么、做什么都很谨慎。我希望自己能为孩子树立一个榜样，将来他们在处理自己的爱情关系时，多少可以有所借鉴。

"在这一刻，我实在说不上我特别喜欢男人的哪一点。男人有什么好处，女人就有他双倍的好，他们唯一的特点是生就一副与女人不同的身体。我最厌恶男人欠缺改进生活的意愿，他们不愿探究问题的根源并加以解决，对于别人的需要更是浑然不觉，我很讨厌那种死硬的大男人型的男人，那种男人从不肯低头，非要把自己的信念强加在他人身上不可，除了自己的看法之外，对于其他可能使生活变得更好的替代方法一律拒绝。

"女人似乎对于任何事情都更加关心。女人会给你体谅、敏感、平等、鼓励、仰慕、爱、温柔、友谊和性爱。但是就性爱而言，我喜欢男人。既然我们得和另一半不同性别的人一起在这个行星上生活，如果男人能像女人一样拥有上述优点的话，的确会好一点。但男人似乎就是少了一点什么。

"以前我是反对妇女运动的，因为它的做法太偏激，而且那些创始者所用的策略也很令人反感。也许是因为其他女运人士改变了策略，变得更有说服力，或者是我自己改变了，现在我不但支持妇女运动，而且赞同我所知道的每一项议题。我认为妇女运动是改变一切的唯一希望。妇女运动让我们有能力参与改造世界的过程，成为真正平等的人类。我相信人类终能从一生所接受的一切僵化印象和政策之中解放出来，从那些影响全人类的环境中解放出来。男人需要从他们原有的角色中解放出来，而妇女运动正是一剂良药。

"大多数男人似乎都认为妇女运动太愚蠢、太偏激。他们相信同工同酬的概念，却不会真的相信女人有能力去做男人的事。虽然这是男人唯一可认同的课题，但大多数男人仍死守传统，坚持妈妈在家带小孩、爸爸出外赚钱养家的古板思想。凡事都要由男人做主，女人成不了大事，上战场打仗的应该是男人（他们从没想过有一天女人可能也会得到相当的政治权力，世界局势整个颠倒过来），国家、企业应该由男人来治理，女人也应该由男人来保护。他们认为未出生的孩子的生命权很可贵，因为他们不需要像大多数女人那样考虑经济及社会的因素。女人得衡量一下，孩子生下来之后，能不能拥有一对成熟的父母，让孩子得到必需的照顾，过健全的生活，身心皆有良好的发展。大多数男人不顾事实真相，一味地认为只有男性的观点才是正确的，根本没有改变和成长的空间。他们无须面对现实，因为他们仍然大权在握。要是他们能学着和女人分享权力的话，才能变成真正的人类。

"这年头，已有越来越多的男人领悟到，他们的太太需要出外工作，因而在一点一点地改变态度。这样的男人不多，但他们为身边的男人和自己的子女树立了好榜样。

"我还没有找到理想中的爱情和伴侣。我想，年纪越大，就越难找到合适的对象建立长久的关系。我仍希望，我所想要的爱情终将到来。有时候我不免嘲笑自己，或怀疑自己，但我心中有这么多爱尚待付出，我真希望有个人和我共同生活，分享我的想法、愿望、喜悦、爱和冒险。"

女人能改变爱情关系吗

许多女人基于本身与男性相处的现况，在思考更深一层的问题。她们每天都问自己，为什么与人相爱竟是如此困难，为什么男人常常抗拒她们，不愿改变，为什么只是要求他们多一点感情上的关怀，多亲近些，不要随时绷得紧紧的，有些男人便报之以揶揄或白眼。想到这里，女人首先想想是不是自己哪里做错了，然后设法从对方的个人经历中寻找线索，是否能从他的童年、他的家人身上，找出他这么沉默、做出这种行为的原因。女人不禁要追问，是不是这整个价值体系使得两人的爱情成为今日的面貌？

在本研究中，无论已婚或是单身的女性，至少有 88% 的人每天都在问自己这些问题。她们的心中浮现出哲学性的架构，女人越是理智地走出本身的处境并加以分析，便越难避免自己产生改变。而且，很讽刺地，与早先她们想要亲近的那个男人之间，反而变得更疏远，因为她们甚至无法和对方谈这些问题。

事实上，我们已经看出，在大多数爱情关系中，情感的底层结构解体，形成了负面的破坏力。这样的底层结构可以改变吗？

这是个难解的哲学问题：人要如何才能重塑自己，重塑世界？我们一定可以更有信心，更加互相信任的。少一点冷嘲热讽，多一点真正的沟通，将日常生活中的婚姻或爱情关系引为借鉴。但到底要怎么做？

旧式的爱情关系

在本书中，我们看到了许多旧式的爱情关系和旧式的婚姻实例，例如：

"如果我顺着他的意思，做我该做的事，积极参加社会活动以保持他对我的兴趣，倾听他的问题，便可和他相安无事。"

"我们各自过着独立的生活，很少相处在一起，孩子是我们之间最主要的话题。但我丈夫似乎很满足，而我也很爱他，因为他让我们过好的生活，而且是个好爸爸。"

17% 的女人认为男女之间不可能有平等的沟通，她们相信自己应该把感受和想法藏在心中而不要"兴风作浪"：

"不要兴风作浪，凡事忍着点，把那些不重要的事情，或是你觉得他不会重视的事情，抛在脑后。"

"如何维持两人的关系？避开会引起冲突的话题。不是我喜欢这样，而是这样才能相安无事。"

"我跟现任丈夫只有一段时间处得不错，那时我完全配合他的生活，只做兼职的工作，其余时间在家煮饭、洗衣、带小孩，假日出外露营和划船，每周做爱三四次。"

"有时我真想说出自己的看法，或者只想拥抱他，爱他。"

"我不能表现出不满的感觉。我很怕他发脾气。"

"一旦他情绪不好，你不要发火，也不要烦他。等你觉得时机到了，再和善地问他，看是出了什么问题，帮他渡过难关。"

有些女人提到母亲的婚姻：

"成功？要看你对这两个字下什么定义。我父母亲的婚姻显然是'成功'的，因为母亲让我父亲代替她思考。这叫作成功吗？我好像没有看过成功的异性恋关系。我对成功的定义是，一个人无须放弃自己，仍能保有对方。"

这位太太和丈夫均已退休，她说她和丈夫之间未曾亲密地相处过，结婚35年来，她也慢慢习惯了：

"我和丈夫的关系不能满足我对于亲密感的最深需求：这方面我从来就没有满足过。虽然结婚35年，他大概到现在还不了解我是个怎样的人、我心底有什么想法、我最重视的是什么、我最需要的是什么。我想，他可能没有这份能耐，无法了解我这个人，也不够敏锐，体会不出我的想法，听不出我话里的意思。这不是我说不说的问题，就算我说了，他也未必听得懂。但如果可能的话，我真希望把心底的想法，一丝一缕地剥开来和他分享。我心目中最理想的境界是身体、灵魂和心灵的交流。说真的，我不相信男女之间能达到这种境界，外来的干扰太多了。然而，说不定像现在这样子反而好。

"我今年55岁，有两个儿子，都已成年。我是个聪明、敏感又情绪化的人，缺乏安全感，生活似乎总是在巅峰和谷底之间摇摆，在好与坏之间起伏。我这个人是很难定型的，我谁都不像，就像我自己。我的嗜好不少（听摇滚乐、旅行、放风筝），但这些嗜好未必符合小学教师的形象。我以前在小学里教4年级，教了12年，后来我丈夫必须提前退休，我也跟着退了。我热爱生命，热爱生命赐予的一切。我对家人、朋友很忠诚，我喜欢一切都顺顺利利、快快活活的，我有几个相交数十年的老朋友，而我却是个独行侠，不太需要社交生活。

"过去35年来，我们俩之间长期的冲突主要因他的嫉妒心而起，他嫉妒别的男人，嫉妒我的朋友，甚至嫉妒我们的孩子。后来我慢慢了解到，这是因为他很没有安全感，以及他的自信心颇为脆弱，但这些我都帮不上忙。他这些毛病曾导致我们大吵数次，场面火爆，互相伤害，彼此憎恨了好久。但到了最后，也就是这两三年以来，这种情形改善了不少，因为他的确开始去面对自己的问题了。以前我们两个都在上班的时候吵架吵得很厉害，当时两个儿子都十几岁了，婆婆又跟我们同住，而我在多年的沉寂之后，正要展开双翼，建立自信，向外发展。我不可能因为他缺乏安全感，就放弃我得来不易的独立性。

"35年来，我们的性生活一直很美满，唯一的缺点是有时候他对性的需求比我还多。我们俩喜欢依偎在一起，彼此爱抚，说悄悄话，但不一定要做爱。我们之间，只有单向的口交，偶尔我喜欢把他的阴茎含在嘴里，但是他的嘴从未碰触我的下体，也没问过我想不想要他这样做。

"我读过《海蒂性学报告：女人篇》，兴奋地发现无法在性交之中达到高潮的不止我一个人！我要我丈夫也读了一部分。我的感觉是，先前他虽然没有抱怨过，但他认定我们的性生活少了点什么。当他高兴地读完，然后我们加以讨论过后，两人都觉得好多了。我丈夫用手抚摸我的阴蒂时，我最容易达到高潮。

"我们的婚姻基础在于每天共同生活的乐趣、安全感，以及一起努力达成共同的目标，我们都知道在必要时对方会支持自己，也都真正地关心对方的幸福。这就是爱吗？我不知道。我们的性生活也变好了，虽然我们也偶尔会针锋相对，冷战热战，僵持不下。我常在想，要是一切从头开始，我还会不会嫁给他？我实在答不上来。"

换句话说，"旧模式"的重点不在于女性是否出外工作，而在于相爱的双方是否都在情感上以平等的态度对待对方。大多数女人希望对方以等量的情感支持来回馈她们。她们想说出自己的看法，倾听对方的意见，一起高高兴兴、亲亲密密地讨论彼此的看法、童年、计划和梦想、未来的愿望，探讨人生和生命的意义。让两个人合而为一，把生命当作一场探险。许多女人都希望对方能信任她们，尊重她们，不要再做无谓的竞争，而且男人不该鄙视女人，令她们自觉逊人一筹。

在这里，我们关心的不是劳务的分配，而是情感的约定。历经长久的思考，一般人已能接受照顾小孩并非女人的唯一选择的观念。对于女人在外工作，或者拥有独立的财源，是否会影响到婚姻的幸福，很多女人做了非常热烈的讨论，结果是，女人有权决定她留在家里还是出外工作才能使婚姻更为平等。而且这必须是自主性的选择，而不是走投无路的抉择。

我们已经知道，有些女人待在家中照顾小孩，丈夫出去工作，夫妻俩过着快乐的生活。但在同样的情况下，有些夫妻却龃龉不断。其决定性的因素，通常在于夫妻之间是否以平等的态度相互对待，这是指彼此间的互相尊重，有着双向的沟通和双向的情感支持，以及这位太太是否有足够的选择权。

在传统婚姻中，男人和女人分别住在两个不同的世界里，情感的亲密，并非婚姻的主要目标。如今，由于女人开始追求情感与心理方面的平等，所以大部分女人都感到很痛苦，因为男人从未想到，应该像女人一般尽力探索对方的内心世界。那么，为了避免痛苦，女人是不是应该少关心自己？或是女人应该继续努力，设法改变她们所爱的男人，让他说出心里的话，拉近彼此的距离，哪怕这个过程得天天重新来过，日复一日，年复一年。

当妇女运动提到不平等的问题时，有些保守团体也提出一种看法，认为在传统的婚姻之中，女人和男人也可以平等相处。即使女人在家带小孩，没有自己的经济实权，由男人赚取一切家用所需，这两种角色之间仍是互相尊重的。

的确，有些传统的夫妻似乎真能彼此尊重。就如这份再典型不过的答复所说："我的双亲一直很相爱，他们好像从没吵过架。母亲大概是百依百顺的专业家庭主妇的缩影，她的生命是围绕着丈夫的生命而存在的。我父亲虽主宰一切，却不是个暴君，他会听她的话，跟她谈心，送她很多礼物，以趣味的方式给她一个惊喜，他很看重她，也很关心她。"

但是就现实生活及离婚率逐年上升的情况来看，绝大多数婚姻并未因为这个系统而更加稳固。这种虽传统但平等的讲法，只是在为"好女人必须想要留在家里带小孩"这股暗流做障眼。

除非我们对"以男为尊"，甚至"男女各有所尊""男主内，女主外"的婚姻有过多憧憬或乌托邦式的幻想，否则便不应忽视——如果婚姻中的一方对于一切具有最终控制权，后果可能不堪设想。以下这位女性追述其父母的婚姻状态时叙述道：

"我父母经常吵架。在那种环境下成长，真是够艰难的。我父亲坚信男女都应担当传统角色，他认定做父亲的责任仅止于把固定薪水带回家中，其他的通通是女人的责任。有好一阵子，他设法要她向别家太太看齐：'某某的太太这样做，某某的太太那样做。'但我母亲却坚守自己的防线，她凭借着无畏的态度，硬是生存了下来。她那顽强的生命力，不时爆发出来，自始至终她都十分投入生活的各个层面。她对婚姻所做的努力比我父亲多，她不断设法改变这种具有毁灭性的模式。我们做过全家的心理调查，但爸爸说什么也不肯去。他会用心理交战的方式来处罚她，例如，一连数周不跟她说话、断绝性生活等。

"他们的婚姻在最低潮的时候，有一天晚上，他用力地拉住她的手腕，想要把她拉到楼上去，一边叫道：'该睡觉了。'这个可怕的场面发生在我11岁那一年，现在回想起来，他在拉她上楼的时候，无非是想用强暴的方式使她就范。在那之后，一连几年她的腕上都戴着矫正器，加上她从小就有驼背的毛病，她的双腕差点就要变成永久残废了。

"写到这里，我的泪水不禁流了下来，我不知道说出来的意义何在，但写出来也许可以让我心中舒服一些。我母亲的手很美，粗粗的，因为她要做很多事情。她做过工，而一件件美好的物品就从她手中做出来，父亲当年的暴行使我感到非常痛苦，其伤害之深，远超过我的想象。"

爱情关系的"新模式"改变了情感的约定

21%的女人决心要将爱情转变为互相沟通的关系，就如这位女性所说："我喜欢现在这种开放的感觉，我们可以彼此倾诉心里的话。我们努力了好几年才达到这个程度，刚开始的时候他不敢表现出脆弱的那一面，因为他对我的信任不够，直到他慢慢发现我不会伤害他，也不会在日后对付他，他才放开了，跟我很贴心……如今我们俩觉得非常快乐。"

我们可以清楚地看出，女人认为若要延续爱情关系，重点在于情感的约定。许多女性尚未在爱情关系中享有平等、尊重及亲密的双向关系，以下是她们想获得的模式：

"良好的关系必有良好的沟通，这是绝对的真理。无论哪一方都有一半的责任：做决定、担负责任、拟定计划、照顾孩子……就算是枯燥无味的事，也要两人一起来扛。"

"只要有一方无法理解所讨论的事情，我们就一直谈下去，那种感觉很好，我们的关系实在太重要了，容不下一点点误解。"

当然，"新模式"的爱情关系和婚姻不是十全十美的，也会有吵架和难堪的时候，但一般来说，它们丝毫没有暴力倾向。两人之间谈起话来，也轻松有趣多了。

改变爱情关系绝非易事，这项工程的意义，是向整个世界挑战，要求男人将他们的价值观和女人的价值观融合在一起——接受女性哲学式论证的正当性。有些无助的女性会打电话给朋友，问道："他不爱我了，我怎么办呢？"或者"他就是这样说的，到底是什么意思啊？"其实这正是她们在运用自己的方式，反抗整个体制，希望能兼顾自主性及爱情关系。

响应改变之风的夫妻（两成的成功率）

相爱的双方在探索出一套平等而可行的做法之前，可能得先吃点苦头：

"男人和女人好像是活在两个不同的世界，我跟现任男友虽然龃龉不断，但是我的心却非他莫属。两年来我们一直在互相伤害，不过到头来又复合了。我们得从应该如何如何的假象中觉醒过来，在过去造成的残局之中，寻回自己，也寻回对方。"

结婚 20 年以上的女性中，有 28% 已开始自觉地大幅度改变她们的婚姻。在某些例子中，这时正逢孩子离家的阶段：

"我最爱的人就是我丈夫，我们结婚超过 30 年了。这些年来，我们一直都把彼此之间的关系摆在第一位。我们之间的交往方式也随着生活的不同阶段有所调整，最近一次也是最关键的改变发生在 10 年前，那时我们最小的孩子也离家去念大学了。我们回顾彼此的关系，一起决定未来的生活，并开始过着独立的中年生活。我无数次哭湿枕头，为了维持夫妻关系，这一路行来有苦有乐。我们之间变得更为诚实。尽可能让对方保有个人自由，无拘无束地倾吐心中的爱意。"

有一位结婚超过 30 年的女人，毫不隐瞒地说出，为了使爱情关系更平等，在情感上得到回馈，他们夫妻二人经历了不少难堪以及美好的时光：

"我深深地爱着丈夫，至死不渝。跟他在一起，有快乐，也有痛苦，我们正在努力改善。这 30 年来我们曾有过非常快乐的时光，所以我们的关系才能延续至今，有的时候我真害怕能不能撑得过去，我也不敢肯定地说未来将会风平浪静！

"我对婚姻的感觉很矛盾。我喜欢结了婚的感觉，但这非得好好下功夫不可。例如，一般人都假定丈夫或太太一定要扮演某种角色，却不去讨论或质疑这样的安排对不对。我跟我丈夫一直想彻底改变我们的婚姻，让彼此更满意，我们找了个顾问从旁协助。

"30 年后的今天，他已能将我视为平等的人。唯有在某些情况下，他那古老的男性价值观才会浮现，但是他会努力改正。偶尔他会把我当小孩子看待，但我不时提醒他，遇有重大决定，他很少自作主张。但他的确有过几次不问我就擅自决定，因为他知道我坚决反对。我对某些事情非常反感，尤其是婚外情，我想他很明白，再发生这种事情，我就会跟他离婚。我们正在努力收拾外遇之后的残局，我心里也祈祷这种事别再发生。

"时至今日，他仍然不了解自己也得在爱情关系上面花精力、花时间、花脑筋。虽然他多少知道一点，但我认为他了解得不透彻。我认为男人一般都对恋爱十分认真，但是爱情在男人生命中的地位，远不及爱情在女人心目中的地位。男人把工作和自己看得非常重要，我相信男人天生就觉得高人一等。

"这辈子真正让我最痛恨的男人，大概是我丈夫。但是，这种感觉是基于相爱及彼此观点差异所造成的失望而生，有些事情我气了好多年了，尤其是他不拿我当同等人来看待。但随着他的改变和我自己处理这些事情的技巧的进步，我已逐渐平和了。

"我这辈子最感无奈的是我们夫妻之间的难题未解，眼前却又好像无计可施。但到最后我们总是能使情况变得更好或变得不同。我做过最糟糕的事情，大概要算是一直放任他做个不完全的人吧！因为我什么事情都帮他做了，从某种角度来看，我几乎是他妈妈，而不像是他太太。我经常抱怨他不告诉我他有什么感觉、他想要什么，或者明明身体语言已经说出他自己的感觉，他嘴上还要否认。

"结婚之后，我最喜欢的是早上闹钟一响，两人就搂抱在一起的那种感觉！如果我能改变点什么，我希望我能使他多说出心里的愿望和需要。"

另一位婚龄达 29 年的女人，由于丈夫驻外工作，得以独居 1 年，因而感受到他们的关系很不平等：

"我今年 46 岁，婚姻美满，有两个小孩。我的工作和嗜好是跳芭蕾舞、看足球赛和打毛线衣。

"我在 17 岁那年和丈夫坠入情网。那个感觉很激烈，激烈得几乎使人窒息，而且非常甜蜜。我喜欢孩子，也很幸运能够待在家里带孩子，直到小儿子 12 岁为止。如果一切重新来过，我宁可晚婚。按照我的方式过活的女人往往会失去认识自己的机会，一头栽入了只做妻子和妈妈的模子里。

"活到这个年纪，我总算成为自己了。但是以前我不太敢在丈夫面前表达自己的意见。现在他仍希望我善尽一切为人妻的职责，包括整理家务、做全天的工作，并且事事顺着他的意思。去年他被派到国外工作 1 年，不久就要回来了。我很喜欢这段分居两地的时光，生活完全是我自己的，我不必赶着 5 点钟回家做晚饭，可以在令人意想不到的时间打扫屋子，观赏我爱看的电视节目，或者什么也不做。在结婚27 年之后，能有这么一段分居的时间，对我们两个都很好，对他尤其好。我希望他以后会更重视我们的生活。

"他回家之后，我想改变一下，把我的想法说给他听。我喜欢做他太太，但我不喜欢失去自我。我丈夫处处限制我，跟他在一起的时候，我没办法真正做我自己。我得时时注意我的动作和言语，而且他说的话就是法律，我好像连有意见都不行。他老让我觉得自己很愚蠢、能力不足。他要做传统式的一家之主，在各方面都表现得很傲慢。对于我们之间的关系，他比我更感到快乐！我不会离婚，不过我一定要改善！"

另一位女性试图以极端的方式让她丈夫明白她在利用这场婚姻长期抗战之后，得到了相当美好的结果：

"婚后，我丈夫全不理会什么责任问题，对什么都敷衍了事，结果却造成了我的重负。最后我受不了了，终于起来反抗。我大胆告诉他，如果他一定要有这么多特别的要求，何不自己行动。要是他能为家庭做点贡献，我会乐意接受，并从旁协助，这比他什么都不做来得好，我们最好能改变一下，不要让我一个人包办大小事情。但他立刻退缩回去，表明他虽有心，但是他实在太忙了，说完这些就不开口了。于是我起身离去，准备去上班，把门砰一声关上，但却像块石头般，纹丝不动地在台阶上站了15分钟。我太震惊了，连一步都走不了。

"一年多以来，我把他犯下的种种罪行都记在了一个本子上。有时候他真的很过分，但当场我根本不知所措，我不敢相信他会做出这种事情来，整个人愣在那里。但过后我可以在记事本里仔细分析他的行为、我的感觉以及最后的结果，并想清楚要如何回应。我站在台阶上，对自己说，好，他尽可以在嘴上讲好话，让我内疚不安，但是我不要开口，或者就让他自己逐条去读。然后我走进屋里，他甚至没抬头看我一眼，我把记事本拿出来，丢在他身旁的桌上，然后走了出去。

"我又站在台阶上，整个人像是被抽干了似的。该做的我都做了，不知道试过多少办法。我开始平静下来了，连自己都很惊讶。后来他打电话到我公司，说他想跟我谈一谈，他觉得很抱歉。我又愣住了，后来我们真的谈了，他也知道他从前那样不对，但是他这种作风过了好几年才改过来。我告诉他我需要他做点什么事或者我有什么感觉时，他不待我说完便会骂出一句：'放屁！'我们的关系先是越弄越僵，后来才慢慢好转过来。我开始停止诉说我的需要和感受，免得他数落我总是提这些毫无意义的话。但我也从那时起开始有了外遇。"

另一个女人说她真的和丈夫"开战"了——两人争战了好几年，如今她觉得婚姻既美满又平等：

"我已经结婚 10 年了，感觉很棒——我是说现在。当初他什么家务事也不肯帮着做，就像大部分男人一样，觉得自己高高在上，认为什么事都应该由妻子来做。所以，我决定做一件惊天动地的事情，好让他知道我的想法。大概有一年的时间，要是他不主动收拾盘子的话，我也不会去做。我根本不管桌上有多少脏碗盘、脏烟灰缸，除非他跟我一起站到桌边，而且做的事情跟我一样多，否则我什么都不做。他一停，我就跟着停下来。

"现在？好极了！他很支持我，也很体谅我，他帮助我重新回到工作岗位，配合着照顾孩子，而且真的跟我一起做家务事，什么事都管。我两个姊妹都结过两次婚，每次婚姻都撑不过两三年。我一直对她们说：'等一下！要是你继续努力，一定会得到很好的结果。不要放弃！'女人竟非得如此才能让男人了解这一点，真是社会的耻辱，不过若能借着一起合作建立一种亲密感，那么一切都是值得的。"

根据研究显示，结婚超过 5 年，而且最感幸福的夫妻或情侣中，有 62% 的人曾经一起接受咨询辅导。由此可知心理治疗的效用之大，因为它为夫妻和情侣提供了陈述问题的契机，或者说，这些夫妻或情侣比较关心，也比较能够接受以不同的方式来保持沟通渠道的畅通。无论如何，尽管很多人认为和第三者谈事情是耻辱或者失败的象征，但事实却正好相反：它是爱情关系成长的指标，使我们有机会去超越社会文化的负面限制，比起其他任何方法，心理咨询可能是最好的。

年纪 20 多岁，开始过着婚姻生活的女人中，有 72% 的人也重新为婚姻下定义，使她们的婚姻更具个别性：

"我觉得应该对我的婚姻负责，它的现状和未来是我的责任。我丈夫也跟我一样，我们会把婚姻塑造成我们所需要的样子。"

"婚姻要能成功，双方一定都得对自己的目标想得清清楚楚的，不要硬把自己套入某种理想婚姻之中，一定要两人都认同目标，同时实践才行。"

"我们结婚才 6 年。然而，我们夫妻俩所创造出来的婚姻，正适合彼此的需要，因为我们很小心地以自己的方式来为婚姻下定义。以前我对婚姻蛮恐惧的，不晓得自己也有自主权，我也不愿服侍别人。还好现在这些都不成问题了。"

多数夫妻想避免重复前人错误的婚姻形式，但理想的婚姻究竟应该是什么？其实并无前例可循。每对夫妻或情侣都有机会去做与他人截然不同的事情。

这位新婚的女性自觉努力保持个人的地位，亦即"不屈居次位"，设法维持自己人格的完整性：

"我今年34岁，结婚一年半了，这是我的首度婚姻，我尚未生育。我从事艺术工作，艺术是人生的动力。我希望借着艺术来影响他人，帮助他们改变自己以及夫妻的爱情关系。我对丈夫的爱，比对任何人都深刻。

"到目前为止，我最大的危机是，既要维持婚姻，又要兼顾事业。婚前我就想过，这两者之间可能会有冲突。我在潜意识里，似乎认定只能拥有其一，不能两全。其实刚结婚时，我差一点就放弃了。那时我赚的钱不多，做的是兼职工作。我丈夫做全职工作，我们都觉得应该由我来做大部分的家务事。我努力过，但是做得很不情愿。9个月之后，我变得极为沮丧。为了改变一下心情，我外出旅行两个半月。这段旅程给了我充分的空间和时间来思考今后的问题。

"我回来之后，和丈夫讨论了很久，最后决定将我们俩的财务分开。现在我们都将自己收入的一部分放在家庭预算之中，剩下的钱要怎么花，全看自己的意思。这样，我才会觉得我的空闲时间是自己的，我可以自由地运用这些时间来追求艺术，无须感到愧疚。我们也分担家务事，并将这些琐事逐项列出，两人按月轮流做。此后，我再也没有从前那种紧张和难以言喻的感觉。

"我丈夫真的很支持我，虽然他偶尔会露出不悦，或者下意识地不愿配合。有时候他会抱怨我陪他的时间太少，或是我做的家事不够多。惹得我生气起来，两人就大吵一架。事实上，他仍然不能排除心中对于两性的固有看法。我也一样，有时候，他会不自觉地想要拥有传统的妻子，时时刻刻将他和他的事业放在第一位，愿意牺牲自己的时间，竭尽所能地操持家务。所以他会讲些不中听的话，或者破坏我正在做的事情。所幸这种情况很少，通常他都很支持我、鼓励我、爱我，对我很和气。"

无论是刚结婚或是结婚30年的女人，都发现如果能在心智上保持个人地位的话，婚姻会变得更好：

"我丈夫很好，但除非我能保持个人的心智框架，否则我们根本处不来。我必须主动争取权利，不能消极地等到他干扰我，然后再跟他大吵一架。要是我不积极争取，他会猛不防地占有一切，这时候我会更痛苦，也会使我们更加隔阂。"

"我和我丈夫之间吵得最厉害的那几次，都跟我偶尔需要'暂停'一下有关。后来我们说好，我的情况可以比照青春期的孩子。我偶尔需要出去几个钟头，逛逛街、听场音乐会等。他开始了解我的性子了。"

这位再婚的女性感到无比的幸福，她要让大家知道她是如何做到的：

"我觉得我跟丈夫还在恋爱。我有这么强烈的感觉，是因为他是个很风趣的人，我完全信任他。他尊重我，爱慕我，支持我拥有自我。我们的性生活美妙无比，我们有着共同的兴趣——摄影、哲学、天文学、经商等。

"我爱过我的前夫，但我们从没恋爱过，要恋爱，就得坦诚相对，但是他的天性中缺少了坦诚。对我而言，我觉得恋爱的感觉十分重要。跟我现任丈夫一起生活，我可以完全开放自己。这种立于互信基础上的恋情，背后有股强烈的力量，使你相信自己的潜力，因为你知道可以相信他。这份坦诚需要时间来验证。

"我觉得我现在深深坠入情网，我很快乐。我们一天三餐都一起吃，我几乎每天中午都提着野餐篮到他的店里去找他。我们一直都很亲热，就算在他店里也一样。只有在生意清淡，或者非得在生活上做重大改变的时候，我们才会吵架。我们曾因严重的不安全感而倍受困扰，但现在不会了。我们吵架时是动口不动手，但这已足够使两人非常消沉。我们住的地方离家人很远，而且因为是自己创业做老板，事情又多又累，根本没有闲情逸致去和朋友聚会。我们一聊起来就没完没了，住的又是郊区，远离尘嚣。此外，我们的爱情非常甜美，虽已结婚 10 年，但热情不减。

"爱，可以使一个人做得更好。好比我的女儿，因为有了母亲的爱，变得更有安全感，努力向更艰难的目标挑战。我们夫妻俩也有这种感觉，爱，给我们安全感，尝试新的事物，逐开恐惧和不安全感。在广义上来讲，爱是一种滋润的力量。也许你一开始就有一股强烈的感觉，然而共度一生的工程却只是个开端呢！

我们俩的关系对我很重要，因为他是那么了解我，我什么话都可以对他说。他也会率直地回答我。他会听我说话，而且很关心我的所思所想，以及所感觉到的事情。我曾和另一个男人同住了 18 年，可那个人从来就不听我讲话，也不关心我的想法。如今，我和现任丈夫在理智或情感上的联系越多，性生活就越加热情、亲密。我们没有生小孩，但是他很疼爱我的两个女儿。

"与他聊天是件很快乐的事情，通常我们宁可聊天，也不愿出去找朋友。我们的关系能够如此稳固，聊天占了很重要的因素。实践我们的谈话内容，已成了我们生活的一部分。他在刚创业的时候，话多得不得了。我们成了附近街坊的名嘴，被称为'那对爱讲话的夫妻'。在谈话之中，我们把自己带入新的生活方式之中。要是缺少这个途径，我们不可能终日恩爱。

"我很喜欢婚后的生活，对我而言，一个男人就够了。即使在我单身时，我也不喜欢约会、出游。能嫁给好男人为妻，我觉得很光荣。

"性事如同我们日常生活的庆典。在做爱的时候，他亲热得不得了，而且比其他时间更开放。在那个时候，他什么都不管，眼里只有我们，他会对我说好多好多的情话。我们练习了很久，才使我们的身心达到'什么都不管'的单纯状态，尤其是刚创业的那段时间。如果两人的心中除了对方之外，什么都没有，结果自然就会好上加好。在结束一天的事务之后，我们有时间相聚，我的身体就兴奋起来了。我喜欢孩子，生头胎时我才19岁。我前任丈夫的行为令我十分难受，他常在外酗酒而不回家。生孩子从头到尾都是我一个人，他把我丢在医院里，让我独自面对这一切。

"离婚之后，我一方面觉得欢欣至极，另一方面却觉得自己完全失败了。当时的感觉很矛盾，有时变得歇斯底里。我的心里一下子感到好轻松，轻松到外表看起来年轻了10岁，而且立刻热切地投入生活之中。我的医生兼密友帮了我不少忙，他也赞成我离婚，他认为我要是再不离婚的话，一定活不长了，大多数亲友都觉得我一定是疯了。

"我离婚的时候，父母亲对我说，我的女儿长大之后会变成娼妓，我既病态又异常，竟然和丈夫离婚，使她们得不到良好的照顾，我的脑子一定是出毛病了。在这之前8年，他们还对我说，我一定做错了事，难怪丈夫会酗酒而且不回家。离婚的时候，我不得不将两个十几岁的女儿留给她们的父亲照顾。我身上带着400块钱，搬到另一个地方。我的父母亲和亲友都唾弃我，但我得到了女儿的心理支持……她们帮助我达到目标！我离开故乡，用我那400块钱，开始过新的生活。我进入一家小型的大学，成为全职学生，兼了一份工作，租了一间小公寓。然后我那个16岁的女儿搬来和我一起住，我们俩就靠着微薄的薪水过日子，我还得一边上课，开始挖掘自己的潜力。

"第二年，我女儿又搬回去了。她搬走之后，我在课程上更加努力，然后买了一张单程的机票，到墨西哥念书，最后我得到了艺术硕士的学位。这段时间，我女儿给了我很大的支持，她们好像认定了，除非我成功，否则她们不会有前途。

"如今，我和现任丈夫结婚10年了。我们有许多共同的愿望，想要一起做很多事情，但因为我们的情况特殊，若想完成心愿并不简单。我对生活的大小事情极为敏感，非常情绪化，要是压力大得受不了，我就借故和他吵架，好让自己瞎闹一阵，但这种事情不常发生。我们卖掉一家公司，又搬到很偏远的地方，生活压力颇大，所以偶尔会吵架，但是我们自知只能咬牙撑过去。

"我们都明白，化解冲突的方式就是吵架，所以我们才能熬过那段严重欠缺安全感的时期。我们彼此相爱，深信问题一定会解决，我们讲好了，不让性生活成为吵架的焦点。事实上，我们的性生活似乎还因为吵架而大幅进展呢。我们几乎是轮流主动与对方讲和，如果情况特别糟，我会从外面打公共电话回家，距离一拉长，好像更容易和好。我们每次生气绝不超过数小时。

"为了调适我们俩之间的关系，我做过好几次心理治疗，心理治疗对我的帮助很大。我们变得更独立，也更能信任和接受对方，更能适应新的状况，而且能迅速改变自己的行为了。

"打从一开始，我就知道，想维持婚姻要下很多工夫，我也知道，一切都是值得的。至少有 7 年的时间，我一直非常害怕，怕他会厌倦我，然后离开我。他跟我一样害怕，而且担心的是同样的事。我们不断地努力，如今我们已经不再担心了。现在的我会让他感到十分兴奋，尤其是我年纪越大，思想越自由。我在性方面越来越开放，能够得到男人的爱慕，感觉真是太好了。

"以前，我们若是吵了架，他就不敢做爱。但是我觉得，不管发生了什么问题，都跟性生活无关。他很喜欢性生活，所以他高高兴兴地接受这个理论。随着日常生活的问题一一解决，性生活也变得越加甜美自由和无拘无束了。现在我们两人待在一起的时间，可能比一般夫妻还多，但我们的热情并未因而稍减。

"我一点都称不上是个美女，然而，这个男子让我觉得自己很美，结果使我对自己的容貌更有信心，连别人都称赞我漂亮。我知道即使是羞怯、寡言的男人也会对诱人的女人起反应。但一再听到别的男人称赞我有多性感，实在令我惊讶。

"我每个月会有几次特别热情的时候，那种感觉很美，好像非要干点什么不可。我的手简直离不开他，我会变得更主动，很喜欢探索他的身体，尤其是他的性器。我的男人有着健美的体形，他的表现令我喜欢极了。我很喜欢口交，他也很一样。

"我从未有外遇，即使我知道前夫在骗我，我也没有外遇。我很明白这种行为对我的伤害之大，所以我绝不会对别人做出相同的事。我相信专一才是对的，我的丈夫也是一样。

"我和女儿之间，谈起性问题时并无禁忌，我们谈过自慰，连有争议性的事情我们都谈。我会寄文章和资料给她们，而我那个做护士的女儿随时不忘提供医学新知。她向我们夫妻俩吐露，有次她曾同时和两个男人做爱。我有点吃惊，但是能这样谈是很好的。

"我的小女儿在不久之前结了婚，是我丈夫把她'送出门'的。这个婚礼的特别之处在于，从来没有生过孩子的他，在这一天正式成为父亲、岳父和祖父。同时，他还帮着我把身为离婚妈妈的最后一丝罪恶感都甩得一干二净。我打算要给女儿一点特别的礼物，他的建议是，我以'度过有生以来最快乐的一天'的心情赴约就行了。那天我一直跳舞，把那双玫瑰色、闪闪发亮的裤袜都给扯破了。我从来没有这么快乐过，然后我们到一家汽车旅馆去过夜，我觉得那是我们俩最亲密的时刻。

"我最钦佩女人的适应力。因为孩子转变迅速，所以女人非得有这种弹性不可。我也钦慕女人的开放性，一般来讲，男人比较含蓄，不会轻易吐露感情。我最钦慕女人的地方，是女人能一边抚养小孩，一边继续成长。我真的很钦慕那些为女人的权利而奋斗的人。我一直认为我不是女性主义者，虽然许多人认为我是那样的人。

"女人也有权拥有自己的时间，最近我正在想这件事情。我女儿刚念完护校，丈夫也创立了新的事业，过去我花了不少精力帮助他们。虽然我喜欢这样的付出，但我觉得现在自己需要休息，充充电。这6年来我一直在经济上、心理上支持他们，现在，我觉得我需要给自己一点东西。

"我喜欢做女人，我的生活已成为一种艺术。我创造了舒适的生活环境，墙上挂的是我的艺术作品，我制作美味来消饥止渴，我为心灵写下诗篇，为健康而运动，为取悦丈夫而想出新点子，最重要的是我不断面对挑战，使我的精神保持活跃。

"我要对女人说的是：用你的时间，做些有创意的事情，多笑一点，多爱一点，尽可能把每一天都当作自己最快乐的日子来过。对我而言，每天都是新的挑战，我们得创造出一点特别的东西：一个故事、一个笑话、一顿饭、一件衣裳、一幅画、种几棵植物、交个新朋友。我的女儿很珍惜童年的每个时刻，但我却不愿回忆和前夫一起生活。我的女儿和我一起向前走，她们的父亲却向后退。这是我们自己的选择。"

与"小男人"结婚或同居

在本研究中，有14%的女人正与年纪比自己小10岁以上的男人结婚或同居。这类婚姻通常都很顺利。然而，年纪不能保证感情的品质，恩爱与否要看个人的运作，与年龄差距无关，而且无论什么年纪都可能相处融洽。

下面的这位女性，和年纪小她13岁的男人同居，她形容自己的生活非常快乐：

"我是个中年女性，我热爱生命。我喜爱带着两只爱犬到林中散步，看着它们精力旺盛地互相追逐，使我感到非常开心。跟我同居 2 年半的男友，也使我感到非常快乐。他对我别无所求，不会要求我改变。我喜欢跟他在一起，跟他一起做这做那，还有做爱。那是一种很满足、很宁静的感觉。跟他做爱时，我比以前更热情、更轻松。他比我小 13 岁，我知道这里有些潜在的问题，但时机成熟时，我会加以解决的。我希望和他共度余生，但若情势所逼，我也许会另择新欢。

"我的感情哲学是宁可每 5 年就换个男人，来段美妙的新恋情，也不会只为了别人，而勉强维持一段差劲的爱情。我觉得像伊丽莎白·泰勒这样的人值得喝彩，因为她不断努力寻求幸福，而不是放弃尝试，最后变成个尖酸的老太婆。

"迄今我个人最大的成就是，在嫁给一个顽固的男人，生活了 20 年之后，终于发现我很正常，可以独立生活，和喜欢的男人一起生活，而不是因为别无选择，非得维持下去。我跟他离婚之后，发现自己很快乐，我唯一的遗憾就是没有早 19 年和那个酒鬼离婚。我们结婚才 1 年，就发现那是个错误了。但是却花了好多年才长进智慧，并汇聚足够的自信向前迈进。那时候我没有工作，也找不到朋友倾诉这个问题。我觉得自己完全绝望了，很无助、很孤独。其实有很多感觉都是自我封闭，但是那时候我还没有想通这一点。

"我的情人和我都很快乐，我们可以轻松地谈未来的问题，因为我们两个都不要求对方长期的承诺。我们喜欢做爱，过平常的生活，一起出门，我们也有着类似的嗜好。他对我说他爱我，还对我说他有多么喜欢跟我做爱。性爱真是美妙。

"我们最担心的是年纪差距的问题，我怕有一天我会老得不适合他。在我们相识那年的圣诞节，他丢下我一人在家，独自到父母那儿享受家庭聚餐。当时我很伤心，但后来我慢慢地想通了。现在每逢节庆我们都一块儿过。

"有次我们一起在厨房干活儿，我不经意地说我打算把头发染一染，因为头上生出了一些灰发。他平淡地应声说，虽然头发长在我头上，但是他觉得这样子就很好看。跟他在一起，我感到非常快乐，我相信他也有同样的感觉。"

有位女性是在结束了第一次婚姻之后嫁给了一个小她 10 岁的男人，她感到快乐无比：

"我今年 41 岁，是个高中老师，有两个小孩。我在和前夫生活 19 年之后终于醒悟，如果我想得到快乐，唯一的办法就是和他一刀两断。跟他在一起，不是吵架就是辱骂，但是我还是留了下来，一来是为了孩子，二来是因为我对自己太没有信心。

后来我才知道，我这么想都是他造成的。无论在性方面或心理上，我从未真正满足过，但我总是怪自己要求太多。跟他分居之后，我的想法完全改变了。我瘦了很多，有生以来第一次觉得自己是个特别的、自立自强的女人。

"我在鸡尾酒会上看尽了各式各样的男人，从体贴、敏感的律师到焦虑不安的飞行员，再到那种要求既多、又处处以自我为中心的男人，通通都有。

"离婚3年之后，我再婚了，这次我得到了期望已久却不曾拥有过的种种快乐，在性方面和感情上都十分满足。我们的性生活相当活跃，早在结婚前一年便开始了，两人也彼此协助对方度过心理上的低潮期。他人很好、很体贴、很可爱，而且一直很稳定。但他刚开始不太能完全相信我，因为他在第一次婚姻中，受了很大的伤害。现在，我们结婚已经10个月，也拥有自己梦寐以求的爱情关系。我们既是朋友，又是情人，彼此依赖。

"我现在的快乐大概有95分，接近满分。我每天都希望早一点回家投入丈夫温暖、亲切的怀中。我的工作也很有成就感，尤其是学生返校来看我，或是接受特殊教育的孩子有了进步，我会特别高兴。我养了几匹马，马儿给人的爱真是温暖而忠诚。在林中骑马，感受轻风拂面而过，欣赏大自然之美，那种快乐是笔墨难以形容的。

"生活里要是少了丈夫会令我感到空虚。结婚之前，我觉得有些哀怨，现在则是'欢笑一如孩童，相爱一如情人，翻腾一如云雾雷电'！用这些话来形容我们的爱情真是贴切。我想，无论我丈夫做什么事，或者发生什么事，我都会陪着他。

"我们第一次碰面的时候，他在我心中留下极深的印象，因为他既和气，又很体贴，我暗下决心，若是再见到他的面，我一定要主动告诉他我有多爱他。现在，我们结了婚，很想永远维持这种美好的感觉。我们之间没有问题，只有一些会影响我们夫妻的事情需要解决而已，诸如我前夫、他前妻、两个小孩，或者独处的时间不够，等等。

"不管你相不相信，但我爱人不用我开口就主动和我一起做家事。他每天早上醒来第一件事一定是在被窝底下做肌肤相亲的拥抱。

"我从来没有像现在这么快乐。因为我丈夫比我小10岁，所以我很希望老天对我宽容一点，不要让我变得太难看。我尽力使自己和他相配，因为我觉得他很英俊。我不会花太多时间去染发或化妆，就算穿着工作裤和雨鞋去工作，我还是有女人味的，我不需要随时都打扮得像个模特儿似的。

"我们两人都有工作。我真希望能找到处理夫妻财务的绝佳方式。我对这方面不尽满意，他也是一样，但这要比我们第一次结婚时好多了。我是个很热情的人，跟现任丈夫的性生活，总是刺激又浪漫，颇具爆炸性。我跟前夫结婚近 20 年，真的连一次高潮都没有。我会觉得自己的下体不好看，而且担心味道太重。"

❤ 男人不愿改变

大多数女人都无法改变她们的爱情关系：

纵然大多数女人都不断要求或是尽力改善爱情关系，但结果却难臻理想。虽有71% 的女人为了自己的权利而把问题提出来，但却是徒劳无功。

换句话说，绝大多数女人，无论她们如何对所爱的男人呼喊、乞求或是讲道理，仍无法转变爱情关系。而那些改变成功的夫妻，则多借助心理咨询。许多女人都说，虽然她们爱着对方，对方也爱着她们，但要改变男人轻视女人的态度，竟然如此困难，实在令人感到震惊。

女人的事永远做不完！除非男人愿意采纳一部分的女性价值观来面对爱情，设法让女人讲出心里的话，关心她当天的情绪，这个情况才有可能改变。而且，也有男人这样做了。

有些男人显然在设法了解女人所要求的改变：

"我这一生最重视的几个男人，都曾诚恳地试图理解妇女运动，然而他们一直不甚理解其中的某些课题。不过，他们都尝试去采纳女人的新观念。但是，竟有更多男人认为，情况已经改进了，现在一切都很好。这真让人丧气。当我对他们说，未来还有很长的路要走，他们觉得很惊讶。"

"他认为我不应该对整个社会不满，也不应该因为自己被轻视了就感到愤怒。但是他一直试着去理解我到底是怎么想的。后来我请他读一读女性主义的著作，他才有所改变。"

这位女性还因为对方的态度有所转变，并一直设法了解她，使她非常快乐。然而，许多男人似乎并不了解，当性生活无法获得满足时，就是某些地方出了问题。

但是，83% 的女人相信大多数男人还是不知道要怎么做，才能维持两人的亲密关系：

"大多数男人想要的不是去爱女人，而是去控制女人。问题在于他们往往谎报自己的感受，或者忽略自己的感受。"

"很多男人一谈起恋爱问题就大了，男人还没有学会做个好配偶、好伴侣、好情人或好朋友所需的技巧和敏感的态度。"

"他不懂得要在两人的感情上花时间、花脑筋、花精力。他知道一点点，但是还不够。这种事总是留给女人去做。"

绝大多数女人都说她们希望男人能多学学女人表达爱意和亲近的技巧——如何听出对方话中特别的含义，如何才能付出更多、投入更多。简而言之，女人要男人学着去爱，不只是在性方面，而是要两人平等相爱。

女人希望男人在爱情关系中采取的价值观和态度如下：

"更开放一点、更坦诚、多说点话、多尽点力。珍惜相处的每一刻，百分之百支持对方。"

"能够找出你会产生某种感受的原因，无论在什么情况下，都能听你说话，尽量把你摆在第一位。"

"永远不会拒你于千里之外，也不会当你的面拥抱别人。对你很感兴趣，而且有话就说出来。可以尽可能地争论，但要迅速以言语化解，然后和好如初。"

"我理想中的爱情应该具有下列特质：在对方做了一件有积极意义的事情时，能够予以称赞，能够照顾对方的情绪，喜欢主动去体会对方的需要，无须对方一直诉说自己需要什么。这些特质都很好，可惜在我的爱情关系中，这些都不存在，否则我就不必烦恼了。"

在另一方面，有些女人指出，如果女人能使自己更具侵略性，更像男人一点，也有助于解决问题。至少，女人不会被人占到便宜：

"女人虽试图改善爱情关系，但是做法仍不够强烈。她们被人逼得团团转，不知起而维护自己的权利。"

"女人不知道她们要的是什么，而且不知道如何达到目的，害怕失去爱情，觉得自己不够格要求别人，也不知道大多数男人都有心理障碍。"

拜读这位男性回复的信函，我们不难从他尖酸而流利的责难中看出，许多男人以轻蔑的态度对待女性，他们希望女人在爱情关系中扮演的角色是：

　　"我觉得女性文化似乎规定着人要敏感、要有自觉，这当然是值得敬佩的。但是这些规定不应该是极端的，男人似乎不需要遵守这些规则。

　　"也许男人太尊重别人的隐私，而且觉得到处都是障碍。但是，换个角度来看，如果把过程当作一切，把爱情关系当作一切，这表示要讲一大堆话，流几滴眼泪，还要深入探讨女人的不安全感和其他感受，还有我称之为'女性的苦闷'的那些事情，这未免太过分了些。

　　"我想女性文化的游戏规则大概是要你随时随地支持对方，尤其是对方有需要的时候。如果你能处处主动，听对方讲话，就得表现出愧疚的样子。你必须随时都准备好要陪她，还得打很多电话。凡是良好的价值观，一定是以表达内心感受为主。然而，女性文化却认为这是女性的精华，生为女人便一定善于表达自己的感受。当然，我绝对相信，比起男性文化来，这种情感的开放性和亲密感的确很好，很值得学习，但是……

　　"我觉得这种做法太孩子气了。男人也许比较注重隐私，比较难表达亲切，但事情不是这么单纯。人到底应该以内在世界为重，还是应该以外在世界为重？男人极端注重外在的世界，但有时候女人过分注重内心世界。我遇见的女人讲起话来不断强调两人要彼此相爱，话中几乎都隐含着一个意思，那就是她们需要支持和肯定，谈话内容完全着重在个人生活的细节和想法，使我觉得厌烦。

　　"我还发现女人会强迫男人以全面讨论的方式当场解决每一件事，解决一切令她们烦心，或是可能引发冲突的事情。男人发起火来的确很可怕，但女人要想把引起冲突的每一件事都必须当场解决，那也太强人所难了。我知道女人会说她们的方式比较积极、乐观，而男人在苗头不对的时候就想'把头埋到沙地之中'，是因为自小的教养环境有了偏差，听来似乎头头是道，但是我不喜欢这种方式。"

　　时至今日，真正肯检讨男女关系定义的男人仍屈指可数，大多数男人都顽强地抗拒改变。不知要到何时，男人才能明白，男性疏远他人的倾向和想要控制大权的欲望可能是相关联的。

　　男人有必要重新思考，改变对于爱情的态度。这是个重大的社会问题，但迄今少有男人注意到这件事。还有，大多数男人是否明白，女人之所以倡导改变，为的是要建立新型的爱情关系，但大多数男人一点也不明白女人心里的想法。我们已经知道，大多数女人都说，她们所认识的男人通常并不像她们那样努力地维持两人的感情。也就是说，男人从未设法维持情感上的平等，而且不够尊重人性的尊严。女人不愿再蒙受诽谤了，女人想要的是和男人携手共创新的情感约定，但是大多数男人却想用另一套游戏规则来玩。也许大多数男人都对他们应做什么或能做什么一无所知，而就我们记忆所及，女人常提到，她们的丈夫似乎未曾察觉到他们有什么事情该做而未做，有什么事情是早该试着去做，却忘了去做的。

76% 的女人说，她们虽曾试着和对方平等相处，但却遭遇许多冲突：

"我们会吵架，是因为我要求享有跟男人一样的权利。我绝对相信我有权选择我的事业，但是他却说：'做我太太的人绝不能在全是男人的环境里工作——绝对不行。'"

"结婚不到几个月，我们就开始吵架，常常吵，吵到最后终于分手了。吵架的原因，不外乎是我要求要有自己的权利，或者要跟他一样在外面工作。在那 7 年之中，我们会发生那么大的冲突，主要在于我丈夫希望握紧权力，从他这句话就可以看出来：'妈的，女人什么都别想要。'"

从研究结果看来，男性对本身及爱情关系的看法若有较大的改变，多因重大或不幸的个人经验所导致，也许是段非常强烈、起伏很大的恋爱经验，使他重新评估自己；也许是因为变更工作，使他有了不同的想法。

当女性团体与男性文化的政策直接冲突的时候，也会导致上述的改变。这个行动已产生一些成效，由于女人集结妇女运动，使得现在的女人能够享有与男性同样的地位，拥有更多的工作机会，有关婚姻的法律做了部分的修改，同时使女人在理论上有权利拥有自己的身体，并定义她们的性行为等。也许，在情感这方面，女人也可利用公众的力量，公开抱怨男人在私下对她不尊重或少有情感的支持，以促进个人关系的改变。

在此，最根本的问题是，大多数男人仍未将女人视为与自己平等的人，而且在他们真正改变之前，女人仍会受到蔑视和疏远。这真是太不幸了！让女人独自为维护爱情关系中的权利而奋斗，是不公平的。更糟的是，由于女人不得不长期为维护自尊而对抗男人，常使爱情化为乌有。

男人能不能自发地改变？或者非得在社会剧烈转变的压力下，男人才会改变？是不是大多数男人都相信非阶级性的、平等的爱情关系是可行的？男人想不想跟女人建立这样的关系？我们曾在第一部分中讨论过，男性意识形态系统最基本的信念之一便是，生命"本来就是"阶级性的，男人"本来就应该"为主权及地位而争。如果男性意识形态把一切生命都视为阶级性，并把角逐主权当作自然规律，便难以建立真正的平等，只不过是以平等当作停战的幌子而已。事实上，许多男人不敢平等对待爱情对象，是因为他们害怕因此被人控制住了。所以，男人继续疏远女人、轻视女人；女人则把问题闹出来，导致男人沉默地退缩回去，宣称女人总是爱找麻烦，却忽略了他们内心先入为主的概念——女人想要控制男人，才是最大的问题。

如果女人受到对方不平等的待遇却不想离开，她要如何才能使这份爱情关系变得平等？答案不是让她自己变得平等，因为女人已经是平等的了。是不是女人想要得到权力和尊重，就得和男人斗争？或是男人终会发现，修正男性意识对他们最有利？

男人若不能平等对待爱情对象，会使她们心生憎恨。男性的优越感的确很高，这些男人可曾体会到？此外，男人相不相信，不平等是他们的爱情关系成功与快乐的最大隐患！从本研究中大多数女性的回函中看来，答案是这样的。

男人需要和女人一同创造爱情关系的新模式。就目前而言，由于男人坚持奉行男性文化为生活准则，影响所及，女人受到了不公平的待遇，男人也难以在个人关系的感情方面得到回报。他们无意与女性平等分享、负担一切，并常引起他人和自身的痛苦。男人既常表现出控制女人、蔑视女人的行为，又如何能调和因男性的孔武有力和英雄气概所生的骄傲感呢？

男人不肯改，女人该怎么办

男人为了要维持男性俱乐部的会员地位，必须遵行僵化的行为规则，只能穿着某些服装，而且得表现出对于男性阶级支配制的模式和仪式都深感兴趣。为了对男性俱乐部表示忠诚，他们还得耻笑其他团体——也就是女人。当然，这种意识形态也会伤害到男人，使男人变得没有人性，要男人以缺乏人性为傲，因为你越坚强、越粗暴、越强硬，就越像是"真正的男人"。

面对这样的情况，女人做何反应？有个女人提到她为何决心反击："主张多、要求多的女人也许会被别人讲得很难听，甚至被讥讽为下贱。但是你有没有注意过，坚持到底的女人到最后通常会反败为胜。而那些只问付出，却受到男人漠视的女人，最后却身心俱疲而且痛苦不堪？"

一般看法总是告诉我们，无论如何都要继续去爱、继续付出。这样做真的对大家都好吗？如果女人没有受到剥削，去爱、去付出是很好的。不幸的是，大多数男人都做不到这一点。

不过，"好女人是不会生气的"，这个女人的话提醒了我们："要是我们姊妹俩在个性上比较敢'给男人好看'的话，下场就不同了。"女人之所以一直原地打转，与这种刻意避免因愤怒而行动的心态有很大的关系，所以女人越来越不敢作为，就像瘫痪了一样。一个人把怒气转到自己身上，无异增加自己的压力，使自己越来越无助，越来越不敢有所作为。

在个人层面上，我们如果发现男性不太尊重我们，我们也可以不太尊重他们。我们甚至可能会开始请求他们做额外的事情，以表示他们对女性的支持。我们是不是真的尊重男人？我们有可能尊重他们做的某些事情，但我们果真尊重全体男人对待我们的态度吗？

要对男人让步，还是要和男人对抗

女人，无论在个人或是团体的层面上，为了要改变自己的地位，改变推动这个世界的价值观和文化，每天面临的最大难题，就是如何应付男性的侵略。

在第二次世界大战中，法国也面临着被侵略的问题：到底要对德国让步，还是反击德国。当时这是个严重的政治问题。对女人而言，问题也一样严重，虽然很少有人体会到这一点。女人应该谈论应付男性侵略的可行选择和方针，亦即要对侵略者让步，或是公开反击，这是女性的大事，但连提及似乎都成了禁忌。

如果女人感到愤怒，应该把愤恨和不满导向何处？化为行动？做法有千百种，但并不是要你离开所爱的男人。也可能得反抗整个系统，支持志同道合的男女，强调新的价值观，重新评估精神生活的重要性。

许多女人认为，若要让人们正视她们的要求，她们非得离开或做别的打算不可。

在许多实例中，除非女人认真准备离去，否则男人不会考虑改变。有个女人，虽非真想离婚，却仍觉得表明离婚之意，会使夫妻关系有所改进，自己总算有了呼吸的空间："我开始去办手续，但是他不肯离婚，央求我留下来。我是留下来了，但是我有我的条件。我常后悔当初没跟他分手。不过，他比以前好多了。"

如果能留下来改变爱情关系是不是比较好？也许是，也许不是，这全要看个人想以多少精力注入爱情关系之中。社会往往要求女人去爱别人，把别人摆在第一位，即使我们做出了远超出本分应做的事情亦然。也许是因为许多女人缺乏经济力量，使我们置身在不该停留的地方，而没有去追求精神的自由。

改变爱情关系是我们的责任吗？如果爱情关系令我们痛苦，我们是不是应该分开，或者设法挽回这一切？要是我们决定留下来，恐怕就没有多少交涉力量了！

大多数女人，在面对爱情对象时，常得为自己的权利而奋斗，即使对方深爱着她。虽然奋斗的过程令人疲惫，甚至对立，她还是得为自己的权利而奋斗。这种情况不见得公平，但是大多数女人都得这样做。

如果你要留下来，使这段关系延续下去，你必须把对对方的意见说出来。专业顾问或第三者也可能帮得上忙，他们可以转变问题的焦点，用新的角度来阐释问题。不要平白成为男性情感暴力或肢体暴力之下"无言的牺牲品"，这类的暴力问题已使得许多女人在精神上感到沮丧，然而，她们的声音却值得大家注意。

有一个女人相信，要使男人认清这些不平等、不亲近的问题，真正发现他自己，最好的办法是使他深深爱上女人："我认为大多数男人都没有真正了解女人面临的问题，也不知道爱情关系可以达到什么程度，除非他们和自己所爱的女人共度生活的每一阶段，否则很难真正成熟和发展。"

在今天，越来越多的男人参加咨询或心理治疗，希望借此学会多关心他们所爱的人。如果男人想要维持男女之间的深度关系，就得先开拓本身情感的层次。这对男人本身也有好处，因为这代表着那个男人已经超越一般所谓适当的男性角色了。

但是女人应该对爱情关系投入这么多心血吗？女人就应该帮助男人改变吗？或者，社会要求女人在情感上多支持男人，正是这种心态的又一例证？

帮助男人改变是女人的责任吗

女人为了婚姻或感情所付的代价是否太高了？在她们失去自尊，慢慢产生自觉之前，还能再做多少妥协呢？

大多数女人都说，她们比对方更努力、更用心，为什么大多数男人不能像女人那么努力地去改进双方的关系呢？男人常抱怨，爱情关系的本质总是不如人愿，因为女人总是在找麻烦。

如果男人在爱情生活之中，丝毫不流露感情，而且压抑自己的感情，他们的自我也会慢慢磨蚀殆尽。这种生活会使人麻木，这不就是男人抱怨的真相吗？在不恰当的爱情关系中，男人的心理属性也会慢慢扭曲。但是，许多男人都没有察觉到这一点，他们不习惯面对自己的内在，也无法内省，而且不把心中的感受当作一回事。也许年纪大一点之后会改变，也许事过之后，才后悔自己没改。

改进两性关系的重担不该落在女人的肩上。如果这段关系迫使女人只能做半个自己，让她觉得自己很"贫乏"，她就有权离去。如果对方不了解她所要求的改变，许多男人便无法理解女人所作的努力是为了要改变两人的关系，只把女人的话当成"抱怨"而已。那么女人还应该倾注多少心血才能改善这段关系，把她感受到的伤害和轻蔑都吞入腹中？倾注太多心血来改变婚姻或感情，可能会使我们减少一本伟大的小说，或一篇感人的乐章，而且即使我们改善了爱情关系或婚姻，历史仍然不会为了这个成就而奖励我们！ ① 所以，我们绝对有权利丢开这一切，并大声说出这些"不是我们的事情"。如今有许多女人已开始思考，要获得爱情，最好的办法就是忘却爱情，超越现在的选择，创造新的现实。

换句话说，改变爱情关系需要大量精力，但是这样的付出并不公平，因为不只是我们，连男人都需要改变，男人应该改变他们自己，做好"情感的家庭作业"，不要静待女性催促他们有所改变。

有多少男人能战胜自己对"失去男子气概"的恐惧，排除自己从小所仿效的典型，努力延续自己的爱情关系？男人面临着两难的困境：要改变男性特质，唯一的办法就是去反省过去企图控制一切的心态！但是，一旦失去主控权，又会被视为"没有男子气概"。

这就是女人虽能成功地与一个男子缔造可行的私人关系，却难以带动更大的改变的原因。女人改变了单一男性的系统，通常意味着，这个男人在和女人私下相处的时候，另有不同的心态，但是他处于男性群体之中时，不会去反抗男性的心态和价值观。所以，社会不会有真正的改变，因为其他男人或下一辈的男人未必能继承这种新的心态和行为模式。因此，为了改变爱情观，我们可能改变整个文化。

谁愿意长久等待社会的改变？况且大家都想抓住手边的幸福和爱情，干吗那么苛求男人？为什么不干脆"从那些好人之中挑一个出来"，一起过日子算了？当然，如果这么容易办到，我们就不会看到这本书了。如果你是个例外，那么祝福你。就算你不是例外，你也可以借这本书中某些做法，创造出比较独特的环境，改善你的爱情关系，或者找到更好的生活方式。

这个女人在极度愤怒之中，写下了这些话：

"女人应该联合抵制男人，发起全国性的'罢爱'运动！这些游戏真是太侮辱女人了！男人嘛，很野蛮，女人嘛，很悲哀。

"即使是非常和善的男人，脑中也满是旧式观念和危险的偏见。想想看你要怎么骂人最下流——这些骂人的方式都和女人有关：娘娘腔、惧内、婊子儿、'干'等

---

① 20世纪初的心理学家比阿特丽斯·欣克尔曾说："在整个人类历史中，女人的独立人格、个性和创意天赋都被牺牲于男性心理需求之下。女人的人格受到严重的侵犯。"

等。男人的态度差劲透了，甚至不晓得自己对待女人的态度很恶劣，自以为是在爱女人！"

女性的认同感日渐消退——你在背叛自己吗

"女人还没有能力为权利而奋斗。"

"如果你付出了一切，却一无所获……退出吧！"

的确，有些女人会说除非我们能改变这个令人情感衰竭的系统，否则就不该坠入情网。原因是：如果女人从小所受到的社会教育是要她"把爱情当作最后的归宿"，而且认定爱一个人就要付出，而男人却不这么想。那么，由于文化体制本身对男性和女性的行为各有一套标准，等于是在支持男人在人际关系和外界的领导地位，而女人则得在情感上支持男人并操持家务。

这个体制是不是令女人感到愤怒？是的。但她们不能正当地发怒，因为女人无权愤怒：好的女人要亲切、要付出，不能唠叨也不能要求。女人怎能亲切待人，同时改变环境？难道她得放弃关心他人、善解人意的形象，对男人抱怨或坚持要改善爱情关系？或者对他说他必须改变，然后责怪自己下贱或是讨人厌？

这个女人想要做又不敢做：

"我的同性朋友之中，有很多人越来越感到悲观，觉得男人不可信任。她们能维持这个信念，是因为同伴的支持。我们没有权力，也不能改变男人。但是，有多少人真能放弃机会，拒绝男人的爱——不让男人呵护你、渴求你、需要你，拒绝成为男人珍视的性对象，这太困难了。还有人说女人应该自己赚钱养小孩，这点更难令人苟同。男人会喜欢我们，是因为我们能够让他们觉得自己仍是个受宠的小孩，因为我们从小就被训练成温柔、和善且负责的人。我们对男人太好了，付出这么多，男人却不知感激。我真担心我儿子，我该怎么教他抛弃性别歧视的观念？这样他会跟别人格格不入啊！我有没有权利教他别学别人？唉，我大概有点悲观吧！"

挥别男性意识形态

"我想去爱他、亲近他，但我就是不能像往日那样看待他。大部分时间，他好像无法理解我，而且当我设法坚持自己的观点，或多做解释的时候，他就恼怒了。所以，我非得把这一切割舍不可——割舍他，割舍我的梦想，割舍当初对他的爱。"

我们是否真能实现自己的梦想？外面的世界到底是什么状况？这个环境适合产生爱情吗？如果我们的社会截然地将男女分开，以至于妨碍了爱情，就像是罗密欧与朱丽叶，两性各自信仰不同的生活方式，并互相猜忌，那么人与人应如何相处？

女人从未把男人当作敌人，但是有许多女人认为，奉行男性意识形态的男人就是敌人，在某一方面而言，本书除了记录女人对自身及现实环境的重新定义之外，它也是女人的大型请愿，呼吁男人放弃目前的生活规则，重新思考他们对自己、对女人、对社会的作为。

要是男人能看出，他们的信念系统不但伤害了自己，也难以改变生活的话，他们说不定会放弃这套体系。在《海蒂性学报告：男人篇》中，大多数男人都说，他们高中之后最要好的朋友就是太太或女性朋友，因为要跟男人讲真心话太难了。这个现象明显指出无人能独自生活在男性中，这是男人给他们自己的体系所下的评断。

以男性意识形态为主的体系是否孤立女人呢？女人果真相信理应如此吗？离婚率之所以这么高，是不是因为女人心中不满，致使离开丈夫的女人有增无减；是不是表示女人已拒绝继续和轻视、鄙视女人的男人或体系生活下去呢？

女人往往独自奋斗，在试图搞清为什么爱一个人竟是如此困难之际，发现自己正缓缓而痛苦地抛弃她们原先对爱情怀抱的梦想。还有许多女人发现自己突然对整个男性体系失去信心。

女人希望男性及男性体系的过程通常有好几个阶段。一开始，女人只对自己杀价：

"好，那么，我以后不叫他去洗衣服或是接送小孩了，干吗为了这个大声嚷？我爱他，男人嘛，你不能期望他一觉醒来就变成个全新的人，再说我上哪儿找个更好的情人，或是肯爱我的男人？"一旦连这个想法都不能使她心情平息，她会继续杀价，要自己相信对方是爱自己的，她还是要留下来，"想想看，我们彼此认识得那么深，一起度过了那么多时光，我是很珍惜这一切的，希望他也和我一样……"在这场内心对话之中，每次女人一压低价码，就等于多剪断一根她和对方之间的联系，直到有一天，她终于醒悟，自己其实是孤独的，对方不会给她任何情感上的支持。

女人在这场内心的困境中挣扎，每天质问相同问题时，常有一种感觉："在情感上，我付出的比他多，我比他更努力地营造两人的关系。他为什么不努力一点呢？会不会是他连这点都不了解啊？我们之间可能会变得更好吗？我留下来是不是太傻了？我是应该继续奋斗，还是少付出一点？我该离开他吗？"

许多女人不管是留下来，还是决定离开，都常如此质问自己，有着类似的隔阂和沮丧的感觉，这表示她们不但彻底告别了丈夫或情人，也告别了男性文化以及男性文化对我们的钳制。在离开男人（无论是真正的分手，或是情感出走）的过程中，我们看见有这么多女人不断地探究、质问自己：爱情、爱情关系、生活、家庭的本质、工作、生命的意义到底是什么。因为在面临重大决定时，我们必须去思考这些基本的哲学问题。而当女人发现这些内在的问题不断引发更多的问题时，她们开始一点一滴地看到男性文化的面貌。通过这段独立思考的过程，女人便不愿再对长久以来控制一切的参考框架继续忠诚下去了。

今天的女人似乎已经转移到了另一个参考框架之中。大多数女人一方面锲而不舍地促使她们所爱的男人产生改变。另一方面，她们更加依赖女性朋友，女性朋友才是女人的主要支持者。许多女人放弃了梦想，不再对男人和爱情期望太多！虽然她们仍深爱着对方，而且也希望这段爱情能成为这辈子最珍贵的东西。

这个女人在爱情中经历许多情感起伏，开始有了转变：

"我认为，解决之道是我们得在理智上超越这一切，问题不在于我们要不要和男人在一起。真正的关键在于，不管你怎么做，就是不要和男人在一起。不必去顾虑太多事情，你得用全新观点来看世界。你活在另一片天空之下，只要有兴趣，想做什么都可以，男人可能是你生活的一部分，也可能不是，但这不是重点。女性之间的情谊绝对是你生活的一部分，你可以拥有爱情，但是不能用男人来肯定自己。"

在本研究中，有许多女人说她们想要"放弃"爱情，也就是说，她们不会再把男人看得那么重要，但这绝不是说她们要放弃对生命的原则和价值观。亦即女人不会放弃以和善的态度来面对生活，并且和他人维持亲密的关系，不会以竞争或价值判断的方式来对待一切。

这个女人形容她自己生活的改变："事实上，自从我发现有很多事情能让我感到快乐，包括朋友和陌生人对我的尊重，个人对快乐和大自然的体验等，我就不那么迫切需要感情了，倒不是说我不需要改变，而是认为浪漫的爱情，并没有那么重要。"

男子气概抑或英雄传说

在历史上，随处可见昂扬而光荣的男性形象——探索未来、解救国家、创造伟大的艺术和科学的神话人物。这些英雄事迹似乎并未否定女人，但是女人不得参加这些历程。英雄式的远征已成为男性的专利。

男性似乎有两种传统：男子气概可能是英雄且尊贵的，但也可能是对女人颐指气使，摆出大男人的架势，侵略他人或彼此竞争，并将这些说成是自然的行为、人性的本质。到底真正的男子气概何在呢？

我们不可忘记，历史上的古希腊虽因其永恒的政治理念和哲学受到推崇，但它其实并不平衡：民主仅为男人而设，女人和奴隶都没有自由发言的权利，且被摒除于政府权力机制之外，当时的人有女人即为长舌妇的刻板观念，少数懂得哲学或文学的女人则被归为情妇之流。

低层的男性是否真如通常所说，由于他们无法以其他方式（例如拥有金钱或权力）来强调自己是男人，因此在私下时比较大男人？这种说法似乎并不客观，贫穷的男人也不乏理想主义者，绝不比饱学之士或是环境富裕的男人中的理想主义者来得少。换个角度看，像卢梭这样的理想主义者，始终不能了解自己对女人的偏见。《海蒂性学报告：男人篇》指出，由单身母亲抚养长大的男人，通常比较会对女人存有成见。

男性的意识形态和文化的心理学

男性体系到底是什么，对男人又有什么影响呢？为什么男人会如此思考，如此作为？

男性意识形态是主导西方文明的参考架构，事实上，现存的社会几乎都是以此为基础而建立起来的，无论信仰什么宗教，施行何种政治体系均无例外。而这个男性意识形态则深入人心，连女人也是一样，她们另有一套属于女人的信仰系统和规则。男性意识形态可能会化为种族歧视、重男轻女和阶级区分等形式，它主要是一种阶级的意识形态。

现在的问题是：这个意识形态是生物性使然，或者是受到大约1.5万～5000年前，成功地从东方拓展到西方的好战的印欧民族的历史文化系统的影响？是不是世界各地的女人一直都受到男人的控制？千百年来，女人一直都是弱者吗？如果我们去探讨比所谓的"历史"久远10倍以上的史前时代，也许会看到截然不同的社会态度和家庭结构。

阶级是人性本质或意识形态的产物

阶级到底是人性的本质还是意识形态的产物？阶级支配式的社会结构是否不可或缺，抑或早已过时，根本不适合民主时代？无论是什么样的社会，都不免产生阶级和不平等的现象，这是因为人类本性如此，还是男性阶级支配式的意识形态过于夸大所致？

我们曾讨论过，阶级支配系统曾使用许多方式，向犹太人和基督教徒传播绝对服从权威的概念。其中最重要的方式之一，就是通过《圣经》中亚伯拉罕受到神的指示，把自己的儿子以撒带到山上，杀死以为献祭的故事来教导人们不可置疑权威。亚伯拉罕手刃其子，只因为这是神的指示，所以一定是对的。亚伯拉罕由此领悟，他必须服从这个体系，不能过问为何要这样做。为了表达他的忠诚，他不能质问权威。这个系统无疑提升了上层阶级男人的地位。

大多数男人，也许在嘴里说他们服膺民主信念，却没有把这些信条应用在家庭中。许多男人都认为，女人无法和男人平起平坐，而且做男人的、做丈夫的很清楚怎么做对女人最好。

男人自视优越的观念，深植于古老的男性意识形态之中，这个明显的错误并未受到广泛的质疑，直到 19 世纪时才被提出。当时的男人不但否认自己的过失，反而找到科学的证据，支持男性优越论。天神赋予帝王和男人权力，使他们统治社会的古老观念到了 19 世纪时，才被达尔文主义中男性主导世界的看法所取代：认为人类在演进的过程中已取得支配其他动物的权力，因为我们较为优越。同样的，在我们人类之中，男性自然而然地与女性竞相争取主导的地位。由于我们的社会结构是男人所主导的，构成男性天生就比较优越的明显例证。达尔文主义物竞天择的信条，恰好成为 19 世纪时社会阶级差距过大的正当借口。而此信条延续至今，成为"市场上自由竞争"的理论框架。

在 19 世纪，男性的脑容量大于女性脑容量的说法，曾广泛地受到科学界的肯定。然而到了后来，事实证明女性脑容量反而比男性脑容量还大，无法引为男性较为优越的证明，这种说法便悄悄地销声匿迹了。

这并不是说我们不应在生活中互相竞争，而是说，一般人实在太不重视合作了。幸好已有许多生物学家和灵长类动物学家，甚至经济学家努力倡导自然界和社会上共同合作的重要性，设法纠正一般人的想法。

男性意识形态无时不以竞争为主要准则。真正的男人天生就会为了争取更好的地位而互相竞争，真正的男人必须竞争，否则就是懦夫、胆小鬼！这是男子气概最重要的教条。事实上，如果男人不把竞争当作统治社会的自然规律，就不能继续维持阶级式的生活形态，也不能蔑视女人。

这种做法对于男人也有坏处。由于他们过于封闭自己，不愿面对女人富于人性、平等待人的那一面，无视于自身所处的社会体系，为了表示对男人的阶级制的忠诚，他们变得粗鄙恶劣，连自己的正义感都受到蒙蔽。

不管男人有没有意识到，他们内心都坚信自己既有统治权，也能主导女人。他们身怀绝技，却又得和远不如己的人一起生活、应对，男人多少知道他们并不见得优越，也知道歧视女性的做法有失公允。所以，问题就变成怎样才能使自己心安？答案是：尽量视而不见。

《海蒂性学报告：男人篇》指出，8～14 岁男孩之中，大多曾强迫自己和母亲疏远，不再认同母亲。我们的社会文化迫使他们抉择，此后他们只能认同男性化的事物，不能留存任何女性化的方式，否则他们一生的机会就毁了。这段时间，男孩们受到了极大的压力，他们常因离开母亲而感到歉疚、不忠，许多人终其一生都无法完全恢复。所以，男孩必先经历认同母亲的阶段，然后剪除这份认同感，学着去疏远他人，期许自己，取笑女人、母亲，控制女人，最后到达自己可以统治、主导，却不受良心谴责的阶段。男人这种心理才应该探究。但与此相反，问题却指向女人：学界不断寻求所谓"女人的问题"的合理解释。

由于这个体制之中，本来就存在着不公平的现象，这也表示男性在学习过程中不断耳濡目染，逐渐失去客观的能力，连追求正义、认知正义的能力也一并失去了，因为男性文化煞费苦心地教导男人对正义视若无睹。负面的生活态度，终于导致文化的缺憾。

男性意识形态中的阶级与荣耀

如果男性意识形态一方面强调男人比女人强——更聪明、更有理性、更重要、更有能力经营企业、推动计划、建构世界、成为哲学家……那么，男人是不是真的认为女人比较差或低人一等？对于整体意识形态来说，这种讲法是否为逻辑上所必须？是不是只要男人反对女人，就可以继续使女人服从男人，并借此肯定男性意识形态更深一层的定义，或是男人根本就把侵略看作很正常的事？

到底哪种讲法才是正确的？是男人受了男性意识形态影响，才会充满侵略性，竭力争取主权；还是男人想拥有女人？有人说，男人想拥有女人，是因为他们要借此控制女人的性行为，进而拥有他们的子嗣，确定孩子是他们所有。这可能不假，男性意识形态早就认定了两性之间轻重有别。如果女人有权决定她们的家庭系统，不必再那么重视男人，也不必对男性的机制那么忠心，男人也许再也不能控制继承和生殖的事情了。

有些男人对女人轻视与不屑，他们认定女人是男人的所有物，理应被男人击败，被男人占有。

但是一个20来岁的男性是不是有权感到"男性的荣耀"？许多男人都把"男性的荣耀"当作控制女人的正当借口，有权拥有他们所见的一切。如果他是太阳，地球和女人就是他的子民，绕着他旋转，听任他使唤。不要向男人挑战，不要挑男人的毛病，否则就等于你胆敢向男人的世界及其背后的一切强权挑战。

事实上，女人有权取其应得，并以男性文化为基础，继续建造上去。而且女人对于过去建造的成果也有实质的贡献。更进一步而言，前父权制的传统可能大多为女人所创立，这个传说后来与较晚的父权制文化相结合。包括古希腊人的正义理念并非无中生有，可追溯至早期社会。

男人不敢爱

男子气概的观念对于教导男人如何面对持续、双向的爱情关系，至今仍是交白卷。它只教男人要控制一切，控制爱情关系，千万别让女人控制他们。所以才会有那么多男人不敢去爱，或在爱恋女性时感到闷闷不乐。"真正的男人"不能动情，他应该处处以自己的荣耀和控制权为先。

男子气概强调男人要强硬、力取其所应得，这使得大多数男人不敢表露情感，或和女人太亲近，害怕自己会因而显得脆弱。换句话说，由于正统的西方思想将爱情和理智视为对立的（爱情使人变得女性化，而理智则使人有男子气概），所以许多男人虽想去爱，内心却充满了冲突。

在《海蒂性学报告：男人篇》中的大多数男性问卷回函中显示，对于爱情关系，男人的心中充满巨大的冲突。在生理上、情感上或精神上，他们选择了理智，扬弃爱和魅力等非理性的感觉时，却很少反省这样做对不对。

大多数男人都因为抗拒自己的感受而感到骄傲。但在他们抗拒自己的感受的同时，不免产生一种矛盾现象：男人也许会轻视女人的感情世界，但大多数男人仍得依赖女人的情感支持帮助他们渡过难关。

改变使男人进退两难

关心道德问题的男人很多，但他们对男女之间的关系，采取一种道德立场，认为女人应该让男人来照顾。但这种做法并不能解决问题，男人若想追求公正，就得好好检讨整个系统，彻底扭转自己对于男女之间的道德关系的看法。

但对于男人来说，改变是个很大的问题，因为放弃控制权可能会被看作没有男子气概。但是，除非我们反省不该控制他人的价值观，否则就没有办法改变男子气概，或者改善社会。在这种进退两难的情况下，男人怎能改变他们的意识形态呢？首先，男人得反省自己，用心了解他们自己和他们的哲学。

男性意识形态与国际恐怖主义

由于目前的男性意识形态肯定暴力可以使用在政治和自然方面，人际关系之间明显缺乏情感的关怀。加上它一直以权力和控制权为中心，使得侵略行为和恐怖主义甚嚣尘上。如果照男性意识形态所言，竞争是很自然的，那么大家就应该不择手段，设法赢得竞争，以便取得控制权。因为到了最后，赢家或是掌权的人才会受人尊重，不是吗？

传播媒体一再告诉我们，世界变小了，就像个地球村似的，电视上每天都出现那么多地方的消息，不禁使我们感到个人如此渺小，某些国家和个人既有财富又有权势，但有些国家却十分贫穷。贫穷的、毫无权势的人，每天都会在电视上和报纸上看到那些有钱有势的人的消息，好像在强迫我们注意其间的高下之别，提醒我们现在主导社会的意识形态只尊重权势。这种感觉促使侵略行为不断增加，因为，若想引起注意，唯一的办法，就是侵犯他人。这种说法也许很可怕，但却是千真万确的，在这种阶级式的世界体系中，小国家或是个人若想引起注意或表达自己的观点，唯一的办法，大概就是做出破坏性的行为。

在这个男性体系下，其他替代性做法不是受到禁止，就是寸步难行。我们应该设计新的体系，使得小国家和女人不必落入如此失望的心态之中，不再因为有权势的国家对自己毫不注意，只有反抗一途。

绝大多数恐怖主义都是男性文化的延伸，这个现象不容忽视，它说明由于男性心理之贫乏，使得男人不敢说出他们的烦恼。也许，这个现象显示出女人感到自己毫无权势，所以她不敢发怒，不敢变得不可爱，不敢侵略别人。在此，我们又遇到一个难题：到底哪种体系才对呢？

我们不必停下来一一分析可能的答案，也可以肯定地说，至少这显示出男性体系的脆弱与失败，因为它不敢面对如此多样化的世界中所有的可能性与变化，反而坚持要控制一切，控制可变因素。民主政治的基础，就是去重视他人和他人的情感，男人们为何不能从现在起，把男女平等的观念，应用到个人生活和政治理念上去呢？

男性统治的根源

男性意识形态是否有历史根源？这种阶级式的意识形态和宗教结构是否创始于历史上某时某地？或者，男性统治是男性荷尔蒙自然的作用，也就是说，睾酮的高低使男人跃跃欲试，渴望竞争，想要好好地打一仗？其实，这是因为有些人想使侵略性的男子气概合理化，使这种行为变成自然，以证明社会结构中，男性统治的现象也是自然的。目前几乎学术及科学的研究都在探讨这些命题，并设法找寻证据。

其他人却说，男性统治并非源于男性荷尔蒙，而是由于家庭的生态所致。也就是说，女人得留在家中照顾小孩，好让男人出外觅食并保护他们。然而，根据研究，在渔猎社会中，采集的工作大都由女人来做，采集所得则是当时人类的主要食物。因此，在某些史前社会中，女人提供了大部分的食物。[①]

换个角度来看，也许男性统治与生物性毫无关联，而是历史上的偶然。某些部落赢得了关键性的战争，他们之所以打赢，是因为具有一种意识形态：这类极端战斗化、讲求竞争至上的族群可以不费力地打败较不军事化、较为和平的族群。

我们对史前史所知有限，无法追踪公元前3000年之前各种哲学思潮。但早在3.5万年前的冰河时代，就出现了极高的艺术和文化形式。纽约的自然历史博物馆曾展出这类作品，1986年秋，《新闻周刊》亦曾以此批展示品作为封面故事。

《圣经·旧约》不厌其烦地以一篇又一篇的诗文，强调某些人的系谱，因为它想制定以父系，而非母系来传承的传统。这有什么含意？过去数千年来，人类社会可

---

① 《圣经·旧约》的前几章将希伯来神祇形容为邪恶好斗的神祇，另有一位历史学家质疑了以亚当为代表的男性角色。耶鲁大学的约翰·鲍斯韦尔曾在《纽约时报》书评中写道，亚当其实是个可有可无的人，他是被动的，除了屈服于夏娃的诱惑之外，几乎什么也没做，所以，夏娃才是真正的主角。这个观点很有趣，可以作为某些早期历史或史前的女人地位崇高且为社会统治者的佐证。

能是由母系来传承的，这一点，可以从克里特岛和其他地方寻获的黏土板上刻画了许多女性得到证明。《圣经·旧约》的另一个目的，是推翻崇拜女性神祇的习俗，更证明了当时人们在宗教方面，可能相当推崇女性的地位。

现在，灵长类生物学家和研究古代人类化石的专家几乎一致确认，最早的家庭是由同一氏族的母亲和小孩所组成的，父亲是后来才加入的。早期社会中，无论是统治族人、制定规则、主持正义各方面，女人的地位比男人更高，甚至由女人来领导一切。

研究前印欧文化的考古学者也提出一些疑点：克里特文化可能并非父权式的，而环地中海盆地的许多文明可能长久以来都崇拜神圣的女性造物神祇，也就是女神。考古学家发现了一些未建城墙以御敌的远古城市，例如土耳其境内，位于地中海附近安纳托利亚的沙塔尔·休于古城。是否表示这些社会的意识形态并不好斗？① 果真如此，今天的男性意识形态认为侵略是"人类自然的天性"，在道理上便站不住脚了。事实上，现今社会每天都在督促男人要好斗、要竞争，不能软弱。一般人认为另一种面向的行为是不好的，而且不愿承认人类本性可能有另一种组合，他们不相信历史的例证，也不相信未来人类的本性可能朝向另一个方向转变。

女性压抑的愤怒

是不是几乎所有的女人，都因被男人和男性社会所统治，内心生成普遍被压抑的愤怒？

女人有没有想过要反抗男性，推翻阶级支配的高墙？是不是所有女人都多少对男人感到愤怒，因为他们控制了社会，控制了家庭，控制了她们的生活，不但权高位重，也更有影响力？而且，不管她是什么身份，男人有没有待她如独立的个人，她都会有愤怒的感觉？毕竟，这种感觉再正常不过了。女性若开始反抗，便会在生活中的每一层面遭受批评和侮辱，令她难以忍受。更糟的是，家中的情况也是如此。

历史将女人放逐在外，为什么女人不能感到愤怒？

① 就文化的观点而言，古希腊是否为崇拜女神、较不好斗的"国家"，这点还无法确定。有些学者认为，印欧民族具有好战的意识形态，首先入侵印度北部，两百年后，又陆续入侵希腊和意大利，将原住居民赶往南部，直到罗马帝国时期，原住居民仍继续崇拜女性神祇。当然，崇高的阶级体系绝不能是多神体系，而是一神高高在上的体系，这就是希伯来人一再强调的重点。

女人能不能大胆地为自己抱不平，如洪水决堤般，把数千、数百年来隐忍不敢言的话通通说出来？

女人会不会失望到将情绪转化为在政治上更为活跃，以至更具暴力？等到女人准备为她们的权利而奋斗，为她们心中社会运作的理念或参与政治的完整权利而奋斗的时候，会不会采用暴力抵抗的策略？

从某种角度来看，女人的处境和某些暴力分子是相同的：有些女人多年来不断解释她们的情况，设法和男人对话。最后，她们失望至极，所以开始想：看我好好折腾一番，到时候他们非听我的意见不可。这有点像家中的小孩，要是一直不受重视，时间一久，在失望之余，会把气出在自己身上，采取自杀型、自我毁灭式的做法，甚至开始向社会挑战，于是成为暴力分子。

在本书中，我们看到许多女人的愤怒都已接近引爆边缘。女人是否有权力"革命"？如果女人不能生气，那么改革会成功吗？今天有许多女人，无论在家庭或工作上，都觉得难以应付。在家的时候，她们会感到歉疚或退步；在工作上，女人必须证明自己像男人一样好，但仍不能享有同样的薪水或机会。这使得女性变成无家可归的族群。

如果身为人口中主要族群的女人觉得自己再也无法适应这种情形，那么，女人可不可能变成潜在的革命分子呢？

等得太久了

下面这一篇文章转引自《伦敦时报》，刊登于 1986 年 8 月 31 日的《国际前锋论坛报》的社论，论及的虽然是南非黑人等待和平并为和平奋斗的心态，但是和女人争取平等权利的情景几乎没什么两样：

南非到底会走向何方？很明显，黑人在继承应得的权利之前，还得再等一等。民意调查一再显示，白人已体会到多数统治势难避免，使得居于乡镇上的黑人倍感苦闷。

将来南非政府是何种面貌，与它取得权力的过程中，所主张的方针有很大的关系。如果将来的结果使白人和西方的支持者感到不悦，那只能怪他们自己，以及博塔总统与幕僚。过去黑人抗拒种族隔离政策，只是法律和秩序的问题，日后却不再单纯了。

不公的现象会引起社会的不稳定，这个道理很明显。1985年，在内罗毕召开的联合国妇女10年会议曾宣布："全世界大多数家务工作都是妇女做的，再加上其他额外工作，等于女人兼任两份工作。女人每年生产的粮食，超过世界的半数，但她们名下几乎没有土地。她们做的是酬劳最低的工作，而且比男人更容易遭受失业的打击。在富裕地区，女人提供的照顾比一切医护服务的总和还多。女人担任全球2/3的工作，但收入仅达全球1/10，财产不及1%。"

这个会议呼吁大众承认女性提供无酬劳动的价值，要求各国政府依照女性对国家经济贡献的高低，按比例投资服务女性的机构。据估计该比例是国民生产总额的30%～85%不等，视国情而定。这些话对于许多女性的心声做了相当肯定的回应。

这个女人提醒我们，我们仍置身于革命之中，必须继续努力：

"女人很了不起，善于应变、坚强、勇敢、聪明、敏感、热情、机智，以不同于男人的、更流畅、更直觉的方式来沟通。她们勇于牺牲自己，照顾别人。如果说，有人能使这片大地、物种不致灭绝，那一定是女人。女人是世界经济的支柱，有了女人无价的、不断的劳力付出，才能使这么多人享有舒适的生活。"

23

女人之间的友谊

另一种文化

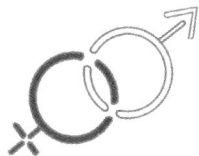

　　女人常把她们和同性朋友之间的情谊形容成生命中最快乐、最满足的部分。87%的已婚女人和95%的单身女人，都说她们和女人之间的情感关系是最深刻的。这样的情谊极为重要，它为女人带来一种无形的支持力，就像空气般可靠。女人彼此依赖，她们知道，无论是陷入困境，或只为每日所需的情感滋润，她们都可以在同性朋友间得到如母女、如姊妹、如伙伴般的慰藉。女人之间也会有期待落空，甚至背叛的情况，但那是例外，不是常态。然而，一般人却希望女人把友谊排在末位，多多重视男女之间的爱情关系，尤其是婚姻。

💛 女人喜爱女人之间的友谊

94%的女人说她们和女性朋友之间的情谊非常密切而重要：

　　"我有很多女朋友，她们都很棒。我和丈夫分手后，开了个女人派对，只有女人才能参加。我们喝香槟，吃点心。我搬出了许多美容器械，可以一边做脸部按摩或敷面，一边擦指甲油、修指甲。我就是想好好谢谢这些出色的女子。"

　　"在我这一生中，女人才是最重要的。支持我一路走下来的，是我和其他女人之间的情谊，别的都行不通。"

　　"她是我的初恋情人，对我也是最重要的人，认识她，使我找到了自我。"

　　"我认为，亲密的关系会提升自己。你会想要超越，达成别人的期望，对自己的期望也变得更高。我讨厌别人否定我所做的事，但跟我最要好的那些朋友绝不会这样。"

女人在形容朋友时，言语中总是满溢着温馨、钦慕和感情。绝大多数女人在说起朋友时，都流露出热忱和喜悦之情：

　　"我们讲的话多，笑话也多，我喜欢她那份真诚，对于人生，她是幽默讽刺兼有，而不会妄下断语。因为有她聆听我的心声，关心我的事情，我才能安然渡过大小难关。跟她在一起，我觉得很自在，觉得自己这样子就对了。"

"我讲话的时候，她会听，但不会挑我毛病，她完全接受我这个人。通常是我去她家，或她来我家，吃顿午饭或晚饭，喝点酒，一聊好几个钟头。跟她在一起，有种难以言喻的舒适，即使我不懂她话中的意思，她还是很谅解我。我们没聚在一起时，我会想念她。她也有缺点，她事情不顺的时候，总是抱怨自己太胖。还有，她常抱怨说她的头发不听话，其实她的头发很美。"

"我最要好的朋友和我同龄，现在我们一起上女子大学。她很支持我，也很尊重我，她一点也不自私，非常有趣，而且很吸引人。她是个天主教徒，和别人相处和放眼世界时，她的心中总不忘天主的教诲，但对特定的问题，她自有取舍。有时我们会在外喝杯咖啡，不然就找个特别的地方坐下来谈谈。看到她的时候，我总是觉得快乐。在我所有的朋友之中，我最喜爱、最尊重的就是她，无论我们两人的生活差距多远，总有话要跟对方说。她不像其他的朋友，她不太愿意谈性问题，大概是因为她的经验不多，但是我还是会把最私密的事情都告诉她，因为她的看法比较理智、可靠，而且不会妄下断语。"

"我知道我最要好的朋友即使我不在场，也会支持我的论点。我们一起享受每天的时光，讲话，讨论彼此的观点。我们彼此约定，将来不管我们和男人的关系变成如何，我们都要保留时间和对方共度。这样的约定也许太孩子气了，但我相信，女人之间的友谊是永远的，和她在一起，我觉得倍受重视。我们之间不会明争暗斗，批评对方时带着感情，不会把听到的事实冠上罪名。我最不喜欢她什么地方？我们去参加派对的时候，她常会喝得太多。我无法忍受别人肤浅地说她这里不好、那里不好。"

"我跟我最要好的朋友已经认识15年了，我会这么喜欢她，是因为我可以对她完全开放、完全诚实，而且她不会评断我的感受是对是错。我把我的人生和她一起分享，她也把她的人生和我一起分享。这世界上，大概没人对我知道得比她更清楚了。我们什么事都一起做——从逛街买东西到度假（偶尔会找我们的情人一起去），她帮助我度过生小孩、离婚、沮丧的时期。每当我需要她的时候，她总是毫不犹豫地伸出援手。我们每星期至少碰面两次，打4次电话，要是有时间，我们还天天见面呢！"

"她今年22岁，已婚，有个5个月大的小孩。我们从小学一年级就认识了，至今还是非常亲密，她很美——自然卷的深棕色头发，打扮合宜，待人真诚。现在我们见面的时间没有以前那么多，因为她还得照顾家里。我如果请教她问题，她会给我建议，但我不敢告诉她我是同性恋，像她那样的性子，要是知道了，一定伤心死的。"

"我最要好的女朋友就像一根燃烧自己照亮别人的蜡烛。我们一星期见两三次面，因为我们的工作都很忙。她一直是我的能量和意志力的来源，她说我对她也是如此。我们一起经历过好多事情，我也有其他要好的女朋友，但我最喜欢、最信任、最仰慕的人就是她，我们一直很懂得对方的心境。"

"当初我们一起上高中，如今，过了7年了，我们还是好朋友。她的五官很平常，但她讲话或笑起来时，却是那样生动，给人留下深刻的印象，我们见面之后，我总是特别开心，因为我们很自然地就把心里的话都讲出来了。她帮我渡过无数难关，我真的很爱她。"

"我最要好的女朋友跟我同年，她很美、很坚强，也很强壮。现在我们上不同的学校，我们不打电话，因为太昂贵了，我们用信来联络。她的心情稳定，人很聪慧、坚强、不依赖。她有自己的目标，而且不会为了任何男人而放弃她的目标。我们聚在一起的时候常常拥抱，当我以为自己怀孕了，不知该怎么办才好的时候，她全力地支持我。你绝对想不到人竟然可以像她那么温柔，而且能轻易地使周围的人重拾信心，我还写过以她为主题的诗呢。我们认识六七年了，我想不出她有哪一点是我不喜欢的。"

"我最要好的女朋友是个朝气蓬勃、才华横溢、精力充沛、幽默、聪慧、上进心强、很关心我的人。现在我们见面比较少，因为她有了小孩，但我们一星期总要聊上好几回。我和同居的男友分手时，心情可说是跌落谷底，但他们夫妻俩帮我度过了那段痛苦的时光。当时我没地方可住，他们让我住了一星期，对我真好。"

"她曾帮助我度过了许多危机，如果我需要人支持或给我建议，我第一个想到的人就是她，她是我最喜爱的女人。我们碰面，通常是我到她家去，可以顺便照顾小孩（她有4个女儿）。我们也会找时间独处，不带小孩出来，挑一天给自己放个假——吃个午饭，买点东西，在市区逛，看看画廊，聊聊天。跟她聊天是最快乐的事情，我们什么都谈。"

"她是个很慈悲的人，不只是对我的问题，而是对整个人类非常关心。她没有先入为主的成见，也不偏袒哪一边。光是她聆听我说话这一点，我就很感谢她了。我唯一不喜欢她的地方，是她无法管好自己的经济，总是负债。"

"我最要好的女朋友长得很甜，一看就可以信任。她有很多优点，我最欣赏她总是用很宽容的态度来看世界，既善良又亲切。由于她本身的智慧，不至于愚弄自己或他人，总是想办法把事情做得顺顺利利的。在一起的时候，我们谈彼此内心的感受、对生活的憧憬，分析彼此之间以及对他人的行为和反应，谈得很深入，总是有讲不完的话。我们尽可能抽空见面，但总觉得见面的时间太少了，因为我们分住两地，但我们一个星期总要通两次电话，保持联络。"

"我这些年经历了许多起落浮沉，而她一直是我珍贵的盟友。跟她在一起，使我觉得快乐、兴奋，我很信任她。唯一不喜欢她的地方是她在面对某些难题时缺乏勇气，她会避开一些可能很重要的问题。但这类的遗憾大多已成为过去，因为她已有很大的进步。另一个小缺点是她有点自满，偶尔会想对外人表现出恒久的快乐形象。我对我们的关系可说是再满意不过了。"

即使距离遥远，女性之间的情谊依然深厚：

"我跟我最要好的朋友认识 28 年了，我们是在上大学的第一天相遇的。虽然我们的生活差别很大，其中有 15 年分居两地，但我们之间却有条无形的线连在一起，牢不可破。我们俩都没有结婚，也没有小孩。在我们相聚时，我才会觉得自己是完整的。我们可能一年才聚一次，只是聚几天到几周不等。我们彼此会写信联络，偶尔有急事或有问题的时候才打电话。她是个话很少的人，我却比较爱说，跟她恰好相反。我们会出去吃东西，看电影，我们还一起旅行呢！说我们形影相随并不为过。"

许多女人的女友是从高中甚至中小学时一直交往至今，对某些人而言，童年的女伴才是最亲密的回忆，历久弥新：

"我有个很特别的朋友，是在上短期大学时认识的。她花了很多时间来帮助我，注意我，关心我，光是这些我就会永远感激她。她也是跟我最亲密的人，我们会开怀大笑，然后'疯疯癫癫'地玩乐。跟她在一起我觉得非常轻松、舒服，我可以把心事和感受都说出来。她很聪明，很有洞察力，也很精干。"

"我最要好的朋友在小学时一直是个聪明但却怪异的小孩，像我一样，被别的小孩排挤，不过我们不会受这些事情困扰。因为别的小孩都不和我们玩，所以我们常躲在秘密的地方，到她家或我家去玩。我们怎么玩？想象啊！想象我们有个很大的马厩，里面圈满了马，还养了几只恐龙，每一只动物都有名字，有特别的性格，而我们就骑着它们玩，照顾它们。我妈妈不喜欢她，因为她妈妈对家事一窍不通，还在家里养宠物，家里看起来乱糟糟的。有时候我们会拥抱一下，别的女孩子说我们是同性恋，我们根本不知道那是什么意思。也许我妈妈担心的就是这个，但是我们之间没有性的意味。"

女性朋友之间多会互相给予对方心理支持，以度过男女关系和婚姻的低潮，以及分手或离婚的困境：

"我很爱我最要好的朋友。她帮助我度过人生的低潮。因为她的鼓励，我才能成为今天的自己。"

"在我这辈子最难熬的那段时间，我的事业破产了，债主找上门来，我接了两份最低工资的工作，没有时间照顾两岁的女儿，在各方压力和责难逼迫下，连婚姻也保不住了。开车上下班途中，我总是一路哭泣。这种情形持续了两个月，唯一能享有一点隐私的地方就是在车上，我觉得我再也无法忍受下去了。当时我还考虑带点钱开车离去，永远不回来，但我实在做不出这种事来，心里觉得自己好像掉进陷阱一样。后来我打电话给一个朋友，对她说我一定得见她一面。她听出我的声音很绝望，立刻放下手边的事来看我。我坐在她的车上，头伏在她的腿上大哭。说也奇怪，见过她之后，我心情稳定多了，这是我这辈子第一次这样要求别人，而她也真的随叫随到，事情也就渐渐好转了。"

为什么女人和同性朋友相处得那么快乐

微妙、自在的沟通方式

女人特别能体谅女人，而且彼此间有种微妙的沟通方式：

"我们知道别人有什么感受。"

92% 的女人说，她们觉得跟女人沟通比跟大部分男人更容易：

"女人和女人之间有种共同的默契，彼此较容易沟通。我丈夫却认为别人都会对他人身攻击。所以，我从不敢跟他提我和朋友谈论的任何事情。"

"跟女人沟通比男人容易多了。整体而言，女人比较能了解你说的话，比较有得谈，比较不会咬着细节不放。我们会彼此帮忙，因为我们比较容易沟通，而对方的鼓励会使我们变得更坚强。男人也可以做好朋友，但他们就是不能像女人那样，设身处地了解对方心中的真实感受。这话说来很悲哀，但的确如此，有个什么都可谈的女性密友固然好，但做丈夫的也应该是太太的知己密友，彼此之间无话不谈。据我所知，似乎只有互为知己密友的夫妻，婚姻才会幸福地延续下去。"

"我发现跟女人沟通比男人容易，因为男人往往连回答纯粹的感情问题时，都以逻辑来做借口。我们都需要有个人来分享彼此的喜怒哀乐。要是我跟丈夫讲话时能达到知己的水准，我们夫妻间的感情一定会超级甜蜜。"

"跟女人沟通比较容易，对女人袒露心事也没那么困难。男人习惯于禁锢自己的感情，所以在遇到心理不设防的女人时会觉得很困惑。"

"我最喜欢珍妮的地方是，天底下没有不能跟她说的事。不管我讲什么话，她都不会吃惊或错愕。数不清有多少次，她在我遇到困难时，静静听我倾诉，比如我和家人吵架，和奇斯分居的事。我则帮她理清头绪，了结那桩拖了很久、令人身心俱疲的离婚官司。我们在一起的时候，总是很开心。不管心情是好是坏，都可以自在地讲出心底的话，之后就不会觉得眼前的问题有那么糟糕了。"

"我认为女人比男人更能理解别人的心。女人倾向于把生命视为整体，她们认为每样事情都是息息相关的大整体的一部分，不是把世界当作无数的化学分子，只是个别的碎片而已。"

长久以来，女人已发展了一套建立共同关系的方式，所以，女人和女人的关系才会如此密切，能够彼此倾诉内心细微的想法，让对方了解自己的心境。在大多数情况下，女人之间谈话的方式和男女之间不同。女人之间沟通的方式比较特别，比较精细，比较会追根究底，她们会一起努力，设法探究对方想表达的感受。

这个女人在和一个男人及几个女人密切交往之后，认为男女之间和女人之间的沟通方式的确不同。不只是声调，而是谈话的品质和深度有别：

"女人跟女人谈恋爱的时候，绝不会把任何事情视为理所当然，男人却不时流露出这种态度：我们都走到这个地步了，一切都没有问题。但跟女人在一起，彼此会不断讨论，而且不断修正两人关系的方向，至少我们之间是这样子的。"

"回想和以前的男友约翰吵架的时候，我什么都得不到，他根本就完全忽略问题。我要是催他，他会说：'你真是无理取闹，我拒绝讨论这件事。'一切便结束了。我再怎么大吵大闹，他都不会在意，更不会听我说话，要是我还不停下来，他干脆开始做别的事情，比如清理桌子什么的。等我嚷完了，他就说：'知道我的意思了吧！你真是个疯婆子.'说了这两句话，就走开了。"

"女性情人给我的回应绝对比男性多，讲话的感觉完全不同。如果我提出什么事情或是批评的时候，大都可以得到回应。例如：'你这是什么意思？你怎么说这种话？'或者：'你是不是有话要说？都讲出来吧！'但是，我跟前任男友之间的交往就像复杂的心理分析，沉重得不得了。不管你做什么事，都有千百种负面的诠释，而讨论这些可能性，就成了很大的问题。"

"当然，在某种程度上，两个女人彼此热烈诉说内心的感觉时，到最后真的会使双方都感到内疚，但是很值得。我认为，通过这样的讨论，我们会对自己有更多的认识。对我而言，这是发现自我的过程，她也有同感，这种经验很棒。"

大多数女人都觉得跟朋友谈话十分自在，而且不会被妄加批评：

"她很风趣、很开放、肯分享、不会搬弄是非。这点可能是最重要的，我什么话都敢告诉她，不必担心她会怎么想。"

"我跟我妹妹最亲近。彼此的心灵毫不保留，谁也不会妄下断语，只会给予支持。"

"可以跟我讨论性生活的密友只有一个。我们不管谈什么事情都不会大惊小怪，有话就说，很公开。我们认识 14 年了。她对我的了解比谁都多，连我丈夫都不及她，我们之间无话不谈，她不太知道她多么有价值——这是她唯一的缺点。"

大多数女人也很感谢朋友对自己真诚的关心，以及朋友努力使自己吐露心声的用心：

"我喜欢她哪一点？她一直都很看重我，静静听我说话，而且很感兴趣。"

"我的知己很有同情心、很诚恳，她不时给我回馈、建议和评语，而不是专挑我想听的讲给我听。她这个人很诙谐，总是逗得我哈哈大笑。她从来就不会因为我说的话或我做的事情而嘲笑我或轻视我。她很关心我，不管我要求她什么，她都会做到。她不是在照顾我，而是培养我的自信心，支持我向前。我真的很感谢她！"

"我有两个要好的朋友，她们都很重视我，了解我的感受，体谅我，在我最需要的时候，给我爱和温暖。我很欣赏她们的洞察力、理解力和智慧。"

女人不但会支持同性朋友，关心她们的想法和感受，也会用同样的态度去对待男人。不同的是，女人会回报以同样的情感支持和关心：

"她真的很好，迷人、开朗、机智，不只体态美，连心态都美，她很有自信，无所畏惧，在日常生活中，我们互相安慰，互相鼓励，激荡彼此的意念。我们俩都变得更快乐，因为我们分享着彼此的生活。"

"一般来讲，我跟女人之间的关系比较亲密，比较会有真正的分享。女人很可靠，你可以和她们谈问题，她们会想办法帮你找个解决办法，而且会想出很好的点子。女人会努力改善问题。"

由于女人彼此沟通时能够自由表达意见，因而有助于意见的交流。事实上，近年来女人与女人之间的对话增加，这个趋势又使得艺术界、政治界、学界和科学界的女性著作和才华得以蓬勃发展。

然而，女人可以自然地彼此交换意见，了解对方的想法，不至于产生猜忌。但对方如果是男人，则可能（甚至下意识地）怀疑女人，或者将她所说的话加以曲解，以便迎合他自以为是的心态，因而任意评断她的说法。说穿了，其实，他是在设法控制女人的心理。因为女人有这样的感觉，所以她的行动变得迟疑，甚至连发言都不敢。

女孩子很早就学会了过双重文化的生活，采取双重人格：她们待在男人身边的时候，行为必须改变，不得自作主张，少说话，专心听男人讲话，多给男人时间表现他自己，顺从男人。就像这个女人所说的："我发现我在男人身边时会有不同的反应，那种感觉，就好像我把他们都当成是重要人物似的。每种感觉都被放大了：觉得自己太高、太胖、话太多、感觉太多，觉得自己无权占有这么多空间。"大致而言，女人和女人相处时不会有这种感觉。

因此，友谊对女人格外重要，这是她们重新加满油料的来源，这是她们可以自由地讲话，公开表现自己的舞台。对女人来讲，拥有同性朋友，参加女性团体，或只是和别的女人打发时间，是绝对必要的。因为这样才能做她自己，用她自己的逻辑来想事情，或把自己的心事说出来。而且在彼此意念交流下，激荡出新的想法，得到更深一层的领悟，表现一番不同的作为。

女性与同性朋友之间，通常比跟男性伴侣更亲密

女人一再地说她们和同性朋友之间的情谊比较开放且自然，谈起话来比较容易，女人很少妄断他人，她们会专心听对方说话并给予回馈，而这样的谈话也更有助于问题的解决或意念的沟通。女人在描述这样的友谊时，声调改变了，不但高昂有力，而且更为自在。

　　女人是彼此之间主要的支持系统，无论单身或已婚女性均同。不管是在工作上做重大决定时，在成功或遭遇困难时，或在爱情路上彷徨之际，她们都会得到朋友的喝彩、鼓励和信任。

　　由于女人肯关心，肯付出，使得对方获益匪浅。到头来，女人不至于被榨干，因为这样的支持是双向的。女人不会抱着占便宜的心态，泰然接受对方的付出，还认为那是软弱的或脆弱的行为。彼此之间的谈话，总是为了要彼此理解，让对方讲心底的话，而不是为了要评断他人，裁定对方是否正确，或说服对方。大多数女人都比较能接受他人，并付出较多的心理回馈："我听了你的话，也懂得了你的话是什么意思。"

　　女人和男性情人之间对话会这么困难，是因为爱情比友谊更容易受到伤害，还是因为女人不会执意与人争高下，反而尽量支持对方？爱情比较炽热，也比较辛苦，就像这个女人所说："我觉得，我给我所爱的男人的爱，比我给女人的爱更自私、更辛苦。"事实上，大多数已婚男人都说，妻子就是他们最好的朋友。但事实上，女人相信，朋友或情人的基本要务是聆听和理解，不是控制或评断，由此不难推想为什么会有许多男人说，他们最好的朋友是女人而不是男人。但是，就像我们所知道的，大多数已婚女人都说，她们希望丈夫能成为她们最好的朋友。

　　大多数男人在需要谈话对象时，会去找女人，而不是男人。在《海蒂性学报告：男人篇》中，有93%的男人说，他们没有亲密的男性朋友。年过25岁的男人中，有89%的人说他们最好的朋友是个女人，其实就是妻子。男人很少与男人建立友谊，把男人当作可以交谈的亲密朋友。这清楚地显示出，无论男女，在寻找一个能够信任、交谈、敞开心胸的亲密伙伴时，大多喜欢女人的应对方式。

　　那么，女人热忱待人、平和、不竞争的态度，为什么老被人拿来取笑呢？为什么女人会成为受攻击的对象，她们讲的话，就是聒噪，就是妇人之言呢？其实，这种现象只不过是主导社会的意识形态在肯定它的优越性罢了。然而这个主导社会的意识形态却有赖于女人的谈话和女人的热忱而存在，有赖于女人非侵犯性的、充满爱心的、关心他人的态度而存在，如此男人才能得到情感支持。

　　女人相信聆听对方的话，支持对方的行为是表达爱意的基本方式。她们觉得，相爱的双方显露出竞争、疏远或是心不在焉的态度是不恰当的。许多女人自然地发展出一套观察他人内心的技巧，无论对方是男是女，都能受益。这种技巧是我们社会重大文化资源之一。然而，个别女性若在不平等的爱情中使用这种技巧可能会招致危险，因为男人吝于回馈，所以她们在情感上或智力上的需要难以得到满足。也就是说，这样的爱情关系是由男人来主导，女人则扮演不受重视、默默付出的角色。

女人说，同性之间的友谊不会使自己觉得像是被榨干了，不像许多男女之间的爱情关系，即使投入大量感情，仍不免感到自己一点一点地干涸了。在女人与女人交往时，她们的意识形态运作得很好，因为，虽然有许多男人认为自己得到女人的付出是理所当然的，但女人和女人相处时，却会同时付出，使双方都获益。换句话说，女人对另一个女人付出是可行的，因为女人会得到对方的回报。

女人群之中的阶级或婚姻状态所造成的差别，似乎不像性别差异那样难以克服。女人说，跟别的女人谈话，还是比较容易，她们可以感到对方肯接受自己，并且用心听自己说的话。这却是大多数男人，包括她们所爱或爱着她们的男人做不到的。

男人应试着专心聆听，不要妄下断语，给予女人心理支持，关心并理解对方，以此作为自己与女人之间以及男人与男人之间交往的新模式。过去 10 年以来，女人的生命已发生了重大的改变。同样，男人也可以借着学习这种新的生活态度，彻底改变自己的生命，使自己得到最大的益处。

讨论男人： 是在利用朋友？ 或是了解男性文化

虽然大多数女人都喜欢告诉朋友和听朋友谈爱情关系的进行状况，但有 22% 的女人抱怨她们的朋友对于爱情生活或男朋友之类的事情谈得太多了：

"讲到女性朋友，有一点我一直不太喜欢，就是她们一谈起她们跟男人如何如何就没完没了。我觉得很烦，因为我们对于自己的计划和问题根本谈得不够。"

"我很不喜欢光谈男人和孩子的事，不谈自己的想法，总是不断抱怨个人生活的情形。要是她遇到问题，我希望能听她分析个中原因，再加以解决，而不是再三抱怨，却什么事都不敢做。我可没有那么多个人问题或情感需要，非得向人倾诉不可。"

"我觉得女人很无聊，因为她们只谈发型、化妆和男人。"

"我很讨厌位居劣势的女人，这种女人无法控制自己的生活，却老要跟我讲那些事情，没完没了。"

"我最受不了我那些女朋友的一点，大概是好多人一天到晚拿男人的事情来当话题，怎么谈都不腻。我听她们再三讨论天底下到底有没有好男人，都快烦死了。单身生活其实很丰富，我很讨厌那种老谈她们跟男人如何交朋友的人。"

女人花许多时间跟同性朋友谈和男人之间的爱情问题，是在利用别人，还是在搬弄是非？或者，这是我们哲学系统运作的环节之一？同性朋友与男人建立爱情关系时，女人大多会给予情感上的支持，她们始终愿意给朋友一点帮助。

但实情并不止于此：女人之间谈话的重要功能，是使女人有机会讨论自身的价值，再次肯定自己的想法，因为她们的价值每每受到主导社会的男性，尤其是与她们建立爱情关系的男人的挑战。换句话说，通过这样的谈话，女人才能比较她们的价值体系和主导社会的文化如何定义自己和事物的现状。在这类谈话中，女人常设法掌握和了解这两个体系如何配合，并解读男人行为的意义——男人的行为属于"另一种"文化，而且常让人感到咄咄逼人，难以解释。女人正试图解开主导社会文化对爱情关系的定义，建立属于自己的分析方式。

在讨论如何应对并了解男人对女人的轻蔑态度、微小的不公平事件或严厉的对待方式等诸如此类的问题时，到底要讨好男人，还是借题发挥？女人其实是处在对抗社会结构主流哲学的两难困境。女人想听听朋友如何应付这类问题，衡量自己的反应是否恰当，或者是否干脆放任不管。

为了对抗男性文化对现状和女人所下的定义，重新思考并定义我们自己的价值体系，以我们的看法界定现状，这类讨论不但很重要，而且是必要的。

与朋友绝交

有些女人在与自己所爱的朋友绝交时，感到非常悲伤：

"我有过一个很要好的朋友，高中3年，还有大学那几年几乎都腻在一起。我们在13岁时就认识了，一起度过成长的岁月，偷吸大麻，谈论性爱、明星以及我们看过和经历过的每一件事。后来她有了药瘾，包括海洛因在内，我帮她戒过一次，但维持不了多久。我不知道为什么后来我们就断了，我想，跟我们各自结交的男朋友大概有点关系。我记得有阵子我觉得很困惑，不知道她为什么不回我的信，不回我的电话，也不像以前那样常常相聚。我结婚的时候她没来，连打个电话、写封信解释一下都没有。后来我见过她几次面，但大概因为见面时间总是一延再延，我也倦得很，所以就不再和她联络了。偶尔我还是希望再看到她，两个人自自在在地聚一聚，好像没发生过什么事一样。我心里有点罪恶感，觉得她拒绝了我，从那之后我再也没有交过像她这么亲密的女友。"

"我跟我最要好的朋友之间，可说是'道不同，不相为谋'吧！她想要做个舞者，我从没到现场去看她，但我知道那是什么情况。她并非一丝不挂，但穿得的确不多。她就是在酒吧里跳跳舞，酬劳很丰厚。她喜欢跳这种舞，也知道我不赞成她这样做，我们的友谊因此有了变化。我觉得那种场面很猥亵，坐在底下的男人，不是因为她的舞技精湛而着迷，而是因为她的性魅力吸引了他们。"

这位离婚的职业妇女谈到她和要好的朋友之间的友谊，因为对方再婚，全心投入家庭而几乎告终：

"我最要好的朋友现正陷入难以自拔的困境之中，她尽心竭力扮演妻子和继母的角色，我真的很担心她。7年前我们认识的时候，两个人都刚离婚，她32岁，我31岁，那时候我们真的可以好好地谈，甚至一起度周末。天知道我有多么爱她，她有一种真诚的幽默，我喜欢她的一切。现在的她，有形而无神，离婚一年就再婚了——才跟对方认识了3个月而已。她对我说，她还是不知道当初为什么会嫁给她。我认为那是因为她接受了她父母亲的那套标准，认为女人如果没有丈夫和小孩，就不算是完整的女人。先前她不时谈到她想要离婚，但我想她大概只是说说而已，至少在她的继女成年之前，她是不会离婚的。

"现在我们很少见面，因为她结婚了。她从不会从家里打电话给我，她说准备一日三餐，照顾自己的事业，加上帮丈夫的生意做做会计，已经累得爬不起来了。她还说她在自己的家里没有隐私，连在浴室里都没有。我们走的路离得越来越远。老实说，我觉得，她又退回为人妻、为人母的老路子去了，就像是全天候的佣人似的。而在这段时间，我却成为激进的女性主义者。我们的友谊还能维持多久呢？我实在说不上来。"

单身女子和已婚妇女、家庭主妇和职业妇女之间的分裂，是不是无法避免？事实上，大多数已婚女人最要好的朋友是已婚女人，而大多数单身女人最要好的朋友也是单身女人。我们交朋友，多半会挑同年纪或同行的人，或者说婚姻状况是否真是一道难以跨越的鸿沟？不同的身份、不同的世界观或不同的态度行为，就会导致两个女人无法继续交往下去？

其他女人也发现已婚和未婚朋友之间的友谊难免会产生裂痕：

"对我而言，最重要的感情关系，是我和一个交往 6 年的女朋友之间的情谊。我们在十几岁时就认识了，一块长大，一天到晚都待在一起。我很喜欢她，但去年她结了婚，我们的感情就跟着变了，变得越来越淡。"

"我有过一个很要好的女朋友，但后来我们年纪大了，她就变得比较关心她先生和小孩，不太在意我们的友谊。"

"我大学毕业后没几年，身边的朋友通通都结婚了。我看着朋友们一个个订了婚，觉得不久之后我就没朋友了。到时候她们都忙着丈夫和家里的事情，谁还记得我。我开始觉得自己也该步她们的后尘了。"

有些已婚女人觉得非常孤立，连一个朋友都留不住：

"我的朋友大多和我一样，有工作，有丈夫，有家要照顾，几乎腾不出时间来聚会。我们没空坐下来聊天，中午或晚上随便吃顿饭，很久才见一次面，很难培养出深厚的友谊。"

"大学时代，有个室友跟我非常投机，她是个很聪明，也很开放的人。现在她住得很远，我们难得有机会见面。而我也很难再认识新的女朋友，因为我已经结婚了。"

是不是有些已婚女人觉得她们必须将女性情谊放在次位，以免引起丈夫不悦？

"我有好几个很要好的朋友，但都是最近几年我不再时时把丈夫和家人摆在首位之后，才交到的。"

"目前我没有什么特别的朋友。少数几个朋友，都是客观而慎重的人。她们曾帮我度过许多困境，此后也会一直支持我。因为丈夫的关系，所以我们的友谊无法更进一步。"

有时候，女人在结婚或离婚之后会需要不同的朋友。例如这位女士正打算离婚，不再靠丈夫的经济支援，日后将独立生活，自给自足，而她的交友圈也起了变化：

"现在我对女性朋友的看法已大有改变。我尽量去理解她们，只听不说，希望她们能看清楚她们和男人之间以及在工作上的某些作为是多么的愚蠢。她们仍是我的朋友，但我对其中一些朋友的看法已经不同了。现在我对她们不像以前那么尊重，某些人光说不练的心态使我感到十分反感，有时候我真的觉得我根本不认识她们。我还爱她们，也想继续跟她们交朋友，但我觉得我得和她们离远一点。"

♡ 女人与权力

我们真的重视我们的女性朋友吗

也许我们会关爱我们的女性朋友，但我们重不重视她们呢？

"我跟女人在一起的时候比较自在。这是不是表示，我跟女人相处久了，就变得不够重视女人？"

我们有没有把女人看得跟男人一样重要，一样有权力？

有些女人说，她们的朋友把男伴看得比她们还重要，把男人放在首位，只因为他们是男人，如此而已：

"我有些朋友，会在几个星期之前就跟我约时间，但要是她们的男朋友事后再约她，她就把原定计划取消。我永远不会做这种事。"

"她总是等我打电话给她，而且不曾主动计划我们要一起做的事情。我想，她觉得一旦有了男朋友或是结了婚，情况就得完全改变。"

"她有了男朋友，所以我们不再像以前那样腻在一起了。我的朋友都结了婚，要不然就是有了男朋友，所以彼此很少往来了，只是偶尔打个电话聊一聊而已。"

"有好几次我气得要命，因为她除了自己的男人外，其他人一概不理睬。为什么她得看她男友的反应、好恶，才能决定自己的行为呢？"

"我很不愿意这样说，但我真受不了那种一辈子以找个男人为目标，甘愿为他摒弃一切、侍候他、为他生小孩的女人。奇怪的是，我最要好的朋友之中，竟有人有这种想法。她是我在小学 6 年级，还不懂女性主义时就认识的好朋友。"

83% 的女人抱怨她们的父母从小就让她们觉得自己不及男人，要她们在心理上屈居男人之下：

"我母亲的确让我知道要怎么样才能有女人味：不能强硬、不能强壮、要乖巧、有礼貌、被动，假装你是错的、别人都是对的、永远把别人的需要放在首位。还有，必须尽可能保持美貌，这是第一要务。"

"从我有记忆开始，我就觉得父母对我哥哥比较慷慨、亲切，而且毫不马虎。当时我在荣誉班，但我哥哥却不会因为得了丙等的成绩而受罚。他也不必守那么多规矩，我父母用钱买'他的'牛或猪，这些动物是因为他陪我父亲下田工作（而真正做事的是我父亲）而给他的。但是我也做了工作，而且时间一样长。那几年我母亲在外工作，多半的家事都是我在做，在收成的时候，还得为十几个田里的帮手做午饭。父母并未因为我做了这些工作而给我酬劳，我还是没有钱。我一直痛恨哥哥，但是我觉得我母亲无法理解这一点，她认为我的白日梦不会成功，她对我不抱信心，对我的理想总是嘲弄，使我非常生气。我常有股冲动，想要对他们大吼，但是最后却待在房间听收音机，让自己平静下来。"

"我母亲待我远不如她待我弟弟那么亲切和善。她比较疼他，好几次她说她这次不给我生日礼物或圣诞礼物了，因为她要给他买件特别的东西。我从小就知道男孩子比较特别。"

大多数女人对男人比对女人更尊重，这点我感到气愤：

"我钦佩那种关爱其他女人，不会对男人逢迎讨好的女人。我讨厌具有分裂性格的女人——对女朋友是一个态度，对男朋友又是一种态度。我钦佩的是那种爱自己，不企图迎合他人期望的女人。"

"女人对社会有很多贡献，譬如女律师、女医生、女作家、女摄影师等。我讨厌太依赖男人和爱情的那种女人。有些女人虽大力倡导自由，或者有一份属于自己的工作，却在毕业之后，就跟自己遇到的第一个男人结婚，然后用所有的精力来照顾他。我讨厌这样做。"

"问题在于，有这么多男人如此重视自己，好像他们真的比女人优越多了。这种人已经被宠坏了，被瞧不起自己、瞧不起别的女人、把男人当作神一样的女人给宠坏了。我相信女人无论在情感上或精神上都比男人更坚强，我相信女人比男人更有精力，更能耐久。但有很多女人觉得她们非得以男人为中心，无微不至地照顾他，给他最高的尊重，让男人主导一切，我真的很看不过去。这种人甘愿屈居于男人之下，令我无法苟同。"

害怕男性体系所拥有的权力

"我觉得有些话我非说不可，女人不能再互相糟蹋了，女人不该把女性朋友或同事抛在一边，成天在男人身边。我们害怕男人，我们怕男人会伤害我们，炒我们鱿鱼，说我们坏话。但是我们对男人为什么会有另一种标准？我们让男人糟蹋了，却还是对他们好得很，但对女人，我们就不会这样。以这种方式面对男人，无疑是为男人的权力叫好，不是在为自己抗争。害怕被权力所伤，是很自然的心态，但是我们一定要克服这点。我们一定要勇敢，只要我们联合起来，互相敬爱，报以忠诚，对于有理的事情争取到底，那么，我们一定能打败这个价值体系。"

大多数女人对同性朋友唯一真正的抱怨是，这些朋友固然在各方面的表现都令人钦慕，但在男人提出异议时，却表现得很懦弱：

"我朋友样样都好，只是在面对男性权威时表现得很差劲。"

"我最不喜欢好友的地方，是她若觉得这种言语不利于男人，或对男人有损，就不肯坦白表明她的感觉。"

"我有一个最好的朋友，我喜欢她的机智以及她对自己价值观的执着和真诚。不幸的是，当我们面对男人的时候，她就很懦弱。"

"我最不喜欢的是，她总是抱怨这个社会对女人有多不公平。我倒觉得，她应该把抱怨化为行动，想抱怨，就去对男人讲，并与其他女人联合起来，设法改变。"

"我最讨厌的是，有些女人甘愿接受现状，她们不敢走出来，改变这个世界。"

"我小时候有个很要好的女朋友，从小学到高中，我们都很亲近。现在，我很讨厌她，她已经变成那种对男人、男性规则极尽逢迎的人了。"

"我最讨厌我最要好的朋友的地方是，每当谈到整体的社会问题时，她就退缩回去了。"

58% 的女人说，她们有时会感到，她们的朋友不敢在公开场合驳斥男人的言论，或公开反对对女性不利的意见，或者不敢在群体之中，坚决地表示出自己的意见等等。换句话说，许多女人仍一再犹豫，不敢在公众之前表现出不屈从的态度。也就是说，她们不敢公开对男人的统治权展开挑战。

只有男人才有高贵的思想和终极的超越吗

我们有没有真正地重视女人的智慧呢？像这个女人，她在赞美她的朋友时这样说："我觉得她既有智慧又很坚强。她喜欢谈论深奥的东西。"这代表什么意思？换作男人，若他常常做深度思考，别人就会认为他具有哲学智者的性格。但在女人身上，这个特点是不是多少和"大地之母"的形象产生了一点关联。也就是说，这个特点和滋长万物的大自然或内在的智慧有关系，而不是像男人那样，是一种纯粹的聪明。

现在，我们的生产力和生产关系是否大到足以让我们一起站出来，对抗男性的权力？我们是不是对自己的权力有信心？

就像这个女人所说："我今年23岁，像我这个年纪的女人，大多已经采纳了男性的行为方式，因为我们相信男人比我们强。从小开始，环境就培养我们要重视男人，于是，我们便自然而然地设法仿效男人的作风。好比说，我不停地说我多么想过单身生活，凭一己之力活下去，表现出一副能够克制自己的样子。但是，我真的有这种感觉吗？"

女人加入男性文化就能解决自身的问题，得到一定的地位吗？不能，因为我们不是男人，再怎么做，也只是为男性体系背书而已。那么，我们是不是一定得赢，用我们的文化去统治社会，才能得到平等？

既然男人的经济力量和政治力量都比我们大，那么，不管他们怎样对待我们，我们是不是都得和这个体系保持联系？就像女性主义者康妮·艾什顿－迈尔斯所说："女人能不能认真地反省，她的地位其实并不在她的手中，却总是被控制着某些社会现实的个别男人或一群男人所掌握。而这个情况，从跨国企业到最小的核心家庭皆然？长久以来，这种制度一直在父权制的家庭中茁壮成长。"

对男性权力的恐惧确是事实。我们可以了解男人，但是能不能克服心中的恐惧，不害怕他们，进而保持我们的完整性，挽救我们的尊严，我们的价值体系？我们所面对的挑战，是如何保持我们崇尚爱情的正当性，同时能想出一套办法来摆脱那个体系。

我们敢不敢向男性权力挑战？

我们也许不再害怕用自己的方式生活，做自己的主人。但是，我们是不是仍然不敢对男性的统治权宣战？我们也许不敢直接和男性的权力发生冲突。然而，过去这100年以来，每当我们团结起来的时候，一定能获得某些成果，像是投票权、平等就业权等。

女人的团结

女人能否成为社会的权力中心？能否真诚地信赖并支持女人

我们对女人之间的情谊够不够认真，认真到我们能以这样的情谊作为权力基础和团结的雏形？这个问题不但影响我们的未来，也影响到以后数代女人的地位。因为如果我们对女人不如对男人那么重视，就不能团结起来改变社会。如果我们彼此尊重，就会变得更有力量。

但是，如果我们不能依赖我们的朋友，如果我们看到我们的朋友公然对男性权力屈从谄媚，那么我们怎能尊重她们？这更使我们觉得，我们也得把自己的想法隐瞒起来，继续现有的双重标准，虽然明知男性控制着社会现状以及内心所翻腾的种种想法，却很少说出口，或者将改变社会的想法付诸行动。因为，我们觉得必须继续尊重、恐惧那些过度运作这个系统的男人。

这个女人表示："以前我觉得，我时时刻刻都得做个乖女孩，直到有天我瞥见自己在镜中的模样，有点谄媚奉承，从那时候开始，我决定要做我自己。虽然我很明白，这一来我就不会那么有魅力了，甚至于还对男人有点威胁，但除此之外我别无他路，因为我就是要活得像我自己。"

男性意识形态设法将我们培养成被动的人，尤其是在公开的场合。例如，如果我们发表意见，可能会被视为想要主导现状，或想要主导在场的男人。我们从小就被灌输"男人的思考比较周全"的概念，因此，我们不敢说话，或者主张自己的观点。男性的反应常使我们表达意见的勇气完全消失，他们认为我们不该对现状挑战，即便只是小小的不服气都不行。他们一再提醒我们，男人讨厌自以为是、咄咄逼人的女人。于是，我们在不知不觉间，变得一心只想讨好男人，并在面对男人时改变行为，以免被当作大言不惭的女人。或显出不想向男人挑战的样子，以便让男人成为领袖或主导者。

我们常告诉自己：这有什么关系呢？反正我可以换个方式达到目的或发表自己的观点啊。有时候，我们屈从于那个体系，因为那很有趣，比如约会、吃饭、等男人来邀请我们……

我们之所以如此缄默，除了男人要求我们不得咄咄逼人、聒噪或唠叨的压力之外，另一个理由是许多女人基本上希望能过上较为文雅的生活，不要太多的对立与竞争。所以，有些女人说，如果我们非得在男人面前少说点话，而且不能驳斥男人过于敏感的统治权才能过日子，那么就照办吧。但这一来又返回到哲学上的两难困境：要如何面对攻击才不致遭受对方的反抗。

我们已看到许多女人在为她们在爱情关系中的价值而奋斗。然而，较不具攻击性的女性哲学不一定就能战胜攻击性较强的意识形态，这对于女人来说一直是个大问题。

一个人的性格中，要有多强的攻击性才算是好，我们想要改变这方面的看法吗？女人常被说成是弱者，但这其实是因为男性意识形态鄙视女人这种和平使者的角色所致。然而，女人却觉得，扮演这样的角色是出于她们的理想，这是她们的荣誉。在本研究中，大多数女人都认为女人照顾他人、聆听他人、与他人分享热忱、非攻击性和关心他人等种种人际关系的价值观应该继续保持下去。而这些表现并非懦弱，即使是在面对男性权力时表现出来，也自有其意义。如果甘地和马丁·路德·金能够用非暴力的抵抗来达到目的，那么女人也做得到。事实上，女人觉得她们早已这样做了。在这个情况下，用什么形式来抵抗最为恰当？

以身为女人为荣，并且互相支持，是改变身份的不二法则。

我们请受访者提供其他女人的建议时，大多数女人都呼吁女人之间要互爱互敬，同时也要尊重自己、爱护自己：

"我对女人的建议？爱自己，也爱别人，其他会水到渠成。"

"眼睛睁大一点，重视你的女朋友，爱自己也爱朋友，这是第一步。不要害怕，坚强地定义自己，我们是很了不起的！"

"爱你自己，主动将世界变成你的居所。在改变世界的过程中寻找乐趣，不要光坐在那里期待未来。"

"一定要得到其他女人的支持。女人比较开朗、坚强，比较会表达出自己的情绪，亲切而且主动。女人有着男人所欠缺的丰富资源。"

"如果我能给别的女人一点建议的话，我想，首先就是要清除那些让你生活不快乐的事物。不要只因为自己抱着一点希望，就死守着丑恶的工作或情人。未来会变得更好，不要被不实的期望所蒙骗，多做些让自己开心的事情。还有，多爱护别的女人，别让这个体系打败了你。你很了不起，你一定做得到！"

"女人啊，快乐一点！听听自己的歌，做做自己的梦，把自己放在第一位。听听鸟儿为你唱的歌，一起跟鸟儿吟唱。多关心别的女人，多交几个朋友。出去走走，做点事情，不要再害怕了！"

我们会对别的女人重视到把她们写进我们的遗嘱之中吗？至少这一个女人很重视她的女性亲人：

"这世上对我最重要的人就是我的幺妹，我将她列为我的遗嘱受益人，我觉得她一定会将我的财产做最妥善的处理。"

有些女人说，女人应该在工作上多多帮助其他女人：

"我有一个很好的导师，她在担任交响乐团协会会长时，提拔我为继位人选。她花了很多时间来培养我，同时让我分担她的忧虑，我对她一直有股强烈的感念之情。因为她的工作很忙，家庭状况很复杂，所以我们很少见面。我对她非常感激，因为她在我自己尚不觉悟时，便相信我有潜力担任会长。她表达信任的方式之一，是对我说出她对自己的怀疑，并寻求我的建议。她在我尚未感到自己与她同等时，就视我为平等的人。后来，我们两人和其他同样有意愿接受义务工作的几个女人，俨然成了这个小城市中的精英团体。我们不只是密友，而且彼此之间非常敬重，非常关心是否每一个成员都能继续实现自我。"

有的女人却抱怨女人虽是最好的朋友，但她们对世界所知并不足以给朋友实际的建议，因此不宜过度重视：

"我的女性朋友之中，唯独少了可以作为导师的人。我并不需要角色模范，但是没有人具有和我相似的经验，也没有人做过我所做的事，所以没人能指点我、鼓励我或给我意见参考。我的朋友们都比我年轻。她们会体谅我、赞同我，但不能给我实质的帮助。"

这名女人很看不起那些看不起别人的女人，或不支持别的女人的女人，她认为那种人太以男人为重：

"有些女人不跟别的女人联系，也不关心女人的问题，她们只关心如何变得更聪明，如何在传统男性真实世界中竞争……这些人都被'洗脑'了。她们没有认清最重要的是改造整个社会，让整个社会都知道，女人的想法也很适当。"

从本研究看来，女人的确互相支持，而且为数越来越多，80%的女人最重要的情感对象也是女人。

这当然不是说，我们认识的女人都是完美的，我们都是完美的，或者我们遇到的所有女人都具有这里所说的种种美好特质。然而，即使对方喋喋不休或瞧不起人，她和你之间的相似之处仍多于表面的差别。由于大家同样生于重男轻女的社会中，同样身为女人，彼此之间就算不一定互相尊重，至少会有份强烈的联系感。许多女人仍不免尊重男人，看轻女人，把所有不满向女人倾诉，因为女人是最脆弱、最方便的对象，也是最安全、最不具威胁性的攻击目标。

有个女人谈及她与母亲之间虽有种种差异，却有共通之处时说："我比较认同我父亲，因为他一直都在工作，而我也一样。我比较希望自己像父亲，而不希望像母亲。但是我和母亲说话之融洽，却是我和父亲之间所达不到的。她一直都很支持我，不论是大小事情都支持，对于基本的生存问题，我知道她也是支持我的。如果我需要有人肯定我，我会投向她。"

女人互相供给对方丰沛的生活能源，我们绝不能怯于表达彼此之间的爱。只要我们互相尊重，把女人放在首位，认清我们的处境，一定能改变女性的地位。

24

让爱在世界上滋长

只是为了获得平等的爱

love

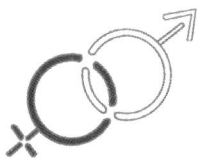

回归人类本质及精神

"这和女权有关，没错。但更深一层的意义是人性的尊严，重新探讨心灵的定义。"

我们置身于这场影响深远的运动之中，经过长久的酝酿，即使大家都认为它并不会发生，却在此时天崩地裂地开展了。对女人而言，时至今日，女人已经不愿再向千百年来深入社会、心理和宗教的意识形态低头了。

巨变一触即发。这场革命历经 20 年，或说 120 年，与千百年的历史相比，的确短得让人吃惊。而近 10 年来，女人改变的成果也令人刮目相看，不但发展出了许多流派，而且在持续不断地发展。

身为女人的我们，已成为特殊的存在，我们变成时空旅人；移入另一个世界、另一个国度、另一种现实，将忠于"过去的老样子"的心态、忠于男性的处事方法，也就是男性意识形态，通通抛在了脑后。

我们像是太空人一般，一步步远离地球，现在，我们对那个体系的轮廓看得更清楚，这是我们首次将之视为一种意识形态系统、一套无权评断我们的信念体系。因此我们不再接受那个意识形态对于我们地位的定义。我们不但要界定自己，而且要开始界定文化的其他层面，包括男性心理学在内。而在这场变革之中，主导社会的文化仍试图告诉我们，说我们办不到，我们错了。

有人说，19 世纪起于 1789 年的法国大革命，直到 1920 年世界被导入现代主义之前为止。而现在，我们是稍为提前一点，亲眼看见 21 世纪之始，我们突然发现自己处于洪流之中，新的焦点、理念和选择在不经意之间出现。在我们尚未完全领略，甚至在我们还不知道用什么字眼去形容它之前，就出现了。

我们感觉到，旧秩序正分崩离析：一切原本似乎是恒久不变、我们习以为常的，现在则受到质疑。包括我们的工作系统、财务系统、婚姻和家庭系统，甚至于我们和自然的关系。我们越来越发现到，由于我们对自然环境的破坏，自然资源正迅速缩减。此外还要面对核子武器的威胁。再也没有什么是"本来就应该这样"了,时间似乎脱轨了。[1]大家都在想街道上无家可归的人什么时候会消失,然而人人心里有数,这种人口不会减少只会增加。每个人心中都有扫不清的阴霾:这种人会不会包围我们?是不是到处都变得不安全了?事实上,各地的确都变得不安全了,因为世界,也就是说没有特权或未开发的世界,正逐渐增长,而且会把我们吞没。道德感驱使我们寻求更多的正义:希望获得能力改变现状,看清这个情势,思考其中的道理,使大局改变方向,朝良性发展。的确,我们必须拥抱"另一种人",才能重新确定彼此要走的方向。换言之,除非社会全体成员都参与,而且共同努力,否则民主是无法运作的。教育系统和法律必须使我们有机会实现这个目标,并且不断排除障碍。

这个社会出了问题,但问题不在于钱也不在于钱太少,而是全球存在着不公的现象,而且人们也知道世界局势的确不公平。

人们一旦知道之后,便不能再装聋作哑。也许这是无可避免的后果,由于17世纪之后民主主义和科学蓬勃发展,宗教的影响力亦渐渐式微,人们不再相信现状不能改变,今世受的苦,来世必有善果回报。也许,随着民主的滋生,人们越来越相信改变是可行的,不断的革命,将成为我们的生活方式。这些现象,正在显出一股挡不住的潮流。[2]而我们对于世界和社会的改变,不但充满信心,而且早有答案。《独立宣言》和《共产党宣言》都预言了这一点。但是,人们的期待高涨,失望亦随之而来,在某些地方,甚至令人彻底失望,因为不公平的系统仍照常运作。理想未能实现,环境也尚未改善。

人心期望正义的伸张,但人们却感到愤怒,因为传统的权力关系并未终止。两

---

[1] 正如历史学者兼妇女运动人士琼·凯利所言:"事实上,我们对社会及政治自有一套新立场,和父权制完全不同。在历史上,父权制总以各种方式完美地渗入经济、政治和文化架构之中,使我们无法辨识。"但现在,我们看到了,不是几个女人,而是很多很多女人都看到了。

[2] 由于17世纪时科学和民主主义的兴起,使得神权和教会的权威在18世纪时渐渐衰败,西方社会也就此步入所谓空前绝后的巨大转变之中,这个转变很可能进一步使我们摆脱父权制和阶级式的思想。奇怪的是,这些思潮竟然都是从基督教本身发展出来的。在上帝之前,所有的个体都是平等的。(虽然有很长一段时间,女人不被算作是这些个体的一部分,而动物更从未被考虑过。)

这股暗潮的第一个果实,可算是路德攫取的,他强调,无论贫富,所有男人的灵魂都是平等的,而且钱财不应被视为通往天堂的途径,或教会应得的利益。接着,在18世纪时,大家又看到阶级特权的不平等。所有男人都是平等的,而且应该拥有人权(实为男人的权利)。在19世纪时,种族问题受到重视,许多人都认为,美国的奴隶制度是不民主的,而且违反了社会正义的基本原则。现在,到了20世纪,男人对女人的控制,无论用什么口号来掩饰——是保护也好,是不同但平等也好,也被视为有违正义,应该加以制止。

个世纪以来的理想，也就是平等的机会和尊重这两项民主的理想，不但进展速度缓慢，而且要以不成比例的心血大量投入下去，才可能有成功的那一天，罔论经济平等的理想。

由于各人出生的环境不同，且缺乏改变的机会，使得许多社会沸腾翻滚，充满敌意。现在全世界的人都相信，所有的人，不只是有钱或有特权的人，都应该拥有尊严、机会及人身的权利。毕竟，我们都认为事实应是如此，在理想和现状未能配合之前，全球的局势势必无法稳定下来。

说得更明白一点，目前的局势之所以不稳定，就是因为缺乏正义。我们口中所说的一切平等和人道的理想，与社会现实相距太遥远了。社会的混乱和恐惧，肇因于千万人——千万男女的失望与不满。

社会在面临这些骚动不安的状况时，人们常以过去惯用的方法来解决问题。例如，在经济方面，我们常说，竞争可以挽救一切。如果上百年来经济系统一直以竞争为原则，而且没有出差错，这个原则就一定是对的。还有一些人，眼见工业基础逐渐磨蚀，而了解到纯粹的竞争不能解决问题。于是强调相反的论点，例如，工人和雇主之间应加强合作。有趣的是，合作正是女性体系基本的价值观，我们也曾加以讨论。①

在家庭和个人方面，也有人说，若能回归传统的价值观，问题便能迎刃而解，女人应该留在家中，扮演母亲的角色，男人则出外赚钱养家。但是即使工作单调枯燥，大多数女人仍不愿放弃工作，因为有了工作，就有了对外联系的渠道，也多少有了自主权，以及经济上的好处。

讽刺的是，许多女人也想回归传统价值观，但话中含义稍有不同。女人口中的传统价值观，指的是更多的爱，而且在爱之中，要包含更多尊重、正义和平等。她们不想接受那种以单向付出为基础的爱情关系：男人只接受，不付出，高高在上，可以外出将他的竞争力发挥到极致。而女人得一直留在家中，随时准备包容疏离感和暴力；当男人回家时，她得抚慰他，让他恢复元气。女人说，男人才应该学习情感支持、彼此联系、互相照顾的传统价值观。

同时，女人越来越不愿在毫无回馈的情况下提供情感的支持，这就难怪会有许

---

① 美国宪法草案中，虽未保障女人的权利，甚至未保障所有男人的权利，但是，宪法起草人仍较倾向"为公利的目的而合作"，较反对个人主义或个人竞争，这点相当值得重视。

多男人觉得家庭崩陷了，觉得他们"怎么也回不了家"。① 对他们来说，再也无处寻得"母亲"的怀抱可供慰藉。

我们发现我们的社会对未来提不出一个确切的计划，只感到困惑和遗憾。19 世纪伟大的价值观再也不受人重视，而 20 世纪的现代主义并未使我们感到满足。我们感到失望与无助，每个新的意念似乎都加速了家的瓦解。至此我们仍不放弃我们一贯的坚持，这也许能多少给予我们受到保护的感觉，弥补我们怅然若失的情绪，或完成我们长久以来的心愿，那些东西到底是什么？温情？稳定感？心灵的平静？足够的食物？无畏无惧？爱？

19 世纪很多方面都是很美的，中产阶级的艺术、文化和生活标准，连当时建筑的房舍都令人感到温暖、美丽和光荣。人们本以为这样的生活方式、家庭和工作结构可以行之久远，恒久不变。回顾过去，我们难免感伤时光不再，并憧憬某些美丽的部分。但过去虽美，并不表示我们不能造就更美的未来，也就是基于真正的平等，更广泛地实现民主理想的社会——一个经得起未来数世纪的考验、更稳定、更积极、生活品质更好的社会。

旧秩序正在逝去，新秩序也正在形成。我们的考验，就是要在这场混乱之中，辨认哪些成分应该剔除，哪些应该发扬，以建立一个比过去更好、更民主的社会。并且基于正义而非阶级式的理念，让我们在日常生活中落实理想的社会。

女性文化价值观能否作为革命哲学蜕变之架构

社会的机制可曾回应女性建构之理想，以女人所希望的方式去爱？如果有，又回应了多少呢？在女性心目中，实现本身理想的可能性，到底有多大？

——伊丽莎白·彼德罗夫

本研究道出许多女人对于人际关系新组织的哲学立场。在此，女人反省人类的环境，认为它可以变得比现在更好。

以平等和互动为社会的基本架构，不只是理想的梦幻。合作也是社会运作的可行方式。然而，我们却常听人说，女人太情绪化了，无法治理政府，互相合作的观

---

① 在另一方面，女人回到家，却得不到男人的情感支持。对此，她们遗憾的不是这个状况，而是造成这个情况的文化体制。

念也不适合用在全球性的政治事务和外交关系上。不过，一个把我们带入核子大战和生态灾难边缘的体系，还能批评别的体系行不通、不实际吗？

如果男性价值体系使人类有濒临灭绝之虞，不管核子大战或生态失衡是否造成一场浩劫，我们都该开始探讨其他可行的社会形态。如今社会所面临的灭绝阴影，大半是因男性意识形态而起。因为男性意识形态鼓励男人不断竞争以取得控制权，并以此作为解决争端的方式。

女人的哲学则以其他方式来解决争端，或在争端发生之前，即防患在先。例如，我们曾讨论过以平时的沟通来预防争执。而在社会面临这些非常真实的问题之际，我们也该认真探讨女人哲学的替代做法了。

这个女人清楚地道出这场辩论的中心议题：

"我不知道这一切会朝什么方向发展下去。现在直接参与社会的女人越来越多，而全国妇女组织（NOW）女性工作网站之类的组织，影响力也越来越大。但我觉得，女人对商业世界或职业学校仍感到有点不对劲。倒不是女人受到歧视的问题，我觉得是社会机制出了问题，男人基于权力而建立起来的这些社会机制，不但组织错误，而且将我们引入错误的方向，使得整个社会动荡不安。

"商业体系强调竞争，体系成员由于彼此强烈竞争而被严重剥削，而这一切只是为了极少数有权人士的利益。男人似乎倾向把现实当成展现自我的战斗游戏，女人则自然而然地会设法让大家齐心合作。

"我心里真的很矛盾，女人是否是比较具有社会性，所以得建立一个属于自己的社会。还是女人其实和男人一样有竞争力，只要开始展现出来，进入世界之中，像男人那样玩游戏就可以了？但是游戏的终点是炸弹，是灭亡，谁会想要啊！"

女性文化： 不同的传统

女人的文化和价值系统具有不同的精神、不同的生命目标，自有其复杂的历史。这个哲学源于女人长久以来对家务之参与，基本上希望能多与他人联系，多多聆听，增进人际了解。

女人常因深居简出、不谙世故而被人嘲笑。然而，女人虽然只是待在家里，却仍创造出了重要而独到的文化。女人的哲学是从个人和家庭的关系之中建立起来的，但这并不表示，女性体系不如男性体系那么有分量，或不如男性体系那么深谋远虑。

大多数女人都知道如何在男性的世界中运作，而且平时就过着双重文化的生活。但是男人之中能够领略女人自有其特殊观念系统，并肯定千百年来女人所使用的这套体系值得尊重并视为重要哲学命题的，却很罕见。亦即不愿遵行他们的"次"文化的某些传统时，男人常常会光火。

换个角度来看，男人也可以采用这套价值观。而且并非每个女人都采用这套价值观，正如一位女性所说："以前我很钦慕女人敏锐、有耐性的特质，尤其女人聆听他人说话的本领。我觉得男人没有关心他人的能力，但在应用时，女人却不见得比男人更聪明，所以我的看法慢慢改变了。"

以下是女人眼中的女性整体文化[①]：

"女人好像比大多数男人都更敏感、更关心他人，女人似乎比较重视那些真正重要的事情，女人大多比男人更亲切、更有感情。有什么话都可以对女人讲，讲了之后，你会觉得彼此之间真的有种休戚与共的感觉。男人大多太肤浅了，不像女人，女人比较喜欢事物的内在层面。"

"我认为，一般而言，女人比男人敏感。比较关心周围发生的事情、别人有什么感觉，以及这样做别人会有什么反应。她们不会像男人那样，将事情分开来看。女人一生受的苦比男人还多，因为男人还有女人作为感情支柱。"

"女人和女人之间似乎比较亲近、开放。女人和女人交心的那种感觉，是男人很难拥有的。她们大概比较能够接受自己的瑕疵，比较能够真诚地向别人道歉。还有，好多女人似乎对工作非常卖力。如果你还没结婚，那你就得拼命努力工作，才保得住一份好工作、好薪水。女强人是另一回事，这种人使其他女人感到自己很渺小，但这不表示我不崇拜她们。"

"我很钦佩女人对生活的态度，她们极富直觉、适应力、温情和感情的支持。她们很敏感，好相处。伟大的女人，我想到西蒙娜·德·波伏娃、埃莉诺·罗斯福。"

有位女性又说：

"我很钦慕女人，她们默默工作，保卫人与人之间的和平，即使不能得到别人的肯定，还是很努力地把事情做好。我希望女人能走向外面的世界，建立个人层面和公共工

---

① 大多数男人都不赞同这类叙述。然而，有很多男人一方面要女人保有这类特质，一方面又自得其乐地侮蔑女人的这种特质，例如，认为女人很软弱，并说她们太过敏感，等等。

作之间的桥梁，因为这些桥梁已因工业化而毁损殆尽了。想想看有无数女人上研究所的情景吧！现在就去做，我希望个人的道德能推广至全世界。我希望女人在外面的世界混战之际，能利用她们从养育小孩之中所得到的知识，继续支撑文明的人际关系。"

与情感有关的复杂词汇

女人的体系发展出精密的沟通方式和特殊的对话风格，十分强调双方的回馈。在与他人讲话时能设身处地为对方着想，表达出相互理解、认同对方的信息。

在女性体系中，这些无以名之、细微的表达和关心的动作以及心智的反应是非常重要的。因为这些都有助于沟通的进行。其实，女人对男伴要求的，大概不外乎这些，而我们已在第18章中谈到女人和同性朋友之间用这样的方式来沟通。例如，女人在与对方谈话时，会主动聆听对方说话，不但兴致勃勃，而且会鼓励对方继续下去，表现出认可而且了解对方话语的样子。所以对方会觉得自己受到注意，因而激起积极的动力。如果我们能将这种互动方式告诉大家，必能将大多数人的态度导向积极的方向上去。

人们常不屑地说女人控制欲强，光凭直觉做事情。而事实的真相是，女人的确见微知著，无论对于肢体或情感的事情都敏感。女人会尽力使身旁的事情顺利运作，她们可以毫不费力地察觉出哪个人不寻常，而大多数男人却对环境中同样的状况感到不痛不痒，也不觉得自己非得想办法让它恢复正常不可。女人常会察觉旁人微妙的心理信息，进而帮助对方说出来。换句话说，女人对于无形的事物很敏感：她们较能捕捉细微的动作或不经意流露出的情感。

所以，如果说男性意识形态以阶级思想维持阶级地位以及遵循男子气概（这是系统对个人行为的最低限制）为中心①，那么，女人的哲学，基本上可说是尊重他人

---

① 事实上，从服装形式来看，就知道男人少有自由发挥的空间：他们一定穿着长裤，上身则穿外套或衬衫；女人却可以做任何打扮。这显示男人和男性体系很重视一致性，男人必须随时显示他是男性团体的成员，唯有严格遵守一致性的要求，男人才能证明自己是男性俱乐部的一分子，是公认的统治社会的精英。所以男人才不敢丝毫逾越这些形式，并以这些形式为荣。谁看见过男人穿裙子？不管这个男人有多么激进。

就像吉姆·巴瑞在引述查伦·斯普瑞特奈克所著的《绿色政治的精神层面》时所说："父权制既然引起这么多女人的反感，一定也会使男人感到同样的反感。"斯普瑞特奈克发现，父权制文化不只对女人不公平，由此衍生的文化特质也因而带有缺陷，像是偏好阶级式的结构，偏好竞争，偏好"非主导即服从"的应对方式，对大自然感到隔阂，压抑自己的同情心以及其他的情绪，对于一切事物都感到没有安全感。任何遵从父权制文化规则的人，无论男女，通常都会显露出这些特质。

的。它的阶级架构很少，比较不注重服从规则和服从权威；认为引发个人最好的创造力、彼此重视，才是首要之务。

此外，由于女性体系坚持非攻击性及关心他人的宗旨，所以大多数女人在沮丧、矛盾或受到攻击时会先自我批评和反省。男人则恰恰相反，从小开始，男人所接受的社会信息就鼓励他们自认为是正确的，要他们在受到压力的时候进行反击，绝不能被女人控制，即使只是讲讲话，也不能被女人牵着鼻子走。反正就是不能像女人那样，在遇事时责怪自己。所以，要男人把自己的问题讲出来，几乎是不可能的事。

换个角度来看，女人的价值系统固然注重爱情关系，却不一定表示一个人一定要永远有伴侣，或将感情摆在第一位。这种做法会限制个人和整个社会联系的能力，例如这位女人所说的："我不是不愿意把个人关系看作人生最重要的东西，但是，那只会使人精疲力竭。我觉得我可以有别的贡献，但因为我得花上太多时间，所以我办不到。我很看重这些个人关系，我把它当作这辈子最重要的东西。然而，当我想到我可以在社会上做事，有能力贡献什么的时候，那些个人与个人之间的事情顿时变得微不足道。"也就是说，就像女人所讨论的，"照顾他人"可以是一种生活方式，但不一定在个人关系中关照对方。

最后，综观全书，女人一直对男性对待女友或妻子那种不公平的方式感到震惊或愤怒，有种被人妄加批评和甩到一边的感觉，通常不但得不到尊敬和只言片语的解释，甚至不能好聚好散。从这些评语以及女人对同性朋友的评语之中，女人似乎相信每个人都必须有种基本的信念，管它叫作正义感，或叫道德感也好。但是男人可曾将之应用到男女之间的关系上？或者，他们仍相信予取予求这个观念？

总而言之，不管源自何处，女人似乎自有其文化架构。这个架构包含了高度发展的道德系统以及丰富微妙而复杂的人际往来风格。

与自然建立新的关系

女人的价值观也和自然的观点有关，认为我们应该照顾自然，与自然平等共存，而非控制自然。在生态方面，我们的世界正濒临危机，大半生物都可能会死亡。

世界野生生物基金会说："我们不必花一颗子弹，就可能在未来20年内，杀死全球1/5的物种……多年以前，位于雨林带上的南美、非洲、马来西亚和印尼等地的雨林都茂盛浓密。但是在你说这句话的时候，又有很多热带雨林被砍伐下来，燃为灰烬，不复再生……这些雨林不只是全球半数以上物种的食物来源和居住所在。

它蒸发的水汽，更造成了全球一半的降雨量……商业化的开发和日益增多的人口，使得雨林、海洋、草地、湖泊和沼泽地倍受威胁……我们正和时间进行一场赛跑，但胜算不大。"

国际绿色和平组织也表示："我们的目标希望人类能以更文明的态度来对待其他生物……每星期都有一些独特且无法取代的物种在世上灭绝……海洋和脆弱的河流被大量排入或倾倒于内的毒性物质和化学废料所污染……我们的环境受到重大威胁，这绝不能等闲视之，我们必须亲身参与……有些人之所以捐钱给绿色和平，就是因为他们再也不愿袖手旁观，眼见人类冒渎地球……"

有些人认为这种理想非常可笑！尤其看不惯女人有这样的理想。但这个女人反驳道："女人喜欢善待每一个人，却有人因此而嘲笑女人。善待动物有什么不对？打猎的大多是男人，有几个女人会去申请打猎执照？尽管女人常穿皮大衣，但我敢说，她们要是看到这些动物惨死的样子，一定不愿再穿皮衣。"这些猎人并非为了食物而杀生，他们是为了追求运动的乐趣而打猎，这未免说不过去了。这怎能算是运动？这是不公平的，野鹿和鹌鹑可不会拿枪回敬他们。这是哪门子运动啊？运动讲究的是平等，但这根本就是暴力，男人不过想借以练习穴居人的技艺或磨炼杀生的本能罢了。

以下一个男孩自述的经历，正可看出这种态度血淋淋的那一面："小时候我曾和父亲去打猎，不幸的是，我的射击技术一直很差。后来发生了一件事，我就不愿再去打猎了。那一次我和父亲坐船去猎野鸭，还有其他的男人同行。我打下了一只鸭子，所以我们把船划过去准备把它捡起来。看到那只鸭子时，我既惊讶又高兴，因为它还没死，看起来好好的。它看起来灵敏又可爱，我开始幻想着把它带回家，治好它的伤，把它当成宠物养。这时同行的一个男人走上去，把它的脑袋扭断，脑汁喷溅在船舷上。"

对于生命的理想和热爱

现在有许多人带着理想的色彩去看世界，以神圣的惊喜和好奇的态度去看待人与人之间的关系，这种生活态度独具一格，似乎和古时较具宗教意味的生命观点相呼应，至少当时的人认为生命是神秘的。现在一般人认为由于科技的关系，一切生命都在我们的掌控之中。这是一种不负责任的论调，令许多女人不齿，我们认为，崇敬生命，是众多生活方向之中最重要的精神特质。

现代许多哲学家，尤其是海德格尔，曾经探讨过这个问题。就如费尔所说的："在哲学上而言，20 世纪的大思想家中，再没有人能像海德格尔那样，将这个最为重要的新旧态度描述得这么清楚。海德格尔追溯出，西方人对自然界的暴力行为，有很深的历史根源。"这点在海德格尔所著的《对工业技术的疑问》一书中谈得相当透彻。

女人的价值系统相当重视爱情理想，以及照顾他人的信念。女人倾向于认同这类行为，她们认为这是人类社会行为之中最重要的一面。

女人素以理想主义的传统和支持弱势一方而闻名。在历史上，女人对理想主义运动相当积极：在 19 世纪反对奴隶制的运动中，哈里特·比彻·斯托女士所写的《汤姆叔叔的小屋》发挥了很大的影响力，另外有许多女人参加了反对奴隶制的团体，而最早的女性主义也由此而生。在 1955 年时，美国亚拉巴马州蒙哥马利市第一位拒绝坐在巴士后座的人，是罗莎·帕克斯女士。这是现代黑人反隔离运动的开端，使得南方数百名高中黑人女学生进了监狱。女人一直是教会筹款、募集衣物、寄送被毯等活动的中心人物。由于妇女收集学童的乳齿以进行"锶 90"的化验工作，后来美、苏两国才会签订协约，禁止在太空进行核子武器测试。而由于女人对于全球一体化运动的积极参与，才有国际联盟的诞生，这便是今日联合国的前身。

据罗莎琳德·罗森伯格指出，19 世纪某些女性主义的支派，的确曾一度相信女人"较优越的道德意识和善于照顾他人的特质"似乎是出于天生之差异。然而，这个观点却从未得到其他女性主义者的认同，到了 20 世纪初，女性主义的学者努力告知大众，男女之间明显的性别差异，大多是文化环境所造成的。

到了后来，这两派说法，演变成"平等的女性主义"（男女之差异是因文化环境所造成），及"男女禀赋不相同"的女性主义（女性是很独特的）。但是，我们在此所讨论的，主要是文化的差异所造成的两种不同的文化：无论男女，都没有比另一性更机灵、更聪明的天生禀赋，但社会上却存有两种不同的历史传统。这些历史传统完全渗入电视节目和广告之中，每天向我们播放，所以连年纪小得不足以理解其中含义的孩童，都会显露出颐指气使的样子。这两种文化各有优劣，但是，我们着重的是，确有部分男性文化使得女性文化无力招架。长久以来，男性系统自认为比较优秀，将女性摒除于学校之外，不让她们参政、拥有财产，尽可能削弱她们的力量。如果不是这样的话，我们几乎没有讨论"两种文化"的必要。

女人的价值体系比较优越吗

由于我们强调许多女性拥有肯照顾他人的积极特质，而她们要求男人也这样做，我们会不会因此而落入圈套，认为女人的道德感比男人要好？我们并不是说女人天生就比较善良，或者女人就像是完美的天使，全身连根坏骨头都没有。然而，女性肯照顾他人的特质，恐怕比主导社会的男性系统强调的侵略特质要好得多，这样的女性特质不失为矫正男性系统的良方。

但我们还是要问，这种认为女人会照顾他人的哲学观点，是否隐含女性价值观较有道德感之意？我们是不是在说，女人在爱情或政治上较为亲切，也较肯付出，就是"在道德上较为优越"？

我们是不是希望，社会上无论在个人生活或政治方面，都以付出爱心为主要的价值观？对于这个问题，我们必须格外审慎。我们看到许多女人不愿以传统的态度去照顾男友或丈夫，如果对方不采纳这种价值观的话，较大的社会是否也需要"照顾他人"的特质才能运作良好？

女性的价值系统之所以比较合理，也许是因为历史现象，和优越与否无关。而且，坚持如此信念的多为女人，而有很多男人则致力创造更公平、较不骄勇好斗的社会。我们衷心希望能有更多男人参加本书或其他的辩论，和女人一起探讨应该有什么样的价值观，我们的社会应走向何方。

女性文化是受压迫的象征，还是女人可以重塑其历史环境的新方式？有些人会问，女人坚信"照顾他人"的价值观到底是高贵呢，还是自欺欺人？既然女人被迫相信她们应该要"乖"，那么，她们大力支持这个信念，不是显得很蠢吗？女人之所以照顾他人也许不过是因为被逼迫的行为，由于自己无权无势，才有这种反应？

换句话说，这到底是真正的文化，还是女人照顾他人和亲切等特质不过是受到压迫而产生的结果？我们是不是为了生存，才讨好并依赖当权者（男人），因而学会了体谅他人、肯付出等技巧？的确，有些人会说，女人的价值系统并不是女人创造出来的。这些亲切和助人等习性，其实是任何一个受压迫的族群都必须采纳的策略，因为这些族群非得密切注意他人的态度和反应不可，为了求生存，弱势族群必须敏感。

但近来历史学家在研究过许多族群之后，发现人们对于历史环境有许多不同的反应方式，无论多么困难，也会通过互动来改变状况，设法保有自己的特性。女人也可能对环境做出与现在不同的反应，发展出较为偏执、较不积极的行为模式。谁能找出另一个族群，在同样的状况下，发展出同样坚强的系统？

因此，我们是否应该重视女人的作为以及她们所建立的文化？也许我们该相信，如果女人没有被压迫，是可以做到男人做到的一切的——从军、建立政府、塑造今日所知的经济系统。但是如果男人没有在那个意识形态系统之下成长的话，还能建立军队吗？

最后，不论女人的文化是源于历史上的压迫或天生的禀赋，难道就会使今天的女性文化变得比较没有价值吗？长期而言，这种照顾他人、非暴力的传统是女性在历史上居于次等地位而导致的结果，还是天生的禀赋，或者是女人长久以来建立的文化，或甚至是她们灵魂的表露，都没有什么关系。重点是，这是很重要的文化资源，不该被忽视或摒弃。

在另一方面，如果女人基本的哲学不纯为压迫之下的产物，那么女人是不是因为天生禀赋之故，才比较喜欢照顾别人？根据男性意识形态的推断，女人会自然而然地想要去照顾、爱护和支持他人，因为女人会怀孕生子，并且会哺乳，可见她们的荷尔蒙系统和男人不同，所以女人才会自然而然地照顾他人、建立家庭等。虽然男女的确各有不同的荷尔蒙，但我们找不到生理上的证据，显示女性荷尔蒙使得女人表现得比较亲切（但确有研究显示，男性荷尔蒙的成分之一——睾酮，会使人变得有攻击性）。因此，女人善于照顾他人的特性较可能是历史文化的传统，而非单纯的生理禀赋使然。我们可以找到许多证据，证明男性文化系统对男人施加重大压力，使他们具有攻击性和挑战性，并使女人不敢威胁男性统治权等。当然，竞争有其一定的重要性，但是男性文化显然过分夸大并鼓吹了竞争对男人的重要性。

女性文化的争议

有位评论家批评女性文化的讨论，她认为女性的价值观之所以被提升为美德，唯一的原因是女人已在"真正的平等"战争中败北。也就是说，如果不能赢，替代的做法是，不去强调平等或自由而强调差异，主张和善与合作等理想是女性的特质，并赞扬她们的表现比男性对手更崇高……合作，成为女人的理想，而竞争的成果却被排除在外。如果我们真的想要重新评估这些特质，便需要男女双方共同努力，但是我们看到的情况却不是这样。

我们就是在努力地重新评估男人和女人的文化，不只在这里，各地的女性也都奋力在做这件事。《海蒂性学报告：男人篇》所收集的男性观点和本书所收集的女性观点，是比较这两种文化和体系之间对话的重要步骤。

我们不必装作这两种文化并不存在，而且相安无事。这两种文化可能会逐渐融合成一种文化，一种更为一致、为男女两性而设的文化。但是它将会是何种面貌，是我们相当关心的重点。

事实上，研究两性的特质是件非常迫切的工作。许多女人说，现在她们不那么想加入社会，反而想要改变它，让它变得更好。就像历史学家琼·凯利所说的："目前女人的政治目标……既不是要以平等的身份参与男人的世界，也不是要恢复女人的疆界和重视女人的尊严和价值。这类观念已过时了，现在女人希望能够一并根除性别和性的阶级以及一切控制的形式。为了要达到这个目标，必须同时探索自我以及男性的统治核心，因为我们得重塑一切社会机制才行。"这就是我们的观点。

我们研究这两种价值系统，并不是想拉开两性之间的距离，而是想面对现实，加以分析并解决问题，光是要求平等地分享政治大饼是不能达到这个目标的。这并不是逃遁到未来会更好的空想之中，而是想贡献心力，做更实际、更可靠的分析。

✍ 如何推动文化的改变

革命是要改变思想，还是要夺权

如果我们认真看待我们的感觉，会怎么样？如果我们真的按照我们所想的，大刀阔斧地改善社会，会怎么样？别忘了女人是社会的主体，而且许多男人也相信，无论在家、在工作中或在国际政治上，照顾他人、维持良好的关系、预防危机于未发之前、维持各方共识，是非常重要的。

为什么不试试看？为什么要让这个情况继续下去呢？因为我们一直都这样，在男性意识形态控制之下，女人仿佛固定不变的恒星一般？改变会很困难吗？如果女人能在个人、经济和政治方面互相联合，要改变其实很容易。女人要是决心为共同的目的而努力，什么事都办得到。

换个角度来看，我们真的得做任何事情吗？如果有相当比例的人口了解目前的统治系统出了问题、不公平，也了解背后支持它的是套过时的概念（男性意识形态），那就会促成社会重大的心理改变并产生巨大的影响。你只要这样想：无论是在个人的情感关系中，或是在面对银行的男主管时，不要把男人想成当权者，不要有非找个男人不可的压力，不要对体制中的男性权力让步。每一个这样做的女人，都在促成这场变革。如果人口中大多数成员都在内心批评整个系统，在心智上背离这个系统，那么，这个新的心理生活就是一种新文化。

还有一个理论是，少数人的信念影响或转变许多人的信念时，就会发生革命。我们必须转变他人的信念，让他们知道我们的系统比较优秀。女人能否在改变男友或丈夫的同时，改变整个社会？

有时会产生相反的状况。用政治来比喻：第二次世界大战时，有所谓的"斯德哥尔摩症候群"，它指的是瑞典对德国的态度，被占领国通常会慢慢认同占领国。与此相反，有些文化虽臣服于另一文化的政治或武力之下，却仍决心使自己的文化变成主流文化。例如，罗马人就被希腊人"驯化"了。罗马人因为帝王所下的旨令而信奉基督教，但是类似的例子大概找不出第二个。

我们一旦闯进这个新领域，就会受到很大的压力，要我们采取男性的信仰，符合男性色彩，贬低自己和自己的生活方式。也许我们不敢将我们自己的"次"文化运用到整个系统上，尤其是在政治方面。但是女性系统有着丰富的人性价值观，强调相互关系和合作，实在是个文化瑰宝。而且我们并非全然摒除男性的价值观：在过去20年间，大量女性史无前例地反省自己的价值观和身份，同时也从男性系统中采撷了有意义的观念，融入女性系统中。

有的人说，我们若想争取自己的权利，最好的方法就是选举政治代表。既然有权势的人只尊重有权势的人，那么当选政治代表的女人越多，政党就越有可能挑选女性作为重要公职的候选人。而我们如果投她们的票，她们就会当选。有的人则提议女人应另组一党。毕竟，德国的绿党便是由佩特拉·凯利所创立的，它所关心的主要议题是生态和核战的问题，对德国政治造成了很大的影响。冰岛的妇女比美国妇女活跃多了，该国一个女性主义党派赢得10%的选票，得到了六个国会议员席位。近来在挪威，有半数的国会议员变成了女性。又如阿基诺夫人于1986年9月21日在哈佛大学发表的演讲中所说的："菲律宾的女人以非暴力的抗争方式，促使政权发生了改变。"

在另一方面，美国及其他国家的政治系统都倾向于选出像男人一样强悍的女人为政治代表。但是，这个特质却是女人的哲学想要加以审视及改变的。因此，这样的政治系统，对于许多不喜欢为权力而竞争的女人来说，有其内在的矛盾性。然而，许多人仍相信，一般而言，女人在治理政务时，理想色彩较为浓厚，其实，这个特性使女人更适合担任公职。1987年3月8日的《纽约时报》上，有个男人写道："如果女人有机会的话，会不会像近来担任公职的男人那么腐败，侵略性强又大权独揽？

我想是不会的……男人就是不愿意或无法割舍过去所需要的角色或行事方法……（因而）造成男人与男人之间的冲突……女人则喜欢谈判胜于斗争，厌恶暴力，比较有感情……这才是 21 世纪的领导者所需的特质。"

女人与女人交往时，谨守相互的原则，这不但是国际交涉技巧的要点，也可以应用在政府的运作上。

世界各地的冲突，和男女之间的生活状况很相似。有个女人形容她设法和她的男友谈论两人之间的问题时，对方的反应是置之不理。同样，许多政府根本不听那些毫无权力的女人或弱小国家所说的话，认为问题自会化解。这种态度使得女人和弱小国家的痛恨达到了沸腾。

旧式的政治和竞选方式，可能都不足以应付今日的局势。我们何不创立一个新的、独立于各党派之外的政治联盟？我们是不是应该创立一个不同于一般的组织，以政治和经济的抵制及生态的议题作为主要的诉求？其实，与其说女人的革命是以政治或政治体系为目标，不如说它是以经济、意识形态和哲学为目标。

女人整体拥有非常庞大的经济力量。现在，女人的经济力量已足以支持其他的企划和组织，那么，我们能不能成立共同公司，一起走入商界？

有些理论学者则朝完全不同的方向发展，认为女人可以借着改变私生活中的权力结构而促成改变。某些女人（有时亦称为"女性主义之分离主义者"）呼吁女人要抵制男人，也就是说，不再和男人建立感情关系，或给予尚未改变的男人情感上的支持。换言之，即是撤回一切投入在男人身上的精力，不再以任何方式支持男性系统。若能鼓动大量女性这样做的话，将可得到明显而深远的效果。

事实上，虽然大多数女人都认为自己不是分离主义者，但是现在离婚率如此之高，且多是女性主动要求离婚。更有许多已婚女性感情出走，虽然没有离婚，但心已在他处。实际上，已经是分离主义者了。

非暴力的抵抗有效吗

以上我们所谈的，都是非暴力、和平的抵抗方式。这些对策是真的有效，还是我们在自欺欺人？我们的人数既然占人口的 51%，如果我把自己当作社会的核心、历史和哲学的中心，就像千百年来男人所作的那样，这样社会就会自动改变吗？或者，我们还是必须面对男性权力，进行真的抗争，以迫使男人不再控制女人，并和女人分享权力？

毕竟，千百年来，女人虽也占了半数的人口，其"次"文化也有不同的价值观，在不同的时空中，或表现得显而易见，或表现得隐晦不明，但女人的次等地位却未因此而改变。历史告诉我们，单纯的多数并不能保证什么。例如，女人虽在20世纪初就得到投票权，但我们的地位却没有太大的改变。

我们能不能说服男人把我们的权利还给我们，也许这不过是在愚弄自己，想找个台阶下罢了。从法国大革命和其他事件的经验来看，人们终归得展现自己的力量。唯有真正夺得权力，才能改变事情，因为那些当权者不会听别人的话，也不会忍受别人。

在历史上，和平或武力较弱的运动有时也会赢过较强大的那一方。例如，甘地就发起了一个和平运动，在其他因素的帮助下，终于结束了英国在印度的政权。《圣经》也提到大卫和哥利亚，虽然大卫用的手段和哥利亚一样，都是武力，而大卫的体形和力气都比哥利亚小，但是他还是赢了。人权运动的确使用非暴力的示威方式。然而，这个运动虽然提升了黑人和白人的自觉，但是大多数黑人生活的实际条件，却没有得到充分的改变。大多数黑人的收入仍然较低，失业率较高，教育程度较低，婴儿夭折率较高。

是我们自愿做个和平人士，还是我们不敢战斗

既然女人已被男人控制这么久了，自然有人会问："为什么女人一直忍受到现在？为什么女人没有反抗？"男人则说：女人已接受了被压迫的现状，便证明女人基本上具有被动的性格，女人缺乏领导能力，女人在内心认为社会应由男人来领导。所以，我们得认真考虑下面的问题：我们应不应该战斗？我们是不是侧面帮助了男人维持现状，因为我们不会构成威胁，也就是说，他们相信我们会坚持和平为先的信念，不至于发动革命或夺取权力。

另外一个改变文化的方法，是采取男人夺取权力的手段，进行革命，迫使男人改变。从布鲁诺·贝特尔海姆对集中营的研究，我们可以知道，当环境和权力主体产生剧烈改变的时候，个人的生活方向和生命观点也会迅速改变。如果女人拥有权力，或者共同抵制男人，男人立刻受到影响，而使我们对自己和对权力的看法产生永久的变化。我们不再认为自己是无权无势的。

就如珍妮特·赛耶斯所说："18世纪时的中产阶级若光是揭露贵族所订的规则和所拥有的特权是多么不合理，绝无法因而确保自己的权利。同样的，不管今天的女性主义如何强调两性之间权力失衡，有多么不合理、不公平，也无法借以保障女

人在男性社会中享有平等的权力和地位……中产阶级唯有借助革命，去除贵族掌权所凭借的实质力量和意识形态的力量，才能真正确保中产阶级男性的权利。至于女性主义是否只能借助革命，才能保障女人在社会上享有和男人一样的地位，则有待时间证明。"

采取武力策略如何

如果女人真的采取武力策略来保障她们的权利，女人非攻击性的基本观念是否会改变？或者，提出这种论点的人，只是想鼓励女人待在原地不动，想用权力腐蚀人性的说法来吓唬我们？这个现象本来就很难下定论，无论是国家或个人，面对攻击时，如何保有一己的自尊或尊严？有时虽不想动手，但情势却迫使人不得不为之。

1972年时，历史学家威廉·夏弗在分析20世纪的女人处境时，详细地描写了1920～1950年的妇女运动的模式，他的结论似乎是说"女人的领域就在家中"的概念是牢不可破的。虽然夏弗绝非激进人物，但是他却一再声明，改变女人基本状况的是第二次世界大战"实质的动荡局面"，而非任何女性主义者的宣传，也就是说，由于战争导致大量妇女走出家庭投入劳工行列之中，得到了独立的收入。而且这一次各个年龄层的妇女都出外工作，不是像以前那样，女人是在单身时，才会在外工作。夏弗暗示，由于女性能够在经济上独立，所以大体上她们便得到了相当的独立性，于是就解放了。但是根据他的分析，女人之所以会改变社会，纯粹是情势使然或"实质的动荡局面"之故。

接着，他又呼吁女人要起来革命，他的研究暗示着女人若相信多一点讨论或者产生"意识的改变"，就能造成本身地位长久而根本性的改变，那是在愚弄自己。他认为女人的做法不过是老调重弹，在这么根深蒂固的意识形态中，是不可能产生渐进的变化的。

女人的荣耀——贡献出自己的思想

大多数女人并不想用暴力的方式进行抗争，也不认为这条路行得通。女人得到权力之后，很可能会变得像男人一样。但我们担心的是，一场新的政治革命，说不定只是重演了现有的模式，以一套阶级架构来取代另一套阶级架构。

政治改变若无意识形态的改变做支柱，即使原先是想推翻阶级式权力架构，恐怕不免又建立起一个阶级式权力架构。例如，资本主义和共产主义最后都建造了阶级式的国家，因为它们基础的假说仍为男性意识形态，主张阶级制，护卫自己的势力范围或统治权。

如果我们的文化体制不喜欢攻击，我们要怎样才能改变这个主导社会的意识形态以及我们的地位？也许我们可以从这首宣扬黑人人权的歌曲之中得到启发："我知道有件事我们做得没有错，就是我们开始抗争。"问题是，什么样的抗争才有效？

首先，抗争已经开始了，因为现在各地的女人都为了不要被人控制，不要用数千年来的旧方式，而要用新方式生活而抗争。在有关工作权的诉讼案件中，女人质问为什么男人占有这么多工作和职位，而千万名女性在和男人做个人抗争时，争取的则是自己的尊严。我们必须让女人都知道这些事情，因为我们其中的某些人，可能会对从未谋面的女人产生影响。

抗争的方法，没有一种是完全正确的。到了最后，一切方法——反省、思考、抗争、投票、竞选公职、抵制商品——都是对的。只要我们的声音能受到注意，我们的意见能散播出去。我们必须勇敢地做下去，如果你什么都不做，无异邀请他人来压迫你。如果你大胆地做，则可以看到工作的成果。即使只是清楚地告诉朋友，你为什么会开始想这些，为什么会有自己坚持的信念，同样具有重大的意义。

我们可以贡献一个宝藏给全世界，那就是我们的观念系统，我们的哲学。我们肯付出，肯爱别人，这是我们可以散布到整个文化之中的珍贵宝物。

意识形态的革命

全世界的女人都应团结起来！你们都知道问题出在哪里。但是，出问题的不只是你的个人生活，其实整个体系都出了问题。

所以，如果我们要的不是权力，而是想改变社会上的主流想法，就得继续反省，并设计出一套清楚易懂的替代做法，才能造成长久的效果。

我们最基本的行动，就是反抗阶级制和男性的控制，我们不会停下来，也不会以合作来取代抗争，除非大家都有革命的意识，并视革命为"性格结构"之一（性格结构基本上是社会结构之下的产物）。我们非常需要在所有层面产生革命思想和行为模式，这将是我们意识的重大改变。

有些女性主义哲学家则致力于检讨男性系统的价值观，搜寻可以替代原有看法的世界观，设法超越我们所知的西方哲学，或称父权制哲学，因为它的范畴狭窄地局限在古希腊思想及基督教——犹太教传统中稳如磐石的父权式价值观。其他女性学者则研究人类学和考古学，设法增加我们对替代性社会体制的知识。她们反驳"一切社会都是由男人所控制"以及"一切都是人性"的概念。女人开始研究新的资讯，而不是跟着说："呃，不管何时何地，女人一直都是受控制的，所以，说不定女人就是喜欢这样。"

二十多年来，女人在各领域的努力和反省，已逐渐走出一条新路来，用自己的观点来看待各领域的思想，包括心理学、生态学、哲学、历史、灵长类动物学以及人类学。文化界起了思想上的大革命，人们重新审视各种定律。这个风潮方兴未艾，现在只是个起步而已。

虽然大多数学术领域中的女人和许多女性主义作家已对男性文化作了精辟的评论，但我们可以说，建立新观念，重塑女性哲学的工作，至今才影响到各地女人的思想和行为，这可在本研究中得到实证。

这场革命最有趣最重要之处在于它不是一小群孤立分子所开始的，而是各地的女人和某些男人有了这样的想法，才揭开了革命的序幕。这些课题使女人感到切身之痛，因为许多女人每天面对她们所爱的男人时，便接触到了那个体系：男性的双重信息使她们体会到的痛苦和矛盾，使许多女人更深刻地思考和反省这些问题。所以，大致上是由于她们所爱的男人的行为，使得女人把自己的感觉具体地表现出来。

目前的结婚率和离婚率的统计数字也肯定了我们的结论，半数的女人选择离婚，另外半数的女人，即使在情感上得不到满足，也留了下来。这个数字似乎带有奇特的象征意义。我们显然正处于转折点上，有一半的人走了，一半的人留了下来。这种情景令人心惊，就好像是女人都暂时停下来思考未来，身子离开半步，又回头对过去道别，再踏上另一段旅程。

这段自觉的旅程是女性所缔造的新的经济情势所促成的，而女性新的经济情势则是女性的新观点所促成的。现在，75%的女人有工作，赚到的钱刚好当作独立之用（但不算富有，根据美国劳工局的统计资料，女人的工资仅及男人的66%）。因为独立，加上我们相信自己的价值和重要性，使我们得以站在历史的新起点上。

💗 新的哲学

"我认为女人真的在重新塑造这世界，21世纪是女性的世纪，不管是心智上还是其他各方面，都一样。"

这场哲学的革命，亦即杰西·伯纳德所称的女性主义的启蒙运动，是近两百年来思想的最大整合。它扩大了民主的理念和数种不同的感受，应用在爱情关系、科学和政治上。

这不只是女人的革命，而是社会整体的革命：为了女人的权利和尊严而抗争，也等于为一套完全不同的社会结构而努力，希望能基于对个人关系的特别理念，建立一个新秩序。启蒙运动建立在旧的结构上，却又加以超越，在社会的哲学结构和对人性了解上添加了新的面貌。同样，今天女人所作的，也是希望社会能在哲学上，再向前跨一大步。

这些新的哲学反省不仅可以应用在西方社会之中，而且它批判了全世界将女人剔除在外的阶级式社会系统以及从这些系统衍生而出的思考模式。以国际观点而言，女人正对全球的男性意识形态做一种批判。女人要质问，社会组织和政府是如何形成的，领导者如何产生，并想改变这些决定背后的信念系统。

其实，为了改变社会，我们可能得先治愈两性之间基本而根深蒂固的伤口，以减少攻击的生活方式。女人正重新整合女性的认同感，设法终止文化所强调的男女对立状况，由于我们反省阶级制，也进而反省其他一切阶级制，不限于探讨性别的阶级制而已。

不宜于人类的环境总得改变

把一切问题都怪罪到男性意识形态及其阶级制和攻击他人的动机上，是不是太过简化了？

人类会变得粗暴而不公平的原因是什么？共产主义说是资本主义系统，西方人说是共产主义系统，回教人士说是西方的唯物主义，女性主义者说是父权制的意识形态。还有人说，人性本如此，人心之中一直存有恶的成分，善恶之间永远有不断的争执。

我们似乎应该指出，父权制，尤其是男性的意识形态，至今发展时间超过 2500年，大多数问题可能便是衍生于此，因为这是其他所有系统的根源。如果我们现在所知的系统代表了人性，而不是一种意识形态，如果我们现在所知的系统是出自天生禀赋，而不是出于一旦沾染就难以摆脱的历史系统，那么，个人关系中的摩擦便会越来越多。加上自然环境受到严重破坏，更别提人与人之间所充斥的互相毁灭的心理游戏。果真如此，那么人们唯一能够做的，就是固守自己的山头，并祈祷一切平安无事。但我们不必相信那一套。

男人和女人都希望、渴望过不同的生活——更有礼、更文明、更温暖，少一点对立，少一点攻击。但是在目前主流文化所创造出来的心理环境中，要超越自然产生的敌意和每天烦琐的生活，谈何容易。

也许我们可以建立另一种世界，另一种景观，找到自然界所拥有的和人类想象中的各式动植物物种。如果阶级制是目前一切机制——从宗教到国家、家庭、爱情关系的基础，那么，这种社会还是不要延续下去的好。

新的精神——预言"另一种人"的未来

"女性主义行不通？天啊，女性主义还没开始呢！我们就是把宣言贴在教堂门上的路德，我们就是带领军队保卫自己的圣女贞德。我们再也不相信男性的神祇，他们对我们的权力已告终止。"

反抗正是改变的开端。现在，另一种人要破天荒地论述这个由男人所主导的社会和它的意识形态，准确地道出一切被归因于人性之前是什么样子。现在，我们将之命名为信念体系，以便容纳新的信念并反省现实。

最后，我们到底希望什么？我们希望促成重视每一个人的观念，体认每个个体独特的贡献，赋予每个个体更多权力，在人与人之间、人与地球、人与共享大地的其他生物之间，都建立起新的社会契约。

这个带有新精神和新气氛的新体系，仍在慢慢成形之中。它就像星星一样，有着一定的律动，闪耀着光芒，发散出能源波和光波。这是文化转变的第三阶段，这一路走来，我们投入了无数心血，将来也必定会努力完成这项使命。

附录
女性问卷 *l*

　　设计这份问卷的目的是想了解女人对于爱情、男性、婚姻以及一夫一妻制的看法。现在，我们非常乐意来听听你对于这些主题的想法和意见，而同时你也可以增加一些你想表达的任何问题。

　　请以轻松的心情来浏览和回答你所选择的问题。

　　1. 你是谁？你对自己的描述是什么？

　　2. 在你的生活中，让你感到最快乐的是什么？你的工作？你的爱情状况？有没有嗜好或是副业？喜欢的音乐？常去哪些地方（旅行、听音乐会，或是和朋友共进晚餐）？子女状况？家庭？（如果以 1～10 分为标准，你有多快乐？）

　　3. 在你的生活中，你最想要的是什么？

　　4. 到目前为止你最大的成就是什么？

　　5. 你所发生过最让你生气或是困扰的事，比如最大的危机、最需要鼓励才能克服的问题是什么？

　　6. 你现在正在恋爱吗？谁是你最亲近的人？

　　7. 你最喜欢用什么方式来消磨时间？

◎ 成长中的女性

　　8. 在成长的过程中，你和你的父母很亲密吗？和母亲如何？和父亲如何？你最喜欢和最不喜欢他们的是什么？他们爱你吗？在哪些方面？

　　9. 你和你母亲的关系像什么？你们亲近吗？会表现在肢体语言上吗？她

很爱你吗？她是个怎样的人？你现在对她的看法如何？你喜欢花时间和她相处吗？你们之间有冲突吗？

10. 你和你的父亲亲密吗？他很爱你吗？你们常交谈吗？有没有常一起出去？你喜欢他吗？畏惧他吗？尊敬他吗？你现在对他的看法怎么样？如果你和他争执，会是为了什么样的事？

11. 从你父亲那儿，你是不是学到了该怎样对待你母亲？而你又是不是从母亲那儿学到了该怎样对待父亲呢？他们在你面前会表现很恩爱的样子吗？会在你面前吵架吗？

12. 你母亲有没有教你要怎样去表现得比较女性化，就像怎样像个女孩，或是怎样像个淑女呢？你会和你的母亲做些你的兄弟们（如果有的话）不会去做的事吗？

13. 你曾经像"小男生"吗？是什么样子？你曾因为像"小男生"，或是因为动作太粗鲁、玩男生玩的游戏或是不够"淑女"而被警告吗？

14. 你的父亲曾告诉你要做个"好女孩"吗？你母亲呢？他们是什么意思？

15. 你小时候有没有自慰过？是从几岁开始的？你父母知道吗？

16. 你的父母和你讨论过月经的问题吗？是妈妈还是爸爸？当月经开始时，你是不是已经准备好了？

17. 你小时候养过宠物吗？

18. 在你高中时代，有没有服从压力，像是要和其他女孩一样？要你穿得像别人一样？要你受到别人喜欢？

19. 你喜欢高中生活吗？最喜欢和最不喜欢什么？有没有属于任何特别的小团体？有没有嗜好或是特别的兴趣？

20. 你有没有最好的同性朋友？她是个什么样的人？你们有没有在彼此的家中过夜？你们在一起的时候，觉得做什么是最好玩的？你们都聊些什么？现在还有没有保持联络？

21. 什么年纪你觉得想要或感到有压力需要和男孩子约会？当时你几岁？那时你对这事有什么看法？

22. 当你开始和异性约会时，你母亲的态度如何？父亲呢？你曾和父母讨论约会的情形吗？你曾告诉你最要好的朋友吗（假如你有很好的朋友的话）？

23. 你第一次和某人牵手是什么时候？接吻呢？做爱呢？说"我爱你"呢？

24. 离家对你来说是不是很困难的事？谈一谈你是不是很独立？

◎恋爱

25. 形容一下你记得最深的一次恋爱，那是什么样的感觉？对方是个怎样的人？这份情感有没有维持下去？发生了什么事？

26. 和朋友在一起时，让你觉得最快乐的事是什么？最亲密的事呢？

27. 什么时候你最感寂寞？你曾因为和爱人之间的问题而哭着入睡或打算自杀吗？为什么？

28. 你喜欢恋爱吗？恋爱是快乐的还是痛苦的呢？是学习，启发，矛盾，挫折，还是喜悦？

29. 你的交友状况和你的情感生活比较起来如何？哪一种对你而言比较亲密？哪一种比较有益？哪一种比较持久？你感情生活的未来发展，可以看得出来吗？

30. 你认为恋爱是一件重要的事吗？

31. 你最喜欢的虚构爱情故事是哪一个？你看过或听过最棒的爱情故事是什么？故事的内容是什么？

32. 你善于付出爱情吗？对你而言，爱人是容易的吗？何人是你此生以来的最爱？

33. 你怎样定义爱情？爱是你必须长期去经营一段情感所得，还是一种当你一开始和某人在一起的时候，就能感受到没有缘由的强烈情感？

◎目前的感情状况

34. 你现在正谈恋爱吗？如果是的话，那个人是谁，你们打算在一起多久？你们现在同居吗？有没有结婚？有没有小孩？

35. 你们的关系之中，最重要的部分和基础是什么？是爱情、耐心、性的激情、经济条件、日常相处，还是孩子和家庭对你们长期而言的重要性？或是其他的理由？

36. 在这份关系中，你最喜欢的是什么？最不喜欢的是什么？你觉得快乐吗？你的另一半快乐吗？

37. 你和伴侣（现在以及过去的）是不是都真心相爱？你是否觉得你爱他们的成分比你们相爱的成分多一些？你觉得自己爱他们什么？

38. 你爱另一半像他爱你一样吗？还是你爱多一些？你们之中有没有人觉得比较需要对方，比较依赖？另一半爱你的方式你满意吗？你有没有感到被爱？你的伴侣有没有对你说他觉得被爱？

39. 你同不同意下列的叙述："你很有可能和一个你们彼此并不相爱，或是一个你不爱的人在谈恋爱，你们在一起只是因为熟悉或是友谊"？

40. 在你目前的感情关系里，所遭遇的最大的问题是什么？如果你想改变这种情形，你会怎么做？

41. 你们在一起时，最喜欢做的事是什么？聊天？做爱？深情地对待对方？每天的相处？分享孩子的种种？分享彼此的嗜好？一起出去？还是其他？

42. 你的另一半私下都怎么对待你？他有没有告诉过你他爱你？有没有告诉过你你很美？有没有说过你很性感？有没有对你轻声细语？这些时候你都有些什么感觉？

43. 你的另一半最常批评你的是什么？而你最常批评他的又是什么？

44. 你的另一半曾经对你做过最差劲的是什么事？而你对他做过最差劲的事又是什么呢？

45. 交谈对你来说容易吗？对于任何事都一样吗？谁说话较多？你喜欢你们之间有更多关于感情的亲密对话吗？

46. 这份感情能不能填补你对你需要另一半的渴望？还是你仍然有些不愿意和别人共同分享的事？有些别人不接受、不了解的事？你觉得你的爱人或是丈夫有多了解你？还是你不愿和他分享你的每一件事？

47. 你现在正在付出和得到的爱，是不是和你所希望的一样？你有没有在朋友的感情生活，或是电影、小说中，看过你所希望得到的那种爱？这样的爱为什么比你现在所得到的好呢？

48. 你的爱人以及你和他之间的关系，是不是你的生活重心？这种关系对你的生活来说有多重要？比工作来得重要吗？比孩子呢？

49. 你们现实生活中的工作怎样分配？谁负责洗碗，铺床，做饭，照顾小孩？你们的生活是什么样子？

50. 你们如何使用金钱？谁负责管钱？你们两个人都上班吗？房租及押金是谁付的？谁负责采购日用品？财务上怎样安排？对这样的做法你有什么感觉？你认为它会影响到你们之间的关系吗？

51. 你认为维持良好感情关系最好的方式是怎样的？你所见过的良好关系都是怎么运用的？这种情感的内在动力是什么？

52. 如果你结婚了，请问你结婚多久了？你喜欢婚姻生活吗？你认为结婚的好处是什么？最糟的部分又是什么？结婚之前，你是不是想过婚姻生活可能和你所想象的不一样？你喜不喜欢"妻子"这个词？你喜欢冠夫姓吗（如果你有的话）？

53. 你当初会想结婚的理由是什么？是觉得结婚很浪漫，还是为了社会性的原因？经济上的关系？性的需求？如果重新再来一次，你还愿意选择结婚吗？你打算继续维持目前的婚姻生活吗？为什么？

54. 如果你有小孩，你喜欢他们吗？当你第一次知道自己将当妈妈时的感觉怎样？你曾有过为了结婚或是孩子而放弃一些事吗？你的生活变得怎样？你又得到了什么？

55. 你和你丈夫之间的关系曾因孩子而改变吗？怎样改变？

56. 你相信单一配偶制度吗？为什么？你本身是不是只有一名配偶？你曾经有过婚外情或外遇吗？如果有的话，有几次？各维持了多久？你为什么会这样做（如果有原因的话）？它对你个人和你的另一半，或者对你的婚姻产生了什么影响？你的另一半知道这些事吗？

57. 外遇像是什么样的事？对你而言，它严不严重？你对于你的爱人有什么感觉？你从那里得到了些什么？

58. 你的另一半对你很忠实吗？你对这件事感觉如何？你希望你的伴侣是一个信奉一夫一妻制的人吗？

59. 你曾经和有妇之夫交往过吗？那是什么样的情况？

60. 描述一下你和你的丈夫或爱人最大的（或是最近的）争执情形，不管这争执是为了芝麻小事或是重大的事。

61. 你对吵架的感觉如何？你们最经常为了什么事吵架？通常都是谁赢（如果有人赢的话）？在争吵过程中你感觉怎样？之后呢？

62. 你们的冲突或争执通常如何解决，或是如何结束？争吵之后通常是谁先道歉？通常是谁在吵架之后把问题提出来私下讨论？谁会先去补偿对方？

63. 你对以下叙述看法如何："你不够努力去发现我心里真正的感觉"。

64. 你的另一半做什么样的事，最会让你觉得快要发疯？

65. 如果你的感情或是婚姻已经维持了很久，你有没有发现：这么多年来，某些固定的争执和冲突不断地重演或是老问题渐渐被解决了，但是新的问题却又出现？你们会不会在某些特定的时期中，争吵得特别厉害？

66. 描述一下，最近你和你爱人或是丈夫在一起最快乐的时候，或者是你们最愉快的场合，最亲密或是最隐私的时候。

◎ 单身贵族

67. 如果你现在没有男女关系，或者你已经有一段很长的时间没有性行为，你对这件事的感觉如何？你喜欢单身，还是你比较喜欢和某人有亲密关系？你为什么要保持单身？

68. 单身的好处是什么？坏处呢？你喜欢单独出门吗？你有时候会不会觉得当你没有男女关系时，别人会认为你有问题，还是会羡慕你能保持单身生活？

69. 你的性生活是什么样子？你喜欢单身生活或是没有性生活的时候吗？

70. 对你而言，找到一个你喜欢、吸引你和你尊敬的人会不会很难？

71. 你是否因必须要在结婚生子和全心工作之间做个选择而有压力？假如有的话，基于长远的考量，你会选择哪一个？

◎ 分手或离婚

72. 如果你曾经和在你生命中很重要的人离婚或是分手，那是什么样子？是谁想要分手的？为什么？

73. 你对这件事的感觉如何？是觉得愉快或是很后悔？你会认为自己是一个失败者，还是感觉很自由，或者两者都有？你会恨那个人吗？他令你觉得很伤心吗？你觉得自己的生活重新再开始了吗？你会向朋友倾诉吗？是躲着他们，还是拼命工作？

74. 如果你并不是真的想分手，你如何去克服它呢？你花了多久的时间？

75. 当你的关系或婚姻有危机时，你的母亲或朋友有没有鼓励你继续维持它？是支持你逃离，还是根本没有给你任何帮助？你会告诉他们你的感受吗？

76. 一般来说，在分手之后，你会试着去找新的恋情来取代，还是暂时躲开爱情？

77. 当你刚刚和伴侣分手或离婚的时候，你认为在你的生命中，什么事物是最恒久不变的？你和父母、亲戚的关系吗？和朋友的友谊吗？和孩子的关系吗？你的工作？你自己？或者什么都不是？

78. 你会不会有时想放弃那些对你而言不再重要的感情呢？你是想要花少一点的时间、精神在这上头，还是只要好好维系一段情感，它也会回馈你？

◎丧夫或是爱人去世

79. 你曾经失去过挚爱的人吗？你当时的反应是什么？感受如何？

80. 这个人使你最怀念的地方是什么？

81. 你会不会在某些方面不觉得难过？这种不会难过的感觉让你觉得怎样？你会因为他抛下你而感到愤怒难过吗？

◎与男人在感情上特别的问题

以下是一些女士们建议的非特定问题。这些问题并没有特别的顺序，或是要影射什么特别的观点，这些问题只是提出讨论的主题。你可以只选择你想回答的问题来作答，或者你也可以加上你自己的问题。

82. 你最喜欢男人什么地方？最不喜欢的又是什么？你最欣赏他们的什么特质？最不欣赏的呢？

83. 如果女人对男人会有所求，那会是些什么？有没有什么是你可以在男人身上获得，而女人却无法给你的？或是可以从女人身上得到，在男人那儿却没有办法获得的？

84. 你认为男人会认真接受女人的爱，并且陷入热恋吗？你认为爱情在他们生活中占着什么样的地位？

85. 你是不是曾经在财务上依赖你的同居人？这对你来说是问题吗？你有什么感觉？这件事有没有影响到你们之间的关系？

86. 你认为男人对于女人外出工作有什么看法？假使你也有工作，并且又结了婚，或是正和人同居，他对你外出工作有什么感觉？

87. 你的丈夫或爱人，是平等地对待你，还是有时候在某些方面，把你看得较低，不让你参与决定，摆出高姿态？

88. 你认识的多数男人，对于女人的动作有什么感觉？你的丈夫或是爱人呢？

89. 你曾经在感情上受过伤吗？发生了什么事？

90. 你是不是曾经因为感情问题而去做过精神治疗？是因为什么样的问题？治疗有效吗？对于这件事你有什么心得？

91. 如果你会后悔和男人发生关系，那会是什么原因？

92. 你对于下列叙述有什么看法："我想研究一下某个女人和男人的性关系历程。"

93. 你会认为自己选错了男人吗？你选择的是什么样子的男人？

94. 大体上来说，你和你爱人的关系，是不是令你感觉很好？

95. 你曾交往过的那些人是不是会让你觉得喘不过气？让你有被拖累的感觉？

96. 你是个善妒的人吗？在友情上，在事业上，对于其他的男人或女人。

97. 你对所爱的人曾经转爱为恨吗？你是不是曾经对他表现得很粗暴，对他大吼大叫，打他？

98. 描述一下你最恨的男人，你为什么恨他？你有没有采取什么办法来解决这件事？你是继续对他生气还是变得很沮丧？你曾向朋友倾诉吗？

99. 你曾经因为伤害过一个男人（不管在哪一方面），而现在觉得后悔吗？或者是曾经报复，但是觉得自己没有做错？

100. 你的爱人有没有打过你？为什么？在什么情况？当时你有什么感觉？

101. 你所爱的人有没有变得轻视你？

102. 你到底知不知道该怎样守住一个人，好好维持彼此的关系？你会不会害怕有朝一日他会离你而去？会失去他的爱？害怕他会变得对你厌倦？你会不会觉得情人在过了一段时间之后，总是会变得比较不关心你，变得比较不爱你？

103. 你会对男人诚实，还是觉得对他们必须使用一些手段，来帮助你从他们身上得到想要的？

104. 你会因为害怕被丈夫或爱人遗弃，而产生一种恐惧吗？你害怕他不再爱你吗？为什么？是因为你越来越老，还是为了不可知的理由？

105. 通常是谁先提出分手的要求——你或是另一个？

106. 当你和生命中对你很重要而且你很爱的人分手后，你会沮丧很久吗？会想自杀吗？你如何处理这种情绪？

107. 你有没有爱过曾经严重伤害你的人？不管发生过什么事，你自己也是否希望不要再爱他？

108. 你有时候是不是会觉得，不管别人是接受你还是拒绝你，对你都是一种恩惠？

109. 你觉得让自己美丽诱人而留住爱人是有用的吗？这样是不是就比别的女人要来得强呢？

110. 你有没有对男人假装冷漠过？假装他对你并不是那么重要，故作姿态？为什么要这样做？这样有用吗？

111. 你对以下这样的话感觉如何："她很害怕在他面前表现出对他的爱意，因为他可能会认为她很卑贱而离开她。"

112. 你觉得自己一定要戴上一层"冷漠的面纱"来表现自己遥不可及，好让自己显得很"酷"吗？

113. 你会不会觉得自己对爱的渴求和依赖有些"不健康"？就像某个女人说的："我的爱常常太盲目、太饥渴。"你会不会觉得自己对情感有点索求无度？

114. 你会害怕全心依靠男人吗？害怕使他觉得被绑死、不自由吗？你觉得自己像株"依附着木架的葡萄藤"吗？觉得自己是个在情感上太依赖的人吗？

115. 当你在恋爱时，你会不会有不安全感及怀疑自己的感觉？

116. 你认为女人比男人更需要爱吗？女人比男人更需要亲密关系吗？

117. 你觉得自己在情感上和你的情人一样强吗？在智力上呢？

118. 如果一个男人在感情上非常依赖你，你会有什么感觉？如果他对你的需要比你对他的需要还多呢？如果他抱怨你不够爱他呢？

119. 你有没有因为谈恋爱时有"被占有"的感觉，而想要脱身的想法呢？

120. 你认为大多数男人，其实比女人更依赖感情吗？

121. 你的伴侣看色情书刊吗？看男性杂志吗？你对这件事有什么感觉？

122. 你认为对大多数女人来说，爱情是个问题吗？为什么？

◎ 性生活

123. 和你的伴侣性交（通常）是什么样子？你喜欢吗？通常你都会达到高潮吗？在什么动作的时候？他知道你怎样自慰吗？和他性交最不好的地方是什么？最好的地方呢？

124. 在你最近的关系（或是最后一次重要的关系）中，性爱都是扮演着什么样的角色？

125. 你读完本书后最同意书中哪个论点及章节？最不同意的呢？对你而言，哪个部分最重要？最不重要的呢？最有感情的呢？

126. 在过去的几年中，你的性生活或是对性的格调有没有改变？在哪方面？为什么？

127. 哪种方式最容易使你达到高潮？自慰吗？还是伴侣用手指去刺激你的阴蒂？口交？正常的性交？

128. 你通常是怎样在性交的过程中达到性高潮的？

A. 由伴侣增加性刺激。（请解释）

B. 在性交时自己刺激阴蒂。

C. 采取在上方的体位，在伴侣身上摩擦。

D. 其他方式。（请描述一下）

129. 你第一次有性高潮是在什么时候？是在性交还是自慰的时候？

A. 你是自己知道自慰这回事的，还是从书上看来的？当时你几岁？感觉怎么样？你的父母知道吗？朋友呢？

B. 你第一次和某人在一起达到高潮是在什么样的动作中？你们是经过学习才达到的，还是自然而然发生的？

130. 你有没有告诉过男人你无法从性交中得到高潮（如果你真的没办法的话）？他怎么说？你是否告诉他大多数女人都没有办法？你的感觉如何？

131. 你有没有和伴侣一起自慰过？在性交之中还是互相爱抚的时候？第一次这么做的时候会不会很难？你有什么感觉？他的反应呢？

132. 你曾告诉你的女朋友，你无法从性交中得到高潮吗（假使你真的没有得到高潮）？你会对她描述性生活的细节吗？你跟她说了些什么？她有什么反应？

133. 你有没有和其他女人、你的母亲、姊妹或是女儿讨论过有关本书中的一些问题？她们知道你有（或没有）自慰的习惯吗？如果她们有这种习惯的话，你知道吗？你们还谈过其他什么事？你们还喜欢谈论什么事？

134. 如果长时期你的伴侣都是同一个人，你们的性生活会有所改变吗？如果会的话，是变得更好，还是更糟呢？是变得越来越无聊或是更愉快呢，还是依据你们关系的好坏而定？

135. 你多久做一次爱？你认为性很重要，还是大家太过于强调它了呢？

136. 你会觉得自己面临着要选择充满激情的关系或是稳定发展的关系的压力吗？你觉得性的激情和长期的关系之间有什么冲突吗？日常生活的点滴和工作，对于爱情中的激情而言是阻力还是助力？激情到底有多重要？

◎ 女性间的友谊

137. 形容一下你最要好的女性朋友。你最喜欢她什么？你们在一起的时候都做些什么事？你都什么时候去看她？当你在生活上遇到难关时，她会帮助你一起去克服、渡过吗？和她在一起的感觉是怎样？你们通常花多少时间相处，还是只是通电话？你最不喜欢她什么？

138. 到现在为止，你和女人之间有过最重要的关系是什么？形容一下你最爱的和最恨的女人？

139. 你和你的母亲亲近吗？在心理上，在感情上呢？你们现在还亲不亲近？她是什么样的人？她是职业妇女，还是一个全天候的家庭主妇？从前你对她有什么看法？

140. 你像你母亲吗？

141. 家族里还有没有你亲近、喜欢或是景仰的女性？像是祖母或是姑姑、阿姨？你有没有姊妹？能不能形容一下你和其中几位的关系？

142. 你有没有女儿？你觉得一个母亲的角色应该是怎样的（不管你是不是已经当母亲了）？

143. 女人有什么共通点是你喜欢的？不喜欢的呢？女人对社会有什么贡献？

144. 你觉得和女人谈话比和男人容易吗？你对以下的叙述有什么看法："我希望能够像和我最好的朋友讲话那样和我丈夫讲话。"

145. 你对女性解放有什么看法？你认为自己是一个女性主义者或是支持妇女运动，还是你反对其中的某些想法？

146. 你觉得妇女运动和其中的一些想法，影响到你的生活吗？影响到你和女人的关系吗？还是和男人的关系？

147. 你喜欢变得"女人味十足"吗？你觉得"女人味"的定义是什么？（"男人味"呢？）你喜欢漂亮的衣服吗？洋装和内衣？你会在整理头发和化妆上花时间吗？你对你自己的容貌有什么看法？

◎ 结论

148. 回过头来看，谁是你最爱的人？男人、女人、小孩、朋友、宠物、父母还是爱人？

149. 谁最能让你感觉到自己生气蓬勃，最能忠实地呈现自己？谁让你觉得最兴奋？最被疼爱？最快乐？

150. 你会觉得自己正在追寻爱和家庭，或者是你自己所想要的那种爱情还没有到来吗？

151. 有什么其他的事情是你还想说而未列在问卷里的吗？

内容简介

《海蒂性学报告》写于 20 世纪七八十年代，是世界性科学研究发展中的重要著作。

这份报告首次面向公众提出了女性也应享有性愉悦的权利，这是在性学领域第一次由女性研究者描述女性经验。海蒂通过匿名问卷的方式，让女人自由表达对于爱情体验、性与婚姻、婚外情、同性恋、更年期等敏感话题的真实感受，道出长久隐藏在以男人为主的性文化背后的另一种声音，完整地呈现了性文化的变迁和女性性知识的发展。

责任编辑：黄宪萍　张　雪
执行编辑：车　璐
封面设计：任　佳

THE HITE REPORT: A NATIONWIDE STUDY OF FEMALE SEXUALITY

《海蒂性学报告：女人篇》是以女性的角度考察女性性行为的研究报告，在不同时代和不同地域都具有很大的共性。金赛、海蒂等几位性科学大师的研究超越性解放浪潮本身，科学地研究性行为。他们是浪潮中涌现出来的正面的、积极的学者。

——中国性学会原理事长、北京大学医学部教授 徐天民

豆瓣评论

- 这种调研报告让我感受到的最大好处是让你知道你并不孤独。
- 以性学研究着手，探讨女性如何更好地发展，成为自己。
- 这本书消除了我对女性的一些可以说是固有的观念，错误的观念。
- 我的性教育启蒙教材。

上架建议：两性·畅销

ISBN 978-7-5443-6679-3

9 787544 366793

共学·共识　　获取更多图书信息　　海南出版社微信公号

定价：100.00 元